国家卫生健康委员会
"十四五"规划新形态教材

全国高等学校教材

本教材第4版曾获首届全国
教材建设奖全国优秀教材一等奖

供临床、预防、口腔、护理、检验、影像专业高等学历继续教育等使用

人体解剖学

U0644162

第 5 版

主　　编　黄文华　邹智荣
副 主 编　潘爱华　高洪泉　刘洪付

人民卫生出版社
·北 京·

图书在版编目（CIP）数据

人体解剖学 / 黄文华，邹智荣主编 . -- 5 版 . --
北京 ： 人民卫生出版社，2025. 1. --（全国高等学历继
续教育"十四五"规划教材）. -- ISBN 978-7-117
-37558-0

Ⅰ. R322

中国国家版本馆 CIP 数据核字第 20257AU623 号

人体解剖学
Renti Jiepouxue
第 5 版

主　　编　黄文华　邹智荣
出版发行　**人民卫生出版社**（中继线 010-59780011）
地　　址　北京市朝阳区潘家园南里 19 号
邮　　编　100021
E － mail　pmph @ pmph.com
购书热线　010-59787592　010-59787584　010-65264830
印　　刷　人卫印务（北京）有限公司
经　　销　新华书店
开　　本　787×1092　1/16　印张：25
字　　数　588 千字
版　　次　2001 年 9 月第 1 版　　2025 年 1 月第 5 版
印　　次　2025 年 6 月第 1 次印刷
标准书号　ISBN 978-7-117-37558-0
定　　价　98.00 元

打击盗版举报电话　010-59787491　　E-mail　WQ @ pmph.com
质量问题联系电话　010-59787234　　E-mail　zhiliang @ pmph.com
数字融合服务电话　4001118166　　　E-mail　zengzhi @ pmph.com

编者名单

数字教材负责人　　高洪泉　厦门医学院

编　委　（以姓氏笔画为序）

万　炜	海南医科大学	张义伟	宁夏医科大学
王一维	沈阳医学院	张艳丽	大连医科大学
王启明	天津医科大学	张媛媛	安徽医科大学
田忠富	厦门医学院	陈胜华	南华大学
刘尚清	川北医学院	范　艳	昆明医科大学
刘洪付	滨州医学院	林　清	福建医科大学
李　岩	上海交通大学	周正丽	西南医科大学
李长兴	青海大学	孟　健	山西大同大学医学院
李明秋	牡丹江医科大学	赵振美	山东第一医科大学
李建明	长沙医学院	郝彦利	广州医科大学
李筱贺	内蒙古医科大学	高洪泉	厦门医学院
吴江东	石河子大学医学院	黄文华	南方医科大学
吴耀彬	南方医科大学	曾瑞霞	锦州医科大学
邹智荣	昆明医科大学	潘爱华	中南大学湘雅医学院
沈　雷	齐齐哈尔医学院	魏建宏	山西医科大学汾阳学院
张　潜	遵义医科大学		

编　写　秘　书

娜飞沙·斯马义　南方医科大学

出版说明

为了深入贯彻党的二十大和二十届三中全会精神，实施科教兴国战略、人才强国战略、创新驱动发展战略，落实《教育部办公厅关于加强高等学历继续教育教材建设与管理的通知》《教育部关于推进新时代普通高等学校学历继续教育改革的实施意见》等相关文件精神，充分发挥教育、科技、人才在推进中国式现代化中的基础性、战略性支撑作用，加强系列化、多样化和立体化教材建设，在对上版教材深入调研和充分论证的基础上，人民卫生出版社组织全国相关领域专家对"全国高等学历继续教育规划教材"进行第五轮修订，包含临床医学专业和护理学专业（专科起点升本科）。

本套教材自1999年出版以来，为促进高等教育大众化、普及化和教育公平，推动经济社会发展和学习型社会建设作出了重要贡献。根据国家教材委员会发布的《关于首届全国教材建设奖奖励的决定》，教材在第四轮修订中有12种获得"职业教育与继续教育类"教材建设奖（1种荣获"全国优秀教材特等奖"，3种荣获"全国优秀教材一等奖"，8种荣获"全国优秀教材二等奖"），从众多参评教材中脱颖而出，得到了专家的广泛认可。

本轮修订和编写的特点如下：

1. 坚持国家级规划教材顶层设计、全程规划、全程质控和"三基、五性、三特定"的编写原则。

2. 教材体现了高等学历继续教育的专业培养目标和专业特点。坚持了高等学历继续教育的非零起点性、学历需求性、职业需求性、模式多样性的特点，贴近了高等学历继续教育的教学实际，适应了高等学历继续教育的社会需要，满足了高等学历继续教育的岗位胜任力需求，达到了教师好教、学生好学、实践好用的"三好"教材目标。

3. 贯彻落实教育部提出的以"课程思政"为目标的课堂教学改革号召，结合各学科专业的特色和优势，生动有效地融入相应思政元素，把思想政治教育贯穿人才培养体系。

4. 将"学习目标"分类细化，学习重点更加明确；章末新增"选择题"，与本章重点难点高度契合，引导读者与时俱进，不断提升个人技能，助力通过结业考试。

5. 服务教育强国建设，贯彻教育数字化的精神，落实教育部新形态教材建设的要求，配备在线课程等数字内容。以实用性、应用型课程为主，支持自学自测、随学随练，满足交互式学习需求，服务多种教学模式。同时，为提高移动阅读体验，特赠阅电子教材。

本轮修订是在构建服务全民终身学习教育体系、培养和建设一支满足人民群众健康需求和适应新时代医疗要求的医护队伍的背景下组织编写的，力求把握新发展阶段，贯彻新发展理念，服务构建新发展格局，为党育人，为国育才，落实立德树人根本任务，遵循医学继续教育规律，适应在职学习特点，推动高等学历医学继续教育规范、有序、健康发展，为促进经济社会发展和人的全面发展提供有力支撑。

新形态教材简介

　　本套教材是利用现代信息技术及二维码，将纸书内容与数字资源进行深度融合的新形态教材，每本教材均配有数字资源和电子教材，读者可以扫描书中二维码获取。

　　1. 数字资源包含但不限于PPT课件、在线课程、自测题等。

　　2. 电子教材是纸质教材的电子阅读版本，其内容及排版与纸质教材保持一致，支持多终端浏览，具有目录导航、全文检索功能，方便与纸质教材配合使用，可实现随时随地阅读。

获取数字资源与电子教材的步骤

❶ 扫描封底**红标**二维码，获取图书"使用说明"。

❷ 揭开红标，扫描**绿标**激活码，注册 / 登录人卫账号获取数字资源与电子教材。

❸ 扫描书内二维码或封底绿标激活码随时查看数字资源和电子教材。

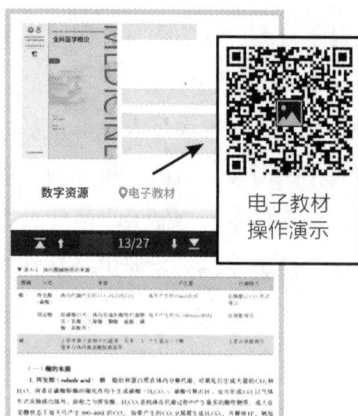

数字资源　🔍电子教材

13/27

电子教材
操作演示

❹ 登录 zengzhi.ipmph.com 或下载应用体验更多功能和服务。

扫描下载应用

客户服务热线 400-111-8166

前　言

《人体解剖学》（第5版）是为了全面提升医学高等学历继续教育教材质量，结合专升本学生实际学习情况重新修订而成的。本教材吸纳了第4版的编写经验，定位于培养我国专升本医学生这一特定学制、特定对象，并以对专升本学生的特殊要求为基础，紧扣高等学历继续教育培养目标，遵循高等学历继续教育教学规律，体现高等学历继续教育的特点，反映新时期高等学历继续教育教学内容和学科发展的成果。

本书在写作上坚持少而精的原则，内容重点突出，提纲挈领，达到教师好教、学生好学、学时适宜、保证质量、与国际先进水平接轨的目标。在编写中坚持三基（基本理论、基本知识、基本技能）、五性（思想性、科学性、先进性、启发性、适用性）、三特定（特定对象、特定要求、特定限制）的原则要求，力求达到理论与实践相结合、局部解剖学与系统解剖学相结合、应试教育与素质教育相结合、基本解剖学知识与当前科学进展相结合，适应高等学历继续教育教学的需求。

本教材覆盖了普通高等医药院校本科生的系统解剖学和局部解剖学内容，不同于本科教学传统的局部解剖学和系统解剖学，力求为基础课、临床课服务，是在专科基础上的提高，是立足于专升本的教学实际编写出来的。

本教材在第4版的基础上进行了一定的修改和精练，全书共八章，以局部解剖学为主，删减了部分系统解剖学的内容。新修订的教材增加了能力目标和素质目标，并增加了每章节的习题，供学生复习和自我检测。为了启发读者阅读和提高临床分析思维能力，还增加了案例，并将案例解析放置于融合部分，扫描二维码即可查看。

本教材主要将各章节内容分为掌握、熟悉、了解三个层次，书中的名词术语及器官的分型等均以同类权威书籍为准，外文名词采用英文形式。尤其注重解剖图片的更新和结构名词图文表达的一致性，对其中的数百幅插图进行了设计、编排、更新和校对。还有一个重要的特色就是与本书内容匹配的数字资源和在线课程视频，不但拓宽了学生的学习途径，也使整本教材的内容立体丰满起来。纸质版教材由于受到篇幅限制无法体现出解剖学更多的形态特点和立体的匹配资源，这些都可以在数字媒体资源上得到完美的补充，也便于学生自由选择学习、复习和拓展。

本书编委来自全国28所医学院校长期从事人体解剖学教学工作的31位专家教授。他们在撰写稿件时以认真负责的精神，查阅了大量国内外文献资料，对自己编撰的稿件进行了精益求精的审校及互审，竭尽全力为培养专升本医学生服务，力求使本教材达到写书育人、教书育人的目标，成为公认的解剖学精品教材。但是，由于水平所限，疏漏之处在所难免，敬请医学界同行、解剖学同仁及使用本教材的教师和学生不吝赐教，提出宝贵意见，以便进一步完善与修订。

黄文华　邹智荣
2024 年 12 月

目　录

绪　论
001

第一章　　　第一节　概述 006
头部　　　　第二节　颅部 009
005　　　　 第三节　面部 042
　　　　　　第四节　血管、淋巴及神经 067
　　　　　　第五节　头部横断层影像解剖 070

第二章　　　第一节　概述 077
颈部　　　　第二节　颈部浅层结构 080
077　　　　 第三节　颈部的筋膜与筋膜间隙 083
　　　　　　第四节　颈前区 085
　　　　　　第五节　胸锁乳突肌区及颈根部 095
　　　　　　第六节　颈外侧区 100
　　　　　　第七节　颈部淋巴 103
　　　　　　第八节　颈部横断层影像解剖 105

第三章　　　第一节　概述 109
胸部　　　　第二节　胸廓 112
109　　　　 第三节　胸壁 114
　　　　　　第四节　膈 121
　　　　　　第五节　胸腔及其脏器 123
　　　　　　第六节　纵隔 130
　　　　　　第七节　胸部横断层影像解剖 148

第四章　　　第一节　概述 155
腹部　　　　第二节　腹前外侧壁 157
154　　　　 第三节　腹膜与腹膜腔 16/
　　　　　　第四节　结肠上区 176
　　　　　　第五节　结肠下区 201
　　　　　　第六节　腹膜后间隙 208
　　　　　　第七节　腹部横断层影像解剖 220

第五章
盆部与会阴
226

第一节　概述 227
第二节　盆壁、盆筋膜与筋膜间隙 227
第三节　盆腔脏器 232
第四节　盆部的血管、淋巴与神经 244
第五节　会阴 247
第六节　盆部与会阴横断层影像解剖 258

第六章
脊柱区
264

第一节　概述 264
第二节　软组织 265
第三节　脊柱 270
第四节　脊柱区横断层影像解剖 283

第七章
上肢
288

第一节　概述 288
第二节　上肢的血管与神经 290
第三节　肩部 294
第四节　臂部 301
第五节　肘部 306
第六节　前臂部 309
第七节　腕和手 313
第八节　上肢横断层影像解剖 324

第八章
下肢
332

第一节　概述 333
第二节　臀部 335
第三节　股部 340
第四节　膝部 351
第五节　小腿部 354
第六节　踝部与足部 359
第七节　下肢横断层影像解剖 365

索　引
372

绪论

一、人体解剖学的概念和学习目的

人体解剖学（human anatomy）是一门研究正常人体形态构造的科学，隶属于生物科学的形态学范畴。在医学领域，它是一门重要的基础课程，其任务是揭示人体各系统器官的形态和结构特征，各器官、结构间的毗邻和关系，为进一步学习医学基础课程和临床医学课程奠定基础。

学习人体解剖学的目的在于理解和掌握人体各系统、各区域内器官形态结构的基本知识，为学习其他基础医学和临床医学奠定必要的形态学基础。医学科学的学习遵循"循序渐进"的原则：先形态，后功能代谢；先正常，后病理；然后再逐渐涉及临床问题。只有正确认识了正常人体形态结构，才能充分认识其生理、生化过程及病理变化，进而理解和掌握各种疾病的发生、发展、临床特征与诊治、预防原则等知识。人体解剖学是学习和研究医学的入门课，是一门重要的基础医学课程，是学习中医和西医的必修课。

二、人体层次结构

1. **皮肤** 皮肤（skin）覆于人体的表面，是最大的器官，总面积 1.2~2.0m^2。皮肤由表皮和真皮构成，其附属器有毛发、皮脂腺、汗腺和指/趾甲等，含有丰富的血管、淋巴管和神经，有屏障、保护、感觉和调节温度等作用。表皮的厚度因身体部位而异，一般厚度为 0.07~0.12mm，身体屈侧较薄，伸侧较厚，但皮肤厚度易受到摩擦的影响，如手掌和脚掌处则更厚。

2. **浅筋膜** 浅筋膜（superficial fascia）位于皮下，由疏松结缔组织构成，含有大量的脂肪组织，有储存能量、隔热、缓冲压力等作用。浅筋膜内脂肪组织的含量与年龄、性别及营养状况有关，常以腹部、臀部和大腿部最多，但在眼睑、阴茎、阴囊、阴唇和乳头处常无脂肪。浅筋膜内还有浅血管、浅淋巴管和皮神经。另外，乳腺、表情肌和颈阔肌也位于浅筋膜内。

3. **深筋膜** 深筋膜（deep fascia）又称固有筋膜，位于浅筋膜深面或器官结构间，主要由致密结缔组织构成，某些部位的致密结缔组织与其周围的疏松结缔组织间无界限，难以分离。深筋膜常形成器官的被膜，也可构成包裹器官或神经血管的筋膜囊或筋膜鞘等，如甲状腺鞘、颈动脉鞘。深筋膜可形成肌外膜或伸入群肌之间形成肌间隔，附于骨则形成骨筋膜鞘，包裹肌、群肌、血管、神经等，也可供肌附着；在腕部和踝部深筋膜增厚形成支持带，对肌腱起支持和约束作用。

4. 肌　肌（muscle）由肌腱和肌腹构成。肌腹由肌纤维组成；肌腱由致密的胶原纤维组成，附着于骨或筋膜。肌的形态因部位和功能不同而异。每块肌有多条动脉营养和神经支配，血管神经进入肌的部位为血管、神经门，它对带神经血管蒂的肌瓣移植有重要意义。

5. 血管　血管（blood vessel）包括动脉、静脉和毛细血管三种。其中动脉的管壁较静脉厚而富有弹性，管径则比静脉细。静脉的数量较多，浅静脉常位于浅筋膜内独立走行，如头静脉和大隐静脉等。深静脉与同名动脉伴行于血管神经鞘内，在肢体远端一条动脉常伴行有两条静脉。

6. 淋巴　淋巴（lympha）包括淋巴管和淋巴结。淋巴管管壁薄，瓣膜多，分为浅、深两种，其内的淋巴液向心回流。淋巴结呈圆形或椭圆形，质地柔软，受感染或癌细胞侵袭易肿大或变硬。淋巴结多沿血管分布，位于器官旁或肢体屈侧隐蔽的部位。

7. 神经　躯体神经（nerve）常与血管伴行，被深筋膜包裹形成神经血管束，分布于肌、肌腱、关节和骨膜，但浅筋膜内的皮神经除外。分布于胸腔、腹腔、盆腔脏器的内脏神经常形成神经丛，攀附于营养各器官的血管壁进入并支配该器官。

8. 骨　骨（bone）是具有一定形态和功能的器官，由骨质、骨髓和骨膜构成，含血管和神经，具有新陈代谢、生长发育、改建、修复和再生能力。骨在运动中起支架和杠杆作用，并形成颅腔、胸廓、骨盆等，具有保护其内脏器的作用。

9. 骨连结　骨与骨之间借纤维结缔组织、软骨或骨组织连结形成骨连结（joint），分为直接连结（纤维连结、软骨连结和骨性结合）和间接连结（关节）。关节包括关节面、关节囊和关节腔三个基本结构，辅助结构有韧带（囊内韧带和囊外韧带）、关节唇、关节盘（包括关节半月板）等。关节是运动的枢纽，其运动基本形式包括屈伸、收展和旋转等。

三、人体解剖学的学习方法

人体解剖学是一门形态科学，直观性强，器官结构名称多、描述性语言多是其特点。因此，在学习过程中要善于利用各种标本、模型、图谱和数字化教材等学习工具，多看、多摸、多想、多记，以加深对形态知识的理解和掌握。学习时需要具备下述四个观点。

1. 进化与发展的观点。

2. 局部与整体统一的观点。

3. 形态与功能统一的观点。

4. 理论联系实际的观点　做到三结合，即图文结合、理论学习与实物观察相结合、理论知识与临床应用相结合。

另外，还可以采用绘简图、编口诀等方法。只有这样，才能全面地理解和掌握人体的形态结构，才能把人体解剖学这门基础医学课程学好。

四、人体解剖基本术语及方位

（一）人体解剖基本术语

人体从外形上可分成10个局部，每个局部又可细分为若干个小部分。人体重要的局部有头部（包括颅、面部）、颈部（包括颈、项部）、背部、胸部、腹部、盆会阴部（后四部合称躯干部）和左、右上肢与左、右下肢。上肢包括上肢带和自由上肢两部，自由上肢又分为臂、前臂和手3个部分；下肢分为下肢带和自由下肢两部，自由下肢再分为大腿、小腿和足3个部分，上肢和下肢合称为四肢。

人体躯干的胸壁及腹壁围成胸腔和腹腔，二者借膈肌分隔。胸腔由胸壁与膈肌围成，向上经胸廓上口通颈部，向下以膈肌与腹腔分隔。胸腔的中部为纵隔，有心、出入心的大血管、气管、食管、胸导管和神经、淋巴管和淋巴结等，两侧部容纳左、右肺和胸膜腔。腹腔由腹壁围绕而成，腹腔的顶为膈肌并借膈肌与胸腔分开，腹腔的下端借骨盆上口与盆腔相连。腹腔内有消化系统的大部分脏器和泌尿系统的部分脏器，还有脾、肾上腺和血管、神经、淋巴管和淋巴结等。胸腔和腹腔内都衬有浆膜，分别覆盖在胸腔的肺、腹盆腔脏器表面和衬覆于胸壁、腹壁内。脏、壁浆膜互相移行形成完整的浆膜囊，囊的内腔为不规则的巨大潜在间隙，则分别形成两个体腔，即胸膜腔和腹膜腔

细胞是构成人体的基本单位，细胞与细胞间质共同构成组织。人体的基本组织包括上皮组织、结缔组织、肌肉组织和神经组织。几种组织相互结合，组成器官。人体的诸多器官按功能的不同，分别组成9大系统。

运动系统，执行躯体的运动功能，包括人体的骨骼、关节（骨连结）和骨骼肌；消化系统，主要进行消化食物、吸收营养物质和排出代谢产物的功能；呼吸系统，执行气体交换功能，吸进氧气排出二氧化碳，并具有内分泌功能；泌尿系统，排出机体内溶于水的代谢产物如尿素、尿酸等；生殖系统，主要执行生殖繁衍后代的功能；脉管系统，输送血液和淋巴在体内周而复始流动，执行物质运输，包括心血管系统和淋巴系统；感觉器，感受机体内、外环境刺激并产生兴奋的装置；神经系统，调控人体全身各系统和器官活动的协调和统一；内分泌系统，协调全身各系统的器官活动。免疫系统在维持人体内环境的稳态中有举足轻重作用，神经-免疫-内分泌网络（neuro-immuno-endocrinenetwork）将人体各器官系统有机整合起来，在全面调节人体各种功能活动中发挥既互相制约又相互协调的关键性调控作用。

（二）人体解剖学姿势及方位

正确描述人体的形态结构，需要科学的统一标准和术语，包括解剖学姿势、轴和面的概念、方位术语。

1. 解剖学姿势　描述人体任何结构时，都应以标准的姿势为依据，称之为解剖学姿势（anatomical position）。解剖学姿势以"立正"姿势为基础，在手和足两处有所修正，即手掌向前

和两足并立、足尖朝前。无论被观察的标本、模型、尸体是仰卧位、俯卧位、横位或倒置，或者只是身体的一部分，都应依照标准姿势进行描述。

2. 人体的轴和面

（1）轴是叙述关节运动时常用的术语，可在解剖学姿势条件下，作相互垂直的3个轴。

垂直轴：为上下方向并与地平面垂直的轴。

矢状轴：为前后方向并与地平面平行的轴。

冠状轴：或称额状轴，为左右方向并与地平面平行的轴。

（2）面是人体或其任何一个局部，均可在解剖学姿势条件下，作互相垂直的3个切面。

矢状面：为按前后方向将人体纵行切开的剖面。通过人体正中的矢状面称为正中矢状面，将人体分为左右相等的两半。

冠状面：又称额状面，为按左右方向将人体纵行切开的剖面。这种切面将人体分为前后两部。

水平面：或称横切面，为按水平方向将人体横行切开的剖面。

在描述器官切面时，则以器官的长轴为准，与其长轴平行的切面称纵切面，与长轴垂直的切面称横切面。

3. 方位术语　以解剖学姿势为标准，规定了一些方位术语，用以描述人体结构的相互关系。这些名词通常都是相应成对的术语。常用的有：

（1）上 superior 和下 inferior：是描述部位高低的术语。按照解剖学姿势，头在上足在下，故头侧为上，远离头侧的为下。如眼位于鼻的上方，而口则位于鼻的下方。

（2）前 anterior（或腹侧 ventral）和后 posterior（或背侧 dorsal）：凡距身体腹侧面近者为前，距背侧面近者为后。

（3）内侧 medial 和外侧 lateral：是描述各部位与正中矢状面相对距离的位置关系术语，如眼位于鼻的外侧，而在耳的内侧。

（4）内 internal 和外 external：是描述空腔器官相互位置关系的术语，近内腔者为内，远离内腔者为外。内、外与内侧、外侧两者是有区别的，初学者一定要加以注意。

（5）浅 superficial 和深 profundal：是描述与皮肤表面相对距离关系的术语，距皮肤近者为浅，远者为深。

另外，在四肢，上又称为近侧 proximal，指距肢体的根部较近；下称为远侧 distal，指距肢体的根部较远。由于前臂内侧有尺骨，外侧有桡骨，小腿内侧有胫骨，外侧有腓骨；故上肢的内侧与尺侧 ulnar 相当，外侧与桡侧 radial 相当；下肢的内侧与胫侧 tibial 相当，外侧与腓侧 fibular 相当。还有一些术语，如左 left 和右 right，垂直 vertical 和水平 horizontal 等。

（黄文华）

头部

知识目标	掌握	颅顶部软组织的层次及其结构特征；颅顶部血管、神经分布及其行程特点；海绵窦的位置、结构特点及其穿经结构；垂体的位置与毗邻；颅内外静脉交通的途径及其意义；脑的被膜及形成的结构；内囊的临床意义；大脑皮质重要的功能定位；大脑动脉环位置、组成及意义；脑脊液产生与循环途径；各脑神经进出颅部位、行径；面部的层次结构特点、血管走行及临床意义，面部神经的分支及分布范围；面侧区深隙的位置、内容及其相互交通关系；腮腺的位置、形态、被膜及穿经的血管、神经；眼球壁的结构；眼球的内容物；眼球的屈光装置；运动眼球和眼睑的肌及其作用；房水循环；头部重要横断层面的主要结构。
	熟悉	头部的境界与分区；颅顶的分区及各层次结构；外耳的组成；外耳道的形态、分部、位置；大脑半球外形、分叶、主要沟回；脑干内主要传导束的位置及交叉部位。
	了解	颅顶骨的结构及物理特性；颅底结构；面部浅层的层次结构；面侧区浅、深层的结构特点；脑干、小脑、间脑、下丘脑的位置及内部结构；后丘脑、丘脑腹后核和下丘脑室旁核、视上核的主要功能；脑神经走行及分布；脑的被膜、脑的血液供应；眼球辅助装置的组成和功能，眼的动脉。
能力目标		综合利用教科书、标本、图谱等资料拓展解剖学理论知识，具备临床思维和创新意识，能够把所学的头部解剖学知识应用于神经外科、神经内科、医学影像学、美容整形等临床工作；综合运用解剖学、生理学等知识对案例进行准确分析，具备灵活运用和独立思维的能力及水平。
素质目标		能够联系面部血管的行程特点，做到正确处理面部感染；能够联系咬肌间隙和翼下颌间隙的交通关系，重视对牙源性感染的治疗。具有尊重生命、关爱他人的医学人文素养，做到不忘初心、为人民服务。

第一节 概述

头部包括颅和面两部分。颅的内腔为颅腔，容纳脑及其被膜；面部有视器、前庭蜗器（又称耳）、口、鼻等器官。鼻腔与口腔分别是呼吸道、消化道的起始部。视器、前庭蜗器及口、鼻黏膜中的味器和嗅器属特殊感觉器。

一、境界与分部

头部与颈部的分界线为下颌骨下缘、下颌角、乳突尖端、上项线与枕外隆凸的连线。

头部又以眶上缘、颧弓上缘、外耳门上缘与乳突的连线为界，分为颅部和面部。

二、表面解剖

（一）体表及骨性标志

头部的体表及骨性标志（图1-1、图1-2）在临床上均具有实用意义。

1. 眉弓（superciliary arch） 位于眶上缘上方、额结节下方的弓形隆起，其内侧份的深面有额窦。

2. 眶上切迹（supraorbital notch）（眶上孔） 位于眶上缘的中、内1/3相交处，眶上血管和神经由此穿出。用力按压时，可引起明显压痛。

3. 眶下孔（infraorbital foramen） 位于眶下缘中点的下方0.5~0.8cm处，眶下血管及神经由此穿出，此处为眶下神经阻滞麻醉点。

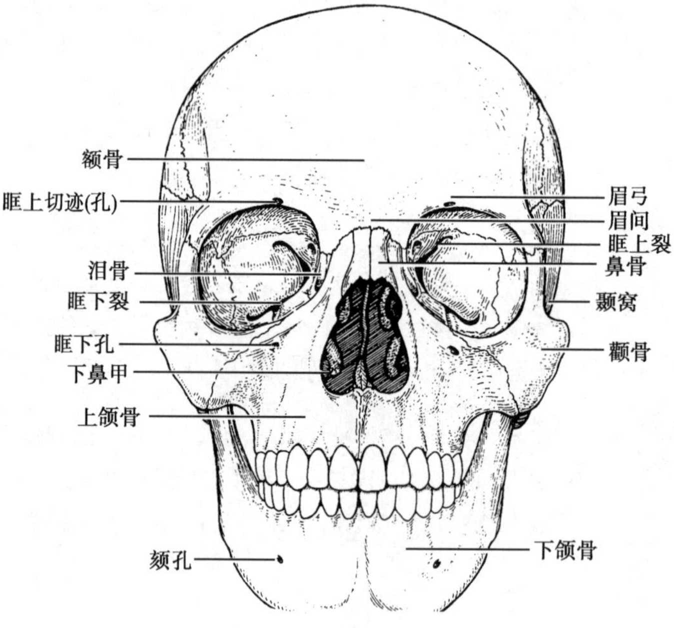

额骨
眶上切迹(孔)
泪骨
眶下裂
眶下孔
下鼻甲
上颌骨
颏孔
眉弓
眉间
眶上裂
鼻骨
颞窝
颧骨
下颌骨

▲ 图1-1 颅骨前面观

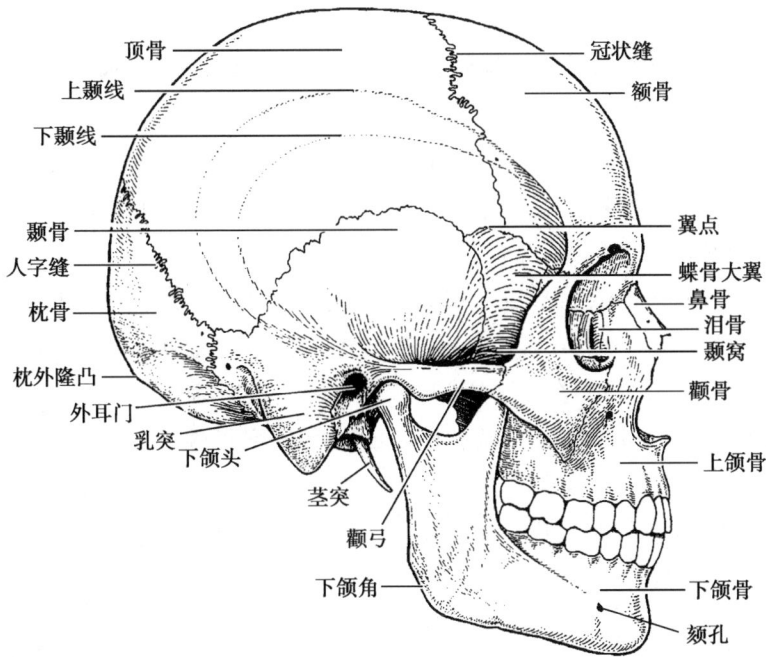

▲ 图1-2 颅骨侧面观

4. 颏孔（mental foramen） 位于下颌第二前磨牙根下方，下颌体上、下缘连线的中点，距正中线约2.5cm处。此孔呈卵圆形，开口朝向后外上方，有颏血管和神经经过，可作为颏神经麻醉的穿刺点。

5. 翼点（pterion） 位于颧弓中点上方约两横指处，为额骨、顶骨、颞骨、蝶骨四骨汇合处，多呈"H"形。翼点是颅骨的薄弱部分，内面有脑膜中动脉前支通过。此处受暴力打击时，易发生骨折，并常导致前述动脉撕裂出血，形成硬膜外血肿。

6. 颧弓（zygomatic arch） 由颞骨颧突和颧骨颞突共同组成，位于眶下缘和枕外隆凸之间连线的同一水平面上，全长均可触及。颧弓上缘，相当于大脑半球颞叶前端的下缘。颧弓下缘与下颌切迹间的半月形中点，为咬肌神经封闭及上、下颌神经阻滞点。

7. 耳屏（tragus） 为耳甲腔前方的扁平突起。于耳屏前方1~1.5cm处可触及颞浅动脉的搏动。在耳屏的前方可检查颞下颌关节的活动。

8. 髁突（condylar process） 位于颧弓下方，耳屏的前方。张、闭口运动时，在耳屏前方可触及髁突向前、后滑动，若髁突滑动受限，可出现张口困难。

9. 星点（asterion） 为颞、枕、顶三骨外面相接处，位于乳突基底后方约2cm处。

10. 下颌角（angle of mandible） 位于下颌体下缘与下颌支后缘相交处。下颌角位置突出、骨质薄弱，为下颌骨骨折的好发部位。

11. 乳突（mastoid process） 位于外耳下方、耳垂之后，其根部的前内方有茎乳孔，面神经由此孔出颅。在乳突后半部的深面有乙状窦沟，容纳乙状窦。乳突根治术时，应注意勿伤及面神经和乙状窦。

12. 前囟点（bregma） 又称冠矢点，为冠状缝与矢状缝的相交点。新生儿颅顶各骨尚未发育完全，此处仍为纤维组织膜性连结，呈菱形，称为前囟（anterior fontanelle），在1~2岁时闭合。临床上可借新生儿前囟的膨出或内陷来判断颅内压的高低。

13. 人字点（lambda） 为矢状缝的后端与人字缝的相交点，位于枕外隆凸上方6cm处。新生儿的后囟即位于此处。后囟呈三角形，出生后不久即闭合。维生素D缺乏症和脑积水时，患儿前、后囟闭合均较迟。

14. 枕外隆凸（external occipital protuberance） 是位于枕骨外面中央最突出的隆起，其深面为窦汇。枕外隆凸的下方有枕骨导血管，颅内压增高时此导血管常扩张，若沿枕外隆凸施行颅后窝开颅术做正中切口时，注意勿伤及导血管和窦汇，以免引起出血。

15. 上项线（superior nuchal line） 为枕外隆凸向两侧延伸的骨嵴，其深面为横窦。

（二）体表投影

为便于判断脑膜中动脉和大脑半球背外侧面主要沟回的体表投影，可以下列六条标志线为依据。① 下水平线：通过眶下缘与外耳门上缘的连线。② 上水平线：通过眶上缘，与下水平线平行的直线。③ 矢状线：自鼻根中点越颅顶正中线到枕外隆凸的连线。④ 前垂直线：通过颧弓中点的垂线。⑤ 中垂直线：经髁突中点的垂线。⑥ 后垂直线：经过乳突基部后缘的垂线（图1-3）。

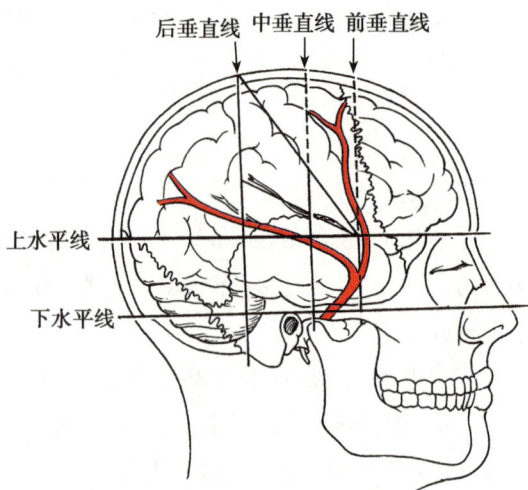

▲图1-3 脑膜中动脉和大脑主要沟回的体表投影

1. 脑膜中动脉的投影 主干经过前垂直线与下水平线相交处，其前支通过前垂直线与上水平线相交处，后支则经过后垂直线与上水平线相交处。

脑膜中动脉的分支时有变异。探查前支的钻孔部位在距额骨颧突后缘和颧弓上缘各4.5cm的两线相交处；探查后支则在外耳门上方2.5cm处做环锯术。

2. 中央沟的投影 在前垂直线和上水平线交点与后垂直线和矢状线交点的连线上，相当于中垂直线与后垂直线间的一段。

中央沟简易测定法，即从眉间到枕外隆凸连线中点后方1cm，向两侧前下方作一与矢状线约呈67°角的斜线，即中央沟的位置。

3. 中央前、后回的投影 分别位于中央沟体表投影线前、后各1.5cm宽的范围内。

4. 运动性语言区的投影 通常位于左侧大脑半球额下回后部的运动性语言区，其投影区在前垂直线与上水平线相交处的上方。

5. 外侧沟的投影 外侧沟后支相当于中央沟投影线与上水平线之间夹角平分线。外侧沟后支的前端起自翼点，沿颞骨鳞部上缘的前部向后，再经顶骨深面转向后上，终于顶结节下方。

6.大脑下缘的投影 从鼻根部中点上方1.25cm处起向外，沿眶上缘向后，经颧弓上缘、外耳门上缘至枕外隆凸的连线。

（邹智荣）

第二节 颅部

颅部由颅顶、颅底和颅腔三部分组成。颅顶又分为额顶枕区和颞区，并包括其深面的颅顶诸骨。颅底有许多重要的孔道，是神经、血管出入颅的部位。

一、颅顶

（一）额顶枕区

1.境界 前为眶上缘，后为枕外隆凸和上项线，两侧借上颞线与颞区分界。

2.层次 覆盖于此区的软组织由浅入深依次为：皮肤、浅筋膜（皮下组织）、帽状腱膜及枕额肌、腱膜下疏松结缔组织和颅骨外膜（图1-4）。浅部三层紧密结合，难以分开，临床上常将此三层视为一层，称"头皮"。深部两层连接疏松，容易分离。

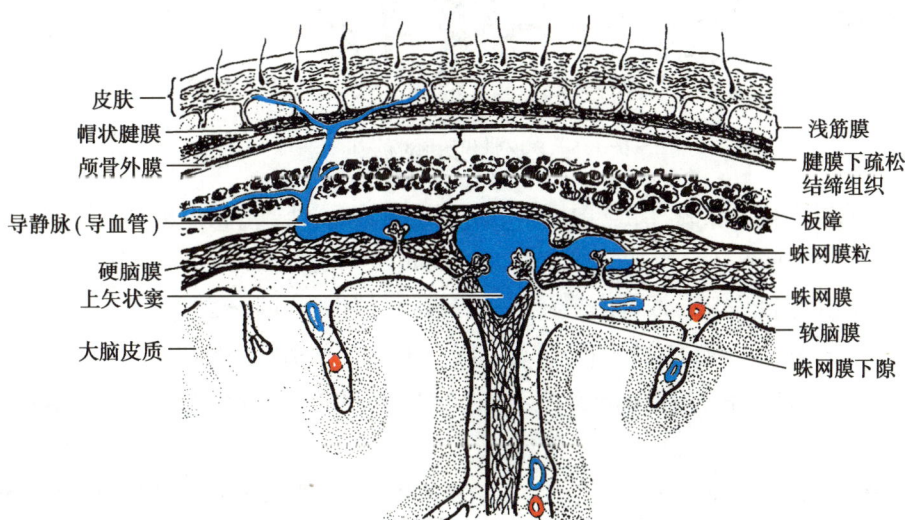

▲ 图1-4 颅顶层次（冠状面）

（1）皮肤：此区皮肤较身体其他部位厚而致密，含有大量毛囊、汗腺和皮脂腺，为疖肿或皮脂腺囊肿的好发部位；具有丰富的血管及淋巴管，外伤时易出血，但伤口愈合较快。

（2）浅筋膜：由致密的结缔组织垂直纤维束和脂肪组织构成，纤维束把脂肪组织分隔成无数小格，使皮肤和帽状腱膜紧密相连，小格内有血管、神经穿行。感染时炎性渗出物不易蔓延扩散，红肿也多限于局部，炎症早期即可压迫神经末梢引起剧痛。此外，小格内的血管多被周围结缔组织固定，创伤时血管断端不易自行收缩闭合，故出血较多，需要压迫或缝合才能止血。

浅筋膜内的血管和神经根据其行程与分布，可分为前、后及外侧组（图1-5）。

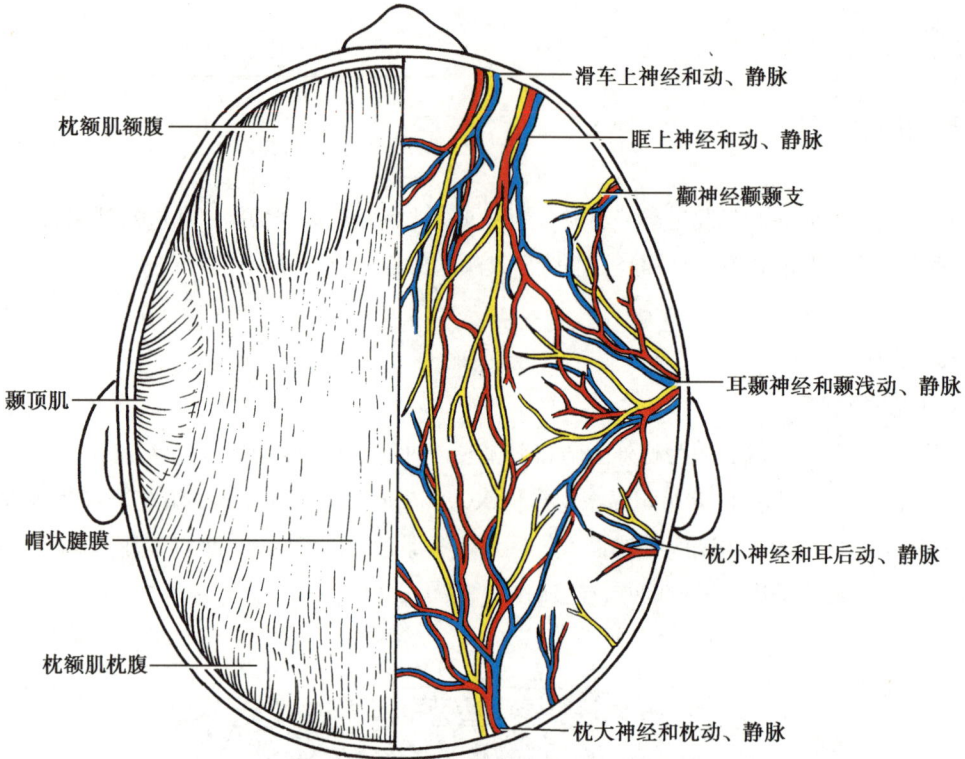

▲ 图1-5　枕额肌和颅顶部的血管、神经

1）前组：又分内、外侧两组。内侧组距正中线约2.0cm处，有滑车上动、静脉和滑车上神经。外侧组距正中线约2.5cm处，有眶上动、静脉和眶上神经。两动脉均为眼动脉的终支；伴行静脉末端汇合成为内眦静脉；同名神经为三叉神经第一支眼神经的分支。

2）后组：有枕动、静脉和枕大神经等，分布于枕区。枕动脉为颈外动脉的分支；枕静脉汇入颈外静脉；枕大神经来自第二颈神经的后支，封闭该神经时宜在枕外隆凸下方一横指，向两侧约2.0cm处进针。

3）外侧组：包括耳前和耳后两组。耳前组有颞浅动、静脉及其伴行的耳颞神经；耳后组有耳后动、静脉及枕小神经。

由于颅顶的神经分布互相重叠，在局部麻醉时，仅阻滞一支神经常达不到满意效果，需要扩大神经阻滞范围。

静脉主干与同名动脉伴行，颅顶的静脉在浅筋膜内吻合形成静脉网，额内、外侧静脉汇经内眦静脉再入面静脉，内眦静脉与颅内海绵窦相交通；颞浅静脉、上颌静脉汇入下颌后静脉，下颌后静脉经翼静脉丛与颅内相交通；耳后静脉与枕静脉汇入颈外静脉。

（3）帽状腱膜（galea aponeurotica）：是一层坚韧而厚的腱膜，前连枕额肌的额腹，后连枕腹，两侧逐渐变薄，续于颞筋膜浅层。头皮裂伤伴有帽状腱膜横向断裂时，易因枕额肌的收缩而致伤口裂开。缝合头皮时，应将腱膜仔细缝合，以减少皮肤张力，有利于止血和伤口的愈合。

（4）腱膜下疏松结缔组织：又称腱膜下间隙，是位于帽状腱膜与颅骨骨膜之间的一薄层疏松结缔组织。其范围较大，前至眶上缘，后达上项线。头皮借此层与颅骨外膜疏松相连，故移动性大，开颅时可经此间隙将皮瓣游离后翻起，头皮撕脱伤时整个头皮可与深层分离。腱膜下间隙出血或化脓可在此间隙内广泛蔓延至整个颅顶部。此间隙内的静脉经导静脉与颅骨的板障静脉及颅内的硬脑膜窦相通，若发生感染，可经上述途径继发颅骨骨髓炎或向颅内扩散，因此，腱膜下间隙在外科临床被认为是颅顶部的"危险区"。

（5）颅骨外膜：由薄而致密的结缔组织构成，借少量结缔组织与颅骨表面相连，手术时较易剥离。严重的头皮撕脱伤可将头皮连同部分骨膜一并撕脱。骨膜与颅缝紧密愈着，故骨膜下血肿常局限于一块颅骨的范围内，而不会向四周蔓延。颅骨外膜对颅骨的滋养作用较小，手术剥离后不会导致颅骨坏死。

案例1-1　　　患者，男，40岁，因"头部外伤后出血约30分钟"入院。患者于入院前30分钟饮酒时与他人发生争执，被酒瓶击中头部而出血不止，急来医院就诊。入院后行颅脑CT检查示：未见脑组织明显挫伤及颅内出血。体格检查见左侧额顶枕区一约7.0cm裂口，创缘欠规则，深达骨面，可见玻璃碎片；头顶部部分头皮撕脱，眼睑结膜、乳突部无淤血，耳鼻咽部无出血及脑脊液流出。

思考：
1. 请阐述额顶枕区软组织由浅入深的层次结构。
2. 请阐述颅顶部"危险区"。

（二）颞区

1. 境界　位于颅顶的两侧，介于上颞线与颧弓上缘之间。

2. 层次　颞区的软组织层次与颅顶部略有不同，由浅入深依次为：皮肤、浅筋膜、颞筋膜、颞肌和颅骨外膜。

（1）皮肤：比额顶枕区稍薄，移动性较大，有利于手术切口缝合，愈合后瘢痕也较小。

（2）浅筋膜：前部较薄，后部较厚，此层脂肪较少，上方与颅顶浅筋膜相连，下方续于面部的浅筋膜，浅筋膜内有颞浅动脉、颞浅静脉、耳颞神经及面神经颞支。

（3）颞筋膜：上方附着于上颞线，向下分为浅、深两层，浅层附着于颧弓外面，深层附着于颧弓内面，两层之间夹有脂肪组织，颞中动脉和颞中静脉由此经过。

（4）颞肌：呈扇形，位于颞筋膜深层深面，起自颞窝的颅骨外膜和颞筋膜深层深面，前中部肌纤维向下，后部肌纤维向前，逐渐集中，经颧弓的深面，止于下颌骨冠突和下颌支的前缘，附着牢固，手术时不易剥离。颞肌与颞筋膜深层下部之间有脂肪组织充填，称颞浅间隙。颞肌强厚，与颞筋膜深层一起对颅骨起到很好的保护作用，经颞区开颅时即使切除其深面的颞骨鳞部，仍能对其深面的脑膜和脑组织起到保护作用，故颞区为开颅术常用的手术入路之一。

（5）颅骨外膜：很薄，紧贴于颞骨表面，因而此区很少发生骨膜下血肿。骨膜与颞肌之间，含大量脂肪组织及颞深血管和神经，称颞深间隙。经颧弓深面与颞下间隙相通，再向前则与面部颊脂体相连。因此，颞深间隙中有出血或炎症时可向下蔓延至面部，形成面深部的血肿或脓肿，牙源性感染等面部炎症也可蔓延到颞深间隙。

3. 外耳　包括耳郭、外耳道和鼓膜（图1-6）。

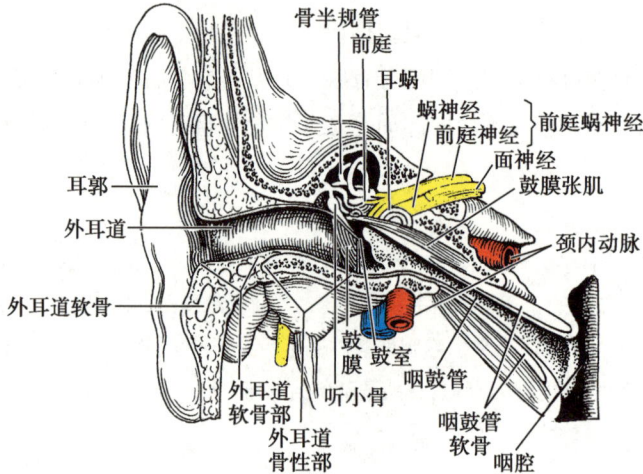

▲ 图1-6　前庭蜗器模式图

（1）耳郭：位于头部两侧，由弹性软骨和结缔组织构成支架，表面被覆以皮肤，缺乏皮下组织，但血管神经丰富。下端的小部分仅含结缔组织和脂肪，称耳垂。耳郭的神经来自耳大神经、枕小神经，以及舌咽神经和迷走神经的分支等。耳郭的外部形态是耳针取穴的标志。

（2）外耳道（external acoustic meatus）：为外耳门至鼓膜间的弯曲管道，成人长约2.5cm。其外侧1/3为外耳道软骨部，内侧2/3为外耳道骨性部，两部交界处较狭窄。外耳道是一弯曲的管道，从外向内，先走向前上，再向后，最后向前下方。由于软骨部可被牵动，将耳郭向后上方牵拉可使外耳道变直，可观察到鼓膜。婴儿因发育未完全，外耳道短而狭窄，鼓膜近水平位，检查时须拉耳郭向后下方。外耳道表面皮肤较薄，含有丰富的感觉神经末梢、毛囊、皮脂腺和耵聍腺，其与软骨膜和骨膜结合紧密，故炎症肿胀时疼痛剧烈。耵聍腺分泌耵聍，如凝结成块阻塞外耳道，则影响听力。

（3）鼓膜（tympanic membrane）：位于外耳道与鼓室之间，为椭圆形半透明薄膜，周边附于颞骨上；其外侧面向前、下、外倾斜，故外耳道前壁和下壁较长。鼓膜中心向内凹陷，为锤骨柄末端附着处，称鼓膜脐。鼓膜的上1/4为鼓膜松弛部，下3/4为鼓膜紧张部，在活体鼓膜的前下方有一个三角形的反光区，称光锥。中耳某些疾患可引起光锥的改变。

二、颅底内面

颅底内面由额骨眶部、筛骨筛板、蝶骨体、蝶骨大翼及小翼、颞骨鳞部内面、颞骨岩部内面、枕鳞内面、枕骨基底部和枕骨侧部连接构成，骨质厚薄不一，孔裂多，颅底各骨与硬脑膜附着紧密。当颅底骨折时，易损伤硬脑膜导致脑脊液外漏。颅底内面有三个凹陷，由前向后依次为颅前窝、颅中窝及颅后窝（图1-7）。

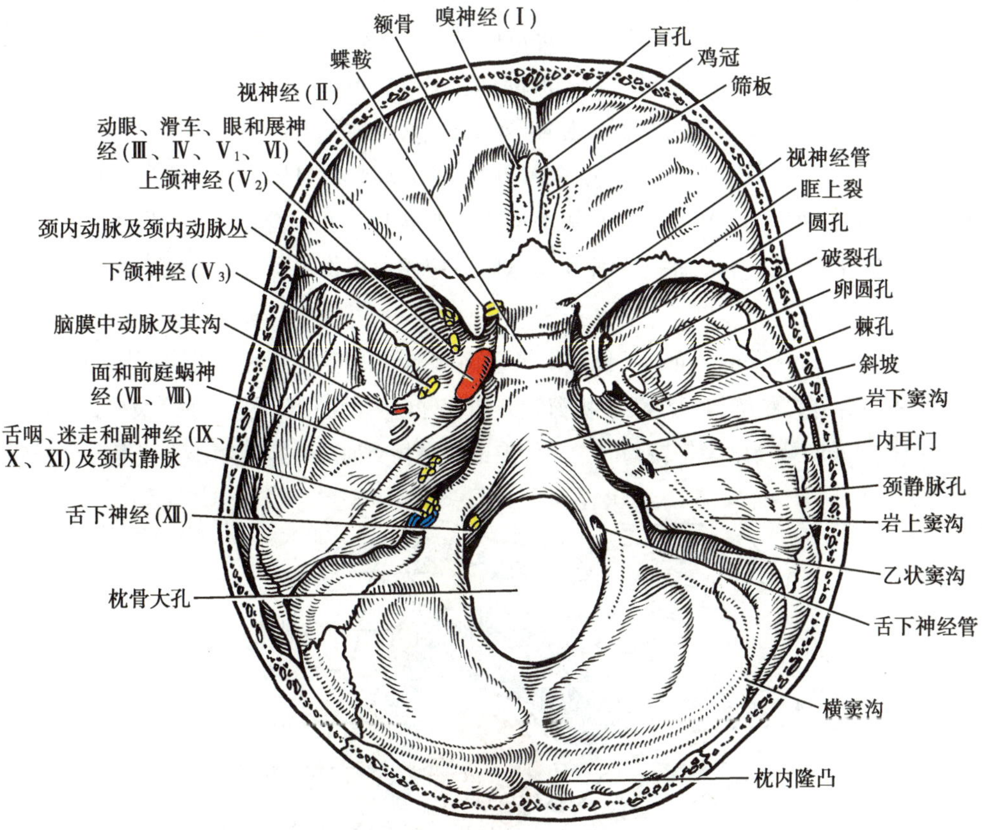

额骨　嗅神经（Ⅰ）
蝶鞍
视神经（Ⅱ）
动眼、滑车、眼和展神经（Ⅲ、Ⅳ、Ⅴ₁、Ⅵ）
上颌神经（V₂）
颈内动脉及颈内动脉丛
下颌神经（V₃）
脑膜中动脉及其沟
面和前庭蜗神经（Ⅶ、Ⅷ）
舌咽、迷走和副神经（Ⅸ、Ⅹ、Ⅺ）及颈内静脉
舌下神经（Ⅻ）
枕骨大孔

盲孔
鸡冠
筛板
视神经管
眶上裂
圆孔
破裂孔
卵圆孔
棘孔
斜坡
岩下窦沟
内耳门
颈静脉孔
岩上窦沟
乙状窦沟
舌下神经管
横窦沟
枕内隆凸

▲ 图1-7　颅底内面观

（一）颅前窝

颅前窝（anterior cranial fossa）由额骨眶部、筛骨筛板和蝶骨小翼组成，容纳大脑半球额叶。前部正中凹陷为筛骨筛板，构成鼻腔顶，筛板上有筛孔，通鼻腔。筛板上方容纳嗅球，筛板中央向上的突起称鸡冠。前外侧部形成眶的顶部，内有额窦。颅前窝骨质较薄，易发生颅底骨折。

（二）颅中窝

颅中窝（middle cranial fossa）由蝶骨体、蝶骨大翼和颞骨岩部等构成。中央部是蝶鞍区，该区主要结构有垂体、垂体窝和两侧的海绵窦；两外侧窝内容纳大脑颞叶，其前部以蝶骨小翼后缘与颅前窝分界，后部以颞骨岩部上缘与颅后窝分界。

1. 蝶鞍区

（1）垂体（hypophysis）：垂体位于蝶鞍中央的垂体窝内，借漏斗与下丘脑相连。按发生来源可将垂体分为腺垂体和神经垂体两部分。按组织结构和功能特点，腺垂体又可分为远侧部、结节部和中间部，神经垂体可分为神经部和漏斗。远侧部和结节部合称前叶，中间部和神经部合称后叶。垂体的血液供应来源于颈内动脉和大脑前动脉等发出的分支。垂体的静脉汇入海绵窦。

垂体肿瘤可突入第三脑室，引起脑脊液循环障碍，导致颅内压增高。据资料统计，垂体的前后径约0.8cm，垂直径约0.6cm；蝶鞍的前后径平均1.19cm，横径平均1.4cm，深度平均0.7cm。垂体肿瘤患者的X线片可见蝶鞍变形扩大，对诊断垂体病变有重要意义。

（2）垂体窝：垂体窝的顶部为硬脑膜形成的鞍膈，鞍膈的前上方有视交叉和经视神经管穿入的视神经。腺垂体发生肿瘤时可将鞍膈前部推向上方压迫视交叉，出现双眼视野缺损。垂体窝的底部仅隔一薄层骨壁与蝶窦相邻，垂体病变时可使垂体窝的深度增加，甚至侵及蝶窦。垂体窝的前方为鞍结节，后方为鞍背，垂体肿瘤时，两处的骨质可因受压而变薄，或出现骨质破坏现象。垂体窝的两侧为海绵窦，垂体肿瘤向两侧扩展时，可压迫海绵窦，发生海绵窦淤血及出现脑神经受损的症状。在行垂体肿瘤切除术时，应避免损伤视神经、视交叉、海绵窦和颈内动脉等。

（3）海绵窦（cavernous sinus）：是位于蝶鞍两侧的硬脑膜窦，由硬脑膜两层间的腔隙构成（图1-8）。窦内有许多结缔组织小梁，将窦腔分隔成许多小的腔隙，窦中血流缓慢，当海绵窦感染时易形成栓塞。两侧海绵窦经鞍膈前、后的海绵间窦相交通，一旦发生感染可蔓延至对侧。

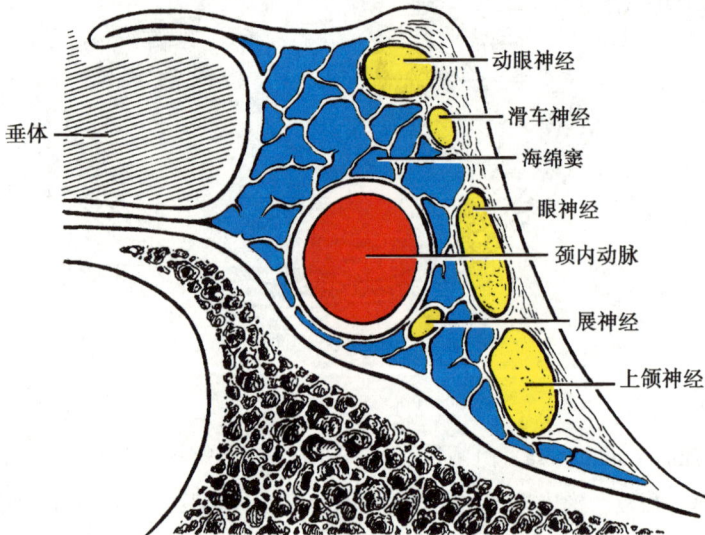

▲ 图1-8 海绵窦（冠状面）

海绵窦前达眶上裂内侧部，后至颞骨岩部的尖端。窦内有颈内动脉和展神经通过。海绵窦外侧壁内，由上至下有动眼神经、滑车神经、眼神经与上颌神经经过，如海绵窦发生病变，可出现上述神经麻痹与神经痛、结膜充血及水肿等症状，即海绵窦综合征。海绵窦内的颈内动脉和展神经借结缔组织小梁固定于窦壁，颅底骨折除可伤及海绵窦外，也可伤及颈内动脉和展神经。海绵窦前端与眼静脉、翼静脉丛、面静脉和鼻腔的静脉有交通支，面部感染可通过交通静脉扩散，引起海绵窦感染或血栓形成。海绵窦后端在颞骨岩部尖端处与岩上窦和岩下窦相连，岩上窦汇入横窦或乙状窦，岩下窦经颈静脉孔汇入颈内静脉。海绵窦后端与位于岩部尖端处的三叉神经节贴近，所以在行三叉神经节手术时应避免伤及海绵窦。海绵窦向后还与斜坡上的基底静脉丛相连通，基底静脉丛向下与椎内静脉丛相连，椎内静脉丛又与体壁的静脉相交通。当腹膜后间隙感染时，可经基底静脉丛扩散蔓延至颅内，引起颅内感染。

海绵窦内侧壁上部与垂体相邻，垂体肿瘤可压迫窦内的动眼神经和展神经，引起眼球运动障碍、上睑下垂、瞳孔开大及眼球突出。海绵窦内侧壁下部借薄的骨壁与蝶窦相邻，所以蝶窦炎时可引起海绵窦血栓形成。

2. 颅中窝外侧部 颅中窝外侧部容纳大脑半球的颞叶。颅中窝前壁有通向眼眶的眶上裂，有动眼神经、滑车神经、展神经、眼神经及眼上静脉通过。眶上裂发生骨折时可损伤这些神经引起眼球固定、瞳孔开大、上睑下垂、额部皮肤浅感觉障碍及角膜反射消失等，即眶上裂综合征。颅中窝外侧部的孔裂由前内至后外有圆孔、卵圆孔和棘孔，分别有上颌神经、下颌神经及脑膜中动脉穿过。鼓室盖位于颞骨岩部的前面，弓状隆起的外侧，由薄层骨质构成，是分隔鼓室与颞叶及脑膜的屏障。在颞骨岩部尖端处有三叉神经压迹，三叉神经节位于此处硬脑膜形成的间隙内。

案例1-2 患者，女，32岁，未婚，教师。近半年来，经常右侧头痛，最近一周，右侧头痛加剧，同侧睑结膜充血，眼球视物出现重影。自己以为是看手机频繁的缘故，在家自行滴眼药水但无缓解。入院行颅脑CT检查示：垂体窝有一约0.5cm×0.8cm占位性病变，周围骨质破坏，边缘模糊，并突入右侧海绵窦。

思考：请用所学的解剖学知识解释该患者所出现的临床症状。

（三）颅后窝

颅后窝（posterior cranial fossa）由枕骨内面和颞骨岩部后面构成，位置最低、较深且面积最大，窝内容纳小脑、脑桥和延髓。颅后窝底的中央为枕骨大孔，是颅腔与椎管连接处，延髓经此孔与脊髓相接，并有左、右椎动脉和副神经的脊髓根穿过。枕骨大孔前方为斜坡，斜坡上面有脑桥和延髓，其下面为咽腔顶壁。在枕骨大孔前外侧缘有舌下神经通行的舌下神经管。

颞骨岩部后面中份有内耳门，向外通内耳道，有面神经、前庭蜗神经、迷路动脉、迷路静脉穿行。枕骨外侧部与颞骨岩部间有颈静脉孔，内有舌咽神经、迷走神经、副神经和颈内静脉通过。

枕内隆凸处有窦汇，窦汇向两侧延续为横窦，在横窦沟内行向颞骨岩部上缘的后端，在此处延续为乙状窦。乙状窦沿颞骨岩部后面向内下行达颈静脉孔，续于颈内静脉（图1-9）。

枕骨大孔的后上方邻近小脑半球下面内侧部的小脑扁桃体，颅内压增高时，小脑扁桃体因受挤压嵌入枕骨大孔，则形成枕骨大孔疝，可压迫延髓的呼吸和心血管运动中枢，危及患者的生命。

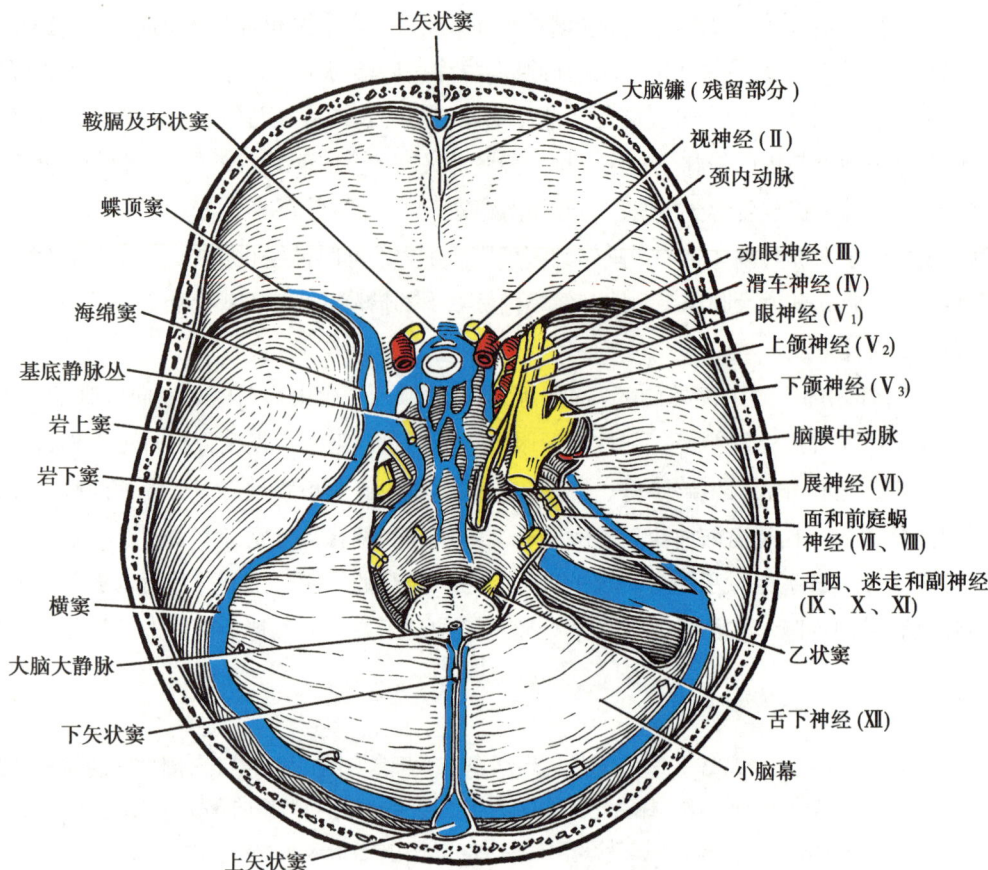

上矢状窦

大脑镰（残留部分）

鞍膈及环状窦

视神经（Ⅱ）

蝶顶窦

颈内动脉

海绵窦

动眼神经（Ⅲ）

基底静脉丛

滑车神经（Ⅳ）

岩上窦

眼神经（V₁）

岩下窦

上颌神经（V₂）

下颌神经（V₃）

脑膜中动脉

展神经（Ⅵ）

面和前庭蜗
神经（Ⅶ、Ⅷ）

横窦

舌咽、迷走和副神经
（Ⅸ、Ⅹ、Ⅺ）

大脑大静脉

乙状窦

下矢状窦

舌下神经（Ⅻ）

小脑幕

上矢状窦

▲ 图1–9　小脑幕及颅底的静脉窦

三、颅腔

（一）脑的被膜、血管和脑脊液

1. 脑的被膜　从外向内依次为硬脑膜、脑蛛网膜和软脑膜，这些被膜对脑具有保护、支持及营养作用。

（1）硬脑膜（cerebral dura mater）：硬脑膜坚韧有光泽，分内、外两层，外层即颅骨内面的骨膜，内层较外层坚厚，其间有丰富的血管和神经。硬脑膜与颅盖结合疏松，外伤时，硬脑膜和颅盖之间常形成硬膜外血肿。硬脑膜与颅底结合紧密，颅底骨折时，硬脑膜和脑蛛网膜同时撕裂，易发生脑脊液漏。硬脑膜在一些部位折叠形成大脑镰、小脑幕、小脑镰和鞍膈等隔幕，并突入脑的裂隙中，对脑具有保护作用。

1）大脑镰（cerebral falx）：呈半月状，形似镰刀，深入两侧大脑半球之间，其前端附于鸡冠，后部连于小脑幕上面的正中线上，下缘游离于胼胝体上方。

2）小脑幕（tentorium of cerebellum）：深入大脑与小脑之间，其后外侧缘附于枕骨的横窦沟和颞骨岩部的上缘，前内侧缘游离并向前延伸附着于前床突，称小脑幕切迹（图1–9）。小脑幕切迹与鞍背连接形成一卵圆形的孔，称小脑幕裂孔，内有中脑通过。小脑幕将颅腔分为小脑幕上区和小脑幕下区。小脑幕切迹上方与颞叶的海马旁回和钩紧邻。当颅内压显著增高时，海马旁回和钩受挤压移位至小脑幕切迹的下方，形成小脑幕裂孔疝（海马沟回疝），压迫大脑脚及动眼神经，出现同侧眼球外肌麻痹、瞳孔开大、对光反射消失、对侧肢体轻瘫等症状及体征。

3）小脑镰（cerebellar falx）：深入小脑半球之间，其上缘邻小脑蚓下面。

4）鞍膈（diaphragma sellae）：位于蝶鞍上方，位于鞍背上缘和鞍结节之间，形成垂体窝的顶；其中央有一小孔，容漏斗通过，膈下为垂体（图1-10）。

硬脑膜在某些部位内、外两层分开形成的腔隙为硬脑膜窦，窦内面衬以一层内皮细胞，腔内含静脉血，为颅内静脉血回流的管道（图1-10）。主要的硬脑膜窦有：① 上矢状窦，位于大脑镰的上缘，起于盲孔，向后汇入窦汇；② 下矢状窦，位于大脑镰的下缘，向后汇入直窦；③ 直窦，位于大脑镰和小脑幕的相接处，向后通窦汇；④ 窦汇（confluence of sinus），由上矢状窦与直窦在枕内隆凸处汇合扩大而成，向两侧移行为左、右横窦；⑤ 横窦，位于小脑幕后外侧缘附着处的枕骨横窦沟内，连接窦汇与乙状窦；⑥ 乙状窦，位于乙状窦沟内，为横窦的延续，经颈静脉孔续为颈内静脉；⑦ 岩上窦和岩下窦，分别位于颞骨岩部的上缘和后缘，将海绵窦的血液分别引向横窦和颈内静脉。硬脑膜窦内的血液流向如图1-11所示。

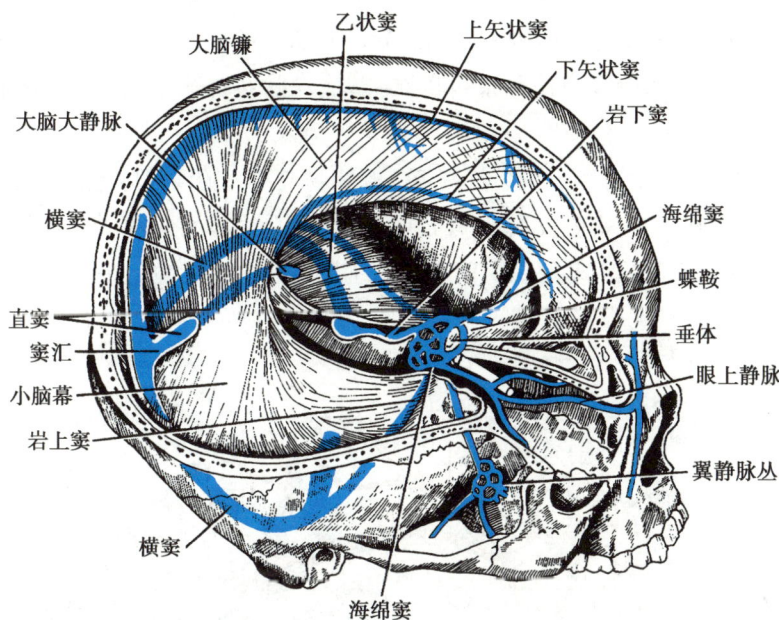

▲ 图1-10　硬脑膜及硬脑膜窦

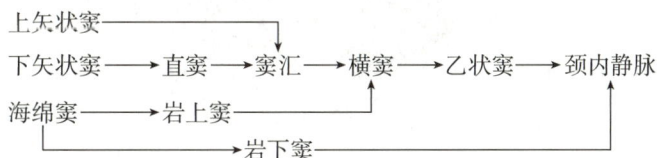

▲ 图1-11　硬脑膜窦内的血液流向

（2）脑蛛网膜（cerebral arachnoid mater）：脑蛛网膜薄而透明，缺乏血管和神经，与硬脑膜之间的狭窄间隙为硬膜下隙；与软脑膜之间的腔隙为蛛网膜下隙（subarachnoid space），内含脑脊液，脑与脊髓的蛛网膜下隙相通。脑蛛网膜在上矢状窦两侧形成的蛛网膜粒（arachnoid granulations）突入上矢状窦内，脑脊液通过这些颗粒渗入硬脑膜窦内，回流入静脉。

（3）软脑膜（cerebral pia mater）：软脑膜薄而富有血管，紧贴脑的表面并深入脑沟、脑裂和脑室中，软脑膜及其表面的血管丛和脑室内的室管膜上皮共同突入脑室中，形成脉络丛。

2. 脑的血管

（1）脑的动脉：来自颈内动脉和椎动脉。颈内动脉分布于脑的主要分支包括后交通动脉、脉络丛前动脉、大脑前动脉、大脑中动脉。椎动脉入颅后的主要分支有脊髓前动脉、脊髓后动脉和小脑下后动脉。左、右椎动脉在脑桥下缘合并成一条基底动脉（basilar artery），基底动脉发出的分支有小脑下前动脉、脑桥动脉、小脑上动脉和大脑后动脉等。大脑中动脉主要营养半球上外侧面顶枕沟以前的部分；大脑前动脉主要营养半球内侧面顶枕沟以前的部分；颞叶内侧面、底面和枕叶由大脑后动脉营养（图1-12）。大脑前、中、后动脉起始部均发出穿入脑实质的中央支供应内囊、尾状核、豆状核及间脑等结构。

大脑动脉环（cerebral arterial circle）又称Willis环，位于脑底面，围绕在视交叉、灰结节和乳头体周围。由前交通动脉，两侧大脑前、后动脉的起始段，两侧颈内动脉末段和两侧后交通动脉组成，此环使两侧颈内动脉系统与椎-基底动脉系统互相交通，维持脑的血液供应（图1-13）。

（2）脑的静脉：脑的静脉可分浅、深两组，互相吻合。大脑浅静脉包括大脑上静脉、大脑中浅静脉和大脑下静脉，收集脑皮质及皮质下髓质的静脉血，直接注入邻近的硬脑膜窦。大脑深静脉收集大脑深部髓质、基底核、间脑、脑室脉络丛的静脉血，最后经大脑大静脉汇入直窦。

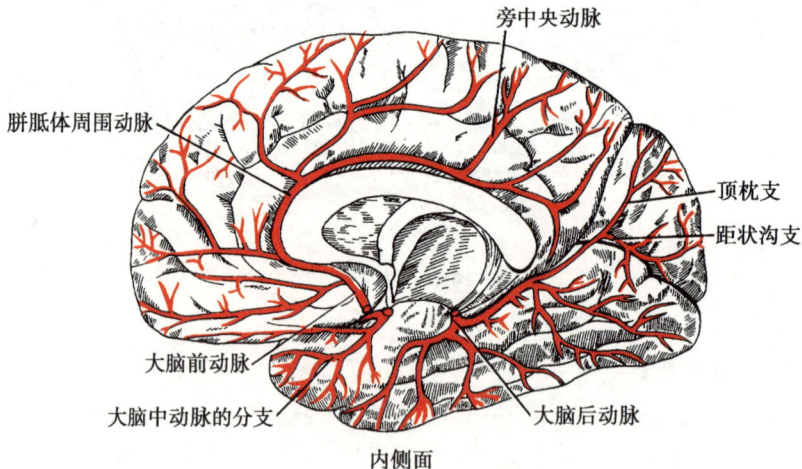

图中标注：旁中央动脉、胼胝体周围动脉、顶枕支、距状沟支、大脑前动脉、大脑中动脉的分支、大脑后动脉、内侧面

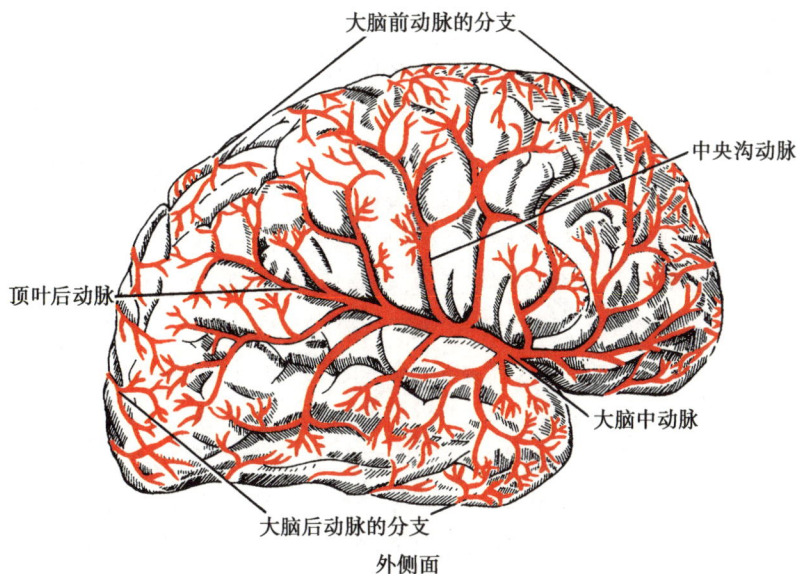

大脑前动脉的分支

中央沟动脉

顶叶后动脉

大脑中动脉

大脑后动脉的分支

外侧面

▲ 图1-12 大脑前、中、后动脉在大脑半球表面的分布区域

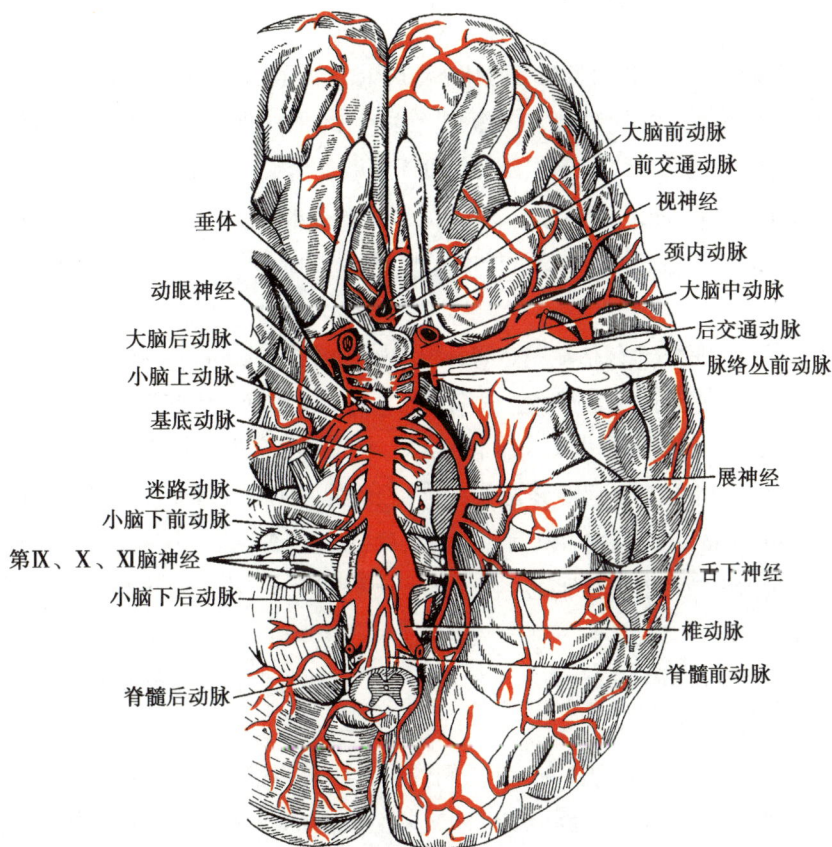

垂体

动眼神经

大脑后动脉

小脑上动脉

基底动脉

迷路动脉

小脑下前动脉

第IX、X、XI脑神经

小脑下后动脉

脊髓后动脉

大脑前动脉

前交通动脉

视神经

颈内动脉

大脑中动脉

后交通动脉

脉络丛前动脉

展神经

舌下神经

椎动脉

脊髓前动脉

▲ 图1-13 脑底面示脑的动脉及分支

　　1. 脑出血　基底节和内囊区域是高血压动脉硬化性脑出血最常见的部位，约占高血压性脑出血的55%。长期高血压可导致血管壁平滑肌纤维化，如果合并血管壁脂质沉着，大脑中动脉中央支受局部压力较大的部分就易发生局部扩张，形成微小动脉瘤，最终导致动脉瘤破裂而产生出血。

　　2. 脑梗死　供应基底节和内囊区域的动脉也常常是血管闭塞的好发部位。颅内、外较大的动脉壁脱落下的动脉粥样硬化斑块，通常形成微小栓子，随着血液运行至供应基底节和内囊的动脉，造成动脉闭塞，如脉络丛前动脉闭塞；如果梗阻了营养内囊后肢、内囊膝的动脉，会产生"三偏"综合征，即偏瘫、偏盲和偏身感觉障碍。

　　3. 颈动脉盗血综合征　如果患者的一侧颈内动脉闭塞，则健侧颈内动脉的血液主要经大脑动脉环的前交通动脉反流入患侧颈内动脉系统。由于后交通动脉常发生不全，通过椎-基底动脉系统进行代偿的意义较小。此时，健侧颈内动脉部分血液流向患侧，患侧大脑半球可发生供血不足，从而出现功能障碍。因而，颈动脉盗血综合征早期主要表现在闭塞血管的同侧半球，并逐渐发生对侧半球血供不足的症状。

3. 脑脊液及其循环　脑脊液由各脑室的脉络丛产生，为无色透明液体，充满于脑室及蛛网膜下隙，内含葡萄糖、少量蛋白质和细胞，对中枢神经系统有缓冲、保护、营养、运输代谢产物及维持正常颅内压的作用，成人总量约150ml。脑脊液处于不断地产生、循环和回流的平衡状态。其流向为：侧脑室的脑脊液经室间孔流入第三脑室，向下经中脑导水管流入第四脑室，经第四脑室外侧孔和正中孔流入蛛网膜下隙，最后从上矢状窦两侧的蛛网膜粒流入硬脑膜窦，汇入颈内静脉（图1-14）。

（二）脑

脑（brain）位于颅腔内，包括端脑、间脑、中脑、脑桥、延髓和小脑六部分。其中，中脑、脑桥和延髓合称脑干。胚胎早期，神经管头端首先发育成前脑泡、中脑泡和菱脑泡三个脑泡；随后，脑泡进一步发育，前脑泡分化成端脑和间脑，中脑泡演变为中脑，菱脑泡发育成后脑和末脑，后脑分化为脑桥和小脑，末脑则形成延髓。神经管的内腔则发育成各脑部内的脑室系统。

1. 脑干（brain stem）　位于颅后窝前部，斜坡后方，上接间脑，下端于枕骨大孔高度续为延髓，由上至下依次为中脑、脑桥和延髓，在脑桥、延髓的背面与小脑之间的空腔为第四脑室。

（1）脑干外形

1）延髓（medulla oblongata）：为脑干的最下部，在枕骨大孔处与脊髓相连，上端借延髓脑桥沟、髓纹与脑桥分界。

腹侧面：正中有纵行的前正中裂，其两侧的纵行隆起为锥体（pyramid），内含下行的锥体束，锥体下端大部分纤维交叉到对侧形成锥体交叉（decussation of pyramid）；锥体外侧为前外侧沟，沟内连有舌下神经根丝；舌下神经根外侧的隆起为橄榄，内有下橄榄核；橄榄的后外侧从上到下依次连有舌咽神经、迷走神经和副神经的根丝（图1-15）。

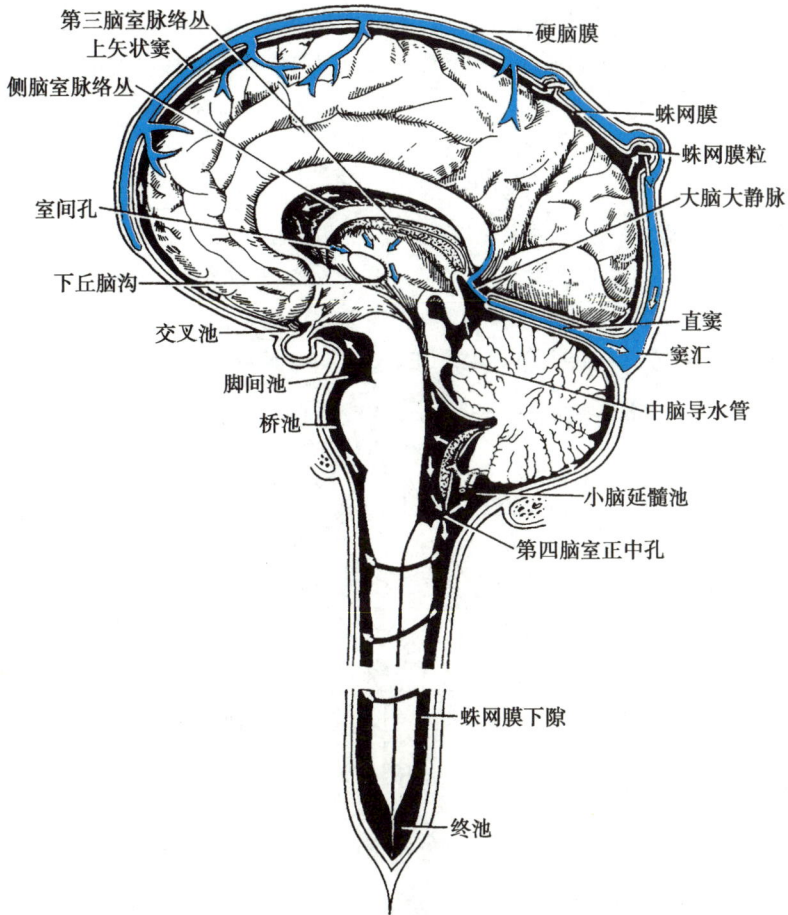

▲ 图1-14　脑脊液循环模式图

第三脑室脉络丛
上矢状窦
侧脑室脉络丛
室间孔
下丘脑沟
交叉池
脚间池
桥池
硬脑膜
蛛网膜
蛛网膜粒
大脑大静脉
直窦
窦汇
中脑导水管
小脑延髓池
第四脑室正中孔
蛛网膜下隙
终池

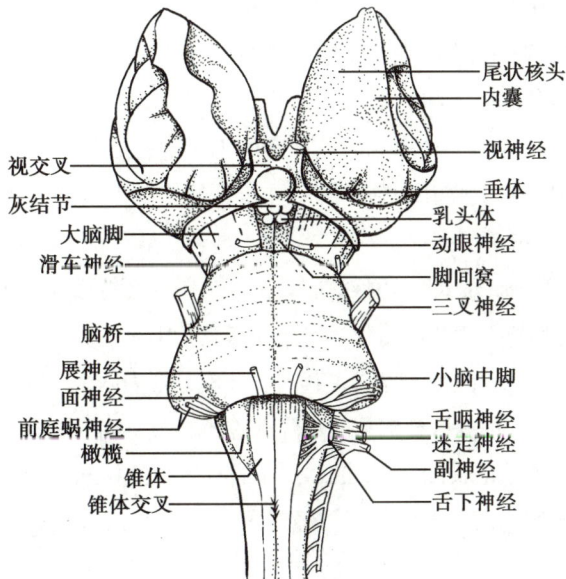

▲ 图1-15　脑干腹侧面观

视交叉
灰结节
大脑脚
滑车神经
脑桥
展神经
面神经
前庭蜗神经
橄榄
锥体
锥体交叉
尾状核头
内囊
视神经
垂体
乳头体
动眼神经
脚间窝
三叉神经
小脑中脚
舌咽神经
迷走神经
副神经
舌下神经

背侧面：上部参与构成第四脑室底，下部位于后正中沟两侧的膨隆为薄束结节（gracile tubercle）和楔束结节（cuneate tubercle），深面分别为薄束核和楔束核；楔束结节外上方的隆起是小脑下脚（图1-16）。

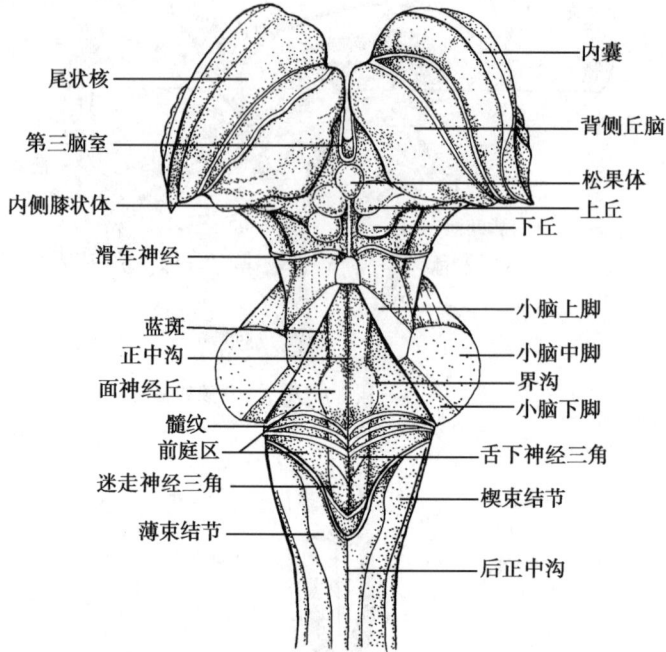

左侧标注（自上而下）：尾状核、第三脑室、内侧膝状体、滑车神经、蓝斑、正中沟、面神经丘、髓纹、前庭区、迷走神经三角、薄束结节

右侧标注（自上而下）：内囊、背侧丘脑、松果体、上丘、下丘、小脑上脚、小脑中脚、界沟、小脑下脚、舌下神经三角、楔束结节、后正中沟

▲ 图1-16　脑干背侧面观

2）脑桥（pons）：位于脑干中部，小脑的腹侧，上接中脑，下连延髓。

腹侧面：中央部为向前膨大的基底部，正中纵行的浅沟为基底沟，容纳基底动脉。基底部向外侧逐渐变窄移行为小脑中脚，两者交界处有三叉神经根出入。延髓脑桥沟内由内向外依次连有展神经、面神经和前庭蜗神经。临床上将延髓、脑桥后外侧与小脑夹角处，称脑桥小脑三角，前庭蜗神经根和面神经根居于此处（图1-15）。

背侧面：同延髓上部，为中央管形成的菱形窝的上半部，参与构成第四脑室底的上部。其外侧的隆起由内向外依次为小脑上脚和小脑中脚。连于两侧小脑上脚之间的薄片白质为上髓帆，其上方有滑车神经出脑（图1-16）。

3）菱形窝（rhomboid fossa）：即第四脑室底。位于延髓上部背面和脑桥背面，菱形窝中部的横行条纹称髓纹，为延髓与脑桥在背侧面的分界线。菱形窝正中有一纵行的正中沟，将菱形窝分成左右两半，正中沟的两侧各有一条纵行的界沟，其内、外侧分别为内、外侧区。外侧区呈三角形，称前庭区，深面有前庭神经核。前庭区外侧角的小隆起称听结节，内含蜗背侧核。内侧区近髓纹上方有一对圆形隆起，称面神经丘（facial colliculus），深面有展神经核和面神经膝。髓纹下方，正中沟的两侧可见两个三角形区域，内上方为舌下神经三角（hypoglossal triangle），内含舌下神经核，外下方为迷走神经三角（vagal triangle），内含迷走神经背核。此外，界沟上端有一蓝黑色区域，称蓝斑（locus ceruleus），内含蓝斑核，为含黑色素的去甲肾上腺素能神经元聚集的部位（图1-16）。

4）第四脑室（fourth ventricle）：为菱形窝与小脑之间围成的腔隙，向上经中脑导水管通第三脑室，向下通脊髓中央管。第四脑室的底为菱形窝，顶朝向小脑，其前部由小脑上脚及上髓帆组成，后部由下髓帆和第四脑室脉络组织组成。脉络组织内血管反复分支形成丛，与室管膜上皮和软膜突入第四脑室室腔，成为第四脑室脉络丛，可分泌脑脊液。脑脊液通过菱形窝下角正上方的第四脑室正中孔和第四脑室外侧隐窝处的两个第四脑室外侧孔流入蛛网膜下隙。

5）中脑（midbrain）：中间有中脑导水管，腹侧面上端借视束与间脑分界，下端与脑桥上缘相连。

腹侧面：有一对圆柱形的隆起称大脑脚（cerebral peduncle），左、右大脑脚之间的窝为脚间窝，内有动眼神经出脑，窝底因有许多血管穿入称后穿质（图1-15）。

背侧面：有两对圆形隆起，分别为上丘和下丘。上丘（superior colliculus）以上丘臂连于外侧膝状体；下丘（inferior colliculus）以下丘臂连于内侧膝状体，下丘下方近中线处有一对滑车神经穿出（图1-16）。

理论与实践　　　　　　　　代表性脑干损伤与症状

1. 瓦伦贝格综合征（又称延髓背外侧综合征）　病变范围主要在延髓上段的后外侧区。主要损伤和症状包括：① 该病变区域含有脊髓丘脑束（属于已经交叉之后的纤维，传导对侧肢体的浅感觉）、三叉神经脊束及三叉神经脊束核（直接与同侧三叉神经根联系，传导同侧面部的浅感觉）。因此，这两个束同时受损时，将引起同侧面部和对侧肢体的痛觉、温度觉缺失和触觉减退，此为交叉性偏身感觉障碍。② 由脊髓小脑后束、橄榄小脑束和前庭小脑束等组成的小脑下脚受损，出现同侧肢体的小脑性共济失调。③ 病变若累及前庭神经核，则可发生垂直性眼球震颤、剧烈眩晕、恶心、呕吐等前庭系统刺激症状。④ 如果病变范围较大，尚可侵袭脑桥下部而引起展神经和面神经受损的症状。

2. 橄榄后综合征　常由血管闭塞性疾病或肿瘤引起，病变在橄榄后方的延髓外侧区，由于脊髓丘脑束在延髓侧区的周边部，此区损害可引起对侧肢体痛觉、温度觉缺失及触觉迟钝。舌咽神经、迷走神经及副神经根出橄榄后沟，所以在橄榄后区的病变累及上述神经。

3. 脑桥被盖部综合征　又称雷蒙-塞斯唐综合征，常由肿瘤及血管性疾病引起，病变区域在脑桥上段的被盖部。主要有如下症状：① 内侧丘系及其外侧的脊髓丘脑束损伤后，引起对侧肢体深、浅感觉缺失。如病变侵袭三叉神经感觉根和主核，还可以出现同侧面部感觉障碍，表现为交叉性感觉障碍的形式。② 当三叉神经运动核受损时，可出现同侧核性咀嚼肌瘫痪。③ 被盖中央束受损时，可出现肢体肌痉挛。④ 内侧纵束被侵袭时，可有眼球震颤。⑤ 当小脑上脚被累及时，可发生同侧肢体的小脑性共济失调。

4. 贝内迪克特综合征（动眼神经交叉性红核综合征）　多由炎症或外伤引起。主要有如下症状：① 红核区病变，对侧肢体共济失调。② 动眼神经根纤维传经红核，因此红核区病变时，出现同侧动眼神经麻痹的症状。③ 当病变侵袭后外侧部时，内侧丘系和脊髓丘系可受累，引起对侧肢体感觉障碍等症状。

（2）脑干内部结构：脑干内部结构比较复杂，除和脊髓一样含有灰质和白质外，还含有大量由灰、白质混杂在一起形成的网状结构。

1）灰质：脑干的灰质结构具有以下三个特点。① 不似脊髓那样是一个连续的、贯穿脊髓全长的灰质柱，而是由功能相同的神经元胞体聚集成的神经核。② 脑干灰质内的神经核分为三类，第一类直接与第Ⅲ～Ⅻ对脑神经纤维相连，称脑神经核；第二类不与脑神经相连，而与上、下行走的神经纤维束相连，称中继核，如薄束核、楔束核、下橄榄核、脑桥核、红核、黑质、顶盖前区等；第三类是网状结构内的核团，称网状核。后两类神经核又合称为非脑神经核。③ 脑神经核根据其神经元的性质和功能，可分为运动性脑神经核和感觉性脑神经核两类。运动性脑神经核位于界沟内侧，感觉性脑神经核位于界沟外侧。运动性脑神经核包括一般躯体运动核（支配由肌节演化来的骨骼肌）、一般内脏运动核（支配平滑肌、心肌和腺体）、特殊内脏运动核（支配由鳃弓衍化来的骨骼肌）。感觉性脑神经核包括一般躯体感觉核（接受头面部皮肤和黏膜一级传入纤维）、特殊躯体感觉核（接受内耳前庭器及蜗器的一级传入纤维）、一般内脏感觉核（接受内脏器官和心血管一级传入纤维）及特殊内脏感觉核（接受味觉一级传入纤维）（图1-17）。

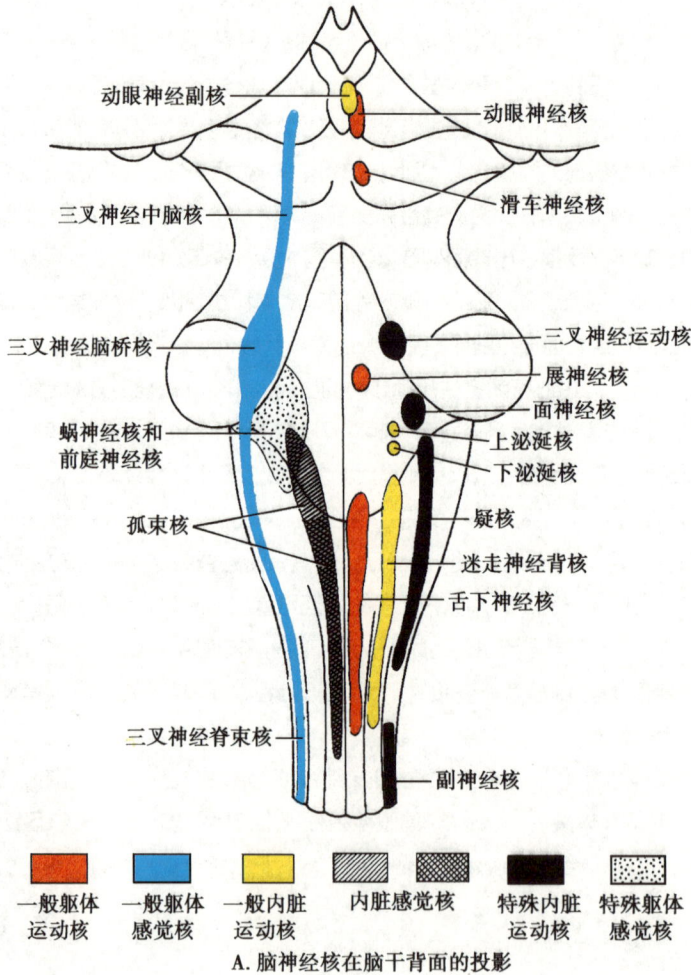

A. 脑神经核在脑干背面的投影

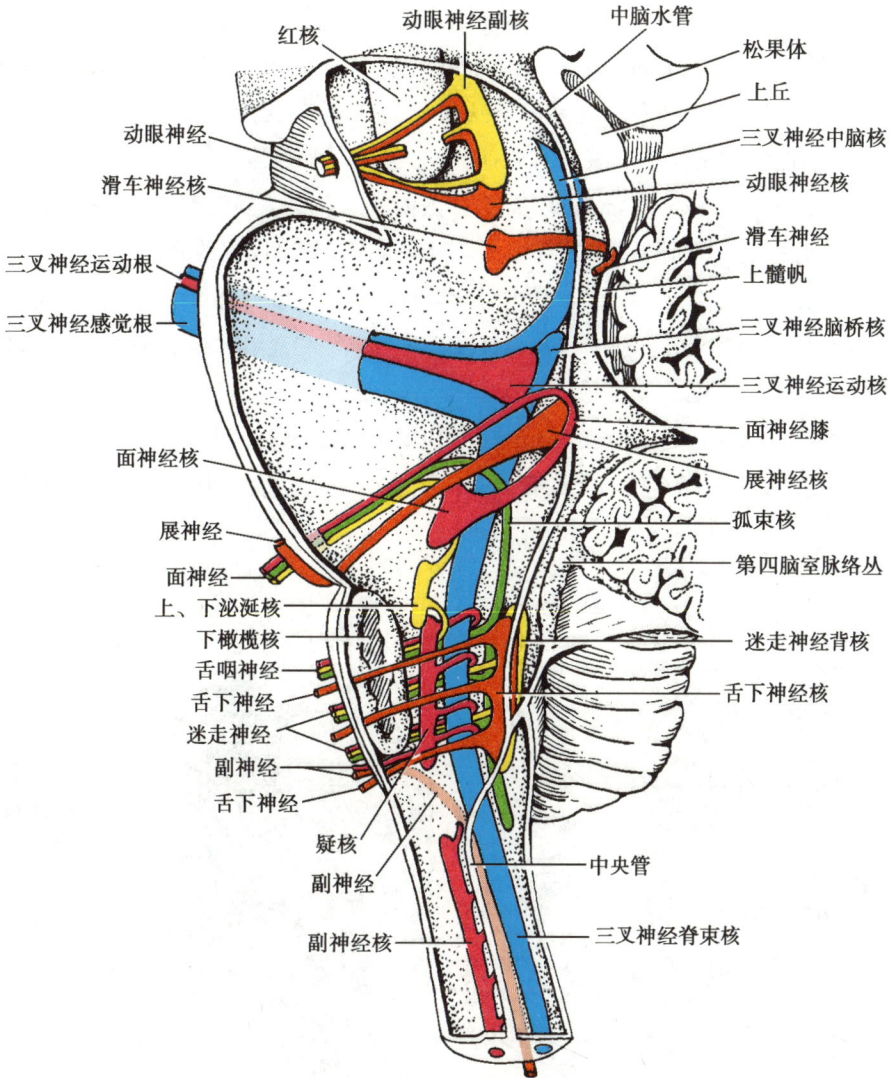

图中标注（按位置）：

红核　动眼神经副核　中脑水管　松果体　上丘　三叉神经中脑核　动眼神经核　滑车神经　上髓帆　三叉神经脑桥核　三叉神经运动核　面神经膝　展神经核　孤束核　第四脑室脉络丛　迷走神经背核　舌下神经核　中央管　三叉神经脊束核

动眼神经　滑车神经核　三叉神经运动根　三叉神经感觉根　面神经核　展神经　面神经　上、下泌涎核　下橄榄核　舌咽神经　舌下神经　迷走神经　副神经　舌下神经　疑核　副神经　副神经核

B. 脑神经核与脑神经关系模式图

绿色代表一般和特殊内脏感觉核；红色代表内脏感觉核；蓝色代表一般躯体感觉核；
黄色代表一般内脏运动核；紫色代表特殊内脏运动核。

▲ 图1-17　脑干内脑神经核分布模式图

A. 脑神经核

a. 延髓中的脑神经核共有七对（图1-17、图1-18）。

舌下神经核（nucleus of hypoglossal nerve）：为一般躯体运动核，位于舌下神经三角深面，几乎占据延髓全长。由此核发出的躯体运动纤维构成舌下神经，支配舌肌。

副神经核（accessory nucleus）：为特殊内脏运动核，由延髓部和脊髓部组成。延髓部位于疑核下部，发出纤维支配咽喉肌的运动；脊髓部为位于脊髓颈节内的副神经核，其发出的纤维支配胸锁乳突肌和斜方肌。

疑核（nucleus ambiguus）：为特殊内脏运动核，位于网状结构深部，伸展于延髓全长。其上部发出的纤维加入舌咽神经，中下部发出的运动纤维加入迷走神经，支配咽、喉、软腭各肌的运动。

迷走神经背核（dorsal nucleus of vagus nerve）：为一般内脏运动核（副交感核）。位于迷走神经三角深面，舌下神经核的外侧，几乎延伸延髓全长。此核发出副交感节前纤维，加入迷走神经，管理颈部、胸腔和腹腔大部分脏器的平滑肌、心肌运动和腺体的分泌。

下泌涎核（inferior salivatory nucleus）：为一般内脏运动核（副交感核），散在于延髓上段的网状结构中。由此核发出的副交感节前纤维加入舌咽神经，管理腮腺的分泌。

孤束核（nucleus of solitary tract）：为内脏感觉核。位于延髓后部孤束的周围，迷走神经背核的腹外侧，也延伸于延髓全长。接受来自面神经、舌咽神经和迷走神经中的一般内脏感觉纤维和特殊（味觉）内脏感觉纤维。

三叉神经脊束核（spinal nucleus of trigeminal nerve）：为一般躯体感觉核。此核细长，是脊髓颈段后角胶状质和后角固有核向上的延续，向上直达脑桥，接受来自头面部痛觉和温度觉的纤维。

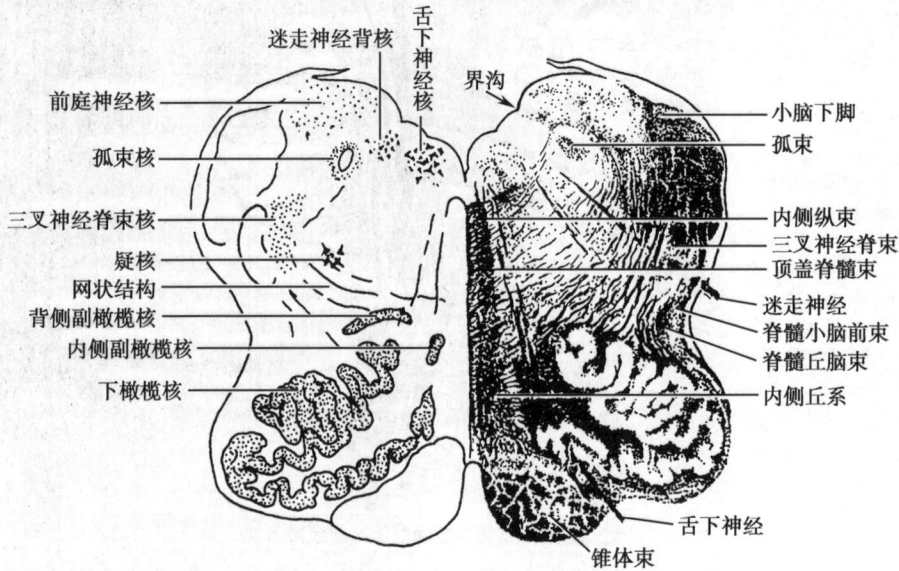

▲ 图1-18　延髓横切面（经橄榄中部）

b.脑桥中的脑神经核共有七对（图1-17、图1-19）。

展神经核（abducens nucleus）：为一般躯体运动核。位于菱形窝面神经丘的深面，由此核发出的纤维组成展神经，支配外直肌。

面神经核（nucleus of facial nerve）：为特殊内脏运动核。位于脑桥下段网状结构的腹外侧。由此核发出的纤维参与组成面神经，支配表情肌、二腹肌后腹、茎突舌骨肌和镫骨肌。

三叉神经运动核（motor nucleus of trigeminal nerve）：为特殊内脏运动核。位于展神经核上方的腹外侧，此核发出的纤维组成三叉神经运动根，主要支配咀嚼肌。

上泌涎核（superior salivatory nucleus）：为一般内脏运动核（副交感核），散在于脑桥下部网状结构中。此核发出的副交感节前纤维加入面神经，控制舌下腺、下颌下腺和泪腺的分泌。

三叉神经脑桥核（pontine nucleus of trigeminal nerve）：为一般躯体感觉核，接受来自头面部皮肤及眼、鼻、口腔黏膜和牙触压觉的传入纤维。

前庭神经核（vestibular nucleus）：为特殊躯体感觉核。位于菱形窝前庭区的深面，可分为前庭上核、前庭下核、前庭内侧核和前庭外侧核。此核群主要接受前庭神经传入的初级平衡觉纤维。

蜗神经核（cochlear nucleus）：为特殊躯体感觉核。分为蜗腹侧核和蜗背侧核，分别位于小脑下脚的腹外侧和背外侧，接受蜗神经传入的初级听觉纤维。

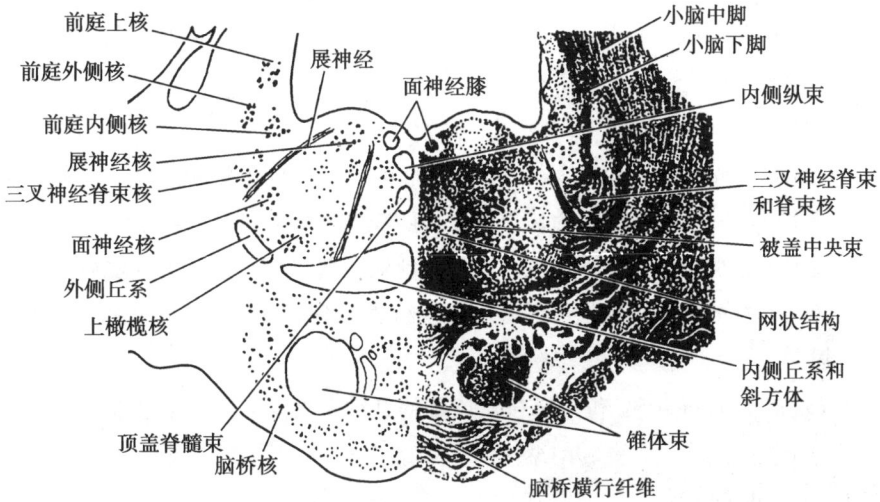

▲ 图1-19　脑桥横切面（经脑桥下部）

c.中脑中的脑神经核共有四对（图1-17、图1-20）。

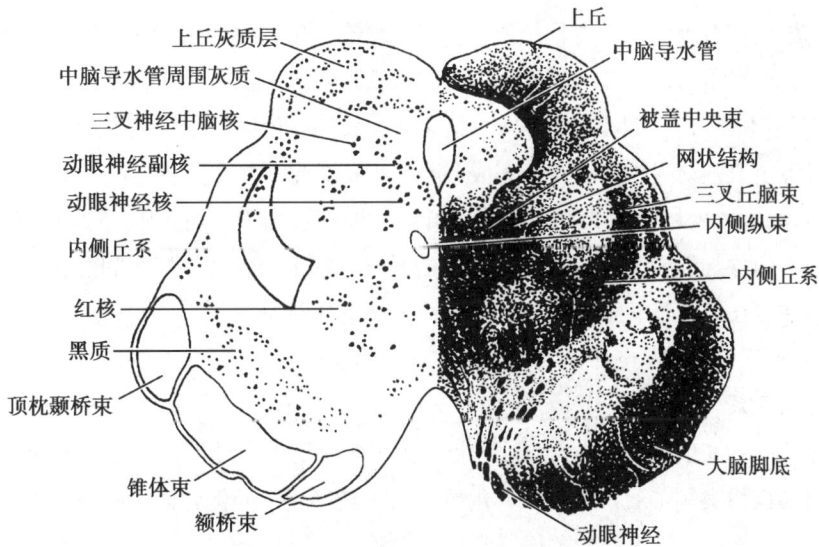

▲ 图1-20　中脑横切面（经上丘平面）

动眼神经核（nucleus of oculomotor nerve）：为一般躯体运动核。位于上丘平面中央灰质的腹侧部。此核发出的纤维参与组成动眼神经，支配除上斜肌、外直肌以外的眼球外肌。

动眼神经副核（accessory nucleus of oculomotor nerve）：也称Edinger-Westphal核（E-W核），为一般内脏运动核（副交感核）。位于动眼神经核上端的背内侧，由此核发出的副交感节前纤维参与组成动眼神经，支配瞳孔括约肌和睫状肌。

滑车神经核（nucleus of trochlear nerve）：为一般躯体运动核。位于下丘平面中央灰质的腹侧部。此核发出的纤维组成滑车神经，支配上斜肌。

三叉神经中脑核（mesencephalic nucleus of trigeminal nerve）：为一般躯体感觉核。位于中央灰质的外缘处，从中脑上端起向下延伸到脑桥中段。此核与咀嚼肌、面肌和眼球外肌等的本体感觉有关。

B.非脑神经核

a.薄束核（gracile nucleus）和楔束核（cuneate nucleus）：位于延髓薄束结节和楔束结节的深面，分别接受薄束纤维和楔束纤维，为传导躯干和四肢本体感觉和精细触觉的中继核团。

b.下橄榄核（inferior olivary nucleus）：位于延髓橄榄的深面，接受大脑皮质、网状结构、中脑红核和脊髓等处纤维的传入，其发出的纤维主要组成橄榄小脑束，交叉至中线对侧经小脑下脚终止于小脑皮质。

c.脑桥核（pontine nucleus）：位于脑桥基底部的纤维束之间，是许多散在的灰质核团。脑桥核是大脑皮质与小脑皮质之间重要的中继核团。

d.红核（red nucleus）：位于中脑被盖内两侧大脑脚的深部，中央灰质的腹外侧，呈圆柱状，自上丘平面向上延伸到底丘脑。红核的纤维联系很广泛，主要接受由对侧小脑上脚来的小脑传出纤维。此核发出的纤维左右交叉后组成红核脊髓束，下行至脊髓。

e.黑质（substantia nigra）：位于中脑被盖与大脑脚底之间，红核的腹侧，延伸于中脑全长。黑质的神经细胞内富含黑色素，故称黑质，同时还含有丰富的多巴胺。多巴胺是锥体外系的一种重要神经递质，经黑质的传出纤维释放到大脑的新纹状体。

f.顶盖前区：位于中脑和间脑交界处，紧靠上丘头端，该区的细胞接受经上丘臂来的视束纤维，发出的纤维至双侧动眼神经副核，完成双眼的瞳孔对光反射和晶状体调节反射。

2）白质：脑干内的白质包含有三类神经纤维，即穿过脑干，与大脑、小脑和脊髓间互相联系的纤维；脑干内脑神经核与各脑神经间联系的纤维；脑干内各神经核之间互相联系的纤维。这些纤维组成了许多长短不等的纤维束。其中长的纤维束分别为：

A.上行传导束（感觉传导束）　主要的上行传导束有四种，包括内侧丘系、脊髓丘脑束、三叉丘脑束、外侧丘系。

内侧丘系（medial lemniscus）：两侧薄束核和楔束核发出的纤维，在中央管腹侧越过中线左右交叉（称内侧丘系交叉）后再上行，称内侧丘系，最终止于同侧背侧丘脑腹后外侧核。内侧丘系主要传导对侧躯干和上、下肢的本体感觉及精细触觉（图1-18~图1-20）。

脊髓丘脑束（spinothalamic tract）：由脊髓上行传导对侧躯干和上、下肢浅感觉（痛觉、温度觉和触压觉）的脊髓丘脑侧束和脊髓丘脑前束汇合而成，又称脊髓丘系（spinal lemniscus），向上终止于背侧丘脑腹后外侧核（图1-18~图1-20）。

三叉丘脑束（trigeminothalamic tract）：又称三叉丘系（trigeminal lemniscus）。三叉神经脊束核、三叉神经脑桥核发出的纤维交叉至中线对侧后上行，组成三叉丘脑束，最终止于同侧背侧丘脑腹后内侧核。三叉丘脑束主要传导对侧头面部的痛觉、温度觉和触压觉（图1-18~图1-20）。

外侧丘系（lateral lemniscus）：蜗神经核发出的纤维大部分越过中线横行交叉至对侧（称斜方体，内侧丘系垂直穿行其中），与对侧蜗神经核发出的少部分未交叉的纤维共同组成上行纤维束称外侧丘系，终止于后丘脑的内侧膝状体。一侧外侧丘系传导双侧耳的听觉信息（图1-18、图1-19）。

B.下行传导束（运动传导束）　脑干内的下行传导束包括锥体系（pyramidal system）和锥体外系。锥体系又可分为皮质脊髓束和皮质核束两部分（图1-18、图1-20）。

皮质脊髓束（corticospinal tract）：为大脑皮质躯体运动中枢（中央前回中上部和中央旁小叶前部）发出的下行纤维束，经内囊后肢下行至脑干，其中大部分纤维在延髓锥体交叉处越过中线到对侧下行构成皮质脊髓侧束，小部分纤维不交叉，继续在同侧下行，构成皮质脊髓前束。皮质脊髓束进入脊髓后终止于脊髓前角运动神经元，支配对侧肢体和双侧躯干骨骼肌。

皮质核束（corticonuclear tract）：是大脑皮质躯体运动中枢（中央前回下部）发出的下行纤维，经内囊膝下行，进入脑干后陆续终止于大部分双侧的脑神经运动核和对侧面神经核下半部分及舌下神经核。该纤维束主要支配大部分双侧的头面部骨骼肌及对侧舌肌及对侧睑裂以下的表情肌。

起自脑干的下行纤维束包括：发自中脑顶盖，参与完成声、光引起的眼、头和身体反射活动的顶盖脊髓束；发自前庭核，参与兴奋伸肌的前庭脊髓束；发自中脑红核，参与调节支配屈肌运动的红核脊髓束等。

（3）脑干的功能：脑干是端脑、间脑、小脑和脊髓间信息传递的重要部位，即运动和感觉信息传导的必经之路，如皮质脊髓束在脑干下部交叉后控制对侧上、下肢的运动；躯干、四肢的浅、深感觉经脑干到达间脑。脑干也是重要的生命中枢所在，如延髓网状结构内的某些核团与心血管及呼吸运动有关，还有血压调节中枢和呕吐中枢，因此脑干的严重损伤可危及生命。脑干还有一些重要的反射中枢，如中脑的瞳孔对光反射中枢，脑桥的角膜反射中枢等。

2. 小脑（cerebellum）　位于颅后窝，在延髓、脑桥的后方，借小脑下脚、小脑中脚和小脑上脚连于脑干。

（1）外形和分叶：小脑上面平坦，借小脑幕与大脑分隔，下面中间部凹陷。小脑中间狭窄的部分为小脑蚓（cerebellar vermis），两侧膨大为小脑半球（cerebellar hemispheres），其表面有许多平行的沟，沟间隆起的部分称小脑叶片。位于小脑上面前、中1/3交界处呈"V"字形的深沟称为原裂。根据小脑的发生、功能和纤维联系可分为：① 绒球小结叶（flocculonodular lobe），又称前庭小脑（vestibulocerebellum），位于小脑下面的最前部，包括半球上的绒球和小脑蚓前端的小结。绒球小结叶在种系发生上最古老，故又称原（古）小脑（archicerebellum）。② 小脑前叶，又称脊髓小脑（spinocerebellum）或旧小脑（paleocerebellum），位于小脑上面，原裂以前的部分及小脑蚓下面的蚓垂和蚓锥体。③ 小脑后叶（posterior lobe of cerebellum），又称大脑小脑（cerebrocerebellum），位于小脑上面原裂以后的部分和小脑半球下面全部，在进化中是发生最晚的结构，故又称新小脑（neocerebellum）。后叶下面的前内侧部有一膨出部分，称小脑扁桃体（tonsil of cerebellum），小脑扁桃体靠近枕骨大孔两侧，紧邻延髓，当颅内压增高时，小脑扁桃体可被挤入枕骨大孔，形成枕骨大孔疝或小脑扁桃体疝（图1-21）。

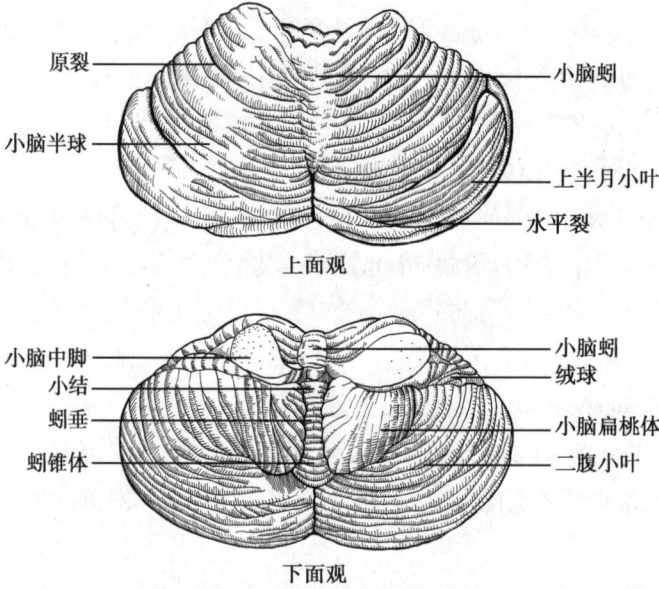

▲ 图1-21　小脑的外形

（2）内部结构：小脑表面的薄层灰质称小脑皮质（cerebellar cortex），接受大脑和脊髓的运动信息传入。深部进出小脑的纤维称为髓质（medulla）。髓质内埋有的4对灰质核团称小脑核（图1-22），包括顶核、栓状核、球状核和齿状核，它们的传出纤维通过脑干到达脊髓、间脑和大脑皮质等。

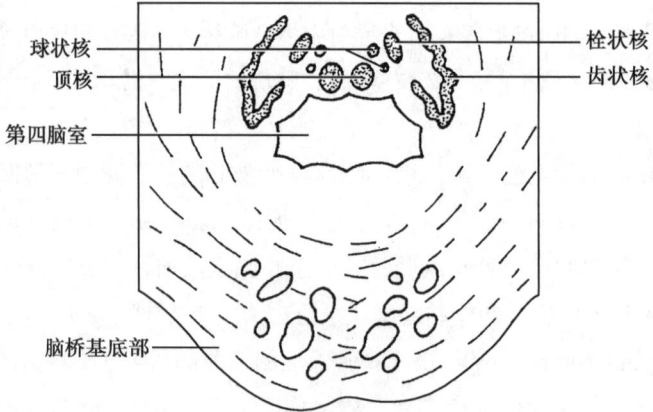

▲ 图1-22　小脑核

（3）纤维联系和功能

1）绒球小结叶：接受来自同侧前庭神经核和前庭神经的传入纤维。其传出纤维主要返回到同侧前庭神经核，然后通过前庭脊髓束和内侧纵束直接或间接作用于脊髓前角细胞，维持身体平衡和协调眼球运动。

2）小脑前叶：主要接受脊髓小脑前束、脊髓小脑后束传入的本体感觉冲动，分别经小脑上脚和小脑下脚进入小脑，传导躯干、四肢的本体感觉至小脑前叶。其传出纤维经球状核和栓状核中继后，发出纤维经小脑上脚至对侧红核，下行形成红核脊髓束，间接止于脊髓前角运动细胞，调节肌张力。

3）小脑后叶：接受来自对侧脑桥核和下橄榄核纤维，分别形成脑桥小脑束和橄榄小脑束，经小脑中脚和下脚至小脑后叶。传出纤维在齿状核中继后，经小脑上脚止于对侧红核和对侧背侧丘脑的腹前核和腹外侧核，后者再发出纤维至大脑皮质运动区，形成小脑与大脑皮质间的重要环路，参与随意运动的设计及调节。

理论与实践　　　　　　　**小脑损伤的典型症状**

绒球小结叶病变将出现躯体的平衡失调，龙贝格征，后跌趋势、醉酒步态等体征。脊髓小脑病变将出现躯体的肌张力低下，易疲劳，坐位时摇晃不定，不能直线行走。小脑后叶病变将出现躯体的感觉性和运动性共济失调，前者有辨距不良（不足或过度），指鼻试验阳性。后者有意向性震颤，越接近目标时越明显，安静时消失，还有写字过大等表现。小脑的症状和体征出现在病灶同侧。

---

3. 间脑（diencephalon）　位于端脑和中脑之间，大部分被大脑半球掩盖。以背侧丘脑为中心，可分为背侧丘脑、下丘脑、后丘脑、上丘脑和底丘脑五个部分，两侧间脑之间的窄腔为第三脑室。

（1）背侧丘脑（dorsal thalamus）：又称丘脑，是大脑皮质下感觉的最后中继站，也是大脑皮质和小脑、纹状体、黑质之间的联系枢纽。背侧丘脑为两个卵圆形的灰质团块，借丘脑间黏合相连接。其前端的突出部称丘脑前结节，后端的膨大称丘脑枕。内部借"Y"形的丘脑内髓板（internal medullary lamina of thalamus）分为三个核群：前核群、内侧核群、外侧核群。外侧核群又分为背侧部和腹侧部，腹侧部由前向后可分为腹前核、腹外侧核和腹后核。腹后核又分为腹后内侧核和腹后外侧核两部分。

前核群属联络性核团，参与内脏活动和情感活动及近期记忆的调节。内侧核群也属联络性核团，是内脏和躯体感觉的整合中枢（图1-23）。

丘脑外侧核群的腹侧部是特异性中继核，接受特定的纤维传入。腹前核、腹外侧核接受小脑上脚、黑质和纹状体的纤维，其传出纤维投射到大脑皮质运动中枢；腹后内侧核接受三叉丘脑束的面部感觉纤维和孤束核的味觉纤维，腹后外侧核接受内侧丘系和脊髓丘脑束的躯体感觉纤维，其传出纤维为丘脑中央辐射，投射到大脑皮质的躯体感觉。

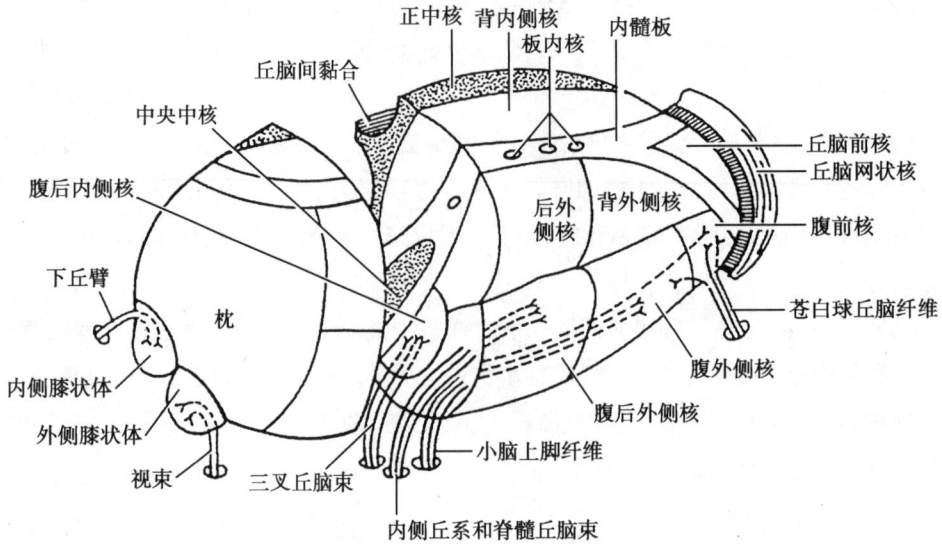

▲ 图1-23　右侧背侧丘脑核团的立体观

（2）下丘脑（hypothalamus）：位于背侧丘脑前下方，前方是视交叉，向后延续为视束。视交叉后方有灰结节、漏斗和一对乳头体等结构，下丘脑内部主要由许多灰质及少量白质纤维构成。其主要核团有位于第三脑室两侧壁的室旁核（paraventricular nucleus）、视交叉上方的视上核（supraoptic nucleus）和灰结节上方的漏斗核（infundibular nucleus）（又称弓状核），它们分别通过视上垂体束、室旁垂体束和结节漏斗束，将抗利尿激素和催产素运至神经垂体。下丘脑是大脑皮质下的内脏活动中枢，参与调节摄食与水的平衡，调节体温、情绪反应、昼夜节律、生殖和内分泌等活动（图1-24）。

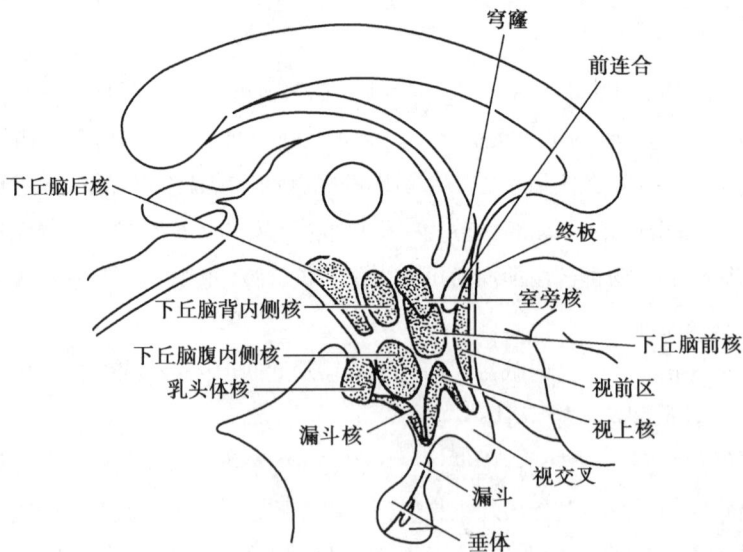

▲ 图1-24　下丘脑的主要核团

（3）后丘脑（metathalamus）：位于丘脑枕部下外侧，包括内、外侧膝状体。内侧膝状体（medial geniculate body）接受下丘脑的听觉纤维传入，其传出纤维构成听辐射经过内囊后肢后部，投射到大脑皮质的听觉中枢；外侧膝状体（lateral geniculate body）接受视束的纤维传入，其传出纤维组成视辐射投射至大脑皮质视觉中枢。内侧膝状体和外侧膝状体分别为听觉和视觉传导路上的特异性中继核。

（4）上丘脑（epithalamus）：包括松果体、缰三角和丘脑髓纹等结构。

（5）底丘脑（subthalamus）：位于间脑和中脑被盖的过渡区。中脑的红核、黑质都延伸至此，此外还有丘脑底核（又称底丘脑核），属锥体外系结构。

（6）第三脑室（third ventricle）：是位于两侧背侧丘脑和下丘脑之间的正中矢状裂隙，其前界为终板，顶为脉络组织并突入室腔成为脉络丛，底为乳头体、灰结节、漏斗和视交叉，侧壁为背侧丘脑和下丘脑，前方借左、右室间孔与两侧侧脑室相通，向后下借中脑导水管与第四脑室相通。

理论与实践　　　　　　　　**背侧丘脑损伤及症状**

丘脑综合征多由出血或血栓等血管循环障碍，引起背侧丘脑及其外侧的内囊和豆状核等结构功能异常。主要表现为如下症状：① 对侧半身感觉障碍，即自发性疼痛、感觉过度、感觉过敏和感觉倒错；② 对侧面部表情障碍，即表情丧失、表情呆板；③ 对侧半身不自主运动，即对侧半身肢体的手足徐动和舞蹈样运动；④ 对侧半身小脑性共济失调。

---

4. 端脑（telencephalon）　又称大脑，被大脑纵裂分为两个大脑半球，左、右大脑半球之间有胼胝体相连。端脑和小脑之间有大脑横裂。大脑半球表面的灰质为大脑皮质，深面的白质为大脑髓质，髓质内还有4对神经核团，称基底核，左、右大脑半球内各有一腔隙，称侧脑室。

（1）端脑的主要沟、回和分叶：大脑半球表面有许多隆起的脑回和凹陷的脑沟，这些沟和回大幅度地增加了大脑皮质的表面积，沟和回也是对大脑半球进行分叶和定位的重要标志。每侧大脑半球有上外侧面、内侧面和下面（底面）三个面。大脑半球以三条沟裂分为五个脑叶。中央沟（central sulcus）从半球上缘中点稍后方起向前下，斜行于大脑半球上外侧面；外侧沟（lateral sulcus）起于半球下面，绕至半球上外侧面，由前下斜向后上方；顶枕沟（parietooccipital sulcus）在半球内侧面后部，由前下方行向后上方。大脑半球的五个叶分别是：中央沟以前和外侧沟以上的部分为额叶（frontal lobe）；内侧面顶枕沟以后的部分，上外侧面顶枕沟和枕前切迹（在枕叶后端向前约4cm处）连线以后的部分是枕叶（occipital lobe）；顶叶（parietal lobe）是顶枕沟和枕前切迹连线以前、中央沟后面和外侧沟以上的部分；颞叶（temporal lobe）是顶枕沟和枕前切迹连线以前、外侧沟以下的部分（图1-25、图1-26）；岛叶（insular lobe）位于外侧沟深面，被额、顶、颞叶所掩盖。

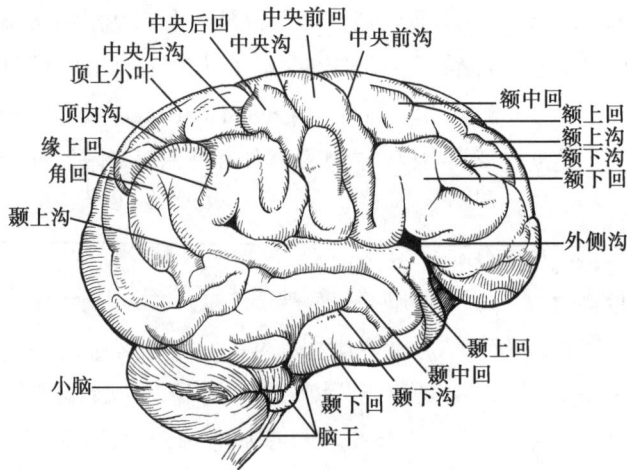

▲ 图1-25　大脑半球外侧面

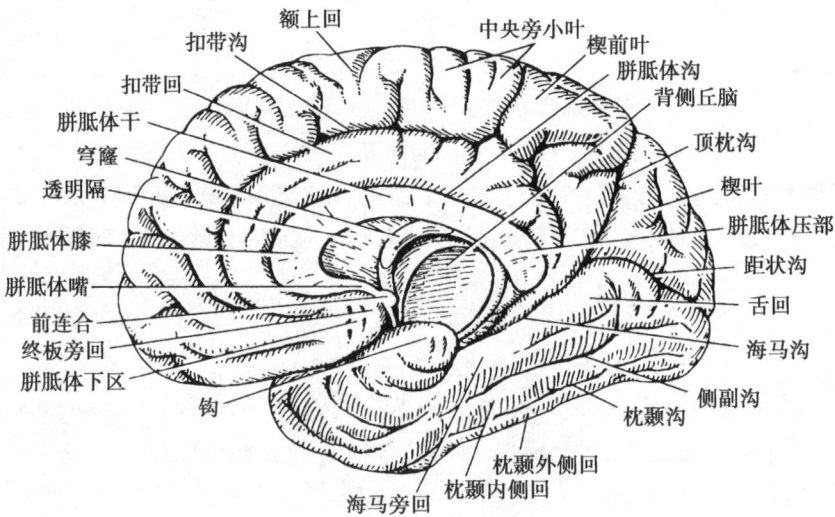

▲ 图1-26　大脑半球内侧面

1）大脑半球上外侧面：额叶内，中央沟前方有与之平行的中央前沟，二者之间为中央前回（precentral gyrus），中央前沟前方以与半球上缘平行的额上沟、额下沟为界分为额上回、额中回、额下回。顶叶内，中央沟后方有与之平行的中央后沟，二者之间为中央后回（postcentral gyrus），中央后回后方又以与半球上缘平行的顶内沟为界，分为顶上小叶和顶下小叶，顶下小叶内围绕外侧沟末端的是缘上回，其后方是围绕在颞上沟末端的角回。颞叶与外侧沟平行的颞上沟和颞下沟分为颞上回、颞中回、颞下回（图1-25）。外侧沟的下壁有2~3条横行的脑回，称颞横回（transverse temporal gyri）。

2）大脑半球内侧面：中央前、后回上端延伸至内侧面的皮质称中央旁小叶（paracentral lobule）。在内侧面中部呈弓形的为胼胝体，其前下端变尖称胼胝体嘴，嘴的前方膨大为胼胝体膝，中部为胼胝体干，后端称胼胝体压部。胼胝体后下方弓形的沟裂称距状沟（calcarine sulcus）。

距状沟和顶枕沟之间为楔叶，距状沟下方为舌回。紧邻胼胝体的背面有弧形的胼胝体沟，其上方有与之平行的扣带沟，两沟之间为扣带回（cingulate gyrus）（图1-26）。

3）大脑半球底面：颞叶底面的外侧部，有与半球下缘平行的枕颞沟，内侧是与之平行的侧副沟。枕颞沟内、外侧分别是枕颞内侧回和枕颞外侧回，侧副沟内侧是海马旁回，该脑回前端向后内弯曲部称钩，海马旁回的内侧是海马沟，沟的上方呈锯齿状的窄条皮质为齿状回，在其外侧，位于侧脑室下角底壁上的弓形隆起称海马。海马与齿状回构成海马结构。在额叶的底面，可见稍膨大的嗅球和后端相连的嗅束，嗅束后端扩大为嗅三角，嗅三角与视束之间的区域为前穿质（图1-27）。

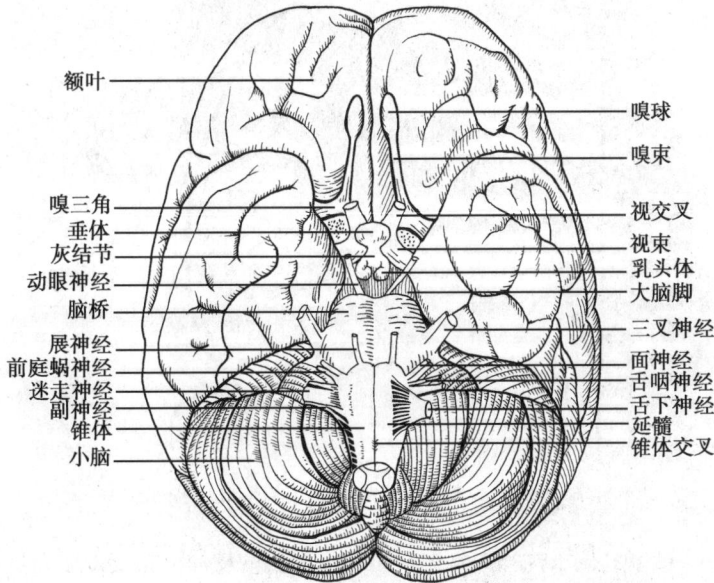

额叶

嗅球
嗅束

嗅三角
垂体
灰结节
动眼神经
脑桥

视交叉
视束
乳头体
大脑脚

三叉神经

展神经
前庭蜗神经
迷走神经
副神经
锥体
小脑

面神经
舌咽神经
舌下神经
延髓
锥体交叉

▲ 图1-27　端脑底面

4）边缘叶（limbic lobe）：海马旁回、钩、终板旁回、胼胝体下区和扣带回及海马、齿状回等结构共同构成的边缘叶，是大脑皮质控制内脏、血管平滑肌、心肌活动和腺体分泌的最高级中枢。

（2）大脑皮质的功能定位：大脑皮质的功能定位是指不同区域的皮质有不同的功能，将具有特定功能的脑区的皮质称为中枢。其实，这些中枢只是管理某种功能的核心部位，它们的相邻部位也可有类似功能。了解大脑皮质各区的主要功能，对于疾病的诊断和治疗有重要价值。

1）运动中枢（第一躯体运动区）：位于中央前回和中央旁小叶前部，该区接受中央后回、背侧丘脑腹前核、腹外侧核和腹后核的纤维投射，发出纤维组成锥体束，支配全身骨骼肌的随意运动。

第一躯体运动区的特点：① 上下颠倒，但头部是正置的，中央前回上部和中央旁小叶前部与下肢、会阴部运动有关，中部与躯干和上肢的运动有关，下部与头面部的运动有关；② 左右交叉支配，即一侧运动区支配对侧肢体的运动；③ 身体各部投影区的大小取决于其运动的复杂程度。

2）感觉中枢（第一躯体感觉区）：位于中央后回和中央旁小叶后部，该区主要接受由背侧丘脑腹后核发出的传导对侧半身痛觉、温度觉、触压觉、位置觉和运动觉的纤维投射。

第一躯体感觉区与第一躯体运动区的特点类似：① 上下颠倒，但头部是正置的；② 左右交叉支配；③ 身体各部在该区投射范围的大小取决于该部感觉敏感程度（图1-28）。

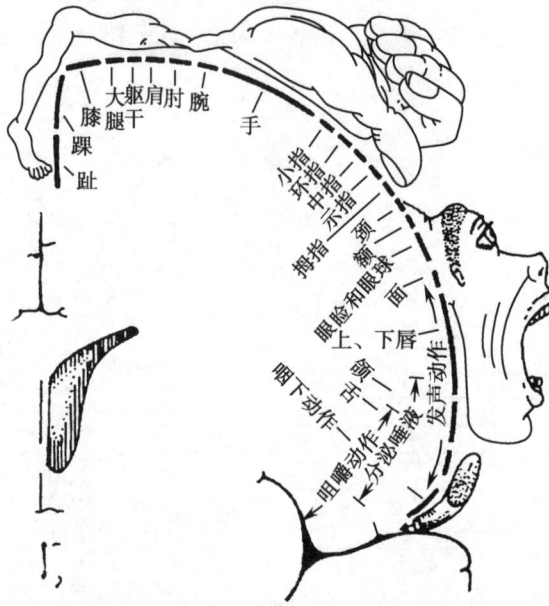

▲ 图1-28 人体各部在第一躯体运动区的定位

3）视觉中枢（视区）：位于枕叶内侧面，距状沟两侧的皮质，接受双眼对侧半视野的信息。

4）听觉中枢（听区）：位于颞横回，接受双耳的听觉信息。

5）语言中枢：使用语言是人类特有的功能，因此，人类大脑皮质存在特有的语言中枢（图1-29）。

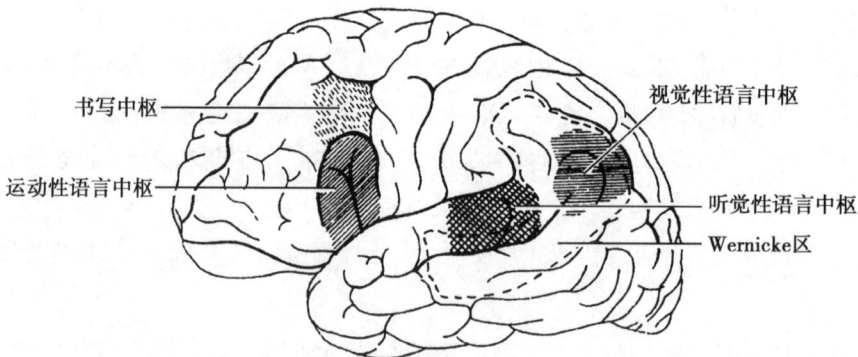

▲ 图1-29 左侧大脑半球的语言区域

A.运动性语言中枢：又称Broca区，位于额下回后部，主管说话功能，损伤后患者虽能发音，但不能说出有意义的语言，称运动性失语症。

B.书写中枢：位于额中回后部，主管书写功能，此中枢损伤后手的运动功能仍然存在，但写字、绘图等精细运动出现障碍，称失写症。

C.听觉性语言中枢：位于颞上回的后部，主管理解别人的语言，损伤后患者听觉正常，但是听不懂别人的讲话，也不理解自己讲话的含义，称感觉性失语症。

D.视觉性语言中枢：位于角回，又称阅读中枢，损伤后视觉正常，但是不能理解已认识文字和符号的意义，称失读症。

一般来说，语言中枢主要位于左侧大脑半球即优势半球。少数人的语言中枢位于右侧大脑半球。当优势半球的语言中枢受损时，才出现各种失语症。但从功能来说，左、右侧大脑半球各有优势，左侧大脑半球主要和语言、意识、数学分析等相关，右侧大脑半球主要与音乐、图形和时空概念有关。

（3）基底核：位于大脑底部，埋藏在大脑髓质中的灰质核团，包括尾状核、豆状核、屏状核和杏仁体。

1）尾状核（caudate nucleus）：呈"C"形，围绕于豆状核和丘脑四周，分为头、体、尾三部。其头部位于侧脑室前角的外壁，体部位于侧脑室中央部的下壁，尾部位于侧脑室下角的顶。

2）豆状核（lentiform nucleus）：位于岛叶深部，其水平切面呈三角形，并被两个白质板层分为三部，外侧部称壳，内侧两部称苍白球。

尾状核与豆状核合称纹状体（corpus striatum）。尾状核和壳合称新纹状体，苍白球又称旧纹状体。纹状体是锥体外系的重要结构，参与调节躯体运动（图1-30）。

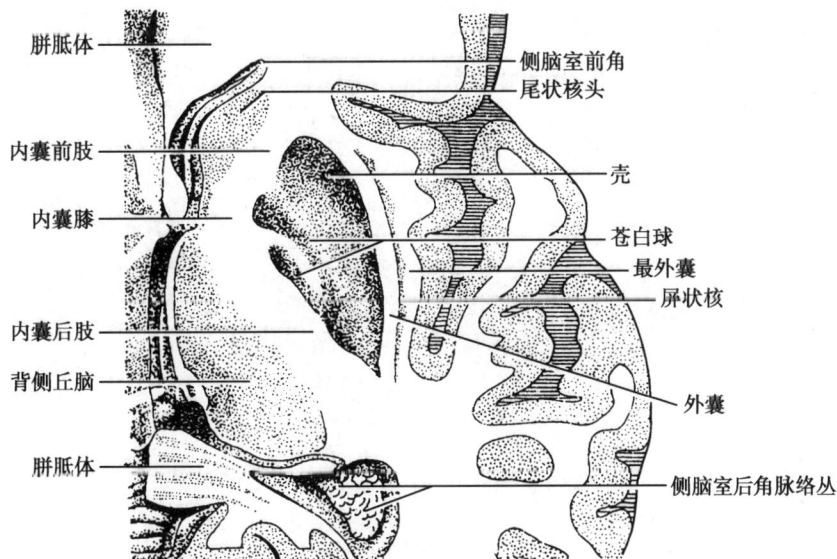

▲ 图1-30 纹状体模式图

3）屏状核（claustrum）：位于岛叶和豆状核之间，与躯体感觉、视觉、听觉的整合有关。

4）杏仁体（amygdaloid body）：位于侧脑室下角的前端，连于尾状核的尾，与调节内脏活动及情绪产生有关。

（4）大脑半球的髓质：主要由联系皮质各部和皮质下结构的神经纤维组成，可分为联络纤维、连合纤维和投射纤维。

1）联络纤维：是联系同侧半球内皮质各部间的纤维，有联系相邻脑回的弓状纤维，联系额、颞叶的钩束，联系额、顶、枕、颞叶的上纵束，联系枕、颞叶的下纵束，联系边缘叶各部的扣带等。

2）连合纤维：是连接左、右两侧大脑半球的纤维，包括连接左、右嗅球和颞叶的前连合（anterior commissure），连接左、右海马的穹窿连合（海马连合），连接左、右侧大脑半球对应皮质区的胼胝体（corpus callosum）。胼胝体是最大的连合纤维，广泛联系两半球的额、顶、枕、颞叶皮质。

3）投射纤维：由大脑皮质和皮质下中枢间的纤维组成，包括上行纤维和下行纤维。这些投射纤维主要集中通过内囊。内囊（internal capsule）为位于尾状核、丘脑和豆状核之间的白质板。在大脑半球的水平切面上呈"><"形，可分三部分：位于尾状核头和豆状核之间的称内囊前肢，有额桥束和丘脑前辐射通过；位于豆状核和丘脑之间的称内囊后肢，内含皮质脊髓束、皮质红核束、丘脑中央辐射、视辐射和听辐射等；前、后肢之间交界处称内囊膝，有皮质核束通过（图1-31）。

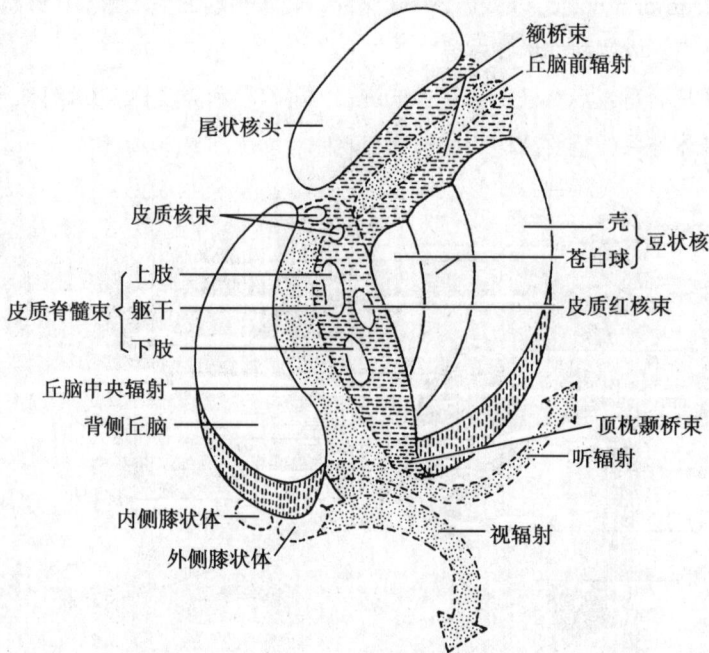

▲ 图1-31　内囊模式图

（5）侧脑室（lateral ventricle）：是位于两侧大脑半球内的不规则腔隙，内含脉络丛及脑脊液。其中央部位于顶叶，前角位于额叶，后角位于枕叶，下角位于颞叶，下角底壁有海马（图1-32）。中央部和下角内有脉络丛，由此产生的脑脊液经左、右室间孔流入第三脑室。

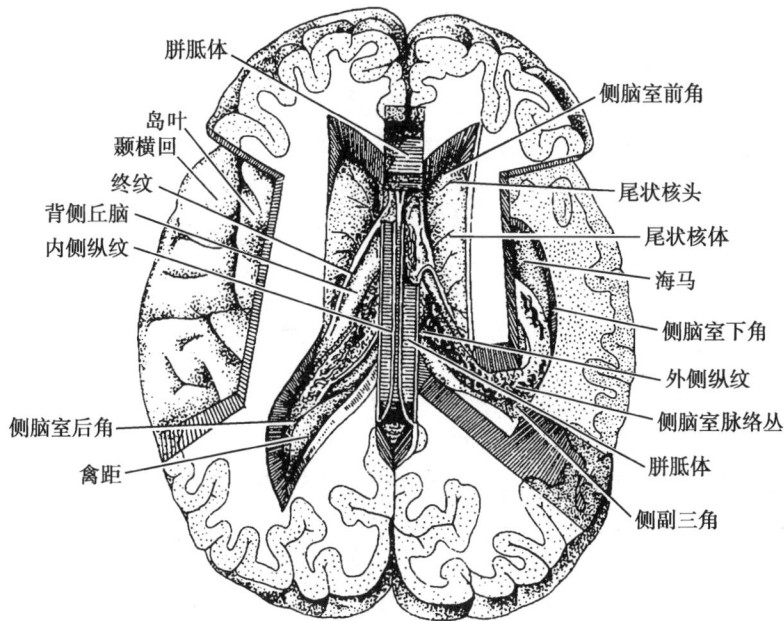

胼胝体
岛叶
颞横回
终纹
背侧丘脑
内侧纵纹
侧脑室后角
禽距
侧脑室前角
尾状核头
尾状核体
海马
侧脑室下角
外侧纵纹
侧脑室脉络丛
胼胝体
侧副三角

▲ 图1-32　侧脑室

（6）边缘系统（limbic system）：由边缘叶及与其密切联系的皮质下结构如杏仁体、下丘脑、上丘脑、丘脑前核等结构共同组成。边缘系统各部之间及它与其他皮质之间都存在着复杂而广泛的纤维联系。其功能与个体生存和种族繁衍、内脏活动和情绪活动、学习、记忆等神经活动有关。

理论与实践　　　　　　　**端脑损伤的典型症状**

1. 纹状体　纹状体是锥体外系的重要结构，可调控运动功能的最高整合，与肌张力的调节、随意运动的稳定和躯体运动的协调密切相关，纹状体病变在锥体外系疾病中尤为突出。纹状体病变有两种不同的症状，苍白球和黑质病变引起肌张力增强，运动过少，如震颤麻痹或震颤麻痹综合征，即帕金森综合征（Parkinson syndrome），表现为静止性震颤（小脑病变是运动性震颤）、肌张力过高、随意运动减少，动作缓慢，改变姿势困难，缺乏面部表情等。新纹状体病变引起肌张力降低，运动过多，如舞蹈症，表现为肌张力低下，出现各种不自主的运动，如攀登、爬行、奔跑等动作，面部常有挤眉弄眼等动作。

2. 内囊　内囊损伤的特殊表现为"三偏征"，即偏瘫、偏盲及偏身感觉障碍。① 偏瘫：病变累及内囊后肢皮质脊髓束和内囊膝皮质核束，无法支配对侧上、下肢的运动和对侧睑裂以下面肌及对侧舌肌的运动，表现为肌张力增高、腱反射亢进及病理反射阳性。② 偏盲：累及视辐射，双眼病灶对侧视野的光传路受阻，症状为病灶侧眼的鼻侧半视野和健侧眼的颞侧半视野障碍。③ 偏身感觉障碍：累及内囊后肢的丘脑中央辐射，对侧躯干及上、下肢浅、深感觉传导通路受阻，表现为病灶对侧半身，包括头、面部深感觉、浅感觉均发生障碍。

患者，男，60岁，已婚，在观看游泳比赛时突然晕倒，丧失意识，入院急救。恢复意识后，该患者左侧上、下肢瘫痪。经医生检查发现左侧上、下肢腱反射亢进，不能随意运动，肌张力增高。伸舌时舌尖偏向左侧，舌肌无萎缩，口角微向右侧歪斜，整个左半身的感觉障碍，痛觉尚存在。瞳孔对光反射正常，但患者两眼视野左侧半缺损。

思考：请用所学的解剖学知识解释该患者所出现的症状和体征。

5. 脑神经的颅内段

（1）脑神经概述：脑神经（cranial nerves）共12对，连于端脑、间脑和脑干的各部（表1-1、图1-15、图1-16）。

▼ 表1-1　脑神经名称、性质、连脑部位及进出颅腔部位

顺序及名称	性质	连脑部位	进出颅腔部位
Ⅰ嗅神经	感觉性	端脑	筛孔
Ⅱ视神经	感觉性	间脑	视神经管
Ⅲ动眼神经	运动性	中脑	眶上裂
Ⅳ滑车神经	运动性	中脑	眶上裂
Ⅴ三叉神经	混合性	脑桥	眼神经经眶上裂 上颌神经经圆孔 下颌神经经卵圆孔
Ⅵ展神经	运动性	脑桥	眶上裂
Ⅶ面神经	混合性	脑桥	内耳门、茎乳孔
Ⅷ前庭蜗神经	感觉性	脑桥	内耳门
Ⅸ舌咽神经	混合性	延髓	颈静脉孔
Ⅹ迷走神经	混合性	延髓	颈静脉孔
Ⅺ副神经	运动性	延髓	颈静脉孔
Ⅻ舌下神经	运动性	延髓	舌下神经管

注：脑神经根据其包含的纤维成分和功能可分为三类，第Ⅰ、Ⅱ、Ⅷ对为感觉性脑神经，第Ⅲ、Ⅳ、Ⅵ、Ⅺ、Ⅻ对为运动性脑神经，第Ⅴ、Ⅶ、Ⅸ、Ⅹ对为混合性脑神经。

（2）各脑神经的颅内段

1）嗅神经（olfactory nerve）：由鼻腔嗅黏膜内的嗅神经细胞的轴突（特殊内脏感觉纤维）聚集成20多条嗅丝，穿过筛孔进入颅前窝连于嗅球，传导嗅觉。

2）视神经（optic nerve）：由视网膜内节细胞的轴突聚集形成视神经盘，后穿出巩膜形成视神经，经视神经管进入颅中窝移行为视交叉，对侧眼球鼻侧半交叉过来的纤维和同侧眼球颞侧半不交叉的纤维共同组成视束，绕中脑大脑脚外侧向后止于外侧膝状体，传导视觉。

3）动眼神经（oculomotor nerve）：由中脑动眼神经核发出的躯体运动纤维和动眼神经副核发出的副交感节前纤维共同组成，经脚间窝出脑，向前穿过海绵窦，经眶上裂入眶，躯体运动纤维支配除上斜肌、外直肌外的其余眼球外肌，副交感纤维经睫状神经节中继，最终支配睫状肌和瞳孔括约肌。

4）滑车神经（trochlear nerve）：由中脑滑车神经核发出的躯体运动纤维组成，经下丘的下方出脑，绕大脑脚向前，再穿经海绵窦和眶上裂入眶，支配上斜肌。

5）三叉神经（trigeminal nerve）：大部分为躯体感觉纤维，由颅中窝三叉神经压迹处三叉神经节内感觉神经元的轴突构成，以三叉神经根的形式经脑桥进入脑干止于三叉神经感觉核。而其周围突组成的三个分支分别称眼神经（穿海绵窦和眶上裂入眶）、上颌神经（穿海绵窦和圆孔至颅底外）、下颌神经（穿卵圆孔至颅底外），主要传导面部皮肤、口鼻黏膜的痛觉、温度觉、触压觉和面部骨骼肌、咀嚼肌等的本体感觉。少量发自三叉神经运动核的特殊内脏运动纤维，穿经三叉神经节后，加入下颌神经穿卵圆孔出颅，主要支配咀嚼肌和下颌舌骨肌。

6）展神经（abducent nerve）：由展神经核发出的躯体运动纤维组成，经延髓脑桥沟出脑后，再穿经海绵窦和眶上裂入眶，支配外直肌。

7）面神经（facial nerve）：连于延髓脑桥沟的外侧端，经内耳门进入内耳道，至内耳道底部，进入面神经管，最后经茎乳孔出颅。面神经包含四种纤维成分。第一种是起于面神经核的特殊内脏运动纤维，主要支配表情肌；第二种为起于上泌涎核的一般内脏运动纤维（副交感节前纤维），以岩大神经和鼓索两条分支分别经翼腭神经节和下颌下神经节中继后，主要支配泪腺、下颌下腺、舌下腺，以及鼻、口腔黏膜腺体的分泌；第三种为味觉纤维，由面神经管内的膝状神经节发出的中枢突构成，传导舌前2/3黏膜的味觉，终止于孤束核；第四种为一般躯体感觉纤维，传导耳部皮肤的一般感觉，终止于三叉神经感觉核。

8）前庭蜗神经（vestibulocochlear nerve）：由传导听觉的蜗神经和传导位置觉、平衡觉的前庭神经构成，内含特殊躯体感觉纤维。蜗神经起自内耳的螺旋神经节，前庭神经起自内耳道底的前庭神经节，两者共同经过内耳道，穿内耳门入颅连于延髓脑桥沟的外侧端（脑桥小脑三角处），面神经的外侧。

9）舌咽神经（glossopharyngeal nerve）：连于延髓两侧上部，橄榄的后外侧，迷走神经的上方，经颈静脉孔出颅后分支分布。舌咽神经包含五种神经纤维成分：第一种为特殊内脏运动纤维，发自延髓的疑核，支配茎突咽肌。第二种为一般内脏运动纤维（副交感节前纤维），发自下泌涎核，经卵圆孔下方的耳神经节中继后支配腮腺的分泌。第三种为一般内脏感觉纤维，起于颈静脉孔下方的下神经节，传导咽、舌后1/3、鼓室及颈动脉窦、颈动脉小球的一般内脏感觉。第四种为特殊内脏感觉纤维，起于颈静脉孔下方的下神经节，传导舌后1/3黏膜的味觉。第三种和第四种纤维均止于孤束核。第五种纤维为一般躯体感觉纤维，起于上神经节，传导耳部皮肤的一般感觉，止于三叉神经脊束核。

10）迷走神经（vagus nerve）：连于延髓两侧，橄榄的后外侧，舌咽神经下方，经静脉孔出颅而分支。迷走神经包含四种纤维：第一种为一般内脏运动纤维（副交感节前纤维），起自迷走神经背核，支配颈、胸、腹部内脏平滑肌，血管平滑肌，心肌的活动和腺体的分泌；第二种为特殊内脏运动纤维，起于疑核，主要支配软腭和咽喉肌；第三种为一般内脏感觉纤维，起于颈静脉孔下方的迷走神经下神经节，止于孤束核，传导胸、腹内脏的一般感觉；第四种为一般躯体感觉纤维，起于迷走神经的上神经节，止于三叉神经脊束核，传导耳郭、外耳道皮肤的一般感觉。

11）副神经（accessory nerve）：包括颅根和脊髓根两部分，均属特殊内脏运动纤维。其颅根纤维起于疑核，连于延髓橄榄后面、迷走神经下方；脊髓根起于副神经核，经脊髓颈段发经枕骨大孔入颅与颅根汇合，后由颈静脉孔出颅。颅根纤维加入迷走神经支配咽喉肌，而脊髓根纤维支配斜方肌和胸锁乳突肌的运动。

12）舌下神经（hypoglossal nerve）：发自舌下神经核，内含一般躯体运动纤维。其神经根丝在延髓锥体与橄榄之间出脑，经枕骨大孔两侧的舌下神经管出颅，支配舌肌。

理论与实践　　　　　常见的脑神经损伤及其症状

1. 面神经与舌下神经核上、下瘫　损伤在面神经管外，则仅表现为面瘫；损伤在面神经管内，除了患侧额纹消失，不能闭眼，角膜反射消失，口角偏向对侧外，还可以表现为角膜干燥和舌前部味觉障碍。从大脑运动皮质到其发出的皮质核束损伤，出现部分面肌的瘫痪。因为支配睑裂以上面肌的面神经核上部同时接受双侧皮质核束，一侧面神经上运动神经元损伤，双侧额纹仍然存在，而支配睑裂以下面肌的面神经核下部只接受对侧皮质核束的纤维，所以，出现健侧睑裂以下面肌瘫痪，笑时口角偏向患侧，即面神经核上瘫。只有损伤面神经核或其发出的面神经，才出现患侧面肌全部瘫痪，笑时口角偏向健侧，即核下瘫。舌下神经核只接受对侧皮质核束的支配，所以，舌下神经核上瘫表现为舌尖偏向健侧，而核下瘫，舌尖偏向患侧。

2. 迷走神经损伤　迷走神经主干损伤后，可以出现内脏活动障碍，如心悸脉速，恶心呕吐，呼吸深慢，咽喉感觉障碍和咽喉肌瘫痪。若纵隔肿瘤压迫左侧喉返神经，会出现声音嘶哑，因为左侧喉返神经途经上纵隔返回颈部，而右侧喉返神经在颈根部右锁骨下动脉后方即返回颈部。

（沈雷　孟健）

第三节　面部

面部位于颅部的前下方，可划分为眶区、鼻区、口区和面侧区。面侧区又分为颊区、腮腺咬肌区和面侧深区。

一、面部浅层结构

（一）皮肤与浅筋膜

面部皮肤薄而柔嫩，富于弹性，血管丰富，感觉灵敏。面部皮肤含有丰富的皮脂腺、汗腺和毛囊，尤以鼻部附近较多，是皮脂腺囊肿和疖肿的好发部位。浅筋膜由疏松结缔组织构成，在颊部脂肪聚成的团块，称颊脂体。眼睑部皮下组织少而疏松，此部位易形成水肿。浅筋膜内有神经、血管和腮腺管穿行。面部血供丰富，故伤口愈合较快，创伤时出血也较多。面静脉与颅内的海绵窦借多条途径相交通，因此面部感染有向颅内扩散的可能，尤其是两侧口角至鼻根的三角形区域，因为面静脉无静脉瓣，感染向颅内扩散的可能性更大。面部的小动脉有丰富的内脏运动神经分布，当情绪激动或患某些疾病时，面部皮肤的色泽常出现变化。

（二）面肌

面肌属于皮肌，肌纤维薄而纤细，起自面颅诸骨或筋膜，止于皮肤，收缩时牵动皮肤，使面部呈现各种表情。面肌主要分布在睑裂、口裂和鼻孔等周围。面肌均由面神经支配，当面神经受损时，可引起面瘫。

面肌的肌纤维方向和面部皮肤的皮纹相交错，当面肌损伤时，应将其各肌准确对应缝合，否则易形成内陷瘢痕。面肌的起止、作用及神经支配见表1–2。

▼ 表1–2　面肌的起止、作用及神经支配

部位	肌的名称		形状与位置		作用	神经支配
眶部肌	眼轮匝肌睑部	环状	围绕睑裂		眨眼	面神经颞支
	眼轮匝肌眶部	环状	围绕眼眶		闭眼	面神经颧支
	眼轮匝肌泪囊部	束状	泪囊后部		扩大泪囊	
鼻部肌	鼻肌横部	鼻背			缩小鼻孔	面神经颊支
	鼻肌翼部	鼻翼后部			开大鼻孔	
口部肌	浅层	口轮匝肌	环状	围绕口裂	闭口	面神经颊支
		提上唇肌	四边形	眶下缘与上唇之间	提上唇，开大鼻孔	面神经颧支与颊支
		颧肌	束状	提上唇肌的外上方	牵口角向外上方	面神经颧支
		笑肌	束状	位于口角外侧	牵口角向外	面神经颊支
		降口角肌	三角形	口角下方	牵口角向下	面神经颊支与下颌缘支
	中层	提口角肌	束状	上颌骨尖牙窝	上提口角	面神经颊支
		降下唇肌	菱形	颏孔与颏联合之间	下降下唇	
	深层	颊肌	长方形	颊部横向	使唇颊紧贴牙齿参与咀嚼与吸吮	面神经颊支
		颏肌	锥形	下颌联合两侧	上提颏部皮肤	面神经下颌缘支

二、口腔和咽

（一）口腔

口腔（oral cavity）是消化管的起始部，前壁为上、下唇，侧壁为颊，上壁为腭，下壁为口腔

底，向前经口裂通向外界，向后经咽峡与咽相通。口腔内有舌、牙等器官。以上、下牙弓和牙龈为界，将口腔分为口腔前庭和固有口腔。上、下唇和颊与上、下牙弓和牙龈之间的腔隙为口腔前庭；上、下牙弓和牙龈所围成的空间为固有口腔。当上、下牙列咬合时，口腔前庭仅可经第三磨牙后方的间隙与固有口腔相通，因此患者牙关紧闭时可由此插管输送营养物质。

1. 舌（tongue） 位于口腔底，以骨骼肌为基础，表面被覆黏膜，具有协助咀嚼、搅拌、吞咽、感受味觉和辅助发音的功能。

（1）舌的形态与构造：舌分为舌体（body of tongue）和舌根（root of tongue）两部分。舌的上面称舌背，舌体的前端称舌尖。舌体占舌的前2/3，舌根占舌的后1/3，舌体与舌根在舌背以"∧"形的界沟（terminal sulcus）为界。界沟尖端有一小凹称舌盲孔（foramen cecum of tongue）（图1-33）。

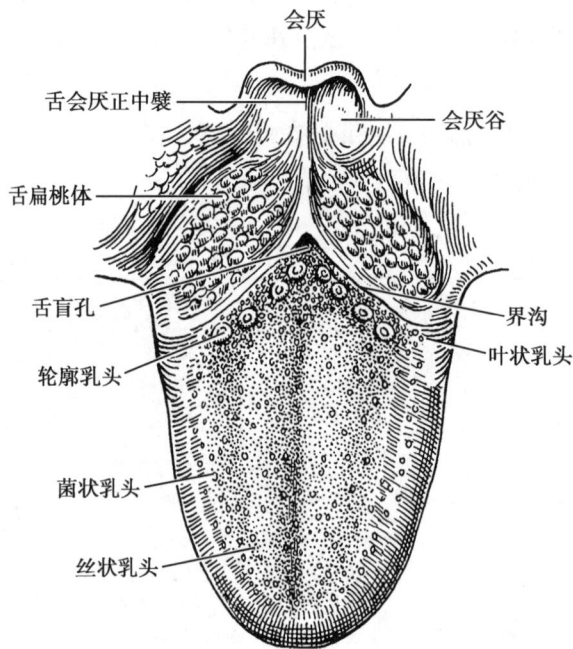

▲ 图1-33 舌背

舌黏膜覆于舌的表面，舌背黏膜上有许多小突起，称舌乳头（papilla of tongue）。舌乳头有四种（图1-34），丝状乳头（filiform papilla）数目最多，体积最小，遍布于舌背前2/3，呈白色；菌状乳头（fungiform papilla）稍大于丝状乳头，散在于丝状乳头之间，多见于舌尖及舌体两侧，呈鲜红色；叶状乳头（foliate papilla）呈皱襞状排列在舌外侧缘的后部；轮廓乳头（circumvallate papilla）在舌乳头中体积最大，排列于界沟前方，7~11个，乳头中央隆起，周围有环状沟。轮廓乳头、菌状乳头、叶状乳头以及软腭、会厌等处的黏膜上皮中，含有味觉感受器，称味蕾，具有感受酸、甜、苦、咸等味觉的功能。在舌根背部黏膜表面，有许多由淋巴组织聚集而成的小结节，称舌扁桃体。

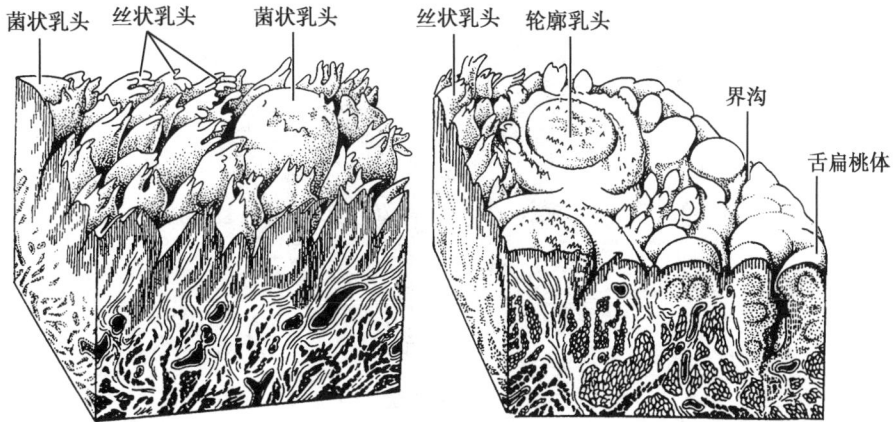

菌状乳头　丝状乳头　菌状乳头　　　丝状乳头　轮廓乳头　　　　　界沟　　　舌扁桃体

▲ 图1-34　舌乳头（放大）

　　在舌下面的中线上，舌黏膜形成一连于口腔底前部的黏膜皱襞，称舌系带。在舌系带根部的两侧有一对小圆形隆起，为下颌下腺管及舌下腺大管开口处，称舌下阜。从舌下阜向口腔底后外侧延续的带状黏膜皱襞为舌下襞，在其深面有舌下腺，舌下襞表面有舌下腺小管开口（图1-35）。

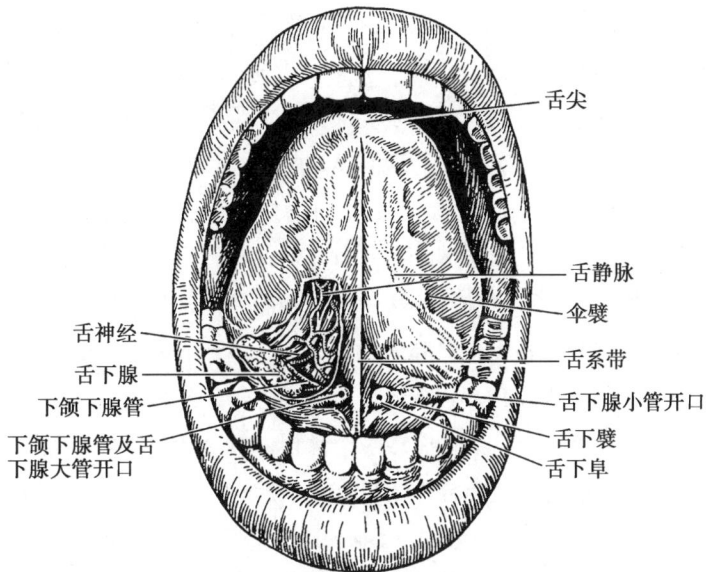

舌尖
舌静脉
伞襞
舌系带
舌下腺小管开口
舌下襞
舌下阜
舌神经
舌下腺
下颌下腺管
下颌下腺管及舌
下腺大管开口

▲ 图1-35　口腔底和舌下面

　　舌肌（muscle of tongue）为骨骼肌，可分为舌内肌和舌外肌两组。舌内肌起、止点均在舌内，其肌纤维分纵行、横行和垂直三种。收缩时，可改变舌的形态。舌外肌起于舌周围各骨，止于舌内，共有四对（图1-36）。收缩时，可改变舌的位置，其中以颏舌肌（genioglossus）在临床上较为重要，这是一对强有力的肌，起自下颌体后面的颏棘，肌纤维呈扇形向后上方分散，止于舌中线两侧。两侧颏舌肌同时收缩，拉舌向前下方。一侧收缩，使舌伸向对侧。

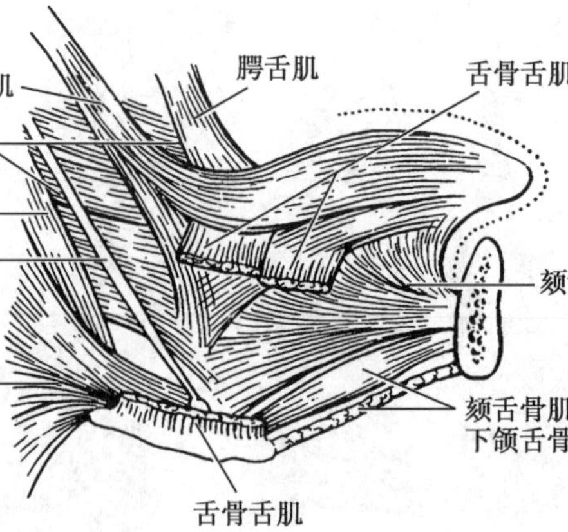

▲ 图1-36 舌肌

（2）血管、神经与淋巴：舌的血液供应来自舌动脉（lingual artery），其在舌骨舌肌和颏舌肌之间上行，分为舌下动脉及舌深动脉等。舌下动脉至口腔底前部黏膜下与对侧吻合。舌深动脉与舌神经的末支伴行入舌内，行于舌下外侧面的黏膜下。两侧舌深动脉之间在舌部的吻合支较少，主要位于黏膜下。舌的静脉有舌背静脉和舌深静脉，多与动脉伴行汇入颈内静脉或面静脉。

舌的感觉神经主要通过舌神经（lingual nerve）及舌咽神经（glossopharyngeal nerve）分布，均含有一般感觉和味觉两种神经纤维，舌神经分布于舌的前2/3，舌咽神经分布于舌的后1/3。舌的淋巴也很丰富，可分为根部、中央、边缘及尖部四组。舌根淋巴引流至两侧颈深淋巴结；舌尖淋巴汇入颏下淋巴结；中央部淋巴汇入颏下及下颌下淋巴结；边缘部淋巴汇入下颌下淋巴结。

2. 牙（teeth）　是人体内最坚硬的器官，具有咀嚼食物和辅助发音等作用。牙位于口腔前庭与固有口腔之间。嵌于上、下颌骨的牙槽内，分别排列成上牙弓和下牙弓。

（1）牙的形态与结构：牙的形状和大小虽然各不相同，但其基本形态是相同的。每个牙均可分为牙冠、牙颈和牙根三部分。暴露在口腔内的部分为牙冠，嵌入上、下颌骨牙槽内的部分为牙根，介于牙根和牙冠交界部分为牙颈。切牙的牙冠扁平，尖牙的牙冠呈锥形，切牙和尖牙只有一个牙根。磨牙的牙冠最大，呈方形，有两个或三个牙根。每个牙根经牙根尖孔通牙根管并与牙冠内较大的牙冠腔相通。牙根管与牙冠腔合称牙腔（dental cavity）或髓腔（pulp cavity）（图1-37）。

牙组织由牙质（dentine of tooth）、釉质（enamel）、牙骨质（cementum）和牙髓（dental pulp）构成。牙质构成牙的大部分。在牙冠部的牙质外面覆有洁白坚硬的釉质，在牙颈和牙根部的牙质外面包有牙骨质。牙腔内有牙髓，由结缔组织、神经和血管共同组成（图1-37）。牙髓发炎时可引起剧烈疼痛。

（2）牙的种类：人的一生中只换牙一次。第一组牙称乳牙（deciduous tooth），共20个，从出生后6~7个月开始陆续萌出，到3岁左右出齐。第二组牙称为恒牙（permanent tooth），共28~32个，从6岁左右开始替换乳牙。

根据牙的形状和功能，分为切牙（incisor）、尖牙（canine tooth）和磨牙（molar）三种。恒牙又有磨牙和前磨牙（premolar）之分。

（3）牙周组织：牙周组织包括牙周膜（periodontal membrane）、牙槽骨（alveolar bone）和牙龈（gingiva）三部分，对牙起保护、固定和支持作用。牙周膜是位于牙根和牙槽骨之间的致密结缔组织，有固定牙根和缓冲咀嚼压力的作用。牙龈是口腔黏膜的一部分，血管丰富，包被牙颈，与牙槽骨的骨膜紧密相连。老年人牙龈及牙根等萎缩，导致牙逐渐松动和脱落，牙槽骨也逐渐萎缩。

（4）牙的血管与神经

1）牙的血管：上颌牙的血液供应来源于上牙槽动脉（superior alveolar artery）（图1-38），常有前、后两支。上牙槽后动脉来自上颌动脉，在上颌骨后面下降，分支与神经伴行进入上颌骨的管道中，供应磨牙及前磨牙并分支至牙龈、颊黏膜及上颌窦。上牙槽前动脉来自眶下动脉，下行供应其余牙，与上牙槽后动脉吻合，有时可能有发自眶下动脉的上牙槽中动脉，在上颌窦的外侧壁中下降至尖牙区。供应牙的血管与神经伴行经牙根尖孔进入牙槽。牙龈及牙周膜的血液供应大部分与牙槽血管无关。颊面后部牙龈由上牙槽后动脉和颊动脉的分支供应，前部唇面牙龈由眶下动脉降支供应；舌面牙龈由腭大动脉分支供应，供应牙龈的血管也有分支至牙周膜。上颌的静脉与动脉伴行，前部汇入面静脉，后部汇入翼静脉丛（pterygoid venous plexus）。因拔除上颌牙而引起感染时，易累及翼静脉丛或咽静脉丛，再蔓延至海绵窦。下颌牙的血液供应来自下牙槽动脉（inferior alveolar artery），发自上颌动脉，与下牙槽神经伴行，沿途分支供应下颌牙。下颌的静脉汇入下牙槽静脉，再至翼静脉丛。

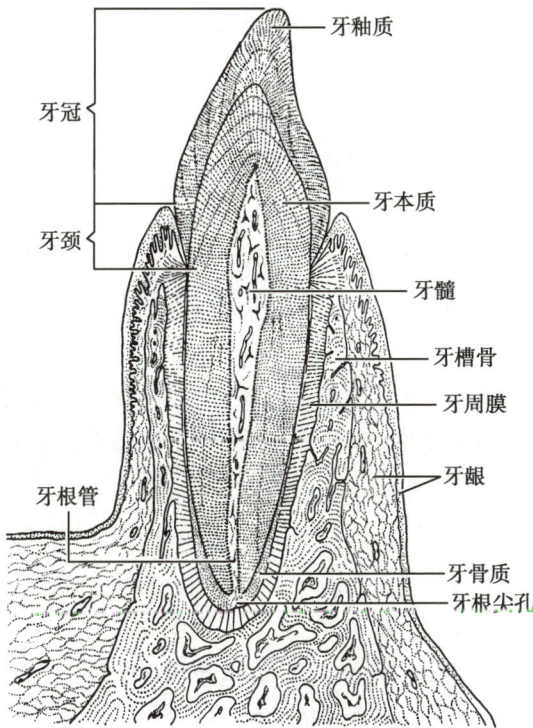

▲ 图1-37　下颌切牙矢状面模式图

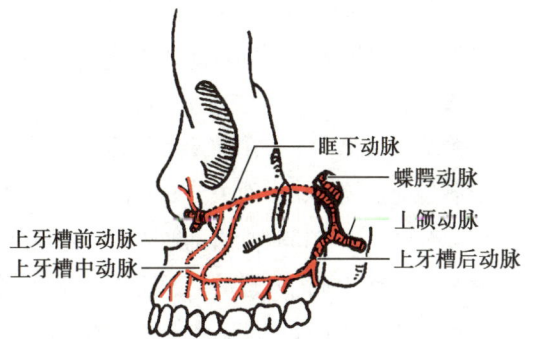

▲ 图1-38　上颌牙的动脉

2）牙的神经：支配上颌牙的神经发自上牙槽神经的分支，分为前、中、后三组（图1-39）。上牙槽前支有2~3支，从眶下神经在眶底部发出，转向内下，在上颌窦的前壁中下降，形成神经丛，再分支供应尖牙及切牙。上牙槽中支在眶下沟的后部发出，随即进入骨中，向前下方支配前磨牙。上牙槽后支有三支，由眶下神经入眶下管处分出，在上颌骨的后面下降，支配牙龈的后部及邻近的颊部；另两支进入上颌骨后壁及外侧壁的管道，支配磨牙。

支配下颌牙的神经由下牙槽神经进入下颌孔后，即分出一牙槽支，与主干平行，支配切牙后方的各牙（图1-40）。主干走到尖牙平面时又发出分支至切牙根外面形成神经丛，支配切牙、尖牙。下牙槽神经的终支颏神经出颏孔，支配颏部及下唇皮肤，包括下唇黏膜及相邻近的牙龈。两侧的神经丛通过正中线相互沟通，因而切牙可能接受两侧来的神经。支配牙的神经通过牙根尖部的孔进入牙髓。

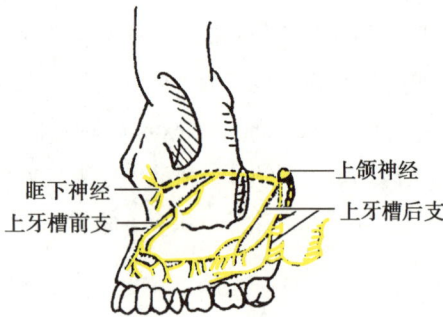

▲ 图1-39　上颌牙的神经

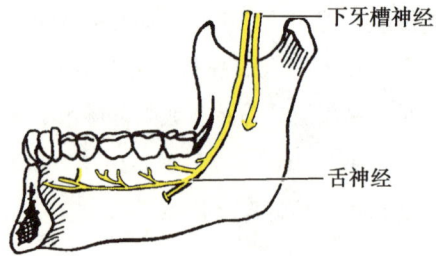

▲ 图1-40　下颌舌面牙龈的神经

牙龈及牙周膜的神经和血管供应，与牙槽神经和血管关系不密切。牙周膜的神经支配主要有两个来源，一个是由支配牙髓的分支在牙根尖部发出，另一个是由支配牙龈的神经分出许多小支穿过牙槽突的骨骼到达。

3. 颞下颌关节（temporomandibular joint）　又称下颌关节，由下颌骨的下颌头与颞骨的下颌窝和关节结节构成。为一灵活而复杂的关节，其活动度关系到咀嚼、吞咽、语言和表情等功能（图1-41）。

关节囊内有纤维软骨构成的关节盘，以适应关节的运动和缓冲作用，减少关节的损伤。关节盘呈椭圆形，将关节腔分为上、下腔。关节的感染可累及关节窝至颅内，中耳炎、脑膜炎也可累及此关节。

关节囊松弛，上方附着于下颌窝和关节结节的周围，下方附着于下颌颈，囊外有韧带加强。关节囊的前份较弱，因而关节易向前脱位，此时下颌头与关节盘向前移至关节结节的前方而不能退回关节窝，患者口张大后不能闭合，造成颞下颌关节脱位，常用手法复位。颞下颌关节属于联合关节，两侧必须同时运动。下颌骨可进行上提、下降、向前、向后及侧方运动。

颞下颌关节由颞浅动脉和上颌动脉供应血液，耳颞神经和咬肌神经支配。

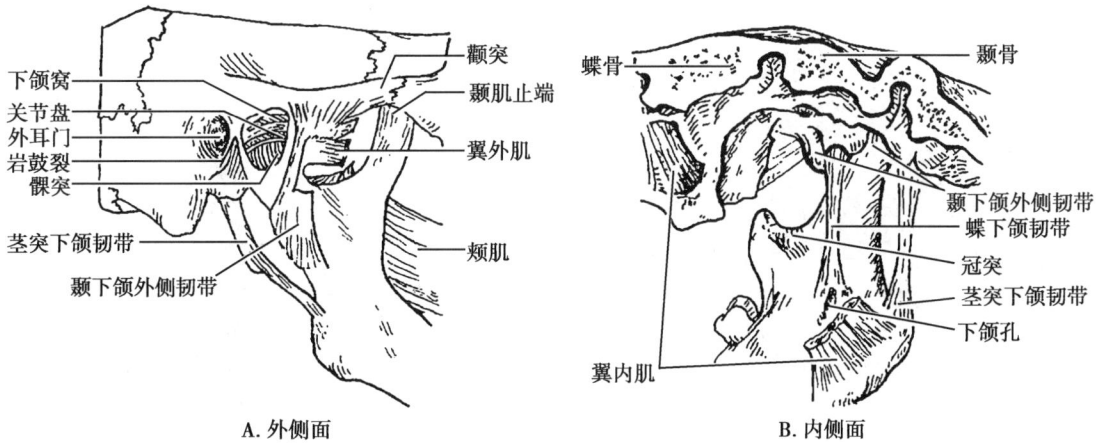

A. 外侧面　　　　B. 内侧面

▲ 图1-41　颞下颌关节

4. 腭

（1）形态与构造：腭（palate）构成口腔的顶，分隔鼻腔与口腔。腭分硬腭和软腭两部分。腭的前2/3为硬腭（hard palate），由上颌骨的腭突及腭骨的水平板和表面覆盖的黏膜构成。黏膜厚而致密，与骨膜紧密相贴。腭的后1/3为软腭（soft palate），主要由腭腱膜、腭肌、腭腺、血管、神经和黏膜构成。软腭的前份呈水平位，后份斜向后下方称腭帆（palatine velum），其后缘游离，正中部有垂向下方的突起，称腭垂（uvula）或悬雍垂。软腭于两侧各向下分出两个黏膜皱襞，前方一对为腭舌弓（palatoglossal arch），延续至舌根的外侧，后方的一对为腭咽弓（palatopharyngeal arch），向下延至咽侧壁。腭垂、腭帆游离缘、两侧的腭舌弓及舌根共同围成咽峡（isthmus of fauces），它是口腔和咽之间的狭窄部和分界，是口腔通向咽的门户（图1-42）。当吞咽或说话时，软腭上提并与咽后壁相贴，将鼻咽与口咽隔开。

（2）血管和神经：腭部血液供应丰富，主要来自上颌动脉的腭降动脉，此动脉穿过翼腭管，在管内分成腭大动脉及腭小动脉（图1-43）。腭大动脉在硬腭外侧与牙槽连接处向前分支通过切牙孔上行至鼻腔，与蝶腭动脉的鼻腭支在鼻中隔处吻合。腭小动脉行向后分布于软腭，与咽升动脉的腭支、面动脉的腭升动脉及舌背动脉的扁桃体支等吻合。腭部的静脉回流至翼静脉丛及咽静脉丛，再汇入颈内静脉。

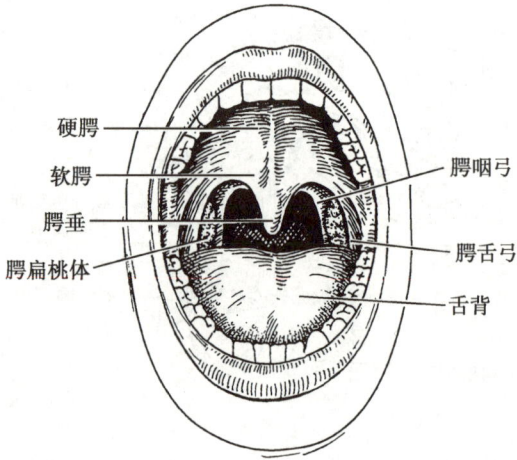

▲ 图1-42 口腔与咽峡

硬腭
软腭
腭垂
腭扁桃体
腭咽弓
腭舌弓
舌背

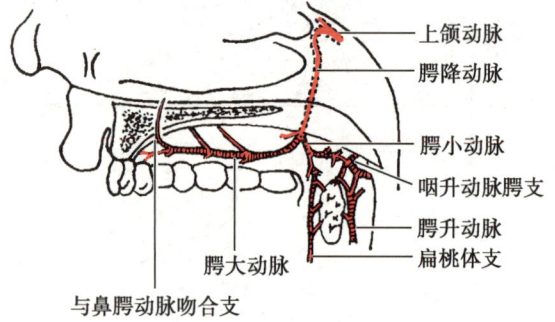

▲ 图1-43 腭部的动脉

上颌动脉
腭降动脉
腭小动脉
咽升动脉腭支
腭升动脉
扁桃体支
腭大动脉
与鼻腭动脉吻合支

腭部黏膜的感觉神经主要发自三叉神经及面神经，随翼腭神经节发出的腭大神经、腭中神经及腭小神经分布。腭大神经含面神经及上颌神经的纤维，伴腭降动脉分布于硬腭及牙槽舌面的牙龈。腭中神经主要由面神经的纤维组成，分布于腭部的后外侧及邻近的腭扁桃体上端。腭小神经出腭小孔至硬腭下面，含有面神经的感觉及味觉纤维（图1-44）。

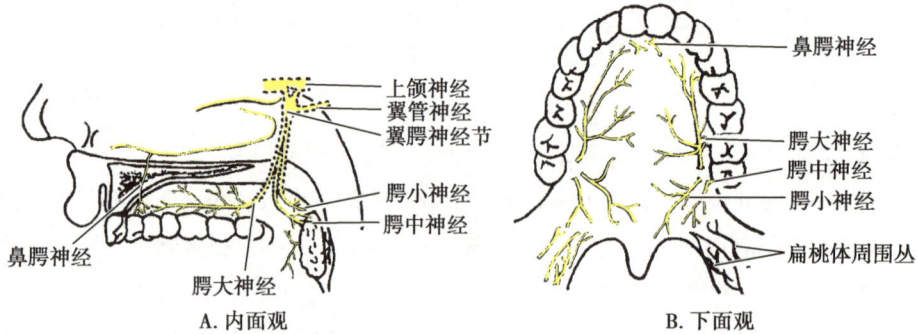

上颌神经
翼管神经
翼腭神经节
腭小神经
腭中神经
鼻腭神经
腭大神经

A. 内面观

鼻腭神经
腭大神经
腭中神经
腭小神经
扁桃体周围丛

B. 下面观

▲ 图1-44 腭部的神经

（二）咽

1. 咽的分部　咽（pharynx）是消化管上端扩大的部分，是消化管与呼吸道的共同通道。咽为上宽下窄、前后略扁的漏斗形肌性管道，长约12cm。咽位于第1~6颈椎前方，上端起于颅底，向下于第6颈椎下缘或环状软骨的高度续于食管。咽的后壁及侧壁完整，其前壁不完整，自上而下分别与鼻腔、口腔及喉腔相通。咽以腭帆游离缘和会厌上缘平面为界，分为鼻咽、口咽和喉咽三部分。

（1）鼻咽（nasopharynx）：是咽的上部，位于鼻腔的后方，介于颅底与腭帆游离缘平面之间，向前经鼻后孔与鼻腔相通。鼻咽的顶和后壁互相移行，呈倾斜的圆拱形，常合称为顶后壁，黏膜下有丰富的淋巴组织，称咽扁桃体（pharyngeal tonsil），在婴幼儿较为发达。有的儿童咽扁桃体异常增大导致鼻咽腔变窄，熟睡时影响呼吸，6~7岁后开始萎缩，至10岁后将近完全退化。

在鼻咽的两侧壁距下鼻甲后端1~1.5cm处，有咽鼓管咽口（pharyngeal opening of auditory tube），咽腔经此口通过咽鼓管与中耳的鼓室相通。咽鼓管咽口开放时（如吞咽或打哈欠），空气通过咽鼓管进入鼓室，以维持鼓膜两侧的气压平衡。当咽部感染时，细菌可经咽鼓管蔓延至中耳，引起中耳炎。小儿的咽鼓管较短而宽，且略呈水平位，故儿童患急性中耳炎较成人多见。

环绕咽鼓管咽口前、上、后方的黏膜隆起，称咽鼓管圆枕（tubal torus），它是寻找咽鼓管咽口的重要标志。咽鼓管咽口附近黏膜内的淋巴组织称咽鼓管扁桃体（tubal tonsil）。咽鼓管圆枕后方与咽后壁之间有一凹陷，称咽隐窝（pharyngeal recess），是鼻咽癌的好发部位（图1-45）。

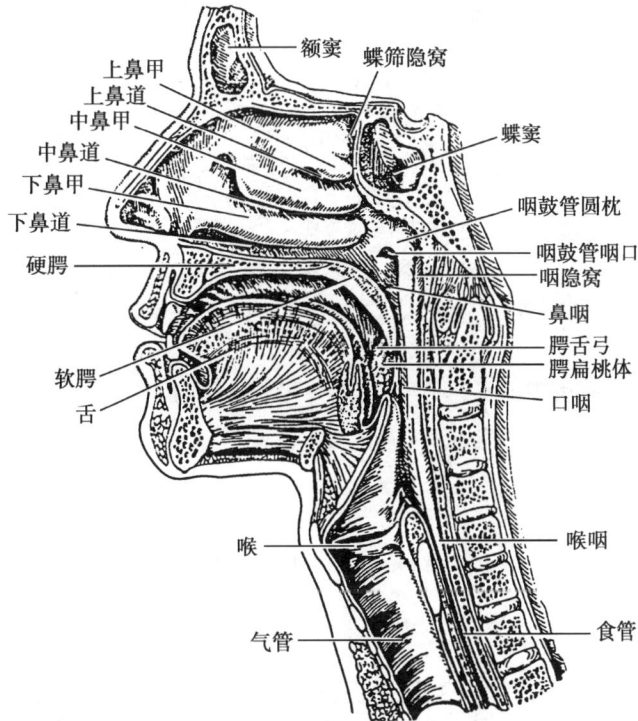

▲ 图1-45 鼻腔、口腔、咽和喉的正中矢状切面

（2）口咽（oropharynx）：位于腭帆游离缘与会厌上缘平面之间，向前经咽峡与口腔相通，上续鼻咽部，下通喉咽部。口咽的前壁主要为舌根后部，由此有一黏膜皱襞与会厌相连，称舌会厌正中襞，襞两侧的凹陷称会厌谷，异物常可停留此处。口咽的侧壁有腭扁桃体（palatine tonsil），是淋巴上皮器官。6岁以前发育较快，青春期后开始萎缩，到老年仅留少量淋巴组织。腭扁桃体呈扁卵圆形，位于扁桃体窝内。

咽后上方的咽扁桃体、两侧的咽鼓管扁桃体、腭扁桃体及前下方的舌扁桃体共同围成咽淋巴环（Waldeyer's ring），对消化管和呼吸道具有防御功能。

（3）喉咽（laryngopharynx）：是咽的最下部，介于会厌上缘与第6颈椎体下缘平面之间，向下与食管相续，向前经喉口与喉腔相通。在喉口的两侧和甲状软骨内面之间，各有一个深凹称梨状隐窝（piriform recess），是异物易于嵌顿停留的部位。当吞咽食物时，喉口关闭，位于喉口两侧的梨状隐窝呈漏斗状张开，引导食物经此进入食管。

咽壁肌为骨骼肌，包括咽缩肌和咽提肌两组。咽缩肌分为上、中、下三部分，呈叠瓦状排列，即咽下缩肌覆盖于咽中缩肌下部，咽中缩肌覆盖于咽上缩肌下部。吞咽时，各咽缩肌自上而下依次收缩，将食团推向食管。咽提肌位于咽缩肌深部，肌纤维纵行，起自茎突（茎突咽肌）、咽鼓管（咽鼓管咽肌）及腭骨（腭咽肌），止于咽壁及甲状软骨上缘。咽提肌收缩时上提咽和喉，舌根后压，会厌封闭喉口，食团越过会厌，经喉咽进入食管（图1-46、图1-47）。

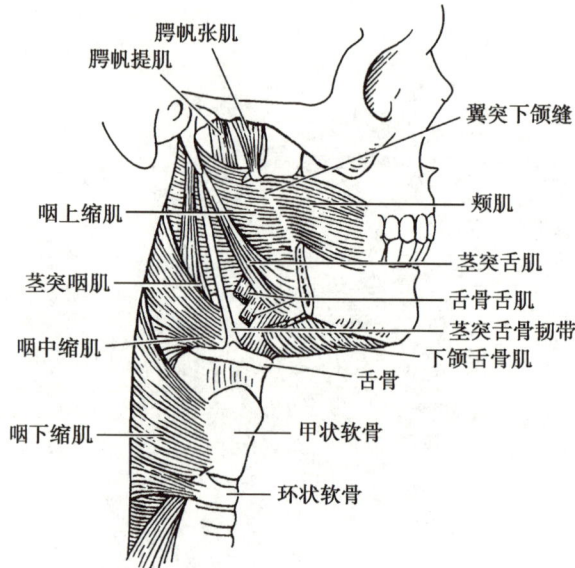

▲ 图1-46　咽肌（侧面）

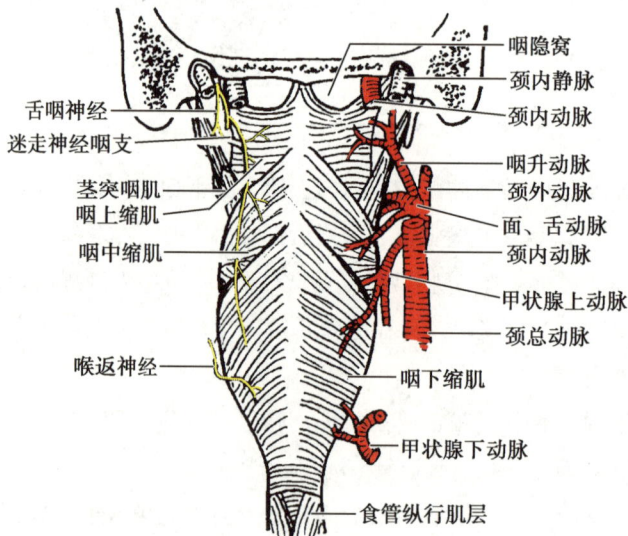

▲ 图1-47　咽肌（后面）及血管、神经

2. 血管与神经

（1）血管：咽部的血液供应主要来自咽升动脉及甲状腺上动脉。咽升动脉起自颈外动脉，沿咽侧壁上升至颅底，分支至咽和颅底等处（图1-47）；甲状腺上动脉起自颈外动脉，下行至甲状软骨上角平面，发出分支供应咽下部。咽部最低处有甲状腺下动脉的分支分布，鼻咽部上部尚有翼管动脉与蝶腭动脉的小支分布。扁桃体的动脉参与供应腭扁桃体邻近的咽壁。咽部静脉在咽后壁上形成静脉丛，此丛与翼静脉丛、甲状腺上静脉及舌静脉相交通。咽部黏膜含有丰富的淋巴管通过咽壁汇入咽旁淋巴结。

（2）神经：咽部的神经支配主要来自咽丛（pharyngeal plexus）（图1-47）。咽丛由舌咽神经、迷走神经与颈交感神经分支形成，位于咽侧壁及咽中缩肌外面。咽丛的感觉纤维来自舌咽神经，运动纤维来自迷走神经。腭帆张肌由三叉神经下颌支支配，茎突咽肌由舌咽神经支配，咽下缩肌下部由喉返神经支配，其余各肌由咽丛运动纤维支配。

三、鼻

鼻（nose）是呼吸道的起始部，又是嗅觉器官，并辅助发音，可分为外鼻、鼻腔和鼻旁窦三部分。

（一）外鼻

外鼻（external nose）上部位于两眼之间的狭窄部为鼻根，向下延续成鼻背，末端为鼻尖。鼻尖两侧的膨大部为鼻翼，从鼻翼外下方至口角外侧的浅沟称鼻唇沟，呼吸困难的患者有鼻翼扇动的症状。外鼻以鼻骨和软骨作为支架，被覆皮肤和少量的皮下组织。骨性部表面皮肤薄而松弛；软骨部表面皮肤较厚，富含皮脂腺和汗腺，是疖肿、痤疮和酒渣鼻的好发部位，此处皮肤与皮下组织、软骨膜连接较紧，故炎症肿胀时疼痛剧烈。

（二）鼻腔

鼻腔（nasal cavity）是呼吸道的起始部，以骨和软骨为基础，表面被覆黏膜和皮肤构成，被鼻中隔分为左、右两腔。向前借鼻孔通外界，向后经鼻后孔通鼻咽部。每侧鼻腔又借鼻阈分为前部的鼻前庭和后部的固有鼻腔（图1-48）。

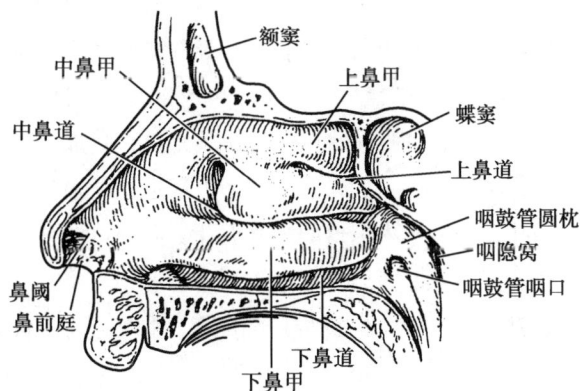

▲ 图1-48 鼻腔外侧壁

1. **鼻前庭**（nasal vestibule）　在鼻腔的前下部，由鼻翼和鼻中隔围成，其上方的弧形隆起称鼻阈。鼻前庭被覆皮肤，富有皮脂腺和汗腺，生有鼻毛，有滤过尘埃和净化空气的作用。鼻前庭是疖肿好发部位，因缺少皮下组织，皮肤直接与软骨膜紧密相连，故发生疖肿时疼痛也比较剧烈。

2. **固有鼻腔**（proper nasal cavity）　是鼻腔的主要部分，是由骨性鼻腔覆以黏膜构成，位于鼻阈和鼻后孔之间。鼻腔的黏膜可分为嗅区和呼吸区两部分。嗅区为上鼻甲和与其相对的鼻中隔及二者上方鼻腔顶部的黏膜，呈淡黄色，富含接受嗅觉刺激的嗅细胞；呼吸区为嗅区以外的鼻腔黏膜，呈红色，内含丰富的血管和腺体，对空气有湿润、调温、除尘和溶菌作用，同时易受物理、化学和炎症的刺激而充血水肿引起鼻塞。

每侧鼻腔有顶、底和内、外侧壁。鼻腔顶部的筛骨筛板较薄，有嗅神经和血管通过，颅前窝骨折筛板破裂时，可导致脑脊液鼻漏。鼻腔底即口腔顶，由硬腭构成，分隔鼻腔和口腔。鼻腔内侧壁为鼻中隔（nasal septum），由筛骨垂直板、犁骨及鼻中隔软骨被覆黏膜构成。鼻中隔常偏向一侧。鼻中隔前下部黏膜血管丰富，外伤或干燥刺激易破裂引起出血，故称为易出血区（又称Little区）（图1-49）。鼻腔外侧壁自上而下有上、中、下三个鼻甲（nasal concha），在上鼻甲后上方有时可有最上鼻甲。各鼻甲下方的间隙，分别称为上、中、下鼻道（nasal meatus）。上鼻甲（或最上鼻甲）后上方的凹陷称蝶筛隐窝，蝶窦开口于此。中鼻道中部的弧形裂隙称半月裂孔，裂孔前上部的漏斗状管道为筛漏斗，裂孔上方的圆形隆起为筛泡。中鼻道为众多鼻旁窦开口之处。下鼻道有鼻泪管的开口。

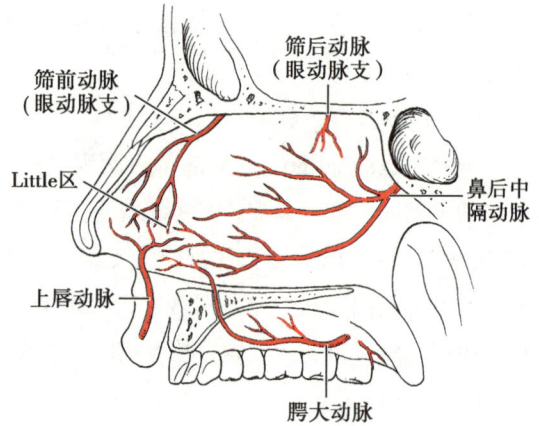

▲ 图1-49　鼻中隔的动脉

（三）**鼻旁窦**

鼻旁窦（paranasal sinus）为含气颅骨开口于鼻腔的骨性腔洞，分别位于额骨、筛骨、蝶骨和上颌骨内，共四对，又称副鼻窦。窦腔内衬以黏膜并与鼻腔黏膜相续，有温暖、湿润空气和对发音产生共鸣的作用（图1-48~图1-50）。上颌窦（maxillary sinus）位于上颌骨体内，为鼻旁窦中最大者，其容积为12~15ml，其上壁即眶下壁，故上颌窦炎和肿瘤常可侵入眶内；上颌窦的底邻上颌骨牙槽，常与上颌第二前磨牙及第一、二磨牙的牙根邻近，牙根炎时可波及上颌窦；内侧壁即鼻腔外侧壁，有上颌窦裂孔，开口于中鼻道的半月裂孔，此开口较窦底高，故站立时不利于引流。额窦（frontal sinus）位于眉弓深面两层骨板之间，窦的形态大小不一，开口于中鼻道。眶的内上角为额窦底部，骨质较薄，急性炎症时此处压痛明显。蝶窦（sphenoidal sinus）位于蝶骨体内，开口于蝶筛隐窝。筛窦（ethmoidal sinus）由筛骨迷路内含气小房构成，可分为前、中、后三组。前、中组开口于中鼻道，后组开口于上鼻道。

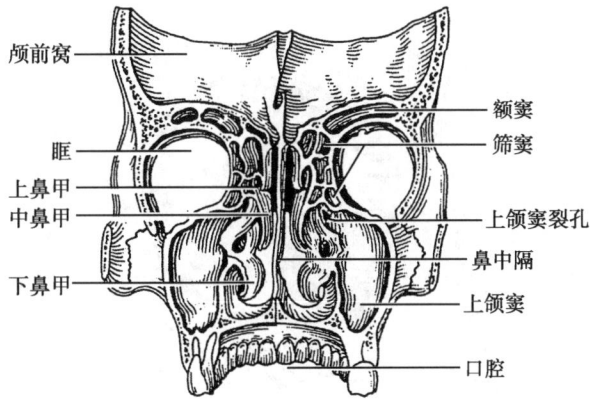

▲ 图1-50 鼻腔冠状切面

标注（自上而下、左右）：颅前窝、眶、上鼻甲、中鼻甲、下鼻甲、额窦、筛窦、上颌窦裂孔、鼻中隔、上颌窦、口腔

案例1-4　患者，女，25岁。因双侧鼻塞、流黏脓涕，头面部闷痛4天来院就诊。患者因1周前上班途中遭遇大雨，全身被淋湿，之后感乏力、头痛、鼻塞、流清涕、喷嚏。自服感冒药后，症状无缓解反而加重，伴面颊闷痛。前鼻镜检查见双下鼻甲红肿，双侧鼻腔黏膜充血，鼻道内有大量黏脓涕。影像学检查提示双上颌窦腔密度增高。诊断：急性双上颌窦炎。

思考：

1. 请阐述鼻旁窦的名称、位置及开口部位。

2. 上颌窦炎发病率高的原因是什么？

3. 请阐述上颌窦穿刺的路径。

（四）鼻腔的血管和神经

鼻腔的动脉来自眼动脉的筛前动脉和筛后动脉、上颌动脉的鼻后外侧动脉和鼻中隔后支、上唇动脉和腭大动脉等（图1-49）。鼻腔的静脉多与同名动脉伴行。

鼻腔的神经：特殊内脏感觉神经为嗅神经；一般躯体感觉神经来自三叉神经的上颌神经和眼神经；交感神经来自颈上神经节的节后纤维；副交感神经随面神经的岩大神经出颅，经翼腭神经节分布于鼻腭部的黏膜腺。

四、眶

眶（orbit）（图1-51）为一对四棱锥形腔隙。底向前外，尖向后内。眶有上、下、内、外四壁。

（一）眶壁

1. 眶底　又称为眶口，呈四边形。眶口的上、下缘称眶上缘及眶下缘。眶上缘中、内1/3交界处为眶上孔或眶上切迹，眶下缘中点下方有眶下孔，分别有眶上血管、神经和眶下血管、神经穿过。

2. 眶尖　尖端有一圆形孔，即视神经管（optic canal），有视神经穿过，通入颅中窝。

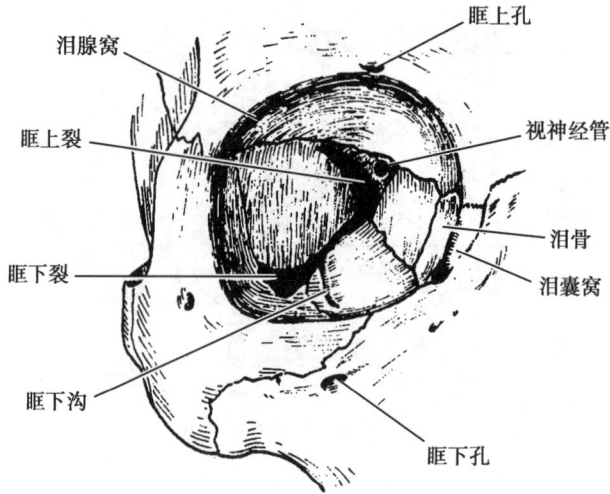

▲ 图1-51　眶（右侧前面）

3. 眶上壁　由额骨眶部及蝶骨小翼构成，前外侧有一容纳泪腺的窝称泪腺窝（fossa for lacrimal gland）。

4. 眶下壁　由上颌骨构成，眶下壁与外侧壁交界处后方为眶下裂，向后通颞下窝和翼腭窝。眶下裂中部有眶下沟，此沟向前经眶下管与眶下孔相通。

5. 眶内侧壁　由上颌骨额突、泪骨、筛骨眶板和蝶骨构成，在其前下方为泪囊窝。泪囊窝经鼻泪管（nasolacrimal canal）向下与鼻腔相通。

6. 眶外侧壁　由蝶骨和颧骨构成，较眶内侧壁厚，眶上壁与外侧壁交界处后方为眶上裂，向后与颅中窝相通。

（二）眶腔

眶腔内有眼球及附属结构。

1. 眼球（eyeball）　为视器的主要部分，前面有眼睑保护，后方借视神经连于间脑。眼球由眼球壁和眼球内容物构成（图1-52）。

（1）眼球壁：眼球壁从外向内依次分为外膜、中膜和内膜三层。

1）外膜：又称眼球纤维膜，由强韧的纤维结缔组织构成，具有支持和保护作用。可分为角膜（cornea）和巩膜（sclera）两部分。角膜占外膜的前1/6，无色透明，曲度较大，有屈光作用；角膜内无血管但感觉神经末梢丰富，角膜炎时疼痛较剧烈。巩膜占外膜的后5/6，为乳白色不透明的纤维膜，厚而坚韧；在巩膜与角膜交界处的深部实质内有一环形的小管，称巩膜静脉窦（scleral venous sinus），是房水流出的通道；巩膜在后极部最厚，向前逐渐变薄，在眼球外肌附着处再次增厚。

2）中膜：又称眼球血管膜，位于内、外膜之间，富有血管和色素细胞，呈棕黑色，故又称葡萄膜或色素膜。中膜自前向后分为虹膜（iris）、睫状体（ciliary body）和脉络膜（choroid）三部分。虹膜位于中膜的最前部（图1-53），为呈冠状位圆盘形的薄膜，中央有圆形的瞳孔（pupil），在活体上，透过角膜可见虹膜和瞳孔。虹膜内有两种方向不同的平滑肌，环绕瞳孔周围的称瞳孔括约肌，可缩小瞳孔；以瞳孔为中心呈放射状排列的称瞳孔开大肌，可开大瞳孔。虹膜将角膜和晶状体之间的间隙分隔为较大的前房和较小的后房。

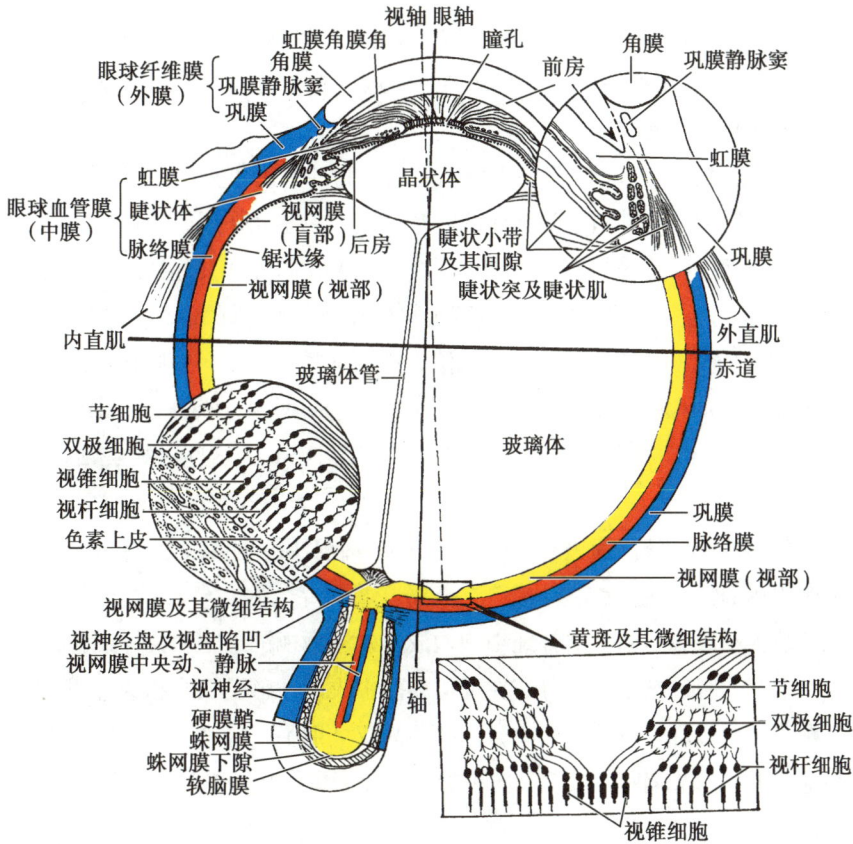

▲ 图1-52 眼球的构造（右眼球水平切面）

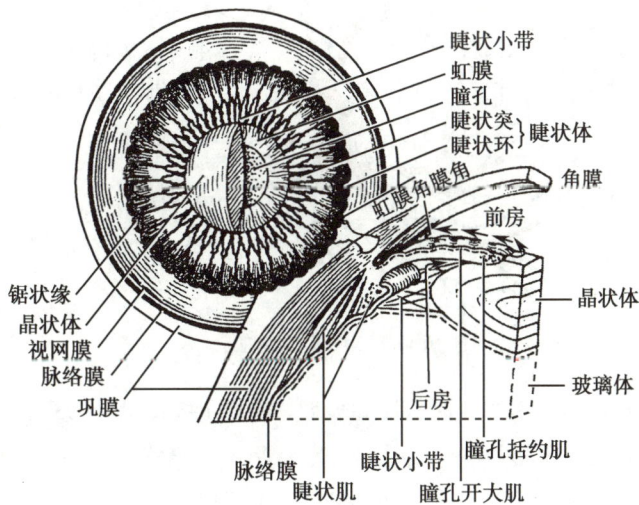

▲ 图1-53 眼球前半部（后面观）

虹膜的颜色有种族差异，是由所含色素细胞多少而定的，黄种人的虹膜多呈棕色。睫状体位于巩膜与角膜移行处的内面，是中膜的肥厚部分，其后部较为平坦的部分称睫状环，前部有许多向内突出的皱襞称睫状突（ciliary processes），由睫状突发出的睫状小带与晶状体相连，睫状体内的平滑肌称睫状肌。睫状体有产生房水和调节晶状体曲度的作用。脉络膜为富有血管的柔软薄膜，占中膜的后2/3，前接睫状体，后方有视神经穿过，外面与巩膜结合比较疏松，其间有淋巴间隙，内面紧贴视网膜色素上皮层。

3）内膜：又称视网膜（retina）紧贴中膜的内面，自前向后可分为虹膜部、睫状体部和脉络膜部。睫状体部和虹膜部分别贴附于睫状体和虹膜内面，无感光作用，故称为盲部；脉络膜部最大，贴附于脉络膜内面以锯状缘与盲部为界，为视器的感光部分，又称视网膜视部。视部的前部较薄而向后逐渐增厚，视神经起始处的圆形隆起称视神经盘（optic disc）或视神经乳头（papilla of optic nerve）。视神经盘的边缘隆起，中央凹陷，有视网膜中央动、静脉穿过，无感光细胞，称生理盲点。在视神经盘的颞侧约3.5mm处稍下方有一黄色区域称黄斑（macula lutea），其中央凹陷称中央凹（fovea centralis），是感光最敏感的部位（图1-54）。这些结构在活体上可借检眼镜窥见。

视网膜视部分为两层。外层为色素上皮层，内层为神经层，两层之间有一潜在性的间隙，是导致视网膜脱离的解剖学基础。

视网膜视部的神经层主要由三层神经细胞构成。外层为视锥细胞和视杆细胞，紧邻色素上皮层，它们是感光细胞。视锥细胞主要分布在视网膜的中央部，感受强光和颜色的刺激；视杆细胞主要分布在视网膜的周边部，感受弱光刺激。中层为双极细胞，将来自感光细胞的神经冲动传导至内层的节细胞。内层为节细胞，其轴突向视神经盘处汇集，穿脉络膜和巩膜后构成视神经。

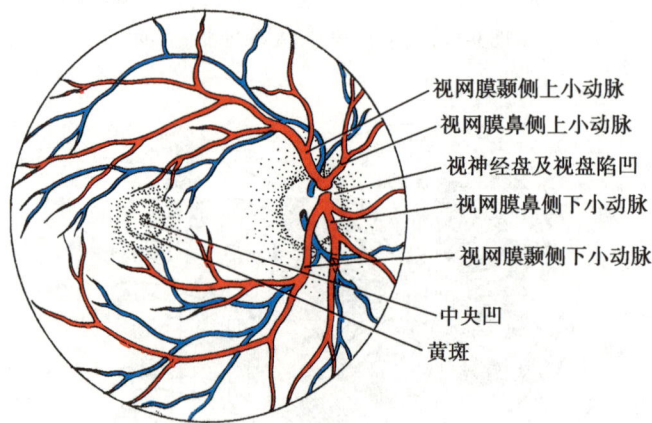

▲ 图1-54　眼底的血管

（2）眼球的内容物：包括房水、晶状体和玻璃体（图1-52、图1-53）。这些结构透明而无血管，具有屈光作用，它们与角膜共同构成眼的屈光装置。

1）房水（aqueous humor）：为无色透明的液体，充满眼房内。具有营养角膜和晶状体、维持眼内压及屈光作用。房水由睫状体产生，自后房经瞳孔至前房，再由虹膜与角膜相交处形成的虹膜角膜角入巩膜静脉窦，最后经睫前静脉汇入眼静脉。房水循环障碍时，可导致眼内压增高而引起青光眼。

2）晶状体（lens）：呈双凸透镜状，无色透明并具有弹性，不含血管和神经。位于虹膜与玻璃体之间，以睫状小带与睫状体相连。若因疾病或创伤使晶状体混浊，称为白内障。晶状体的曲度随所视物体的远近不同而改变。晶状体的弹性随着年龄的增长而逐渐下降，调节功能减退，从而出现老视。

3）玻璃体（vitreous body）：为无色透明的胶状物质，表面被玻璃体囊覆盖，充填于晶状体与视网膜之间，约占眼球内腔的4/5，有屈光和支撑视网膜的作用。若玻璃体混浊，可影响视力；若支撑作用减弱，可导致视网膜脱离。

理论与实践　　眼屈光装置包括角膜、房水、晶状体和玻璃体。角膜各径线的曲率半径不一，可导致各径线上的屈光力强弱不等，引起屈光不正或散光。晶状体混浊称为白内障，按其发生原因可分为先天性、老年性、外伤性、并发性及代谢性等。随着年龄增长，晶状体弹性逐渐下降，同时睫状肌衰弱，因而屈光的生理性调节作用减弱，视近物比较困难，视力模糊，称为老视，俗称老花眼。房水循环路径中任何部位受阻，均可导致眼内压增高，合并视力障碍，称为青光眼，视野缺损、视力低下、高眼压、视神经盘萎缩及凹陷是本病的主要表现。玻璃体混浊时可出现飞蚊症，如玻璃体发炎形成脓肿，可导致视力完全丧失。

2. 眼副器　包括眼睑、结膜、泪器、眼球外肌、眶脂体和眶筋膜等，有保护、运动和支持眼球的作用。

（1）眼睑（eyelids）：（图1-55、图1-56）是保护眼球的屏障，分为上睑和下睑，上、下睑之间的裂隙称睑裂。眼睑的游离缘称睑缘，睑缘有2~3行睫毛，睫毛根部有睫毛腺，感染时易引起睑腺炎，又称麦粒肿。眼睑的构造由浅至深为皮肤、皮下组织、肌层、睑板和睑结膜五层。眼睑的皮肤较薄，皮下组织疏松，缺乏脂肪组织。肌层主要是眼轮匝肌睑部，该肌收缩使睑裂闭合。睑板（tarsal plate）为一半月形致密结缔组织板，上、下睑板两侧借睑内、外侧韧带附着于眶缘；睑板内的睑板腺分泌脂样液体，开口于睑缘，有滋润睑缘和防止泪液外溢的作用；睑板腺导管阻塞时，形成睑板腺囊肿，又称霰粒肿。

（2）结膜（conjunctiva）：是覆盖在眼球

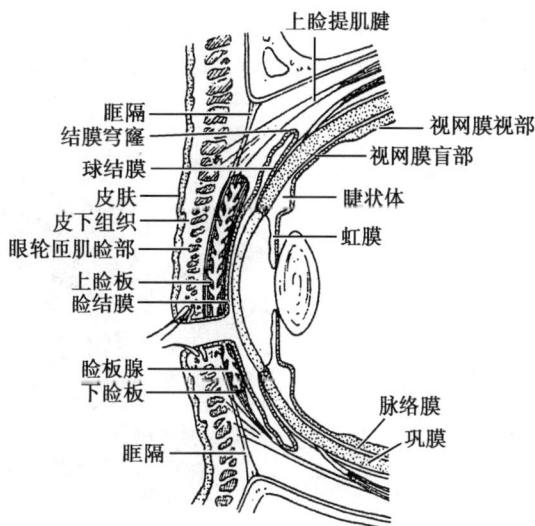

▲ 图1-55　眼睑及结膜

前面和眼睑内面的薄而光滑的黏膜，富有血管，起自睑缘止于角膜缘，按所在部位可分为睑结膜、球结膜和结膜穹窿三部分（图1-55）。当上、下睑闭合时，整个结膜形成的囊状腔隙称结膜囊。结膜囊通过睑裂与外界相通。

（3）泪器（lacrimal apparatus）：由泪腺和泪道组成（图1-56）。泪道包括泪点、泪小管、泪囊和鼻泪管。

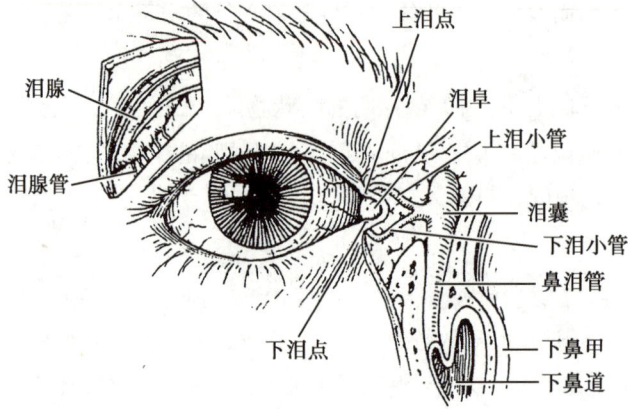

▲ 图1-56　泪器

（4）眼球外肌（extraocular muscles）：属于骨骼肌，包括六条运动眼球的肌和一条运动眼睑的上睑提肌（图1-57）。上睑提肌起自视神经管的上方，向前延续为腱膜止于上睑，此肌收缩可上提上睑，开大睑裂。四条直肌共同起自视神经管周围的总腱环，在中纬线的前方，分别止于巩膜的上、下、内侧和外侧。上直肌在眼球和上睑提肌之间，使瞳孔转向上内方。下直肌在眼球的下面，使瞳孔转向下内方。内直肌在眼球的内侧，使瞳孔转向内侧。外直肌在眼球的外侧，使瞳孔转向外侧。上斜肌起自总腱环，位于上直肌和内直肌之间，以细腱穿过附于眶内侧壁前上方的纤维滑车，然后转向后外，止于眼球中纬线后外方，收缩时使瞳孔转向下外方。下斜肌起自眶下壁的内侧近前缘处，斜向后外止于眼球下面中纬线之后，使瞳孔转向上外方。眼球的正常运动，并非单一肌的收缩，而是两眼数条肌协同作用的结果。

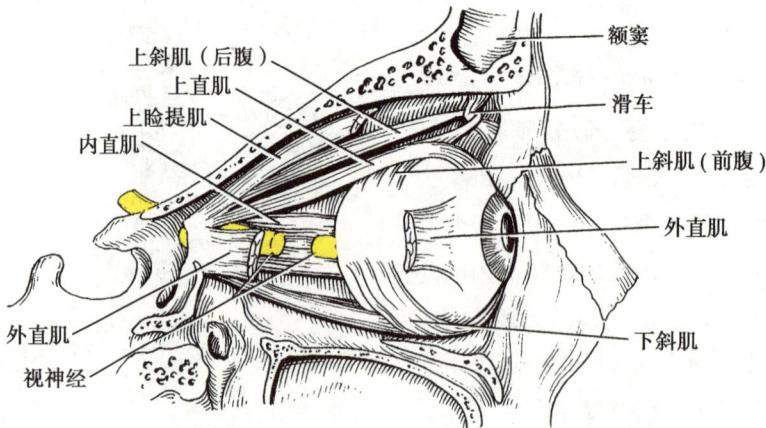

▲ 图1-57　眼球外肌（右侧）

（5）眶脂体（adipose body of orbit）与眶筋膜（orbital fasciae）：眼球、眼球外肌、泪器和血管神经并未完全充满眶腔，其间的间隙充满大量的脂肪组织称眶脂体（图1-58）。眶筋膜包括眶骨膜、眼球筋膜鞘、眼肌筋膜鞘和眶隔。

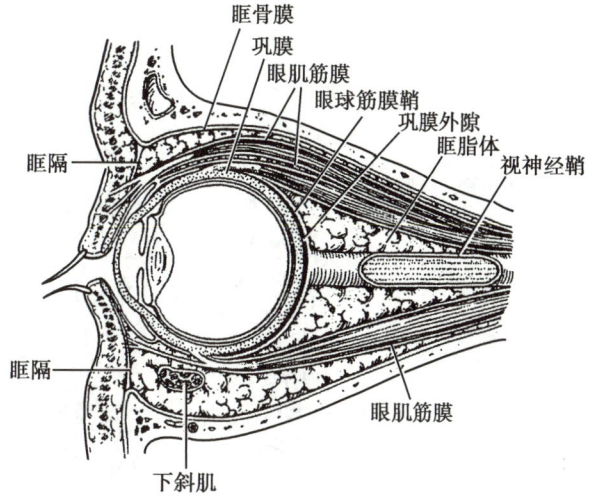

眶骨膜
巩膜
眼肌筋膜
眼球筋膜鞘
巩膜外隙
眶脂体
视神经鞘
眶隔
眶隔
眼肌筋膜
下斜肌

▲ 图1-58 眶筋膜

五、腮腺咬肌区

腮腺咬肌区主要结构为腮腺、咬肌以及有关的血管、神经等。前界为咬肌前缘；后界为颞骨乳突和胸锁乳突肌前缘；上界为外耳道和颧弓；下界为下颌体下缘；内侧为茎突和咽侧壁。在浅筋膜内有支配面肌的面神经分支横过。

（一）腮腺的形态与位置

腮腺（parotid gland）呈略不规则的三角形，底向外侧，尖向内侧突向咽旁，分为浅、深两部，常以下颌骨后缘或以穿过腮腺的面神经丛作为浅、深两部的分界（图1-59）。

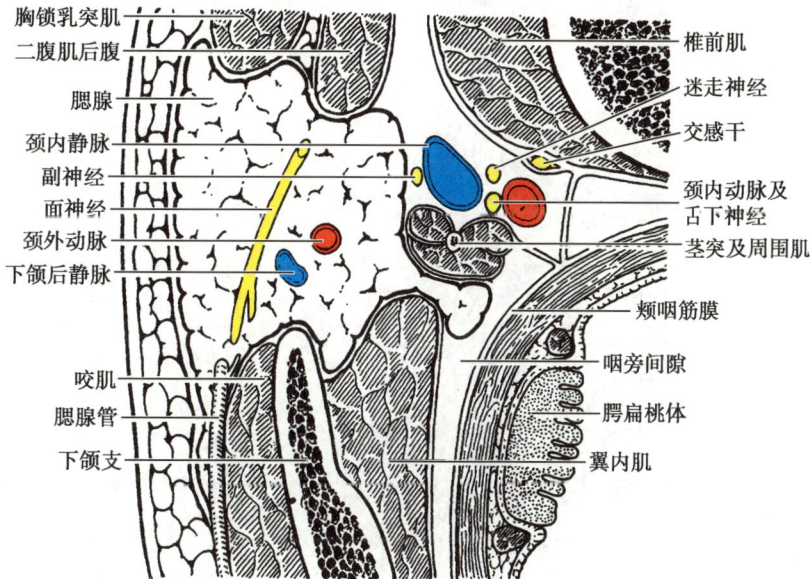

胸锁乳突肌
二腹肌后腹
腮腺
颈内静脉
副神经
面神经
颈外动脉
下颌后静脉
咬肌
腮腺管
下颌支

椎前肌
迷走神经
交感干
颈内动脉及舌下神经
茎突及周围肌
颊咽筋膜
咽旁间隙
腭扁桃体
翼内肌

▲ 图1-59 腮腺和面侧区的水平断面

腮腺位于面侧区，耳郭的前下方，上缘邻接颧弓、外耳道和颞下颌关节；下至下颌角；前邻咬肌、下颌支和翼内肌的后缘，浅部向前延伸，覆盖于咬肌后份的浅面；后缘邻接乳突前缘及胸锁乳突肌前缘的上方。

腮腺深部位于下颌后窝内及下颌支的深面。腮腺的深面有茎突诸肌，颈内动、静脉，舌咽、迷走、副神经及舌下神经。这些血管、神经和肌共同形成腮腺床，紧贴腮腺的深面并借茎突与位于其浅面的颈外动脉分开（图1-60、图1-61）。

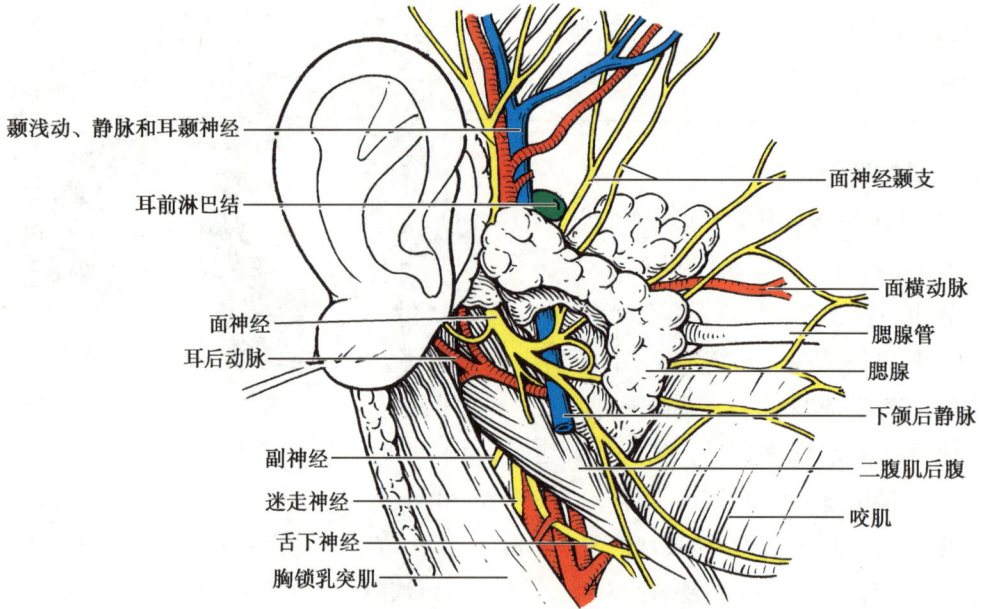

颞浅动、静脉和耳颞神经
耳前淋巴结
面神经
耳后动脉
副神经
迷走神经
舌下神经
胸锁乳突肌

面神经颞支
面横动脉
腮腺管
腮腺
下颌后静脉
二腹肌后腹
咬肌

▲ 图1-60　腮腺及穿经腮腺的血管、神经

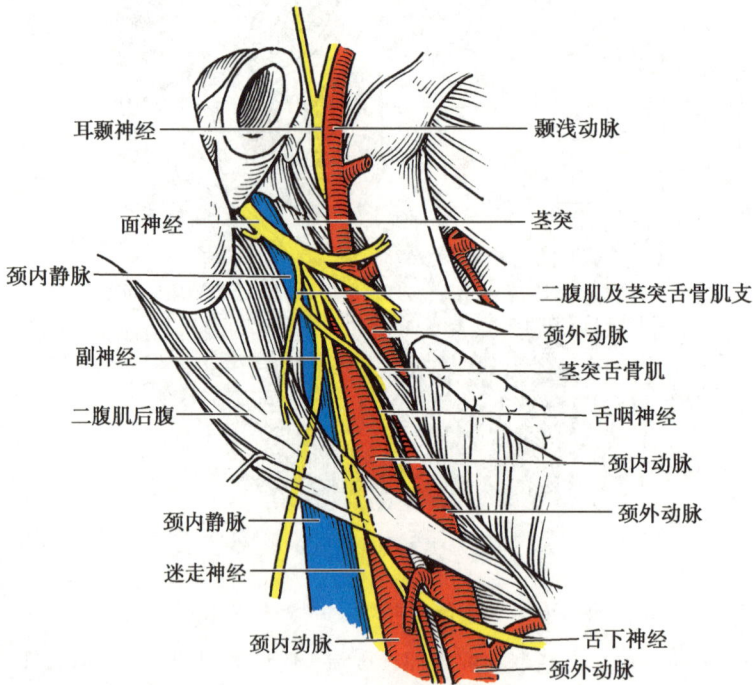

耳颞神经
面神经
颈内静脉
副神经
二腹肌后腹
颈内静脉
迷走神经
颈内动脉

颞浅动脉
茎突
二腹肌及茎突舌骨肌支
颈外动脉
茎突舌骨肌
舌咽神经
颈内动脉
颈外动脉
舌下神经
颈外动脉

▲ 图1-61　腮腺深面的结构

（二）腮腺的被膜

腮腺的被膜来自颈深筋膜浅层并形成腮腺鞘，其浅面较致密，向上连于颧弓，与腮腺咬肌筋膜和胸锁乳突肌鞘相续；深面较薄，附着于颅底、茎突、下颌角的内侧面和茎突下颌韧带。腮腺鞘的内侧面筋膜薄弱，有时缺如，因此可与咽侧前间隙和翼下颌间隙相通。腮腺鞘与腮腺接合紧密，并向腺体内伸入将腮腺分成许多小叶。当腮腺发生急性化脓性炎症时，可导致小叶坏死而形成多数孤立性脓肿，在行切开引流术时，要把每一脓腔彻底引流。当咽后或咽侧脓肿时，脓液也可经腮腺鞘的裂隙扩散入腮腺鞘内。

（三）腮腺管

腮腺管（parotid duct）（图1-60）长5~6cm，管腔直径约0.3cm，在腮腺前缘、颧弓下约1.5cm处出鞘，走行于腮腺咬肌筋膜浅面的皮下组织中，其上、下方有面横动脉和面神经颊支伴行。在咬肌前缘，腮腺管呈直角向内穿过颊肌，开口于与上颌第二磨牙相对的颊黏膜上的腮腺管乳头。腮腺管开口处是其最狭窄的部位，腮腺管的弯曲和腮腺管乳头有阻止口腔内容物进入其内的作用。口腔内用探针探查腮腺管及在颊区进行手术时应注意保护。腮腺管结石或梗阻或形成潴留囊肿时可影响涎液外流。腮腺管感染可蔓延到腮腺；反之，腮腺脓肿时腮腺管口也可出现红肿或有脓性分泌物流出。

（四）淋巴结

腮腺淋巴结可分为腮腺浅淋巴结和腮腺深淋巴结。腮腺浅淋巴结位于腮腺表面和腮腺咬肌筋膜的浅面，根据其位置分为耳前淋巴结和耳下淋巴结。浅淋巴结引流耳郭、颅顶前部和面上部的淋巴；深淋巴结收集外耳道、中耳、鼻、腭和颊深部的淋巴。其输出淋巴管均注入颈外侧淋巴结。由于腮腺淋巴结位于腮腺的表面、腮腺鞘的深面，腮腺淋巴结肿大易与腮腺肿胀相混。

（五）穿经腮腺的血管和神经

纵行穿经腮腺的血管、神经有颈外动脉，颞浅动、静脉，下颌后静脉及耳颞神经；横行的有上颌动、静脉，面横动、静脉，面神经及其分支。血管、神经的位置排列关系由浅至深依次为：面神经及其分支、下颌后静脉、颈外动脉及耳颞神经（图1-61）。

1. 面神经（facial nerve） 面神经在颅外的行程中，因穿经腮腺而分为三段。

（1）第一段：是面神经干从茎乳孔穿出至进入腮腺以前的一段，位于乳突与外耳道之间的切迹内。此段向前经过茎突根部的浅面被腮腺遮盖，但未进入腮腺实质，故可在此处显露面神经主干。

（2）第二段：为腮腺内的一段。面神经主干从腮腺后内侧面进入腮腺内，在腮腺内分为上、下两干，再发出分支彼此交织成丛，形成颞支、颧支、颊支、下颌缘支和颈支五组分支。面神经位于颈外动脉和下颌后静脉的浅面。面神经外膜与腮腺组织容易分离，但在病变时二者粘连紧密，术中分离较为困难。腮腺肿瘤可压迫面神经，引起面瘫。

（3）第三段：为面神经穿出腮腺以后的一段。面神经的五组分支分别由腮腺浅部的上缘、前缘和下端穿出，呈扇形分布至相应区域支配面肌和颈阔肌。

2. 下颌后静脉（retromandibular vein） 颞浅静脉和上颌静脉与同名动脉伴行，穿入腮腺，汇合形成下颌后静脉，在颈外动脉的浅面下行，分为前、后两支穿出腮腺。前支汇入面静脉再汇入颈内静脉；后支与耳后静脉合成颈外静脉。

3. 颈外动脉（external carotid artery） 由颈部上行，经二腹肌后腹和茎突舌骨肌深面入下颌后窝，由深面穿入腮腺，行于下颌后静脉的前内侧，至下颌颈平面分为上颌动脉、颞浅动脉。上颌动脉行经下颌颈内侧入颞下窝，颞浅动脉在腮腺深面分出面横动脉，然后越颧弓供应颞区。

4. 耳颞神经（auriculotemporal nerve） 为下颌神经分支，穿入腮腺鞘，在腮腺深面上行穿出腮腺至颞区皮肤，腮腺肿胀致耳颞神经受压迫时，可引起由颞区向颅顶部放射性剧痛。

理论与实践　　　　腮腺鞘浅层厚，深层薄，当腮腺化脓时，脓肿易穿透深层向深部蔓延，形成咽旁脓肿或向颈部扩散。由于鞘与腺体紧密结合并发出小格分隔腮腺，当腮腺脓肿时可使腮腺小叶成为独立散在的小脓灶，不易出现波动感。腮腺紧邻外耳道，腮腺脓肿也可蔓延至外耳道和中耳。外耳道感染也可扩散到腮腺。腮腺肿胀可推移耳垂向外上移位，成为腮腺肿胀特有的体征。

由于面神经分支在腮腺内形成丛，行腮腺切除术时，一般采用先寻面神经主干的方法保护面神经。可从外耳道下方，剥离腮腺鞘直达乳突前方显露面神经主干，再向远端分离其分支。面神经主干在越过茎突根部以前的一段长1~1.5cm，位于腮腺深面，故由此分离保护面神经分支比较方便。或采用沿其终支向近端分离的方法来保留面神经。先小心地在咬肌前缘与下颌体下缘相交处辨认面血管，沿下颌体下缘并在面血管的浅面，找出面神经的下颌缘支，然后沿此支向后上深入腮腺追踪面神经主干。

（六）咬肌

咬肌（masseter muscle）起自颧弓，止于下颌骨的咬肌粗隆。该肌的后上部被腮腺覆盖，表面被覆咬肌筋膜，浅面有面横动脉、腮腺管、面神经的颊支和下颌缘支横过。咬肌与颞肌、翼内肌、翼外肌共同组成咀嚼肌（表1-3），它们都作用于颞下颌关节，受三叉神经第三支的运动纤维支配。

▼ 表1-3　咀嚼肌的起止、作用及神经支配

名称	起点	止点	作用	神经支配
咬肌	颧弓	下颌骨的咬肌粗隆	上提下颌骨（闭口）；使下颌骨向前或向后运动	三叉神经
颞肌	颞窝	下颌骨冠突		
翼内肌	蝶骨翼窝	下颌角内面的翼肌粗隆		
翼外肌	翼突外侧板	下颌颈	两侧同时收缩做张口运动；一侧收缩使下颌移向对侧	

六、面侧深区

面侧深区位于颅底下方，口腔及咽的外侧，其上部为颞窝。有顶、底和四壁，顶为蝶骨大翼

的下面，底平下颌骨下缘，前壁为上颌骨体的后面，后壁为腮腺深部，外侧壁为下颌支，内侧壁为翼突外侧板和咽侧壁。

面侧深区内有翼内、外肌（表1-3）及出入颅底的血管、神经通过。翼静脉丛与上颌动脉位于颞下窝浅部，翼内肌、翼外肌、下颌神经及其分支位于深部（图1-62、图1-63）。翼内肌（medial pterygoid）起自蝶骨翼窝，肌纤维斜向外下，止于下颌角内面的翼肌粗隆。翼外肌（lateral pterygoid）起自翼突外侧板，肌纤维斜向外后方，止于下颌颈。翼内肌位于颞下窝的下内侧部，翼外肌位于上外侧部，两肌腹间及其周围的疏松结缔组织中，有神经与血管交错穿行。

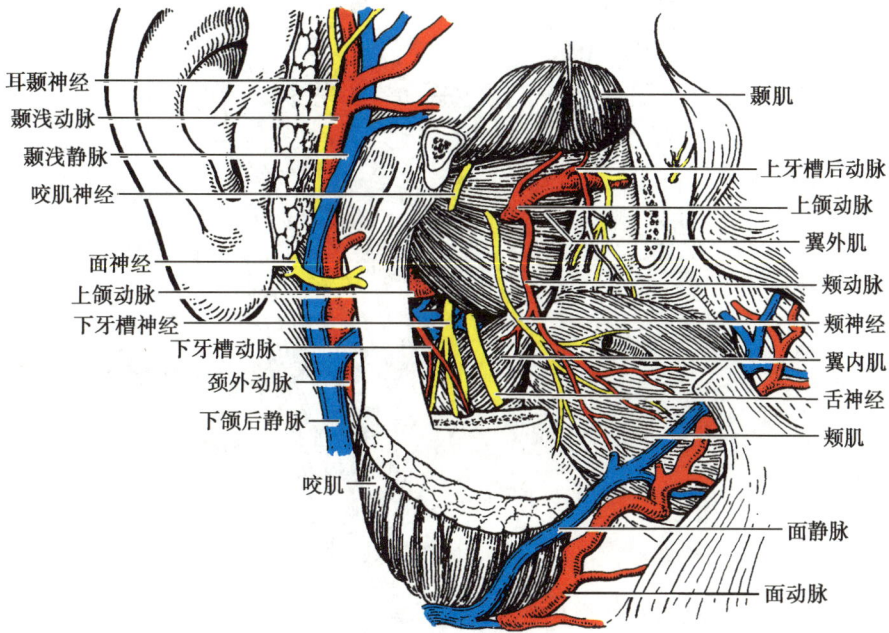

▲ 图1-62　面侧深区的血管和神经（浅部）

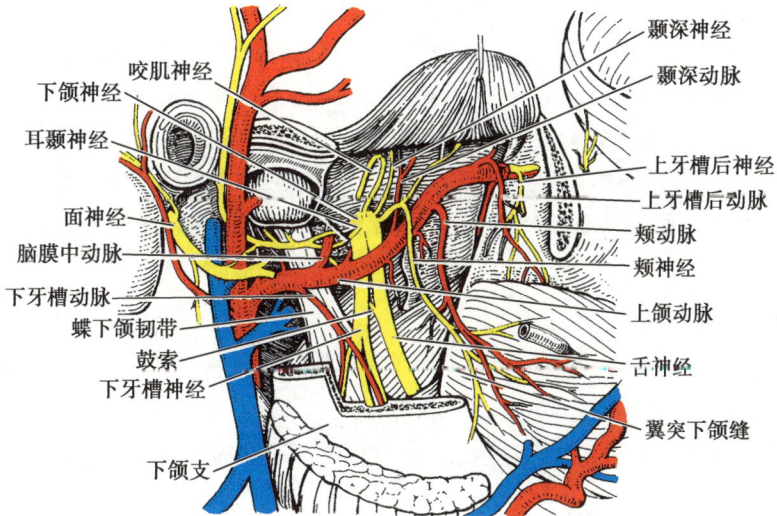

▲ 图1-63　面侧深区的血管和神经（深部）

七、面部的筋膜间隙

（一）咬肌间隙

咬肌间隙（masseter space）是位于咬肌深部与下颌支上部之间的间隙，咬肌的血管神经通过下颌切迹穿入其内，从深面进入咬肌（图1-64）。此间隙的前方紧邻下颌第三磨牙，许多牙源性感染（如第三磨牙牙周炎、牙槽脓肿和下颌骨骨髓炎等）均可扩散至此间隙。

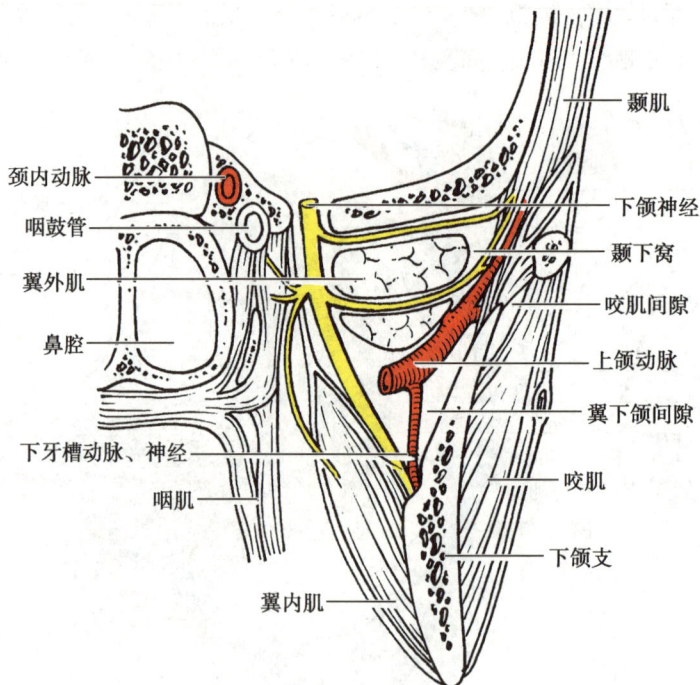

▲ 图1-64　面部的间隙（冠状断面）

案例1-5　　患者，男，50岁，于3个月前治疗下颌骨骨髓炎时，行X线检查，发现右下颌牙槽脓肿。体格检查：脓肿区无疼痛，无下唇麻木。近1周感右下颌略微肿胀，张嘴时伴疼痛，口服抗生素后，疼痛略缓解，肿胀感无变化，为进一步诊治入院。入院体格检查：颌面部基本对称，右下颌前磨牙区膨隆，压痛不明显，舌腭未见明显异常，腮腺管口未见明显红肿及溢脓，双侧颞下颌关节活动度基本一致，颌颈部淋巴结未触及明显肿大。

思考：请用所学的解剖学知识解释该患者所出现的症状和体征。

（二）翼下颌间隙

翼下颌间隙（pterygomandibular space）位于翼内肌与下颌支之间，与咬肌间隙仅隔下颌支，两间隙经下颌切迹相交通（图1-64）。此间隙内有舌神经、下牙槽神经和下牙槽动、静脉穿过。下牙槽神经阻滞麻醉时，麻醉药液即注射于此间隙内，牙源性感染也可累及此间隙。

（邹智荣　张义伟）

第四节　血管、淋巴及神经

一、面部浅层

（一）血管

分布于头面部浅层的主要动脉为面动脉，面静脉与其伴行（图1-65）。

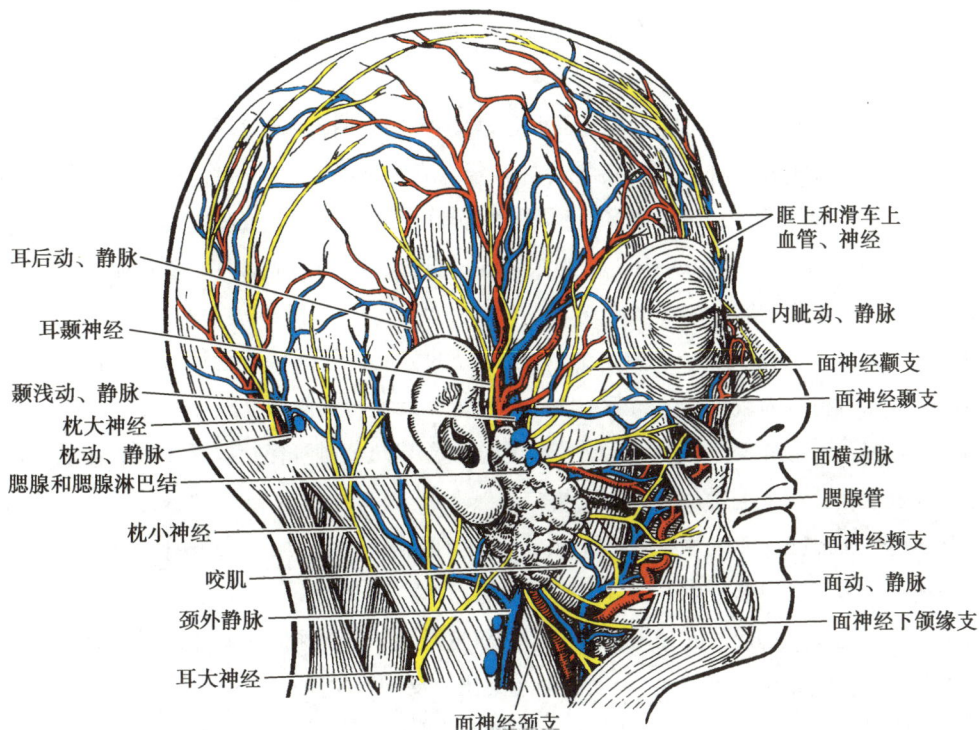

左侧标注（从上到下）：
耳后动、静脉
耳颞神经
颞浅动、静脉
枕大神经
枕动、静脉
腮腺和腮腺淋巴结
枕小神经
咬肌
颈外静脉
耳大神经
面神经颈支

右侧标注（从上到下）：
眶上和滑车上血管、神经
内眦动、静脉
面神经颞支
面神经颧支
面横动脉
腮腺管
面神经颊支
面动、静脉
面神经下颌缘支

▲ 图1-65　面部浅层结构

1. 面动脉（facial artery）　于颈动脉三角内起自颈外动脉，经过下颌下三角，在咬肌止点前缘处出现于面部。面动脉行程迂曲，斜向前上经口角和鼻翼外侧至内眦延续为内眦动脉（angular artery）。面动脉的搏动在下颌骨下缘与咬肌前缘相交处可触及。当面动脉供血区出血时，此点为压迫止血点。面动脉的后方有面静脉伴行，浅面有部分面肌覆盖并有面神经的下颌缘支和颈支越过。面动脉主要分支有下唇动脉、上唇动脉和鼻外侧动脉。

2. 面静脉（facial vein）　来自内眦静脉，伴行于面动脉的后方，位置较表浅，在下颌角下方与下颌后静脉的前支汇合，穿深筋膜汇入颈内静脉。面静脉经眼静脉与海绵窦交通。在口角平面以上的一段面静脉无瓣膜，面肌的收缩可促使血液逆流。因此，两侧口角至鼻根连线所形成的三角区内发生化脓性感染时，易循上述途径逆行至海绵窦，导致颅内感染，故将此区称面部"危险三角区"。

案例1-6　　患者，男，19岁，因"颅内感染"入院。患者一周前发现鼻尖处长有红色痘痘，用力挤压未能将其挤出，一天前出现头痛、发热等症状，遂入院。体格检查见鼻尖处红肿，动眼神

经麻痹及神经痛，结膜充血、水肿。考虑可能是细菌进入海绵窦，引起海绵窦炎。

思考：请用所学的解剖学知识解释该患者所出现的症状和体征。

（二）淋巴

面部浅层的淋巴管非常丰富，相互吻合成网，注入下颌下淋巴结和颏下淋巴结。此外，面部还有一些不恒定的淋巴结，如位于眶下孔附近的颧淋巴结、颊肌表面的颊肌淋巴结和位于咬肌前缘处的下颌淋巴结，均注入下颌下淋巴结。

（三）神经

面部的感觉神经来自三叉神经，支配面肌运动的神经是面神经的分支。

1. 三叉神经（trigeminal nerve）　为混合性神经，有眼神经、上颌神经和下颌神经三大分支，其感觉支除分布于面深部外，终末支穿面颅各孔，分布于相应区域的皮肤。

（1）眶上神经（supraorbital nerve）：为眼神经的分支，与同名血管伴行。由眶上切迹或孔穿出至皮下，分布于额部皮肤。

（2）眶下神经（infraorbital nerve）：为上颌神经的分支，与同名血管伴行，穿出眶下孔，在提上唇肌的深面下行分为数支，分布于下睑、鼻背外侧及上唇的皮肤。

（3）颏神经（mental nerve）：为下颌神经的分支，与同名血管伴行，穿出颏孔后，在降口角肌深面分为数支，分布于下唇及颏区的皮肤。

2. 面神经（facial nerve）　由茎乳孔出颅，向前穿经腮腺，分为上、下两干，再各分为数支并相互交织成丛，最后呈扇形分成五组分支支配面肌。

（1）颞支（temporal branch）：出腮腺上缘，斜越颧弓，支配额肌和眼轮匝肌上部。

（2）颧支（zygomatic branch）：由腮腺前端穿出，支配眼轮匝肌下部及上唇诸肌。

（3）颊支（buccal branch）：出腮腺前缘，支配颊肌和口裂周围诸肌。

（4）下颌缘支（marginal mandibular branch）：从腮腺下端穿出以后，行于颈阔肌深面，越过面动、静脉的浅面，沿下颌骨下缘前行，支配下唇诸肌及颏肌。

（5）颈支（cervical branch）：由腮腺下端穿出，在下颌角附近至颈部，行于颈阔肌深面并支配该肌。

二、面部深层

（一）血管

1. 上颌动脉（maxillary artery）　上颌动脉在下颌颈平面发自颈外动脉，经下颌颈的深面入颞下窝，行于翼外肌的浅面或深面，行经翼突上颌裂入翼腭窝。上颌动脉以翼外肌为标志可分为三段（图1-62、图1-63）。

（1）第一段：位于下颌颈深面。主要分支有：① 下牙槽动脉（inferior alveolar artery）经下颌孔入下颌管，分支至下颌骨、下颌牙及牙龈，终末支出颏孔，分布于颏区；② 脑膜中动脉（middle meningeal artery）行经翼外肌深面，穿过耳颞神经垂直上行，经棘孔入颅，分布于颞顶区内面的硬脑膜。

（2）第二段：位于翼外肌的浅面或深面，分支至翼内肌、翼外肌、咬肌和颞肌，再分出颊动脉（buccal artery）与颊神经伴行，分布于颊肌及颊黏膜。

（3）第三段：位于翼腭窝内。主要分支有：① 上牙槽后动脉（posterior superior alveolar artery）向前下穿入上颌骨牙槽孔，分布于上颌窦、上颌后份的牙槽突、牙、牙龈等；② 眶下动脉（infraorbital artery）经眶下裂、眶下管，出眶下孔，沿途发出分支分布于上颌前份的牙槽突、牙、牙龈，最后分布于下睑及眶下方的皮肤。

2. 翼静脉丛（pterygoid venous plexus） 翼静脉丛是翼内、外肌与颞肌之间的静脉丛，位于颞下窝内。翼静脉丛收纳与上颌动脉分支伴行的静脉，最后汇合为上颌静脉，汇入下颌后静脉。翼静脉丛与上颌动脉位于颞下窝的浅部。翼静脉丛通过眼下静脉和面深静脉与面静脉交通，经卵圆孔网及破裂孔导血管与海绵窦交通，故口、鼻、咽等部的感染可沿上述途径蔓延至颅内。

（二）神经

下颌神经（mandibular nerve）为三叉神经的分支，从卵圆孔出颅进入颞下窝，行于翼外肌的深面。下颌神经发出的翼内肌神经、翼外肌神经、颞肌神经和咬肌神经支配咀嚼肌的运动。下颌神经还发出四个感觉支。

1. 颊神经（buccal nerve） 经翼外肌两头之间穿出，沿下颌支前缘的内侧下行至咬肌前缘，穿颊肌支配颊黏膜、颊侧牙龈，另有分支穿颊脂体支配颊区口角的皮肤。

2. 耳颞神经（auriculotemporal nerve） 两根起自下颌神经，其间夹持脑膜中动脉，向后又合为一干，沿翼外肌深面，绕下颌骨髁突的内侧至后方转向上行，穿入腮腺鞘，于腮腺上缘处浅出，支配外耳道、耳郭及颞区的皮肤。

3. 舌神经（lingual nerve） 经翼外肌深面下行，途中接受鼓索的味觉纤维和副交感纤维，继续向前下行，位于下颌支与翼内肌之间，达下颌下腺的上方，再沿舌骨舌肌的浅面行至口腔底，支配下颌舌侧牙龈、下颌下腺、舌下腺、舌前2/3及口腔黏膜。

4. 下牙槽神经（inferior alveolar nerve） 位于舌神经的后方，与同名动、静脉伴行，经下颌孔，入下颌管，发支分布于下颌骨及下颌诸牙，出颏孔称颏神经，支配颏区皮肤。

理论与实践　　　　　　　　　　下颌的毗邻与应用

　　　　　　下颌体外面有朝向后上外方的颏孔，经此孔穿刺进行颏神经阻滞麻醉。
　　　　　　眶上孔、眶下孔和颏孔三者常在一条垂线上。下颌支内侧面中央略偏后上方处有下颌孔，在成人下颌孔约相当于下颌磨牙的平面，女性和儿童的位置较低。下牙槽神经、血管通过此孔。下牙槽神经阻滞麻醉口内法是在下颌孔上方1cm处进针，将麻醉药注入翼下颌间隙。下颌体上缘为牙槽缘，第三磨牙的牙槽向后紧贴咬肌间隙前部。第三磨牙牙周炎、牙槽脓肿、下颌骨骨髓炎等均可蔓延至咬肌间隙引起继发感染。应理解下颌的毗邻与临床应用，做好宣教工作。

（张义伟　邹智荣）

第五节 头部横断层影像解剖

一、经半卵圆中心的横断层

此层面上半卵圆中心和顶枕沟的断面出现（图1-66）。

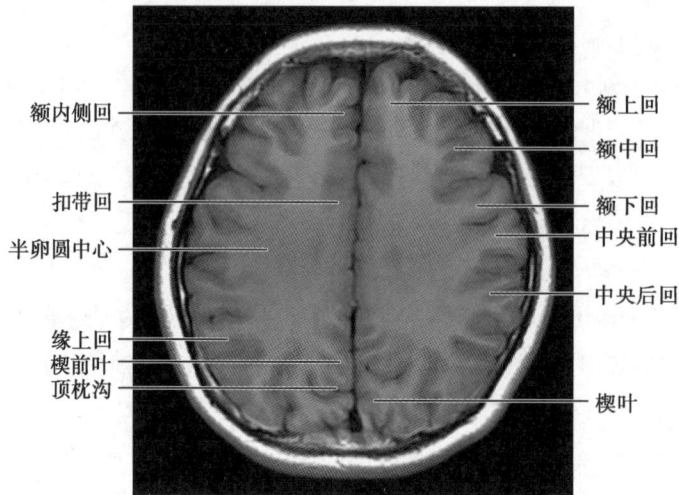

▲ 图1-66 经半卵圆中心的横断层（MRI T₁加权像）

左、右侧大脑半球髓质的断面增至最大，近似呈半卵圆形，故称为半卵圆中心，主要由有髓神经纤维构成，在计算机体层成像（CT）图像上呈低密度暗区，磁共振成像（MRI）T₁加权像上呈高信号亮区。大脑半球上外侧面自前向后为额上回、额上沟、额中回、额下沟、额下回、中央前沟、中央前回、中央沟、中央后回、中央后沟、缘上回、角回和顶上小叶，大脑半球内侧面自前向后为额内侧回、扣带回、楔前叶、顶枕沟和楔叶。顶枕沟为顶叶与枕叶的分界标志，多呈直线走行，也可呈平缓走行的曲线或"S"形；其前方为顶叶的楔前叶，后方为枕叶的楔叶。

二、经内囊中份的横断层

此层面上顶枕沟消失，内囊、第三脑室、岛叶和外侧沟的断面出现（图1-67）。

第三脑室呈正中矢状位，其两侧的灰质团块为背侧丘脑；背侧丘脑、尾状核与豆状核之间的白质区是内囊，其中尾状核头与豆状核之间为内囊前肢，豆状核与背侧丘脑之间为内囊后肢，内囊前、后肢的汇合处为内囊膝。MRI T₂加权像能较清晰地显示内囊，内囊后肢的信号常高于内囊前肢和内囊膝，可能与内囊后肢含铁量较少有关。豆状核的外侧有呈薄层的屏状核，其与豆状核之间的白质区为外囊，与外侧的岛叶皮质之间的白质区为最外囊。尾状核头与胼胝体膝、透明隔、穹窿之间的腔隙为侧脑室前角，其向后经室间孔与第三脑室相通。侧脑室后角的前外侧壁上的灰质团块为尾状核尾；内侧壁前份有海马沟推顶脑回形成的海马；内侧壁后份有距状沟前份推顶脑回形成的禽距。岛叶表面的脑沟为外侧沟，其表面的脑回为岛盖，分为前方的额盖和后方的颞盖。

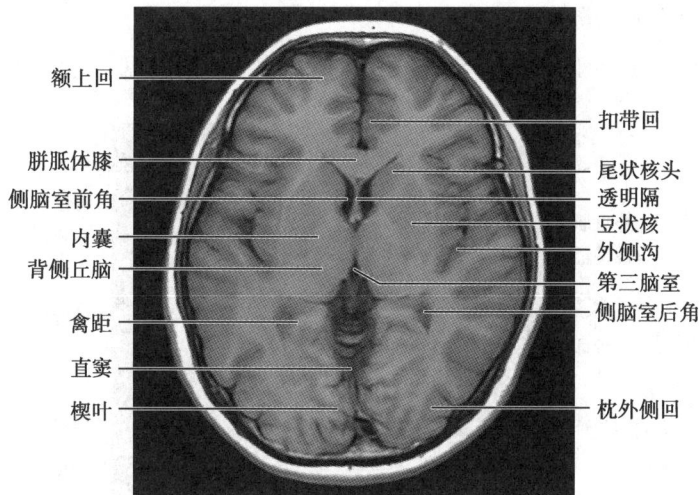

▲ 图1-67　经内囊中份的横断层（MRI T_1加权像）

左侧标注（从上到下）：
额上回
胼胝体膝
侧脑室前角
内囊
背侧丘脑
禽距
直窦
楔叶

右侧标注（从上到下）：
扣带回
尾状核头
透明隔
豆状核
外侧沟
第三脑室
侧脑室后角
枕外侧回

三、经鞍上池的横断层

此层面上第三脑室、内囊和胼胝体消失，鞍上池和第四脑室的断面出现（图1-68）。

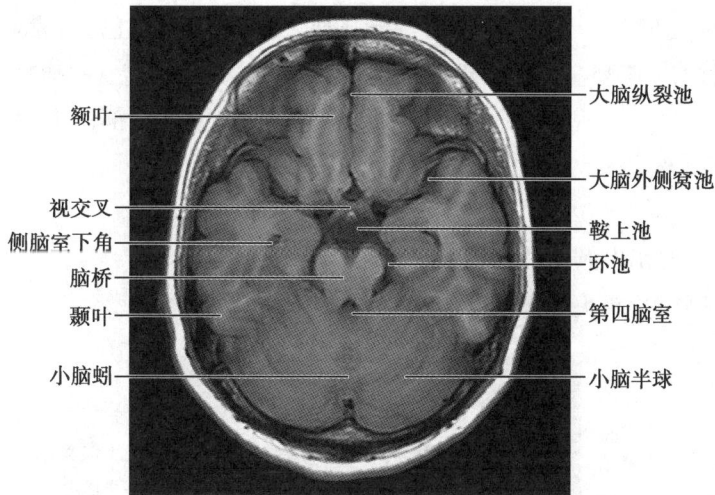

▲ 图1-68　经鞍上池的横断层（MRI T_1加权像）

左侧标注（从上到下）：
额叶
视交叉
侧脑室下角
脑桥
颞叶
小脑蚓

右侧标注（从上到下）：
大脑纵裂池
大脑外侧窝池
鞍上池
环池
第四脑室
小脑半球

　　脑组织被分为四部分，左、右侧外侧沟分隔其前方的额叶和后方的左、右颞叶，脑桥和小脑位于后部。额叶、颞叶和脑桥之间的空隙为鞍上池，呈五角形，由交叉池和桥池组成，内有视交叉等结构。鞍上池向前连通两侧额叶之间的大脑纵裂池，向前外侧连通大脑外侧窝池，向后外侧与环池相延续。颞叶内的腔隙为侧脑室下角，其前内侧的灰质团块为杏仁体，内侧为呈卷曲状的海马。脑桥经小脑上脚与其后方的小脑相连，其间的腔隙为第四脑室。第四脑室多呈凸面向前的马蹄铁形，位于鞍背后缘与枕内隆凸连线的中点处，或两侧乙状窦侧壁连线的中点处，在CT图像上呈马蹄铁形或新月形的低密度区。

四、经眼球中份的横断层

此层面上额叶和侧脑室下角消失，眼球、筛窦和蝶窦的断面出现（图1-69）。

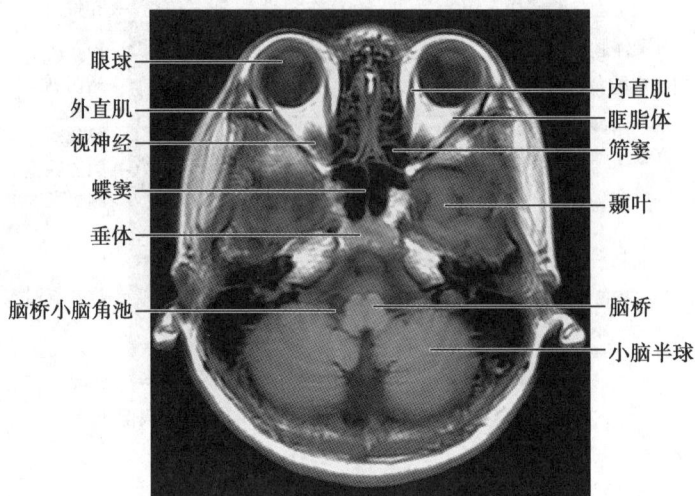

眼球 —— 内直肌
外直肌 —— 眶脂体
视神经 —— 筛窦
蝶窦 —— 颞叶
垂体
脑桥小脑角池 —— 脑桥
 —— 小脑半球

▲ 图1-69　经眼球中份的横断层（MRI T$_1$加权像）

近似圆形的眼球位于眶腔内，其后方为脂肪组织形成的眶脂体；呈长条状的内直肌和外直肌分别贴于眶腔的内、外侧壁，两者呈"八"字形排列。眼球壁呈环状包绕于晶状体和玻璃体的周围，在影像学上称为"眼环"。两侧眶腔之间为筛骨迷路，内有蜂窝状的筛窦。鼻中隔位于左、右侧筛窦之间，其后方呈不规则状的空腔为蝶窦。脑桥和小脑位于后部，其间的脑桥小脑角池内有前庭蜗神经和面神经出入。

五、经鼻腔中份和上颌窦的横断层

此层面上眼球和蝶窦消失，鼻腔和上颌窦的断面出现（图1-70）。

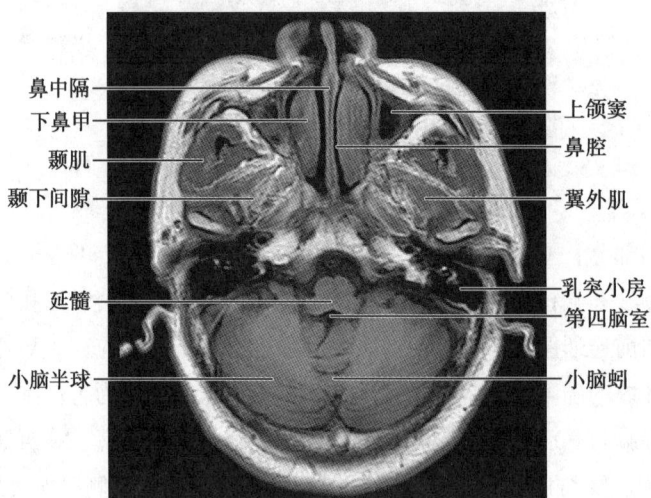

鼻中隔 —— 上颌窦
下鼻甲 —— 鼻腔
颞肌
颞下间隙 —— 翼外肌
延髓 —— 乳突小房
 —— 第四脑室
小脑半球 —— 小脑蚓

▲ 图1-70　经鼻腔中份和上颌窦的横断层（MRI T$_1$加权像）

鼻中隔位于前部，呈正中矢状位，由筛骨垂直板、鼻中隔软骨和犁骨构成。鼻腔外侧壁的前份可见较大的下鼻甲断面。上颌窦位于鼻腔的外侧，呈近似三角形的空腔，其后外侧有翼外肌和颞肌的断面。颞下间隙位于颞肌的内侧，呈不规则状，内有翼外肌和翼内肌、上颌动脉及其分支、下颌神经及其分支和翼静脉丛等。延髓和小脑位于后部，其间仍可见第四脑室的断面。

六、经口腔中份的横断层

此层面上鼻腔、上颌窦和脑组织消失，口腔、下颌支和腮腺的断面出现（图1-71）。

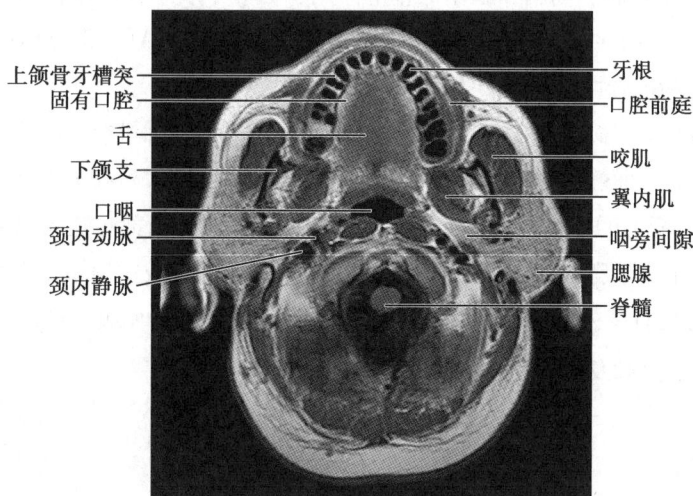

上颌骨牙槽突　　牙根
固有口腔　　口腔前庭
舌　　咬肌
下颌支　　翼内肌
口咽　　咽旁间隙
颈内动脉　　腮腺
颈内静脉　　脊髓

▲ 图1-71　经口腔中份的横断层（MRI T₁加权像）

上颌骨牙槽突位于前部，呈弧形，其内可见牙根的断面。舌位于固有口腔内，向外侧经第三磨牙后方与上颌骨牙槽突周围的口腔前庭相通。面侧区可见下颌支及其外侧的咬肌和咬肌间隙，内侧的翼内肌和翼下颌间隙，后方的腮腺及腮腺床。腮腺为脂肪性的腺体组织，在CT图像上呈低密度，低于周围的骨骼肌密度，但高于颞下窝和咽旁间隙内的脂肪组织。口咽的两侧为咽旁间隙，与咽后方的咽后间隙相连通。

（赵振美　张艳丽）

学习小结

头部包括颅部和面部两部分。颅部的额顶枕区层次结构由浅入深依次为皮肤、浅筋膜、帽状腱膜及枕额肌、腱膜下疏松结缔组织和颅骨外膜；颞区层次结构由浅入深依次为皮肤、浅筋膜、颞筋膜、颞肌和颅骨外膜。颅底内面由前向后有颅前窝、颅中窝和颅后窝。颅中窝有海绵窦等结构，海绵窦内有颈内动脉和展神经；海绵窦外侧壁内有动眼神经、滑车神经、眼神经和上颌神经。脑位于颅腔内，包括端脑、间脑、中脑、脑桥、延髓和小脑六部分，其中延髓、脑桥和中脑又合称脑干。脑内分布着由神经细胞集中而成的神经核或神经中枢，并有大量上、下行的神经纤维束通过。脑的表面有3层被膜，由外向内依次为硬膜、蛛网膜和软膜。蛛网膜和软膜之间的间隙称为蛛网膜下隙，其内含脑脊液，对脑具有营养、保护和支持作用，并维持正常的颅内压。脑的动脉来自颈内动脉和椎动脉，其中左、右椎动脉入颅后合成基底动脉；颈内动脉系统和椎-基底动脉系统在脑底部吻合成大脑动脉环，调节血液供应。脑的静脉可分浅、深两组，互相吻合。脑神经共12对，连于端脑、间脑和脑干的各部。用罗马数字表示其序号，据其包含的纤维成分和功能可分为3类：第Ⅰ、Ⅱ、Ⅷ对为感觉性脑神经；第Ⅲ、Ⅳ、Ⅵ、Ⅺ、Ⅻ对为运动性脑神经；第Ⅴ、Ⅶ、Ⅸ、Ⅹ对为混合性脑神经。

面部皮肤薄而柔嫩、血管丰富。动脉主要由面动脉和上颌动脉供应，两侧口角平面以上的一段面静脉无瓣膜，而且面静脉与颅内海绵窦相交通，因此称两侧口角与鼻根之间的三角区为面部的"危险三角区"。面部的神经主要有支配面肌的面神经和管理面部感觉的三叉神经。腮腺深面与之相毗邻的结构组成了腮腺床；颈深筋膜的浅层包裹腮腺而形成腮腺鞘；穿经腮腺的血管、神经较多，纵向穿行的有颈外动脉，颞浅动、静脉，下颌后静脉及耳颞神经；横向穿行的有上颌动、静脉，面横动、静脉及面神经的分支。

复习参考题

一、A型题

1. 颞区由浅入深的层次依次为
   A. 皮肤、浅筋膜、颞筋膜浅层、颞筋膜深层、颞肌和颅骨外膜
   B. 皮肤、浅筋膜、颞筋膜、颞肌
   C. 皮肤、浅筋膜、颞筋膜浅层、颞肌和颅骨外膜
   D. 皮肤、颞筋膜浅层、颞筋膜深层、颞肌和颅骨外膜
   E. 皮肤、颞筋膜浅层、颞肌和颅骨外膜

2. 垂体窝位于
   A. 筛骨的上面
   B. 额骨的上面
   C. 上颌骨的上面
   D. 颞骨岩部的上面
   E. 蝶骨的上面

3. 患者，男，26岁，打架误伤翼点处导致其骨折，诊断为"硬膜外血肿"，损伤的血管是
   A. 大脑中动脉
   B. 脑膜中动脉后支
   C. 脑膜中动脉前支
   D. 颞板障静脉
   E. 颞深动脉

4. 患者，男，65岁，有高血压病史20余年，在一次情绪激动后突然出现半身不遂，言语不清。入院检查时发现：① 左侧上、下肢瘫痪，肌张力增高；② 左半身浅、深感觉消失；③ 双眼左半视野偏盲；④ 发笑时口角偏向右侧，伸舌时偏向左侧，舌肌无萎缩。初步诊断为脑出血，该患者脑出血的部位可能在

A. 左侧内囊后肢和内囊膝

B. 右侧内囊后肢和左侧内囊膝

C. 右侧内囊后肢和内囊膝

D. 左侧内囊前肢和右侧内囊膝

E. 右侧内囊前肢和左侧内囊膝

5. 患者，女，38岁，聚餐后突发剧烈头痛，继而嗜睡、神志恍惚，被家人急送医院急诊。头部CT检查提示右侧大脑外侧裂区域明显出血灶，考虑是

A. 大脑前动脉出血

B. 大脑中动脉出血

C. 大脑后动脉出血

D. 前交通动脉出血

E. 后交通动脉出血

6. 面部皮肤色泽易变化是由于

A. 血液供应丰富

B. 皮肤特别薄

C. 静脉通常无瓣膜

D. 小动脉富有运动神经分布

E. 血管分布多

7. 参与组成"腮腺床"的结构是

A. 面后静脉

B. 颈外动脉

C. 面横血管

D. Ⅸ、Ⅹ、Ⅺ、Ⅻ脑神经

E. 颞浅血管及耳颞神经

8. 关于面肌的叙述，下列正确的是

A. 大多起自皮肤或浅筋膜

B. 包括眼轮匝肌、口轮匝肌和咬肌等

C. 在眼裂和口裂周围只有环状的轮匝肌分布

D. 由面神经支配

E. 由三叉神经支配

9. 关于面静脉的叙述，下列正确的是

A. 在面部伴行于面动脉的前方

B. 在下颌角的下方，与下颌后静脉的后支汇合

C. 穿深筋膜，注入颈外静脉

D. 入颅的唯一通道是眼上静脉

E. 在口角平面以上的一段通常无瓣膜

10. 纵行穿经腮腺的结构是

A. 上颌动脉

B. 面神经及其分支

C. 下颌后静脉

D. 颈外静脉

E. 颈内动脉

11. 上颌动脉在颞下窝的分段主要标志是

A. 翼内肌

B. 翼外肌

C. 下颌颈

D. 颞肌

E. 下颌冠突

12. 在面部浅层结构，分别布于上唇、下睑及鼻背外侧皮肤的神经是

A. 面神经颧支

B. 面神经下颌缘支

C. 上牙槽前神经

D. 眶下神经

E. 面神经颊支

13. 上颌动脉第一段的主要分支有

A. 下牙槽动脉

B. 上牙槽后动脉

C. 颊动脉

D. 眶下动脉

E. 颞浅动脉

14. 在面部浅层结构，面动脉的特征是

A. 有瓣膜

B. 直向上行

C. 行程迂曲

D. 无分支

E. 行于面静脉后方

15. 患者，男，25岁，因鼻尖疖肿处理不当引起海绵窦炎，表现为动眼神经麻痹与神经痛，结膜充血及水肿等症状。感染传入颅内海绵窦，与海绵窦多途经相交通的静脉是

A. 滑车上静脉

B. 颞浅静脉

C. 眶上静脉

D. 下颌后静脉

E. 面静脉

二、名词解释

1. 帽状腱膜
2. 头皮
3. 大脑动脉环
4. 内囊
5. 基底核
6. 海绵窦
7. 腮腺床
8. 腮腺鞘
9. 咬肌间隙
10. 翼静脉丛
11. 面部"危险三角区"

三、问答题

1. 根据额顶枕区皮肤和浅筋膜的特点，说明其临床意义。
2. 试述海绵窦的位置、结构特点及穿行海绵窦的结构。
3. 试述内囊损伤的典型症状。
4. 试述脑的血供来源、主要分支及分布情况。
5. 简述面神经在颅外的分段。
6. 试述腮腺的位置、形态及穿经腮腺的结构。

颈部

知识目标	掌握	颈筋膜的分层及特点，筋膜间隙的位置、构成、交通及其临床意义；甲状腺的形态、位置、分部、被膜、毗邻、血供及其神经支配；食管颈部的位置和毗邻；颈动脉鞘的组成与内容、椎动脉三角的组成及其内容结构的局部位置；下颌下三角的境界及其内容物结构的局部位置；以前斜角肌为中心的结构毗邻关系、斜角肌间隙构成、内容物及临床意义。颈部重要横断层面的主要结构。
	熟悉	甲状腺次全切除术的解剖学基础；气管颈部的形态、位置与毗邻、气管安全三角及气管切开手术入路的层次结构及其临床意义。
	了解	颈部境界、体表标志与颈部分区；下颌下淋巴结的位置、下颌下腺及其导管与周围结构的毗邻关系；副神经的行径，其在局部的定位标志以及与颈深淋巴结的关系；颈根部与胸及上肢的位置关系；颈丛的组成与分支、以胸锁乳突肌为标志的颈丛皮支的行径和分布；臂丛的组成及局部位置。
能力目标		能联合利用教科书、标本、图谱等资料拓展解剖学视野，培养联系实际、联系临床的思维状态，能够把所学的解剖学知识应用于临床实际工作；能对案例分析和相关临床问题进行辨析和论证，并能够提出自己独到的见解。
素质目标		具备人文关怀理念、团队合作精神、自主学习能力、初步的科学研究认知。

第一节　概述

颈部位于头部、胸部和上肢之间，前方正中有呼吸道和消化管的颈段；两侧有纵向走行的大血管和神经；后部正中是脊柱的颈段；颈根部除有斜行的血管神经束外，还有胸膜顶和肺尖由胸腔突入。颈部各结构之间有疏松结缔组织填充，形成诸多筋膜间隙。颈肌分为颈浅、颈深群肌和舌骨上、舌骨下群肌，能使头颈部灵活运动，参与呼吸、吞咽和发音等生理活动。颈部淋巴结丰富，多沿血管神经排列，肿瘤转移时易受累。

一、境界与分区

1. 境界　颈部上界是与头部的分界，为下颌骨下缘、下颌角、乳突尖、上项线和枕外隆凸的连线；下界是与胸部及上肢的分界，为胸骨颈静脉切迹、胸锁关节、锁骨上缘、肩峰和第7颈椎棘突的连线。

2. 分区　颈部分为固有颈部和项部两部分。固有颈部为位于两侧斜方肌前缘之间和脊柱前方部分，即通常所指的颈部，可分为颈前区、颈外侧区和胸锁乳突肌区。颈前区的内侧界为颈前正中线，上界为下颌骨下缘，外侧界为胸锁乳突肌前缘。双侧颈前区以舌骨为界分为舌骨上区和舌骨下区。舌骨上区有颏下三角和左、右下颌三角；舌骨下区有左、右颈动脉三角和肌三角（又称肩胛舌骨肌气管三角）。颈外侧区位于胸锁乳突肌后缘、斜方肌前缘和锁骨上缘之间，肩胛舌骨肌将其分为枕三角（又称肩胛舌骨肌斜方肌三角）和锁骨上三角。胸锁乳突肌区为该肌所覆盖的区域（图2-1）。项部为两侧斜方肌前缘之后和脊柱后方的区域，也属于脊柱区的一部分。

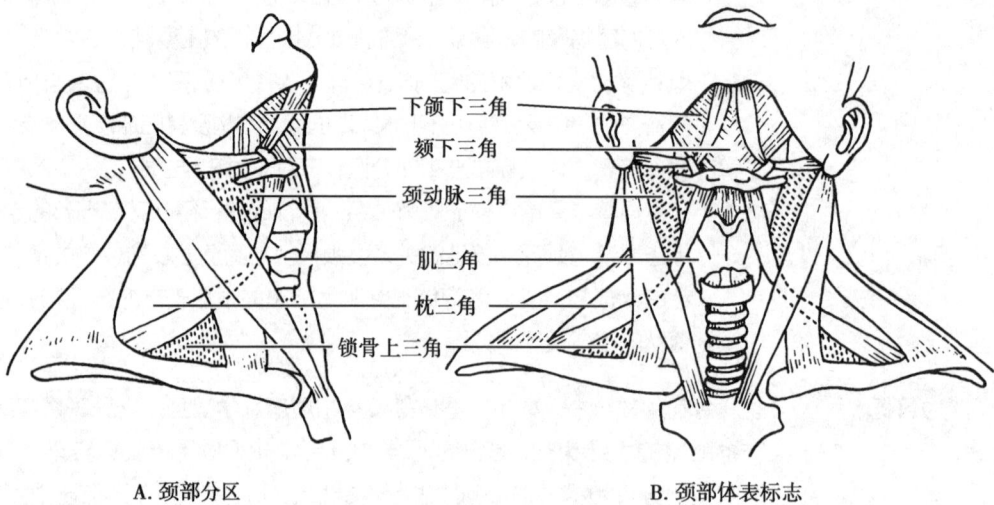

下颌下三角
颏下三角
颈动脉三角
肌三角
枕三角
锁骨上三角

A. 颈部分区　　　　　　　　　B. 颈部体表标志

▲ 图2-1　颈部分区和颈部三角

二、表面解剖

（一）体表标志

颈部是连接头部与胸部和上肢的枢纽，器官组织众多，各结构毗邻关系复杂，掌握颈部体表标志对临床上正确定位颈部器官位置有重要意义。

1. 舌骨（hyoid bone）　位于颏隆凸的下后方，平对第3、4颈椎之间的椎间盘平面。舌骨体向两侧可扪及舌骨大角，是寻找舌动脉的体表标志。

2. 甲状软骨（thyroid cartilage）　位于舌骨与环状软骨之间。甲状软骨的上缘约平第4颈椎高度，颈总动脉在此处分为颈内、外动脉。成年男子的左、右甲状软骨板融合处的上端向前突出，形成喉结（laryngeal prominence）。

3. 环状软骨（cricoid cartilage）　位于甲状软骨下方，环状软骨弓两侧平对第6颈椎横突，是喉与气管及咽与食管的分界标志，也可作为计数气管环与甲状腺触诊的标志。保持环状软骨完整对维持呼吸道通畅有重要作用。

4. 颈动脉结节（carotid tubercle） 为第6颈椎横突前结节，平环状软骨弓。颈总动脉穿行于其前方，故压迫此处可暂时阻断颈总动脉的血流。头部大出血时可在此将颈总动脉向后压向此结节，进行急救止血。

5. 胸锁乳突肌（sternocleidomastoid） 胸锁乳突肌后缘中点有颈丛皮支浅出，为颈部皮肤浸润麻醉的阻滞点。胸锁乳突肌的胸骨头、锁骨头与锁骨的胸骨端上缘之间区域为锁骨上小窝（lesser supraclavicular fossa）。

6. 胸骨上窝（suprasternal fossa） 为位于胸骨柄颈静脉切迹上方的凹陷，此处可触及气管颈段。

7. 锁骨上三角（supraclavicular triangle） 又称锁骨上大窝（greater supraclavicular fossa），为位于锁骨中1/3上方的凹陷。在窝底可触及锁骨下动脉的搏动、臂丛和第1肋，是臂丛阻滞麻醉的部位。

（二）体表投影

颈部结构的体表投影（图2-2）。

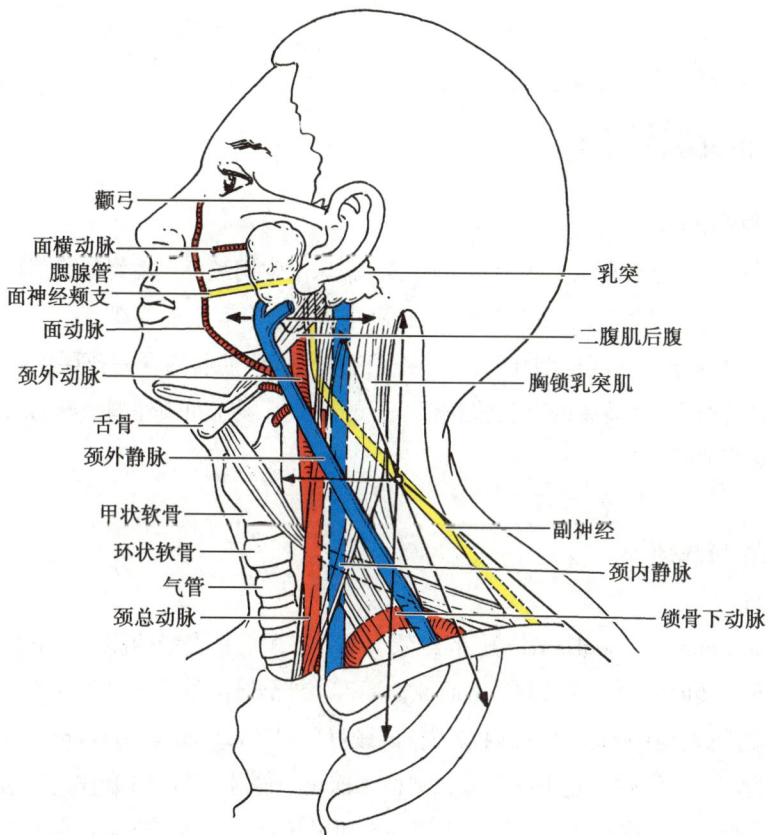

▲ 图2-2 颈部有关器官的体表投影

1. 颈总动脉（common carotid artery）与颈外动脉（external carotid artery） 由下颌角与乳突尖连线的中点至锁骨上小窝（左侧）或胸锁关节（右侧）作一连线。该连线以甲状软骨上缘为界，下方的一段为颈总动脉的体表投影，上方的一段为颈外动脉的体表投影。

2. 锁骨下动脉（subclavian artery） 相当于锁骨上小窝（左侧）或胸锁关节（右侧）至锁骨上缘中点的弧线，最高点距锁骨上缘约1cm，即为锁骨下动脉的体表投影。

3. 颈外静脉（external jugular vein） 为下颌角至锁骨中点的连线，是小儿静脉穿刺的常用部位之一。

4. 副神经（accessory nerve） 自乳突尖与下颌角连线的中点，经胸锁乳突肌后缘中、上1/3交点至斜方肌前缘中、下1/3交点的连线。

5. 臂丛（brachial plexus） 自胸锁乳突肌后缘中、下1/3交点至锁骨中、外1/3交点稍内侧的连线。臂丛在锁骨中点后方比较集中，位置较浅，易触及，常作为臂丛阻滞麻醉时锁骨上入路的部位。

6. 神经点 胸锁乳突肌后缘中点为颈丛皮支集中浅出处，是颈丛皮神经阻滞麻醉的部位。

7. 胸膜顶（cupula of pleura）与肺尖（apex of lung） 自胸腔突出胸廓上口至颈根部，最高点位于锁骨内侧1/3段上方2~3cm处。

（潘爱华）

第二节 颈部浅层结构

一、皮肤与浅筋膜

颈部皮肤较薄，活动性较大，色泽接近面部，临床上常用颈部皮瓣修复面部缺损。颈部皮纹呈横向分布，故颈部手术时多采用横行切口，以利于皮肤愈合和术后美观。

颈浅筋膜为富含脂肪的疏松结缔组织。在颈前外侧部浅筋膜内含一薄层皮肌，称为颈阔肌（platysma）。该肌深面的浅筋膜内有颈前静脉、颈外静脉、颈前和颈外侧浅淋巴结、颈丛的皮支及面神经的颈支等（图2-3）。

二、浅血管与浅神经

（一）浅血管

1. 颈前静脉（anterior jugular vein） 起自颏下部，在颈前正中线两侧，沿下颌舌骨肌浅面下行，至锁骨上方时转向外侧，穿入胸骨上间隙，汇入颈外静脉末端或锁骨下静脉，少数汇入头臂静脉。左、右颈前静脉在胸骨上间隙内借横行的颈静脉弓（jugular venous arch）相吻合。若左、右颈前静脉合为一支，沿颈前正中线下行，则称颈前正中静脉（图2-4）。颈前静脉内无静脉瓣，距心脏较近，受胸腔负压影响较大，故行颈部手术如甲状腺手术和气管切开术等时，须注意防止空气吸入静脉。

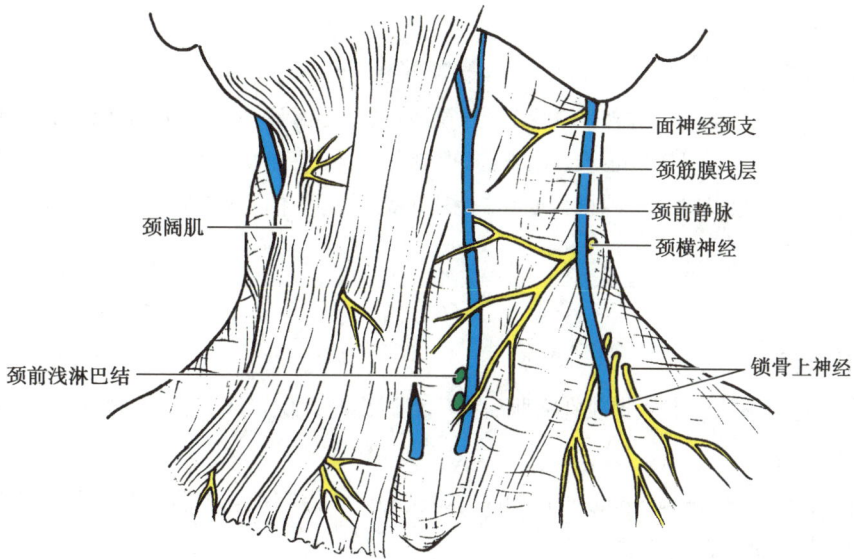

▲ 图2-3　颈阔肌及颈部浅层结构

2. 颈外静脉（external jugular vein）　由下颌后静脉后支与耳后静脉、枕静脉等汇合而成，沿胸锁乳突肌浅面斜行下行，于锁骨中点上方2~5cm处穿颈深筋膜，汇入锁骨下静脉或静脉角。该静脉末端虽有一对瓣膜，但不能阻止血液反流。当上腔静脉血回心受阻时，可致颈外静脉扩张，即为颈静脉怒张。因为颈外静脉与颈深筋膜结合紧密，当静脉壁受伤破裂时，管腔不易闭合，可致气体栓塞。

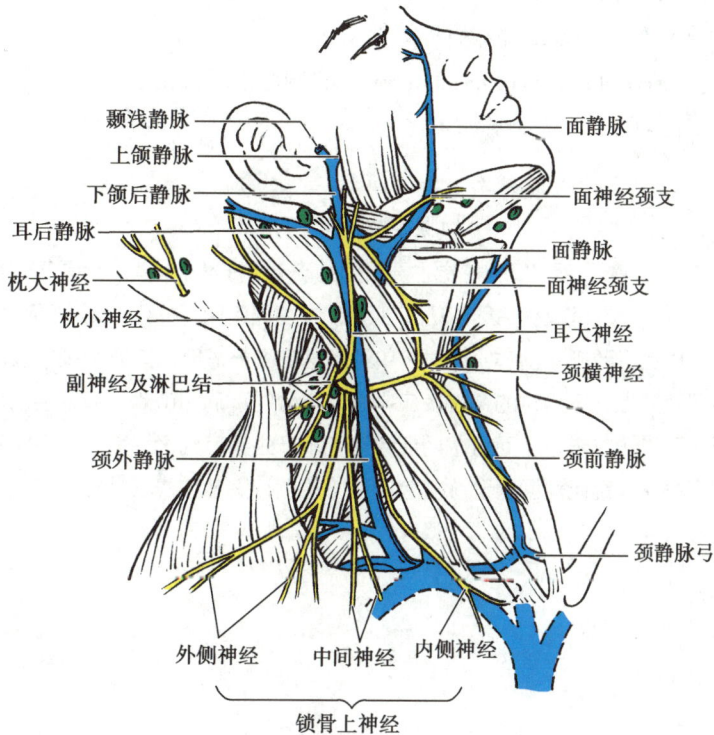

▲ 图2-4　颈部浅层结构

（二）浅神经

　　1. 颈丛皮支　颈丛皮支从胸锁乳突肌后缘中点浅出时，位置浅表且相对集中，常为颈部手术阻滞麻醉的穿刺点。

　　（1）枕小神经（lesser occipital nerve）：勾绕副神经，沿胸锁乳突肌后缘上升，分布于上项线以下枕部及耳郭背面上部的皮肤。

　　（2）耳大神经（great auricular nerve）：为颈丛皮支中最大的分支，绕胸锁乳突肌后缘至胸锁乳突肌表面上行，分布于耳郭及腮腺区的皮肤。耳大神经可作为临床上带血管蒂的神经移植体，常用于周围性面瘫的面神经乳突段缺损移植。

　　（3）颈横神经（transverse nerve of neck）：横过胸锁乳突肌中份，穿颈阔肌浅面向前，分布于颈前区的皮肤。

　　（4）锁骨上神经（supraclavicular nerve）：分为3支，行向外下方。在锁骨上缘处浅出深筋膜，分布于颈前外侧部、胸前壁上部和肩部等处皮肤。

　　2. 面神经颈支（cervical branch of facial nerve）　自腮腺下缘浅出后行向前下，走行于颈阔肌深面，并支配该肌（图2-4）。

（潘爱华　李建明）

第三节　颈部的筋膜与筋膜间隙

一、颈部筋膜

颈筋膜（cervical fascia）是位于浅筋膜和颈阔肌深面的深筋膜，包绕颈、项部的肌和器官。颈筋膜可分为浅、中、深三层及成对的颈动脉鞘，各层之间的疏松结缔组织构成筋膜间隙（图2-5、图2-6）。

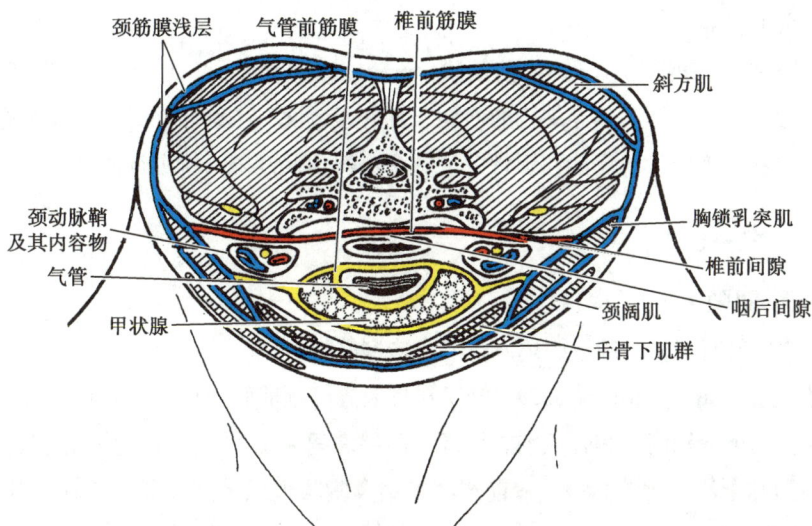

▲ 图2-5　颈筋膜与筋膜间隙（横断面）

1. **颈筋膜浅层**　又称封套筋膜（investing fascia），呈圆筒状，向上附于头颈交界线，向下附于颈、胸和上肢交界线，向前在颈前正中线处左、右相延续，向两侧包绕斜方肌和胸锁乳突肌并形成两肌的鞘，向后附于项韧带和第7颈椎棘突，形成一个完整的封套结构。颈筋膜浅层在下颌下三角和腮腺区分为两层，分别包绕下颌下腺和腮腺，形成下颌下腺鞘和腮腺鞘，此二鞘借茎突下颌韧带分隔。颈筋膜浅层在颈静脉切迹上缘也分为两层，分别附着于颈静脉切迹的前、后缘，形成胸骨上间隙。

2. **颈筋膜中层（气管前层）**　又称气管前筋膜（pretracheal fascia）或内脏筋膜。此筋膜位于舌骨下群肌深面，向上附着于舌骨、甲状软骨斜线和环状软骨弓，经甲状腺及其血管、气管颈部及颈动脉鞘的前方向下，与纤维心包融合，两侧

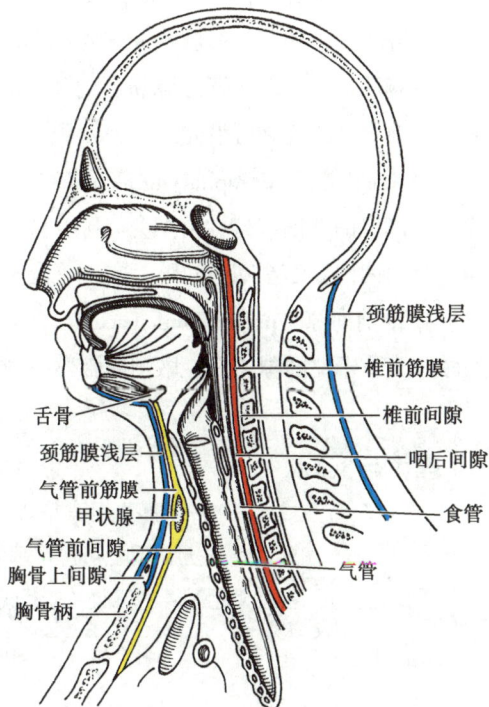

▲ 图2-6　颈筋膜（正中矢状切面）

于胸锁乳突肌深面与颈筋膜浅层相连。该筋膜包裹着咽、食管颈部、喉、气管颈部、甲状腺和甲状旁腺等器官，并形成甲状腺鞘（又称甲状腺假被膜），鞘的前部较致密、后部较薄弱，因此，甲状腺肿大时多向后方扩展，绕气管和食管两侧，甚至伸至其后方。在甲状腺与气管、食管上端邻接处，腺鞘后层增厚形成甲状腺悬韧带。前下部覆盖于气管的部分称为气管前筋膜；后上部覆盖颊肌、咽缩肌的部分称为颊咽筋膜（buccopharyngeal fascia）。颈动脉鞘（carotid sheath）为气管前筋膜向两侧扩展，包绕颈总动脉、颈内动脉、颈内静脉和迷走神经等形成的筋膜鞘，该鞘上起自颅底，下至上纵隔。

3. 颈筋膜深层（椎前层） 又称椎前筋膜（prevertebral fascia）。位于椎前肌、斜方肌、交感干、膈神经、臂丛和锁骨下动脉等结构的前面，上附于颅底，下续于前纵韧带及胸内筋膜，向后覆盖颈后肌并附着于项韧带。臂丛和锁骨下动脉穿出斜角肌间隙，椎前筋膜随其进入腋窝，形成腋鞘。

二、颈筋膜间隙

颈部各结构之间有疏松结缔组织填充，形成诸多筋膜间隙。

1. 胸骨上间隙（suprasternal space） 位于胸骨上方，颈筋膜浅层在胸骨柄上缘3~4cm处，分为前、后两层，向下分别附于胸骨柄前、后缘，两层之间为胸骨上间隙。该间隙内有胸锁乳突肌胸骨头、颈前静脉下段、颈静脉弓、颈前浅淋巴结及脂肪组织等。气管切开时勿损伤颈静脉弓，以免引起出血。

2. 气管前间隙（pretracheal space） 位于气管前筋膜与气管颈部之间，向下通上纵隔，内有甲状腺下静脉、甲状腺奇静脉丛和气管前淋巴结等，偶有甲状腺最下动脉和头臂干通过。另外，小儿还有胸腺上部、左头臂静脉和主动脉弓等。气管前间隙内的感染、出血或气肿可向下蔓延至上纵隔，前纵隔的气肿可沿此间隙进入颈部。气管切开必须经过此间隙。

3. 咽后间隙（retropharyngeal space） 位于椎前筋膜与颊咽筋膜之间。外侧为颈动脉鞘，延伸至咽侧壁的外侧部分称为咽旁间隙。该间隙上起自颅底，向下续为食管后间隙。如咽后间隙感染，可向两侧蔓延至咽旁间隙，向下蔓延至食管后间隙。

4. 椎前间隙（prevertebral space） 位于脊柱颈部、颈深群肌与椎前筋膜之间。颈椎结核所致的脓肿多积于此间隙，并经腋鞘向腋窝扩散。当脓肿破溃后，可经咽后间隙向下至后纵隔。

理论与实践　　　　　　**筋膜间隙的临床应用**

筋膜间隙非常重要，因为来自口腔、牙、咽部和食管的致病菌可以沿着筋膜平面和筋膜间隙扩散，坚韧的筋膜能够确定感染扩散的方向和脓液流注的路径，也可能使咽后间隙的积血、脓液或者气体扩散进入胸廓内的上纵隔。

（潘爱华　李建明）

第四节　颈前区

颈前区以舌骨为界分为舌骨上区和舌骨下区。

一、舌骨上区

舌骨上区包括颏下三角和两侧的下颌下三角。

（一）颏下三角

颏下三角（submental triangle）是由左、右二腹肌前腹与舌骨体上缘围成的三角区。浅面由浅入深依次为皮肤、浅筋膜及颈筋膜浅层；深面由两侧的下颌舌骨肌及其筋膜构成，又称口膈（oral diaphragm）。口膈的深面为舌下间隙（sublingual space）。颏下三角内有1~3个颏下淋巴结。

（二）下颌下三角

1. 境界　下颌下三角（submandibular triangle）由二腹肌前、后腹和下颌骨下缘围成，又称二腹肌三角（digastric triangle）（图2-1）。此三角的浅面有皮肤、浅筋膜、颈阔肌和颈筋膜浅层；深面有下颌舌骨肌、舌骨舌肌及咽中缩肌。

2. 内容物　主要有下颌下腺、血管、神经和淋巴结等。

（1）下颌下腺（submandibular gland）：位于颈筋膜浅层形成的下颌下腺鞘内。下颌下腺呈"C"形，以下颌舌骨肌为界分为浅、深两部。浅部较大，呈扁椭圆形，位于下颌舌骨肌的浅面，向后绕过下颌舌骨肌后缘续为深部。下颌下腺管自深部的前端发出，在下颌舌骨肌与舌骨舌肌之间前行，开口于舌下阜（图2-7）。

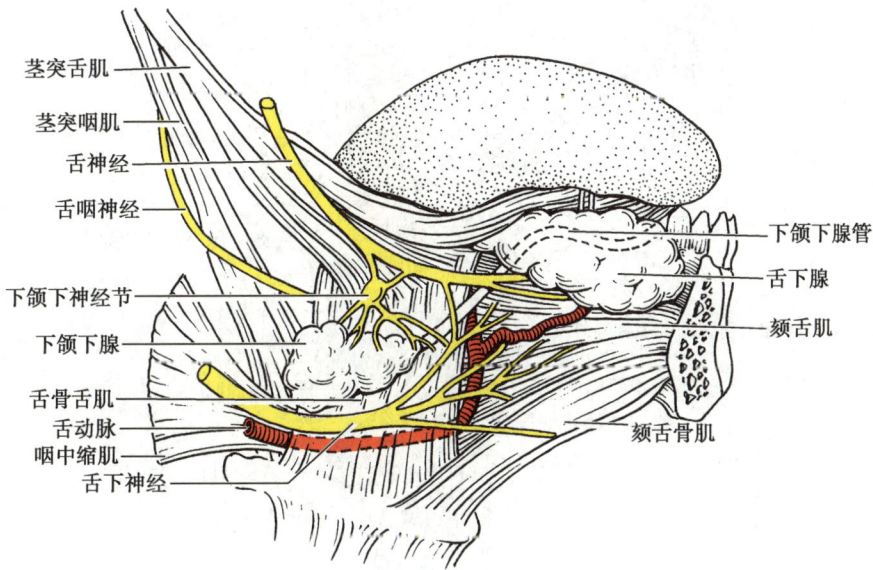

▲ 图2-7　下颌下三角内容

（2）血管、神经和淋巴结：面动脉（facial artery）于舌骨大角平面起自颈外动脉，经二腹肌后腹的深面进入下颌下三角，沿下颌下腺深面前行，至咬肌前缘处绕过下颌骨体下缘至面部。

舌下神经（hypoglossal nerve）在下颌下腺的内下方，行于舌骨舌肌表面，与二腹肌中间腱之间有舌动脉及其伴行静脉。舌动脉前行至舌骨舌肌后缘深面入舌。舌神经（lingual nerve）在下颌下腺深部内上方与舌骨舌肌之间前行入舌。下颌下神经节（submandibular ganglion）位于下颌下腺深部上方和舌神经下方，上方连于舌神经，向下发出分支至下颌下腺及舌下腺。在下颌下腺周围有4~6个下颌下淋巴结。

二、舌骨下区

舌骨下区是指两侧胸锁乳突肌前缘之间、舌骨以下的区域，包括左、右颈动脉三角和肌三角。

（一）颈动脉三角

1. 境界　颈动脉三角（carotid triangle）位于胸锁乳突肌上份前缘、二腹肌后腹和肩胛舌骨肌上腹之间，浅面为皮肤、浅筋膜、颈阔肌及颈筋膜浅层，深面为椎前筋膜，内侧为咽侧壁及其筋膜。

2. 内容物　颈动脉三角是颈部血管和神经较为集中的部位，主要结构有颈总动脉及其分支、颈外动脉及其分支、颈内静脉及其属支、迷走神经及其分支、舌下神经及其颈袢上根、膈神经和颈外侧上深淋巴结等（图2-8）。

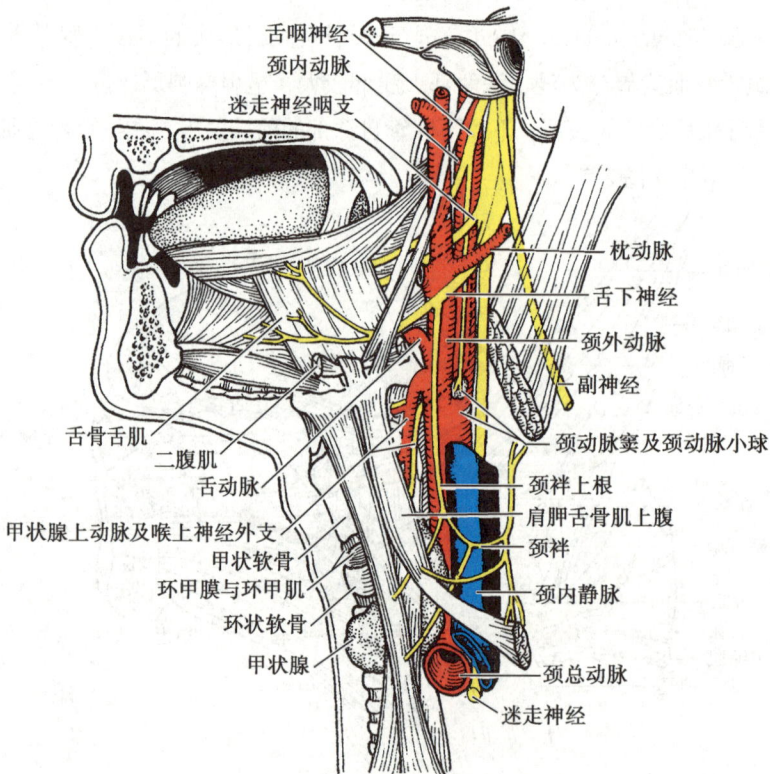

舌咽神经
颈内动脉
迷走神经咽支

枕动脉
舌下神经
颈外动脉
副神经
颈动脉窦及颈动脉小球
颈袢上根
肩胛舌骨肌上腹
颈袢
颈内静脉
颈总动脉
迷走神经

舌骨舌肌
二腹肌
舌动脉
甲状腺上动脉及喉上神经外支
甲状软骨
环甲膜与环甲肌
环状软骨
甲状腺

▲ 图2-8　颈动脉三角内容

（1）颈总动脉（common carotid artery）：位于颈内静脉内侧，平甲状软骨上缘处分为颈内动脉和颈外动脉。颈内动脉起始处和颈总动脉末端膨大，称颈动脉窦（carotid sinus），窦壁内有压力感受器。在颈总动脉杈的后方借结缔组织连有一米粒大小的扁椭圆形小体，称颈动脉小球（carotid glomus），是化学感受器。二者均受舌咽神经支配，可反射性地调节机体的血压和呼吸运动。

（2）颈外动脉（external carotid artery）：平甲状软骨上缘起自颈总动脉，于颈内动脉前内侧上行，从甲状软骨上缘至舌骨大角处自前壁由下而上依次发出甲状腺上动脉、舌动脉和面动脉；近二腹肌后腹下缘处自后壁向后上发出枕动脉；自起始部内侧壁向上发出咽升动脉。

（3）颈内动脉（internal carotid artery）：由颈总动脉发出后，自颈外动脉的后外方行至其后方。该动脉在颈部无分支。

（4）颈内静脉（internal jugular vein）：位于胸锁乳突肌前缘深面，颈总动脉外侧。其颈部的属支有面静脉、舌静脉、甲状腺上静脉、甲状腺中静脉。

（5）舌下神经（hypoglossal nerve）：从二腹肌后腹深面进入颈动脉三角，呈弓形向前越过颈内、外动脉浅面，再经二腹肌后腹深面进入下颌下三角。舌下神经在弓形处向下发出降支，称颈袢上根，沿颈总动脉表面下行，在环状软骨水平与来自颈丛第2、3颈神经的颈袢下根组成颈袢，发出分支支配舌骨下群肌。

（6）副神经（accessory nerve）：经二腹肌后腹深面进入颈动脉三角的后上部，越过颈内静脉行向后外侧，自胸锁乳突肌上份穿入该肌，并发出肌支支配该肌，本干向后至枕三角。

（7）迷走神经（vagus nerve）：位于颈动脉鞘内，在颈内动脉、颈总动脉与颈内静脉之间的后方下降。在颈动脉三角内，该神经发出喉上神经和颈心支。喉上神经于颈内、外动脉与咽中缩肌之间分内、外两支，内支穿甲状舌骨膜入喉，传导声门裂以上喉黏膜的感觉；外支沿咽下缩肌表面伴甲状腺上动脉下行，支配该肌与环甲肌。颈心支沿颈总动脉表面下降入胸腔，参与心丛的组成（图2-9）。

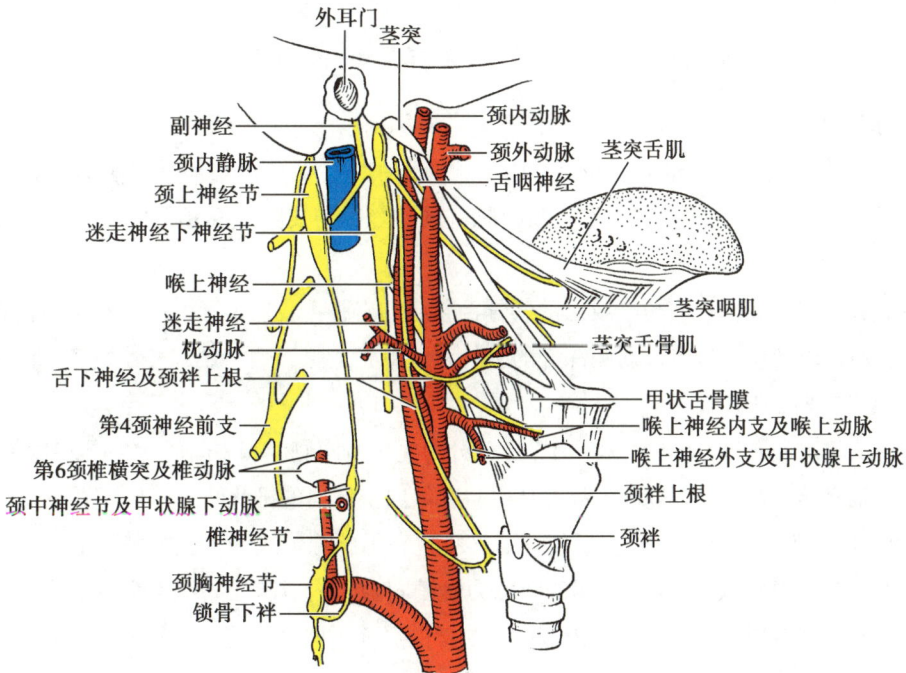

▲ 图2-9　颈内、外动脉与脑神经的关系

（8）二腹肌后腹（posterior belly of digastric）：是颈动脉三角与下颌下三角的分界标志，也是颈部和颌面部手术的重要标志。其浅面有耳大神经、下颌后静脉及面神经颈支；深面有颈内动脉、颈内静脉、颈外动脉、迷走神经、副神经、舌下神经及颈交感干。其上缘有耳后动脉、面神经和舌咽神经等；下缘有枕动脉和舌下神经（图2-10）。

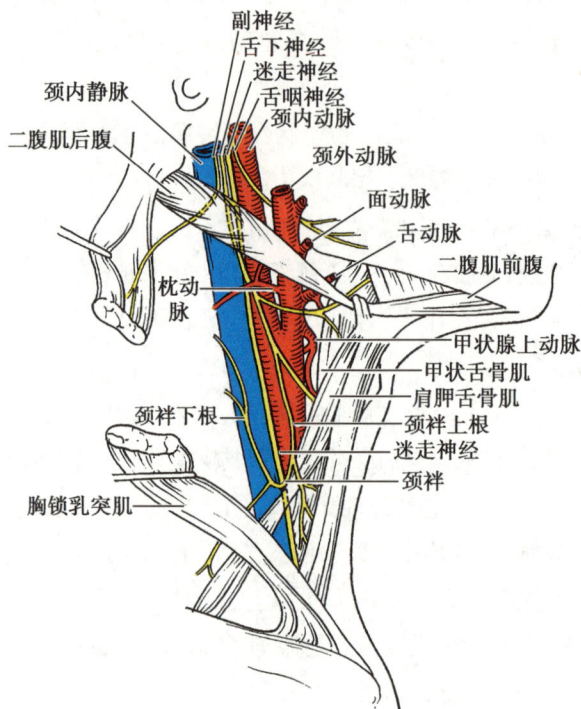

▲ 图2-10 二腹肌后腹的毗邻关系

（二）肌三角

1. 境界 肌三角（muscular triangle）位于颈前正中线、胸锁乳突肌前缘和肩胛舌骨肌上腹之间。浅面由浅入深有皮肤、浅筋膜、颈阔肌、颈前静脉与皮神经和颈筋膜浅层，深面为椎前筋膜。

2. 内容物 肌三角内含有位于浅层的胸骨舌骨肌和肩胛舌骨肌上腹，位于深层的胸骨甲状肌和甲状舌骨肌，以及位于气管前筋膜深部的甲状腺、甲状旁腺、咽、喉、气管颈部和食管颈部等器官（图2-11、表2-1）。

（1）甲状腺（thyroid gland）：呈"H"形，分为左、右两侧叶和中间的峡（图2-12）。中国人甲状腺常出现变异，约半数以上的人存在从甲状腺峡向上伸出的锥状叶，其长短不一。

1）甲状腺被膜：甲状腺被膜包括气管前筋膜包裹甲状腺形成的甲状腺鞘和甲状腺表面的纤维囊（又称甲状腺真被膜），二者之间的间隙为囊鞘间隙，内有疏松结缔组织、血管、神经和甲状旁腺。甲状腺鞘在甲状腺两侧叶的内侧缘和峡部的后面增厚并附着于甲状软骨、环状软骨和气管软骨环，形成甲状腺悬韧带。因此吞咽时，甲状腺随喉和气管的移动而上、下移动。

2）甲状腺的位置与毗邻：甲状腺的两侧叶位于喉的下部和气管颈部的前外侧，上端达甲状软骨中部，下端至第6气管软骨环。甲状腺峡位于第2~4气管软骨环的前方（图2-12）。甲状腺前方由浅入深依次为皮肤、浅筋膜、颈筋膜浅层、舌骨下群肌和气管前筋膜。峡前面正中0.5~1.0cm宽部无肌肉覆盖，直接与筋膜和皮肤相邻。侧叶后内侧有喉、气管、咽、食管和喉返神经，后外侧有颈动脉鞘及其内容，以及椎前筋膜深面的交感干。甲状腺肿大时，可压迫气管和食管，引起呼吸和吞咽困难。若压迫喉返神经，可出现声音嘶哑。若压迫交感干，可导致霍纳（Horner）综合征。

▼ 表2-1　舌骨下群肌的起止点、作用及神经支配

名称	起点	止点	作用	神经支配
肩胛舌骨肌	肩胛骨上缘和肩胛横韧带	舌骨体外侧半	下拉舌骨	颈袢（C$_{1-3}$）
胸骨舌骨肌	胸骨柄及锁骨内侧端后面	舌骨体内侧半	下拉舌骨	颈袢（C$_{1-3}$）
胸骨甲状肌	胸骨柄和第1肋后面	甲状软骨斜线	下拉甲状软骨	颈袢（C$_{1-3}$）
甲状舌骨肌	甲状软骨斜线	舌骨体与舌骨大角交界处	下拉舌骨	舌下神经

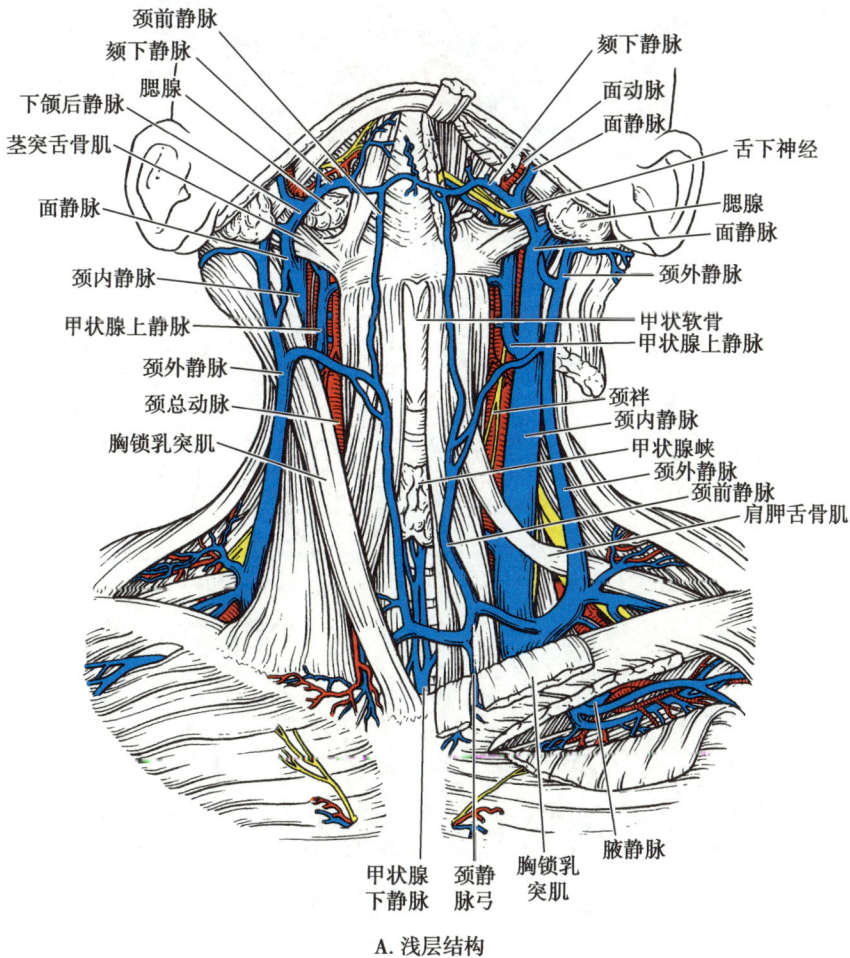

A. 浅层结构

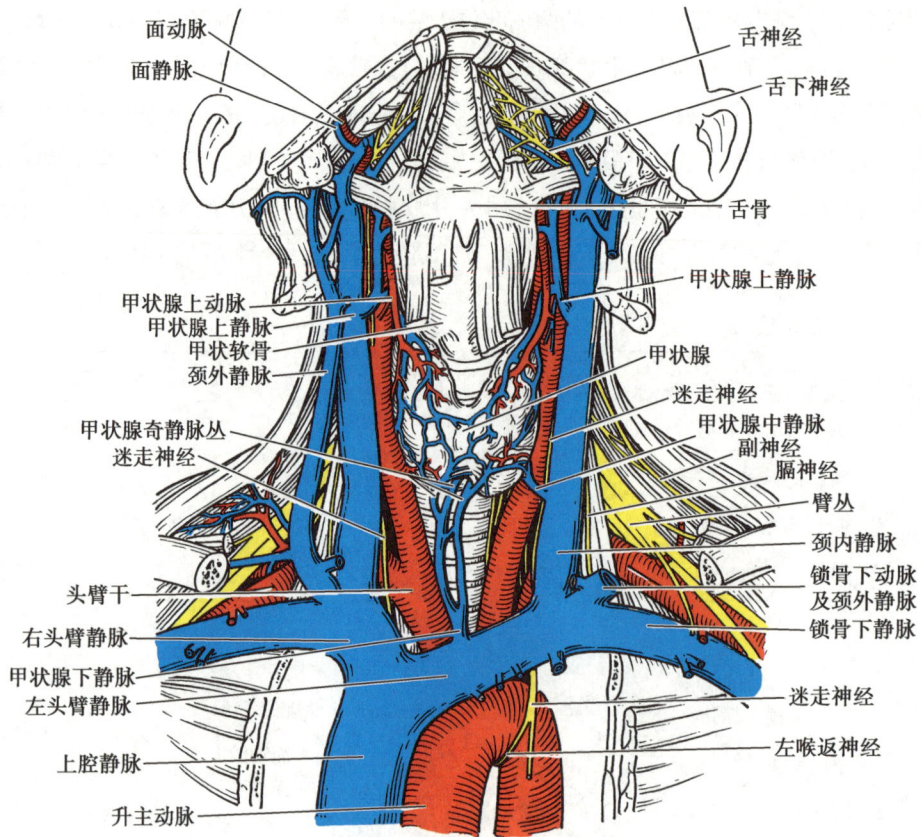

面动脉
面静脉
舌神经
舌下神经
舌骨
甲状腺上动脉
甲状腺上静脉
甲状软骨
颈外静脉
甲状腺上静脉
甲状腺
迷走神经
甲状腺中静脉
副神经
膈神经
臂丛
颈内静脉
锁骨下动脉
及颈外静脉
锁骨下静脉
迷走神经
左喉返神经
甲状腺奇静脉丛
迷走神经
头臂干
右头臂静脉
甲状腺下静脉
左头臂静脉
上腔静脉
升主动脉

B. 深层结构

▲ 图2-11　颈前区浅、深层结构图

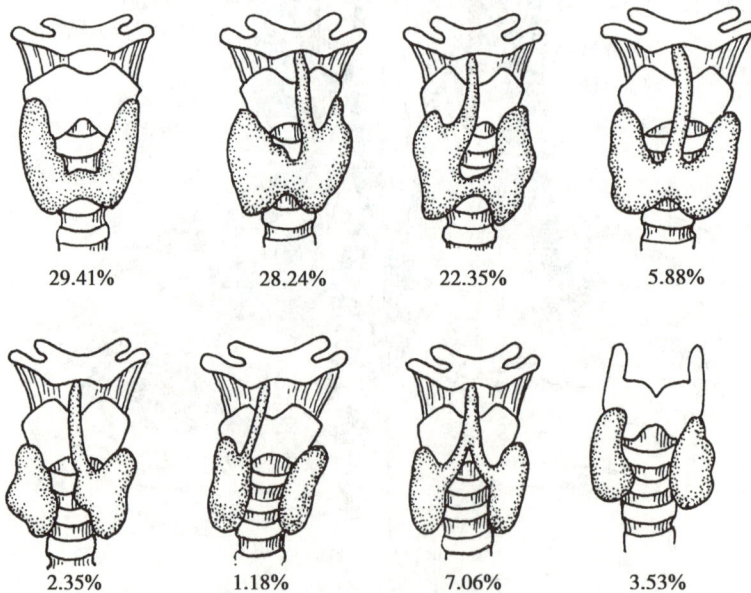

29.41%　　28.24%　　22.35%　　5.88%

2.35%　　1.18%　　7.06%　　3.53%

▲ 图2-12　甲状腺形态类型

3）甲状腺的动脉和喉的神经

A.甲状腺上动脉与喉上神经：① 甲状腺上动脉（superior thyroid artery）起自颈外动脉起始部前壁，伴喉上神经外支行向前下方，至甲状腺侧叶上端附近分为前、后两支。前支沿甲状腺侧叶前缘下行，分布于侧叶前面；后支沿侧叶后缘下行，分布于侧叶后部。甲状腺上动脉沿途还有胸锁乳突肌支、喉上动脉和环甲肌支等分支，其中喉上动脉伴喉上神经内支穿甲状舌骨膜入喉（图2-13）。② 喉上神经（superior laryngeal nerve）起自迷走神经下神经节，在颈内、外动脉与咽侧壁之间下行，于舌骨大角处分为内、外两支。内支伴喉上动脉穿甲状舌骨膜入喉，分布于声门裂以上的喉黏膜及会厌和舌根等处；外支伴甲状腺上动脉行向前下，在距甲状腺上极约1cm处，离开动脉弯向内侧，发出肌支支配环甲肌与咽下缩肌。在甲状腺次全切除术结扎甲状腺上动脉时，应紧贴甲状腺上极进行，以免损伤喉上神经外支而致声音低钝、呛咳等。

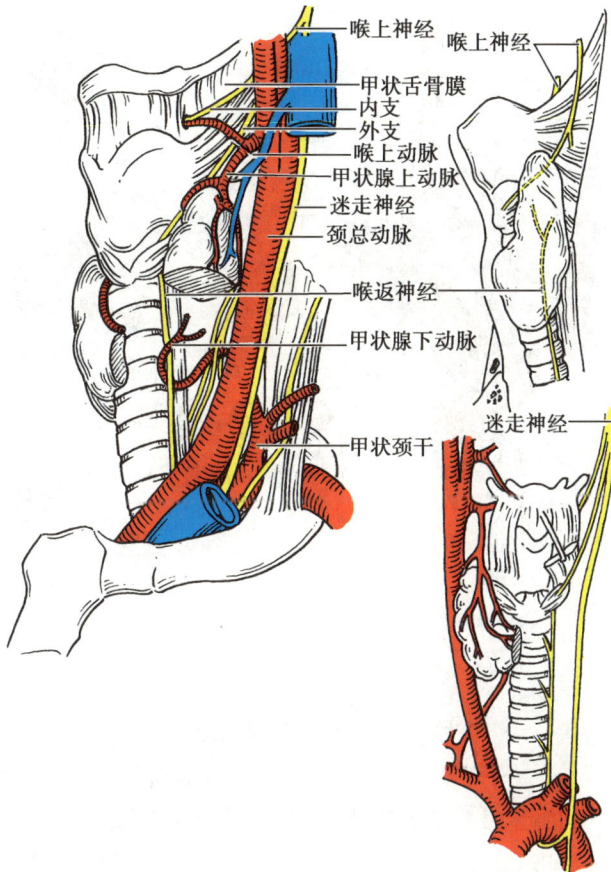

喉上神经
喉上神经
甲状舌骨膜
内支
外支
喉上动脉
甲状腺上动脉
迷走神经
颈总动脉
喉返神经
甲状腺下动脉
甲状颈干
迷走神经

▲ 图2-13　甲状腺的动脉与喉的神经

B.甲状腺下动脉与喉返神经：① 甲状腺下动脉（inferior thyroid artery）起自甲状颈干，沿前斜角肌内侧缘上行，至第6颈椎平面，在颈动脉鞘与椎血管之间弯向内侧，近甲状腺侧叶下极潜入甲状腺侧叶的后面，发出上、下两支，分布于甲状腺、甲状旁腺、气管和食管等处，并与甲状腺上动脉的分支吻合。② 喉返神经（recurrent laryngeal nerve）是迷走神经胸部的分支，左、右喉返神经的起始和行程有所不同。左喉返神经起始点稍低，在左迷走神经跨越主动脉弓左前方处发出，勾绕主动脉弓至其后方，右喉返神经在右迷走神经经过右锁骨下动脉前方处发出，勾绕右锁骨下动脉至其后方，两者均上行于食管气管旁沟，至咽下缩肌下缘、环甲关节后方进入喉内称为喉下神经（inferior laryngeal nerve），分数支分布于声门裂以下的喉黏膜和支配除环甲肌以外的所有喉肌。左喉返神经行程较长，位置较深，多行于甲状腺下动脉后方；右喉返神经行程较短，位置较浅，多在甲状腺下动脉前方与其交叉或穿行于该动脉的两个分支之间。喉返神经在行程中发出心支、气管支、咽支和食管支，分别参与心丛、肺丛、咽丛和食管丛的构成，分布于心、气管和食管的黏膜和肌层，咽的黏膜和咽下缩肌。两侧喉返神经入喉前通常都经过环甲关节的后方，故甲状软骨下角可作为找寻喉返神经的标志（图2-14）。

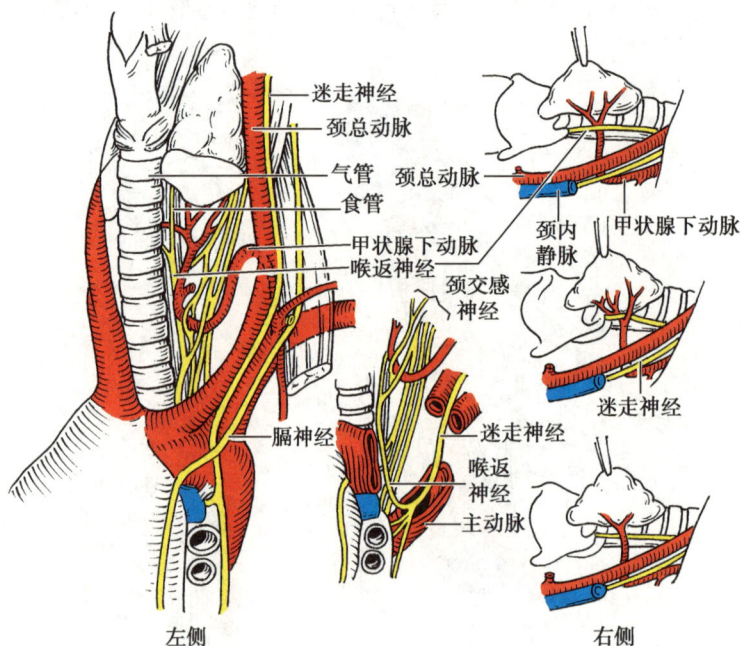

▲ 图2-14 甲状腺下动脉与喉返神经的关系

理论与实践　　　　　　　甲状腺下动脉与喉返神经

　　　　由于甲状腺下动脉与喉返神经的位置关系比较复杂，在施行甲状腺次全切除术时，应远离甲状腺下极结扎甲状腺下动脉，以免损伤喉返神经而致声音嘶哑。一侧喉返神经损伤，患侧声带麻痹，患者尚无呼吸障碍或窒息的危险；若两侧喉返神经均损伤，可致严重呼吸困难，应及时行气管切开，进行急救。

　　C.甲状腺最下动脉（lowest thyroid artery）：较小，出现率约10%。起点不定，可起自头臂干、主动脉弓、颈总动脉、锁骨下动脉、甲状颈干或胸廓内动脉等。经气管前方上升，分布于甲状腺峡，并与甲状腺上、下动脉吻合。当行低位气管切开术或甲状腺切除术时应注意该动脉的存在，以免意外出血。

4）甲状腺的静脉：甲状腺上静脉（superior thyroid vein）与同名动脉伴行，注入颈内静脉；甲状腺中静脉（middle thyroid vein）起自甲状腺侧叶外侧缘的中部，短而粗，管壁较薄，向外跨过颈总动脉前方，注入颈内静脉。双侧出现甲状腺中静脉的概率为24%，仅左侧出现的概率为16%，仅右侧出现的概率为18%，双侧缺如的概率为42%。甲状腺下静脉（inferior thyroid vein）起自甲状腺侧叶下极或峡部下缘，向下经气管前面入胸腔，注入头臂静脉。两侧甲状腺下静脉在气管前方常吻合成甲状腺奇静脉丛。做低位气管切开术时，应注意止血（图2-15）。

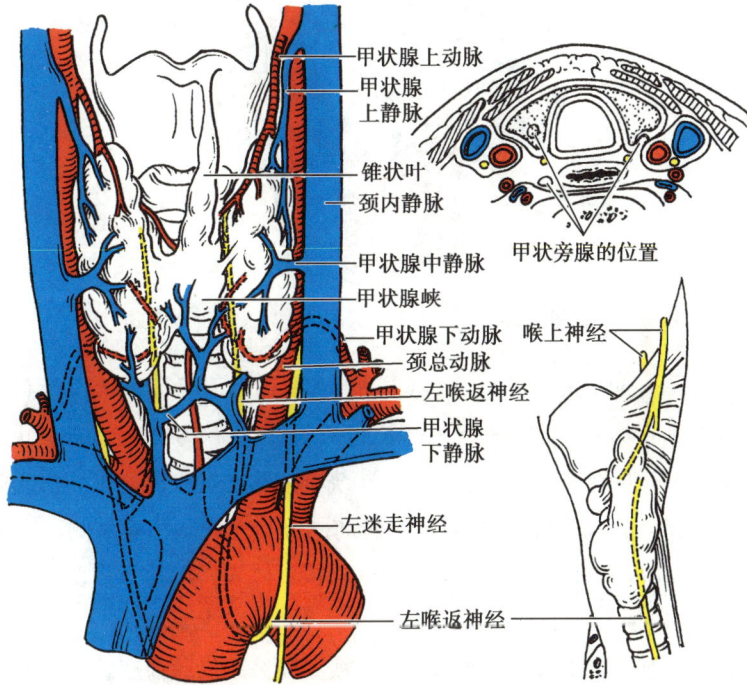

▲ 图2-15 甲状腺静脉

（2）甲状旁腺（parathyroid gland）：为两对扁椭圆形小体，呈淡棕黄色，平均长6mm，宽3~4mm，厚1~2mm，表面光滑，多位于甲状腺侧叶的后面，真假被膜之间的囊鞘间隙中，有时可位于甲状腺实质内或被膜外气管周围的结缔组织中。上甲状旁腺位置较恒定，位于甲状腺侧叶后面上、中1/3交界处；下甲状旁腺位置变化较大，多位于甲状腺侧叶下1/3后面（图2-16），有的位于甲状腺侧叶实质内或气管前外侧的疏松结缔组织内，甚至位于上纵隔。

理论与实践　　　　　　　　　　　　**甲状旁腺**

甲状旁腺分泌的激素与机体内的钙、磷代谢有关。甲状腺手术时应保留甲状旁腺，如果误将甲状旁腺连同甲状腺组织一并切除，可致患者钙、磷代谢失调，血钙降低，肌兴奋性增强，引起抽搐。

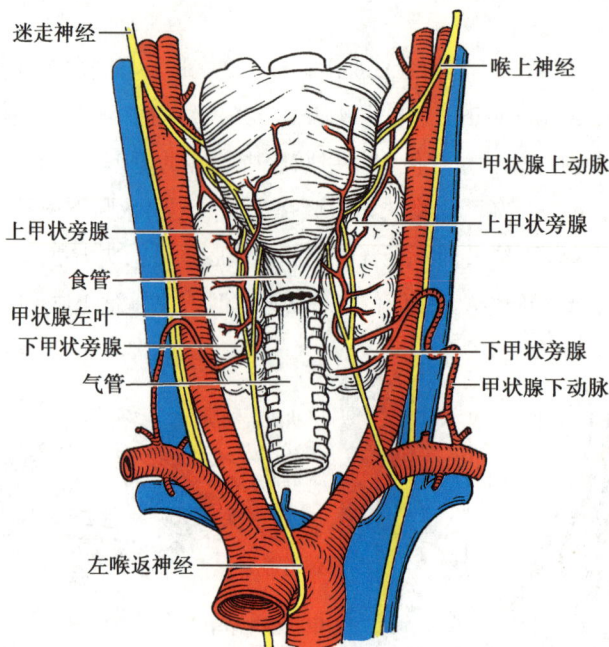

▲ 图2-16　上、下甲状旁腺的位置（后面观）

（3）气管颈部（cervical part of trachea）：上方平第6颈椎下缘接环状软骨下缘，下方平胸骨颈静脉切迹处移行为气管胸部。成人气管颈部长约6.5cm，横径为1.5~2.5cm，由6~8个气管软骨及其间的软组织构成。气管周围有疏松结缔组织包绕，故活动性较大，当仰头或低头时，气管可上、下移动1.5cm。头转向一侧时，气管也随之转向同侧，食管却移向对侧，因此常规施行气管切开术时，头应严格保持正中位并尽量后仰，使气管接近体表，以免损伤食管及其周围的血管和神经。

气管颈部的毗邻：前方由浅入深依次为皮肤、浅筋膜、颈筋膜浅层、胸骨上间隙及其内的颈静脉弓、舌骨下群肌、气管前筋膜和气管前间隙。平第2~4气管软骨环前方有甲状腺峡，峡的下方有甲状腺下静脉、甲状腺奇静脉丛及可能存在的甲状腺最下动脉。气管颈部上端两侧为甲状腺侧叶，后方为食管，在二者之间的气管食管旁沟内有喉返神经上行。其后外侧有颈交感干和颈动脉鞘等。此外，幼儿的胸腺、左头臂静脉和主动脉弓等，常会高出胸骨颈静脉切迹达气管颈部前面。因此对幼儿行气管切开术时，应注意不宜低于第5气管软骨环，以免伤及上述诸结构。

气管颈部的血供、神经分布及淋巴回流：甲状腺下动脉的分支分布于气管颈部；气管颈部的静脉汇入甲状腺下静脉；神经为喉返神经的分支分布；淋巴汇入气管旁淋巴结。

理论与实践　　　　　　　**气管切开术**

气管切开术是将气管颈部前壁切开，插入气管套管，重新建立通畅呼吸道的手术，多为解除严重喉梗阻而行。对于昏迷、神经系统疾病、外伤等患者引起的下呼吸道分泌物阻塞，也需要行气管切开术，进行吸引，以解除分泌物的梗阻。

手术时患者取仰卧位，使气管更加贴近皮肤，便于术中暴露气管。自环状软骨下缘向下至胸骨上窝处沿颈前中线做正中切口，依次切开皮肤、颈浅筋膜、颈筋膜浅层（包括胸骨上间隙的前、后两层），向两侧分开舌骨下群肌，再切开气管前筋膜。可在第3~5气管软骨环处切开气管前壁，插入气管套管，新的呼吸通道即可建立。

气管切开时应始终不要偏离中线，避免损伤颈部大血管。若进行低位气管切开术，分离暴露气管时勿过于向下分离，以免误伤胸膜顶，引起气胸，尤其幼儿的右侧胸膜顶较高，常突入颈部，故误伤概率较大。幼儿胸腺、左头臂静脉和主动脉弓等结构可高出颈静脉切迹，故术中注意勿伤及上述结构。

（4）食管颈部（cervical part of esophagus）：上端平环状软骨下缘平面与咽相接，下端在颈静脉切迹平面处移行为食管胸部。

食管颈部的毗邻：前方为气管颈部，食管位置稍偏左侧，因此做食管颈部手术时，宜以左侧入路为主；后方为颈长肌和脊柱；后外侧隔椎前筋膜与颈交感干相邻；两侧为甲状腺侧叶、颈动脉鞘及其内容物。

食管颈部的血供、神经分布及淋巴回流：动脉来自甲状腺下动脉的分支；静脉汇入甲状腺下静脉；神经来自迷走神经和交感干的食管支构成的食管丛；淋巴汇入气管旁淋巴结。

（潘爱华　李建明）

第五节　胸锁乳突肌区及颈根部

一、胸锁乳突肌区

（一）境界

胸锁乳突肌区（sternocleidomastoid region）是指该肌在颈部所占据和覆盖的区域。

（二）内容物

1. 颈袢（cervical ansa）　由第1~3颈神经前支的分支构成。来自第1颈神经前支的部分纤维随舌下神经下行，至颈动脉三角内离开此神经，称为舌下神经降支，又称颈袢上根（superior root of ansa cervicalis），再沿颈内动脉和颈总动脉浅面下行。来自颈丛第2、3颈神经前支的部分纤维组成颈袢下根（inferior root of cervical ansa），沿颈内静脉浅面（或深面）下行，颈袢上、下两根平环状软骨弓平面于颈动脉鞘表面合成颈袢。颈袢发出分支支配肩胛舌骨肌、胸骨舌骨肌、胸骨甲状肌。甲状腺手术时，多平环状软骨切断舌骨下诸肌，可避免损伤颈袢的肌支（图2-17）。

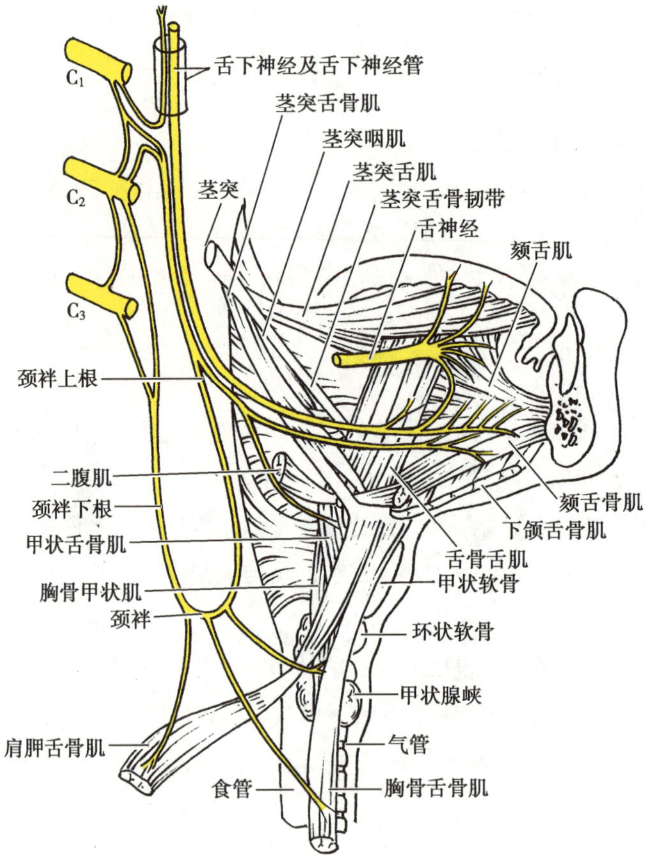

▲ 图2-17 颈袢及其支配的肌

2. 颈动脉鞘及其内容 颈动脉鞘上起自颅底，下至颈根部续于纵隔。鞘内有颈内静脉和迷走神经，还有颈内动脉纵行于其上部，颈总动脉纵行于其下部。在颈动脉鞘下部，颈内静脉位于其前外侧，颈总动脉位于其后内侧，两者之间的后外方为迷走神经。于鞘的上部，颈内动脉居其前内侧，颈内静脉居其后外方，迷走神经行于两者之间的后内方。

颈动脉鞘浅面有胸锁乳突肌、胸骨舌骨肌、胸骨甲状肌和肩胛舌骨肌下腹、颈袢、甲状腺上静脉、甲状腺中静脉；鞘的后方有甲状腺下动脉横过，隔椎前筋膜有颈交感干、椎前肌和颈椎横突等；鞘的内侧有喉与气管颈部、咽与食管颈部、喉返神经和甲状腺侧叶等。

3. 颈丛（cervical plexus） 由第1~4颈神经的前支组成，位于胸锁乳突肌上段与中斜角肌和肩胛提肌之间。分支有皮支、肌支和与其他神经相互连接的交通支。

4. 颈交感干（cervical part of sympathetic trunk） 由颈上、中、下交感神经节及其节间支组成，位于脊柱两侧，被椎前筋膜所覆盖。颈上神经节（superior cervical ganglion）最大，呈梭形，位于第2~3颈椎横突前方。颈中神经节（middle cervical ganglion）最小，位于第6颈椎横突的前方。颈下神经节（inferior cervical ganglion）位于第7颈椎平面，在椎动脉起始部后方，多与第1胸神经节融合为颈胸神经节（cervicothoracic ganglion），又称星状神经节（stellate ganglion）。以上三对神经节各发出心支入胸腔，参与心丛组成。

二、颈根部

（一）境界

颈根部（root of neck）是指颈部与胸部之间的交界区域，由进出胸廓上口的诸结构占据。其前界为胸骨柄，后界为第1胸椎体，两侧为第1肋。其中心标志是前斜角肌，此肌前内侧主要是往来于颈、胸之间的纵行结构，如颈总动脉、颈内静脉、迷走神经、膈神经、颈交感干、胸导管和胸膜顶等；该肌前、后方及外侧主要是往来于胸、颈与上肢间的横行结构，如锁骨下动脉、静脉和臂丛等。

（二）内容物

1. 胸膜顶（cupula of pleura）　为覆盖肺尖部的壁胸膜，突入颈根部，高出锁骨内侧1/3段上缘2~3cm。前、中、后斜角肌覆盖其前方、外侧及后方。胸膜顶前方邻接锁骨下动脉及其分支、膈神经、迷走神经、锁骨下静脉及左颈根部的胸导管；后方与第1、2肋，颈交感干和第1胸神经前支毗邻；外侧有中斜角肌及臂丛；内侧左、右不同，左侧有左锁骨下静脉和左喉返神经，右侧有头臂干、右头臂静脉和气管。

胸膜上膜（suprapleural membrane）又称Sibson筋膜，是指从第7颈椎横突、第1肋颈和第1胸椎体连至胸膜顶的筋膜，对胸膜顶起悬吊作用。当行肺萎陷手术时，须切断上述筋膜，才能使肺尖塌陷。

2. 锁骨下动脉（subclavian artery）　左侧起自主动脉弓，右侧在胸锁关节后方起自头臂干，两者均弓形跨过胸膜顶的前上方外行，穿斜角肌间隙至第1肋外侧缘续于腋动脉。前斜角肌将其分为3段：第1段自起始处至前斜角肌内侧缘；第2段位于前斜角肌后方；第3段自前斜角肌外侧缘至第1肋上面。锁骨下动脉的主要分支有：

（1）椎动脉（vertebral artery）：起自锁骨下动脉的第1段，沿前斜角肌内侧上行于胸膜顶前方，穿经上位6个颈椎横突孔，再经枕骨大孔入颅，分布于脑、脊髓和内耳。

（2）胸廓内动脉（internal thoracic artery）：正对椎动脉起始处，起自锁骨下动脉下壁，经锁骨下静脉后方向下入胸壁，沿胸骨两侧缘下行。

（3）甲状颈干（thyrocervical trunk）：起自锁骨下动脉第1段，有甲状腺下动脉、肩胛上动脉及颈横动脉等分支。

（4）肋颈干（costocervical trunk）：起自锁骨下动脉第1段或第2段的后壁，经胸膜顶上方弓形向后至第1肋颈处分为颈深动脉和肋间最上动脉。

3. 胸导管（thoracic duct）　沿食管左侧出胸腔上口至颈根部，平第7颈椎高度向左跨过胸膜顶，形成胸导管弓。经颈动脉鞘后方，椎动脉、椎静脉和颈交感干前方，弯向下内方注入左静脉角或左锁骨下静脉（图2-18）。左颈干、左锁骨下干及左支气管纵隔干通常注入胸导管末端，也可单独注入静脉。

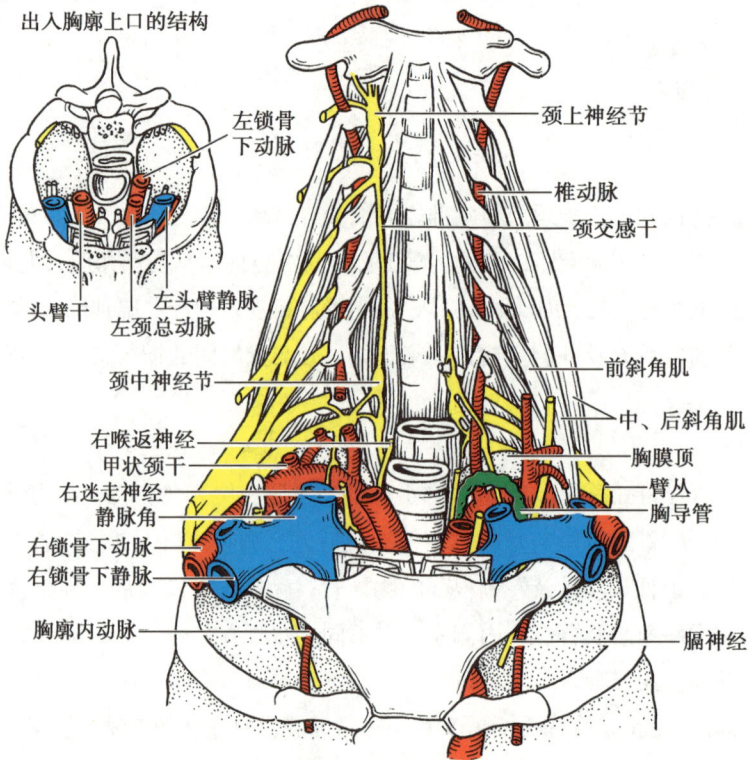

▲ 图2-18　颈根部

4. 右淋巴导管（right lymphatic duct）　为一长约1cm的短干，于右颈根部接受右颈干、右锁骨下干和右支气管纵隔干后，注入右静脉角。

5. 锁骨下静脉（subclavian vein）　自第1肋外侧缘续于腋静脉。沿第1肋上面，经锁骨与前斜角肌之间，向内侧与颈内静脉汇合成头臂静脉，汇合处为静脉角。锁骨下静脉壁与第1肋、锁骨下肌、前斜角肌的筋膜相愈着，故伤后易致空气栓塞。临床上，可经锁骨下静脉穿刺进行长期输液、心导管插管及中心静脉压测定等。

6. 迷走神经（vagus nerve）　右迷走神经下行于右颈总动脉和右颈内静脉之间，行经右锁骨下动脉第1段前面时发出右喉返神经，绕经右锁骨下动脉的下面和后方返回颈部。左迷走神经在左颈总动脉和左颈内静脉之间下行入胸腔，行经主动脉弓前方时，发出左喉返神经，勾绕主动脉弓返回颈部。

7. 膈神经（phrenic nerve）　由第3~5颈神经前支的部分组成，位于前斜角肌前面，椎前筋膜深面。膈神经前方有椎前筋膜、胸锁乳突肌、肩胛舌骨肌中间腱、颈内静脉、颈横动脉和肩胛上动脉，左侧前方还邻接胸导管弓；内侧有颈升动脉上行。该神经于颈根部经胸膜顶的前内侧、迷走神经的外侧，穿锁骨下动、静脉之间进入胸腔（图2-19）。

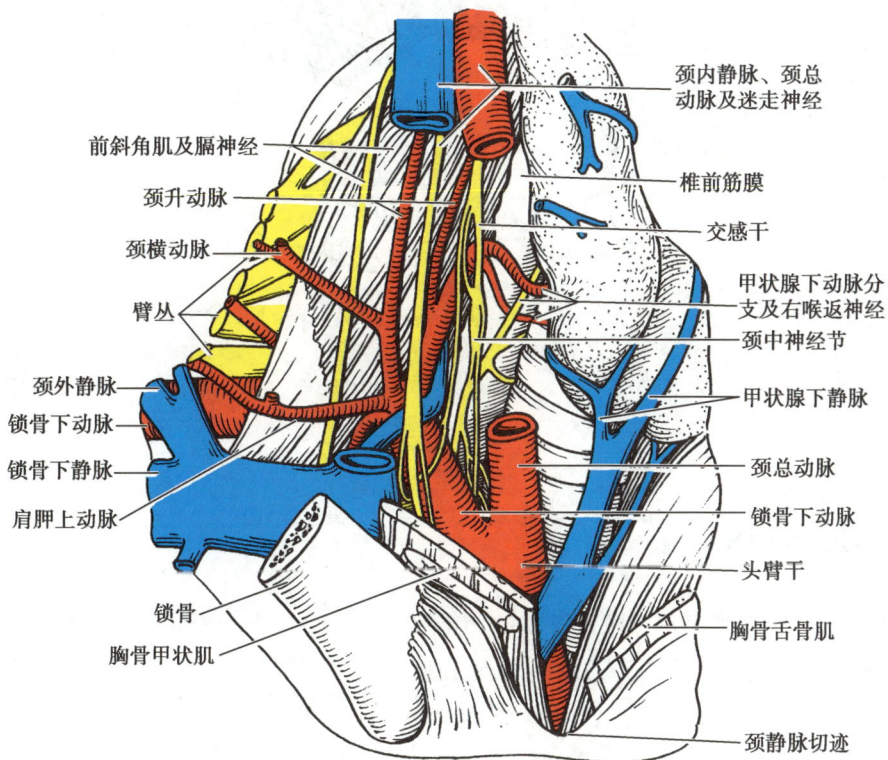

左侧标注（从上到下）：
前斜角肌及膈神经
颈升动脉
颈横动脉
臂丛
颈外静脉
锁骨下动脉
锁骨下静脉
肩胛上动脉
锁骨
胸骨甲状肌

右侧标注（从上到下）：
颈内静脉、颈总动脉及迷走神经
椎前筋膜
交感干
甲状腺下动脉分支及右喉返神经
颈中神经节
甲状腺下静脉
颈总动脉
锁骨下动脉
头臂干
胸骨舌骨肌
颈静脉切迹

▲ 图2-19　前斜角肌的毗邻关系

　　经统计，副膈神经出现率约为48%。多起自第5颈神经前支（占48.7%）或第5、6颈神经前支（占27.6%）。于膈神经的外侧下行（占85.2%），经锁骨下静脉的后方进入胸腔。副膈神经在锁骨下静脉的下方与膈神经结合者占多数（57.1%）（图2-20）。

8. 椎动脉三角（triangle of vertebral artery）　内侧界为颈长肌外侧缘，外侧界为前斜角肌内侧缘，下界为锁骨下动脉第1段。其尖为颈动脉结节；前方有颈动脉鞘、膈神经、甲状腺下动脉及胸导管弓（左侧）；后方有胸膜顶、第7颈椎横突、第8颈神经前支及第1肋颈。三角内含椎动脉、椎静脉、甲状腺下动脉、颈交感干及星状神经节等结构（图2-20）。

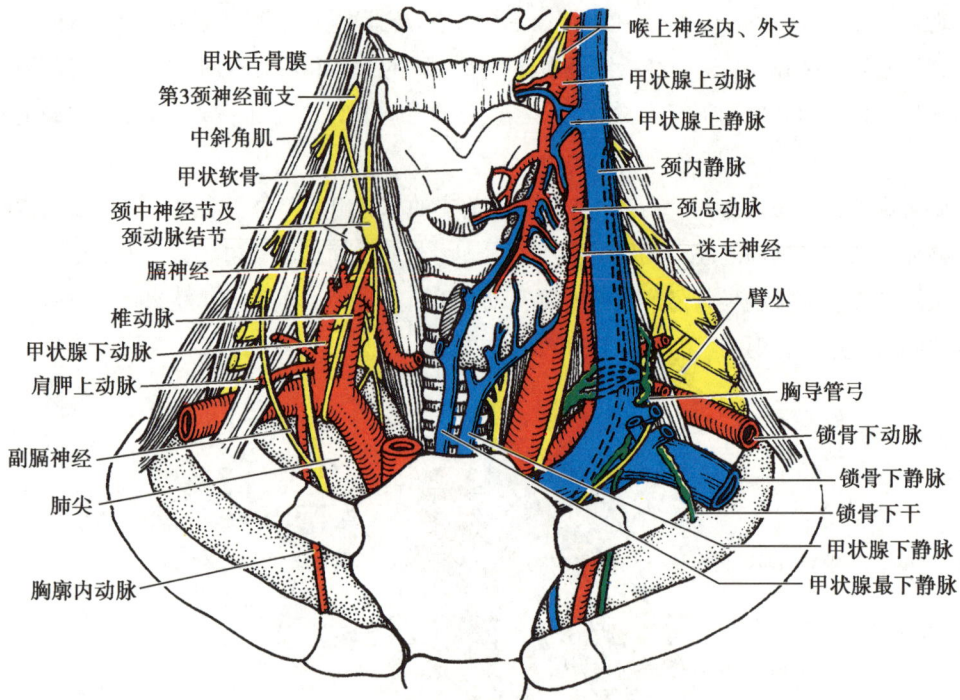

▲ 图2-20　椎动脉三角及其内容

（万炜　李明秋）

第六节　颈外侧区

　　颈外侧区是由胸锁乳突肌后缘、斜方肌前缘和锁骨中1/3段上缘围成的三角区，该区被肩胛舌骨肌下腹分为上方的枕三角和下方的锁骨上三角。

一、枕三角

　　1. 境界　枕三角（occipital triangle）又称肩胛舌骨肌斜方肌三角，位于胸锁乳突肌后缘、斜方肌前缘与肩胛舌骨肌下腹上缘之间（图2-21）。其浅层结构依次为皮肤、浅筋膜和颈筋膜浅层；深面为椎前筋膜及其所覆盖的前斜角肌、中斜角肌、后斜角肌、头夹肌和肩胛提肌等。

　　2. 内容

　　（1）副神经（accessory nerve）：自颈静脉孔出颅，沿颈内静脉前外侧下行，经二腹肌后腹深面，入胸锁乳突肌上部的前缘，发出肌支支配该肌。其本干在胸锁乳突肌后缘上、中1/3交点处进入枕三角，并有枕小神经勾绕，为确定副神经的标志。在枕三角内，该神经行经肩胛提肌表面，斜越枕三角中份，自斜方肌前缘中、下1/3交界处入该肌深面，并支配该肌。副神经在枕三角内位置表浅，周围有淋巴结排列，行颈部淋巴结清扫术时应避免损伤该神经（图2-21）。

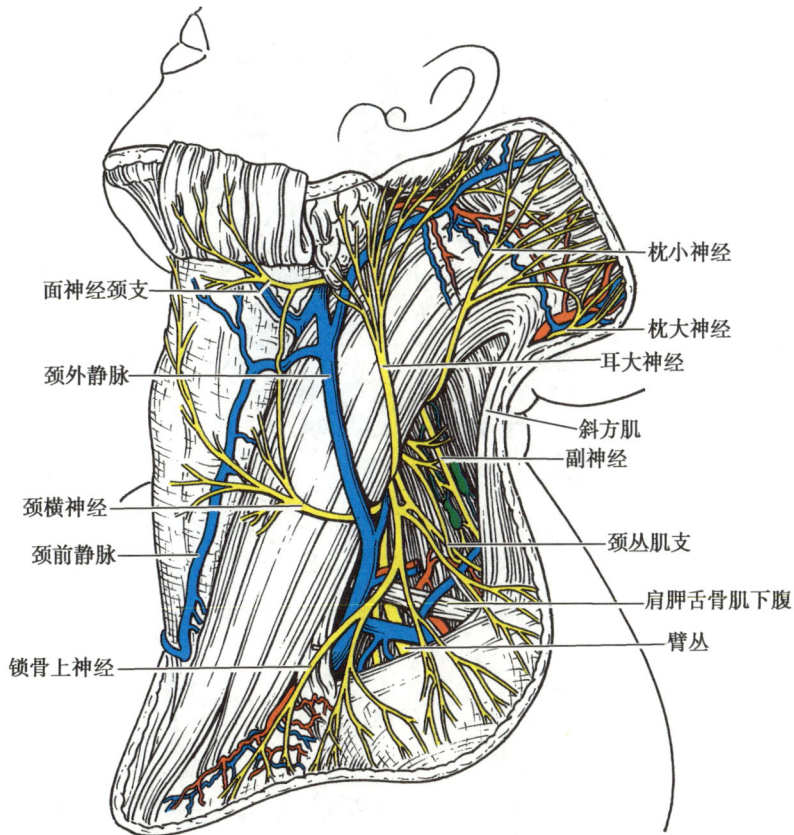

▲ 图2-21 枕三角的内容

（2）颈丛和臂丛的分支：颈丛皮支在胸锁乳突肌后缘中点处浅出颈筋膜浅层，分布于头、颈、胸前上部及肩上部的皮肤（图2-21）；颈丛肌支于枕三角内发出，支配肩胛提肌及椎前肌等。臂丛分支有支配菱形肌的肩胛背神经；支配冈上、下肌的肩胛上神经及入腋区支配前锯肌的胸长神经等。

二、锁骨上三角

1. 境界 锁骨上三角（supraclavicular triangle）位于锁骨中1/3段上方，于体表呈明显凹陷，故又称锁骨上大窝（greater supraclavicular fossa），由胸锁乳突肌后缘、肩胛舌骨肌下腹和锁骨上缘中1/3围成，又称肩胛舌骨肌锁骨三角（图2-1）。其浅面依次为皮肤、浅筋膜及颈筋膜浅层，其深面为斜角肌下份及椎前筋膜。

2. 内容

（1）锁骨下静脉（subclavian vein）：于第1肋外侧缘续于腋静脉，常有颈外静脉和肩胛背静脉注入。在该三角内锁骨下静脉位于锁骨下动脉第3段的前下方；向内经膈神经和前斜角肌下端的前面，达胸膜顶前方。于前斜角肌内侧，该静脉与颈内静脉汇合成头臂静脉，二者间形成向外上开放的角，称为静脉角。胸导管和右淋巴导管分别注入左、右静脉角（图2-22）。

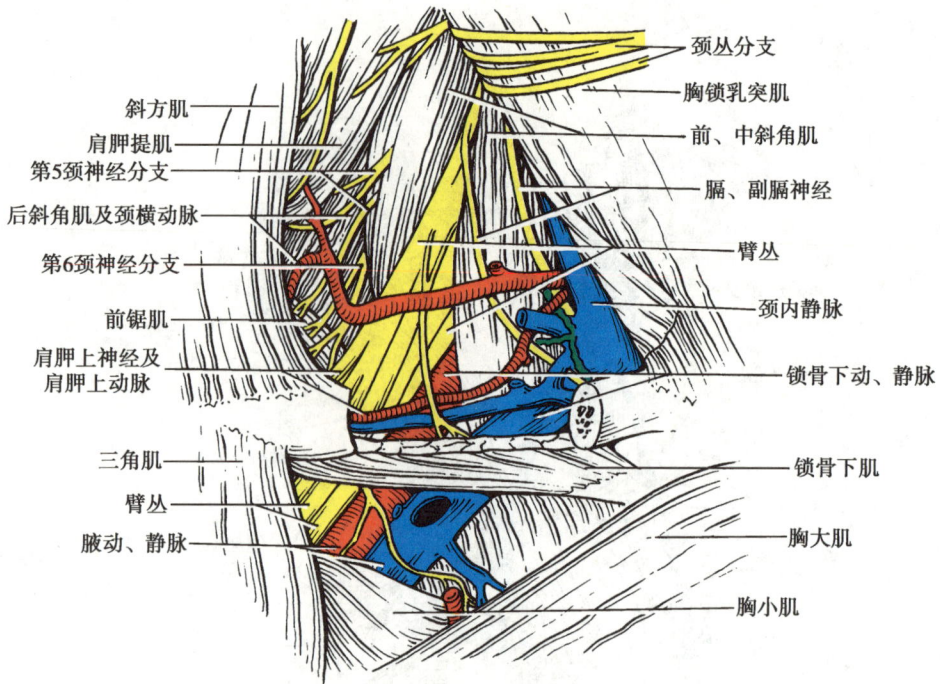

斜方肌
肩胛提肌
第5颈神经分支
后斜角肌及颈横动脉
第6颈神经分支
前锯肌
肩胛上神经及
肩胛上动脉
三角肌
臂丛
腋动、静脉

颈丛分支
胸锁乳突肌
前、中斜角肌
膈、副膈神经
臂丛
颈内静脉
锁骨下动、静脉
锁骨下肌
胸大肌
胸小肌

▲ 图2-22　锁骨上三角内容

（2）锁骨下动脉（subclavian artery）：经斜角肌间隙进入此三角并走向腋窝。位于三角内的是该动脉第3段，其前下方为锁骨下静脉；下方为第1肋上面；后上方有臂丛。锁骨下动脉于该三角内的直接或间接分支有肩胛背动脉、肩胛上动脉和颈横动脉，分别至斜方肌深面及肩胛区。

（3）臂丛（brachial plexus）：由第5~8颈神经前支和第1胸神经大部分前支组成，经斜角肌间隙进入此三角。臂丛在锁骨下动脉后上方合成三干，各干再分为前、后两股。根、干、股组成臂丛锁骨上部。在锁骨中点上方，为臂丛锁骨上部阻滞麻醉处。臂丛锁骨上部发出肩胛背神经、肩胛上神经及胸长神经等。臂丛与锁骨下动脉均由椎前筋膜形成的筋膜鞘包绕，续于腋鞘（图2-22）。

由于臂丛包裹在连续相通的筋膜间隙中，通过任何途径注入局部麻醉药时，只要有足够容量注入筋膜间隙，均可使全臂丛阻滞。临床上可根据手术需要选择不同途径行臂丛阻滞麻醉。斜角肌间沟的臂丛阻滞麻醉常选择环状软骨定位，在前斜角肌和中斜角肌之间刺入斜角肌间隙，回抽无血后注入麻醉药。锁骨上的臂丛阻滞麻醉应在锁骨中点上1.0~1.5cm处刺入，在第1肋上寻找到空虚感，回抽无血或无气时注入麻醉药。进针不要太深，以免损伤胸膜或肺。

（万炜　李明秋）

颈部淋巴结数目较多，除收纳头、颈部淋巴外，还收集胸部及上肢的部分淋巴（图2-23）。

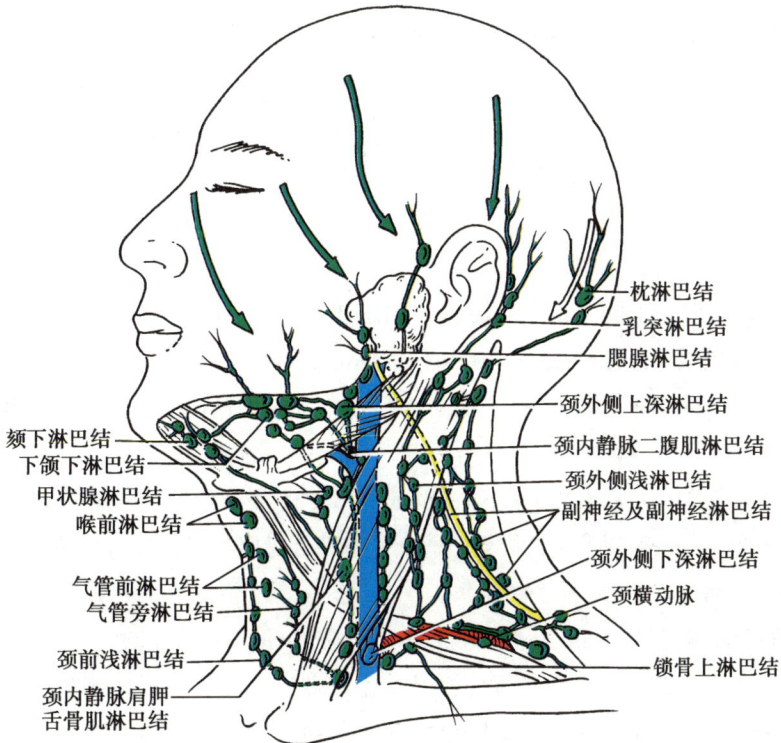

▲ 图2-23 颈部淋巴结

一、颈上部淋巴结

颈上部淋巴结沿头、颈交界处呈环状排列，位置表浅，分为五组。

1. 下颌下淋巴结（submandibular lymph node） 位于下颌下腺附近，收纳眼、鼻、唇、牙、舌及口底的淋巴，汇入颈外侧上、下深淋巴结。

2. 颏下淋巴结（submental lymph node） 位于颏下三角内，收纳颏部、下唇中部、口底及舌尖等处淋巴，注入下颌下淋巴结及颈内静脉二腹肌淋巴结。

3. 腮腺淋巴结（parotid lymph node） 分浅、深两群，分别位于腮腺表面及实质内，收纳额、颅顶、颞区、耳郭、外耳道、颊部和腮腺等处的淋巴，注入颈外侧浅及深淋巴结。

4. 枕淋巴结（occipital lymph node） 分浅、深两群，分别位于斜方肌起点的表面和头夹肌的深面，收纳项部、枕部的淋巴，注入颈外侧浅、深淋巴结。

5. 乳突淋巴结（mastoid lymph node） 又称耳后淋巴结，位于胸锁乳突肌止点的表面，收纳颅顶、颞区、乳突区及耳郭后面的淋巴，注入颈外侧浅、深淋巴结。

二、颈前区淋巴结

颈前区淋巴结又称颈前淋巴结（anterior cervical lymph node），位于颈前正中部，舌骨下方，两侧胸锁乳突肌、颈动脉鞘之间，包括颈前浅淋巴结和颈前深淋巴结。

1. 颈前浅淋巴结（superficial anterior cervical lymph node） 沿颈前静脉排列，引流颈前部浅层结构的淋巴，其输出淋巴管注入颈外侧下深淋巴结或锁骨上淋巴结。

2. 颈前深淋巴结（deep anterior cervical lymph node） 分布于喉、甲状腺和气管颈部的前方及两侧，包括喉前淋巴结、甲状腺淋巴结、气管前淋巴结和气管旁淋巴结，收集甲状腺、喉、气管颈部、食管颈部等处淋巴；其输出淋巴管注入颈外侧上、下深淋巴结（图2-23）。

三、颈外侧区淋巴结

颈外侧区淋巴结即颈外侧淋巴结（lateral cervical lymph node），以颈筋膜浅层为界，分为浅、深两组。

1. 颈外侧浅淋巴结（superficial lateral cervical lymph node） 沿颈外静脉排列，引流颈外侧浅层结构的淋巴，并收纳枕淋巴结、乳突淋巴结和腮腺淋巴结的输出淋巴管，其输出淋巴管主要注入颈外侧上深淋巴结。

2. 颈外侧深淋巴结（deep lateral cervical lymph node） 主要沿颈内静脉排列，上达颅底，下至颈根部，部分沿副神经和颈横血管排列。通常以肩胛舌骨肌为界，分为颈外侧上深淋巴结和颈外侧下深淋巴结。

（1）颈外侧上深淋巴结（superior deep lateral cervical lymph node）：位于胸锁乳突肌深面，排列在颈内静脉上段周围，收纳颈外侧浅淋巴结、腮腺淋巴结、下颌下及颏下淋巴结的输出淋巴管，并收纳喉、气管、食管、腭扁桃体及舌的淋巴，其输出淋巴管注入颈外侧下深淋巴结。该组淋巴结中位于二腹肌后腹与颈内静脉交角处者称为颈内静脉二腹肌淋巴结（jugulodigastric lymph node），又称角淋巴结，收纳鼻咽部、腭扁桃体及舌根部的淋巴，是鼻咽癌、舌根癌转移首先累及的淋巴结群。在枕三角内沿副神经周围分布者称为副神经淋巴结。颈外侧上深淋巴结引流鼻、舌、咽、喉、甲状腺、气管颈部、食管颈部、枕部、项部和肩部等处的淋巴，并接受枕、耳后、腮腺、下颌下、颏下和颈外侧浅淋巴结等的输出淋巴管，其输出淋巴管注入颈外侧下深淋巴结，或直接注入颈干。

（2）颈外侧下深淋巴结（inferior deep lateral cervical lymph node）：主要沿颈内静脉下段排列。其中，位于颈内静脉与肩胛舌骨肌中间腱交汇处的淋巴结称为颈内静脉肩胛舌骨肌淋巴结（juguloomohyoid lymph node），收纳舌尖部的淋巴，舌尖部的癌首先转移至该淋巴结。位于前斜角肌前面排列的淋巴结称为斜角肌淋巴结，左侧者又称菲尔绍（Virchow）淋巴结，是食管下部癌或胃癌转移易累及的淋巴结，可在胸锁乳突肌后缘和锁骨上缘的交角处触摸到肿大的淋巴结。沿颈横血管排列的淋巴结称为锁骨上淋巴结（supraclavicular lymph node）。颈外侧下深淋巴结引流颈根部、胸壁上部和乳腺上部的淋巴，并收纳颈前淋巴结、颈外侧浅淋巴结和颈外侧上深淋巴结的输出淋巴管，其输出淋巴管集合成颈干（jugular trunk），左侧注入胸导管，右侧注入右淋巴导管。

（万炜 李明秋）

第八节 颈部横断层影像解剖

一、经前庭襞和前庭裂的横断层

此层面上前庭襞、前庭裂和杓状软骨的断面出现（图2-24）。

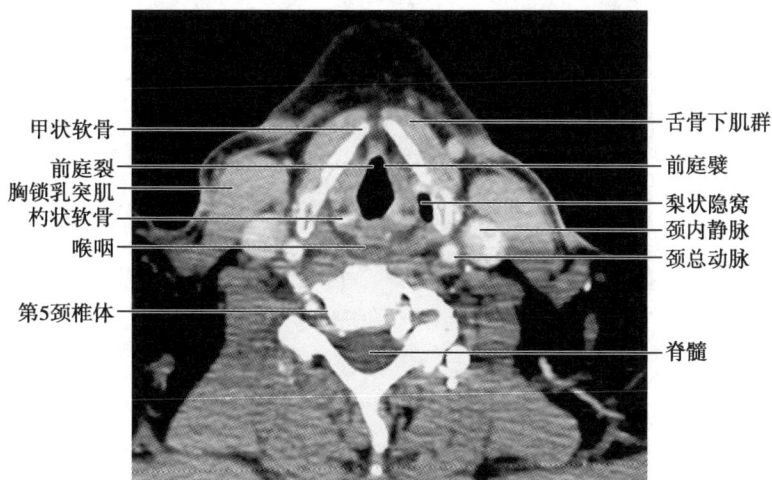

▲ 图2-24 经前庭襞的横断层（CT）

呈倒"V"形的甲状软骨板向后敞开，位于前部；在CT图像上，甲状软骨板呈"八"字形高密度影，由于钙化和未钙化的透明软骨相混淆，密度不均匀。前庭襞的前端连于甲状软骨，后端至杓状软骨，两侧前庭襞之间为前庭裂。杓斜肌和杓横肌附着于左、右侧杓状软骨的后方。喉咽呈"U"形，前端为左、右侧梨状隐窝。喉的前外侧为舌骨下群肌的胸骨舌骨肌、肩胛舌骨肌上腹和甲状舌骨肌，外侧为胸锁乳突肌及其深面的颈动脉鞘，鞘内的颈总动脉位于内侧，颈内静脉位于外侧，迷走神经居两者之间的后方。

二、经声襞和声门裂的横断层

此层面上前庭襞和前庭裂消失，环杓关节和环状软骨板的断面出现（图2-25）。

声襞的边缘光滑，整齐，前端附着于甲状软骨，后端连于杓状软骨的声带突，两侧声襞之间的裂隙为声门裂，其后部为声门裂的软骨间部，恰位于两侧杓状软骨之间。在CT图像上，平静呼吸时声襞呈菲薄的长三角形软组织影，发音时声门裂呈前后走行的裂隙，缓慢呼吸时声门裂开大呈等腰三角形。甲状软骨板内侧与声襞之间的区域为声门旁间隙，其后方可见呈横位的环状软骨板。环状软骨板与杓状软骨之间的窄隙为环杓关节。甲状软骨的前外侧为舌骨下群肌的胸骨舌骨肌、肩胛舌骨肌上腹和甲状舌骨肌，外侧为胸锁乳突肌和颈动脉鞘及其内结构。

三、经环状软骨弓的横断层

此层面上甲状软骨和杓状软骨消失，环状软骨弓和声门下腔的断面出现（图2-26）。

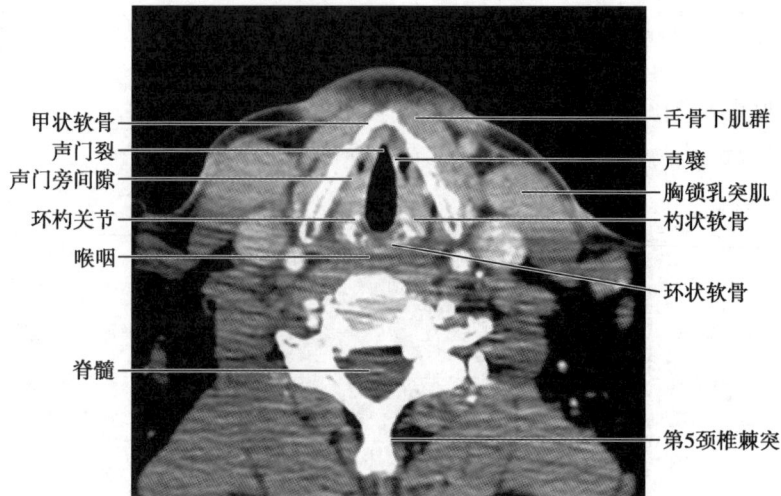

甲状软骨
声门裂
声门旁间隙
环杓关节
喉咽

脊髓

舌骨下肌群
声襞
胸锁乳突肌
杓状软骨

环状软骨

第5颈椎棘突

▲ 图2-25　经声襞的横断层（CT）

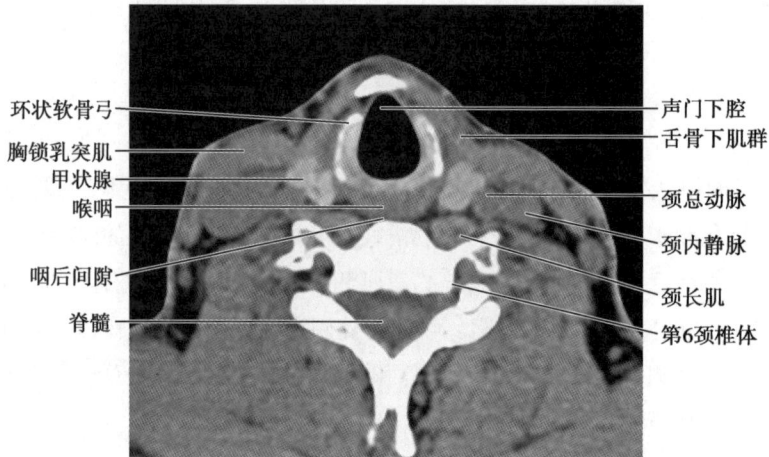

环状软骨弓
胸锁乳突肌
甲状腺
喉咽
咽后间隙
脊髓

声门下腔
舌骨下肌群

颈总动脉
颈内静脉

颈长肌
第6颈椎体

▲ 图2-26　经环状软骨弓的横断层（CT）

　　近似圆形的环状软骨弓位于前部，其内的腔隙为声门下腔。环状软骨的后方为喉咽、咽后间隙和第6颈椎体，外侧有甲状腺侧叶和颈前静脉，后外侧可见颈动脉鞘和胸锁乳突肌的断面。在CT、MRI图像上，甲状腺包绕于喉与气管，咽与食管的前外侧，呈均质、对称性的楔形结构。颈动脉鞘内有较细的颈总动脉和较粗的颈内静脉及其两者后方的迷走神经。椎体的外侧有前斜角肌和横突孔及其内的椎动、静脉，后外侧为椎间孔和中、后斜角肌，前、中斜角肌之间可见臂丛通过。

（赵振美　张艳丽）

学习小结

　　颈部为连接头部与胸部和上肢之间的交通要道。前有咽、喉、气管等消化管和呼吸道上段及甲状腺；后方为脊柱颈段及其周围肌，两侧有纵向走行的大血管和神经。颈部分为固有颈部和项部。固有颈部又分为颈前区、胸锁乳突肌区和颈外侧区。于颈前区重点介绍了颈动脉三角及内容、肌三角及内容，尤其是甲状腺的形态、位置、被膜、毗邻、血管及其与喉上神经和喉返神经的位置关系。于胸锁乳突肌区和颈根部着重讲述了颈袢、颈动脉鞘及内容、胸膜顶及其毗邻的结构。颈外侧区主要介绍了枕三角及其内容副神经、锁骨上三角及其内容臂丛。

　　颈部筋膜较复杂，分为颈浅筋膜和颈深筋膜。颈浅筋膜上与头部、下与胸部和背部的浅筋膜延续，通常较薄，包裹颈阔肌。颈深筋膜又分浅、中、深三层，围绕颈部诸肌和器官，并于血管和神经周围形成筋膜鞘和筋膜间隙。颈肌分为颈浅肌（颈阔肌）和颈外侧肌（胸锁乳突肌）、颈前肌（包括舌骨上、下群肌）及颈深肌（包括外侧群的前、中、后斜角肌和内侧群的椎前肌）。颈肌的功能除使头部和颈部灵活运动外，还可参与呼吸、吞咽和发音等功能活动。

复习参考题

一、A型题

1. 颈静脉弓是指
   A. 颈前正中静脉的弓形弯曲
   B. 颈内静脉与锁骨下静脉汇合处
   C. 颈外静脉汇入颈内静脉处
   D. 颈外静脉汇入锁骨下静脉处
   E. 左、右颈前静脉在胸骨上间隙
      内的吻合支

2. 气管前间隙位于
   A. 颈筋膜浅层与气管前筋膜之间
   B. 气管前筋膜与气管颈部之间
   C. 气管前筋膜与椎前筋膜之间
   D. 椎前筋膜与颊咽筋膜之间
   E. 椎前筋膜与脊柱颈部之间

3. 颊咽筋膜与椎前筋膜之间称为
   A. 咽后间隙
   B. 椎前间隙
   C. 气管前间隙

   D. 颊咽间隙
   E. 椎后间隙

4. 由椎前筋膜形成的筋膜鞘是
   A. 下颌下腺鞘
   B. 甲状腺鞘
   C. 胸锁乳突肌鞘
   D. 腋鞘
   E. 斜方肌鞘

5. 关于下颌下腺的描述，正确的是
   A. 位于颈筋膜浅层所形成的筋膜
      鞘内
   B. 较大的浅部位于下颌舌骨肌深面
   C. 其浅部的前端发出下颌下腺管
   D. 腺管走行于下颌舌骨肌浅面
   E. 开口于上颌第二磨牙相对处的
      颊黏膜处

　　参考答案：1. E　2. B　3. A　4. D　5. A

二、名词解释

1. 颈袢
2. 腋鞘
3. 斜角肌间隙
4. 颈动脉鞘
5. 甲状腺悬韧带
6. 咽后间隙
7. 封套筋膜
8. 椎前筋膜
9. 咽后间隙
10. 椎前间隙

三、问答题

1. 试述颈深筋膜的层次及筋膜间隙。
2. 简述下颌下三角的境界和内容物。
3. 简述颈动脉三角的境界、内容物及其位置关系。
4. 试述甲状腺的血供，甲状腺动脉与喉的神经之间的关系及其临床意义。
5. 简述椎动脉三角的境界及其内容。

第三章 胸部

知识目标	掌握	胸壁层次结构；乳房的位置和形态、结构、动脉和静脉及淋巴回流；胸膜的分部、胸膜隐窝及壁胸膜返折线的体表投影；肺根和肺门；肺根各结构的位置关系；肺根的毗邻关系；膈的位置、形态；腰肋三角、胸肋三角的概念；膈的裂孔及穿经膈的结构；纵隔的境界和位置；上腔静脉及其属支和主动脉弓及其分支；动脉导管三角的构成及内容；主动脉弓的毗邻；中纵隔位置及内容；心包的构成；心包腔的概念；心包穿刺的部位；心包窦及位置；心包的毗邻及心包内的大血管；心的位置及毗邻；心的血管；后纵隔位置及内容；左、右主支气管的形态比较；食管胸部的行程与毗邻；奇静脉、半奇静脉和副半奇静脉；迷走神经、胸主动脉、胸导管和胸交感干；胸部重要横断层面的主要结构。
	熟悉	胸壁浅筋膜内的血管、淋巴管、浅淋巴结和皮神经；肋间隙的结构、走行规律；肋间臂神经；进入胸腔的手术入路层次；肺的两套血管供应；肺段支气管和支气管肺段的概念。
	了解	胸部深筋膜和浅层肌；肺的位置和形态；肺裂和肺叶；肺的血管、神经、淋巴引流；纵隔的左侧面观和右侧面观；上纵隔内气管胸部、淋巴管和淋巴结；食管上、下三角的位置及临床意义；食管的血供及静脉流注、淋巴管和淋巴结。
能力目标	能联合利用教科书、标本、图谱等资料拓展解剖学视野，培养联系实际、联系临床的思维状态，能够把所学的解剖学知识应用于临床实际工作；能对案例分析和相关临床问题进行辨析和论证，并提出自己独到的见解。	
素质目标	具备人文关怀理念、团队合作精神、自主学习能力、初步的科学研究认知。	

第一节 概述

胸部位于颈部与腹部之间，其上部两侧与上肢相连。胸部以胸廓为支架，表面覆盖皮肤、筋膜、肌、血管、神经等软组织，内面衬以胸内筋膜，它们一起构成胸壁。胸壁与膈共同围成胸腔。胸腔中部为纵隔，两侧容纳肺和胸膜腔，有心及出入心的大血管、食管和气管等结构和器官。纵隔向上经胸廓上口通颈部，向下借膈与腹腔分隔。

一、境界与分区

（一）境界

胸部上界以胸骨柄上缘、胸锁关节、锁骨上缘、肩峰至第7颈椎棘突的连线与颈部分界；下界自剑突向两侧沿肋弓、第11肋前端、第12肋下缘至第12胸椎棘突与腹部分界；两侧上部以三角肌前、后缘上份和腋前、后襞下缘与胸壁相交处的连线与上肢分界。由于膈向上隆凸，腹腔上部的器官被胸壁下部所遮盖，胸部表面的界线与胸腔的范围并不一致。此部外伤时，除胸壁损伤外，可能伤及深面的腹腔脏器。

（二）分区

胸部由胸壁、胸腔及其内的器官和结构组成。

1. 胸壁　可划分为胸前区、胸外侧区和胸背区。胸前区又称胸前部，位于前正中线与三角肌前缘上份和腋前线之间，上界为颈静脉切迹、胸锁关节和锁骨上缘，下界为剑胸结合和肋弓前部。胸外侧区又称胸侧部，介于腋前、后线之间，上界为腋前、后襞下缘中点之间的连线，下界为腋前、后线之间的肋弓后部和第11肋前份。胸背区详见第六章。

2. 胸腔　由胸壁和膈围成，分为三部分，中部为纵隔，两侧部容纳肺和胸膜腔。

二、表面解剖

（一）体表标志

1. 颈静脉切迹（jugular notch）　为胸骨柄上缘的切迹，平对第2、3胸椎之间。

2. 胸骨角（sternal angle）　为胸骨柄与胸骨体连接处微向前突的角，可在体表触及，两侧平对第2肋，是计数肋的标志。胸骨角平面平对主动脉弓起始端、气管杈、食管第2狭窄处、胸导管由右行转向左行的部位，也是上、下纵隔分界的标志。

3. 剑突（xiphoid process）　为胸骨的下部，细长，上端接胸骨体处称剑胸结合，平第9胸椎。剑胸结合的两侧与第7肋软骨相连，下端游离。

4. 锁骨（clavicle）和锁骨下窝（infraclavicular fossa）　锁骨全长均可触及，其中、外1/3交界处下方的凹陷为锁骨下窝，其内可摸到肩胛骨喙突。该窝深处有腋血管和臂丛通过。

5. 肋（rib）和肋间隙（intercostal space）　在锁骨下方或平胸骨角可摸到第2肋，依次往下可触及下方的肋间隙和肋。二者可作为胸腹腔脏器的定位标志，如右锁骨中线与第5肋相交处为肝上界的最高点。

6. 肋弓（costal arch）和胸骨下角（infrasternal angle）　自剑突两侧向外下可触及肋弓，肋弓是肝、脾的触诊标志，其最低点平第2、3腰椎之间。两侧肋弓与剑胸结合共同围成胸骨下角。剑突与肋弓的交角称剑肋角，常选择左剑肋角进行心包腔穿刺。

7. 乳头（nipple） 男性乳头一般在锁骨中线与第4肋间隙交界处，女性略低，偏向外下方。

8. 胸大肌（pectoralis major） 覆盖胸前壁的大部，肌发达者体表可见其轮廓。

（二）胸部的标志线

胸部各标志线如图3-1所示。

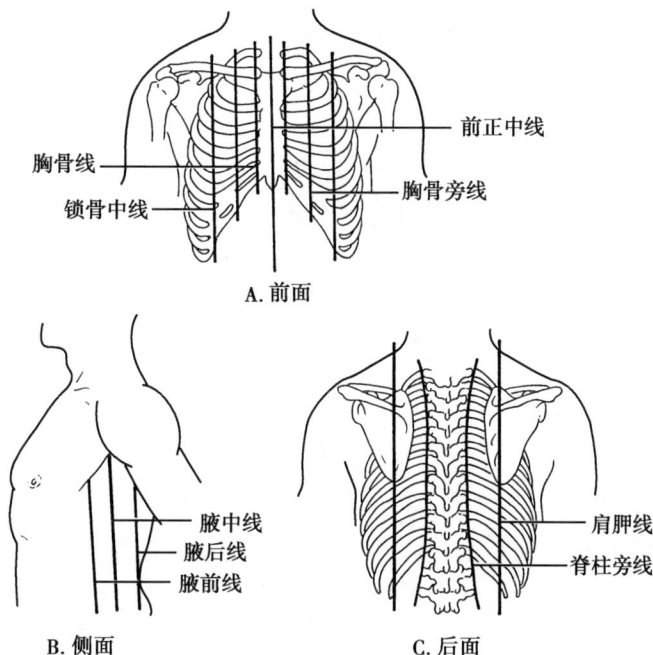

▲ 图3-1　胸部标志线

1. 前正中线（anterior median line） 通过胸骨正中的垂直线。此线将胸前区分为左、右对称两部。

2. 胸骨线（sternal line） 沿胸骨侧缘最宽处所作的垂直线。

3. 锁骨中线（midclavicular line） 通过锁骨中点所作的垂直线。

4. 胸骨旁线（parasternal line） 沿胸骨线与锁骨中线连线中点所作的垂直线。

5. 腋前线（anterior axillary line）和腋后线（posterior axillary line） 分别沿腋前、后襞与胸壁交界处所作的垂直线。

6. 腋中线（midaxillary line） 通过腋前、后线之间中点的垂直线。

7. 肩胛线（scapular line） 通过肩胛骨下角的垂直线。

8. 后正中线（posterior median line） 沿身体后面正中所作的垂直线。

（李筱贺　王一维）

第二节　胸廓

一、胸廓的构成

胸廓（thoracic cage）由12块胸椎、12对肋、1块胸骨及其骨连结共同构成。

（一）肋与胸椎的连结

由肋后端与胸椎构成的关节称肋椎关节（costovertebral joint），包括肋头关节和肋横突关节（图3-2）。

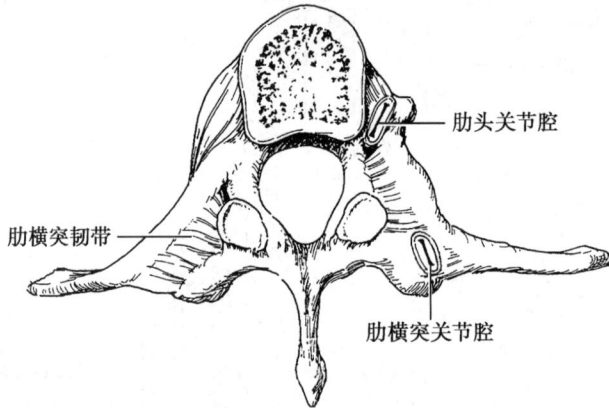

▲ 图3-2　肋椎关节

1. **肋头关节**（joint of costal head）　由肋头关节面与相应的胸椎体肋凹构成，属于微动关节，有韧带加强。

2. **肋横突关节**（costotransverse joint）　由肋结节关节面与相应的横突肋凹构成，属微动关节，也有韧带加强。

这两个关节在功能上是联合关节，运动轴为由肋头至肋结节的连线。运动时，肋颈绕此轴运动，使肋的前部升降，以扩大或缩小胸廓前后径和左右径，从而改变胸腔容积。

（二）肋与胸骨的连结

第1肋与胸骨柄之间为软骨结合，第2~7肋软骨与胸骨相应的肋切迹分别构成微动的胸肋关节（sternocostal joint）（图3-3）。第8~10肋软骨前端依次附于上位的肋软骨上，形成左右肋弓。

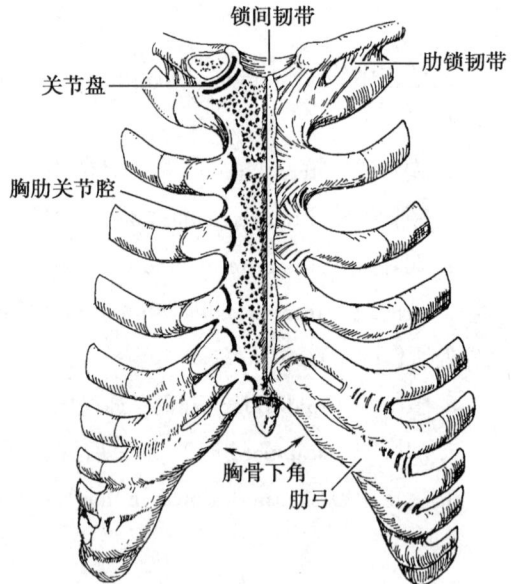

▲ 图3-3　肋椎关节和胸锁关节

二、胸廓的整体观及其运动

成人胸廓近似圆锥形，上窄下宽，前后径短，左右径长。其围成的空腔称胸腔（thoracic cavity），内有心、肺、大血管等重要器官。胸廓有上、下两口和前、后及两侧壁（图3-4）。胸廓上口较小，呈肾形，斜向前下方，由胸骨柄上缘、第1对肋和第1胸椎体围成。因为上口平面向前下倾斜，所以胸骨柄上缘约平对第2胸椎体下缘。胸廓下口宽阔而不整齐，由第12胸椎，第12、11对肋前端，左右肋弓和剑突围成。两侧肋弓与剑突根部之间各形成一个向下开放的锐角，称胸骨下角（infrasternal angle）。两角间夹有剑突，剑突的游离端约平对第10胸椎体下缘。胸廓前壁短，由胸骨、肋软骨及肋骨的前端构成；后壁略长，由全部胸椎及肋角内侧的部分肋骨构成；两侧壁凸隆，最长，由肋体构成。

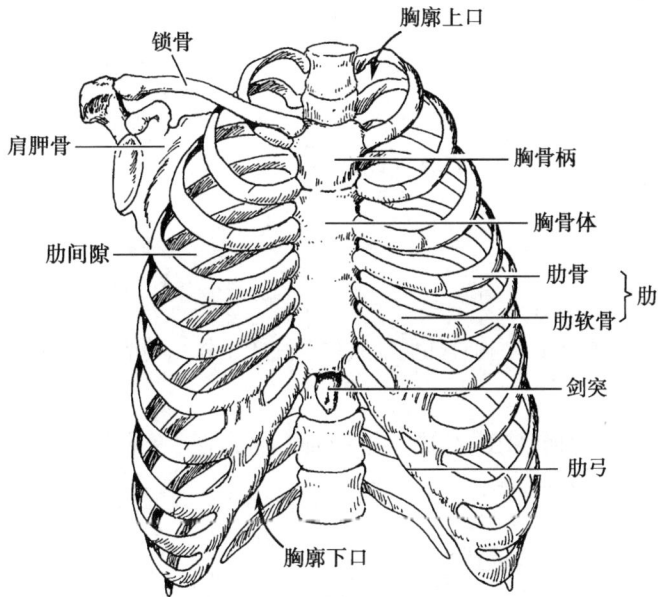

▲ 图3-4　胸廓（前面）

胸廓除有保护、支持功能外，主要参与呼吸运动。吸气时，在肌的作用下，肋的前份提高，肋体向外扩展，并伴以胸骨上提，从而加大胸廓的前后、左右径，使胸廓的容积增大；呼气时，在重力和肌的作用下，胸廓做相反运动，使容积减少。胸腔容积的改变，促成了肺呼吸。

胸廓的形状、大小与年龄、性别、健康状况及生活条件等因素有关。新生儿的胸廓呈桶状，肋平举，左右径较小，前后径较大。随年龄增长，呼吸运动增强，肋逐渐下降，左右径逐渐增大。13~15岁时，外形与成人相似。成年女性的胸廓较男性的略短而圆，胸骨较短，上口较倾斜，胸廓各径及容积均较男性的略小。老年人的胸廓因肋软骨钙化变形，弹性减小，运动减低，胸廓变扁、变长。

（李筱贺　王一维）

第三节　胸壁

　　胸壁由胸廓与附着或覆盖在胸廓的皮肤、肌、筋膜、血管、神经等软组织共同构成。胸壁可划分为胸前区、胸外侧区和胸背区。胸背区详见第六章。

一、浅层结构

（一）皮肤

　　胸前、外侧壁的皮肤较薄，除胸骨部的皮肤移动性较小外，其他部位的皮肤有较大的活动性。

（二）浅筋膜

　　浅筋膜由疏松结缔组织和脂肪组织构成。内含脂肪、浅血管、浅淋巴管、皮神经和乳腺（图3-5）。

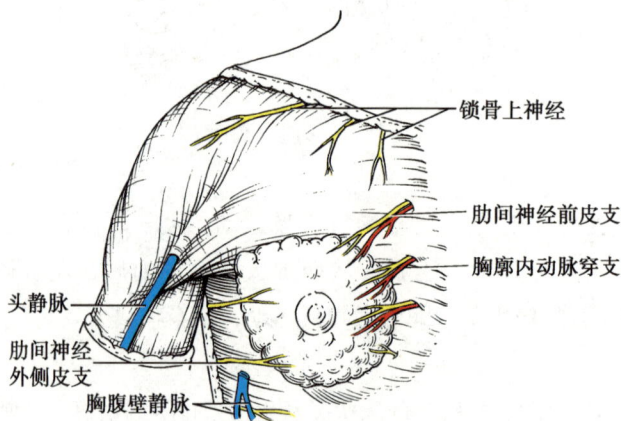

▲ 图3-5　胸前、外侧区的浅层结构

　　1. 血管　动脉主要源于胸廓内动脉、肋间后动脉和胸肩峰动脉等的分支。静脉相互吻合成静脉网，汇入胸腹壁静脉及上述动脉的伴行静脉。

　　胸廓内动脉的穿支距胸骨侧缘约1cm处穿出，分布于胸前区的皮肤和浅筋膜。其第2~4穿支还分布于女性乳房。肋间后动脉的前、外侧皮支及胸肩峰动脉的终支分布于胸前、外侧区的肌、皮肤及浅筋膜和乳腺。

胸腹壁静脉（thoracoepigastric vein）起于脐周静脉网，沿腹前外侧壁向上外至胸前外侧壁，收集腹壁上部、胸前外侧区浅层的静脉血，经胸外侧静脉注入腋静脉。此静脉是沟通上、下腔静脉的重要通道之一。

2. 淋巴 胸壁浅淋巴管主要汇入腋淋巴结。

3. 皮神经 来源于颈丛和上6对肋间神经的分支。锁骨上神经（supraclavicular nerve）有3~4支，是颈丛的皮支，从颈丛发出后沿颈部向下跨过锁骨前面，分布于胸壁上部第2肋以上和肩部皮肤，其余部分由肋间神经的分支分布。

（三）乳房

乳房（mamma）在男性和儿童不发达，女性于青春期后开始发育生长，妊娠和哺乳期的乳房有分泌活动。

1. 位置和形态 乳房位于胸前壁，成年女性未产妇的乳房呈半球形，其基部相当于第2~6肋高度，内侧缘可达胸骨旁线，外侧缘接近腋中线。乳房中心的突起称乳头（nipple），乳头周围色素较多的皮肤区为乳晕（areola of breast），乳头和乳晕的皮肤较薄，易损伤。

2. 结构 乳房主要由乳腺和脂肪构成。乳腺（mammary gland）被结缔组织分隔为15~20个乳腺叶，每个乳腺叶内又分为若干乳腺小叶。每个乳腺叶有一输乳管，以乳头为中心呈放射状排列，并开口于乳头，故乳腺脓肿切开引流时宜做放射状切口。腺叶间有许多垂直走向的结缔组织纤维束，由腺体基底部连于皮肤或胸部浅筋膜，称乳房悬韧带，也称Cooper韧带（图3-6），它们对乳腺起固定作用。由于韧带两端固定，无伸展性，乳腺癌时，该处皮肤出现凹陷。浅筋膜深面与胸肌筋膜之间有乳房后间隙，内含疏松结缔组织、脂肪和淋巴管，后者收纳乳房深部的淋巴，此隙为乳腺癌向深处转移的途径之一，炎症时则容易向下扩展。

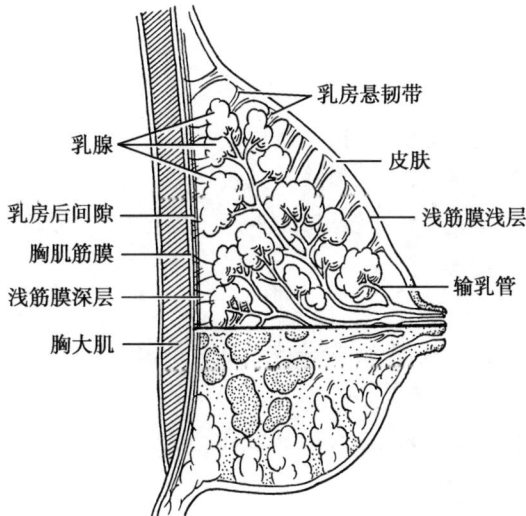

▲ 图3-6 女性乳房（矢状面）

3. 淋巴回流 女性乳房淋巴管非常丰富，分浅、深两组，彼此广泛吻合。浅组位于皮内和皮下，深组位于乳房周围的间隙和输乳管壁内。

乳房淋巴回流大致有以下5条途径（图3-7）：① 乳房外侧部和中央部的淋巴管注入胸肌淋巴结，这是乳房淋巴回流的主要途径；② 乳房内侧部的淋巴管穿第1~5肋间隙，注入胸骨旁淋巴结，并与对侧吻合；③ 乳房上部的淋巴管注入尖淋巴结和锁骨上淋巴结；④ 乳房内下部的淋巴管注入膈上淋巴结，并与腹前壁上部、膈下及肝的淋巴管相吻合；⑤ 乳房深部淋巴管穿胸大肌和胸小肌，注入胸肌间淋巴结或尖淋巴结。当乳腺癌累及浅淋巴管时，易导致所收集范围的淋巴回流受阻，发生淋巴水肿，使皮肤呈橘皮样改变，这有助于乳腺癌的诊断。

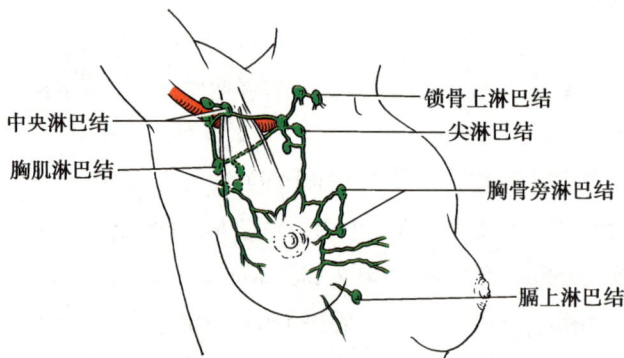

▲ 图3-7　乳房的淋巴回流

理论与实践　　　　临床乳腺癌典型的表现为乳房表面的橘皮样改变。乳腺癌切除时，除要对癌变组织进行切除外，还要依据癌症病灶部位进行腋窝淋巴结病理活组织检查，并对转移淋巴结进行清扫，以避免肿瘤复发与转移，所以乳腺癌患者术后患侧肩下最好垫一软枕，能够起到促进伤口愈合及便于引流的作用。

案例3-1　　　　患者，女，51岁，工人，因"右侧乳房发现一肿块2个月"就诊。检查见右侧乳房肿胀，皮肤出现橘皮样改变，触诊可触及一3cm×4cm肿块，质地硬，表面不光滑，与周围组织分界不清楚，活动度差，无压痛。右腋窝可触到1~2个较硬的淋巴结，无触痛。活检病理检查报告为乳腺癌。

思考：

1. 患者右侧乳房皮肤出现橘皮样改变的原因是什么？

2. 乳腺癌可经哪些淋巴途径转移？

3. 若行乳腺癌根治术时应注意避免损伤哪些结构？

二、深层结构

（一）深筋膜

分浅、深两层。浅层覆盖胸大肌表面，其上缘附着于锁骨，向下移行于腹部深筋膜，向内与胸骨骨膜相连，向后与胸背部深筋膜浅层相连。深层位于胸大肌深面，上方包裹锁骨下肌和胸小肌并覆盖在前锯肌表面，其中位于喙突、锁骨下肌与胸小肌上缘之间的部分称锁胸筋膜（clavipectoral fascia）（图3-8）。锁胸筋膜深面有胸内、外侧神经和胸肩峰动脉的分支穿出至胸大、小肌，头静脉、胸肩峰静脉和淋巴管穿经此筋膜入腋腔。手术分离锁胸筋膜时应注意保护胸内、外侧神经，以免损伤而导致胸大、小肌瘫痪。

（二）肌层

胸前外侧区肌层包括胸肌和部分腹肌。由浅至深大致分为4层：第1层为胸大肌、腹外斜肌和腹直肌的起始部；第2层为胸小肌、锁骨下肌和前锯肌；第3层为肋间肌；第4层为贴于胸廓内面的胸横肌（图3-9、图3-10）。胸肌的起止、作用和神经支配见表3-1。

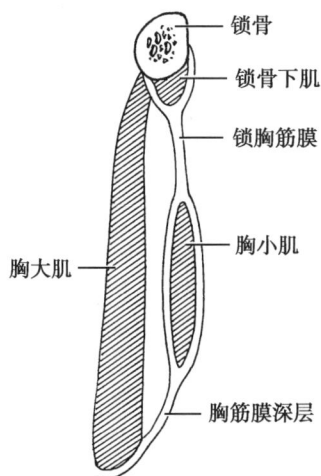

▲ 图3-8 锁胸筋膜（矢状面）

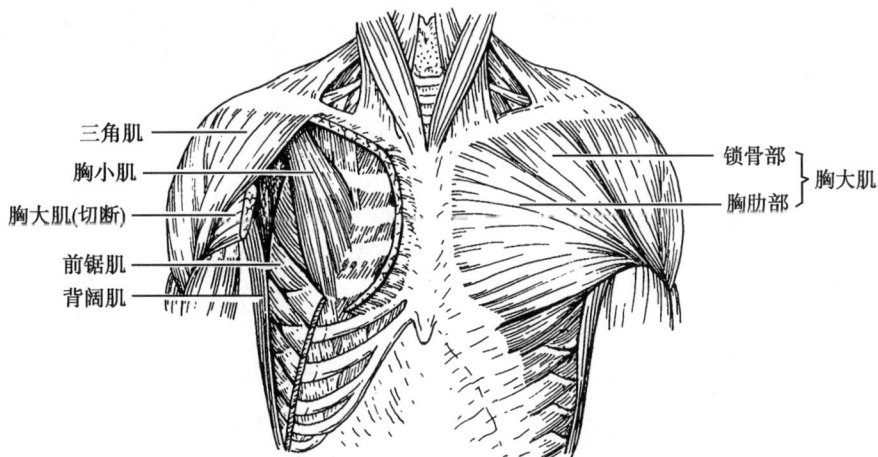

▲ 图3-9 胸肌

（三）肋和肋间隙

肋与肋之间的间隙为肋间隙（intercostal space），12对肋之间形成11对肋间隙，内有肋间肌、血管、神经和结缔组织膜等结构。肋间隙的宽窄不一并随体位而变化，前部较后部宽，上位肋间隙比下位肋间隙宽。

1. 肋间肌　由外向内为肋间外肌、肋间内肌和肋间最内肌。

肋间外肌（intercostales externi）后端始于肋结节，至肋骨与肋软骨交界处移行为肋间外膜，肌纤维自后上方斜向前下方。该肌收缩时，提肋助吸气（图3-10）。

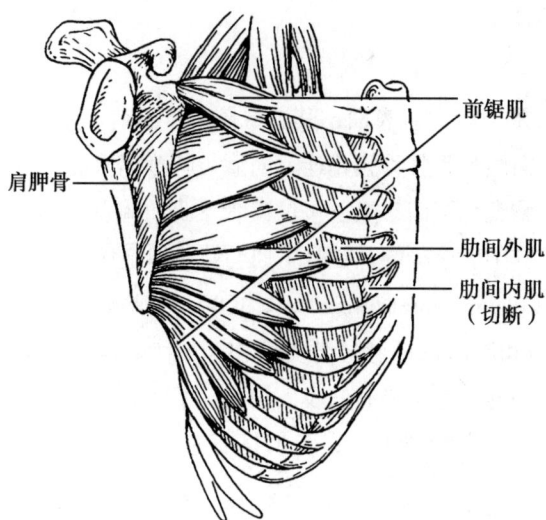

▲ 图3-10　前锯肌及肋间肌

▼ 表3-1　胸肌的起止、作用和神经支配

群肌	肌名	起点	止点	作用	神经支配
胸上肢肌	胸大肌	锁骨内侧半、胸骨前面、第1~6肋软骨	肱骨大结节嵴	使肩关节内收、旋内和前屈；当上肢上举并固定时，则可引体向上	胸外侧神经胸内侧神经
	锁骨下肌	第1肋软骨	锁骨肩峰端	拉锁骨向内下	锁骨下神经
	胸小肌	第3~5肋骨外面	肩胛骨喙突	拉肩胛骨向下，提肋助吸气	胸内侧神经
	前锯肌	第1~8或9肋骨外面	肩胛骨内侧缘及下角	拉肩胛骨向前使之紧贴胸廓；下部肌束使肩胛骨下角旋外，助臂上举	胸长神经
胸固有肌	肋间外肌	上位肋骨下缘	下位肋骨上缘	提肋助吸气	肋间神经
	肋间内肌	下位肋骨上缘	上位肋骨下缘	降肋助呼气	
	肋间最内肌	下位肋骨中部上缘	上位肋骨中部下缘	降肋助呼气	
	胸横肌	剑突、胸骨体下部内面	第2~6肋软骨内面	降肋助呼气	
	肋下肌	肋角附近肋骨内面	上1~2位肋骨肋角附近内面	降肋助呼气	
	肋提肌	第7颈椎和第1~11胸椎横突	下位肋结节至肋角间的肋骨上缘	提肋助吸气	脊神经前支

肋间内肌（intercostales interni）自胸骨侧缘起，至肋角处移行为肋间内膜，肌纤维自后下方斜向前上方。该肌收缩时，降肋助呼气（图3-10）。

肋间最内肌（intercostales intimi）仅存在于肋间隙中1/3部，肋间内肌深面，肌纤维走向和作用与肋间内肌一致，两肋之间有肋间血管、神经通过。肋间隙前、后部无此肌，肋间血管、神经直接与其内面的胸内筋膜相贴，当胸膜感染时易刺激神经引起肋间神经痛。

2. 肋间后血管　第1、2肋间隙的动脉来自锁骨下动脉的肋颈干，第3~11肋间隙的动脉来源于肋间后动脉（posterior intercostal artery），肋间后动脉及肋下动脉均由胸主动脉发出，与同名静脉和肋间神经伴行于肋间隙内（图3-11）。在肋角附近，肋间血管神经各分为上、下两支，上支较粗大，沿肋沟前行，下支较细小，沿下位肋骨上缘前行。肋间后血管、肋间神经在肋角内侧的排列顺序不恒定，在肋角前方，三者排列顺序自上而下为静脉、动脉和神经。肋间后动脉的上、下支在肋间隙前部与胸廓内动脉的肋间前支吻合，在每一肋间隙形成动脉环，分支营养胸壁皮肤、肌及乳房。

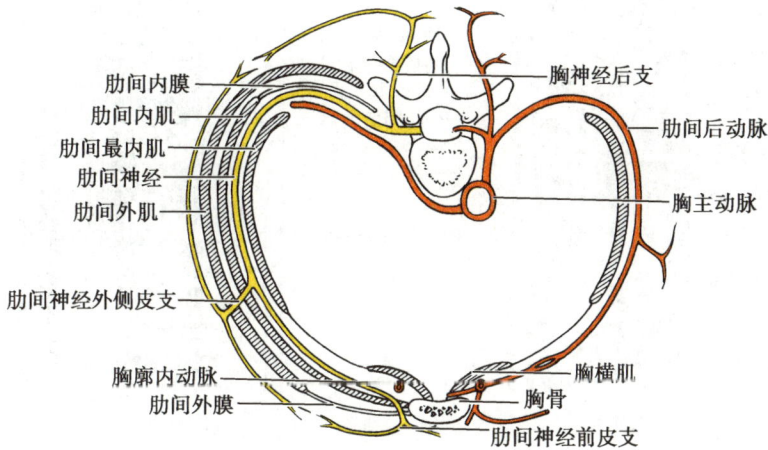

▲ 图3-11　肋间后动脉及肋间神经

上位2~3条肋间后静脉汇集成肋间最上静脉，注入头臂静脉，其余则向前与胸廓内静脉交通，向后分别注入奇静脉、半奇静脉或副半奇静脉。

3. 肋间神经（intercostal nerves）　除第1胸神经前支和第12胸神经前支有纤维分别参与组成臂丛和腰丛外，其余的均独立行于相应的肋间隙，称肋间神经（图3-11）。第12胸神经前支行于第12肋下，称肋下神经。

肋间神经出椎间孔后，最初行于肋间内膜与壁胸膜之间的结缔组织内，至肋角向前，贴近肋沟，列于肋间后血管下方，走行于肋间最内肌与肋间内肌之间，在腋前线附近发出外侧皮支。第2肋间神经的外侧皮支较粗大，横过腋窝至臂内侧，称为肋间臂神经，分布于腋窝和臂内侧皮肤，行乳腺癌根治术时应注意保护。第1~6对肋间神经穿肋间内肌、肋间外膜和胸大肌至皮下，在胸骨侧缘移行为前皮支，第7、8对肋间神经直接入腹直肌鞘深部，第9~11对肋间神经及肋下神经先行于腹内斜肌与腹横肌之间，再进入腹直肌鞘。最后，它们均在白线附近穿腹直肌鞘前层移行为前皮支。

肋间神经的皮支在胸、腹壁皮肤的分布有明显节段性，呈环形条带状。其分布规律是：T_2分布于胸骨角平面，T_4分布于乳头平面，T_6分布于剑突平面，T_8分布于两侧肋弓中点连线的平面，T_{10}分布于脐平面，T_{12}分布于脐与耻骨联合连线的中点平面。了解这种分布，对确定硬膜外麻醉的范围和神经系统某些疾病的定位诊断有十分重要的意义。各相邻皮神经的分布互相重叠，阻滞或损伤一条神经时，其分布区感觉减退，并不丧失，当相邻两条以上肋间神经受损时，才出现这些神经的共同管理区的感觉丧失。根据肋间神经血管行经肋间隙的部位，临床上胸腔积液穿刺宜在肋角外侧进针，常选肩胛线或腋后线第7、8肋间隙，靠近肋骨上缘穿刺（图3-12）。

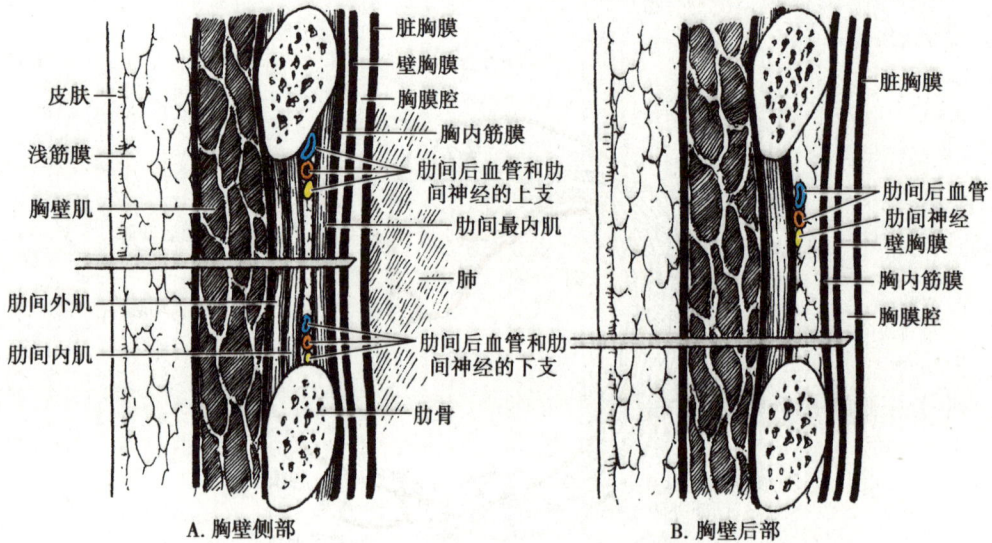

▲ 图3-12　胸壁层次及胸膜腔穿刺部位

（四）胸廓内血管和胸横肌

1. 胸横肌（transversus thoracis）（图3-13）　贴于胸骨体和肋软骨后面，常以4个肌束起于胸骨体下部，呈扇形向上，止于第2~6肋软骨内面。

2. 胸廓内动脉（internal thoracic artery）（图3-13）　为锁骨下动脉第一段的分支，向下经胸廓上口入胸腔，沿胸骨外侧缘约1.25cm下降，在平第1肋高度发出心包膈动脉，分布至心包和膈，至第6肋间隙处分为两条终支：一条是腹壁上动脉，下行入腹直肌鞘；另一条是肌膈动脉，分布于下位肋间隙和膈前份及腹前外侧壁肌。

3. 胸廓内静脉（internal thoracic vein）（图3-13）　与同名动脉伴行，注入头臂静脉。

（五）淋巴结

1. 胸骨旁淋巴结（parasternal lymph node）　位于胸骨两侧，胸廓内血管周围，约距胸骨缘外侧3cm，第1~6肋间隙内。收纳乳房内侧部等处的淋巴，该部的癌肿常转移至此淋巴结。

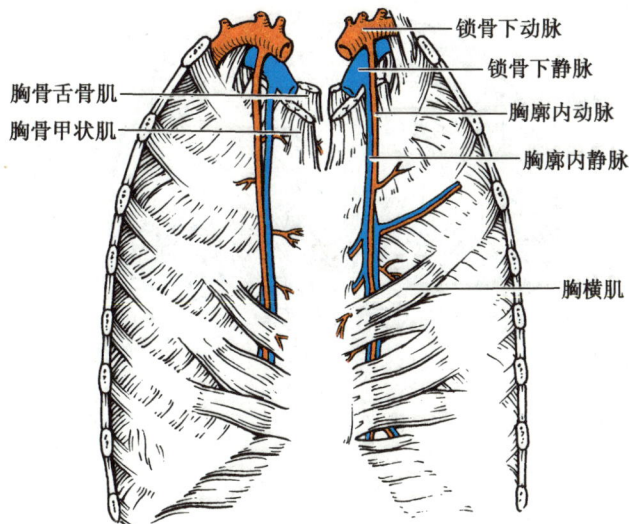

图中标注（从左上顺时针）：
胸骨舌骨肌　胸骨甲状肌　锁骨下动脉　锁骨下静脉　胸廓内动脉　胸廓内静脉　胸横肌

▲ 图3-13　胸廓内血管和胸横肌

2. 肋间淋巴结（intercostal lymph node）　位于肋间隙内，分为前、中、后组。前、中组有时缺如，后组较为恒定。前组位于肋骨和肋软骨交界处附近，输出淋巴管注入胸骨旁淋巴结；中组位于腋前线至肋角范围内，输出淋巴管注入腋淋巴结；后组位于肋角内侧，输出淋巴管注入胸导管。

（六）胸内筋膜

胸内筋膜（endothoracic fascia）为衬在胸壁内面的一层薄而又致密的结缔组织膜，贴附于肋和肋间肌内面及胸椎前面和膈上面，其厚薄不一，脊柱两侧较薄。脊柱两侧的胸内筋膜与壁胸膜之间有发达的疏松结缔组织，两者容易分离。胸内筋膜向下覆于膈上面，称膈胸膜筋膜；向上覆于胸膜顶上面，称胸膜上膜，又称Sibson膜。

（李筱贺　王一维）

第四节　膈

一、位置与分部

膈（diaphragm）（图3-14）为一扁薄阔肌，呈穹窿形，介于胸腔与腹腔之间，构成胸腔的底、腹腔的顶。膈的中央为腱性部分，称中心腱（central tendon）；周围为肌性部分，起自胸廓下口的周围和腰椎前面，根据肌纤维起始部位分为胸骨部、肋部和腰部。胸骨部起自剑突的后面，肋部起自下6对肋骨和肋软骨内面，腰部内侧份以膈肌左、右脚起自上2~3个腰椎体的侧面，外侧份起自内、外侧弓状韧带。内侧弓状韧带位于第1、2腰椎体侧面和第1腰椎横突之间，外侧弓状韧带位于第1腰椎横突与第12肋之间。

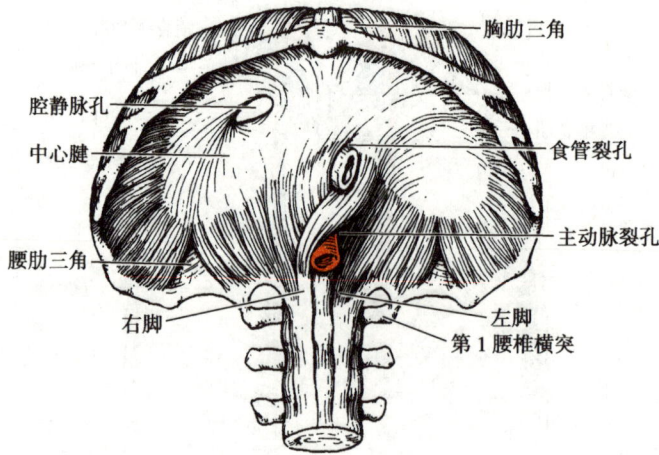

▲ 图3-14 膈

二、薄弱区与裂隙

在膈各起始部位之间，由于缺乏肌纤维，常形成三角形小裂隙，这些裂隙位于胸、腹腔之间仅隔以筋膜和两层浆膜，是膈的薄弱区。在膈的胸骨部与肋部起点之间的小裂隙称胸肋三角（sternocostal triangle）；位于膈的腰部与肋部起点之间的小裂隙称腰肋三角（lumbocostal triangle）。腹腔脏器可经此三角突入胸腔，形成膈疝。肾的上端遮盖着腰肋三角，故肾的感染可经此三角蔓延至胸腔；反之，胸腔的感染也可经此三角蔓延到肾。腰肋三角的后方是肋膈隐窝，故行肾的手术时应注意保护胸膜。

膈有主动脉、食管和下腔静脉通过，形成三个裂孔（图3-14、图3-15）。主动脉裂孔（aortic hiatus）位于膈肌左、右脚与脊柱之间，平第12胸椎，有主动脉和胸导管通过；食管裂孔（esophageal hiatus）位于主动脉裂孔的左前方，约平第10胸椎水平，有食管和迷走神经前、后干通过，此裂孔是膈疝好发部位之一；腔静脉孔（vena caval foramen）在食管裂孔右前方的中心腱内，约平第8胸椎水平，有下腔静脉通过。

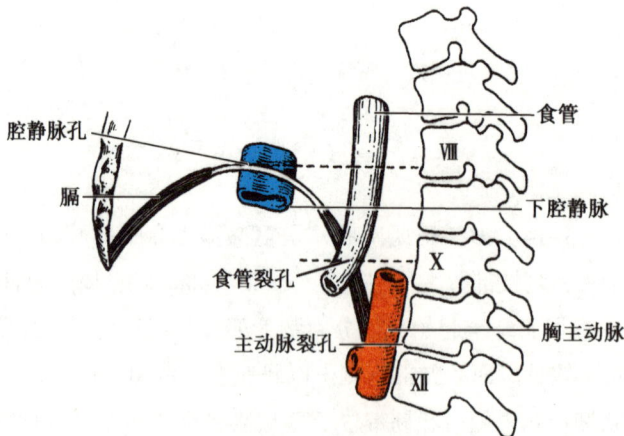

▲ 图3-15 膈的裂孔与椎骨的对应关系

膈除有上述结构通过外，腰部有腰升静脉、内脏大神经、内脏小神经及交感干等穿过，膈神经穿膈的肌部、中心腱或腔静脉孔。

三、血管、神经与淋巴

（一）血管

膈的血液供应非常丰富，主要来自膈上动脉、膈下动脉、心包膈动脉、肌膈动脉和肋间后动脉，它们在膈内广泛吻合；静脉与动脉伴行，最终分别注入上、下腔静脉。

（二）神经

膈由膈神经支配。膈神经（phrenic nerve）是颈丛的分支，由第3~5颈神经前支组成，于前斜角肌前方下降，在锁骨下动、静脉之间经胸廓上口进入胸腔，与心包膈血管伴行，经肺根前方，在心包与纵隔胸膜之间下行达膈肌。膈神经是混合性神经，其运动纤维支配膈肌，感觉纤维分布于胸膜、心包及膈下面的部分腹膜，右膈神经尚有纤维至肝上面和胆囊。

（三）淋巴结

膈的淋巴注入膈上淋巴结和膈下淋巴结。膈上淋巴结（superior phrenic lymph node）位于膈的上面，收集膈、心包下部和肝上面的淋巴管，其输出淋巴管注入胸骨旁淋巴结和纵隔后淋巴结。膈下淋巴结（inferior phrenic lymph node）在膈的下面，沿膈下动脉排列，收集膈下面后部的淋巴管，而膈下面前部的淋巴管穿过膈肌注入膈上淋巴结前群"。

（李筱贺　王一维）

第五节　胸腔及其脏器

胸腔（thoracic cavity）由胸壁和膈围成，内衬胸内筋膜，呈前后略扁、底向上凸的锥体形。胸腔向上经胸廓上口通颈部，向下借膈与腹腔分隔。胸腔分为中部和两侧部，中部被纵隔占据，两侧部容纳肺、胸膜和胸膜腔。

一、胸膜与胸膜腔

（一）胸膜

胸膜（pleura）分为壁胸膜和脏胸膜。脏、壁两层胸膜在肺根下方相互移行的双层胸膜构成肺韧带（pulmonary ligament），呈冠状位，连于肺与纵隔之间，具有固定肺的作用。

1. **壁胸膜（parietal pleura）** 贴附于胸内筋膜内面、膈上面与纵隔两侧面，根据其衬覆部位不同而分为四部分：① 肋胸膜（costal pleura），衬覆于胸骨、肋骨、肋间肌及胸内筋膜等结构内面；② 膈胸膜（diaphragmatic pleura），覆盖于膈上面；③ 纵隔胸膜（mediastinal pleura），衬覆于纵隔两侧面；④ 胸膜顶（cupula of pleura），罩于肺尖上方。壁胸膜与胸内筋膜之间有疏松结缔组织，易于分离，故在肺切除术中，如脏、壁胸膜粘连，可将壁胸膜与胸内筋膜分离，将肺连同壁胸膜一并切除。

2. 脏胸膜（visceral pleura） 被覆于肺的表面，并伸入叶间裂内，与肺实质紧密连接，又称肺胸膜。

（二）胸膜腔

壁胸膜与脏胸膜在肺根处相互移行，形成封闭的潜在性腔隙，称胸膜腔（pleural cavity）。胸膜腔左、右各一，呈负压，含少量浆液，可减少呼吸时的摩擦。在壁胸膜各部相互移行转折处形成的间隙，即使在深吸气时，肺边缘也不能到达其内，胸膜腔的这些部分称胸膜隐窝（pleural recess），又称胸膜窦，主要有肋膈隐窝和肋纵隔隐窝。

1. 肋膈隐窝（costodiaphragmatic recess） 位于肋胸膜和膈胸膜移行转折处，左右各一，呈半环形，是最大的胸膜隐窝，也是直立位胸膜腔的最低处，胸腔积液首先积聚于此。

2. 肋纵隔隐窝（costomediastinal recess） 位于遮盖心包表面的纵隔胸膜与肋胸膜转折处，由于左肺心切迹的存在，左侧肋纵隔隐窝较明显。

（三）壁胸膜返折线的体表投影

壁胸膜返折线中胸膜前界和胸膜下界有实用意义（图3-16）。

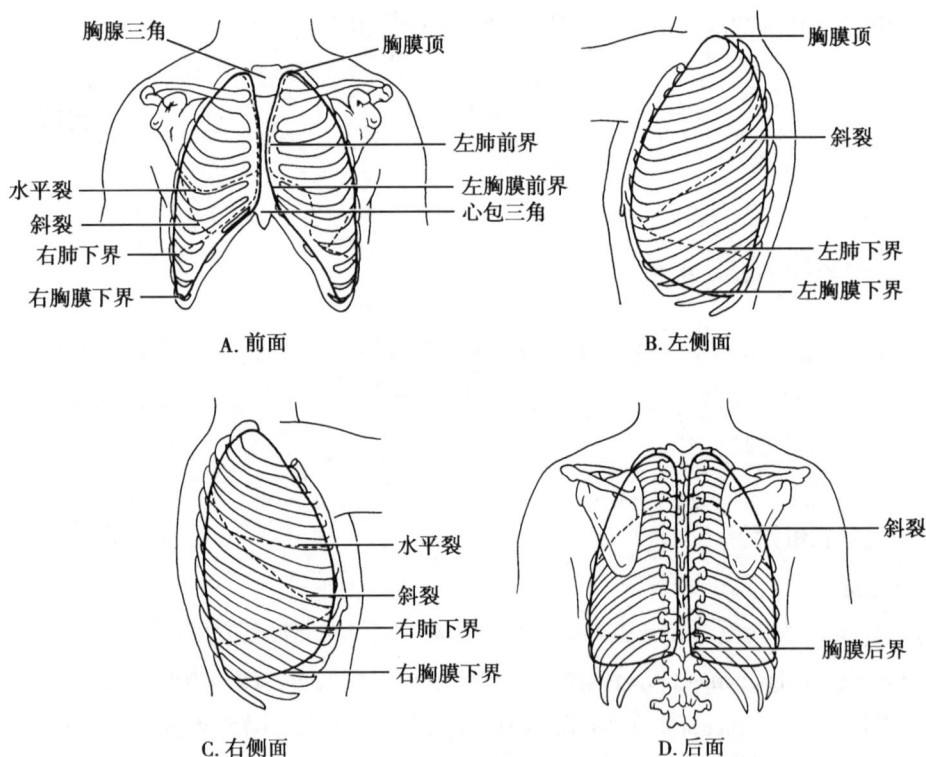

▲ 图3-16 肺和胸膜的体表投影

1. **胸膜前界** 为肋胸膜前缘与纵隔胸膜前缘之间的返折线。两侧上端均起自胸膜顶，即锁骨内侧1/3段上方2~3cm处，向下内经胸锁关节后方至第2胸肋关节平面，两侧靠拢，于正中线偏左垂直下行。右侧直达第6胸肋关节处移行为下界；左侧至第4胸肋关节处转向外下，沿胸骨左侧缘外侧2~2.5cm下行，至第6肋软骨中点处移行为下界。两侧胸膜前界在第2~4胸肋关节高度相互靠拢，在此上、下又各自分开，形成两个无胸膜覆盖的三角形区域。上区位于胸骨柄后方，称上胸膜间区（胸腺三角），儿童较宽，内有胸腺；成人较窄，有胸腺遗迹和结缔组织。下区位于胸骨体下部和左侧第4~6肋软骨后方，称下胸膜间区（心包三角），内有心和心包。此区心包前方未被胸膜遮蔽，故临床上常选择左剑肋角进行心包穿刺或心内注射。

2. **胸膜下界** 为肋胸膜下缘与膈胸膜之间的返折线。左侧起自第6肋软骨中点处，右侧起自第6胸肋关节，两侧均行向下外方，在锁骨中线与第8肋相交，在腋中线与第10肋相交，至肩胛线与第11肋相交，后正中线平对第12胸椎棘突。右侧胸膜下界略高于左侧胸膜下界。

（四）胸膜的血管、淋巴和神经

1. **血管** 壁胸膜的血液供应来自肋间后动脉、胸廓内动脉、心包膈动脉和甲状颈干等动脉的分支。脏胸膜的血液供应主要来自支气管动脉和肺动脉的分支。静脉与同名动脉伴行，最终注入上腔静脉和肺静脉。

2. **淋巴** 壁胸膜各部的淋巴回流不一，分别注入胸骨旁淋巴结、肋间淋巴结、膈淋巴结、纵隔前淋巴结、纵隔后淋巴结和腋淋巴结。脏胸膜的淋巴管与肺的淋巴管吻合，注入肺门淋巴结。

3. **神经** 壁胸膜的感觉由脊神经的躯体感觉神经传导，对机械性刺激敏感。膈神经分布于胸膜顶、纵隔胸膜和膈胸膜中央部，肋间神经分布于肋胸膜和膈胸膜周围部。当壁胸膜因炎症或肿瘤等受刺激时，可沿膈神经向颈、肩部放射，或沿肋间神经向胸、腹壁放射，引起牵涉痛。脏胸膜的感觉由肺丛的内脏感觉神经传导，对牵拉刺激敏感。

二、肺

（一）位置和形态

肺（lung）位于胸腔内，左右各一，在膈的上方、纵隔两侧，借肺根和肺韧带连于纵隔。因右侧膈下有肝，心又偏左，故右肺宽而短，左肺狭而长。肺呈半圆锥形，有一尖、一底、三面和三缘（图3-17）。

肺尖圆钝，经胸廓上口突入颈根部，最高点在锁骨内侧1/3段上方2~3cm处。肺底（膈面）呈半月形凹陷，与膈相邻；肋面圆凸，面积较大，与胸廓外侧壁和前、后壁相邻；纵隔面（内侧面）与纵隔相邻。肺前缘锐利，左肺前缘下部有心切迹，切迹下方的舌状突起称左肺小舌；后缘圆钝，朝向脊柱；下缘较锐，伸入肋膈隐窝内。

肺借叶间裂分叶。左肺被斜裂（oblique fissure）分为上、下2叶，右肺由斜裂和水平裂（horizontal fissure）分为上、中、下3叶（图3-16）。

右肺上叶

肺尖

斜裂

前缘

SI

SII

SIII

SVI

右肺下叶

SIV

SV

SIX

SVIII

SX

膈面

右肺中叶

A. 右肺肋面

左肺上叶

前缘

斜裂

SI

SII

SIII

SVI

左肺下叶

SIV

SVIII

SIX

SV

SX

左肺心切迹

左肺小舌

B. 左肺肋面

右主支气管

右肺动脉

右上、下肺静脉

水平裂

中叶

SI

SII

上叶

斜裂

SIII

SVI

下叶

SV

SVII

SX

SVIII

SIX

肺韧带

C. 右肺内侧面

上叶

斜裂

下叶

左肺动脉

左上、下肺静脉

SI

SII

SIII

SVI

SX

SV

SVII

SIV

SIX

SVIII

肺韧带

膈面

肺尖

左肺心切迹

左肺小舌

D. 左肺内侧面

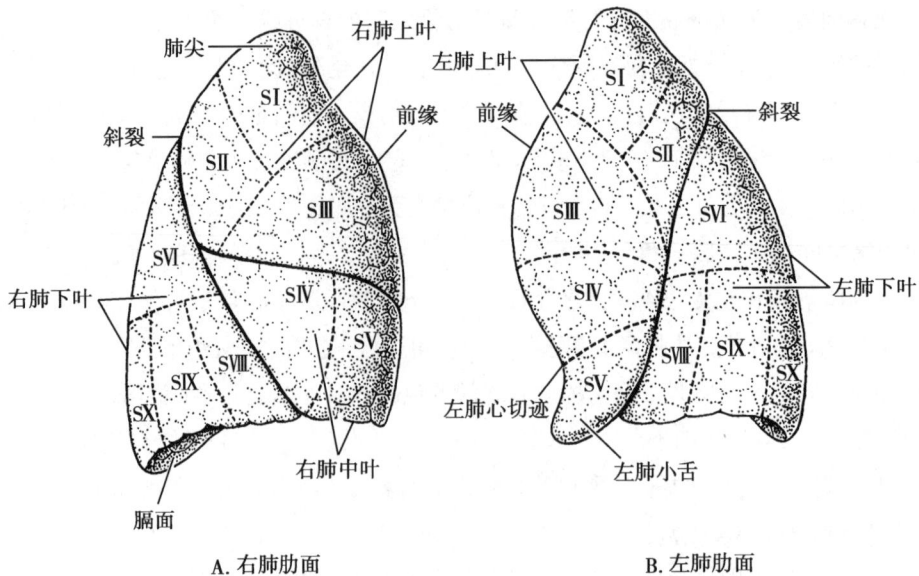

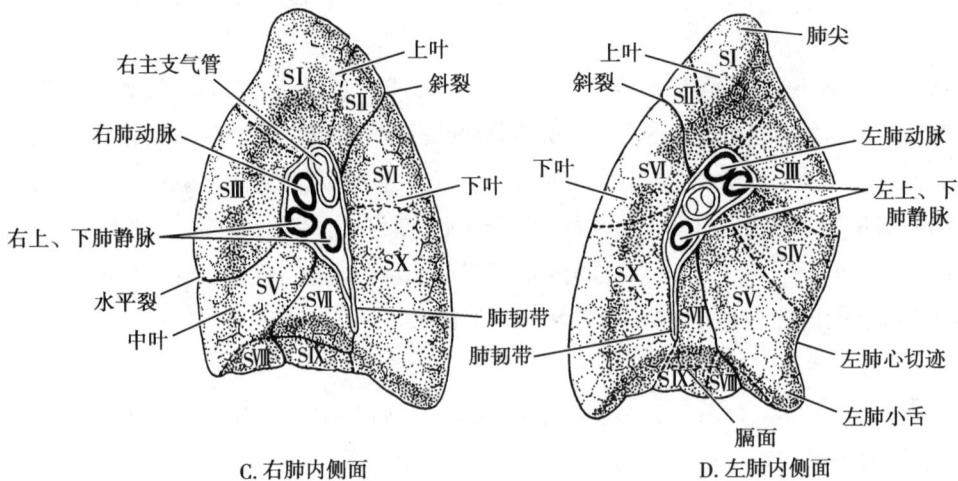

▲ 图 3-17　肺和胸膜的体表投影

（二）体表投影

肺前界的体表投影与胸膜前界的体表投影基本一致。肺下界的投影线较胸膜下界稍高，平静呼吸时，在锁骨中线与第6肋相交，腋中线与第8肋相交，肩胛线与第10肋相交，后正中线处平对第10胸椎棘突（图3-16、表3-2）。

▼ 表3-2　肺和胸膜下界的体表投影

投影线	锁骨中线	腋中线	肩胛线	脊柱旁线
肺下界	第6肋	第8肋	第10肋	第10胸椎棘突
胸膜下界	第8肋	第10肋	第11肋	第12胸椎棘突

（三）肺门和肺根

1. 肺门（hilum of lung） 位于肺纵隔面中部的长圆形凹陷处，是主支气管、肺血管、支气管血管、淋巴管和神经等出入的部位，临床上又称第一肺门（图3-18）。各肺叶支气管和肺血管的分支或属支等结构出入肺叶的部位，称第二肺门。

2. 肺根（root of lung） 出入肺门的结构被结缔组织包裹，构成肺根（图3-18）。肺根内重要结构的排列自前向后依次为上肺静脉、肺动脉、主支气管和下肺静脉；自上而下，在左肺根依次为左肺动脉、左主支气管、左上肺静脉和左下肺静脉，在右肺根依次为右肺上叶支气管，右肺动脉，右肺中、下叶支气管，右上肺静脉和右下肺静脉。此外，肺门处尚有数个支气管肺门淋巴结（bronchopulmonary hilar lymph node），也称肺门淋巴结。

肺根前方为膈神经和心包膈血管，后方有迷走神经，下方连有肺韧带；左肺根上方有主动脉弓跨过，右肺根后上方有奇静脉弓勾绕。

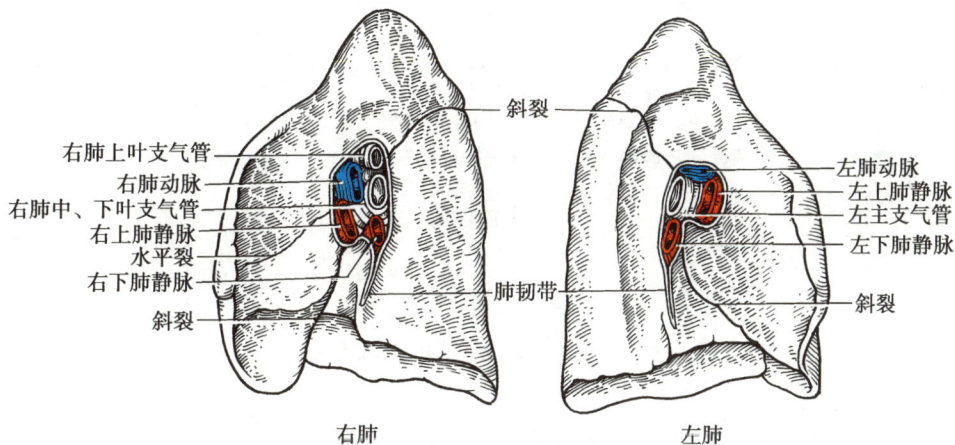

右肺上叶支气管
右肺动脉
右肺中、下叶支气管
右上肺静脉
水平裂
右下肺静脉
斜裂

斜裂

肺韧带

左肺动脉
左上肺静脉
左主支气管
左下肺静脉

斜裂

右肺　　　　　　　　左肺

▲ 图3-18　肺和肺根结构

（四）支气管肺段

气管在胸骨角平面分为左、右主支气管（principal bronchus），主支气管在肺门附近分出肺叶支气管（lobar bronchi），肺叶支气管入肺后再分为肺段支气管（segmental bronchi）；每个肺段支气管再反复分支，越分越细，呈树枝状，称支气管树（bronchial tree）。

每一肺叶支气管及其所属的肺组织为肺叶。每一肺段支气管及其分支和所属的肺组织，称为支气管肺段（bronchopulmonary segment），简称肺段（lung segment）。肺段呈圆锥形，底朝向肺的表面，尖朝向肺门。在肺段内，肺动脉的分支与肺段支气管的分支伴行，相邻肺段的肺动脉分支不相吻合（图3-19、图3-20）。

依照肺段支气管的分支分布，通常左、右肺各分为10个肺段（图3-19、图3-20）。左肺上叶的尖段与后段支气管、下叶的内侧底段与前底段支气管常共干，故左肺有8个肺段。

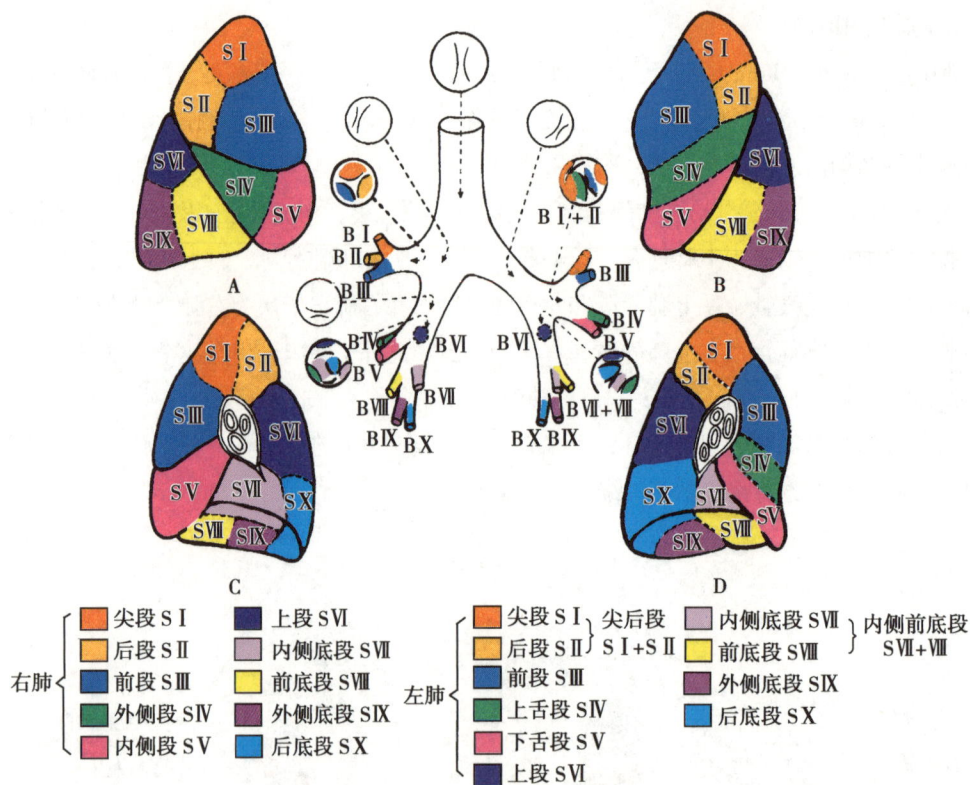

右肺
- 尖段 S I
- 后段 S II
- 前段 S III
- 外侧段 S IV
- 内侧段 S V
- 上段 S VI
- 内侧底段 S VII
- 前底段 S VIII
- 外侧底段 S IX
- 后底段 S X

左肺
- 尖段 S I
- 后段 S II } 尖后段 S I+S II
- 前段 S III
- 上舌段 S IV
- 下舌段 S V
- 上段 S VI
- 内侧底段 S VII
- 前底段 S VIII } 内侧前底段 S VII+VIII
- 外侧底段 S IX
- 后底段 S X

A. 右肺肋面　　B. 左肺肋面
C. 右肺纵隔面　D. 左肺纵隔面

▲ 图3-19　肺段支气管和支气管肺段

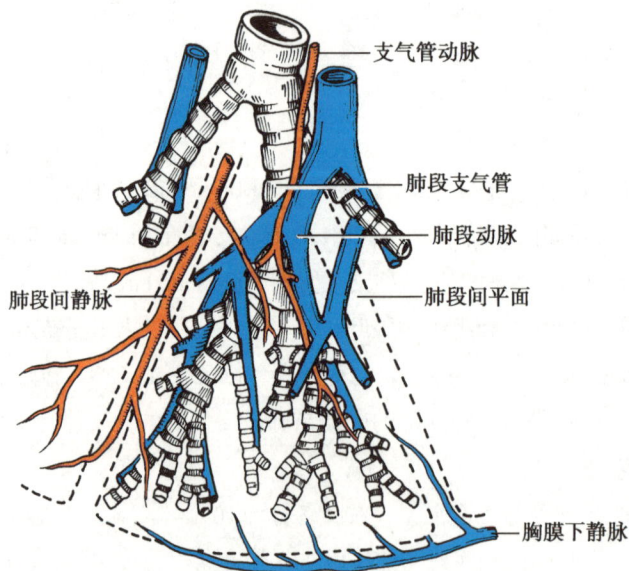

▲ 图3-20　肺段内结构和肺段间静脉

（五）血管、神经和淋巴

1. 血管 肺有两套血管系统，一套是肺循环的肺动脉和肺静脉，参与气体交换，是肺的功能性血管；另一套是体循环的支气管动脉和支气管静脉，供给氧气和营养物质，是肺的营养性血管。

（1）肺动脉和肺静脉：肺动脉干（pulmonary trunk）起自右心室，经左主支气管前方向左后上方走行，至主动脉弓下方、平第4胸椎高度分为左、右肺动脉（pulmonary artery）。左肺动脉较短，横过胸主动脉前方后弯向左上，经左主支气管前上方入左肺门；右肺动脉较长，在升主动脉和上腔静脉的后方、奇静脉弓的下方入右肺门。肺动脉在肺内随支气管反复分支，最后形成毛细血管网，包绕肺泡壁。肺静脉（pulmonary vein）由肺泡周围毛细血管逐级汇集而成，每侧2条，分别为上肺静脉和下肺静脉，均向内注入左心房。左上肺静脉收集左肺上叶的血液，右上肺静脉收集右肺上、中叶的血液，左、右下肺静脉分别收集两肺下叶的血液。

（2）支气管动脉和支气管静脉：支气管动脉（bronchial artery）每侧1~3支，细小，起自胸主动脉或右肋间后动脉，与支气管伴行，沿途分支形成毛细血管网，营养肺内支气管壁、肺血管壁、脏胸膜等。静脉中的一部分汇入肺静脉的属支，另一部分汇集成支气管静脉（bronchial vein），左侧者注入半奇静脉，右侧者注入奇静脉。

2. 淋巴 肺的淋巴管甚为丰富，分浅、深两组。浅组淋巴管位于脏胸膜深面，收集脏胸膜深面的淋巴，汇入支气管肺门淋巴结；深组淋巴管位于肺内各级支气管周围，引流肺内支气管、肺血管壁及结缔组织的淋巴，最后注入支气管肺门淋巴结。

3. 神经 肺的神经来自迷走神经和胸交感干的分支，它们在肺根的前、后方组成肺丛，由丛再发出分支随支气管分支进入肺组织。内脏感觉纤维分布于肺泡、各级支气管的黏膜及脏胸膜。

案例3-2 患者，男，64岁，有长期吸烟史，因"持续性咳嗽、咯血痰和左侧胸痛4月余"入院。检查发现患者明显消瘦，体质虚弱，呼吸急促，咳嗽不断。体温37.8℃，脉搏96次/min，左肺后下部叩诊呈浊音，听诊该处呼吸音消失；胸部X线片显示左肺下叶有一块状阴影；支气管镜检查见左肺下叶支气管内有一肿块，阻塞管腔，取活体组织检查，病理诊断为鳞状上皮癌。局部麻醉后取双侧锁骨上淋巴结活体组织检查显示，癌细胞已转移至双侧锁骨上淋巴结。诊断为左肺下叶肺癌合并左肺下叶支气管阻塞，左肺下叶萎陷。

思考：

1. 根据所学知识解释患者的症状和体征。

2. 癌细胞经何途径转移至双侧锁骨上淋巴结？

3. 肺癌还可经哪些淋巴途径转移至哪些器官？

4. 手术切除癌肿时应做何切口？须经哪些层次进入胸腔？

（李筱贺　王一维）

第六节　纵隔

一、概述

（一）境界与位置

纵隔（mediastinum）是两侧纵隔胸膜之间全部器官、结构和结缔组织的总称，呈上窄下宽、前短后长的矢状位，位于胸腔正中稍偏左，上界为胸廓上口，下界为膈，前界为胸骨，后界为脊柱胸段，两侧为纵隔胸膜。

（二）分区

1. 四分法　为解剖学常用方法。以胸骨角至第4胸椎体下缘的平面为界，将纵隔分为上纵隔和下纵隔，下纵隔又以心包为界分为前、中、后纵隔。前纵隔为胸骨后面与心包前壁之间的部分，中纵隔为心包、心和出入心的大血管根部所占据的区域，后纵隔为心包后壁与脊柱胸部之间的部分（图3-21）。

2. 三分法　为临床常用方法。以气管、气管杈前壁和心包后壁的冠状面为界分为前、后纵隔，前纵隔又以胸骨角平面为界分为上纵隔和下纵隔。

（三）侧面观

1. 左侧面观　中部为左肺根，其上方为主动脉弓及其发出的左颈总动脉和左锁骨下动脉，前下方为心包形成的

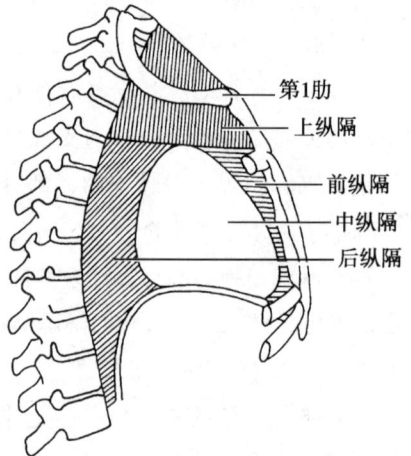

▲ 图3-21　纵隔的分区

第1肋
上纵隔
前纵隔
中纵隔
后纵隔

隆凸，后方有胸主动脉、左交感干、内脏大神经、左肋间血管神经、半奇静脉和副半奇静脉等。在左锁骨下动脉、主动脉弓与脊柱围成的食管上三角内有胸导管和食管胸部的上段；在胸主动脉、心包和膈围成的食管下三角内有食管胸部的下段。左膈神经和左迷走神经经主动脉弓前面下行，前者与心包膈血管伴行，经左肺根前方沿心包侧壁下行至膈；后者在主动脉弓下缘发出左喉返神经后，主干经左肺根后方至食管前面（图3-22）。

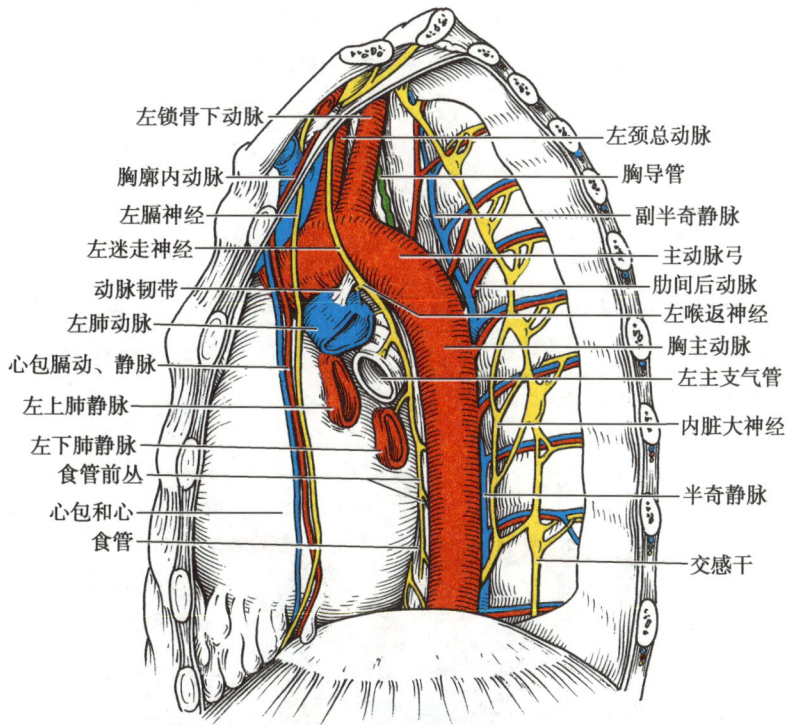

左锁骨下动脉
胸廓内动脉
左膈神经
左迷走神经
动脉韧带
左肺动脉
心包膈动、静脉
左上肺静脉
左下肺静脉
食管前丛
心包和心
食管

左颈总动脉
胸导管
副半奇静脉
主动脉弓
肋间后动脉
左喉返神经
胸主动脉
左主支气管
内脏大神经
半奇静脉
交感干

A. 左侧面

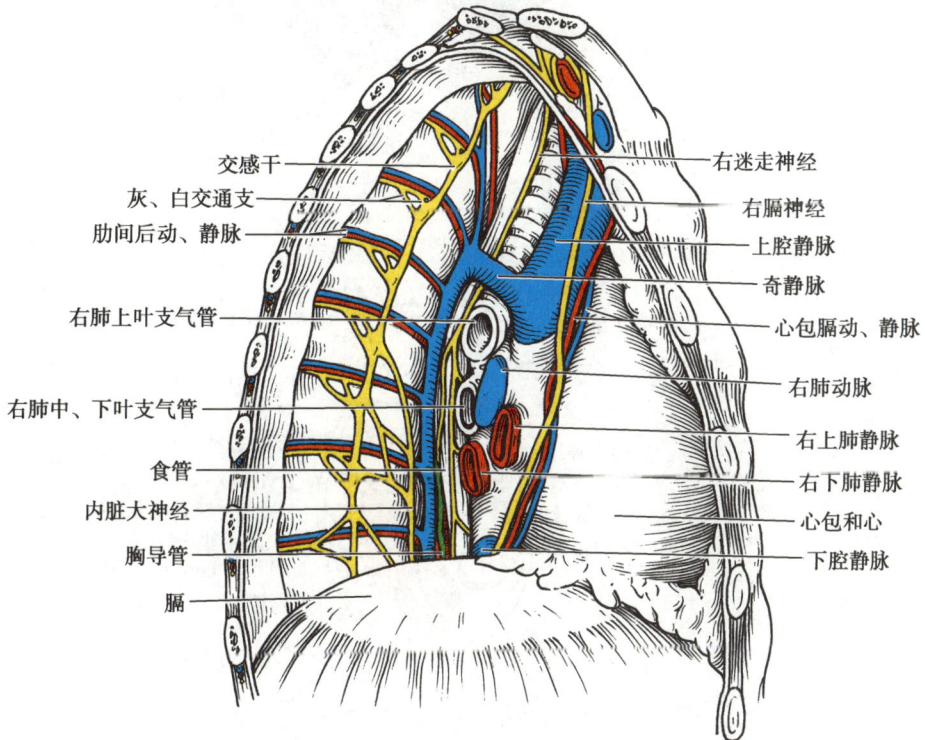

交感干
灰、白交通支
肋间后动、静脉

右肺上叶支气管

右肺中、下叶支气管

食管
内脏大神经
胸导管
膈

右迷走神经
右膈神经
上腔静脉
奇静脉
心包膈动、静脉

右肺动脉

右上肺静脉
右下肺静脉
心包和心
下腔静脉

B. 右侧面

▲ 图3-22　纵隔侧面观

2. 右侧面观　中部为右肺根，其上方为奇静脉弓、上腔静脉、右头臂静脉、食管和气管，前下方为心包形成的隆凸，下方是下腔静脉，后方有食管、奇静脉、右肋间血管神经和右交感干。右膈神经和心包膈血管经上腔静脉右侧和右肺根前方，沿心包侧壁下行至膈；右迷走神经经过右锁骨下动脉时发出右喉返神经返回颈部，主干继续沿气管右侧下行，经右肺根后方至食管后面（图3-22）。

二、上纵隔

上纵隔（superior mediastinum）内的器官由前向后大致分为3层。前层有胸腺或胸腺遗迹，左、右头臂静脉和上腔静脉，中层有主动脉弓及其分支、膈神经和迷走神经，后层有气管、食管、左喉返神经和胸导管等（图3-23）。

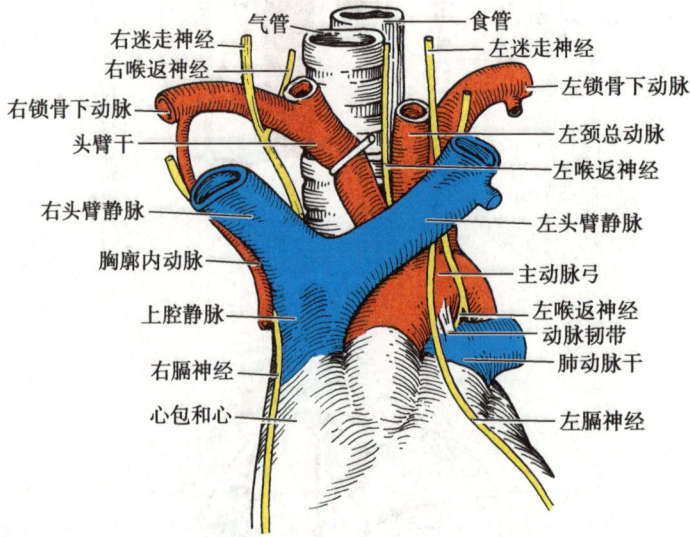

A. 前面

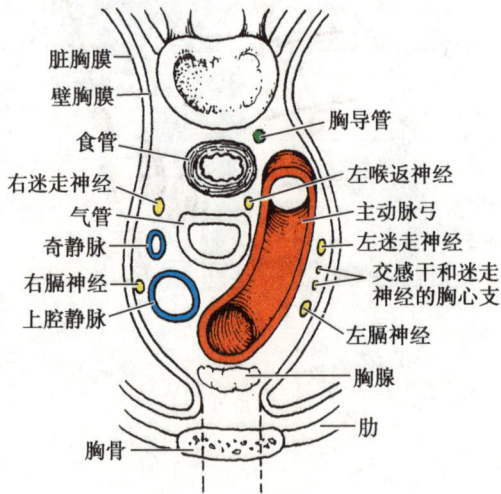

B. 横断面（平第4胸椎水平）

▲ 图3-23　上纵隔

（一）胸腺

胸腺（thymus）是淋巴器官，具有重要的细胞免疫作用，并兼有内分泌功能。

1. 位置与形态　胸腺位于上纵隔前层的胸腺三角内。上端达胸廓上口，甚至伸入颈部；下端至前纵隔；前邻胸骨；后邻气管、头臂静脉、主动脉弓、心包等结构。小儿胸腺发达，分左、右两叶，呈锥体状，表面被覆结缔组织被膜；性成熟期以后，胸腺逐渐萎缩退化，被结缔组织替代成为胸腺遗迹。

2. 血管、淋巴和神经　胸腺的动脉来自胸廓内动脉和甲状腺下动脉，伴行静脉汇入胸廓内静脉或头臂静脉。胸腺的淋巴回流至纵隔前淋巴结或胸骨旁淋巴结等处。胸腺的神经来自迷走神经和颈交感干的分支。

（二）上腔静脉及其属支

1. 上腔静脉（superior vena cava）　长5~7cm，位于上纵隔右前部，由左、右头臂静脉在右侧第1胸肋结合处的后方汇合而成，沿升主动脉右侧下行，平第3胸肋关节下缘注入右心房。行程中有奇静脉自后向前弓形越过右肺根上方注入。上腔静脉前方为胸膜和肺，后方有气管、奇静脉和右迷走神经，左侧为升主动脉和头臂干起始部，右侧有右膈神经、心包膈血管和纵隔胸膜。

2. 头臂静脉（brachiocephalic vein）　左、右各一，由锁骨下静脉和颈内静脉在胸锁关节后方合成。左头臂静脉长6~7cm，位于胸骨柄后方，向右下斜行经过主动脉弓3大分支的前面；右头臂静脉长3~5cm，后方有右迷走神经，后内侧有头臂干。

（三）主动脉弓及其分支

1. 位置　主动脉弓（aortic arch）在右侧第2胸肋关节后方接续升主动脉，弓形弯向左后方，跨左肺根，至第4胸椎体下缘左侧续为胸主动脉（图3-22）。主动脉弓的上缘平胸骨柄中份，下缘平胸骨角或稍上方。小儿主动脉弓的位置较高，可达胸骨柄上缘，故在气管切开术时应予注意。

2. 分支及毗邻　主动脉弓的上缘自右前向左后依次发出头臂干、左颈总动脉和左锁骨下动脉，这3大分支根部的前面有左头臂静脉横过；下缘邻肺动脉、动脉韧带、左喉返神经、左主支气管和心浅丛；左前方为左侧纵隔胸膜、左肺、左膈神经、心包膈血管和左迷走神经等，左膈神经由后外侧向前内侧经迷走神经之前与之交叉下降；右后方有气管、食管、左喉返神经、胸导管和心深丛。

（四）动脉导管三角

动脉导管三角（ductus arteriosus triangle）位于主动脉弓的左前方，前界为左膈神经，后界为左迷走神经，下界为左肺动脉。三角内有动脉韧带、左喉返神经和心浅丛（图3-22）。动脉韧带（arterial ligament）为连于肺动脉干分叉处稍左侧与主动脉弓下缘之间的纤维结缔组织索，长0.3~2.5cm，直径0.3~0.6cm，是胚胎时期动脉导管在出生后闭锁的遗迹。由于左喉返神经紧贴动脉韧带（或动脉导管）左侧绕主动脉弓上行，进行动脉导管未闭手术时往往以左喉返神经为标志，在该三角内结扎动脉导管。

（五）气管胸部及支气管

1. 位置与毗邻　气管胸部（thoracic part of trachea）位于上纵隔中央，上端在颈静脉切迹水平接续气管颈部，下端在胸骨角平面分为左、右主支气管，分叉处即气管杈，其内面有一矢状位向上突出的半月状嵴，称气管隆嵴（carina of trachea），是支气管镜检查时辨认左、右主支气管起点的标志。气管胸部前方毗邻胸骨柄、胸腺或胸腺遗迹、左头臂静脉、主动脉弓及其分支和心深丛等，后面邻接食管，左后方有喉返神经，左侧与主动脉弓、左颈总动脉、左锁骨下动脉及左迷走神经相邻，右侧有右头臂静脉、上腔静脉、奇静脉和右迷走神经。

2. 主支气管（principal bronchus）

（1）左主支气管：细长而斜行，长4.5~4.8cm，中部的内腔横径为1.1cm，下缘与气管中线的夹角约为37.5°。左主支气管前方有左肺动脉，后方有胸主动脉，上方有主动脉弓跨过其中段；平第6胸椎高度进入左肺门（图3-24）。

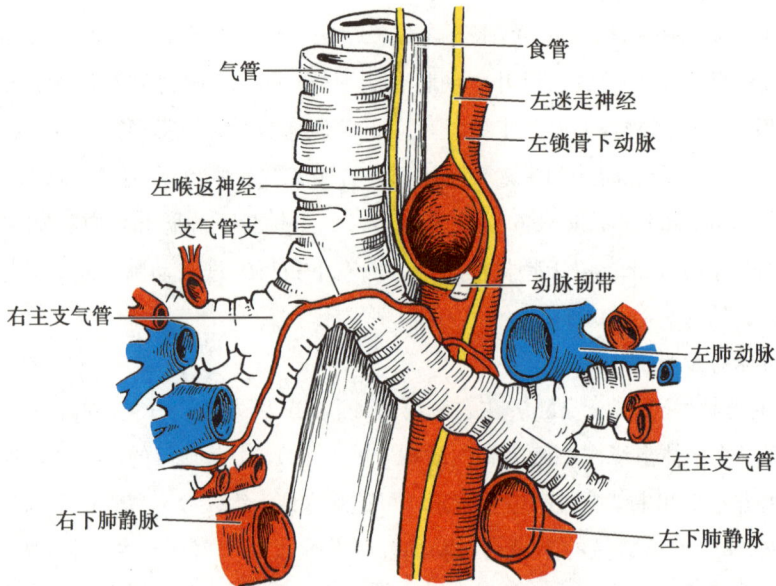

气管
食管
左迷走神经
左锁骨下动脉
左喉返神经
支气管支
动脉韧带
右主支气管
左肺动脉
左主支气管
右下肺静脉
左下肺静脉

▲ 图3-24　气管胸部及其分支的毗邻关系

左肺上叶支气管的开口距气管隆嵴较远，故左主支气管插管时很少阻塞其开口，而且也易固定。

（2）右主支气管：粗短而陡直，长1.9~2.1cm，中部的内腔横径为1.5cm，下缘与气管中线的夹角约为23°，故经气管坠入的异物多进入右主支气管。右主支气管前方有升主动脉、右肺动脉和上腔静脉，后上方有奇静脉勾绕；平第5胸椎高度进入右肺门。

右肺上叶支气管的开口距气管隆嵴很近，临床中若右主支气管插管稍深，可能阻塞右肺上叶支气管的开口而致右肺上叶不张，故进行右主支气管插管时，须调整好导管的位置以确保右肺上叶呼吸音的存在。

3. 血管、淋巴和神经　气管和主支气管的动脉来自支气管动脉、肋间后动脉和胸廓内动脉，静脉注入甲状腺下静脉、头臂静脉和奇静脉；气管和主支气管淋巴管注入气管支气管淋巴结和气管旁淋巴结；气管和主支气管的黏膜和平滑肌有迷走神经和交感神经的分支分布。

（六）食管和胸导管

两器官行经上纵隔后部，进入后纵隔（详见本节"后纵隔"部分）。

三、下纵隔

下纵隔（inferior mediastinum）分为前纵隔、中纵隔和后纵隔3部分。

（一）前纵隔

前纵隔（anterior mediastinum）为心包前壁与胸骨体之间的狭窄区域，内有胸腺或胸腺遗迹下部、纵隔前淋巴结、胸廓内血管的分支及疏松结缔组织等。

（二）中纵隔

中纵隔（middle mediastinum）为心包前、后壁之间的区域，主要被心包和心所占据，此外还有出入心的大血管根部、膈神经、心包膈血管、心丛及淋巴结等。

1. 心包（pericardium） 为一闭合的纤维浆膜囊，包裹心及出入心的大血管根部，可分为2层。外层为纤维心包（fibrous pericardium），厚而坚韧，缺乏伸展性，上方包裹出入心的大血管根部，并与大血管外膜相延续，下方与膈的中心腱愈着。内层为浆膜心包（serous pericardium），分壁、脏两层，壁层与纤维心包紧密愈着，脏层即心外膜，壁、脏两层在出入心的大血管根部互相移行（图3-25）。

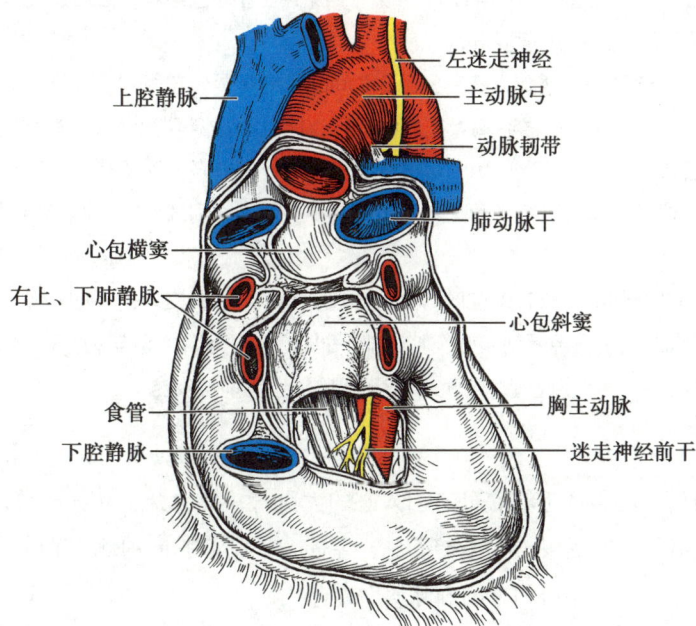

左迷走神经
主动脉弓
动脉韧带
肺动脉干
上腔静脉
心包横窦
右上、下肺静脉
心包斜窦
食管
胸主动脉
下腔静脉
迷走神经前干

▲ 图3-25 心包和心包窦

（1）心包腔与心包窦：心包腔（pericardial cavity）为浆膜心包脏、壁两层相互移行围成的狭窄而密闭的腔隙，内有少量浆液。心包积液时，可因腔内压力升高而压迫心。

在心包腔内，浆膜心包脏、壁两层返折处的间隙称心包窦（pericardial sinus）。其中位于升主动脉、肺动脉与上腔静脉、左心房之间的部分，称为心包横窦（transverse sinus of pericardium），大小可容纳一指，此处是心血管手术阻断血流的部位；位于左、右肺静脉，下腔静脉，左心房后壁与心包后壁之间的部分，称为心包斜窦（oblique sinus of pericardium），心包积液常积聚于此不易引流；浆膜心包壁层前部与下部移行处所夹的间隙，称心包前下窦（anterior inferior sinus of pericardium），深1~2cm，位置较低，心包积液时常先积聚于此，为心包穿刺抽液的适宜部位。

（2）心包的毗邻：心包前方借肺、胸膜与胸骨体和第2~6肋软骨相邻，但在第4~6肋软骨高度，胸膜前界形成心包三角，使心包直接与左侧第4~6肋软骨前端相贴，此区称心包裸区，可经此部位进行心包穿刺或心内注射；后方有胸主动脉、食管胸部、主支气管、奇静脉和半奇静脉；两侧与纵隔胸膜相贴，其间有膈神经及心包膈血管下行；上方有升主动脉、肺动脉干和上腔静脉；下方邻膈和下腔静脉，并与膈的中心腱紧密愈着。

（3）血管、淋巴和神经：心包的动脉来自心包膈动脉、肌膈动脉和食管动脉等，伴行静脉汇入胸廓内静脉、奇静脉和半奇静脉等；淋巴管注入纵隔前、后淋巴结和膈上淋巴结；神经来自膈神经、肋间神经、左喉返神经、心丛、肺丛和食管丛等。

理论与实践　　　　　　　　**心包穿刺术**

心包积液、积血或积脓时，纤维心包伸缩性甚小，不易向外扩张，以致压迫心，影响心的舒缩，故需要进行心包穿刺，但应避免损伤胸膜、胸廓内血管和心。一般有2个常用的穿刺部位。

1. 胸骨旁心包穿刺法　穿刺点在左侧第5肋间隙紧靠胸骨体左侧缘，经无胸膜覆盖的心包裸区刺入心包腔。因左侧胸膜返折线沿胸骨左侧缘下行，所以很难避开胸膜，仍有刺破胸膜的危险。但在心包积液或积脓扩大时，胸膜囊和肺可被推向外侧，此时在第5肋间隙紧靠胸骨左侧缘穿刺，就有可能进入心包腔而不致刺伤胸膜囊和肺。也可选择在第6肋间隙穿刺，既不易刺伤胸膜，还更易抽取积液。

2. 剑突下心包穿刺法　穿刺点在胸骨剑突与左侧第7肋软骨交角处，即左剑肋角处。穿刺针与腹壁呈45°角，向左后上方经膈刺入心包腔底部（即心包前下窦），这样可避免刺伤胸膜和胸廓内血管，如果进针不太深，不会刺伤心。一般情况下，此法也比前法安全。

---

2. **心包内大血管**　心包内近心底处有出入心的大血管，其中升主动脉居中，其左前方为肺动脉干，右侧为上腔静脉，右后下方为下腔静脉。左上、下肺静脉向内侧经胸主动脉前方注入左心房，右上、下肺静脉位于右心房和上腔静脉的后方。

3. **心**

（1）位置与毗邻：心（heart）是中空的肌性纤维性器官，为心包所包裹，斜位于中纵隔内。约2/3位于身体正中矢状面的左侧，1/3位于右侧。前方为胸骨体和第2~6肋软骨；后方平对第5~8胸椎；两侧隔心包与胸膜腔和肺相邻，且邻近支气管、食管、迷走神经和胸主动脉等；上方连出入心的大血管；下方邻膈（图3-26）。

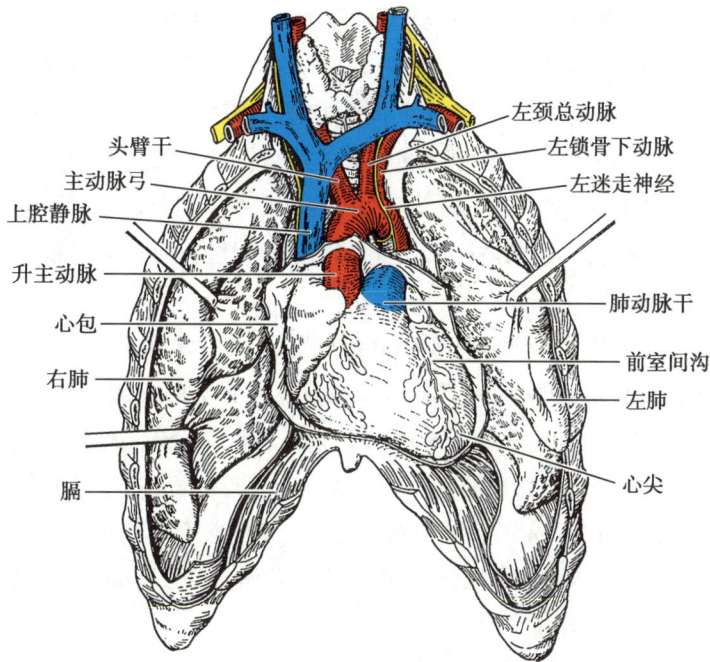

▲ 图3-26 心的位置

（2）外形：心的外形似倒置的、前后略扁的圆锥体，大小约与本人拳头相当。心可分为一尖、一底、两面、三缘，表面还有4条沟（图3-27）。

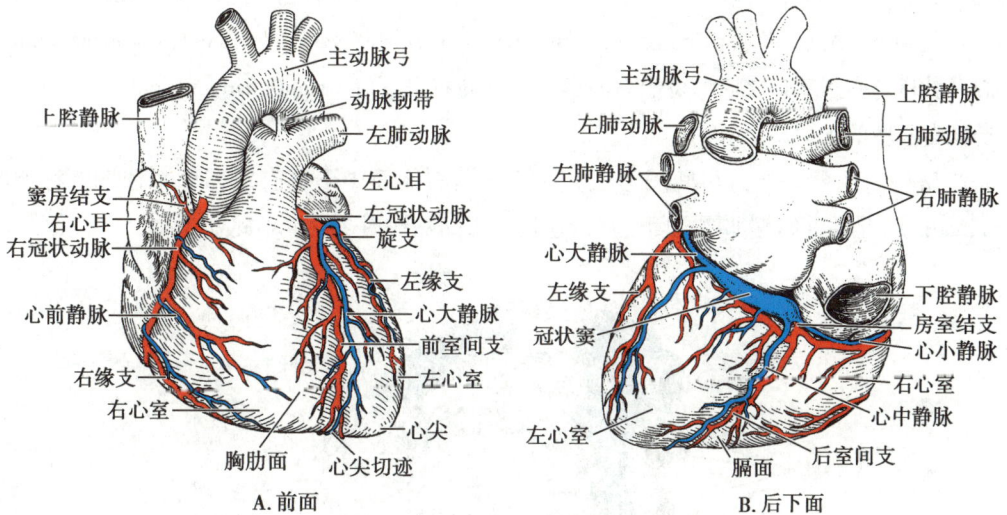

A. 前面

B. 后下面

▲ 图3-27 心的外形和血管

心尖朝向左前下方，由左心室构成。在活体于左侧第5肋间隙、锁骨中线内侧1~2cm处可扪及心尖的搏动。心底朝向右后上方，大部分由左心房、小部分由右心房构成。心底被上、下腔静脉和左、右肺静脉根部及心包返折缘所固定，后面借心包后壁与后纵隔内容物相邻。

心的胸肋面（前面）朝向左前上方，约3/4由右心房和右心室、1/4由左心耳和左心室构成。心在此面大部分隔心包被胸膜和肺所覆盖，小部分隔心包与胸骨体下部和左第4~6肋软骨直接相邻，此即心包三角，故在胸骨左侧缘第4肋间隙处进行心内注射一般不会损伤胸膜和肺。膈面（下面）朝向下方并略向后倾斜，约2/3由左心室、1/3由右心室构成，其借心包与膈相毗邻。

心的左缘圆钝，主要由左心室构成，仅上方小部由左心耳构成。右缘不明显，由右心房构成。心的左、右缘隔心包与两侧的膈神经、心包膈血管、纵隔胸膜和肺相邻。下缘较锐利，近水平位，由右心室和心尖构成。

心表面有4条浅沟可作为4个心腔表面分界的标志。冠状沟（coronary sulcus）又称房室沟（atrioventricular groove），为右后上方心房和左前下方心室的表面分界。前室间沟（anterior interventricular groove）、后室间沟（posterior interventricular groove）分别位于心的胸肋面和膈面，是左、右心室在心表面的分界。后房间沟位于心底，为右心房与右上、下肺静脉交界处的浅沟，是左、右心房在心表面的分界。前、后室间沟在心尖右侧的会合处稍凹陷，称心尖切迹（cardiac apical incisure）。房间沟、后室间沟与冠状沟的相交处称房室交点（atrioventricular junction），为解剖和临床常用的一个重要标志。

（3）心腔：包括左、右心房和左、右心室，同侧的心房和心室借房室口相通，但两侧心房或心室之间被心间隔所分隔而不相通。

1）右心房（right atrium）：位于心的右上部（图3-28）。右心耳（right auricle）为向左前方突出的部分，遮住升主动脉根部的右侧，内壁有许多平行排列的梳状肌，梳状肌之间心房壁较薄。右心房有3个入口和1个出口。在右心房后上部和后下部分别有上腔静脉口（orifice of superior vena cava）和下腔静脉口（orifice of inferior vena cava），冠状窦口（orifice of coronary sinus）位于下腔静脉口与右房室口之间。位于右心房前下部的右房室口（right atrioventricular orifice）为右心房通向右心室的出口。

右心房后内侧壁主要由房间隔形成。在房间隔右侧面中下部有一卵圆形浅凹，称卵圆窝（fossa ovalis），是胎儿时期卵圆孔闭合后的遗迹，房间隔缺损多发生于此处。

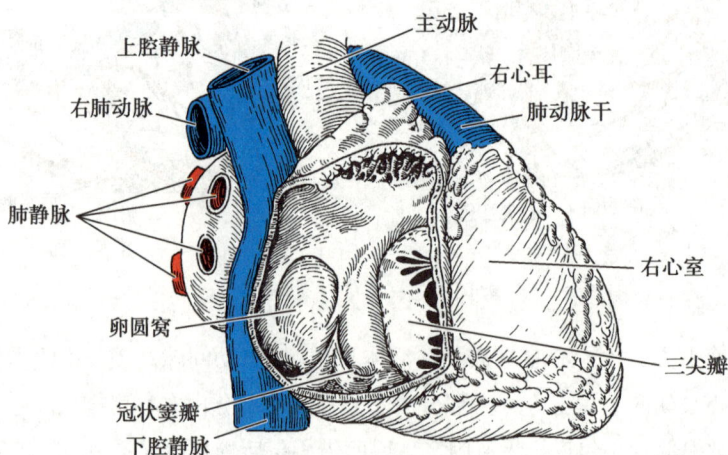

▲ 图3-28　右心房

2）右心室（right ventricle）：位于右心房左前下方（图3-29）。室上嵴为右房室口与肺动脉口之间的弓形隆起，将右心室腔分为后下方的流入道和前上方的流出道。

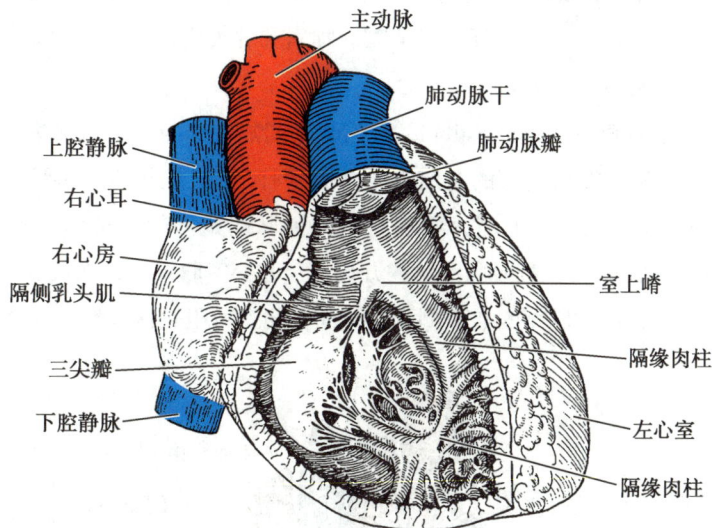

▲ 图3-29 右心室

流入道内壁凹凸不平，有许多交错排列的肌性隆起，称肉柱。心室腔内有多个由室壁突入室腔的锥体形肌性隆起，称乳头肌。在前乳头肌根部有一条肌束横过心室腔至室间隔下部，称节制索（moderator band），也称隔缘肉柱（septomarginal trabecula）。右心室的入口为右房室口，呈卵圆形，大小可容纳3个指尖。其周缘环绕三尖瓣环，附着有三尖瓣（tricuspid valve），即右房室瓣。三尖瓣的游离缘借腱索连于乳头肌。三尖瓣环、三尖瓣、腱索和乳头肌在结构和功能上密切相关，构成三尖瓣复合体（tricuspid valve complex），共同保证血液的单向流动。

流出道呈圆锥形，又称动脉圆锥（arterial cone），向上经肺动脉口（orifice of pulmonary trunk），即肺动脉干口通肺动脉干。肺动脉口的周缘有3个彼此相连的半环形肺动脉瓣环，附着有肺动脉瓣（valve of pulmonary trunk）。当右心室收缩时，血液冲开肺动脉瓣进入肺动脉干；当右心室舒张时，肺动脉瓣因血液倒流充盈而关闭，可阻止血液反流入右心室。

3）左心房（left atrium）：位于右心房的左后方，构成心底的大部（图3-30）。左心耳（left auricle）为突向右前方的部分，覆于肺动脉干根部和冠状沟前部，因毗邻二尖瓣，常为心外科常用的手术入路之一。左心耳腔面凹凸不平，当心功能障碍时，易致血栓形成。左心房其余部分腔面光滑，在后壁两侧各有1对肺静脉开口，前下部借左房室口（left atrioventricular orifice）通左心室。

4）左心室（left ventricle）：位于右心室的左后方，呈圆锥形，底被左房室口和主动脉口所占据，尖即为心尖（图3-30）。左心室壁厚8~12mm，约为右心室壁厚的3倍。左心室前壁介于前室间沟、左冠状沟和左冠状动脉旋支的左缘支之间的区域内血管较少，是左心室手术的入路部位。左心室腔以二尖瓣前尖为界，分为左后方的流入道和右前方的流出道。

流入道又称左心室窦部，肉柱较右心室的细小，心尖处心肌最薄。而乳头肌则较粗大，分为前、后2群，分别位于左心室前外侧壁的中部和后壁近室间隔处。左心室的入口为左房室口，直径约10mm，周缘环绕有二尖瓣环，附着有二尖瓣（mitral valve），即左房室瓣。二尖瓣的游离缘和心室面借腱索连于乳头肌。二尖瓣环、二尖瓣、腱索和乳头肌在结构和功能上密切相关，构成二尖瓣复合体（mitral valve complex）。

流出道又称主动脉前庭（aortic vestibule），位于室间隔上部与二尖瓣前尖之间。出口为主动脉口（aortic orifice），位于左房室口的右前方，其周缘有3个彼此相连的半环形主动脉瓣环，附着有主动脉瓣（aortic valve）。与主动脉瓣相对的主动脉起始部的管壁向外膨出形成主动脉窦（aortic sinus），又称Valsalva窦，有冠状动脉的开口。当左心室收缩时，血液冲开主动脉瓣进入主动脉；当左心室舒张时，主动脉瓣因血液倒流充盈而关闭，可阻止血液反流入左心室。

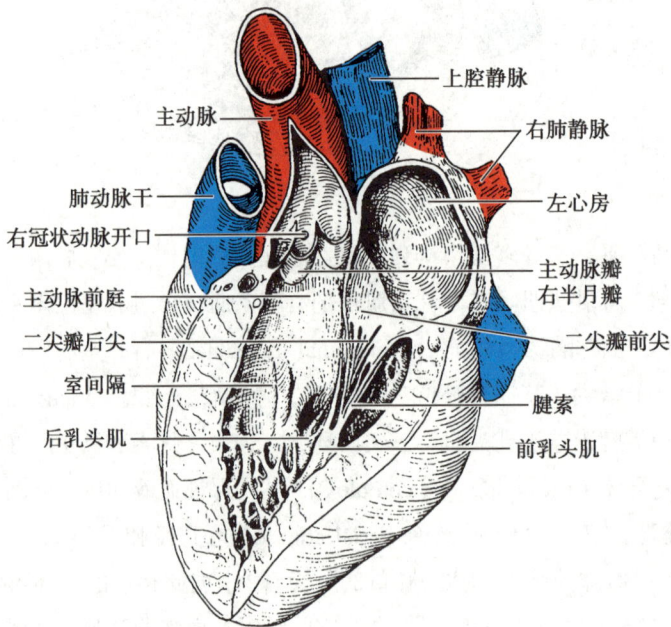

▲ 图3-30 左心房和左心室

（4）心的构造

1）心壁：由心内膜、心肌层和心外膜组成。心内膜（endocardium）衬贴在心腔的内面，与出入心的大血管内膜相延续，并可向心腔内折叠形成心瓣膜。心肌（myocardium）层构成心壁的主体，其中较薄的心房肌可分为2层，浅层横行环绕左、右心房，深层为左、右心房所固有。较厚的心室肌可分为3层，浅层斜行，在心尖形成心涡后进入深层；中层环行，在左心室特别发达；深层形成肉柱和乳头肌（图3-31）。心外膜（epicardium）即浆膜心包脏层，被覆在心肌层和大血管根部的表面。

2）心间隔：包括房间隔和室间隔（图3-32）。房间隔（interatrial septum）较薄，由两层心内膜夹以结缔组织和少量心肌所组成；位于两侧心房之间，前缘对向升主动脉中央，后缘与后房间沟对应。房间隔最薄弱处是位于其右侧面中下部的卵圆窝。室间隔（interventricular septum）较厚，由两层心内膜夹以心肌构成；位于两侧心室之间，前、后缘在室壁上的附着处相当于前、后室间沟。室间隔可分为肌部和膜部。肌部为室间隔下方的大部分；膜部位于室间隔上部近心房处，上界为主动脉右瓣与后瓣下缘，前界与下界为室间隔肌部，后界为右心房壁。膜部为卵圆形薄弱区，是室间隔缺损的好发部位。

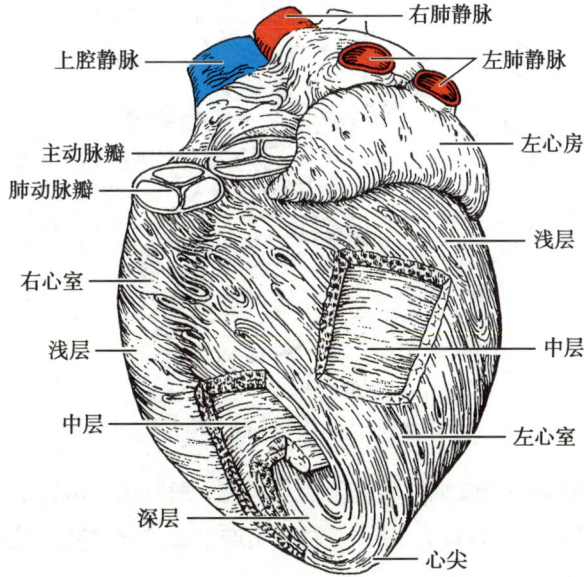

▲ 图3-31　心肌层

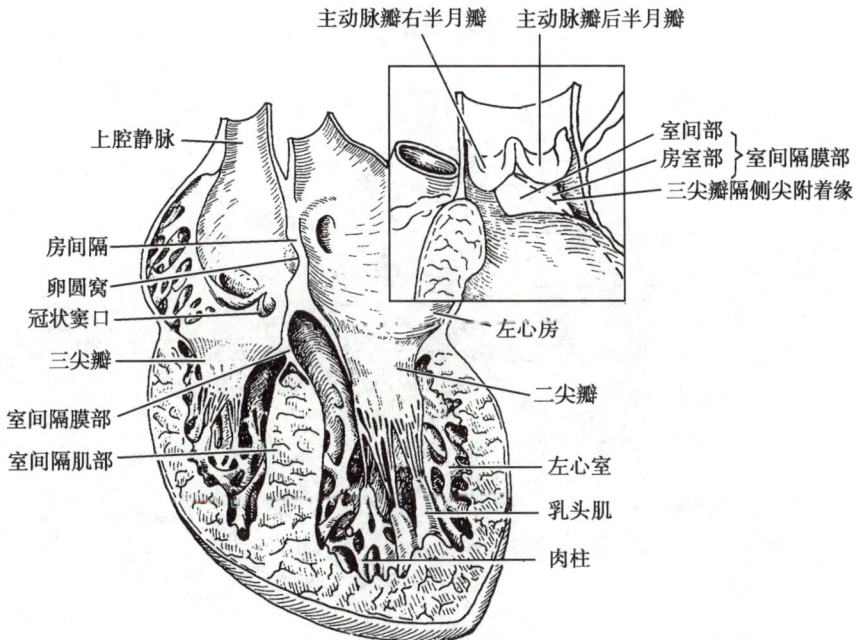

▲ 图3-32　房间隔与室间隔

3）心脏纤维支架（fibrous skeleton of heart）：由致密结缔组织形成，围绕在主动脉口、肺动脉口和房室口周围，包括左、右纤维三角、4个瓣纤维环（肺动脉瓣环、主动脉瓣环、二尖瓣环和三尖瓣环）、圆锥韧带、室间隔膜部和瓣膜间隔等，是心肌纤维和心瓣膜附着处，并将心房肌和心室肌的电生理活动分开（图3-33）。

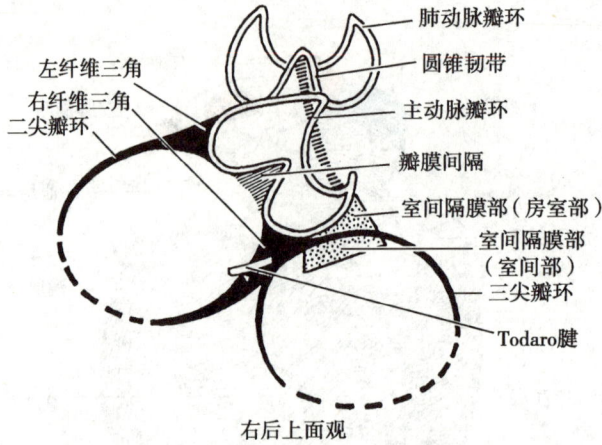

▲ 图3-33 心纤维骨骼（模式图）

（5）心传导系：由特殊心肌细胞组成，包括窦房结、房室结、房室束、左束支、右束支和浦肯野（Purkinje）纤维网等（图3-34）。其主要功能是产生及传导冲动，维持心的正常节律，并使心房收缩与心室收缩保持协调。

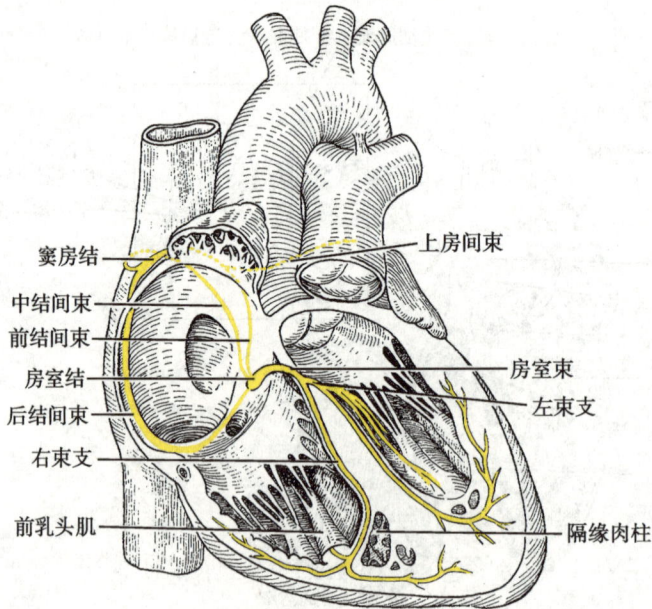

▲ 图3-34 心传导系

1）窦房结（sinuatrial node）：是心的正常起搏点，略呈长椭圆形，大小约15mm×5mm×1.5mm，位于上腔静脉与右心耳交界处的心外膜下。其血液供应来自冠状动脉的窦房结支，神经支配主要来自右侧交感神经和迷走神经。

2）房室结（atrioventricular node）：呈扁椭圆形，大小约8mm×4mm×1mm，位于冠状窦口与右房室口之间的心内膜深面。其主要功能是将窦房结传来的兴奋短暂延搁再传向心室，保证心房肌和心室肌依次交替收缩。房室结主要由冠状动脉的房室结支供血，由左侧交感神经和迷走神经支配。

3）房室束，左、右束支和Purkinje纤维网：房室结的前端变细穿入右纤维三角，即为房室束［又称希氏束（His bundle）］，长1~2cm，直径2~4mm，由冠状动脉的房室结支和室间隔支供血。房室束在室间隔肌部上缘分为左、右束支，分别行于室间隔左侧和右侧心内膜的深面，并反复分支交织形成心内膜下Purkinje纤维网，由此网再发出分支进入心室壁内构成心肌内Purkinje纤维网，最后与心肌相连。房室束，左、右束支和Purkinje纤维网的功能是将心房传来的兴奋迅速传播到整个心室。

（6）心的血管：心的血液循环称为冠状循环，其血液供应来自冠状动脉（coronary artery），静脉血回流绝大部分经冠状窦返回右心房。

1）心的动脉：即左、右冠状动脉，起自升主动脉根部的主动脉窦。冠状动脉口的内径平均为4.82mm，左冠状动脉口明显大于右冠状动脉口，且位置也较高。

左冠状动脉主干很短，行于肺动脉干与左心耳之间，继而分为前室间支和旋支。① 前室间支：又称前降支，沿前室间沟下行，多绕过心尖切迹止于后室间沟下1/3，沿途发出左室前支、右室前支和室间隔前支等，分别分布于左心室前壁下2/3、右心室前壁近前室间沟区域和室间隔前2/3。患者的前室间支闭塞可引起左室前壁和室间隔前部心肌梗死及束支传导阻滞。因50%以上的心肌梗死发生十前室间支，常将该支称为"猝死动脉"。② 旋支：较细且长短不一，行于左冠状沟内，主要分布于左心室前壁上1/3、侧壁、后壁的大部分和左心房。旋支闭塞时，常引起左心室侧壁或后壁心肌梗死。

右冠状动脉经肺动脉干与右心耳之间行于右冠状沟内，一般在房室交点附近或右侧分为后室间支和右旋支。① 后室间支：又称后降支，沿后室间沟下行，其长短不一，多数终于后室间沟的下1/3处，分布于左、右心室后壁及室间隔后1/3。② 右旋支：行向左侧，止干房室交点与心左缘之间，与来自左冠状动脉的旋支间可借细支相吻合。

左、右冠状动脉其他重要的分支还有窦房结支，发出后沿心耳内侧面上行，分布于窦房结和心房壁。动脉圆锥支1对，分别发自右冠状动脉和左冠状动脉前室间支，在动脉圆锥前上部吻合形成Vieussens环，后者是左、右冠状动脉之间的重要侧支循环通路之一。起自左冠状动脉旋支的左缘支沿心左缘走行；起自右冠状动脉的右缘支沿心下缘行向心尖，并与前、后室间支吻合。左、右缘支较粗大且恒定，是冠状动脉造影时识别血管分支的标志之一。房室结支约93%在房室交点处起自右冠状动脉U形弯曲的顶端，7%起自左冠状动脉旋支，分布于房室结区。因房室结支多起自右冠状动脉，所以当急性心肌梗死伴有房室传导阻滞时，应首先考虑右冠状动脉闭塞。

2）心的静脉：包括冠状窦及其属支、心前静脉和心最小静脉。

A.冠状窦（coronary sinus）：位于心膈面、左心房和左心室之间的冠状沟内，长约3.8cm，中段直径约为5.5mm；开口于右心房的冠状窦口，此处多有呈半月形的冠状窦瓣。冠状窦的主要属支有：① 心大静脉，起自心尖，在前室间沟内与前室间支伴行，经左冠状沟至心的膈面注入冠状窦，沿途收集左、右心室和左心房的血液；② 心中静脉，起自心尖，在后室间沟内与后室间支伴行，在房室交点附近注入冠状窦末端，沿途收受左、右心室后壁的血液；③ 心小静脉，起自右心室前壁或后壁，部分起自右缘静脉，上行至右冠状沟内，超过80%注入心中静脉，其余注入冠状窦右端或直接开口于右心房。

B.心前静脉：位于右心室前壁，直接注入右心房。

C.心最小静脉：位于心壁内，直接开口于心腔，大部分至心房，小部分到心室。

（7）心的神经：包括交感神经、副交感神经和内脏感觉神经。心的传入纤维主要通过迷走神经心支和交感神经的心神经传入中枢。

（8）心界和心瓣膜的体表投影：心在胸前壁的体表投影常采用4点连线法来确定。① 左上点：在左侧第2肋软骨下缘，距胸骨左侧缘约1.2cm。② 右上点：在右侧第3肋软骨上缘，距胸骨右侧缘约1cm。③ 右下点：在右侧第6胸肋关节处。④ 左下点：在左侧第5肋间隙与左锁骨中线内侧1~2cm交界处，即心尖的投影。左、右上点的连线为心上界，左、右下点的连线为心下界，右上、下点之间微向右凸的弧线为心右界，左上、下点之间微向左凸的弧线为心左界。心瓣膜的体表投影位置与听诊部位并不完全一致（图3-35、表3-3）。

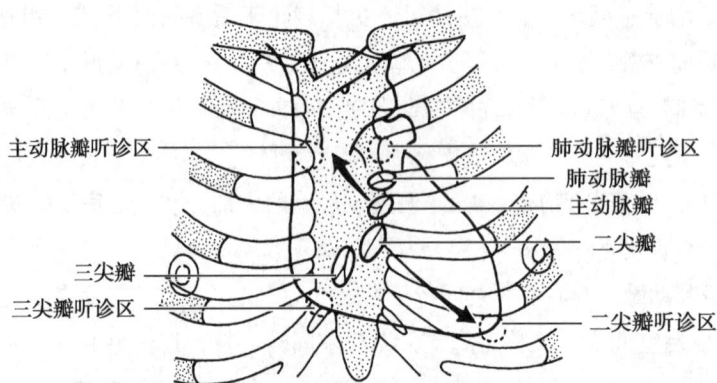

▲ 图3-35　心的体表投影

▼ 表3-3　瓣膜的体表投影与听诊部位

名称	投影位置	听诊部位
二尖瓣	左侧第4胸肋关节处	左侧第5肋间隙、锁骨中线内侧1~2cm处
三尖瓣	前正中线与第4肋间隙交点处	胸骨下端偏右
主动脉瓣	胸骨左侧缘第3肋间隙	胸骨右侧缘第2肋间隙
肺动脉瓣	左侧第3胸肋关节处	胸骨左侧缘第2肋间隙

理论与实践　　常见的先天性心血管疾病如下：

1. 动脉导管未闭　占先天性心脏病的15%~25%，女性多于男性。动脉导管是胎儿时期连接肺动脉与主动脉弓的血管，是胎儿血液循环的重要通路。一般来说，80%婴儿的动脉导管于出生后3个月即自行关闭而形成动脉韧带，15%的婴儿于出生后1年闭锁，如不闭合，即称为动脉导管未闭。单纯的动脉导管未闭时，主动脉压力高于肺动脉压力，血液不断从主动脉经动脉导管流入肺动脉，形成左向右分流，造成右心室肥大。

2. 房间隔缺损　占先天性心脏病的20%~30%，女性多于男性。出生时，由于左心房压力升高，卵圆孔生理性闭合。房间隔缺损常发生于卵圆窝处，有时也发生于卵圆窝上方接近上腔静脉口或卵圆窝下方接近下腔静脉口处。正常情况下左心房压力高于右心房压力，当房间隔缺损时，左心房血反流入右心房，形成左向右分流。分流量大小取决于缺损口的大小，分流量大时右心负荷过重，导致右心房、右心室扩大。房间隔缺损修补术是在阻断循环下心内进行缺损的直接缝补，可在低温麻醉和体外循环两种方法中选择进行。

3. 室间隔缺损　占先天性心脏病的20%~30%，男稍多于女。缺损部位可发生于室间隔膜部或肌部，前者多见，又称高位缺损；后者少见，又称低位缺损。正常左心室的压力大于右心室。缺损较小时，右心室压力不致增高；缺损较大时，左向右分流相应增大，右心室压力增高，同时左心室也需要为排出能维持周围循环的足够血液而增加负担，因此两侧心室均大。室间隔缺损修补术需要在体外循环下进行，1岁以下患儿宜先行肺动脉束缚术，使肺血管床得到保护，于3~5岁再行心内直视修补术。

4. 法洛四联症（tetralogy of Fallot）　是最常见的青紫型先天性心脏病，为右向左分流型，约占先天性心脏病的15%。该症有4个基本特征：① 主动脉右位，即主动脉骑跨于左、右心室之上；② 室间隔缺损，多为高位缺损，位于主动脉瓣下方的室间隔膜部；③ 肺动脉狭窄，多为肺动脉圆锥（漏斗）部狭窄，由肌层增厚造成；④ 右心室肥大，继发于肺动脉狭窄及右心室负荷增大。若前述4种畸形还伴有其他畸形如房间隔缺损，则称为法洛五联症。法洛四联症对循环的影响很大，由于肺动脉狭窄，肺循环阻力增加，右心室压力增高，部分右心室的血液通过缺损的室间隔至左心室，出现发绀。

5. 肺动脉瓣狭窄　占先天性心脏病的10%~20%。该病是指肺动脉口狭窄，可发生于肺动脉瓣、肺动脉干或右心室漏斗部，其中以瓣膜部狭窄最常见，约占85%。由于肺动脉瓣狭窄，血液从右心室排出受阻，造成右心室收缩期负荷加重，右心室压力增高，右心室肥厚。手术可在低温麻醉或体外循环下施行。

（三）后纵隔

后纵隔（posterior mediastinum）位于心包后壁与下部胸椎之间，为胸骨角平面以下、膈以上的部分。其内有食管胸部、主支气管、胸主动脉、胸导管、奇静脉、半奇静脉、迷走神经、胸交感干和淋巴结等。

1. 食管胸部（thoracic part of esophagus）　食管根据所在部位，以颈静脉切迹平面和膈的食管裂孔为界分为颈、胸、腹3部。食管胸部长约18cm，以气管杈下缘为界又分为食管胸上段和食管胸下段（图3-36）。

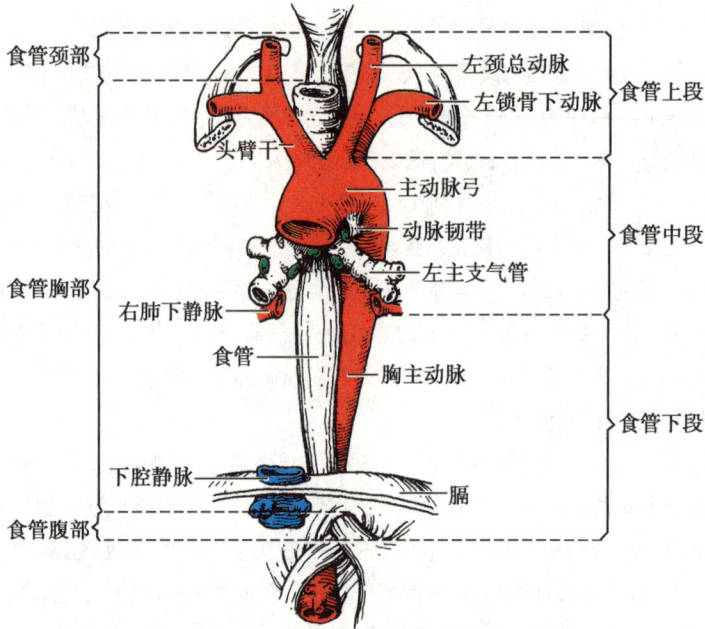

▲ 图3-36 食管和胸主动脉

（1）行程：食管胸部在上纵隔后部，于气管与脊柱之间稍偏左侧下行至主动脉弓末端的右侧，进而在胸主动脉右侧下降入后纵隔，沿心包后方下行至第7胸椎高度又向左侧偏斜，在胸主动脉前方向左前下行，至第10胸椎体高度穿膈的食管裂孔移行为食管腹部。

（2）毗邻：食管胸部的前方自上而下有气管、气管杈、左喉返神经、左主支气管、右肺动脉、心包、左心房、迷走神经食管前丛和膈；后方与脊柱之间为食管后间隙，内有奇静脉、半奇静脉、副半奇静脉、右肋间后动脉、胸导管和胸主动脉；左侧有左颈总动脉、左锁骨下动脉、主动脉弓末段、胸主动脉、胸导管上份和左纵隔胸膜；右侧有奇静脉弓和右纵隔胸膜；食管两侧尚有迷走神经绕肺根后方下行，左、右迷走神经分别向下至食管前、后面而形成食管前、后丛，然后合成迷走神经前、后干经食管裂孔进入腹腔。

（3）血管、淋巴和神经：食管胸部的动脉主要来自胸主动脉、肋间后动脉和支气管动脉发出的食管支等。静脉大部分注入奇静脉、半奇静脉和副半奇静脉，其中食管胸下段的静脉部分注入奇静脉，部分注入胃左静脉而入肝门静脉系统。因此肝门静脉受阻时，食管静脉丛便成为肝门静脉侧支循环的路径之一，临床上可出现食管静脉曲张，甚至破裂出血。

食管胸上段的淋巴注入气管支气管淋巴结和气管旁淋巴结，食管胸下段的淋巴注入纵隔后淋巴结、胃左淋巴结和腹腔淋巴结。此外，食管的部分淋巴可直接汇入胸导管。

食管胸部的神经主要来自迷走神经和胸交感干。

2. 胸主动脉（thoracic aorta） 续于主动脉弓，在脊柱左前方、食管左后方及左肺根后方下行，逐渐向右下偏斜移行于脊柱前方，在第8、9胸椎水平于食管后方并与之交叉，平第12胸椎水平穿膈的主动脉裂孔续为腹主动脉。胸主动脉的前方自上而下为左肺根、心包和食管等结构，后方邻脊柱、半奇静脉和副半奇静脉，左侧有左纵隔胸膜，右侧有奇静脉、胸导管和右纵隔胸膜。

3. **胸导管**（thoracic duct） 是全身最粗大的淋巴管道，全长30~40cm，可分为腹、胸、颈3部。胸导管腹部起自乳糜池，经主动脉裂孔入后纵隔续为胸部；胸导管胸部在食管后方、胸主动脉与奇静脉之间上行，至第4、5胸椎水平略向左斜行，紧贴左纵隔胸膜沿食管左缘上升，经胸廓上口至颈根部左侧，续为胸导管颈部；胸导管颈部平第7颈椎弯向前上，注入左静脉角（图3-37）。

在后纵隔，胸导管前方有食管，后方有右肋下动脉、右肋间后动脉和脊柱，左侧有胸主动脉，右侧有奇静脉和右纵隔胸膜。因胸导管胸部上、下段分别邻左、右侧纵隔胸膜，所以胸导管胸部上段损伤时可发生左侧乳糜胸，下段损伤可引起右侧乳糜胸。

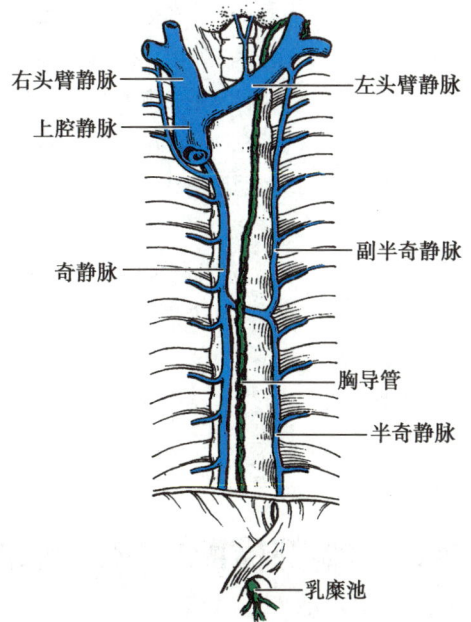

图中标注：右头臂静脉、上腔静脉、奇静脉、左头臂静脉、副半奇静脉、胸导管、半奇静脉、乳糜池

▲ 图3-37　胸导管、奇静脉及其属支

4. 奇静脉、半奇静脉和副半奇静脉　收集肋下静脉、肋间后静脉和食管静脉等的血液（图3-37）。

（1）奇静脉（azygos vein）：由右腰升静脉在第12胸椎的前面穿膈肌右脚向上延续而成，沿食管后方、胸导管和胸主动脉右侧上行，至第4胸椎水平弯向前方形成奇静脉弓，跨过右肺根上方注入上腔静脉，沿途收集大部分右肋间后静脉、半奇静脉、副半奇静脉，以及食管胸部、心包、支气管的静脉。

（2）半奇静脉（hemiazygos vein）：由左腰升静脉向上穿膈肌左脚延续而成，沿胸椎体左侧上行，至第7~10胸椎体前方，向右横跨脊柱前方注入奇静脉，沿途收纳左侧第8~11肋间后静脉和食管静脉。

（3）副半奇静脉（accessory hemiazygos vein）：收纳左侧第4~7肋间后静脉的血液，沿脊柱左侧下降，平第6、7胸椎高度注入半奇静脉或横跨脊柱汇入奇静脉。

5. **胸交感干**（thoracic sympathetic trunk） 位于脊柱两侧，上段在肋头和肋间后血管的前面，向下逐渐内移至椎体两侧。通常由10~12对胸交感干神经节及节间支组成，其中第1胸交感干神经节常与颈下神经节合并为星状神经节。内脏大神经（greater splanchnic nerve）由穿过第6~9胸交感干神经节的节前纤维组成，穿经膈脚，终于腹腔神经节；内脏小神经（lesser splanchnic nerve）由穿过第10~12胸交感干神经节的节前纤维组成，向内下终于主动脉肾神经节。

案例3-3 患者，男，52岁，因"突发胸痛、胸闷并放射至左上肢臂内侧2小时"入院。患者近几日来因工作压力大、每天加班而感到十分劳累，本次因健身时突感胸前区疼痛，并伴有虚弱、恶心、心悸等前来求治。急诊医生给予吸氧等处理后，送至重症监护室。患者既往有高血压病史6年，2年前体检发现高脂血症，但抗高血压药、降脂药服用不规律。既往曾有激动或劳累后感胸前区疼痛不适，适当休息后可缓解。入院体格检查：血压150/95mmHg，心率92次/min，听诊发现心律不齐。经心电图和心肌酶谱检测初步诊断为冠状动脉粥样硬化性心脏病并发急性心肌梗死。

思考：

1. 何为冠状动脉粥样硬化和急性心肌梗死？

2. 若经左侧桡动脉入路行冠状动脉造影，试述其行经途径。

（张媛媛　王启明）

第七节　胸部横断层影像解剖

一、经主动脉弓三大分支下份的横断层

此层面上主动脉弓三大分支、血管前间隙和左、右肺上叶的断面出现（图3-38）。

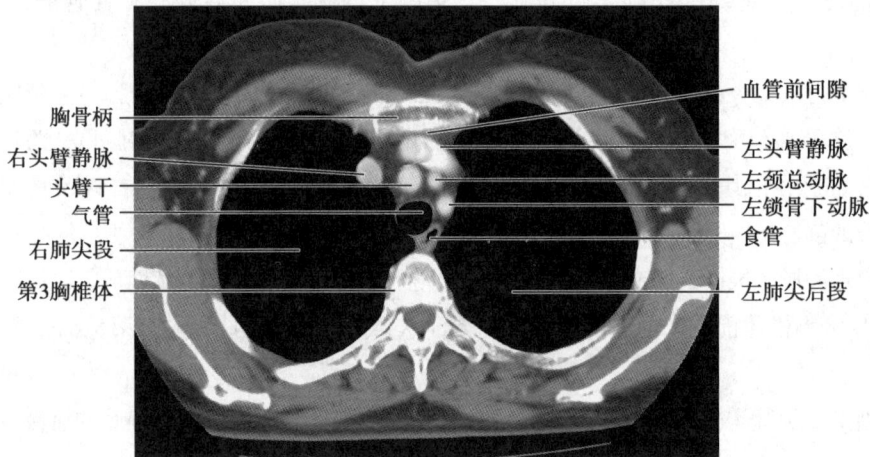

胸骨柄
右头臂静脉
头臂干
气管
右肺尖段
第3胸椎体

血管前间隙
左头臂静脉
左颈总动脉
左锁骨下动脉
食管
左肺尖后段

▲ 图3-38　经主动脉弓三大分支下份的横断层（CT）

上纵隔内的器官结构自前向后分为五层，即胸腺层、静脉层、动脉层、气管层和食管层。胸腺位于胸骨后方的血管前间隙内，其后方可见纵隔前淋巴结。左、右头臂静脉较粗大，呈不对称性，左头臂静脉呈椭圆形且向中线靠近。动脉层内的结构呈弧形排列，位于气管和食管的左前外侧，自右向左为头臂干、左颈总动脉及迷走神经、左锁骨下动脉。气管和食管位于第3胸椎体的前方，两者之间有左喉返神经。气管呈卵圆形，其右侧可见气管旁淋巴结；食管呈扁椭圆形，其

左侧有胸导管的断面。在CT影像上，气管腔内的空气呈明显低密度，管壁为等密度，气管的形态变化较大，多呈马蹄形，也可呈卵圆形或梨形等。左、右肺上叶位于纵隔的两侧，右肺上叶内有散在的尖段支气管、动脉及其分支，肺组织为右肺尖段；左肺上叶内有尖后段支气管、动脉及其分支，肺组织为左肺尖后段。

二、经主动脉弓的横断层

此层面上主动脉弓三大分支消失，“腊肠样”主动脉弓的断面出现（图3–39）。

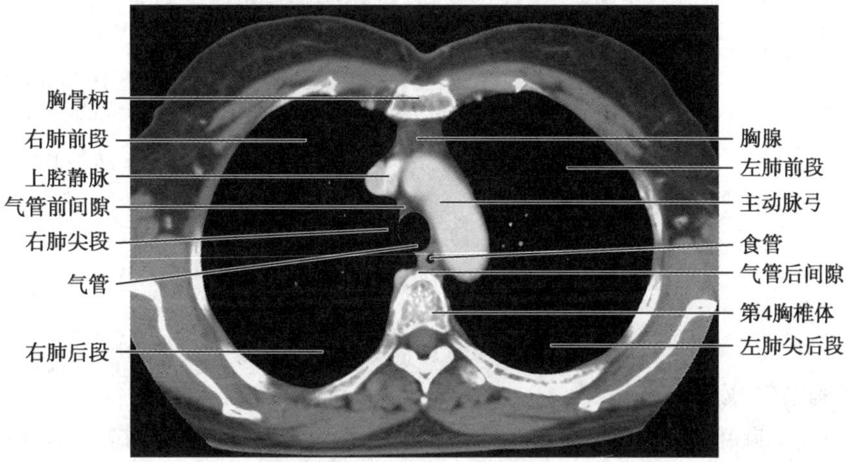
胸骨柄
右肺前段
上腔静脉
气管前间隙
右肺尖段
气管
右肺后段
胸腺
左肺前段
主动脉弓
食管
气管后间隙
第4胸椎体
左肺尖后段

▲ 图3–39　经主动脉弓的横断层（CT）

上纵隔内的器官结构自前向后仍可分为胸腺层、静脉层、动脉层、气管层和食管层，但管道数量明显减少，呈“腊肠样”、凸面朝向左前方的主动脉弓出现，主动脉弓是胸部横断层影像上的标志结构。主动脉弓的左外侧有迷走神经下行，右前方可见血管前间隙及其内的胸腺和上腔静脉，右后方为气管和食管。在CT图像上，胸腺可呈箭头形、双叶形或单叶形，在大血管根部横断层上显示较清晰。在主动脉弓、上腔静脉与气管之间形成三角形的区域，CT图像上呈低密度区，此处即气管前间隙，内有气管旁淋巴结。纵隔两侧的左、右肺上叶断面明显增大，肺内管道也逐渐增粗，右肺上叶为尖段、后段和前段，左肺上叶为尖后段和前段。

三、经主动脉肺动脉窗的横断层

此层面上主动脉弓和右肺尖段消失，升主动脉、胸主动脉和主动脉肺动脉窗（又称主–肺动脉窗）的断面出现（图3–40）。

上纵隔内的器官结构自前向后分为四层。第一层为胸骨角后方的血管前间隙及其内的胸腺，第二层自右向左为上腔静脉和升主动脉，第三层为气管及其周围的气管旁淋巴结，第四层自右向左为奇静脉弓、食管和胸主动脉，在食管周围及其左后方有迷走神经和胸导管的断面。升主动脉与胸主动脉之间的疏松结缔组织区域为主动脉肺动脉窗，在CT图像上呈低密度区，内有动脉韧带（胎儿时期为动脉导管）、左喉返神经、淋巴结和心浅丛等。主动脉肺动脉窗为胸部横断层影像上的标志结构，是左肺门出现的标志。右肺上叶的尖段在靠近纵隔处消失，第4胸椎体左侧出现斜向左后方的斜裂，此裂后方的肺组织为左肺下叶的上段。

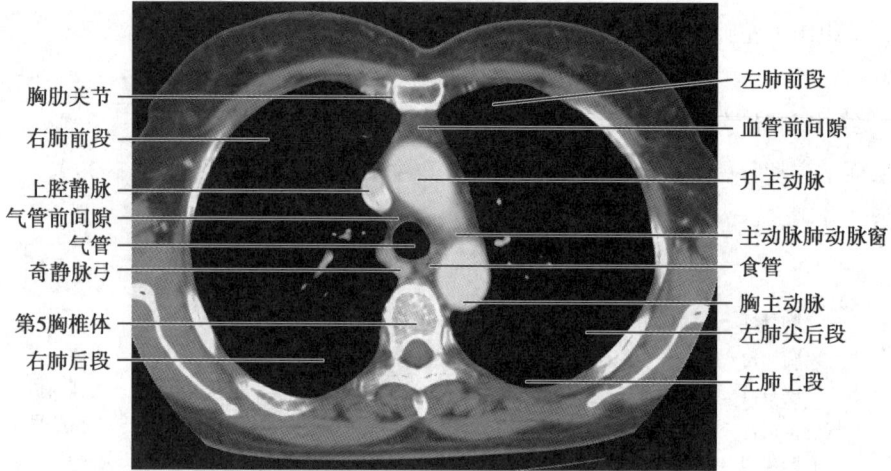

▲ 图3-40　经主动脉肺动脉窗的横断层（CT）

四、经肺动脉杈的横断层

此层面上主动脉肺动脉窗和气管消失，肺动脉杈和主支气管、肺门的断面出现（图3-41）。

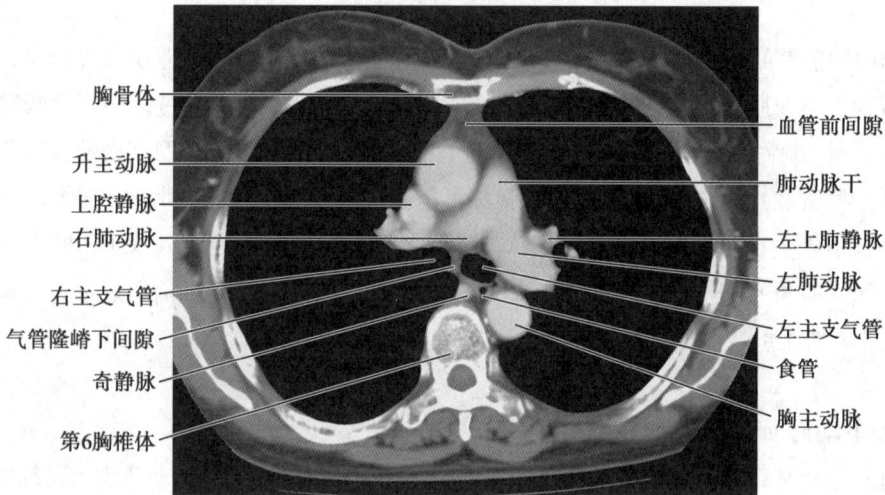

▲ 图3-41　经肺动脉杈的横断层（CT）

纵隔内的器官结构自前向后可分为五层。第一层为胸骨后方的血管前间隙及其内的结构，第二层自右向左为上腔静脉、升主动脉及其周围的心包上隐窝和肺动脉干，第三层是左、右肺动脉，第四层为左、右主支气管及其间的气管隆嵴下间隙，第五层自右向左为奇静脉、食管和胸主动脉，食管周围及其后方有迷走神经和胸导管走行。肺动脉杈由肺动脉干和左、右肺动脉组成，呈"人"形，是胸部横断层影像上的标志结构，其末端勾绕右侧的上腔静脉或右上肺静脉和左侧的左上肺静脉。右肺门处主要结构自前向后为右肺动脉和右主支气管，左肺门处主要结构自前向后为左上肺静脉和左肺动脉。

五、经四心腔的横断层

此层面上心底部的大血管和肺门结构消失，室间隔、房间隔和左、右房室口的断面出现（图3-42）。

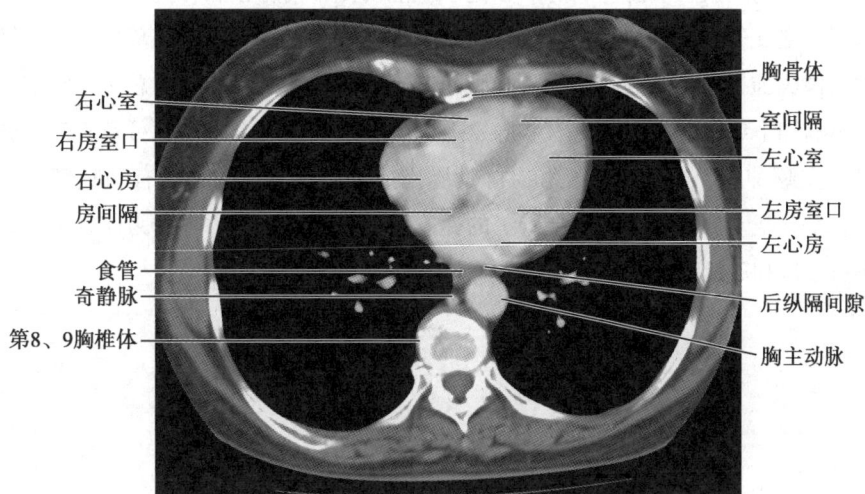

▲ 图3-42　经四心腔的横断层（CT）

室间隔和房间隔相互延续，呈"S"形，自左前方斜向右后方，分别分隔左、右心室和左、右心房，是横断层影像上的标志结构。右半心位于中纵隔的右前方，右心室和右心房呈近似左右排列，两者之间以右房室口相通。左半心位于中纵隔的左后方，左心室和左心房呈近似前后排列，两者之间以左房室口相通。室间隔位于左、右心室之间，分为较厚的肌部和较薄的膜部，而左心室与右心房之间为较薄的房室隔，室间隔膜部和房室隔均是心间隔缺损的好发部位；室间隔的肌部呈斜"一"字形，与正中矢状面约呈45°。左心房与脊柱之间为后纵隔间隙，其内的主要结构有奇静脉、胸导管、胸主动脉和食管等。右肺斜裂的前方为右肺中叶；后方为右肺下叶，其内有散在的各底段支气管、动脉。左肺斜裂的前方为左肺上叶；后方为左肺下叶，靠近纵隔面有各底段相应的支气管和动、静脉。

（赵振美　张艳丽）

学习小结

　　胸部由胸壁、胸腔及其内的器官和结构组成。胸壁可分为胸前区、胸外侧区和胸背区。胸前外侧壁自浅入深由皮肤、浅筋膜、深筋膜、胸廓外肌层、肋与肋间肌及胸内筋膜构成。成年女性乳房由皮肤、脂肪组织和乳腺构成。膈构成胸腔的底、腹腔的顶，膈上有主动脉裂孔、食管裂孔和腔静脉孔三个裂孔，以及胸肋三角和腰肋三角薄弱区。

　　胸腔由胸壁与膈围成，分为中部的纵隔和容纳肺与胸膜囊的两侧部。胸膜分为脏、壁两层，相互移行围成密闭的胸膜腔。肺左右各一，位于纵隔两侧，借肺根和肺韧带连于纵隔。在肺纵隔面中部的肺门是主支气管、肺血管、支气管血管、淋巴管和神经等出入的部位，这些结构被结缔组织包裹共同构成肺根。纵隔为两侧纵隔胸膜间器官、结构和结缔组织的总称，解剖学以胸骨角平面分为上纵隔和下纵隔。上纵隔内有胸腺、上腔静脉及其属支、主动脉弓及其三大分支、气管胸部等，其中左膈神经、左迷走神经和左肺动脉围成动脉导管三角，内有动脉韧带、左喉返神经和心浅丛，是寻找动脉韧带（动脉导管）的标志。下纵隔以心包为界分为前、中、后纵隔，其中，中纵隔由心包和心所占据。

复习参考题

一、A型题

1. 经过上纵隔和后纵隔的结构是
   - A. 气管
   - B. 上腔静脉
   - C. 食管
   - D. 下腔静脉
   - E. 膈神经

2. 走行于后纵隔的结构除外
   - A. 迷走神经
   - B. 食管
   - C. 胸导管
   - D. 膈神经
   - E. 半奇静脉

3. 下列关于胸导管的描述，错误的是
   - A. 起自乳糜池，经膈的主动脉裂孔入胸腔
   - B. 在胸主动脉与奇静脉之间上行
   - C. 在第5胸椎高度斜行向左
   - D. 注入右静脉角
   - E. 胸导管末端有一对瓣膜，可阻止静脉血逆流入胸导管

4. 关于心的位置，正确的描述是
   - A. 位于心包腔内
   - B. 位于前纵隔内
   - C. 2/3位于中线的右侧
   - D. 位于膈的上方
   - E. 位于上纵隔内

5. 关于主动脉弓的描述，错误的是
   - A. 主动脉弓位于上纵隔内
   - B. 主动脉弓平右侧第2胸肋关节高度续升主动脉
   - C. 主动脉弓的凹侧有动脉韧带连于肺动脉干分叉处稍左侧
   - D. 主动脉弓上三大分支是头臂干、左颈内动脉、左锁骨下动脉
   - E. 小儿的主动脉弓可达胸骨柄上缘

6. 患者男性，76岁，半年来出现进行性吞咽困难伴疼痛，近1周出现声音嘶哑，到医院检查确诊为食管癌晚期。其声音嘶哑的原因是

A. 病变侵犯迷走神经前干

B. 病变侵犯左喉返神经

C. 病变扩散至喉腔

D. 病变侵犯到气管

E. 病变侵犯迷走神经后干

7. 幼儿4岁，因患动脉导管未闭，拟手术结扎未闭合的动脉导管。医生在手术中寻找动脉导管的标志是

A. 心包膈动静脉

B. 主动脉弓

C. 动脉导管三角

D. 喉返神经

E. 膈神经

8. 患者男性，62岁，食管癌手术后出现左侧乳糜胸。医生在手术过程中可能损伤的结构为

A. 右淋巴导管

B. 气管

C. 乳糜池

D. 胸导管上段

E. 纵隔淋巴结

9. 患者女性，53岁，因突发心搏骤停被紧急送往医院救治，医生除进行心外按压外，还向患者心腔注射了强心药来促进心脏复跳。心内注射的位置位于

A. 右剑肋角

B. 左剑肋角

C. 胸骨左缘第4肋间隙

D. 胸骨右缘第4肋间隙

E. 左侧锁骨中线与第5肋间隙交界处内侧

10. 患者男性，68岁，因间断性咳嗽、咳痰半年，近10天发现痰中带血就诊，胸部CT报告，右肺中心型肺癌，且有多个纵隔淋巴结肿大。以下淋巴结中不属于纵隔淋巴结的是

A. 肺叶间淋巴结

B. 气管旁淋巴结

C. 主动脉旁淋巴结

D. 血管前淋巴结

E. 气管前淋巴结

参考答案：1. C；2. D；3. D；4. D；5. D；
6. B；7. C；8. D；9. C；10. A

二、名词解释

1. Cooper韧带

2. 锁胸筋膜

3. 肺门

4. 支气管肺段

5. 食管上三角

6. 动脉导管三角

三、问答题

1. 试述胸骨角的临床意义。

2. 试述乳房的淋巴回流及其临床意义。

3. 乳房脓肿切开引流，常选择什么方向切口？为什么？乳房后脓肿如何切开引流？依据是什么？

4. 试述胸膜腔穿刺的部位及其层次。

5. 简述纵隔的位置、境界、分区及各区的主要器官、结构。

6. 试述动脉导管三角的境界、内容及临床意义。

第四章

腹部

知识目标	掌握	腹前外侧壁的层次、各层结构的特点及其临床意义；腹股沟区结构特点及其与腹股沟疝形成的关系；腹股沟管的位置、组成（四壁、两口）及其通过的内容，腹股沟斜疝与直疝的解剖学鉴别要点；腹膜和腹膜腔的概念；网膜囊和网膜孔位置；胃的位置、毗邻、血液供应；十二指肠悬韧带的位置和临床意义；肝的位置和毗邻；第一肝门的位置及出入肝门的结构；肝蒂概念及重要结构的排列关系；肝外胆道的组成；胆总管的分段及各段的主要毗邻；胆囊三角（Calot三角）的位置及其意义；胰的位置、分部和各部的毗邻；门静脉的组成及其主要属支，门静脉系统的特点；门静脉与腔静脉间的吻合途径及其临床意义；阑尾的常见位置、根部体表投影和寻找阑尾的方法，阑尾的血管；结肠位置、分部及各部的血液供应；腹膜后间隙的概念；肾的位置、毗邻及肾的结构和血液供应；输尿管各段的毗邻；腹主动脉的行程和分支；下腔静脉的行程和属支。
	熟悉	腹前外侧壁浅静脉回流和皮神经分布规律；腹股沟疝发生的解剖学基础；腹膜与脏器关系；腹膜所形成结构；空肠和回肠形态结构的区别；Glisson系统和肝段的概念及其临床意义；肾的被膜。
	了解	十二指肠的神经分布、淋巴回流；肝第二肝门、第三肝门的位置及出入结构；胆囊的形态与变异，胆囊动脉及其类型，胆囊淋巴回流和神经分布；脾的位置、毗邻。
能力目标		通过观察腹部结构的层次、器官之间的毗邻关系及实地解剖，培养发现、分析及解决问题的能力及实践动手能力，同时通过对案例分析和相关临床问题进行辨析和论证，培养临床思维能力。
素质目标		具备人文情怀、团队合作精神、自主学习能力及初步的科学研究精神。

第一节　概述

腹部是躯干的一部分，位于胸部与盆部之间，包括腹壁、腹膜与腹腔脏器和血管、神经等。

一、境界与分区

（一）境界

腹部的上界为剑胸结合、肋弓、第11肋前端、第12肋下缘至第12胸椎棘突的连线；下界为耻骨联合上缘、耻骨嵴、耻骨结节、腹股沟韧带、髂嵴至第5腰椎棘突的连线。

腹壁两侧以腋后线为界，分为腹前外侧壁及腹后壁。

腹部的体表境界与腹腔的体表境界不同。腹腔的上界膈穹隆可高达第4、5肋间隙水平，下方通过骨盆上口与盆腔相通，小肠等腹腔脏器也经常位于小骨盆腔内。因此，腹腔的实际范围远较腹部体表的境界大。

（二）分区

为了描述和确定腹腔脏器的位置，临床上将腹部进行分区（图4-1）。通常有两种常用的方法。

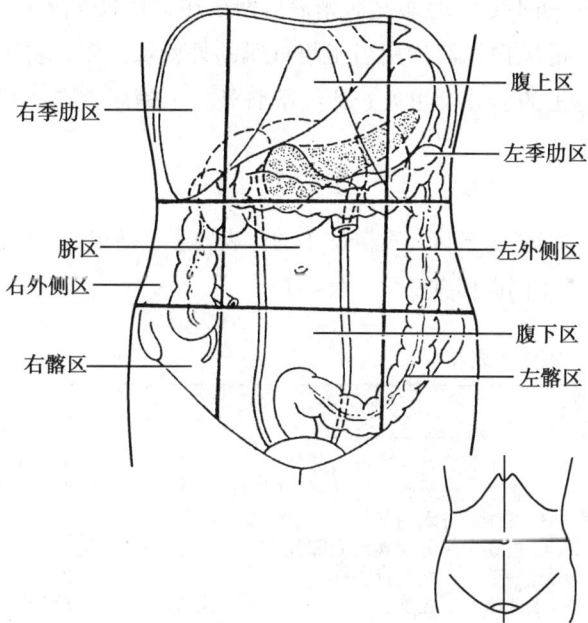

▲ 图4-1　腹部的分区及主要器官的体表投影

1. 九分法　用两条水平线及两条垂直线将腹部分为九个区。上水平线为经过两侧肋弓下缘最低点（相当于第10肋）的连线，下水平线为经过两侧髂结节的连线；两条垂直线分别为经过左、右腹股沟韧带中点向上的垂直线。借此将腹部分成九个区：上部的腹上区及左、右季肋区；中部的脐区及左、右外侧区（或腰区）；下部的腹下区及左、右髂区（或腹股沟区）。

2. 四分法 即通过脐的垂直线和水平线将腹部分为左、右上腹部及左、右下腹部四个区域。

二、表面解剖

（一）体表标志

1. 剑突 为胸骨的下部，细长，上端接胸骨体处称剑胸结合，平第9胸椎，剑胸结合的两侧与第7肋软骨相连，下端游离。

2. 髂嵴 位于腹侧壁，骨盆上缘，它距离第10肋最低点仅3~4cm，向前止于髂前上棘，全长易于扪及。髂前上棘与耻骨结节之间有腹股沟韧带附着。两侧髂嵴最高点的连线平对第4腰椎棘突，是计数椎骨的标志。临床的髂骨骨髓穿刺、髂前上棘平面、麦氏（McBurney）点等的确定，均以髂前上棘为基准。

3. 耻骨联合上缘 在腹部前正中线下端易于摸到。耻骨联合上缘是小骨盆入口的界标之一，成人空虚状态的膀胱位于耻骨联合上缘平面以下。

4. 耻骨嵴和耻骨结节 耻骨嵴是自耻骨联合上缘向外侧方延伸的横向骨嵴，长2~3cm，终于耻骨结节。

5. 脐 脐平面与第3腰椎和第4腰椎之间平齐。中国人脐与耻骨联合间距为15.5cm左右。

6. 半月线（又称Spieghel线） 是腹直肌鞘前后两层在腹直肌外侧缘结合处，于前正中线两侧可触及皮肤表面形成的纵向浅沟，相当于腹直肌的外侧缘。左、右半月线与左、右侧肋缘的夹角为前肾点，是肾盂的前方投影处。此线平脐处为上输尿管点，平髂前上棘处为中输尿管点。

（二）体表投影

腹腔主要器官在腹前外侧壁各区（九分法）的体表投影，随年龄、体位、体型、消化道充盈状态及腹壁肌肉紧张度的不同而稍有变化（表4-1）。

▼ 表4-1 腹腔脏器在体表的投影（成人）

右季肋区	腹上区	左季肋区
右半肝大部分 部分胆囊 右肾上部 右肾上腺	右半肝小部分及左半肝大部分 部分胆囊、胆总管、肝动脉、肝门静脉 部分胃体、胃幽门部 十二指肠大部分、胰的大部分 两肾一部分、两侧肾上腺 腹主动脉、下腔静脉	左半肝小部分 胃贲门、胃底、部分胃体 脾 胰尾 结肠左曲 左肾上部、左肾上腺
右外侧区	**脐区**	**左外侧区**
升结肠 部分回肠 右肾下部	胃大弯（胃充盈时） 大网膜 横结肠 左、右输尿管各一部分 小部分十二指肠 大部分空、回肠 腹主动脉、下腔静脉	降结肠 部分空肠 左肾下部

右髂区	腹下区	左髂区
盲肠	部分回肠	大部分乙状结肠
阑尾	膀胱（充盈时）	部分回肠
回肠末端	子宫（妊娠期）	
	小部分乙状结肠	
	左、右输尿管	

（张潜　魏建宏）

第二节　腹前外侧壁

腹前外侧壁不同部位的层次和结构差异较大，腹部手术的入路大部分设计在腹前外侧壁，熟悉其层次结构十分重要。

一、层次结构

（一）皮肤

腹前外侧壁的皮肤薄，纹理横行，移动性大，富有弹性和延展性，可适应生理性或病理性腹内压增大时的腹部膨胀。临床上常选择腹前外侧壁的皮肤为游离皮瓣的供区。

（二）浅筋膜

浅筋膜一般较厚，由脂肪及疏松结缔组织构成。脐平面以下的浅筋膜分为两层：浅层富含脂肪又称脂肪层，即Camper筋膜，向下与股部浅筋膜相连续；深层为富含弹性纤维的膜性层，即Scarpa筋膜，其在中线处附着于白线，向下在腹股沟韧带下方约一横指处附着于股部深筋膜，但在左、右耻骨结节间越过耻骨联合继续向下至阴囊，与会阴浅筋膜（Colles筋膜）相续。

浅筋膜内有丰富的腹壁浅血管、浅淋巴管和皮神经。腹前外侧壁上半部的浅动脉细小，为肋间后动脉的分支；腹前外侧壁下半部有两条较大的浅动脉即腹壁浅动脉和旋髂浅动脉。

1. 腹壁浅动脉（superficial epigastric artery）　起自股动脉，其外径约1mm，越过腹股沟韧带的中、内1/3交界处，走向脐部。

2. 旋髂浅动脉（superficial iliac circumflex artery）　自腹股沟韧带中点下方约1.5cm处起自股动脉的外侧壁，其外径约为1.2mm，行于浅筋膜的浅、深两层之间，走向髂前上棘，分布于腹前外侧壁下外侧份。

腹前外侧壁的浅静脉较为丰富，彼此吻合成网，尤其在脐区更为丰富，形成脐周静脉网。脐以上的浅静脉经胸腹壁静脉汇入腋静脉。脐以下的浅静脉经腹壁浅静脉或旋髂浅静脉汇入大隐静脉，再回流入股静脉。因此，腹壁的浅静脉构成了上、下腔静脉系统之间的吻合（图4-2）。当上腔静脉或下腔静脉阻塞时，血液可经另一腔静脉途径回流。在脐区，浅静脉与深部的附脐静脉

（paraumbilical vein）相吻合，由于附脐静脉汇入肝门静脉，肝门静脉高压时，肝门静脉的血液反流至脐周静脉网，呈现以脐为中心的放射状静脉曲张，形成"海蛇头"征。

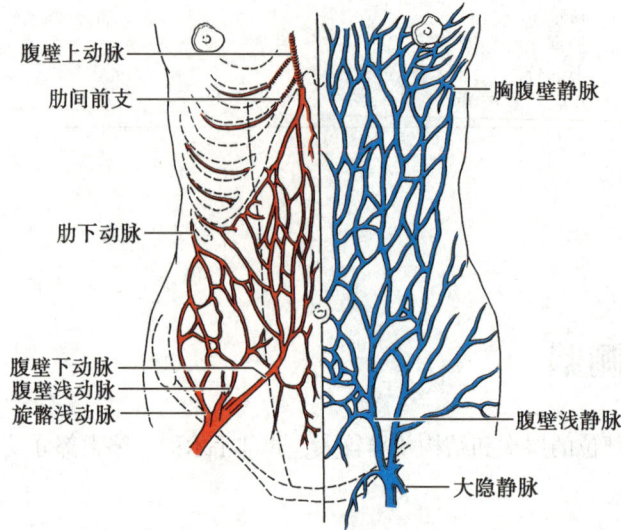

▲ 图4-2　腹前外侧壁的血管

脐平面以上的腹前外侧壁浅淋巴管注入腋淋巴结，脐平面以下者注入腹股沟浅淋巴结。

腹前外侧壁的皮神经为肋间神经和肋下神经的皮支，其在腹前外侧壁的分布有明显的节段性，分布范围见第三章第三节。

（三）肌层

肌层由腹前正中线两侧的腹直肌和其外侧的三层扁肌（即腹外斜肌、腹内斜肌、腹横肌）组成（表4-2）。

▼ 表4-2　腹前外侧壁肌的起止、作用及神经支配

肌名	起点	止点	作用	神经支配
腹直肌	耻骨联合与耻骨嵴	第5~7肋软骨外面及剑突前面	前屈脊柱，降胸廓，增加腹压	第5~11肋间神经及肋下神经
腹外斜肌	下8位肋骨外面	借腱膜止于白线髂嵴前部，并形成腹股沟韧带	增加腹压，前屈侧屈并旋转脊柱，降肋助呼气	第5~11肋间神及肋下神经、髂腹股沟神经、髂腹下神经
腹内斜肌	胸腰筋膜、髂嵴、腹股沟韧带外侧1/2~2/3	借腱膜止于白线和下3位肋	增加腹压，前屈侧屈并旋转脊柱，降肋助呼气	第5~11肋间神及肋下神经、髂腹股沟神经、髂腹下神经
腹横肌	下6对肋软骨内面、胸腰筋膜、髂嵴、腹股沟韧带外侧1/3	白线、耻骨梳韧带	增加腹压，前屈侧屈并旋转脊柱，降肋助呼气	第5~11肋间神及肋下神经、髂腹股沟神经、髂腹下神经

1. 腹直肌（rectus abdominis） 位于腹前壁正中线两侧，居腹直肌鞘内，为上宽下窄的带形多腹肌。腹直肌有3~4个腱划（大部分在脐以上）与腹直肌鞘的前层紧密相连，剥离困难。腱划内常有血管，经腹直肌切口分开腹直肌肌纤维时，腱划处应注意止血。腹直肌后面的腱划未与腹直肌鞘的后层愈合，所以腹直肌后面容易剥离（图4-3）。

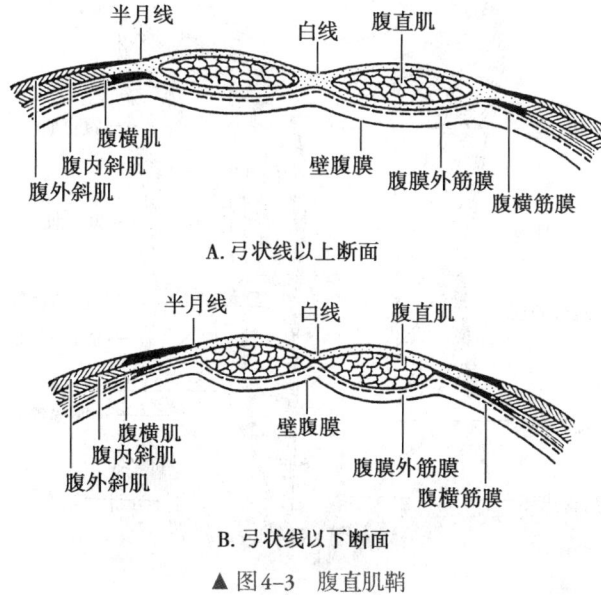

A. 弓状线以上断面

B. 弓状线以下断面

▲ 图4-3　腹直肌鞘

2. 腹外斜肌（obliquus externus abdominis） 位于腹前外侧壁浅层，肌纤维从外上斜向内下，在髂前上棘与脐连线附近移行为腱膜（图4-4）。腱膜的纤维与腹外斜肌的走向相同，此腱膜在耻骨结节的外上方形成一个三角形裂隙，即腹股沟管浅环（superficial inguinal ring）（图4-5）。正常成人的腹股沟管浅环可容纳一示指尖，内有精索（男）或子宫圆韧带（女）通过。

腹外斜肌腱膜下缘卷曲增厚连于髂前上棘至耻骨结节间形成腹股沟韧带（inguinal ligament）。韧带内侧端的一小部分纤维向下后方，并向外侧转折成为腔隙韧带（lacunar ligament）（又称陷窝韧带）。腔隙韧带向外侧延续附着于耻骨梳上的部分，称耻骨梳韧带（pectineal ligament）（Cooper韧带）（图4-6）。

3. 腹内斜肌（obliquus internus abdominis） 在腹外斜肌深面，肌纤维自外下行向内上，而其下部纤维向下内方斜行，至腹直肌外侧缘移行为腱膜，并分成两层参与构成腹直肌鞘的前、后层，止于白线。

4. 腹横肌（transversus abdominis） 为腹前外侧壁最深层的扁肌，肌纤维自后向前内横行，至腹直肌外侧缘移行为腱膜，参与构成腹直肌鞘后层。该肌与腹内斜肌之间有下6对胸神经和第1腰神经的前支及伴行血管经过。

腹内斜肌与腹横肌二者下缘均呈弓状，先越过精索的上内侧，在腹直肌外缘呈腱性融合，称腹股沟镰（inguinal falx）或联合腱（conjoined tendon）（图4-7）。有时两肌仅相结合，而未成为腱性组织，称为联合肌。腹股沟镰至腹股沟管内侧部精索的后方，止于耻骨梳韧带。当腹壁肌肉收缩时，弓状下缘即可接近腹股沟韧带，这种弓状结构似有封闭腹股沟管的作用。腹内斜肌和腹横肌下缘的部分肌纤维，沿精索向下移行，成为提睾肌。

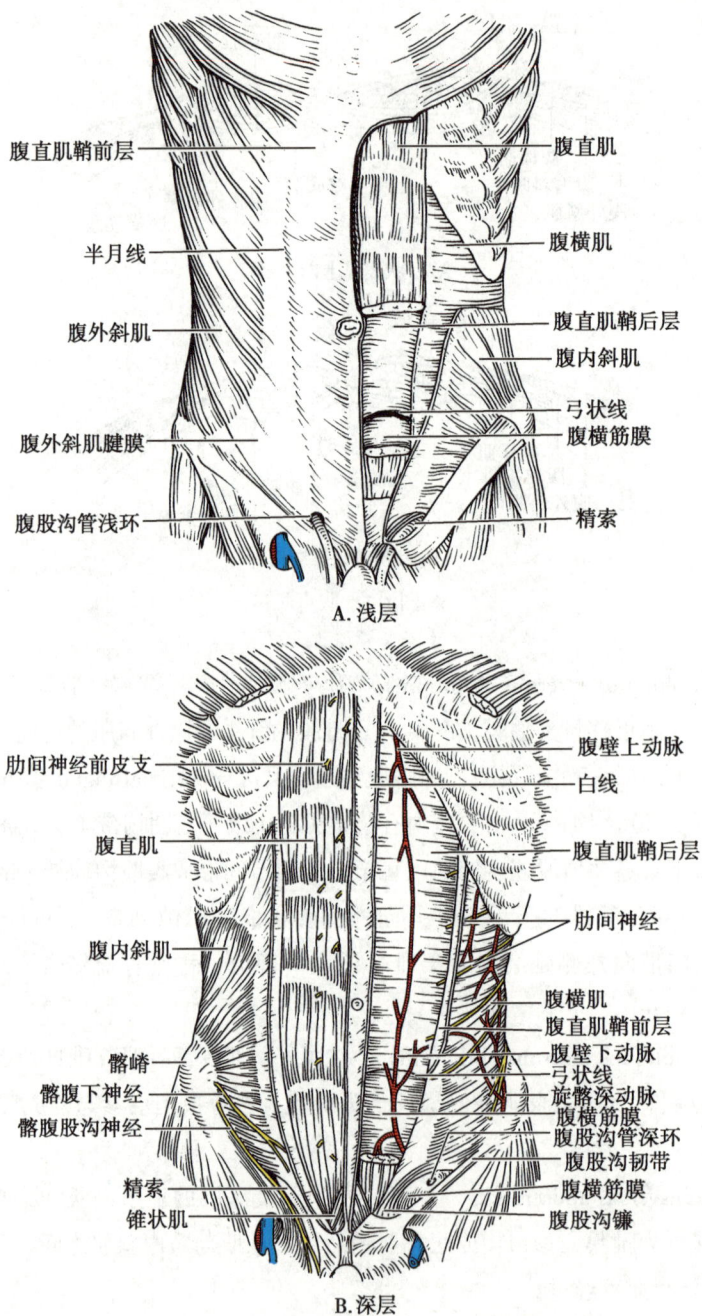

腹直肌鞘前层
半月线
腹外斜肌
腹外斜肌腱膜
腹股沟管浅环

腹直肌
腹横肌
腹直肌鞘后层
腹内斜肌
弓状线
腹横筋膜
精索

A. 浅层

肋间神经前皮支
腹直肌
腹内斜肌
髂嵴
髂腹下神经
髂腹股沟神经
精索
锥状肌

腹壁上动脉
白线
腹直肌鞘后层
肋间神经
腹横肌
腹直肌鞘前层
腹壁下动脉
弓状线
旋髂深动脉
腹横筋膜
腹股沟管深环
腹股沟韧带
腹横筋膜
腹股沟镰

B. 深层

▲ 图4-4　腹前外侧壁的肌

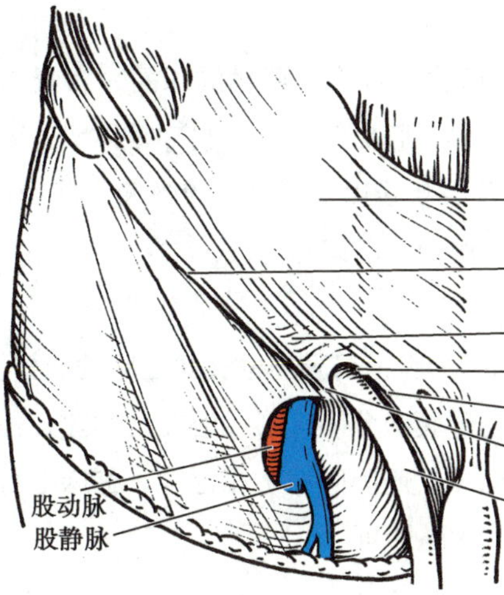

▲ 图4-5 腹外斜肌腱膜

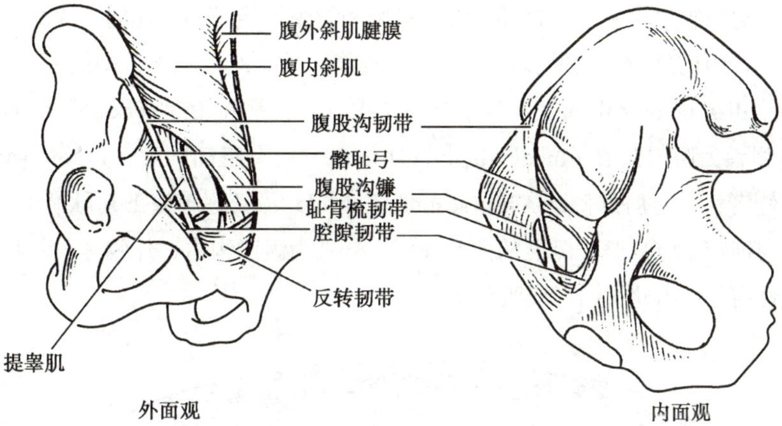

腹外斜肌腱膜
腹股沟韧带
脚间纤维
腹股沟管浅环
内侧脚
外侧脚
精索
股动脉
股静脉

腹外斜肌腱膜
腹内斜肌
腹股沟韧带
髂耻弓
腹股沟镰
耻骨梳韧带
腔隙韧带
反转韧带
提睾肌

外面观

内面观

▲ 图4-6 腹股沟区的韧带（右侧）

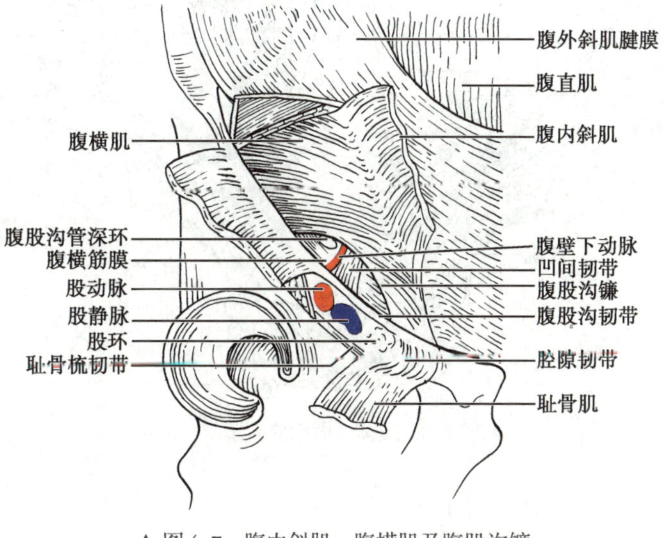

腹外斜肌腱膜
腹直肌
腹内斜肌
腹横肌
腹股沟管深环
腹横筋膜
股动脉
股静脉
股环
耻骨梳韧带
腹壁下动脉
凹间韧带
腹股沟镰
腹股沟韧带
腔隙韧带
耻骨肌

▲ 图4-7 腹内斜肌、腹横肌及腹股沟镰

（四）腹横筋膜

腹横筋膜（transverse fascia）位于腹横肌和腹直肌鞘的深面，为腹内筋膜的一部分，向上连接膈下筋膜，向下移行于髂筋膜和盆筋膜。腹横筋膜在上腹部较薄弱，向下逐渐增厚，近腹股沟韧带、腹直肌外侧缘和腹直肌鞘后层及弓状线以下的部分较致密。腹横筋膜与腹横肌结合疏松，但与腹直肌鞘后层紧密愈着，手术时常作为一层切开。

（五）腹膜外筋膜

腹膜外筋膜（extraperitoneal fascia）为腹横筋膜与壁腹膜之间的疏松结缔组织，上腹部薄弱，向下脂肪组织沉积较多，将腹横筋膜与壁腹膜分隔，形成潜在性间隙，称腹膜外间隙，其后方与腹膜后间隙，下方与盆部的腹膜外间隙（盆筋膜间隙）相延续。临床上行泌尿外科或妇产科等手术时一般尽量不进入腹膜腔，经腹膜外入路即可。

（六）壁腹膜

壁腹膜（parietal peritoneum）为腹前外侧壁的最内层，向上移行为膈下腹膜，向下在腹股沟韧带下方移行于盆腔腹膜。由于上腹部的腹横筋膜和腹膜外筋膜均较薄弱，故膈下腹膜与膈紧密愈着。在脐以下，腹前外侧壁的壁腹膜形成五条皱襞（图4-8）：位于正中线者（由脐至膀胱尖）为脐正中襞（median umbilical fold），其中有脐正中韧带，是胚胎期脐尿管闭锁形成的遗迹；位于脐正中襞外侧者为脐内侧襞（medial umbilical fold），内有脐动脉索，是胚胎期脐动脉闭锁后的遗迹；最外侧者为一对脐外侧襞（lateral umbilical fold）（又称腹壁下动脉襞），其中有腹壁下血管。在腹股沟韧带上方，脐外侧襞的内、外侧，分别为腹股沟内、外侧窝，是腹前壁的薄弱部位，腹腔的内容物，可由此突出形成腹股沟疝。

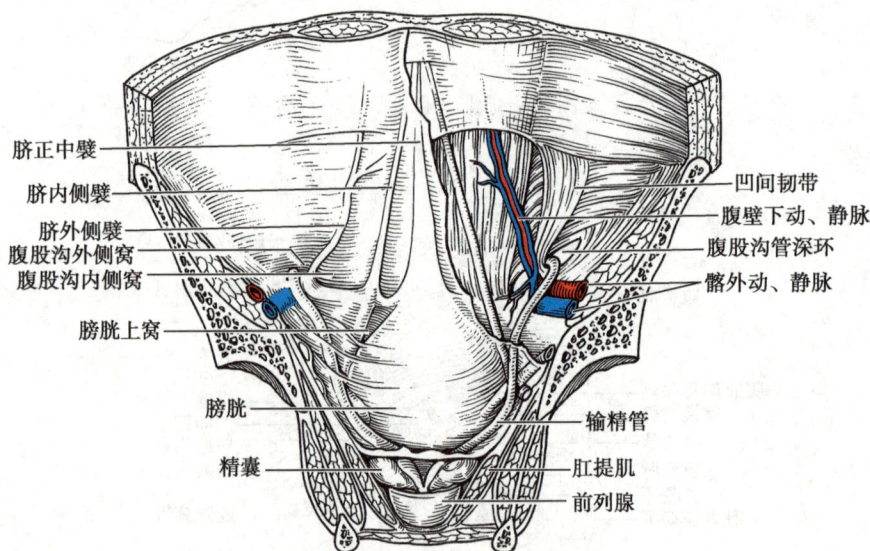

▲ 图4-8　腹前壁内面的皱襞及凹窝

二、局部结构

（一）腹直肌鞘

腹直肌鞘（sheath of rectus abdominis）由三块扁肌的腱膜包绕腹直肌而形成。分为前、后两层（图4-3），两层在腹直肌外侧缘融合，形成一半月形凸向外侧的弧形，称半月线（linea semilunaris）（图4-4）。腹直肌鞘前层由腹外斜肌腱膜和腹内斜肌腱膜的前层组成，后层由腹内斜肌腱膜的后层及腹横肌腱膜组成，但在脐下4~5cm水平三层扁肌的腱膜均参与构成腹直肌鞘前层，而后层缺如，其下缘游离形成一弓状游离缘，称弓状线（arcuate line）。弓状线以下因腹直肌鞘后层缺如，腹直肌后面直接与腹横筋膜相贴（图4-4）。

（二）白线和脐环

白线（white line）位于腹前正中线上，由三块扁肌的腱膜交织而成，厚而坚韧，血管少。脐以上的白线较宽，脐以下因两侧腹直肌相互靠近而变得很窄。白线的腱膜纤维环绕脐形成脐环（umbilical ring），若此环薄弱、发育不良或残留有小裂隙，可形成脐疝。

（三）腹股沟管

腹股沟管（inguinal canal）位于腹股沟韧带内侧半的上方，是由外上斜向内下的肌肉筋膜裂隙，长4~5cm（女性稍狭长），内有精索（男）或子宫圆韧带（女）通过（图4-9）。是腹前外侧壁下部的薄弱区，是疝好发的部位。

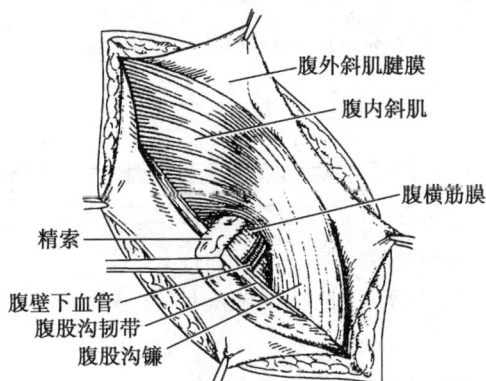

▲ 图4-9　腹股沟管

腹股沟管有四个壁及两个口。前壁为腹外斜肌腱膜，在腹股沟管的外1/3处有腹内斜肌的起始部；后壁为腹横筋膜，在腹股沟管的内侧1/3处有腹股沟镰；上壁为腹内斜肌与腹横肌的弓状下缘；下壁为腹股沟韧带。内口为腹股沟管深环（又称腹股沟管腹环），位于腹股沟韧带中点上方约一横指处，是腹横筋膜向外突出形成的一个卵圆形孔；外口为腹股沟管浅环（又称腹股沟管皮下环），是腹外斜肌腱膜在耻骨结节外上方的一个三角形裂隙。

（四）腹股沟三角

腹股沟三角（inguinal triangle）[又称海氏（Hesselbach）三角]是由腹壁下动脉、腹直肌外侧缘和腹股沟韧带内侧半围成的三角形区域，是腹前外侧壁的一个薄弱区。腹股沟直疝即由此三角区突出。腹壁下动脉是腹股沟管深环与腹股沟三角的分界标志，因此，也可作为腹股沟斜疝和直疝在手术中的鉴别标志之一（图4-10）。

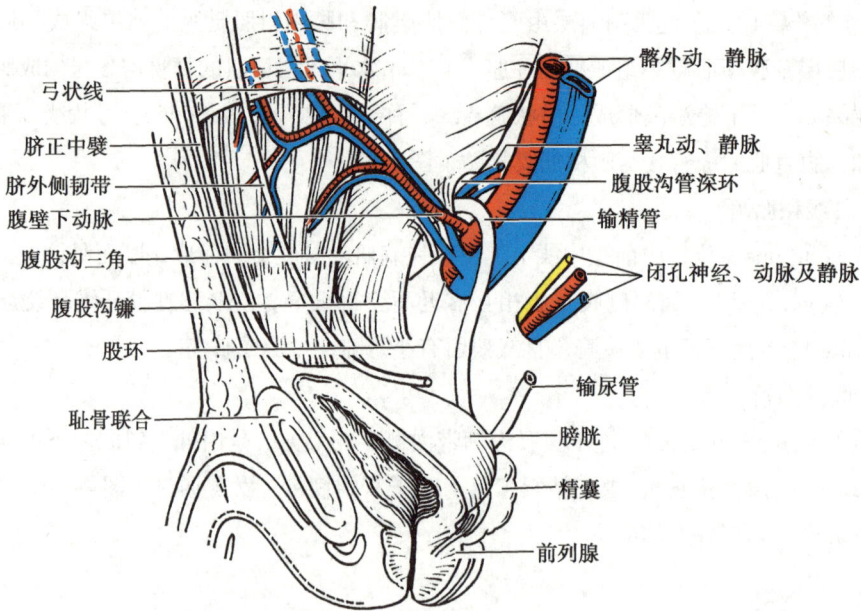

▲ 图4-10　腹股沟三角（内面观）

案例4-1　　李某，男，14岁，1个月前剧烈咳嗽数天后阴囊胀大，自觉有一肿块，剧烈活动时胀痛，下垂鼓出的肿块较明显，平躺按压可部分消失或完全消失。透光试验阴性，确诊为腹股沟斜疝。手术发现疝内容物为小肠。

思考：小肠坠入阴囊所经过的解剖结构是什么？正常情况下，该结构的内容物是什么？

三、腹前外侧壁的血管和神经

（一）血管

腹壁深层的动脉除穿行于腹内斜肌和腹横肌之间的下5对肋间后动脉、肋下动脉及4对腰动脉外，在腹上部尚有腹壁上动脉，腹下部还有起自髂外动脉的腹壁下动脉和旋髂深动脉。

1. 腹壁下动脉（inferior epigastric artery）　近腹股沟韧带处起自髂外动经腹股沟管深环内侧于腹横筋膜与壁腹膜之间，向内上方斜行，于腹直肌鞘后层的弓状线附近进入腹直肌鞘，在脐附近与腹壁上动脉吻合（图4-4）。

腹壁下动脉的体表投影为腹股沟韧带中点稍内侧与脐的连线。临床上做腹腔穿刺时，应在此连线的外上方进行，以免损伤该动脉。

2. 旋髂深动脉（deep iliac circumflex artery）　约与腹壁下动脉同一水平起自髂外动脉，发出后沿腹股沟韧带外侧半的深面向外上方斜行至髂前上棘稍内侧，然后行向髂嵴前部的上缘。除在腹股沟韧带深面发出数条肌支分布于附近肌肉外，还分出数条小分支进入髂嵴内唇的小骨孔，成为髂嵴前部内侧面的营养动脉支，并有同名静脉伴行。临床上做髂骨带血管蒂的骨移植时，常取旋髂深动脉作为营养动脉。

（二）神经

腹前外侧壁深层有第7~12对胸神经前支斜向前下，行于腹内斜肌与腹横肌之间，分支支配腹前外侧壁诸肌及皮肤（图4-11）。此外，还有以下三条神经。

1. 髂腹下神经（iliohypogastric nerve） 来自第12胸神经及第1腰神经的前支，行于腹内斜肌和腹横肌之间，至髂前上棘内侧2.5cm附近穿过腹内斜肌，在腹外斜肌腱膜深面行向内下。在腹股沟管浅环上方约2cm附近穿出腹外斜肌腱膜，分布于耻骨联合上方的皮肤，肌支支配腹前外侧壁下部的肌（图4-11）。

2. 髂腹股沟神经（ilioinguinal nerve） 来自第1腰神经前支，于髂腹下神经的内下方穿过腹内斜肌，并与其平行，向内行于腹外斜肌腱膜深面，进入腹股沟管后，行于精索的前上方，随精索穿出腹股沟管浅环，分布于男性阴囊或女性大阴唇上部的皮肤（图4-12）。

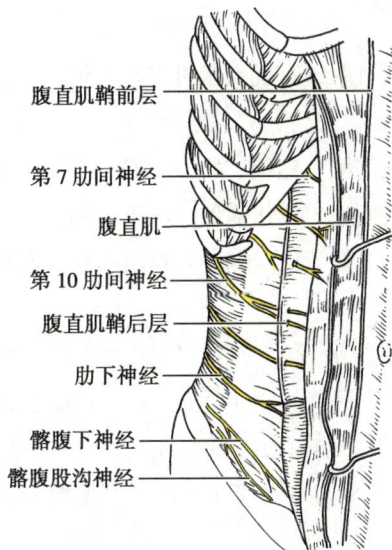

▲ 图4-11 腹前外侧壁的神经　　　▲ 图4-12 腹前壁下部的神经

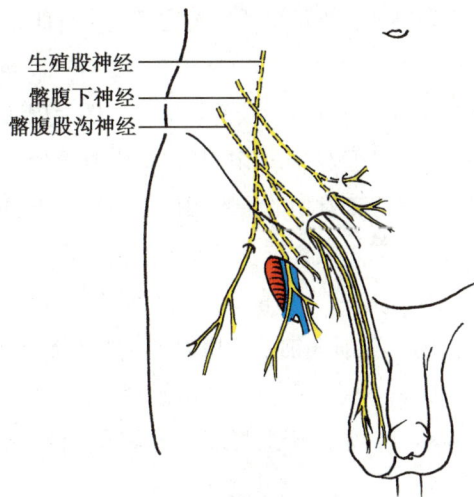

3. 生殖股神经生殖支 沿精索内侧走行，分布于提睾肌和肉膜（图4-12）。

四、腹前外侧壁常用手术切口的解剖

合适的切口选择对于充分显露手术视野和保证手术的顺利进行有重要意义，如切口的位置不当，会造成手术的困难，或引起各种并发症，因此切口的选择必须慎重考虑。腹壁切口的选择要遵循以下原则：① 切口的位置要距离病变部位较近，以较好地暴露病变器官；② 切口的长度要

适宜，以利于手术操作；③ 当手术视野需要扩大时，切口可向某一方向适当延长；④ 应尽量减少对各种组织，如肌、神经、血管等的损伤，减少对腹壁功能的影响；⑤ 切口尽可能与皮纹走行一致（图4-13）。

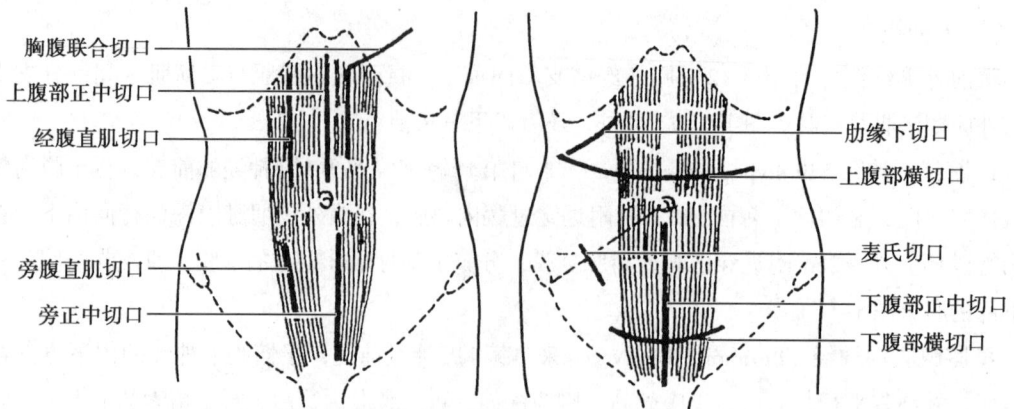

▲ 图4-13 腹前外侧壁手术切口示意

（一）纵切口（直切口）

除正中切口外，纵切口的层次均经过腹直肌鞘和腹直肌，其优点是可以扩大延长，缺点是比较容易裂开。

1. 正中切口 即通过白线的切口，层次为皮肤、浅筋膜、白线、腹横筋膜、腹膜外筋膜和壁腹膜。由于白线血管较少，正中切口损伤血管少，层次简单，操作简便，能迅速到达并较好地暴露手术器官，是腹部常用的手术切口之一。由于白线处的血液供应差，切口所承受两侧腹壁肌收缩时的张力大，切口愈合较差，可发生切口裂开或腹部疝。

2. 旁正中切口 为在前正中线旁开2cm处与正中线平行的切口，层次为皮肤、腹股沟韧带中点稍内侧腹直肌鞘前层、腹直肌、腹直肌鞘后层（弓状线以下无此层）、腹横筋膜、腹膜外筋膜和壁腹膜。旁正中切口损伤血管、神经和肌较少，切口血液供应丰富，且有肌保护，是较理想的纵切口，常用于上腹部外科手术。做右侧旁正中切口时应注意保护肝镰状韧带和肝圆韧带。

3. 经腹直肌切口 在腹直肌鞘的中央纵行切开。除将腹直肌正中纵行裂开后拉向两侧外，切开层次同旁正中切口。此切口损伤血管、神经和肌较多，故不如旁正中切口理想。

4. 旁腹直肌切口 循腹直肌外侧缘或稍内侧的纵切口。切口层次同旁正中切口，但游离腹直肌的外侧缘后将腹直肌拉向内侧。因有下6对肋间神经和血管经腹直肌外侧缘进入腹直肌内，该切口损伤血管和神经较多。

（二）斜切口

常在腹前外侧壁的扁肌区进行。

1. 肋缘下切口（Kocher切口） 自剑突下向外，在肋弓下缘下方约2.5cm处与肋弓平行，层次为皮肤、浅筋膜、肌层（腹外斜肌、腹内斜肌和腹横肌）、腹横筋膜、腹膜外筋膜和壁腹膜。

2. 麦氏（McBurney）切口　为阑尾切除术常用的切口，在右髂前上棘至脐连线的外、中 1/3 交点处做与该线垂直的切口。层次为皮肤、浅筋膜、腹外斜肌腱膜、腹内斜肌、腹横肌、腹横筋膜、腹膜外筋膜和壁腹膜。切口与腹外斜肌纤维走行一致，至肌层时，顺肌纤维方向分开三层扁肌。该切口可避免切开肌纤维和神经，故不会造成手术区腹壁变薄弱。

（三）横切口

沿皮纹横行切开腹前外侧壁的各层。横切口暴露手术视野范围大，能满足腹内巨大肿物的切除和较大的手术。横切口虽将肌横行切开，但一般不损伤神经，肌经缝合后仍能保持原有张力，不影响其正常功能。另外，由于按皮肤张力线切开，术后切口不易裂开。

（四）联合切口

1. 胸腹联合切口　在上腹部的旁正中切口或经腹直肌切口，如沿第 7 或第 8 肋间隙向上延长，同时切开肋软骨和膈。该切口有利于广泛暴露上腹部和胸腔的脏器。但操作较复杂，损伤组织较多。

2. 腹壁会阴联合切口　常在下腹部切开并加上会阴部切开，多用于直肠癌根治术。

理论与实践　　　　切口疝（incisional hernia）是发生在腹壁切口处的疝，临床上较常见。在各种常用的腹部切口中，最常发生切口疝的是经腹直肌切口，其次是腹壁正中切口和旁正中切口。腹壁切口疝多见于纵行切口的解剖学原因是：① 除腹直肌外，腹壁各层肌及腱膜、筋膜等组织的纤维大体上都是横行的，纵行切口必将切断这些纤维；② 缝合这些纤维时，缝线容易沿纤维方向滑脱，同时，缝合的组织受肌肉牵拉张力较大；③ 纵切口虽不切断腹直肌，但因肋间神经是由外上行向内下，可被切断，使腹壁强度减弱。除上述解剖学因素外，手术操作不当，尤其是切口感染所致局部组织坏死及术后腹压增加等也是发生切口疝的重要因素。

（张潜　魏建宏）

第三节　腹膜与腹膜腔

一、腹膜与腹膜腔分部

腹膜（peritoneum）为覆盖于腹、盆腔脏器表面和腹盆腔壁内的一层薄而光滑的浆膜，呈半透明状，由间皮及少量结缔组织构成。衬于腹、盆腔壁内表面的腹膜称为壁腹膜（parietal peritoneum）或腹膜壁层；由壁腹膜返折并覆盖于腹、盆腔脏器表面的部分称为脏腹膜（visceral peritoneum）或腹膜脏层。脏腹膜与壁腹膜相互延续、移行，共同围成不规则的潜在性腔隙，称为腹膜腔（peritoneal cavity），腔内有少量浆液（70~80ml），起润滑和减少脏器间摩擦的作用。男性腹膜腔为一封闭的腔隙；女性腹膜腔则借输卵管腹腔口，经输卵管、子宫、阴道与外界相通，因而女性腹膜腔的感染概率较大。

腹膜腔可分为大、小两腔。小腹膜腔即网膜囊，又称腹膜小囊，是位于小网膜和胃后方的腔隙；大腹膜腔则为网膜囊以外的腔隙，又称腹膜大囊，两者借网膜孔相互交通（图4-14）。

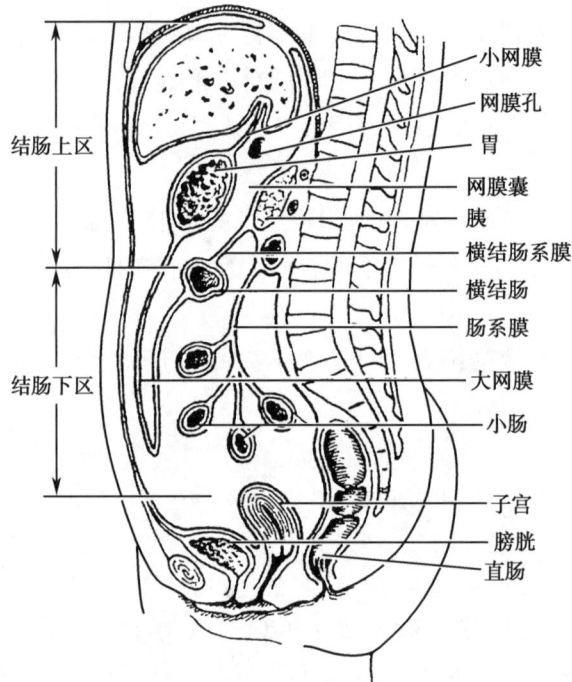

▲ 图4-14　腹膜腔的分区（旁矢状断面）

理论与实践　　　　腹膜具有分泌、吸收、防御、保护、支持、修复和固定脏器等功能，表面富有血管、淋巴管和神经。当细菌或内脏内容物进入腹腔后，腹膜立即产生反应，局部充血水肿，继而产生大量渗出液，以稀释腹腔内的毒素和减少刺激。渗出液中的纤维蛋白沉积在病变周围，防止炎症扩散和修复受损的组织，但也可发生粘连，致使肠管成角或扭曲，引起肠梗阻。脏、壁腹膜的感觉神经来源不同，壁腹膜源于下5位肋间神经和肋下神经，其对机械、化学、温热刺激引起的痛觉异常敏锐，故受炎症刺激时腹肌紧张或强直性收缩，局部出现压痛和反跳痛，以胃前壁穿孔和胆囊穿孔尤为明显。脏腹膜的感觉主要由内脏传入神经管理，对机械和温热的刺激不敏感，但对牵拉、膨胀、压迫等刺激比较敏感，其疼痛定位不准确。如胃后壁穿孔，胃内容物进入网膜囊内，网膜孔周缘的腹膜很快会发炎水肿而封闭网膜孔，因而胃后壁穿孔的腹膜刺激症状不明显，临床表现与急性胰腺炎类似。

二、腹膜与腹、盆腔脏器的关系

根据脏器被腹膜覆盖范围的大小不同，可将腹、盆腔脏器分为三类，即腹膜内位、间位和外位器官（图4-15）。

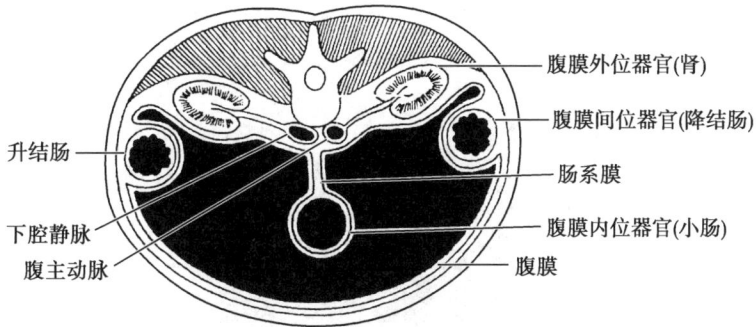

▲ 图4-15　腹膜与脏器的关系示意图（横断面）

1. **腹膜内位器官**　表面几乎全部被腹膜所覆盖的器官，如胃、十二指肠上部、空肠、回肠、盲肠、阑尾、横结肠、乙状结肠、脾、卵巢、输卵管等。这类器官主要借韧带或系膜连于腹后壁或其他脏器，活动性较大。

2. **腹膜间位器官**　大部分被腹膜覆盖的器官，如肝、胆囊、升结肠、降结肠、直肠上段、子宫、膀胱等。

3. **腹膜外位器官**　仅一面被腹膜覆盖的器官，如肾、肾上腺、输尿管、胰、十二指肠降部、十二指肠水平部、十二指肠升部、直肠中下部等。

了解脏器与腹膜的关系具有重要的临床意义，如腹膜内位器官的手术必须通过腹膜腔，而肾、输尿管等腹膜外位器官或子宫等腹膜间位器官的手术，不需要通过腹膜腔便可进行，从而避免腹膜腔的污染或术后粘连。

三、腹膜形成的网膜、系膜与韧带

壁腹膜与脏腹膜之间或脏腹膜之间相互移行，形成网膜、系膜和韧带等。这些结构不仅对器官起着连接和固定的作用，也是血管、神经出入脏器的途径。

（一）网膜

1. **小网膜（lesser omentum）**　自肝门向下移行至胃小弯和十二指肠上部的双层腹膜结构。可分为肝胃韧带（hepatogastric ligament）和肝十二指肠韧带（hepatoduodenal ligament），肝十二指肠韧带内有胆总管、肝固有动脉和肝门静脉。外伤性肝破裂时，压迫小网膜右侧部内的上述管道可暂时减少肝的出血（图4-16、图4-17）。

2. **大网膜（greater omentum）**　由连接于胃大弯和横结肠之间的四层腹膜构成（图4-15、图4-18），覆盖于空、回肠和横结肠的前方。胃前、后壁的脏腹膜自胃大弯和十二指肠上部向下延续构成了大网膜的前叶（双层腹膜），前两层向后上返折，形成大网膜的后叶（双层腹膜），连于横结肠并叠合成横结肠系膜，贴于腹后壁。连于胃大弯和横结肠之间的大网膜前两层形成胃结肠韧带（gastrocolic ligament），内含血管、脂肪和巨噬细胞，后者有重要的防御功能。活体上大网膜的下垂部分可移动位置，当腹膜腔内有炎症时，常由于大网膜的粘连、包绕而限制了炎症的扩散。小儿的大网膜较短不易发挥上述作用，故小儿常易患弥漫性腹膜炎。

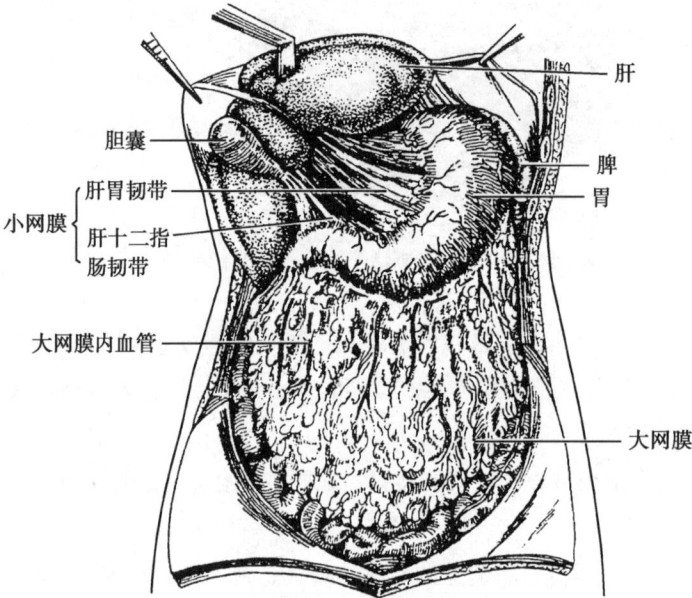

▲ 图4-16　网膜

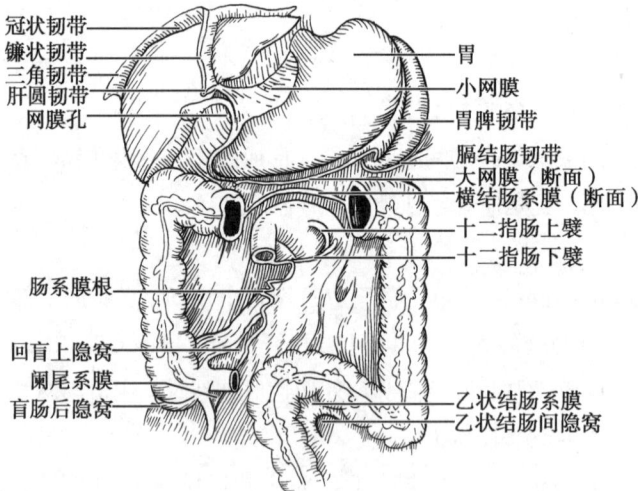

▲ 图4-17　腹膜形成的结构

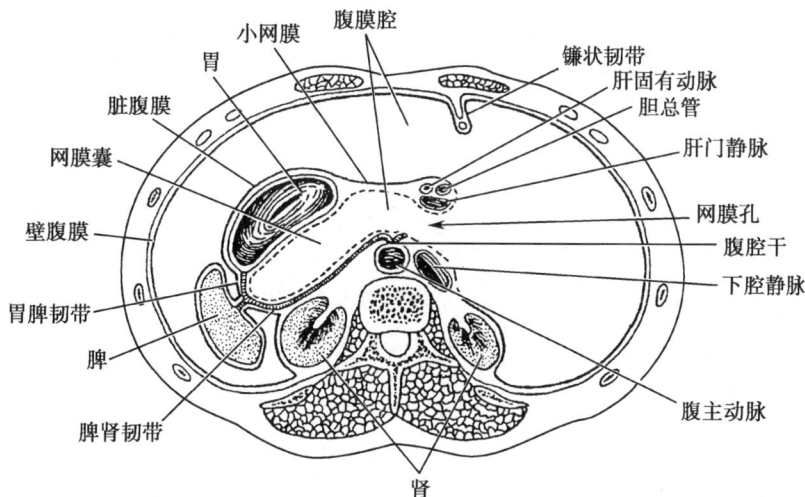

▲ 图4-18　腹膜腔横切面示意图（通过网膜孔）

图中标注（自左上顺时针）：小网膜、腹膜腔、镰状韧带、肝固有动脉、胆总管、肝门静脉、网膜孔、腹腔干、下腔静脉、腹主动脉、肾、脾肾韧带、脾、胃脾韧带、壁腹膜、网膜囊、脏腹膜、胃

理论与实践　　大网膜血供丰富，主要来源于胃网膜左动脉和胃网膜右动脉。胃网膜左动脉的外径平均为1.8mm，而胃网膜右动脉的外径为2.8mm。胃网膜左、右动脉在大网膜的前叶内相互吻合形成血管弓，并发出大网膜左动脉、大网膜右动脉、大网膜中动脉、大网膜副动脉和大网膜短动脉等，这些动脉在大网膜内互相吻合。大网膜的血管常作为心冠状动脉旁路移植术中的供体。整形外科中常使用带血管蒂的大网膜片铺盖胸、腹壁或颅骨创面作为植皮的基础。由于胃网膜右动脉较粗，故临床上多选择胃网膜右动脉，但右侧部脂肪多，大网膜肥厚，且与胰头、横结肠系膜相连，层次不清，分离较困难，手术时应谨慎。

3. 网膜囊（omental bursa）　是位于小网膜和胃后方与腹后壁腹膜之间的扁窄间隙，又称小腹膜腔。网膜囊有6个壁：上壁为尾状叶及膈；前壁为小网膜、胃后壁和胃结肠韧带；下壁为大网膜的前、后叶返折部；后壁为横结肠及其系膜，以及覆盖胰、左肾、左肾上腺等处的腹膜；左侧壁为脾、胃脾韧带和脾肾韧带；右侧借网膜孔与腹膜腔其余部分相通。

网膜囊位置较深，胃后壁穿孔时，胃内容物常局限于囊内，给早期诊断带来一定困难（图4-14、图4-18）。

4. 网膜孔（omental foramen）　又称温斯洛（Winslow）孔，是网膜囊与大腹膜腔之间的唯一通道，高度平第12胸椎体至第2腰椎体，可容1~2指通过。网膜孔的前界是肝十二指肠韧带，后界是覆盖下腔静脉前面的壁腹膜，上界是尾状叶，下界是十二指肠上部。

（二）系膜

由脏、壁腹膜相互移行而成，是将器官系连固定于腹、盆壁的双层腹膜结构，内含出入器官的血管、神经、淋巴管和淋巴结等（图4-17）。

1. 肠系膜（mesentery） 是将空、回肠系连固定于腹后壁的双层腹膜结构，呈扇形。附于腹后壁的部分称肠系膜根（radix of mesentery），它从第2腰椎左侧，斜向右下跨过脊柱及其前方结构，止于右骶髂关节前方，长约15cm，依次跨过十二指肠水平部、腹主动脉、下腔静脉、右侧输尿管和腰大肌。

2. 横结肠系膜（transverse mesocolon） 是将横结肠系连于腹后壁的双层腹膜结构。系膜内有中结肠血管及其分支、淋巴结、淋巴管和神经等。

3. 乙状结肠系膜（sigmoid mesocolon） 是将乙状结肠固定于左下腹部的双层腹膜结构，其内有乙状结肠血管、直肠上血管、淋巴结、淋巴管和神经等。该系膜较长，活动度较大，易发生肠扭转。

4. 阑尾系膜（mesoappendix） 呈三角形，为肠系膜下端延续至阑尾的部分，其游离缘内有阑尾血管、淋巴结、淋巴管和神经等。因此，行阑尾切除术时，应从系膜游离缘处结扎血管。

（三）韧带

系膜形成的韧带指连接腹、盆壁与脏器之间或连接相邻脏器之间的腹膜结构，对脏器有固定作用，有的韧带内含有血管和神经等。

1. 肝的韧带 肝下方有肝胃韧带和肝十二指肠韧带，肝上方有镰状韧带、冠状韧带和左、右三角韧带。镰状韧带偏中线右侧，镰状韧带下缘游离并增厚，由脐延伸至肝脏面，内含肝圆韧带（ligamentum teres hepatis）。脐上腹壁正中切口需要向脐方向延长时，应偏向中线左侧，避免伤及肝圆韧带及其血管。

2. 脾的韧带 包括胃脾韧带、脾肾韧带和膈脾韧带。胃脾韧带内含胃短血管和胃网膜左血管起始段及脾和胰的淋巴管、淋巴结等；脾肾韧带内有脾血管、淋巴管、神经和胰尾等，行脾切除术时，需要将此韧带切断后才能提出脾，同时要避免损伤胃短动脉，以免造成大出血（图4-18）。

3. 胃的韧带 包括肝胃韧带、胃脾韧带、胃结肠韧带和胃膈韧带等。

膈结肠韧带（phrenicocolic ligament）可固定结肠左曲并从下方承托脾（图4-17）。

四、腹膜隐窝和陷凹

（一）腹膜隐窝

腹、盆腔脏器之间或脏器与腹、盆壁之间的腹膜形成的隆起称腹膜襞（peritoneal folds）。在腹膜襞间或腹膜襞与腹、盆壁之间形成一些隐窝，常见的有十二指肠上隐窝（superior duodenal recess）、十二指肠下隐窝（inferior duodenal recess）等（图4-19）。

（二）腹膜陷凹

腹膜陷凹（pouch）主要在盆腔内，由覆盖盆腔脏器的腹膜相互移行形成。男性膀胱与直肠之间有直肠膀胱陷凹，女性膀胱与子宫之间有膀胱子宫陷凹，直肠与子宫之间有直肠子宫陷凹［又称道格拉斯（Douglas）腔］。站立或坐位时，直肠膀胱陷凹或直肠子宫陷凹是盆腔内腹膜腔的最低部位，所以腹膜腔内的渗出物或脓液多聚集于该部。直肠子宫陷凹的底与阴道穹后部紧密相邻，此陷凹积液或积脓时，可从阴道进行穿刺抽液（图4-20）。

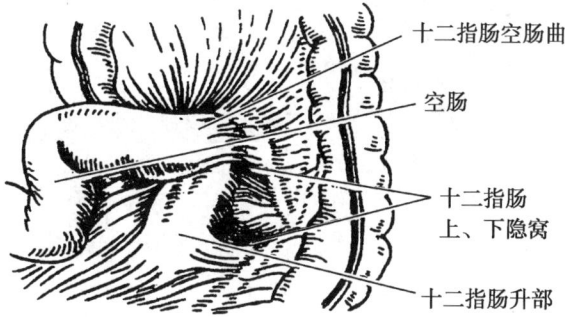

▲ 图4-19　十二指肠上、下隐窝

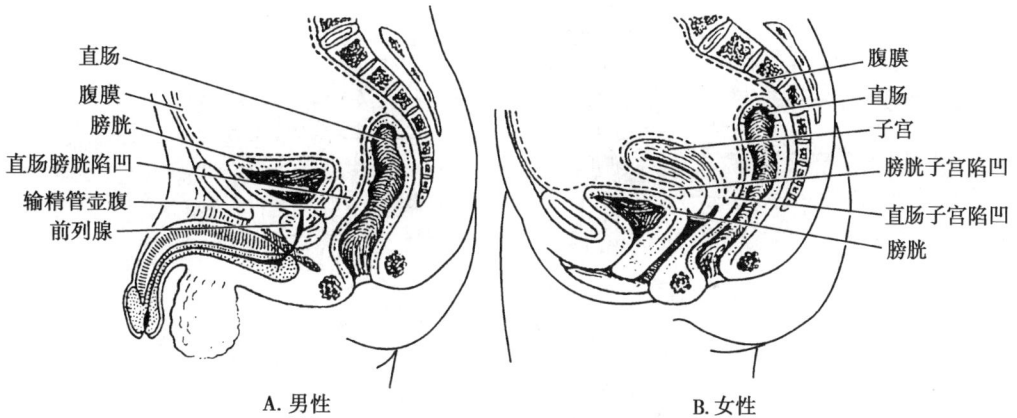

A. 男性　　　　　　　　　　　　　B. 女性

▲ 图4-20　男女盆腔矢状断面示腹膜与脏器的关系

五、腹膜腔的分区与间隙

腹膜腔以横结肠及其系膜为界分为结肠上区和结肠下区。

（一）结肠上区

结肠上区又称膈下间隙，介于横结肠及其系膜与膈之间。此间隙又被肝分为肝上间隙与肝下间隙。

1. 肝上间隙　借镰状韧带和左三角韧带分为右肝上间隙、左肝上前间隙和左肝上后间隙。

2. 肝下间隙　被肝圆韧带及与其相连的部分镰状韧带分为左、右肝下间隙。左肝下间隙又被小网膜和胃分为左肝下前间隙和左肝下后间隙，此外，还有膈下腹膜外间隙，处于膈与肝裸区之间（图4-21）。

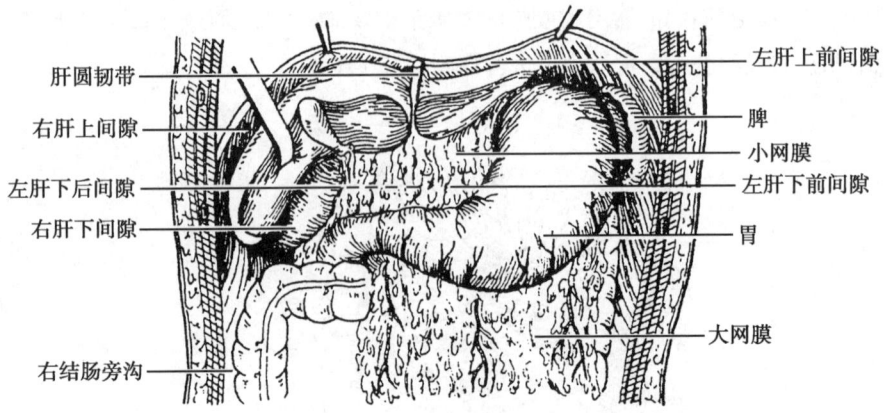

肝圆韧带　　　　　　　　　　　　　　　　　　　左肝上前间隙

右肝上间隙　　　　　　　　　　　　　　　　　　脾

左肝下后间隙　　　　　　　　　　　　　　　　　小网膜

右肝下间隙　　　　　　　　　　　　　　　　　　左肝下前间隙

　　　　　　　　　　　　　　　　　　　　　　　胃

右结肠旁沟　　　　　　　　　　　　　　　　　　大网膜

A. 前面

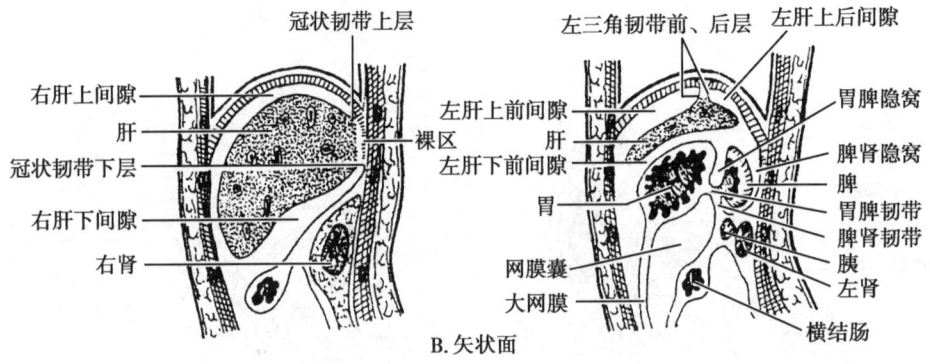

冠状韧带上层　　　　　　　左三角韧带前、后层　左肝上后间隙

右肝上间隙　　　　　　　　　左肝上前间隙　　　　胃脾隐窝

肝　　　　　　　　　裸区　　　肝　　　　　　　　脾肾隐窝

冠状韧带下层　　　　　　　　左肝下前间隙　　　　脾

右肝下间隙　　　　　　　　　胃　　　　　　　　　胃脾韧带

右肾　　　　　　　　　　　　　　　　　　　　　　脾肾韧带

　　　　　　　　　　　　　　网膜囊　　　　　　　胰

　　　　　　　　　　　　　　大网膜　　　　　　　左肾

　　　　　　　　　　　　　　　　　　　　　　　　横结肠

B. 矢状面

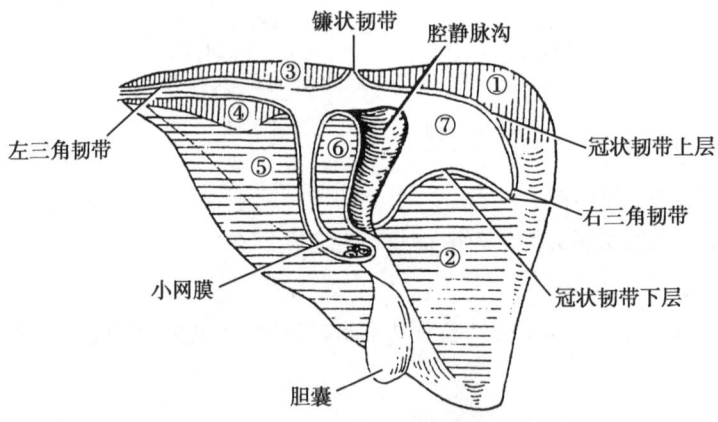

　　　　　　　　镰状韧带　　腔静脉沟

　　　　　　　　　　　　　　　　　　　　冠状韧带上层

左三角韧带　　　　　　　　　　　　　　　右三角韧带

小网膜　　　　　　　　　　　　　　　　　冠状韧带下层

　　　　　　　　　　胆囊

C. 后面

① 右肝上间隙；② 右肝下间隙；③ 左肝上前间隙；④ 左肝上后间隙；
⑤ 左肝下前间隙；⑥ 左肝下后间隙；⑦ 腹膜外间隙（裸区）。

▲ 图4-21　结肠上区

上述间隙中的任何一个发生脓肿时，均称膈下脓肿，其中以右肝上、下间隙脓肿较为多见。膈下腹膜外间隙常为肝穿刺行肝内胆管造影术的进针部位。

（二）结肠下区

此区主要有十二指肠下半部、十二指肠空肠曲、空肠、回肠和结肠等，包括右结肠旁沟、左结肠旁沟与右肠系膜窦、左肠系膜窦四个间隙。

1. 右结肠旁沟　位于升结肠右侧与腹侧壁的壁腹膜之间，向上通向右肝下间隙（肝肾隐窝），向下通向盆腔。

2. 左结肠旁沟　位于降结肠左侧与腹侧壁的壁腹膜之间，向上有左膈结肠韧带，因而与结肠上区不相通，向下与盆腔相通。

3. 右肠系膜窦　为肠系膜根与升结肠间的三角形间隙，此窦周围几乎是封闭的，如有炎症时，其渗出液往往积聚在局部，形成肠间脓肿或局限性腹膜炎。

4. 左肠系膜窦　为肠系膜根与降结肠之间的斜方形间隙，向下与盆腔相通，因此积液或感染可直接扩散至盆腔（图4-22）。

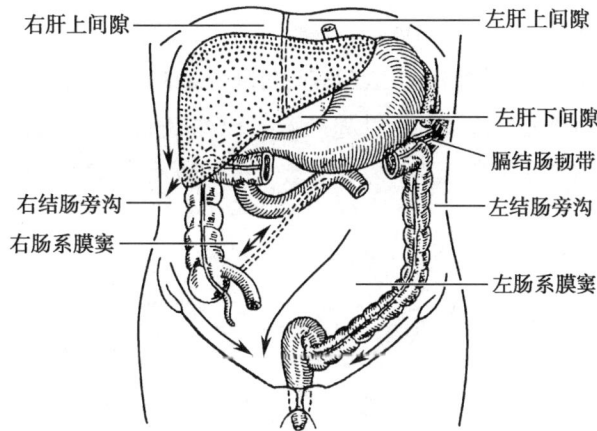

▲ 图4-22　腹膜腔的沟通

理论与实践　　　了解腹膜形成的间隙、沟、窦和隐窝等，对熟悉腹膜炎症蔓延的途径非常重要。如胃前壁或十二指肠穿孔时，漏出物可波及左肝下前间隙和右肝下间隙并可进入大腹膜腔。急性阑尾穿孔时，漏出物或脓液可沿右结肠旁沟向上流入右肝下间隙，也可向上达右肝上间隙，二者须仔细鉴别。如腹膜腔脓液较多时采取半卧位，则会因为膈和腹内脏器随呼吸而上、下运动，产生类似唧筒作用，可使脓液沿右结肠旁沟上升至膈下，从而有可能形成膈下脓肿。

案例4-2　　　患者，男，24岁，急性剧烈腹痛，出现板状腹，X线示膈下游离气体。行诊断性腹腔穿刺，抽出液含食物残渣。初步诊断为胃溃疡后壁穿孔。

思考：

1. 该穿孔内容物最先进入的腔隙是什么？
2. 其邻近组织器官有哪些？

（张潜　魏建宏）

第四节　结肠上区

一、胃

胃（stomach）是消化管各部中最膨大的部分，上连食管，下续十二指肠，其形态、大小和位置因充盈程度、体位及体型等状况而不同。在中等充盈时，成人胃的容量约 1 500ml。

（一）位置与毗邻

胃中度充盈时，大部分位于左季肋区，小部分位于腹上区。胃贲门在第 11 胸椎左侧，幽门在第 1 腰椎下缘右侧。活体胃的位置常因体位、呼吸及胃的充盈程度而变化，直立、吸气或胃内充盈时，胃向下移位，胃大弯可降至脐下，幽门有时可降至第 3 腰椎水平。

胃前壁右侧份邻接左半肝，左侧份上部邻接膈，下部接触腹前壁，此部称为游离区，又称胃裸区。胃后壁隔网膜囊与胰、左肾上腺、左肾、脾、横结肠及其系膜相毗邻，这些器官共同形成胃床（图 4-23）。

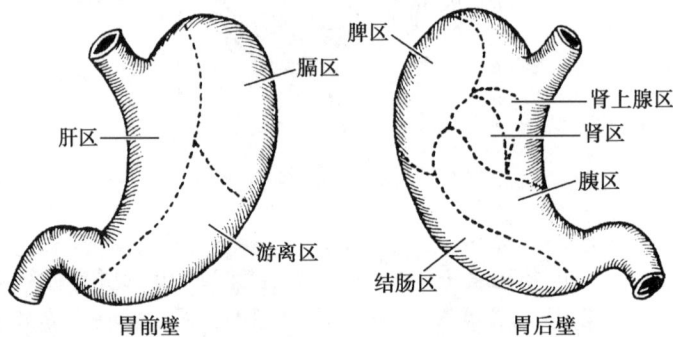

膈区
脾区
肝区
肾上腺区
肾区
胰区
游离区
结肠区
胃前壁
胃后壁

▲ 图 4-23　胃的毗邻

（二）胃的形态与分部

胃有入、出两个口，入口为贲门，与食管连接，出口为幽门，接续十二指肠；胃有两个弯，即胃小弯和胃大弯；胃有两个壁，即胃前壁和胃后壁。

胃可分为 4 部，即贲门部、胃底、胃体和幽门部。胃贲门周围的部分称贲门部。从贲门平面向左上方膨出部分，称胃底，临床上称为胃穹隆。在胃小弯近幽门处有一角状弯曲称角切迹。贲门部以下，角切迹以上部分为胃体。角切迹右侧至幽门的部分称幽门部，该部又借胃大弯侧的中间沟分为左侧的幽门窦和右侧的幽门管两部分。幽门与十二指肠相接处的表面有一环状浅沟，有幽门前静脉通过。

理论与实践　　　　　　胃是消化管道的重要组成部分，位于食管和小肠之间。胃有丰富的血管和淋巴管，并接受交感神经和副交感神经支配。交感神经来自腹腔神经节，副交感神经为迷走神经。胃功能有吸纳食物、调和食物、分泌胃液，以及内分泌功能，可产生激素，促进肠胃活动。

　　思考：胃在消化食物时具有机械性消化和化学性消化两方面功能。胃这两方面的消化功能是基于什么解剖学结构？

（三）血供

1. 胃的动脉　胃的动脉来自腹腔干及其分支，先沿胃大、小弯形成两个动脉弓，再由动脉弓发出许多分支至胃前、后壁（图4-24、图4-25），在胃壁内进一步分支，吻合成网。

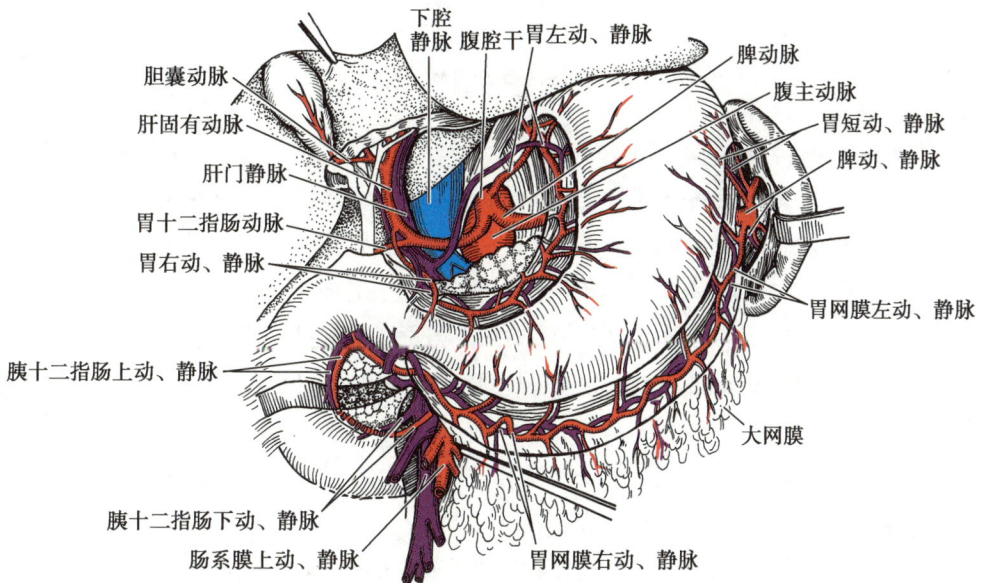

▲ 图4-24　胃的血管（前面）

（1）胃左动脉（left gastric artery）：起于腹腔干，向左上方至贲门附近，转向前下，在肝胃韧带内沿胃小弯右行，终支多与胃右动脉吻合。胃左动脉在贲门处分支营养食管；行经胃小弯时发5~6支至胃前、后壁，胃次全切除术（又称胃大部切除术）常在第1、2胃壁分支间切断胃小弯。偶尔肝固有动脉左支或副肝左动脉起于胃左动脉，胃手术时勿盲目结扎。

（2）胃右动脉（right gastric artery）：起于肝固有动脉，或起于肝固有动脉左支、肝总动脉、胃十二指肠动脉，下行至幽门上缘，然后转向左上，在肝胃韧带两层之间沿胃小弯走行，与胃左动脉吻合，沿途分支至胃前、后壁。

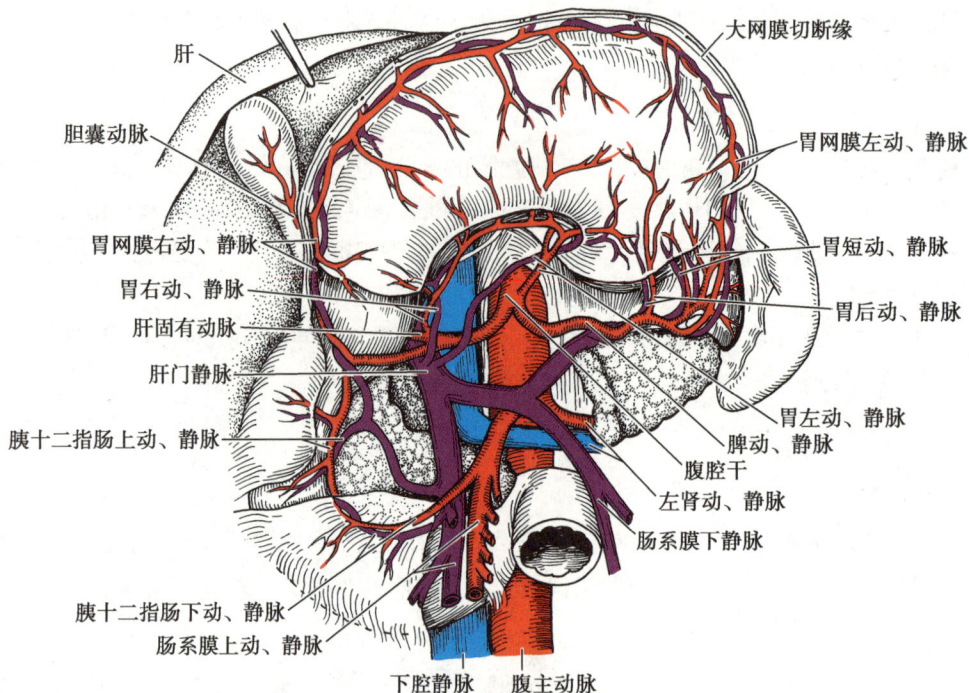

胆囊动脉
肝
胃网膜右动、静脉
胃右动、静脉
肝固有动脉
肝门静脉
胰十二指肠上动、静脉
胰十二指肠下动、静脉
肠系膜上动、静脉
下腔静脉
腹主动脉
大网膜切断缘
胃网膜左动、静脉
胃短动、静脉
胃后动、静脉
胃左动、静脉
脾动、静脉
腹腔干
左肾动、静脉
肠系膜下静脉

▲ 图4-25　胃的血管（后面）

（3）胃网膜右动脉（right gastroepiploic artery）：由胃十二指肠动脉发出后，在大网膜前两层之间沿胃大弯下缘向左行，终支与胃网膜左动脉吻合成胃小弯动脉弓，沿途发出分支至胃前、后壁和大网膜。

（4）胃网膜左动脉（left gastroepiploic artery）：由脾动脉发出后，经胃脾韧带入大网膜前叶两层腹膜间，沿胃大弯右行，终支多与胃网膜右动脉吻合，形成胃大弯动脉弓，行程中分支至胃前、后壁和大网膜。胃次全切除术常从其第1胃壁支与胃短动脉间在胃大弯侧切断胃壁。

（5）胃短动脉（short gastric artery）：由脾动脉末端或脾支发出，一般3~5支，经胃脾韧带至胃底前、后壁。

（6）胃后动脉（posterior gastric artery）：出现率约72%，大多1~2支，起于脾动脉，上行于网膜囊后壁腹膜后方，经胃膈韧带至胃底后壁。

此外，左膈下动脉也可发出1~2条小支分布于胃底上部和贲门，这些小支对胃次全切除术后保证残胃的血供有一定意义。

2. 静脉　与同名动脉伴行，最后均汇入肝门静脉系统。胃网膜右静脉汇入肠系膜上静脉，胃网膜左静脉和胃短静脉汇入脾静脉。胃左静脉和胃右静脉汇入肝门静脉。在肝门静脉高压时，血液可经胃左静脉、食管静脉、半奇静脉和奇静脉回流入上腔静脉。

理论与实践　　　　胃的血液供应十分丰富。一般情况下，胃的动脉完全来自腹腔干并经贲门和幽门两端到达胃，与同名静脉伴行，沿胃大、小弯形成动脉弓，分支分布于胃前、后壁，在胃黏膜下层内，动脉各分支彼此广泛吻合形成黏膜下丛和侧支循环。因此在施行胃次全切除术时，虽然结扎了胃左、右血管和胃网膜右血管，胃的残部仍可依赖胃网膜左动脉和胃短动脉来供应充足的血液。胃次全切除术后，致命的残胃缺血性坏死是极少见的，如果发生，多由胃短动脉和胃网膜左动脉硬化闭塞所致。胃大部分黏膜都由黏膜下丛分支供血，使得胃黏膜获得丰富的血液供应，因此，较小的表浅溃疡或糜烂可能造成大量出血。然而，在胃小弯处的黏膜由胃左、右动脉的分支穿过肌层和黏膜下层直接分布，且该处血管网细小，吻合少，在肌肉收缩时易引起胃小弯黏膜、黏膜下层供血不足，甚至缺血，这是该处好发溃疡的解剖学因素，一旦该处的溃疡大出血常不易自行止血。

（四）淋巴引流

胃的淋巴引流可分4个方向（图4-26）。

1. 胃小弯近侧2/3的胃前、后壁，胃底右侧及贲门部的淋巴管汇入沿胃左血管排列的胃左淋巴结。

2. 胃底大部、胃大弯侧左侧部的淋巴管注入位于脾门附近的脾淋巴结和胃网膜左淋巴结。

3. 胃幽门小弯远侧1/3胃前、后壁的淋巴管注入位于幽门上方和幽门部上缘的幽门上淋巴结和胃右淋巴结。

4. 幽门部大弯侧和胃体大弯远侧2/3胃前、后壁的淋巴管注入沿胃网膜右血管排列的胃网膜右淋巴结和幽门下淋巴结。

上述各淋巴结的输出淋巴管均注入腹腔淋巴结。胃各区的淋巴管之间存在广泛吻合，所以一个区域的癌变可累及其他区域相应的淋巴结。

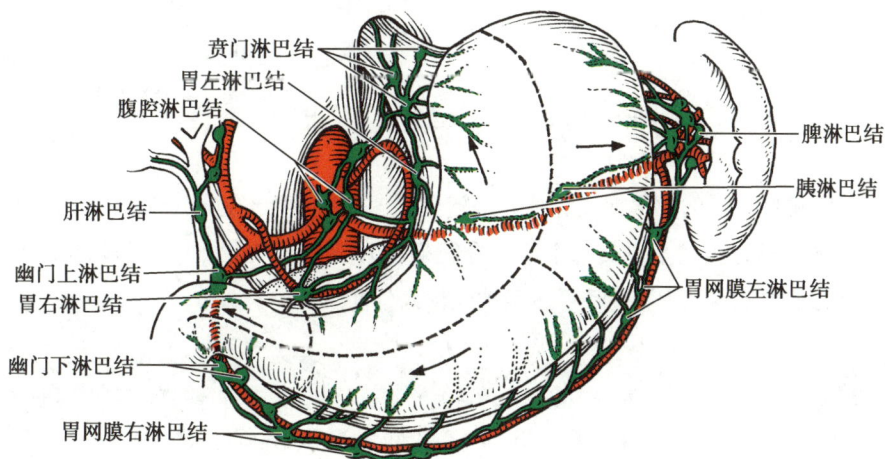

▲ 图4-26 胃的淋巴引流

（五）神经

胃的运动神经有交感神经和副交感神经，感觉神经为内脏感觉神经。

1. 交感神经 胃的交感神经节前纤维起于第6~10胸节脊髓灰质侧角，经白交通支穿经交感干，经内脏大、小神经至腹腔神经丛内腹腔神经节，节后纤维随腹腔干的分支至胃壁。交感神经可抑制胃的蠕动和分泌，增强幽门括约肌的张力，并使胃的血管收缩。

2. 副交感神经　胃的副交感神经节前纤维来自迷走神经背核。左迷走神经在食管下端延续为前干，下行于食管腹部前面，到达胃贲门处分为肝支与胃前支。肝支在小网膜内右行入肝丛。胃前支伴胃左动脉在小网膜内距胃小弯约1cm处右行，沿途发出4~6条小支至胃前壁，最后在角切迹附近以鸦爪形分支分布于幽门窦及幽门管的前壁。右迷走神经延续的后干贴食管腹部右后方下行，至贲门处分为腹腔支和胃后支。腹腔支沿胃左动脉始段入腹腔丛；胃后支沿胃小弯深面右行，分支分布于胃后壁，最后也以鸦爪形分支分布于幽门窦及幽门管的后壁（图4-27）。迷走神经各胃支在胃壁神经丛内换元，发出节后纤维支配胃腺与肌层，可促进胃酸和胃蛋白酶的分泌并增强胃的运动。

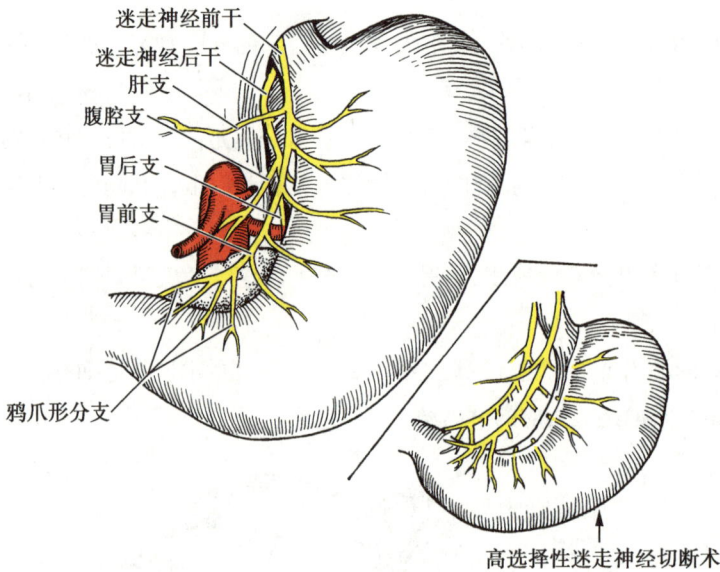

迷走神经前干
迷走神经后干
肝支
腹腔支
胃后支
胃前支

鸦爪形分支

高选择性迷走神经切断术

▲ 图4-27　胃的迷走神经

3. 胃的感觉神经　胃的感觉神经纤维分别随交感、副交感神经进入脊髓和延髓。胃的痛觉冲动主要随交感神经通过腹腔丛、交感干传入脊髓第6~10胸节。胃手术时，封闭腹腔丛可阻滞痛觉的传入。胃的牵拉感和饥饿感冲动经迷走神经传入延髓。

理论与实践　　　　　　胃酸过多是形成胃溃疡的重要因素。迷走神经兴奋时可以促进胃酸分泌，所以临床上施行胃迷走神经切断术的目的是降低胃酸分泌和减轻症状，以促进溃疡愈合。胃迷走神经切断术有以下3种术式。① 迷走神经干切断术：将食管下端的迷走神经前、后干及其所有分支全部切断。这种术式能消除胃酸的分泌，但同时也使迷走神经支配的脏器发生功能失调，术后出现胃张力减退、排空延迟，肝、胰功能障碍，小肠功能失调等。因此，目前已不采用此术式。② 选择性迷走神经切断术：在胃贲门远侧切断胃前、后支，保留肝支和腹腔支，可避免肝、胆及小肠的功能活动受影响，但胃排空障碍仍未能解决。为了减少胃酸并避免胃排空延迟，常需要同时行胃窦切除术。③ 高选择性迷走神经切断术：在胃小弯切断胃前后、支，同时切断食管下

端、贲门壁上的小分支，保留分布于幽门部的鸦爪形分支。这种术式切断了支配胃近侧 2/3 壁细胞的支配神经，所以又称壁细胞迷走神经切断术。这种术式既可减少胃酸分泌，达到治疗溃疡的目的，又可保留胃的排空功能，避免肝、胆、胰、肠的功能障碍，是当前治疗胃十二指肠溃疡的常用术式（图 4-27）。

二、十二指肠

十二指肠（duodenum）是小肠上段的一部分，长 20~25cm，其上端始于幽门，下端至十二指肠空肠曲续于空肠，整体呈"C"形弯曲，包绕胰头。除始、末两端外，均在腹膜后间隙，紧贴腹后壁第 1~3 腰椎的右前方。十二指肠按走向分为十二指肠上部、降部、水平部与升部 4 部（图 4-28、图 4-29）。

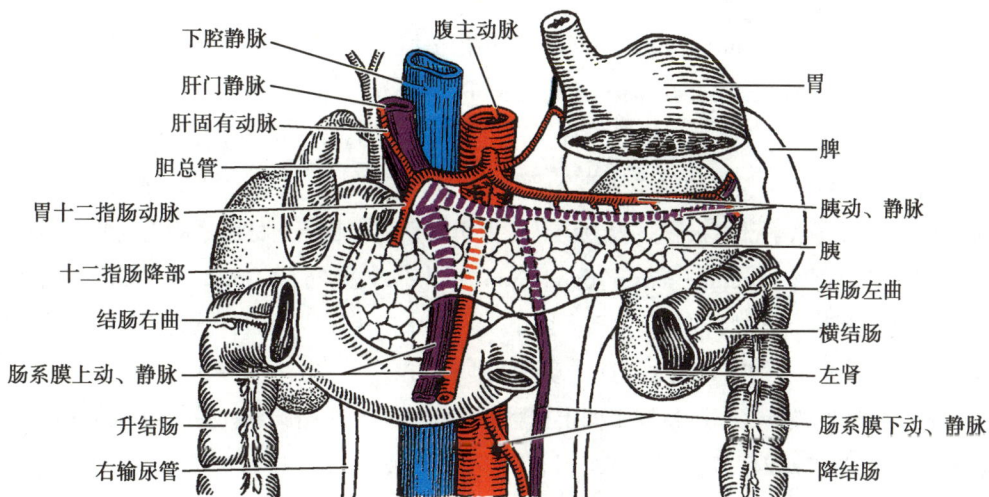

▲ 图 4-28　十二指肠毗邻

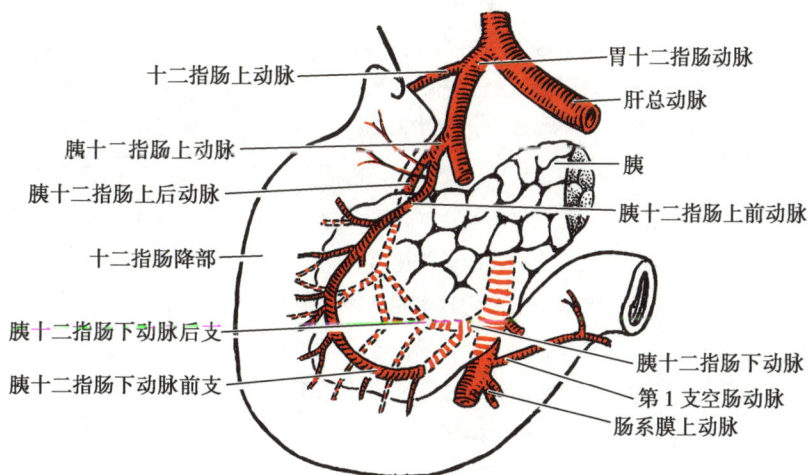

▲ 图 4-29　十二指肠的动脉

（一）位置与毗邻

1. **十二指肠上部**（superior part of duodenum） 长4~5cm，位于第12胸椎和第1腰椎交界处的右侧。起自胃的幽门，几乎呈水平行向右后方，至肝门下方、胆囊颈的后下方急转向下移行于十二指肠降部。移行部的弯曲为十二指肠上曲。此部的前上方与方叶和胆囊相邻；下方为胰头和胰颈；后方有胃十二指肠动脉、胆总管、肝门静脉和下腔静脉。此部的近侧段为十二指肠球部（duodenal bulb of duodenum），其前壁是十二指肠溃疡的好发部位。胆囊炎时，胆囊常与此部互相粘连，手术时需要注意。

2. **十二指肠降部**（descending part of duodenum） 长7~8cm，自十二指肠上曲起始，沿第2腰椎右侧垂直下行，至第3腰椎下缘处急转向左移行为十二指肠水平部。移行部的弯曲称十二指肠下曲。此部的前外侧有腹膜覆盖，所以在手术时将其外侧的腹膜切开即可游离此部。

十二指肠降部内侧紧贴胰头、胰管及胆总管；外侧与结肠右曲相邻；前方有横结肠及其系膜跨过；后方邻右肾内侧部、右肾门、右肾血管及右输尿管。胆总管与胰管穿入十二指肠降部汇合成肝胰壶腹［又称法特（Vater）壶腹］并开口于后内侧壁的十二指肠大乳头。

3. **十二指肠水平部**（horizontal part of duodenum） 此部长10~12cm，自十二指肠下曲，从右向左横行至第3腰椎左侧续于十二指肠升部。十二指肠水平部为腹膜外位器官，上方为胰，后方有右输尿管、下腔静脉及腹主动脉。从胰下缘穿出的肠系膜上动、静脉紧贴此部前面下行，在某些情况下，十二指肠水平部可被肠系膜上动脉压迫引起梗阻，临床上称肠系膜上动脉综合征。

4. **十二指肠升部**（ascending part of duodenum） 此部最短，长2~3cm，由十二指肠水平部开始沿脊柱左侧向上升至第2腰椎左侧急转向前下，形成十二指肠空肠曲，续为空肠（图4-19、图4-29）。十二指肠升部右侧毗邻胰头和腹主动脉。

十二指肠空肠曲被十二指肠悬韧带固定在膈肌右脚上。十二指肠悬韧带（suspensory ligament of duodenum）又称Treitz韧带，由纤维组织和肌组织构成，从十二指肠空肠曲上面向上连至膈肌右脚，有上提和固定十二指肠空肠曲的作用，它是手术时确定空肠起始部的重要标志。

理论与实践 十二指肠上部前邻肝、胆囊，后邻胆总管的十二指肠后段、胃十二指肠动脉和肝门静脉，该部近侧是十二指肠溃疡的好发部位。若该部的前壁溃疡时，可与胆囊和肝发生粘连；若后壁溃疡并有严重瘢痕时也可与胆总管粘连。因此行十二指肠上部广泛切除术时，应注意避免损伤胆囊或胆总管。若该部后壁溃疡侵蚀胃十二指肠动脉及其分支，可引起致命性的动脉破裂大出血，且很难自行止血，即使是暂时停止出血，也由于胃肠蠕动及胃十二指肠内容物刺激，仍可再次出血，应引起足够的重视。十二指肠降部的前面有结肠右曲横过，后方邻接右肾，因此行右半结肠切除术或右肾切除术时，要注意勿损伤十二指肠降部。十二指肠水平部前面有肠系膜上动脉跨过，后方有腹主动脉，因该部介于肠系膜上动脉与腹主动脉的夹角中，所以当肠系膜上动脉起点过低时，可能会压迫十二指肠水平部而引起梗阻，临床上称肠系膜上动脉综合征（又称Wilkie综合征），其典型表现为餐后上腹部胀痛或绞痛，俯卧位或胸膝位可以减轻或缓解症状。

（二）血管、淋巴和神经

1. **动脉**　主要来自胰十二指肠上、下动脉。胰十二指肠上动脉起于胃十二指肠动脉，分为前、后两支沿胰头右缘的前、后方下行。胰十二指肠下动脉起于肠系膜上动脉，也分为前、后两支，向上与胰十二指肠上动脉的前、后两支吻合成前、后两动脉弓。从动脉弓上发出许多细小分支，供应十二指肠和胰头（图4-29）。

2. **静脉**　多与动脉伴行，汇入肠系膜上静脉。在十二指肠上部，后支汇入肝门静脉。

3. **淋巴回流**　主要汇入胰十二指肠前、后淋巴结，其输出淋巴管至腹腔淋巴结和肠系膜上淋巴结。

4. **神经**　十二指肠的交感神经纤维和迷走神经的副交感神经主要来自肠系膜上丛和腹腔丛，伴随胰十二指肠上、下动脉至十二指肠。

理论与实践　　　　胃溃疡和十二指肠溃疡同时存在称为复合性溃疡，占溃疡病患者的5%左右。多数患者先患十二指肠溃疡，从而导致功能性幽门梗阻，引起排空延迟，胃扩张而刺激促胃液素（又称胃泌素）分泌，使胃酸分泌增多，幽门功能不良致十二指肠液反流入胃，反复刺激胃而形成胃溃疡。复合性溃疡患者也有胃溃疡的发生先于十二指肠溃疡的，但比例很小，复合性溃疡男性多于女性。此病出血的发生率较高，但恶变率较低。

思考：胃溃疡好发于胃小弯近幽门部，尤其在胃窦部小弯处多见。十二指肠溃疡好发于十二指肠球部前、后壁，前壁比后壁更多见。运用所学的解剖学知识解释：

1. 为什么胃溃疡好发于胃小弯近幽门部，十二指肠溃疡好发于十二指肠球部前、后壁？
2. 近十多年来的大量研究充分证明，消化性溃疡的主要病因是什么？
3. 当前治疗胃十二指肠溃疡的最常用手术方式是哪一种？

三、肝胆系统

（一）肝

肝（liver）是人体最大的腺体，我国成年男性肝的重量为1 230~1 450g，女性为1 100~1 300g。肝的左右径 × 上下径 × 前后径平均为258mm × 152mm × 58mm。

1. **形态与结构**　肝的上面又称膈面，借镰状韧带分为较大的右叶和较小的左叶。肝的下面又称脏面，借呈"H"状的沟分为右纵沟以右的肝右叶，左纵沟以左的肝左叶，两侧纵沟之间横沟以前的方叶和横沟以后的尾状叶。右纵沟前部为胆囊窝，后部为腔静脉沟。左纵沟前部有肝圆韧带，后部有静脉韧带。横沟又称肝门（porta hepatis）或第一肝门（图4-30），有肝左、右管，肝门静脉左、右支，肝固有动脉左、右支，淋巴管及神经等出入。这些出入肝门的结构被包于结缔组织内，称为肝蒂（hepatic pedicle）（图4-31），走行于肝十二指肠韧带内。在网膜孔处，胆总管位于右前方，肝固有动脉位于左前方，肝门静脉位于两者间的后方；在肝门处，肝左、右管在前，肝固有动脉左、右支居中，肝门静脉左、右支居后，三类管道汇合点以肝左、右管的汇合点最高，紧贴横沟，肝门静脉的分叉点次之，肝固有动脉的分叉点最低。肝的膈面腔静脉沟的上部，肝左、中、右静脉出肝处称为第二肝门，被冠状韧带的上层所覆盖。其在肝外的标志是沿肝镰状韧带作向上后方的延长线，正对着肝左静脉或肝左、中静脉合干后汇入下腔静脉处，因此术中暴露第二肝门时可按此标志寻找（图4-32、图4-33）。腔静脉沟的下部，有来自右半肝后部的肝右后静脉和尾状叶的尾状叶静脉汇入，该部位称为第三肝门（图4-33）。

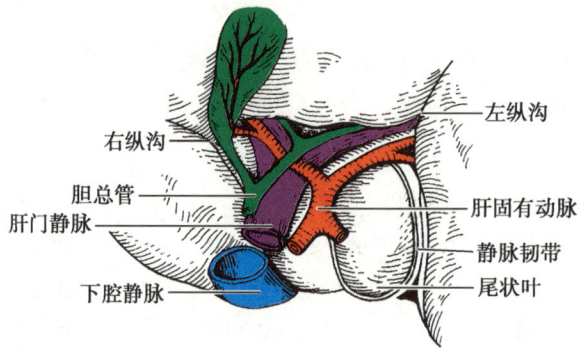

右纵沟
胆总管
肝门静脉
下腔静脉
左纵沟
肝固有动脉
静脉韧带
尾状叶

▲ 图4-30　第一肝门

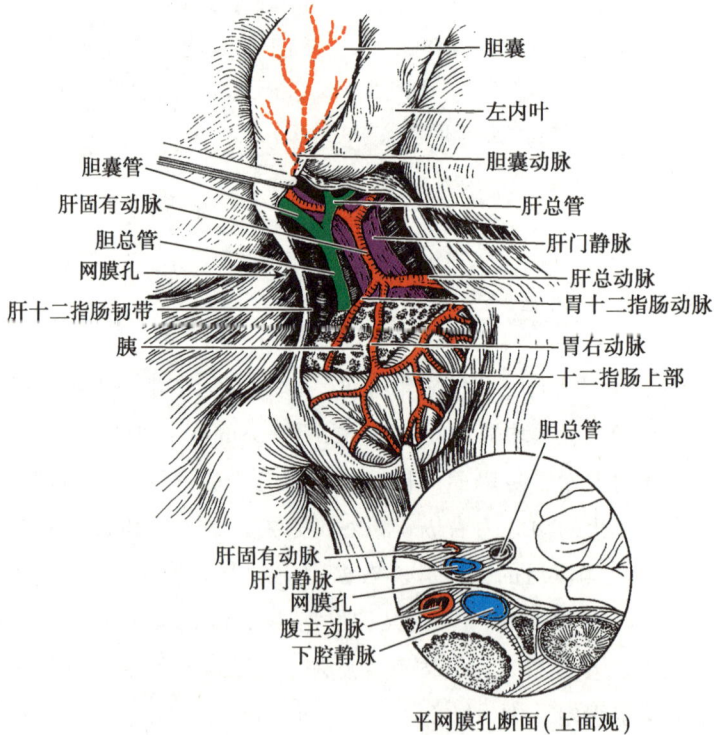

胆囊
左内叶
胆囊管
肝固有动脉
胆总管
网膜孔
肝十二指肠韧带
胰
胆囊动脉
肝总管
肝门静脉
肝总动脉
胃十二指肠动脉
胃右动脉
十二指肠上部
胆总管
肝固有动脉
肝门静脉
网膜孔
腹主动脉
下腔静脉

平网膜孔断面（上面观）

▲ 图4-31　肝蒂的组成

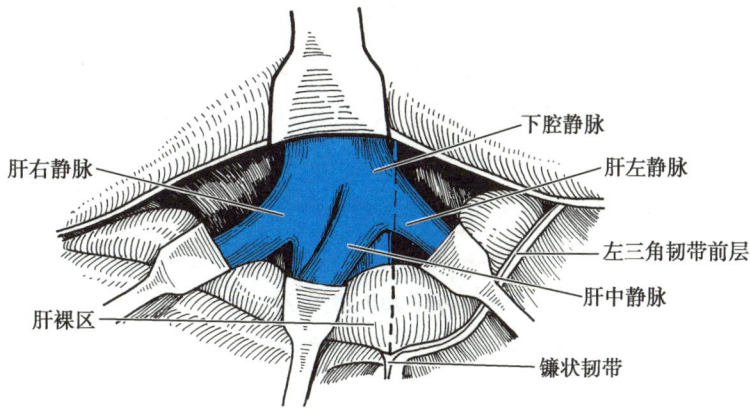

▲ 图4-32　第二肝门（虚线示镰状韧带的延长线）

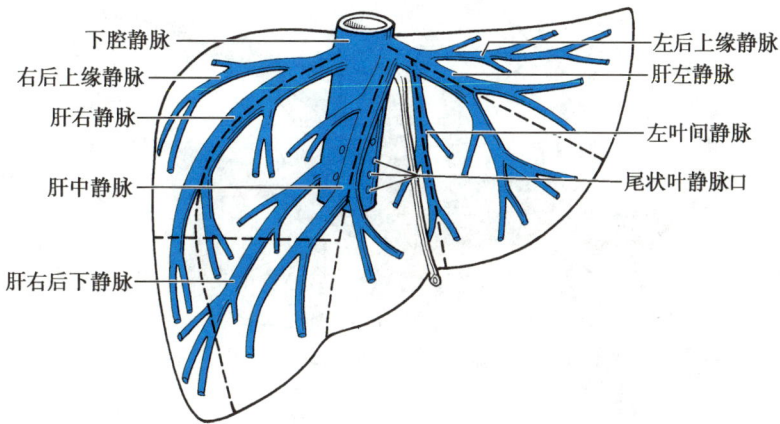

▲ 图4-33　第三肝门

2. 位置与毗邻　肝大部分位于右季肋区和腹上区，小部分位于左季肋区，肝膈面在左、右肋弓间的部分与腹前壁相贴。

肝上方为膈，膈上为胸膜腔、右肺及心，所以肝脓肿有时可与膈粘连，甚至穿破膈而入胸膜腔。肝左叶下面与胃前壁相邻，后上部邻接食管腹部。右叶下面的前部与结肠右曲相接，中部近肝门处邻接十二指肠上曲，后部邻接右肾上腺和右肾。

肝的体表投影：肝的上界与膈穹隆一致，在右锁骨中线上平第5肋，在前正中线上经剑胸结合处，左锁骨中线平第5肋间隙。肝下界即肝下缘，在右锁骨中线的右侧，肝下缘与右肋弓一致，在前正中线上位于剑突下2~3cm，在左肋弓第7、8肋软骨结合处移行为上界。

3. 分叶与分段

（1）肝段的概念：肝内管道可分为肝静脉系统和Glisson系统两部分。肝静脉系统包括肝右静脉、肝中静脉、肝左静脉3条大的肝静脉和肝右后静脉、尾状叶静脉等多条小的肝静脉（图4-33）；Glisson系统由血管周围的纤维囊（Glisson囊）包绕肝门静脉、肝动脉和肝管所形成，三者在肝内分支和分布基本一致（图4-34）。传统上，肝借外形可分为左叶、右叶、方叶和尾状叶，然而这种分叶方法与肝内管道的分布规律不相符合，不能对肝脏疾病进行较为准确的定位诊断，也不适应肝外科手术治疗的要求。肝段是依据Glisson系统分支与分布和肝静脉系统行走划分的，Glisson系统分布于肝段内，而肝静脉行走于肝段之间，肝脏外科可依据这种分段方式施行半肝、肝叶或肝段切除术。肝段划分法至今尚无统一的意见，但目前国际上多采用Couinaud肝分段法，把肝分为左、右半肝，进而再分为五叶和八段（图4-35、图4-36）。

（2）肝叶、肝段划分法：在肝腐蚀铸型标本中可见有些部位缺少Glisson系统分布，这些部位称肝裂，是肝叶与肝叶之间和肝段与肝段之间的分界线，肝内有正中裂、右叶间裂、左叶间裂3个叶间裂和右段间裂、左段间裂、背裂3个段间裂（图4-34、图4-36）。

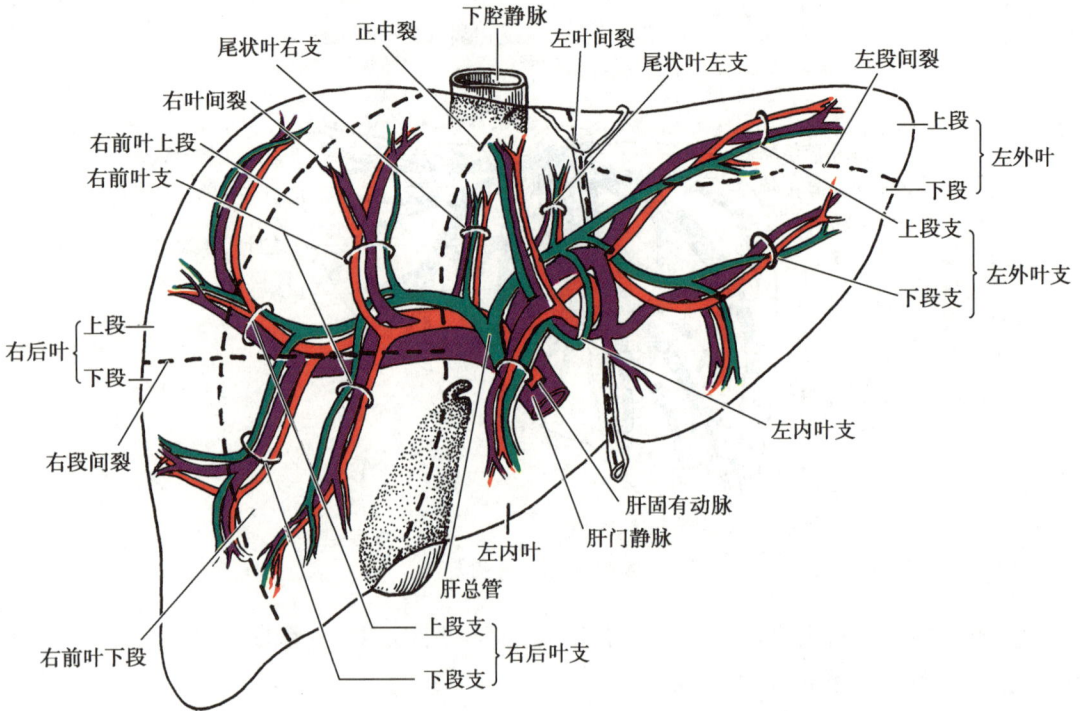

▲ 图4-34　Glisson系统在肝内的分支

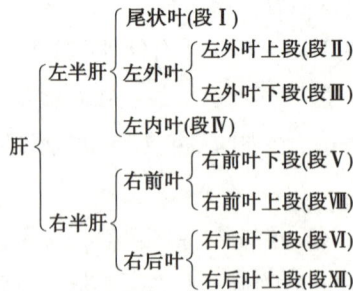

▲ 图4-35　Couinaude肝段

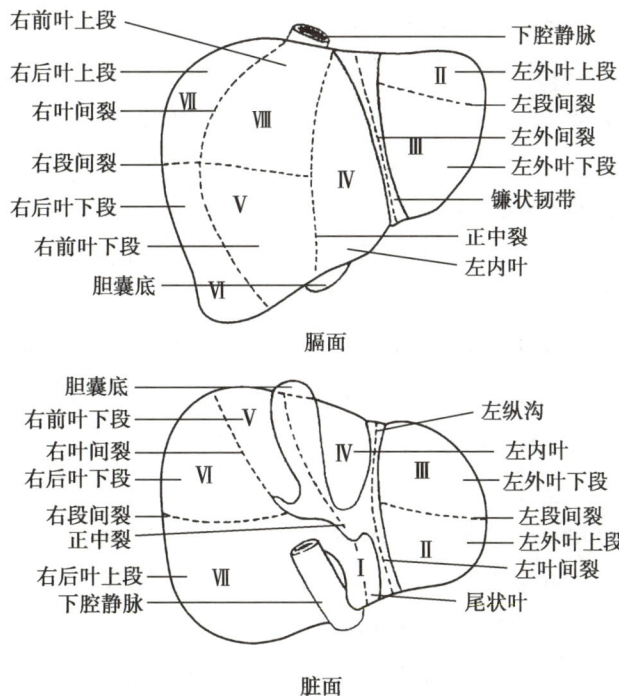

右前叶上段　　　　　　　　　　　　　　　　　下腔静脉
右后叶上段　　　　　　　　　Ⅱ　　　左外叶上段
右叶间裂　Ⅶ　　Ⅷ　　　　　　　　　左段间裂
　　　　　　　　　　　　　　Ⅲ　　　左外间裂
右段间裂　　　　　　　　　Ⅳ　　　左外叶下段
右后叶下段　　　　　　　　　　　　　　镰状韧带
右前叶下段　　Ⅴ　　　　　　　　　　正中裂
胆囊底　　　　　　　　　　　　　　　左内叶
　　　　　　Ⅵ

膈面

胆囊底
右前叶下段　　　　　Ⅴ　　　　　　左纵沟
右叶间裂　　　　　　　　　Ⅳ　　　左内叶
右后叶下段　　Ⅵ　　　　　Ⅲ　　左外叶下段
右段间裂　　　　　　　　　　　　　左段间裂
正中裂　　　　　　　　　　Ⅱ　　左外叶上段
右后叶上段　Ⅶ　　Ⅰ　　　　　　　左叶间裂
下腔静脉　　　　　　　　　　　　尾状叶

脏面

▲ 图4-36　Couinaud肝分段法

1）正中裂（median fissure）（又称Cantlie线）：此裂在肝的膈面相当于肝下缘胆囊切迹中点至下腔静脉左缘的连线，在肝的脏面以胆囊窝和腔静脉沟为界，将肝分为左、右两半，左半肝比右半肝要小一些。裂隙内有肝中静脉经过，所以肝中静脉可作为肝内左、右半肝的分界标志（图4-36、图4-37）。

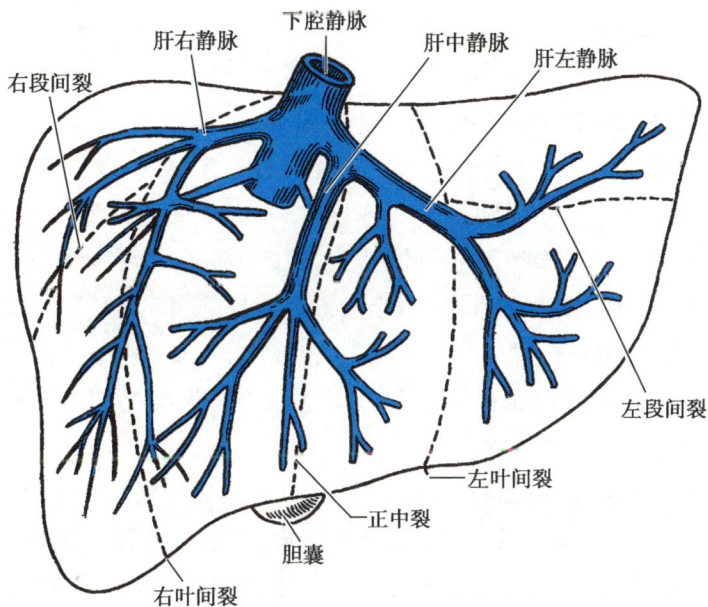

右段间裂　　　肝右静脉　下腔静脉　肝中静脉　肝左静脉

左段间裂

左叶间裂

正中裂

胆囊

右叶间裂

▲ 图4-37　肝静脉与肝裂

2）右叶间裂（right interlobar fissure）：位于正中裂右侧，在肝表面此裂没有明确的标志，其在膈面的投影相当于自肝前缘胆囊切迹右侧部的中、外1/3交界处至下腔静脉右缘的连线，此裂内有肝右静脉经过。此裂可作为肝内右前叶（Ⅴ、Ⅷ）和右后叶（Ⅵ、Ⅶ）的分界标志（图4-36、图4-37）。

3）左叶间裂（left interlobar fissure）：又称脐裂，在膈面此裂相当于镰状韧带的附着线，在脏面以左纵沟为标志。此裂内有肝左静脉的属支左叶间静脉和肝门静脉左支的矢状部经过。此裂将左半肝分为左外叶（Ⅱ、Ⅲ）和左内叶（Ⅳ）（图4-33、图4-34、图4-36）。

4）左段间裂（left intersegmental fissure）：内有肝左静脉经过，将左外叶分为后方的左外叶上段（Ⅱ）和前方的左外叶下段（Ⅲ）。其表面投影在膈面相当于自肝左静脉汇入下腔静脉处与肝左缘中、上1/3交界处的连线，转至脏面横向右止于肝圆韧带裂上1/3处。此裂将左外叶分为上、下两段（图4-33、图4-37）。

5）右段间裂（right intersegmental fissure）：在肝的脏面，此裂相当于肝门横沟的右端与肝右缘中点连线的平面。此裂将右前叶、右后叶分别分为右前叶上段（Ⅷ）和右前叶下段（Ⅴ），右后叶上段（Ⅶ）和右后叶下段（Ⅵ）（图4-34、图4-36）。

6）背裂（dorsal fissure）：位于尾状叶前方，上至第二肝门，下至第一肝门，其投影为下腔静脉右侧缘至静脉韧带裂的弧线，将尾状叶（Ⅰ）与左内叶（Ⅳ）和右前叶（Ⅴ、Ⅷ）分开。

4. 肝内血管　包括肝固有动脉、肝门静脉和肝静脉。肝的血液由肝固有动脉和肝门静脉供给，肝门静脉供血量占肝供给血量的70%~80%。因其主要把肠管吸收的水分和含丰富营养物质的静脉血经肝门处输入肝，进行加工，所以称为功能性血管；肝固有动脉供给肝需要氧量和肝本身需要的营养物质，称营养性血管；肝静脉收集肝内含营养物质的静脉血，在腔静脉沟处直接注入下腔静脉。

（1）肝门静脉（hepatic portal vein）（图4-34、图4-38）：在肝横沟处分为左、右两支。左支较为恒定，根据行程可分为左支横部、角部、矢状部和囊部4部。左支横部位于横沟内，走向左前上方；左支角部为横部与矢状部移行处；左支矢状部行于左纵沟内，向前下方；左支囊部为矢状部末端膨大处，此部有肝圆韧带连接。左支的主要分支有：① 左外叶上段支，起于角部，分布于左外叶上段（Ⅱ）；② 左外叶下段支，起于囊部，分布于左外叶下段（Ⅲ）；③ 左内叶支，起于囊部右壁，有2~5支不等，分布于左内叶（Ⅳ）。右支粗而短，沿横沟右行，分为右前叶支和右后叶支。右前叶支分出数支分别进入右前叶上段（Ⅷ）和右前叶下段（Ⅴ）。右后叶支分为右后叶上段支、右后叶下段支分别进入右后叶上段（Ⅶ）和右后叶下段（Ⅵ）。

尾状叶接受左、右侧肝门静脉的双重分布，以发自左支横部的为主，而尾状突主要接受肝门静脉右后叶支分布。

（2）肝固有动脉（proper hepatic artery）（图4-34）：入肝前分为肝左动脉、肝右动脉2支。肝左动脉行走于肝门左侧，分为左内叶、左外叶动脉。在肝门静脉左支角部处，左外叶动脉分出左外叶上段支和左外叶下段支。左内叶动脉又称肝中动脉，多经肝门静脉左支横部浅面入左内叶。

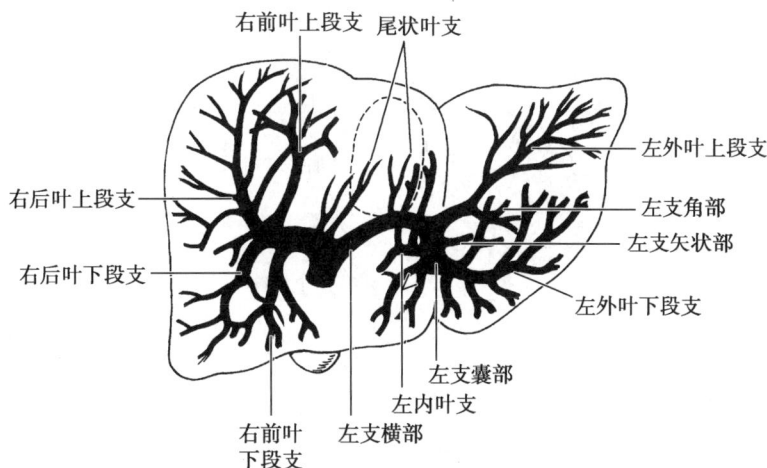

右前叶上段支　尾状叶支

左外叶上段支

右后叶上段支

左支角部

左支矢状部

右后叶下段支

左外叶下段支

右前叶
下段支　左支横部　左内叶支　左支囊部

▲ 图4-38　肝门静脉的分支

　　肝右动脉行走向肝门右侧分为右前叶、右后叶动脉，它们均发出上段支、下段支，分别进入右前叶上段、右前叶下段和右后叶上段、右后叶下段。

　　尾状叶的动脉可起于肝左动脉、肝右动脉、肝中动脉和右前叶动脉。

　　（3）肝静脉（hepatic vein）（图4-33、图4-37）：肝静脉的特点是壁薄，无静脉瓣，因被固定于肝实质内，管腔不易收缩，所以在肝脏破裂时出血较多，也容易造成空气栓塞。肝静脉包括汇入下腔静脉肝上部的肝左、右静脉和肝中静脉3条大静脉，以及汇入下腔静脉肝下部的肝右后静脉、尾状叶静脉等多条小静脉。肝静脉变异较多，致使肝段大小多有变化，这是肝非规则性切除的解剖学基础。

　　5. 淋巴　肝的淋巴管分浅、深两组。

　　（1）浅组：位于肝实质表面的浆膜下，形成淋巴管网，可分为膈面和脏面两部分。膈面的淋巴管分为左、右、后3组，后组的淋巴管经膈的腔静脉孔进入胸腔，注入膈上淋巴结及纵隔后淋巴结；左组的淋巴管注入胃左淋巴结；右组的淋巴管注入主动脉前淋巴结。脏面的淋巴管多走向肝门，注入肝淋巴结，仅有右半肝的后部及尾状叶的淋巴管与下腔静脉并行，穿经膈注入纵隔后淋巴结。

　　（2）深组：在肝内形成升、降两干，升干与肝静脉伴行，沿下腔静脉经膈注入纵隔后淋巴结；降干由肝门穿出，汇合浅组淋巴管，最后注入肝淋巴结和肝门静脉淋巴结后群。

　　由于深、浅两组的淋巴管均可引流至纵隔后淋巴结，肝或膈下感染可引起纵隔炎症或脓胸。

　　6. 神经　肝受腹腔神经丛、迷走神经和膈神经的分支支配。

　　（二）肝外胆道

　　肝外胆道由肝左管、肝右管、肝总管、胆囊和胆总管组成（图4-39）。

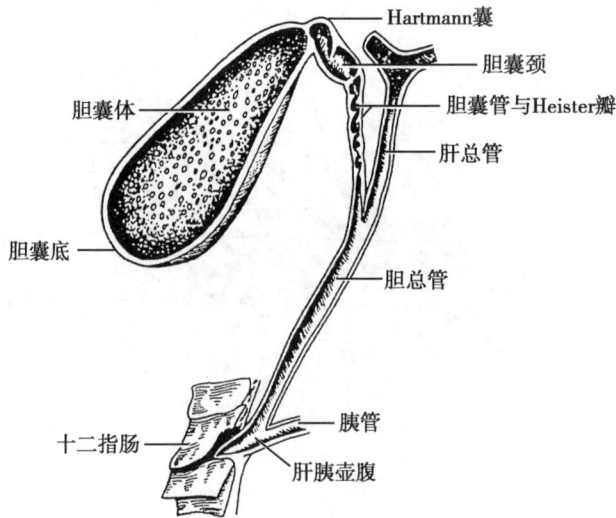

▲ 图4-39　胆囊与肝外胆管

1. 胆囊　胆囊（gallbladder）为呈梨形的囊状器官，长10~15cm，宽3~5cm，容量为40~60ml，可储存和浓缩胆汁。胆囊位于肝脏面的胆囊窝内，借疏松结缔组织及其壁上的腹膜返折与肝相连。有时腹膜在胆囊返折部形成系膜，此种胆囊的移动性大，当胆囊发生慢性积液时容易被误诊为游走肾。

胆囊分为底、体、颈、管4部分（图4-39）。胆囊底圆钝，充盈时一般伸出肝下缘，呈游离状，其体表投影位于右锁骨中线或右腹直肌外缘与右肋弓的交点处。当胆囊发炎时，压迫此处可引起闭气性疼痛，称墨菲（Murphy）征阳性。此处的平滑肌层薄，是穿孔的好发部位。胆囊体与胆囊底之间无明显界限，胆囊体膨大，借结缔组织紧贴于肝的胆囊窝。胆囊体向后逐渐变细并弯曲延续为胆囊颈。胆囊颈细而弯曲，其上部有囊状膨出，称哈特曼（Hartmann）囊，胆囊结石常滞留于此，并常因炎症而与十二指肠上部或胆囊发生粘连，从而给显露胆囊管带来困难。胆囊管长2.5~4cm，直径0.2~0.3cm，续接胆囊颈。胆囊管近胆囊颈的一段有螺旋状的黏膜皱襞，称螺旋襞（又称Heister瓣），胆结石常嵌顿于此。胆囊管一般呈锐角与肝总管汇合成胆总管，但汇合形式也常有变异。

胆囊的上方是肝，下后方为十二指肠上部及横结肠，左侧为幽门，右侧为结肠右曲，前方为腹前壁。

胆囊变异少见，但偶尔有双胆囊、中隔胆囊、系膜胆囊、肝内胆囊和胆囊缺如等形态异常。

胆囊动脉（cystic artery）大多数发自肝固有动脉的右支（肝右动脉）。胆囊动脉一般位于胆囊三角（又称Calot三角）内，并多数从胆囊颈的左缘至胆囊。胆囊三角由胆囊管、肝总管和肝脏面围成，是术中寻找胆囊动脉的标志。胆囊动脉从肝右动脉发出处常被肝右管外侧缘所覆盖。肝右动脉和胆囊动脉相距较近，手术时应特别注意不可将肝右动脉误当作胆囊动脉结扎（图4-40）。

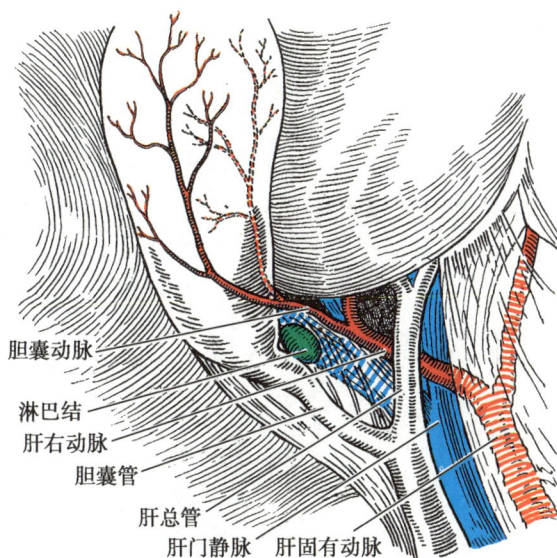

胆囊动脉
淋巴结
肝右动脉
胆囊管
肝总管
肝门静脉　肝固有动脉

▲ 图4-40　胆囊动脉

　　胆囊动脉的数目、起源和行程常有变异，如发自肝左动脉或来自肝固有动脉、胃十二指肠动脉、肝总动脉或肝右迷走动脉，还有双胆囊动脉等。胆囊切除时须注意辨认，而且结扎胆囊动脉时应尽可能靠近胆囊。

　　胆囊的淋巴汇入肝淋巴结，再转入腹腔淋巴结。

　　胆囊的交感神经纤维主要来自腹腔神经丛，副交感神经纤维来自迷走神经。副交感神经可以使胆囊收缩，奥狄（Oddi）括约肌舒张，促进胆汁排入十二指肠，而交感神经作用相反。感觉神经来自右膈神经，因此临床上胆囊病变有时可发生右肩部牵涉性疼痛。

案例4-3　　患者，女，40岁，因进食油腻食物后，出现右上腹绞痛，伴恶心、呕吐和右肩胛区不适就诊。检查发现右上腹紧张，墨菲征阳性，超声提示胆囊结石。

　　　　　　　思考：

　　　　　　　1. 在体表何处可触及胆囊底？

　　　　　　　2. 胆囊结石为何可导致右上腹紧张和右肩胛区不适？

　　　　　　　3. 胆囊结石排入十二指肠中依次经过哪些途径？

　　　　　　　4. 若行胆囊切除术，应在何处寻找胆囊动脉？

　　2. 肝管、肝总管及胆总管

　　（1）肝管（hepatic duct）：肝内胆小管汇合成肝左、右管，肝左、右管在肝门处汇合成肝总管。肝右管起自肝门的后上方，较为短粗，长0.8~1cm，与肝总管之间的角度较大。肝左管位置较浅，横行于肝门左半，长2.5~4cm，与肝总管之间的角度较小（图4-39）。

　　（2）肝总管（common hepatic duct）：长约3cm，直径0.4~0.6cm。其上端由肝左、右管合成，

下端与胆囊管汇合成胆总管。肝总管前方有时有肝右动脉或胆囊动脉越过，在肝和胆道手术中应予以注意（图4-40）。

（3）胆总管（common bile duct）：长4~8cm，直径0.6~0.8cm，其长度可因胆囊管与肝总管汇合部位的高低而有变化。当直径超过1cm时，应视为病理状态（胆总管下端梗阻等）。

胆总管的分段与毗邻关系：根据胆总管行程，可将其分为十二指肠上段、十二指肠后段、胰腺段和十二指肠壁段（图4-41）。

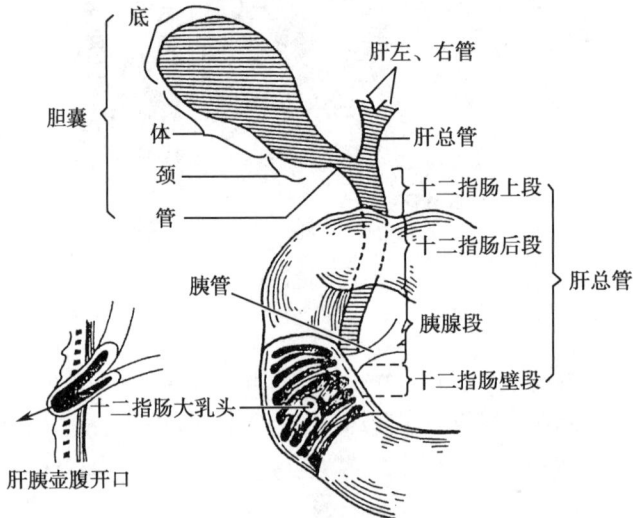

▲ 图4-41　胆总管的分段

1）十二指肠上段（第一段）：在肝十二指肠韧带内，自胆总管起始部至十二指肠上部上缘。此段沿肝十二指肠韧带右缘走行，其左侧为肝固有动脉，左后方为肝门静脉。胆总管切开探查引流术常于此段进行（图4-31）。

2）十二指肠后段（第二段）：位于十二指肠上部之后，在下腔静脉的右前方，其左侧为胃十二指肠动脉，左后方为肝门静脉。如将示指插入网膜孔内，拇指放在十二指肠前壁捏摸，可检查此段有无结石存在（图4-41）。

3）胰腺段（第三段）：在胰头或胰与十二指肠降部之间的后方下行，有的行于胰头后面的沟内，故胰头癌或慢性胰腺炎时，可压迫该段引起阻塞性黄疸。

4）十二指肠壁段（第四段）：斜行于十二指肠降部后内侧壁中，在此处常与胰管汇合扩大成为肝胰壶腹。壶腹周围及其附近有括约肌并突向肠腔，使十二指肠黏膜隆起形成十二指肠纵襞，其下端形成十二指肠大乳头，肝胰壶腹经乳头开口于十二指肠腔。此开口绝大多数在十二指肠降部下1/3或中1/3处，距幽门7.5~10cm。肝胰壶腹周围的括约肌统称Oddi括约肌，此肌由3部分组成：① 胆总管括约肌，位于胆总管末端，收缩时关闭胆总管；② 胰管括约肌，位于胰管末端周围，常不完整，甚至缺如；③ 肝胰壶腹括约肌，位于肝胰壶腹周围，由胆总管环行肌层增厚而形成，具有控制和调节胆总管和胰管的排放作用（图4-42）。据统计，胆总管和胰管两者汇合后进入十二指肠者占81%以上，形成了胆汁与胰液的"共同通道"，如因结石、肿瘤、狭窄等发生梗阻，胆汁可逆行流入胰，激活胰酶，引起急性胰腺炎，也可使胰液逆行流入胆总管，引起胆囊炎。

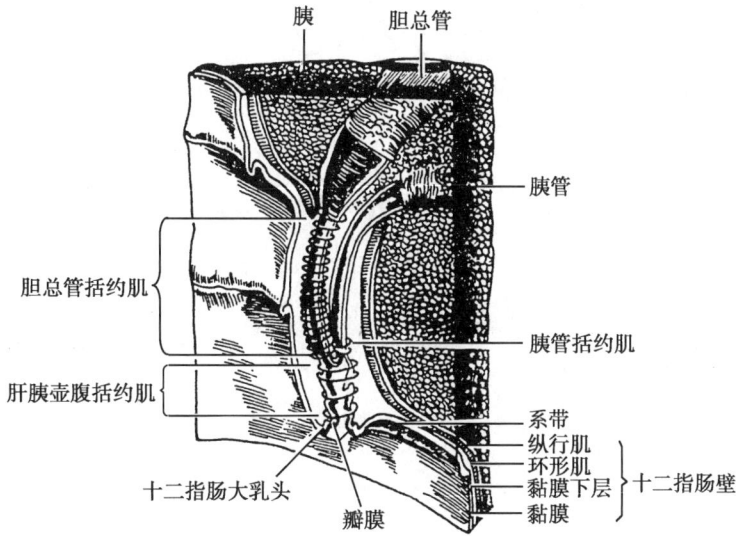

▲ 图4-42　胆总管、胰管及肝胰壶腹括约肌

理论与实践　　　　胆总管位于肝十二指肠韧带内，其左侧为肝固有动脉，后方为肝门静脉，因而手术时可以纵行剖开肝十二指肠韧带右侧游离缘，并以穿刺方法吸取胆总管内的胆汁来加以认定；如果因胆总管狭窄一时吸不出胆汁，可根据解剖位置关系，先确认肝固有动脉或从胆囊管方向探查，或切开十二指肠外侧腹膜从十二指肠后方显露胆总管。胆总管十二指肠上段是临床胆道手术的常用部位，如胆总管切开探查术、胆总管切开引流术、胆总管十二指肠吻合术或胆总管空肠吻合术等均在此段进行。术中切开胆总管时，要注意行于表面的异常胆囊动脉、肝门静脉高压时曲张的小血管，防止损伤，以免出血。一旦将动脉切断出血，切勿盲目钳夹，要用手指压迫肝蒂血管，在明视下止血。

四、胰

（一）位置与体表投影

胰（pancreas）是位于腹后壁的一个狭长腺体，长17~20cm，宽3~5cm，厚1.5~2.5cm，位于腹上区和左季肋区，横过第1~2腰椎前方，右侧端较低，被十二指肠环绕，左侧端较高，靠近脾门（图4-43）。

胰的体表投影：下缘约平脐上5cm，上缘约相当于脐上10cm处。胰的位置可随着呼吸运动、腹内脂肪的多少和身体姿势的变化而出现一定程度的移动。由于胰位置深，前方有胃、横结肠和大网膜等遮盖，胰病变早期腹壁体征往往不明显，增加了诊断的困难。手术显露胰时，必须切开胃结肠韧带。

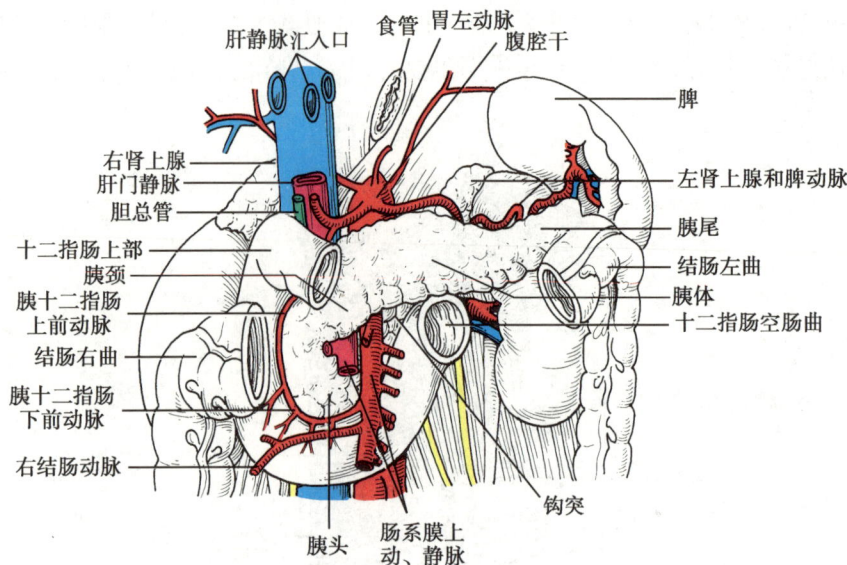

▲ 图4-43　胰的分布和毗邻

（二）分部与毗邻

胰可分为胰头、颈、体、尾4部分。各部分之间无明显界限。胰头、胰颈在腹中线右侧，胰体、胰尾在腹中线左侧（图4-43、图4-44）。

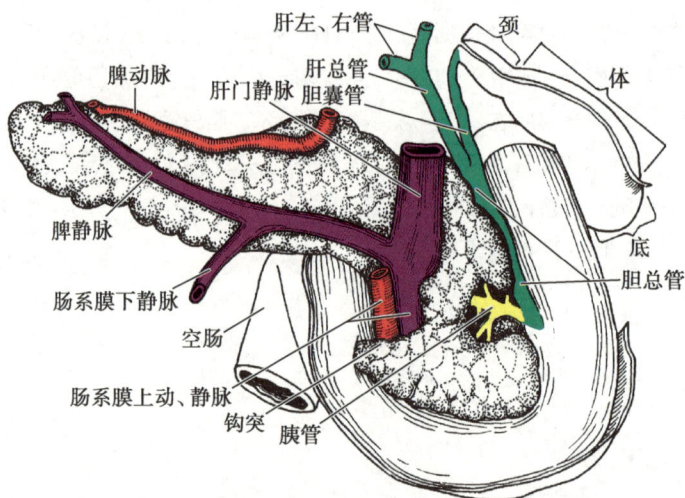

▲ 图4-44　胰的后面观

1. 胰头（head of pancreas）　为胰右端膨大部分，其上、下方和右侧方被十二指肠包绕，紧贴十二指肠壁，因此胰头肿瘤可压迫十二指肠引起梗阻。

胰头的前面有横结肠系膜根越过，后面有下腔静脉、右肾动脉、右肾静脉及胆总管的胰腺段。胆总管的胰腺段常埋在胰组织内，因此胰头癌或慢性胰腺炎时，可压迫胆总管出现阻塞性黄疸。

胰头下部向左突出并绕至肠系膜上动、静脉后方的部分称钩突，其将肝门静脉起始部和肠系膜上动、静脉夹在胰实质中，胰头肿大时，可压迫肝门静脉，导致脾大和腹水。钩突的位置较深，有2~5支胰头静脉、钩突小静脉汇入肠系膜上静脉的右后壁，因此胰十二指肠切除时要注意处理这些小的血管，避免出现难以控制的出血（图4-43、图4-44）。

2. **胰颈**（neck of pancreas） 位于胰头与胰体之间的狭窄扁薄部分，长2~2.5cm，位于胃幽门后下方。肠系膜上静脉和脾静脉在其后方汇合成肝门静脉（图4-44）。

3. **胰体**（body of pancreas） 位于胰颈和胰尾之间，较长，占胰的大部分。胰体横位于第1腰椎体前方，故向前凸出。其前方隔网膜囊与胃相邻，故胃癌或胃后壁溃疡穿孔常与胰粘连；后方有腹主动脉、脾静脉、左肾及左肾上腺等；上缘与腹腔干和腹腔丛相邻，并有脾动脉沿此缘行向左侧；下缘与十二指肠空肠曲和空肠相邻（图4-43、图4-44）。

4. **胰尾**（tail of pancreas） 是胰左端狭细部分，末端接触脾门，各面均包有腹膜，此点可作为与胰体分界的标志。胰尾下方与结肠左曲相邻，后面有左肾及左肾上腺。脾动、静脉自胰体上缘和后面转至其前面，并与胰尾并行至脾门，故脾切除结扎脾血管时，要防止损伤胰尾（图4-43）。

（三）胰管及副胰管

胰管（pancreatic duct）位于胰实质内，接近后面，与胰的长轴一致，从胰尾经胰体走向胰头，沿途接受许多小叶间导管，至胰头转向右下方，于十二指肠降部壁内与胆总管汇合成肝胰壶腹，开口于十二指肠大乳头，引流大部分胰液。有时在胰头上部可见一小管走行于胰管上方，开口于十二指肠小乳头，称副胰管（accessory pancreatic duct）（图4-45）。

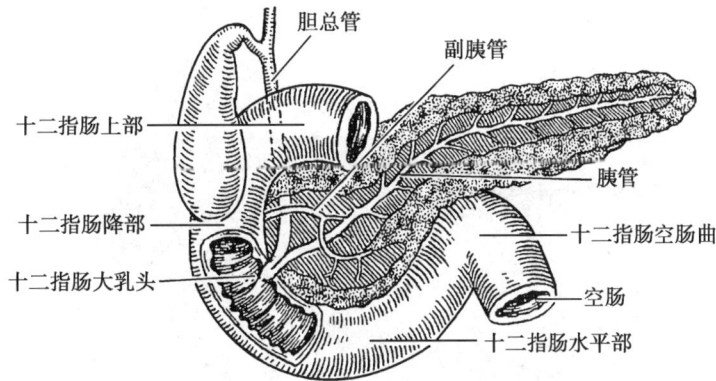

▲ 图4-45 胰排泄管（前面观）

（四）血管、淋巴和神经

1. **血管** 胰的动脉由胰十二指肠上前动脉、胰十二指肠上后动脉、胰十二指肠下动脉、胰背动脉、胰下动脉（即胰横动脉）、脾动脉胰支及胰尾动脉供应（图4-46）。

胰头的血液供应丰富，有胰十二指肠上前、上后动脉（均起自胃十二指肠动脉）及胰十二指肠下动脉（起自肠系膜上动脉）分出的前、后支，在胰头前、后面相互吻合，形成动脉弓，由动脉弓发出分支供应胰头前、后部及十二指肠。胰背动脉多由脾动脉根部发出，向下达胰颈或胰体背面分为左、右2支，左支沿胰下缘背面左行，称胰下动脉。胰体的血供还来自脾动脉胰支，一般为4~6支，其中最大的一支为胰大动脉。分布到胰尾的动脉称胰尾动脉。

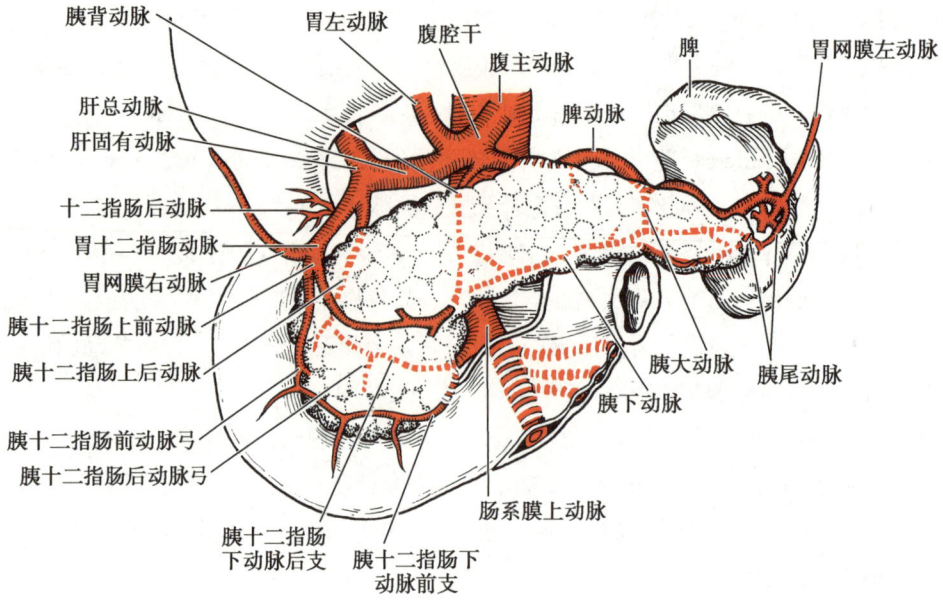

胰背动脉　胃左动脉　腹腔干　　脾　胃网膜左动脉
肝总动脉　　　　　　腹主动脉
肝固有动脉　　　　　　脾动脉
十二指肠后动脉
胃十二指肠动脉
胃网膜右动脉
胰十二指肠上前动脉
胰十二指肠上后动脉
胰大动脉
胰尾动脉
胰十二指肠前动脉弓
胰十二指肠后动脉弓
胰下动脉
肠系膜上动脉
胰十二指肠
下动脉后支　胰十二指肠下
动脉前支

▲ 图4-46　胰的动脉

胰的静脉多与同名动脉伴行，汇入肝门静脉系统。胰头及胰颈的静脉汇入胰十二指肠上、下静脉及肠系膜上静脉，胰体及胰尾的静脉以多个小支在胰后上部汇入脾静脉（图4-47）。

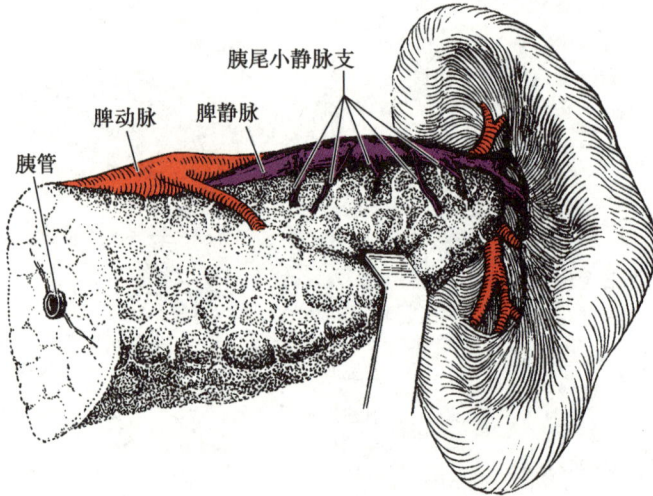

胰尾小静脉支
脾动脉　脾静脉
胰管

▲ 图4-47　胰尾的静脉

2. 淋巴　胰的淋巴管极为丰富，大部分汇入沿胰动脉排列的胰、脾淋巴结，小部分注入幽门淋巴结，再注入腹腔淋巴结、肝淋巴结和肠系膜上淋巴结。

3. 神经　分布于胰的交感神经纤维和副交感神经纤维来自腹腔神经丛和肠系膜上丛，伴胰动脉进入胰。

五、脾

（一）形态与结构

脾（spleen）是人体最大的淋巴器官，颜色暗红，质地柔软，外有纤维结缔组织被膜包裹。脾为扁椭圆形或扁三角形的实质性器官，可分为前、后两端，上、下两缘，脏面和膈面。脾前端较宽，朝向前外方；后端较钝，朝向后内方。脾下缘较钝，朝向后下方；脾上缘锐利，朝向前上方并有2~3个深陷的脾切迹，是触诊辨认脾的标志。脾的膈面平滑隆凸，贴于膈穹隆下面；脾的脏面凹陷，其中央为脾门，有血管、神经、淋巴管等出入，这些出入脾门的结构被结缔组织包裹在一起称为脾蒂。

副脾（accessory spleen）的色泽和硬度与脾一样，5.76%~35%的人存在副脾，一般只有1个，偶可有2~3个，甚至更多。副脾常位于脾门附近和胃脾韧带处，但有时也位于大网膜、胰等处。其功能和脾相同，脾功能亢进行脾切除术时，应同时切除副脾（图4-48）。

（二）位置与毗邻

脾位于左季肋区的肋弓深部，胃底与膈之间，在腋中线后方相当于第9~11肋的高度。其长轴与第10肋一致。脾后上端（极）平第9肋的上缘，距后正中线4~5cm，脾前下端（极）平第11肋，达腋中线（图4-49）。正常时全被肋弓遮盖不能扪及，如果在肋弓下扪及脾缘，提示脾大。

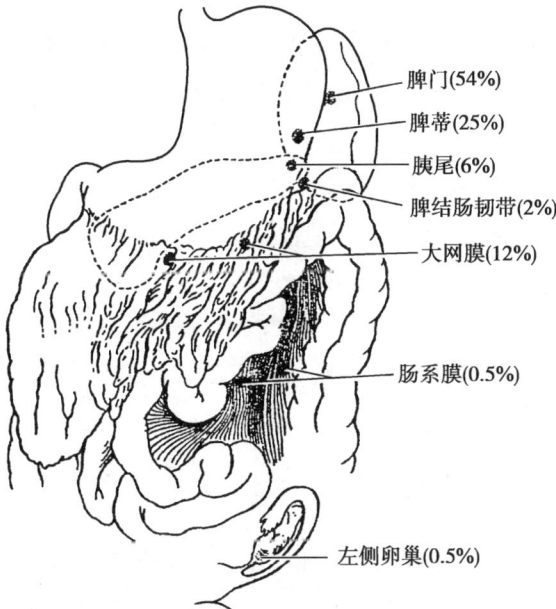

▲ 图4-48　副脾的位置

脾门(54%)
脾蒂(25%)
胰尾(6%)
脾结肠韧带(2%)
大网膜(12%)
肠系膜(0.5%)
左侧卵巢(0.5%)

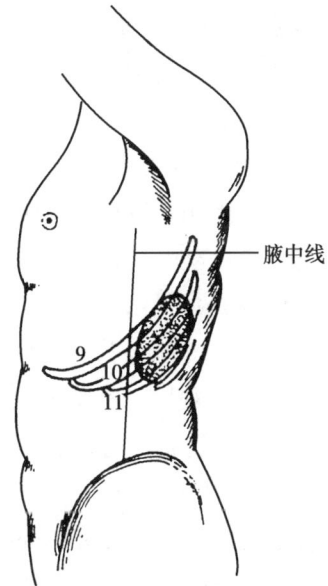

▲ 图4-49　脾的位置

腋中线

脾的膈面与膈、膈结肠韧带接触；脏面前上份与胃底相邻，后下份与左肾、肾上腺相邻；脾门邻近胰尾（图4-28）。

（三）血管

1. **脾动脉（splenic artery）**　是腹腔干的分支，沿胰上缘自右向左走行，沿途向胰发出分支，最后经脾肾韧带达脾门，在脾门附近分出胃短动脉和胃网膜左动脉后，分为2~3终支经脾门入脾

（图 4-25、图 4-46）。

2. 脾静脉（splenic vein） 管径较脾动脉粗，在脾门处由2~6个属支汇合而成，位于脾动脉的后下方，行于胰后方的横沟中，在胰颈的后方与肠系膜上静脉汇合成肝门静脉。脾静脉沿途收纳胃短静脉、胃网膜左静脉、胃后静脉、肠系膜下静脉及来自胰的一些小静脉（图4-25、图4-47）。

（四）淋巴引流和神经

脾虽然是淋巴器官，但不是淋巴滤器，没有输入淋巴管，但在脾门处可见输出淋巴管，其汇入沿脾动脉排列的淋巴管，再注入腹腔淋巴结。分布于脾的神经来自腹腔神经丛、左侧腹腔神经节和右迷走神经，这些神经构成脾丛，并随脾动脉进入脾。

六、肝门静脉

肝门静脉（hepatic portal vein）为腹腔中较大的静脉干，长6~8cm，管径1.0~1.2cm。与一般静脉不同，肝门静脉始末均为毛细血管，其一端始于胃、肠、胰、脾等的毛细血管网，另一端终于肝小叶内的血窦；肝门静脉及其属支均无静脉瓣，因而无论肝内或肝外的肝门静脉阻塞，均可引起血液逆流，导致肝门静脉高压。

（一）组成及类型

肝门静脉通常由肠系膜上静脉与脾静脉在胰颈后方汇合而成，但由于肠系膜下静脉及胃左静脉汇入部位的不同，肝门静脉的组成又有各种类型。如由肠系膜上静脉与脾静脉合成，而肠系膜下静脉汇入脾静脉为Ⅰ型，占52.0%；由肠系膜上、下静脉与脾静脉共同合成为Ⅱ型，占13.3%；由脾静脉与肠系膜上静脉合成，肠系膜下静脉注入肠系膜上静脉为Ⅲ型，占34.7%；其他型为数极少。

肠系膜上静脉与脾静脉汇合的部位以胰颈后方最多见，但也有在胰头或胰颈、体交界部后方者，肝门静脉与胰的关系密切，因此胰的病变常可累及肝门静脉。

（二）属支与收集范围

主要收集食管腹部、胃、小肠、大肠（至直肠上部）、胰、胆囊和脾的血液，其属支主要有肠系膜上静脉、脾静脉、胃左静脉和肠系膜下静脉。此外还有胃右静脉、胆囊静脉和附脐静脉。上述属支中，除胆囊静脉、附脐静脉为数条细小静脉外，主要属支基本与同名动脉伴行（图4-50）。

1. 肠系膜上静脉（superior mesenteric vein） 与同名动脉伴行（位于动脉右侧），走行于小肠系膜内，经十二指肠水平部的前方，在胰颈的后方与脾静脉汇合，形成肝门静脉。该静脉收集十二指肠至结肠左曲的肠管及部分胃和胰的静脉血，并注入肝门静脉。回、结肠附近的静脉干属支较少，距下腔静脉近，在肝门静脉高压时，常在此行肠系膜上静脉与下腔静脉吻合术，用以分流肝门静脉血液。

2. 肠系膜下静脉（inferior mesenteric vein） 与同名动脉伴行，收集降结肠、乙状结肠及直肠上部的静脉血，行向右上至胰的后方汇入脾静脉。有的汇入肠系膜上静脉或汇入肠系膜上静脉与脾静脉交角处。

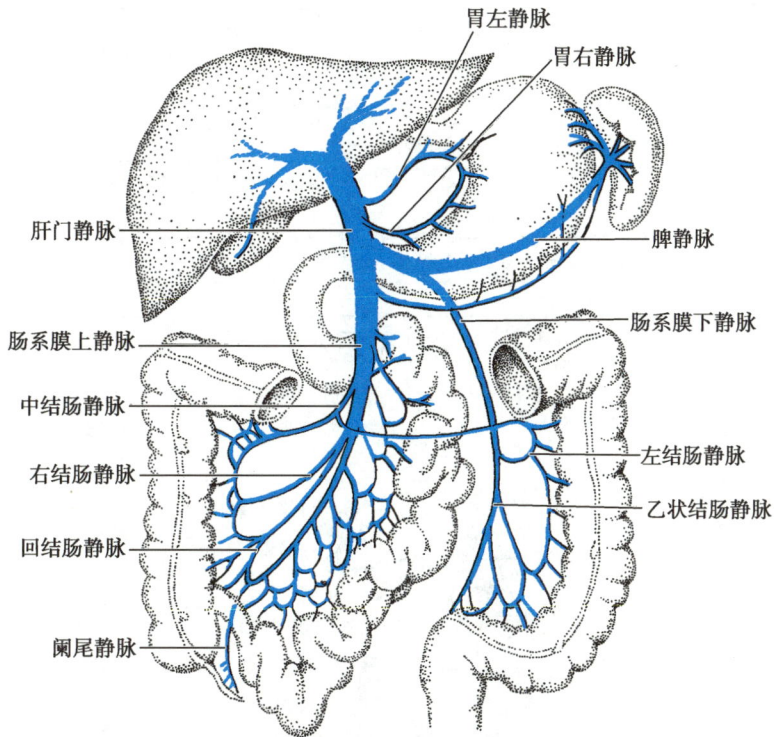

▲ 图4-50　肝门静脉系统

3. 胃左静脉（left gastric vein）　与胃左动脉伴行，收集胃小弯侧胃前、后壁及食管下段的静脉血，行向右下多直接汇入肝门静脉。有的汇入脾静脉或肝门静脉、脾静脉的交角（门脾角）处。

4. 胃右静脉（right gastric vein）　与胃右动脉伴行，收集同名动脉分布区的静脉血，可与胃左静脉吻合，在注入肝门静脉前多接受幽门前静脉的汇入。该静脉是胃与十二指肠的分界标志。

5. 脾静脉（splenic vein）　除收集脾、肠系膜下静脉和胰的静脉血外，还接受由胃后静脉汇入的胃后壁静脉血。

6. 附脐静脉（paraumbilical vein）　起于脐周静脉网的数条小静脉，沿肝圆韧带向下走行注入肝门静脉。

7. 胆囊静脉（cystic vein）　收集胆囊的静脉血，可注入肝门静脉或其右支。胆囊上面的静脉也可直接入肝。

（三）门、腔静脉间的交通

肝门静脉系统与腔静脉系统之间存在着广泛的侧支吻合。正常情况下，这些吻合并不开放，只有肝门静脉压力增高时血流方向改变，这些吻合途径才形成侧支循环，使肝门静脉血液分流减压。门、腔静脉间的吻合支主要分布在以下4个部位：食管内的食管静脉丛、直肠壁内的直肠静脉丛、腹前外侧壁脐周围的脐周静脉网（脐旁静脉丛）和Retzius静脉（属于肝门静脉系统的腹腔脏器与下腔静脉属支相吻合的小静脉）。肝门静脉高压时，主要侧支循环途径如图4-51和图4-52所示。

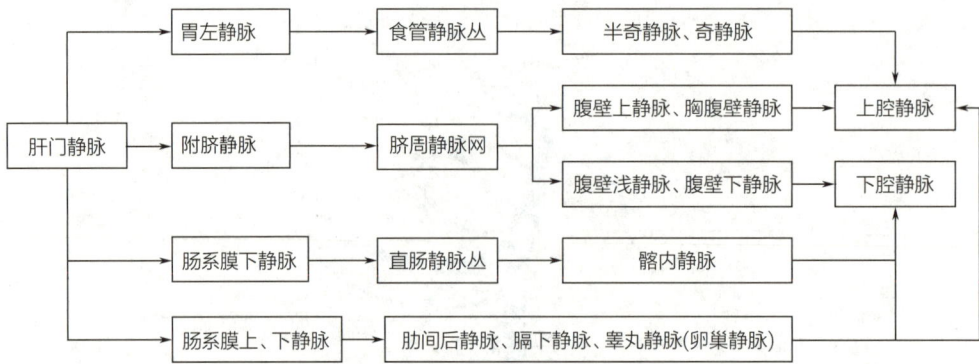

▲ 图4-51 门、腔静脉间的交通

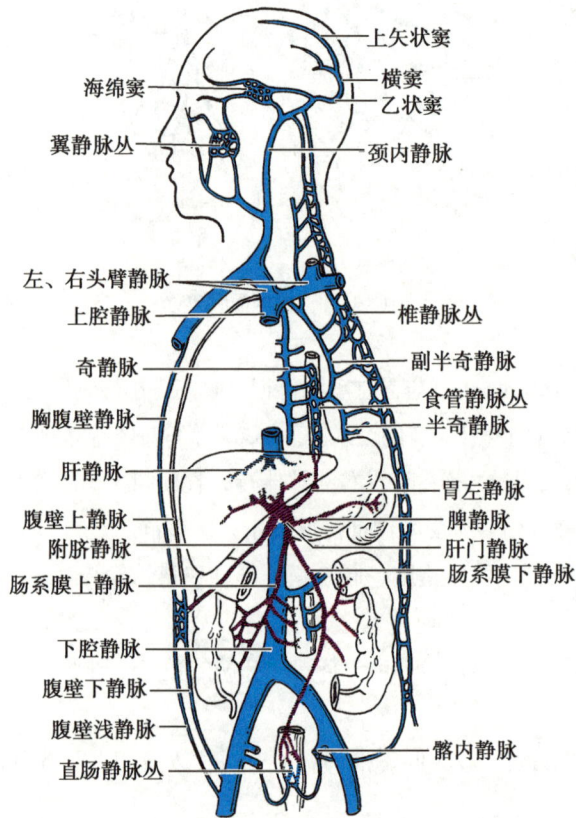

▲ 图4-52 门、腔静脉间的侧支循环

（刘尚清）

第五节 结肠下区

一、空肠与回肠

（一）位置与形态结构

空肠（jejunum）和回肠（ileum）互相延续，上端于第2腰椎体左侧起自十二指肠空肠曲，下端至右髂窝续于盲肠。长5~6m，除系膜缘外，完全被腹膜包裹并借肠系膜根连于腹后壁，故称系膜小肠。空、回肠迂回盘曲形成肠袢，近侧的2/5为空肠，远侧的3/5为回肠，两者之间并无明显界限。通常空肠大部位于左上腹；回肠大部位于右下腹，小部位于骨盆腔内。

空肠一般管径较粗，管壁较厚，血运丰富，色较红，黏膜环状皱襞高而密，在黏膜内存在孤立淋巴滤泡，系膜内血管弓和脂肪组织较少；而回肠管径较细，管壁较薄，颜色较浅，血管较少，黏膜环状皱襞低而疏，黏膜内除有孤立淋巴滤泡外，尚有集合淋巴滤泡，系膜内血管弓很多，脂肪也较丰富。

理论与实践　　　　约2%的人回肠末端存在一指状突起，称麦克尔（Meckel）憩室，其为胚胎期卵黄囊未完全退化形成的遗迹。在成人，Meckel憩室距回盲连接处约50cm，在婴幼儿为30~60cm，其发炎时症状和阑尾炎相似。

（二）血管、淋巴和神经

1. **血管**　肠系膜上动脉左侧壁分出12~18条空、回肠动脉。这些小肠动脉在系膜内呈放射状行向肠壁，途中分支吻合成动脉弓，自近端到远端，动脉弓的数目逐渐增多，至远端1/4段可达4级或5级动脉弓。各段最后一级动脉弓发出直动脉，分布到相应的肠段，直动脉间缺少吻合，因此某段动脉血运发生障碍时，相应的肠管将发生坏死（图4-53）。

空、回肠静脉位于同名动脉的右侧，最后汇合成肠系膜上静脉，至胰颈后方与脾静脉汇合成肝门静脉。

2. **淋巴**　小肠的淋巴管起自小肠黏膜绒毛中心的乳糜管，在黏膜下层形成淋巴管丛，然后流入沿血管排列的肠系膜淋巴结，其数量达百余个。淋巴结输出淋巴管注入位于肠系膜上动脉根部的肠系膜上淋巴结，而肠系膜上、下淋巴结与腹腔淋巴结的输出淋巴管共同组成肠干，最后注入乳糜池。

3. **神经**　空、回肠的交感神经节前纤维来自脊髓第9~12胸节，经交感干、内脏大神经至腹腔神经节和肠系膜上神经节换元，节后纤维伴随肠系膜上动脉的分支至肠壁，其功能主要是抑制肠的蠕动和腺体分泌；而副交感神经节前纤维来自迷走神经背核，经迷走神经后干至肠壁内节后神经元，其功能主要是促进肠蠕动和腺体的分泌。小肠的感觉纤维随交感神经和副交感神经分别传入脊髓第9~12胸节和延髓。

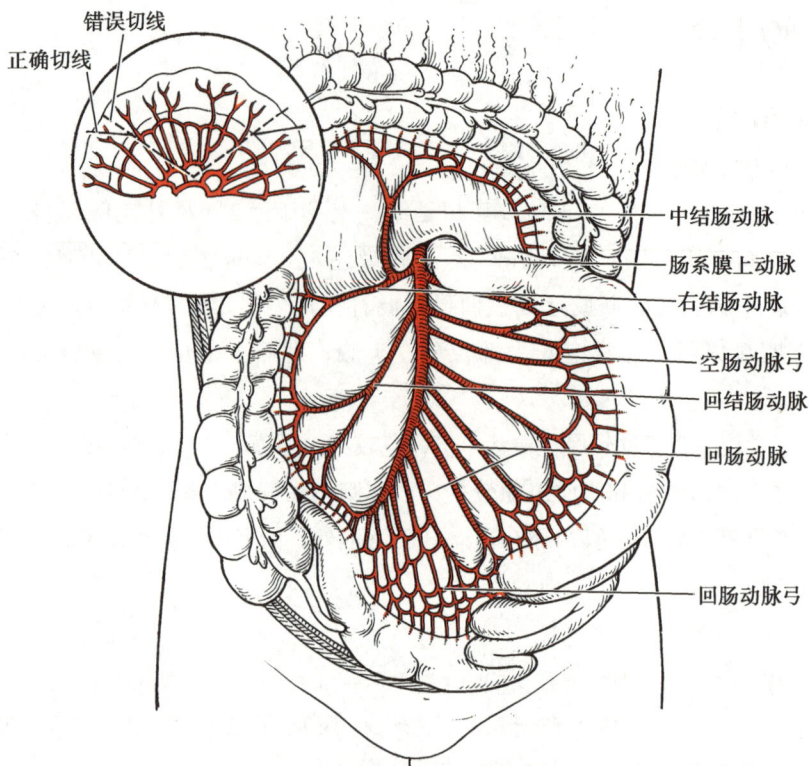

▲ 图4-53　小肠的动脉（小图示小肠切除范围与血管关系）

二、盲肠、阑尾

（一）盲肠

盲肠（cecum）为大肠的起始部，粗而短，一般长6~7cm，成人的盲肠通常位于右髂窝内，而小儿的盲肠位置较高。盲肠左侧接回肠末端，后内侧壁有阑尾附着（三者合称回盲部），上方以回盲瓣为界延续为升结肠，右侧为右结肠旁沟，后方邻髂腰肌，前面邻腹前壁并常被大网膜覆盖。盲肠壁的三条结肠带汇集于阑尾根部，是手术时寻找阑尾根部的标志。回肠末端通入盲肠，开口处黏膜形成上、下两襞，称为回盲瓣（ileocecal valve），可阻止小肠内容物过快流入大肠，并可防止盲肠内容物逆流到回肠。由于回肠管径小于盲肠，衔接处又接近直角，回盲部肠套叠比较多见。

理论与实践　　　　盲肠为腹膜内位器官，少数人的盲肠有系膜，因此具有较大的活动范围，高者可达肝下，低者可入盆腔。如果与升结肠同时具有系膜，则活动度显著增大，成为移动性盲肠，可移到脊柱右缘、左缘，甚至达左髂窝，阑尾发炎时可出现左下腹疼痛，容易误诊，也可以发生肠扭转。

（二）阑尾

阑尾（vermiform appendix）为一蚯蚓状盲管，系膜短小者往往蜷曲，其长短差异较大，一般长5~7cm，直径0.5~0.6cm。阑尾腔开口于盲肠内面回盲瓣下2~3cm处。

阑尾一般位于右髂窝内。阑尾根部附于盲肠后内壁，三条结肠带汇合于阑尾根部。其体表投影约在脐与右髂前上棘连线的中、外1/3交界处，称麦氏（McBurney）点；也可用左、右髂前上棘连线的右、中1/3交界处兰茨（Lanz）点作为投影点，阑尾炎时局部常有明显压痛。阑尾属腹膜内位器官，有三角形的阑尾系膜悬附于肠系膜末端，因此阑尾尖端活动度大，位置不恒定，炎症时产生的症状、体征也不相同。据统计，中国人阑尾常见的位置顺序包括：① 回肠前位，约占28%，阑尾在回肠末端前方，尖向左上，有时与腹前壁接触，炎症时右下腹压痛明显；② 盆位，约占26%，阑尾跨腰大肌前面入盆腔，尖端可触及闭孔内肌或盆腔脏器，炎症时出现闭孔内肌、腰大肌和盆腔脏器刺激症状；③ 盲肠后位，约占24%，阑尾在盲肠后方，髂肌前面，尖端向上，一般仍有系膜，少数在壁腹膜外贴连髂肌；④ 回肠后位，约占8%，阑尾在回肠末端后方，尖向左上；⑤ 盲肠下位，约占6%，阑尾在盲肠后下，尖向右下。此外，尚有高位阑尾（位于右肝下方）、腹膜后阑尾及左下腹位阑尾等，但这些特殊位置的阑尾较少见（图4-54）。

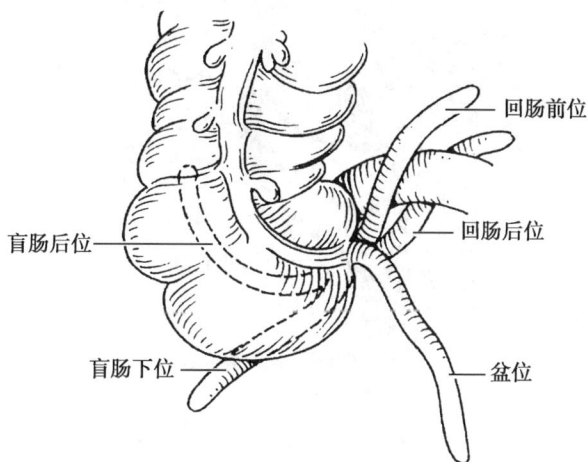

▲ 图4-54　阑尾的常见部位

（三）血管、淋巴回流和神经

盲肠和阑尾的血供来源于回结肠动脉。阑尾动脉（appendicular artery）起于回结肠动脉或其分支盲肠前、后动脉（图4-55），多数为1支，少数有2支，下行经回肠末端后方入阑尾系膜内，沿其游离缘行走，分支分布于阑尾。阑尾静脉与动脉伴行，经回结肠静脉、肠系膜上静脉，最后汇入肝门静脉（图4-56）。阑尾炎时细菌可随静脉血流入肝，引起肝脓肿。

盲肠、阑尾的淋巴汇入回结肠淋巴结，再转入肠系膜上淋巴结。分布于盲肠和阑尾的交感神经节前纤维来自脊髓第10胸节至第2腰节，副交感神经节前纤维来自延髓的迷走神经背核；阑尾的感觉神经经内脏小神经传入脊髓第10胸节，故阑尾炎牵涉痛出现在脐周。

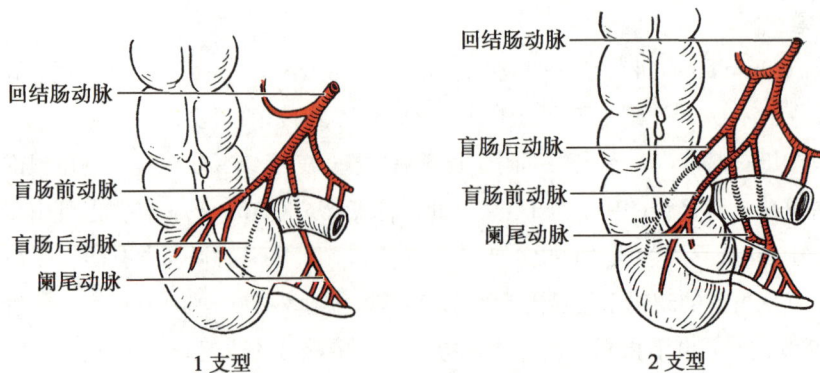

回结肠动脉

盲肠前动脉

盲肠后动脉

阑尾动脉

1 支型

回结肠动脉

盲肠后动脉

盲肠前动脉

阑尾动脉

2 支型

▲ 图4-55　阑尾的动脉

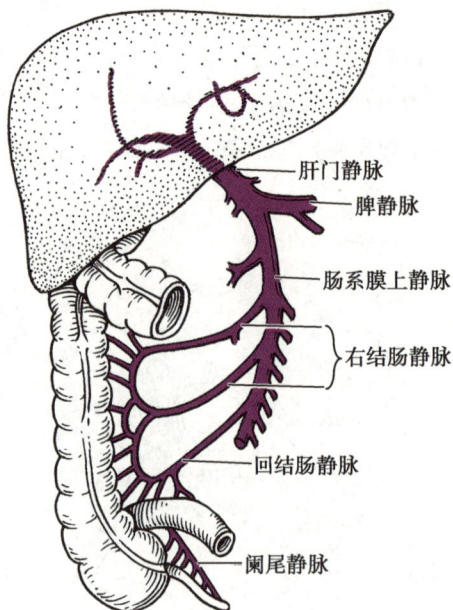

肝门静脉

脾静脉

肠系膜上静脉

右结肠静脉

回结肠静脉

阑尾静脉

▲ 图4-56　阑尾的静脉

案例4-4　患者，女，25岁，因右下腹痛，伴发热而就诊。患者主诉疼痛首先出现在脐周，然后转移至右下腹。体格检查：体温39℃，右下腹紧张，麦氏（McBurney）点压痛和反跳痛明显。考虑为急性阑尾炎。

思考：

1. 除阑尾外，右下腹还有什么主要腹腔器官？

2. McBurney点是阑尾哪部分在体表的投影？请简述阑尾的常见位置，并根据上述临床表现推断患者阑尾可能在的位置。

3. 阑尾炎时患者为什么会出现转移性右下腹疼痛？

4. 如术中不易找到阑尾，盲肠上可以帮助找到阑尾的标志是什么？

三、结肠

（一）形态特征

结肠（colon）具有三种特征性结构，即结肠带、结肠袋和肠脂垂。

1. 结肠带（colic band） 为沿肠壁纵轴排列的三条纵行肌纤维带，包括位于横结肠系膜附着处的系膜带（在后）、大网膜附着处的网膜带（在前）和两者之间的独立带。在升结肠和盲肠上，它们分别位于其后内侧、后外侧及前方。三条结肠带在阑尾根部集中。

2. 结肠袋（haustrum of colon） 结肠带短于肠管的长度，使肠管皱缩，形成外形呈囊袋状的肠壁膨隆，称为结肠袋。

3. 肠脂垂（epiploic appendices） 为浆膜下脂肪积聚而成的突起。

盲肠也有以上三种形态特征。

（二）分部与毗邻

结肠按其行程分为升结肠、横结肠、降结肠和乙状结肠。

1. 升结肠（ascending colon） 始于盲肠，长12~20cm，肠管沿腹腔右外侧区上行，至肝右叶下方转向左，形成结肠右曲，移行于横结肠。升结肠一般为腹膜间位器官，其后方借疏松结缔组织与腹后壁相贴，因此结肠病变有时累及腹膜后间隙。少数人的升结肠为腹膜内位器官，具有系膜，活动度增大。升结肠内侧为右肠系膜窦和回肠袢，外侧与腹壁间形成右结肠旁沟，上通右肝下间隙（即肝肾隐窝），下通髂窝、盆腔。因此肝下间隙积脓时，可沿此沟流入右髂窝与盆腔。阑尾化脓时也可向上蔓延至肝下。

2. 横结肠（transverse colon） 始于结肠右曲，向左下呈弓形横过腹腔中部再向左上，至脾前端折转下行，形成结肠左曲，续于降结肠，一般长40~50cm，系膜、大网膜与其相连。横结肠始末两部系膜短，较固定，中间部系膜长，活动度大。横结肠上方与肝、胃相邻，下方与空、回肠相邻，因此，横结肠常随肠、胃的充盈变化而升降。胃充盈或直立时，横结肠中部大多降至脐下，甚至垂入盆腔。

结肠左曲位置高于结肠右曲，相当于第10~11肋水平，借膈结肠韧带附于膈下，后方贴靠胰尾与左肾，前方邻胃大弯并被肋弓掩盖。

3. 降结肠（descending colon） 始于结肠左曲，沿腹腔左外侧区腹后壁下降，至左髂嵴水平续于乙状结肠。降结肠长25~30cm，内侧为左肠系膜窦及空肠袢，外侧为左结肠旁沟。此沟上端被膈结肠韧带阻隔，下方与盆腔相通，因此沟内积液只能向下流入盆腔。

4. 乙状结肠（sigmoid colon） 平左髂嵴续降结肠，呈乙状弯曲，跨过左侧髂腰肌、髂外血管、精索内血管及输尿管前方降入盆腔，平第3骶椎水平续于直肠，长约40cm，有较长的乙状结肠系膜，活动度较大，可降入盆腔。如系膜过长，可移至右下腹遮盖回盲部，有时也可发生乙状结肠扭转。

（三）血管

1. 动脉 结肠的动脉左、右两部分来源不同。右半结肠的动脉发自肠系膜上动脉的回结肠动脉、右结肠动脉和中结肠动脉；左半结肠的动脉发自肠系膜下动脉的左结肠动脉和乙状结肠动脉（图4-57）。

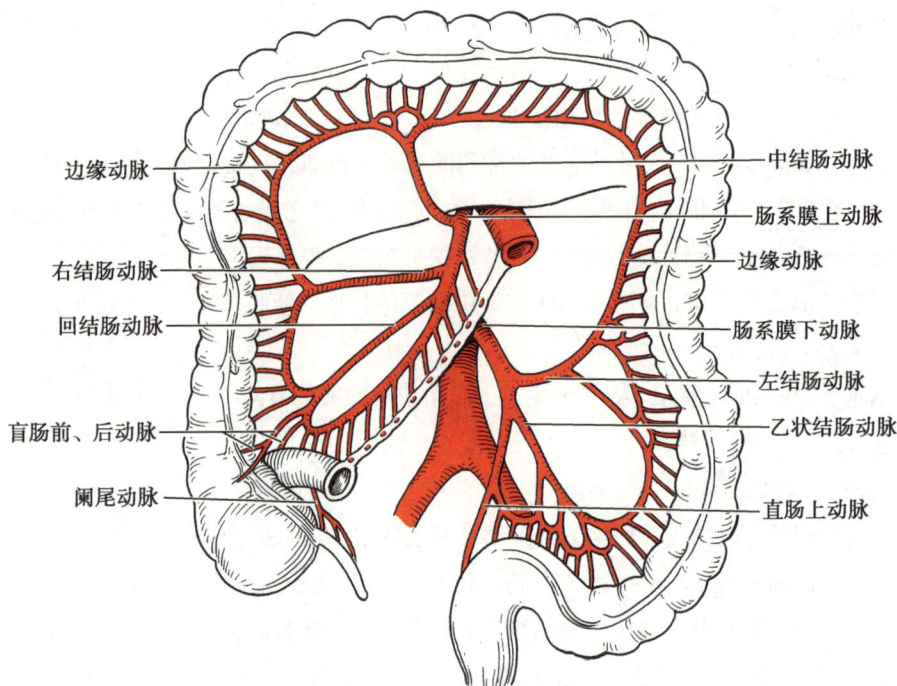

▲ 图4-57　结肠的动脉

（1）回结肠动脉（ileocolic artery）：是肠系膜上动脉右侧发出的最下一条分支，在肠系膜根内走向右下，接近回盲部时分为盲肠前动脉、盲肠后动脉、阑尾动脉、回肠支与升结肠支，分别供应盲肠、阑尾、回肠末端与升结肠的下1/3。

（2）右结肠动脉（right colic artery）：在回结肠动脉上方起于肠系膜上动脉，在腹后壁壁腹膜后方右行，至升结肠内侧分为升、降两支，分别与中结肠动脉及回结肠动脉的分支吻合。升、降支再分支供应升结肠上2/3与结肠右曲。

（3）中结肠动脉（middle colic artery）：为肠系膜上动脉向右发出的最上一支，自胰头下缘或穿经胰颈起于肠系膜上动脉，向右下行于横结肠系膜内，近结肠右曲处分为左、右两支，营养横结肠并与左、右结肠动脉吻合。在胰进行手术时或在胃手术结扎胃大弯血管切开横结肠系膜时，应注意不可伤及中结肠动脉。

（4）左结肠动脉（left colic artery）：起于肠系膜下动脉距根部2~3cm处，在腹后壁壁腹膜后走向左上，分为升、降两支，营养结肠左曲及降结肠，并分别与中结肠动脉和乙状结肠动脉的分支吻合。升、降结肠的动脉均从内侧走向肠管，因此升、降结肠手术均应从肠管外侧切开腹膜，游离肠管，以避免误伤血管。

（5）乙状结肠动脉（sigmoid artery）：有1~4支，大多2支（53%）。起于肠系膜下动脉的左侧壁，在左结肠动脉稍下方或与其共干，于腹后壁腹膜深面斜向左下，进入乙状结肠系膜后呈扇形分布，至乙状结肠附近再分支，并相互吻合成弓以供应肠管血液。由于最下一支乙状结肠动脉与直肠上动脉之间常缺乏吻合，乙状结肠与直肠交界处的肠壁血运较差。

结肠缘动脉的分支自回盲部至乙状结肠末端。靠近结肠系膜缘处可见一完整的动脉弓，由肠系膜上、下动脉分出的各结肠支相互吻合形成，称结肠缘动脉（colic marginal artery）（图4-57）。该动脉发出长、短支与肠管呈垂直方向进入肠壁（图4-58）。

2. 静脉　大部分与同名动脉伴行，升结肠和横结肠的静脉大部分汇入肠系膜上静脉，然后注入肝门静脉。降结肠和乙状结肠的静脉汇入肠系膜下静脉。肠系膜下静脉多向上汇入脾静脉，也可汇入肠系膜上静脉或肝门静脉。

（四）淋巴

结肠的淋巴结根据所在部位可分为结肠中淋巴结（位于肠壁、肠脂垂内）、结肠旁淋巴结（位于结肠缘动脉和肠壁之间）、结肠中淋巴结（位于结肠动脉周围，按其位置又可分为右结肠淋巴结、中结肠淋巴结、左结肠淋巴结和乙状结肠淋巴结）和结肠终端前淋巴结（又可分为肠系膜上、下淋巴结，位于肠系膜上、下动脉的根部）四组。其输入、输出淋巴管的分布情况和血管相同，右半结肠的淋巴管大部分汇入肠系膜上淋巴结；左半结肠的淋巴管汇入肠系膜下淋巴结（图4-59）。

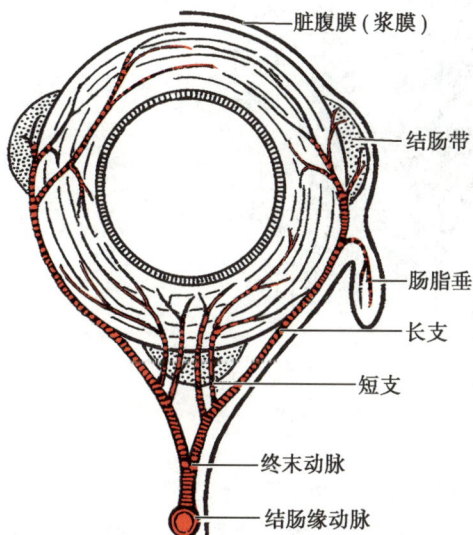

▲ 图4-58　结肠缘动脉分支

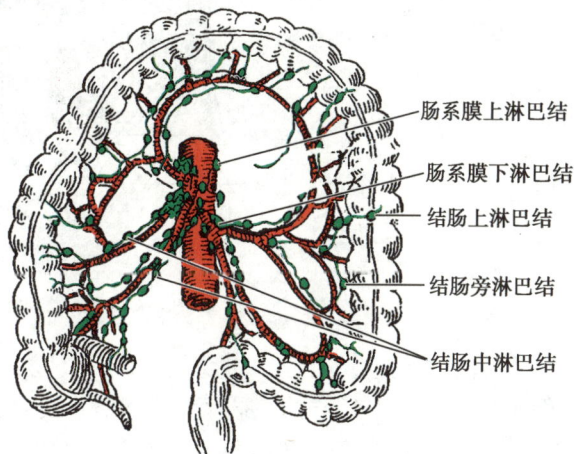

▲ 图4-59　结肠的淋巴结

（五）神经

交感神经节前纤维来自脊髓第10胸节至第2腰节，经内脏小神经和腰内脏神经至肠系膜上、下神经节换元，节后纤维伴随肠系膜上、下动脉的分支至相应区域。副交感神经纤维分别来自迷走神经和脊髓第2~4骶节，迷走神经分布于结肠左曲以上结肠，而脊髓第2~4骶节的节前神经纤维分布于结肠左曲以下结肠。大部分大肠的内脏感觉神经伴交感和副交感神经传入脊髓第10胸节至第2腰节和延髓，乙状结肠末端、直肠的内脏感觉则经盆内脏神经传入脊髓第2~4骶节。

（吴江东　李长兴）

第六节　腹膜后间隙

腹膜后间隙（retroperitoneal space）位于腹后壁腹膜与腹内筋膜之间，其范围上起自膈，下达骶岬、骨盆上口处。此间隙借两侧腹膜外筋膜向上经腰肋三角与纵隔结缔组织相连，向下与盆腔腹膜后间隙相通，故间隙内的感染极易向上、下扩散。此间隙内有胰、十二指肠大部、肾、肾上腺、输尿管腹部、大血管、淋巴结和神经等重要结构（图4-60）。

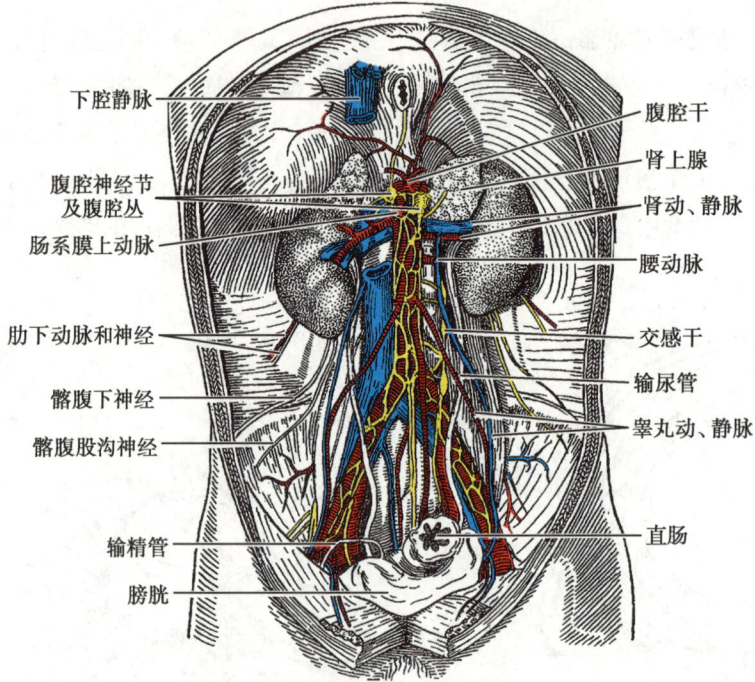

▲ 图4-60　腹膜后间隙内的重要脏器

案例4-5　　患者，男，53岁，因"右腰部隐痛伴血尿7天"就诊。主诉1年前出现右腰部无诱因绞痛，数小时后缓解，后有数次发作。数天前绞痛再次发作，疼痛较为剧烈，并向同侧腹股沟和睾丸放射，伴有血尿。检查发现：体温36.8℃，血压135/90mmHg，超声和CT检查发现右肾多发结石。考虑诊断为右侧肾结石。

思考：

1. 右腰部腹腔脏器除右肾外还有哪些主要脏器？

2. 肾门的体表投影如何？什么是肾角？

3. 肾结石的并发症有哪些？

一、肾

（一）形态与结构

肾（kidney）是成对的实质性器官，形似蚕豆，左右各一。新鲜肾呈红褐色，大小因人而异。

正常成年男性的肾平均长10cm，宽约5cm，厚约4cm，重量为134~145g，女性肾略小于男性。

肾可分上、下两端，内、外两缘，前、后两面。肾上端宽而薄，下端窄而厚。前面较凸，朝向前外侧，后面较平，贴靠腹后壁。外侧缘隆凸，内侧缘中央凹陷，称肾门（renal hilum），是肾血管、淋巴管、神经和肾盂出入部位。出入肾门的结构合称肾蒂（renal pedicle）。肾蒂的主要结构由前向后依次为肾静脉、肾动脉和肾盂，从上向下依次为肾动脉、肾静脉和肾盂。因下腔静脉位于中线右侧，所以左肾蒂较右侧长，在肾手术时左侧较右侧容易。肾门向肾内扩大的不规则腔隙称肾窦（renal sinus），容纳肾盂、肾盏、肾血管、神经和脂肪组织等。

在肾的冠状面上，可见肾实质分为肾皮质和肾髓质两部分（图4-61）。肾皮质主要位于浅层，富含血管，呈红褐色。肾髓质位于肾实质的深部，色淡，由15~20个肾锥体构成，锥体的基部朝向皮质，尖端圆钝，朝向肾窦，称肾乳头（renal papilla）。有时2~3个肾锥体合成1个肾乳头。乳头的顶端有乳头孔，肾形成的尿液由乳头孔流入肾小盏内。浅层的肾皮质伸入肾锥体之间的部分称肾柱（renal column）。

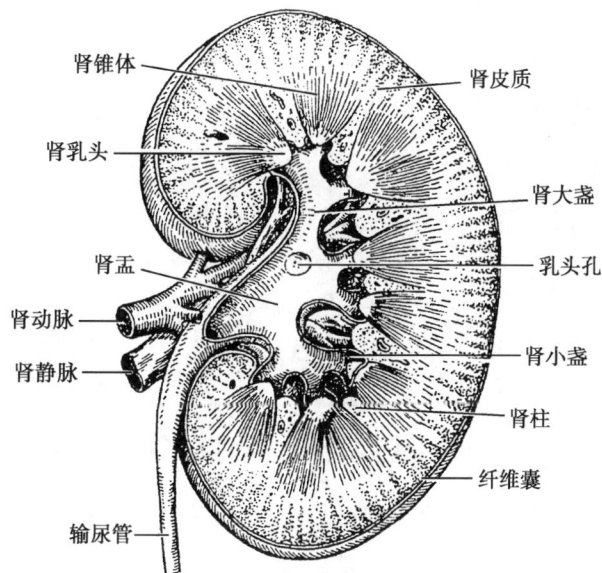

▲ 图4-61　右肾冠状面（后面观）

肾窦内有7~8个呈漏斗状的肾小盏（minor renal calice），其边缘包绕肾乳头，承接排出的尿液。2~3个肾小盏合成一个肾大盏（major renal calice），2~3个肾大盏合成一个前后扁平、呈漏斗状的肾盂（renal pelvis）。肾盂出肾门后，向下弯行，逐渐变细移行为输尿管。

（二）位置与毗邻

1. 位置　肾位于腹膜后间隙内脊柱的两侧，贴附于腹后壁上部，两肾肾门相对，上极相距稍近。受肝右叶的影响，右肾低于左肾1~2cm（约半个椎体）。以椎骨为标志，右肾上端平第12胸椎下缘，下端平第3腰椎下缘；左肾上端平第12胸椎上缘，下端平第3腰椎上缘。第12肋斜过左肾后面的中部，右肾后面的上部。肾门约平第1腰椎，距正中线约5cm，在腹前壁位于第9肋前端，在腹后壁位于第12肋下缘与竖脊肌外缘的交角处，此角称肾角或脊肋角（图4-62）。肾病变时，此处常有压痛或叩击痛。

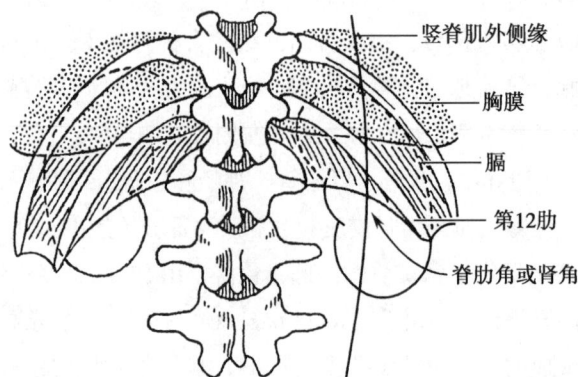

▲ 图4-62　肾的后面毗邻

肾的体表投影：在后正中线两侧2.5cm和7.5~8.5cm处各作两条垂线，通过第12胸椎和第3腰椎棘突各作一条水平线，肾即位于此纵横标志线所组成的两个四边形范围内。此范围内如有疼痛等异常表现时，常提示肾有病变（图4-63）。

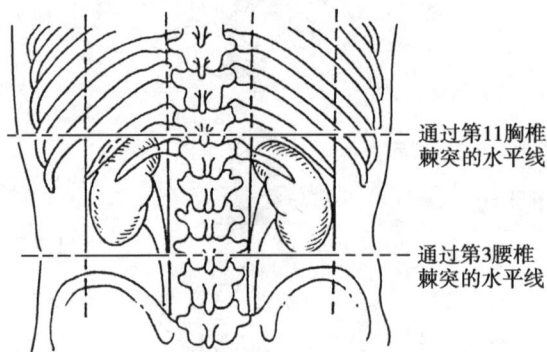

▲ 图4-63　肾的体表投影

2. 毗邻　肾的上方借疏松结缔组织与肾上腺相邻，两者共同由肾筋膜包绕。两肾的内下方以肾盂续输尿管。左肾的内侧有主动脉，右肾的内侧有下腔静脉，两肾的内后方分别有左、右腰交感干。左、右肾前方的毗邻不同。左肾的上部有胃后壁，中部有胰横过，下部有空肠袢及结肠左曲；右肾的上部为肝右叶，下部为结肠右曲，内侧为十二指肠降部。行左肾切除术时应注意勿伤及胰尾；右肾手术时要注意保护十二指肠降部（图4-64）。

肾后面第12肋以上部分与膈邻贴，并借膈与胸膜腔相邻。第12肋以下部分除肋下血管、神经外，自内向外有腰大肌及其前方的生殖股神经，腰方肌及其前方的髂腹下神经、髂腹股沟神经等。肾周围炎或脓肿时，腰大肌受到刺激可发生痉挛，引起患侧下肢屈曲。

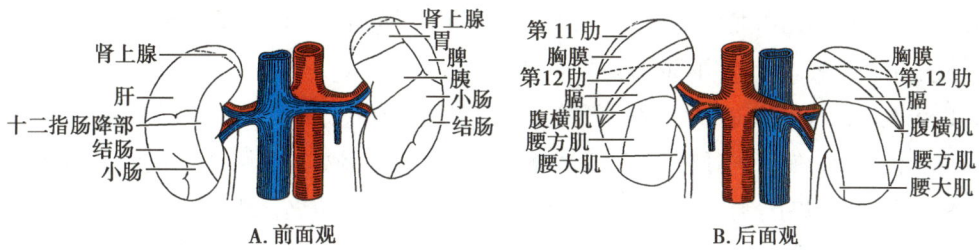

肾上腺
肝
十二指肠降部
结肠
小肠

肾上腺
胃
脾
胰
小肠
结肠

A. 前面观

第11肋
胸膜
第12肋
膈
腹横肌
腰方肌
腰大肌

胸膜
第12肋
膈
腹横肌
腰方肌
腰大肌

B. 后面观

▲ 图4-64　肾毗邻关系示意图

（三）被膜

由外向内依次为肾筋膜、脂肪囊和纤维囊（图4-65）。

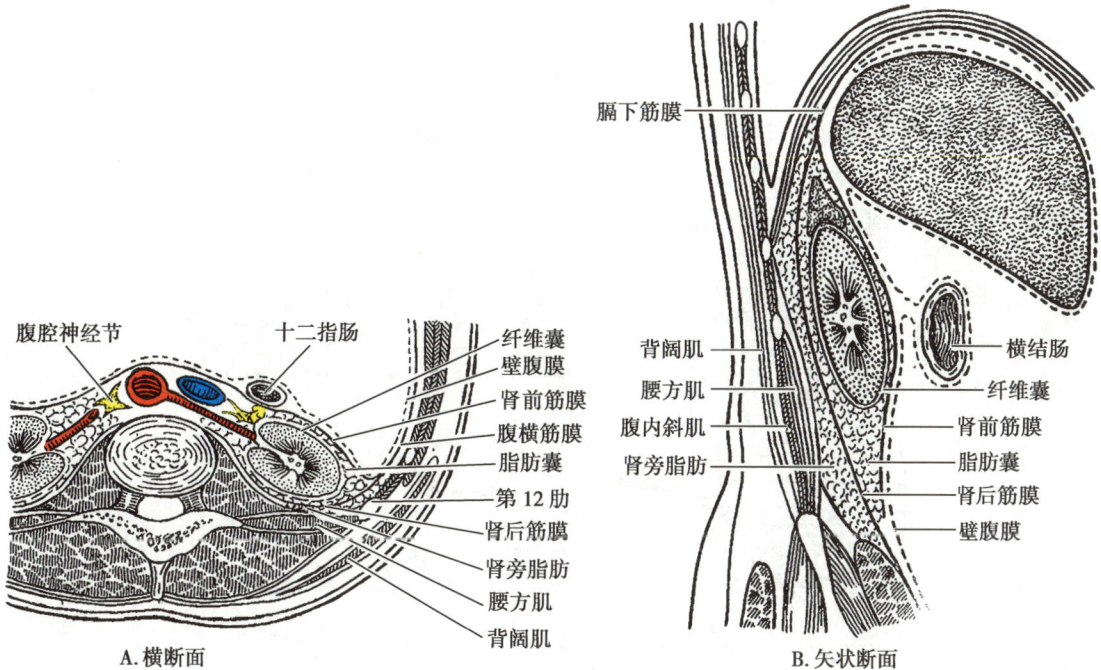

膈下筋膜

腹腔神经节　　十二指肠
纤维囊
壁腹膜
肾前筋膜
腹横筋膜
脂肪囊
第12肋
肾后筋膜
肾旁脂肪
腰方肌
背阔肌

A. 横断面

背阔肌
腰方肌
腹内斜肌
肾旁脂肪

横结肠
纤维囊
肾前筋膜
脂肪囊
肾后筋膜
壁腹膜

B. 矢状断面

▲ 图4-65　肾的被膜

1. 肾筋膜（renal fascia）　又称杰罗塔（Gerota）筋膜，质较坚韧，发出许多结缔组织小束，穿过脂肪囊与纤维囊相连，对肾有一定的固定作用。肾筋膜分前、后两层（即肾前筋膜与肾后筋膜）共同包绕肾上腺和肾。肾前筋膜除覆盖肾及肾上腺外，尚跨越腹主动脉和下腔静脉前方与对侧肾前筋膜连续；肾后筋膜经肾后面贴腰大肌和腰方肌筋膜向内侧附着于椎体。肾前、后筋膜互相融合向上与膈下筋膜相连，向外侧与腹横筋膜相续。在肾的下方，肾前筋膜消失于髂窝的腹膜外筋膜（腹膜外结缔组织）中，肾后筋膜向下与髂筋膜相愈着，因而形成向下开放的囊口。由于肾筋膜的下端完全开放，当腹壁肌减弱，肾旁脂肪减少，或有内脏下垂时，肾移动性可增大，向下形成肾下垂或称游走肾。如果发生积脓或有肾周围炎时，脓液可沿肾筋膜向下蔓延。

2. 脂肪囊（fatty renal capsule）　又称肾床，为脂肪组织层，成人的脂肪囊厚度可达2cm，在肾的后面和边缘脂肪组织尤为发达。脂肪囊有支持和保护肾的作用。经腹膜外行肾手术时，在脂肪囊内易于游离肾脏。肾囊封闭时，药液即注入此囊。

3. 纤维囊（fibrous capsule） 又称纤维膜，为肾的固有膜，由致密结缔组织构成，质薄而坚韧，被覆于肾表面，有保护肾的作用。纤维囊易于从肾表面剥离，利用这一特点可将肾固定于第12肋和腰大肌上，以治疗肾下垂。在肾部分切除或肾外伤时，应缝合纤维囊，以防肾实质撕裂。

（四）肾血管与肾段

1. 肾动脉和肾段 肾动脉（renal artery）多平第2腰椎高度以直角起自腹主动脉，于肾静脉的后上方横行向外，经肾门入肾。由于腹主动脉位置偏左，右肾动脉较左肾动脉长。肾动脉进入肾门之前，多分为前、后两支，再进入肾窦。在肾窦内，前支走行在肾盂的前方，分出上段动脉、上前段动脉、下前段动脉和下段动脉四条段动脉；后支走行在肾盂的右方，入肾后延续为后段动脉。每条段动脉均有相应供血区域。上段动脉分布于肾上端；上前段动脉分布于肾前面中上部及肾后面外缘；下前段动脉分布于肾前面中下部及肾后面外缘；下段动脉分布于肾下端；后段动脉分布于肾后中间部分。每一条段动脉分布的肾实质区域称为肾段（renal segment）。肾段共有5段，即上段、上前段、下前段、下段和后段，肾段的划分为肾局限性病变的定位及肾段或肾部分切除术提供了解剖学基础（图4-66）。

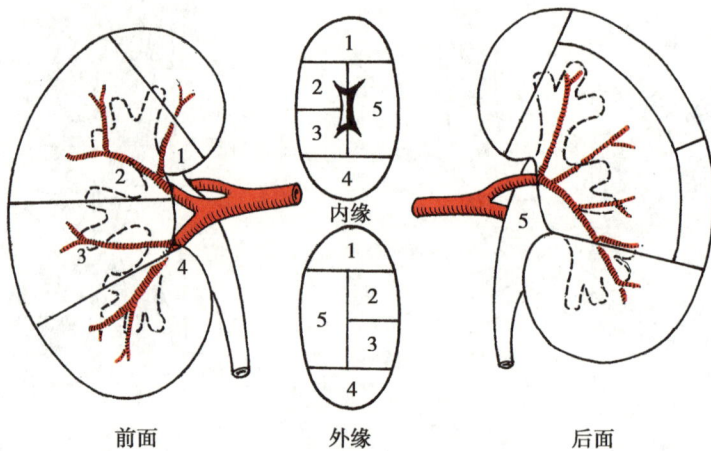

1. 上段动脉；2. 上前段动脉；3. 下前段动脉；4. 下段动脉；5. 后段动脉。

▲ 图4-66 肾段动脉

肾动脉的变异比较常见。不经肾门而在肾上端或下端入肾的动脉，分别称为上极动脉（upper polar artery）或下极动脉（lower polar artery）（图4-67、图4-68）。上、下极动脉与上、下段动脉相比，在肾内的供血区域一致，只是起点、行程和入肾的部位不同。手术时应对上、下极动脉足够重视，一旦损伤，不仅可致出血，而且可致肾上端或下端缺血性坏死。肾各段动脉之间彼此没有吻合，若某一段动脉血流受阻，其相应供血区的肾实质即可发生坏死。

2. 肾静脉（renal vein） 肾静脉在肾内与肾动脉不同，无节段性及规律性，但有广泛吻合，故结扎单支不影响血液回流。肾内静脉在肾窦内汇成2支或3支。左肾静脉的属支及其与周围静脉

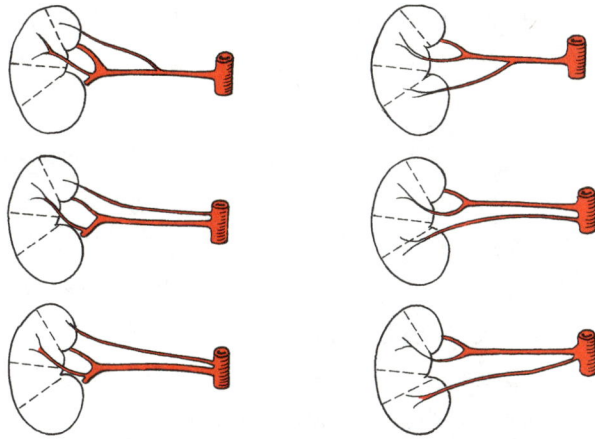

▲ 图4-67 上极动脉起点类型图   ▲ 图4-68 下极动脉起点类型图

的吻合出肾门后则合为一干，走行于肾动脉的前方，以直角汇入下腔静脉。左肾静脉因跨越腹主动脉之前注入下腔静脉，故较长，且收集左睾丸（卵巢）静脉和左肾上腺静脉。右肾静脉较短，一般不收集右睾丸（卵巢）静脉。左肾静脉及其属支还与周围的静脉有吻合（图4-69）。肝门静脉高压时，利用此点行大网膜包肾术，可建立门、腔静脉间的侧支循环，从而降低肝门静脉压力。

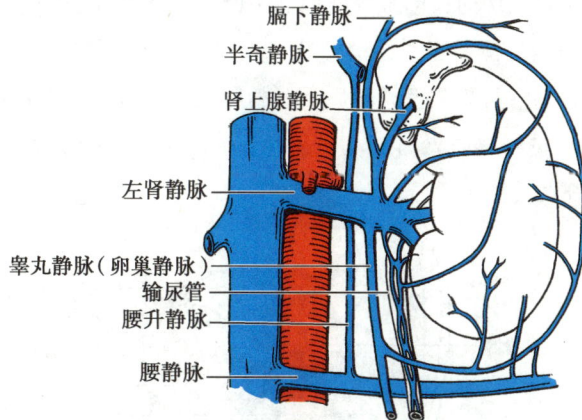

▲ 图4-69 左肾静脉的属支及其与周围静脉的吻合

（五）淋巴和神经

肾内淋巴管分浅、深两组，浅组引流脂肪囊和肾筋膜的淋巴，深组引流肾实质的淋巴。两组淋巴管互相吻合注入肾盂后方的肾门淋巴结，后者输出淋巴管注入腰淋巴结或直接汇入腰干。

肾接受交感神经和副交感神经的双重支配，同时还有内脏感觉神经。肾的交感神经来自腹腔丛分出的肾丛，围绕肾动脉周围，有交通支与肠系膜丛、腹主动脉丛相连。肾的副交感神经沿肾蒂进入肾实质，分布于肾小体及肾小管。

肾的感觉神经伴随交感神经和迷走神经的分支走行。由于肾的感觉神经纤维皆经过肾丛，切除或封闭肾丛可消除肾疾患引起的疼痛。

理论与实践　　　　肾切除术是把已破坏的肾或病肾切除。肾是位于腹膜后间隙的脏器，因此肾切除时应尽可能在腹膜外（后）进行。手术多采用腰、腹联合切口或腰部斜切口，因第12肋斜过肾脏后方，为了显露充分和操作顺利，可切除第12肋。处理肾血管时应注意其变异，如上极动脉出现率达40%，该动脉若来自肾动脉，则藏于肾蒂中难以发现，若起于腹主动脉，则位置偏高。在肾门处，一般有2~3条动脉或静脉，切除时切勿遗漏而发生出血。肾静脉管壁较薄，手术时要轻柔，防止撕裂。一旦发生意外出血，应仔细辨认，切勿盲目钳夹，特别是右肾静脉短，与下腔静脉距离近，如若损伤下腔静脉，可造成致命的大出血。2%~4%的人仅有一个肾，因而肾切除前应谨慎。

二、输尿管

（一）分部与毗邻

输尿管（ureter）是位于腹膜后间隙内的细长肌性管道，左右各一，成人全长25~30cm。其上端起自肾盂，下端终于膀胱。输尿管按行径可分为腹部、盆部和壁内部。输尿管的第一段于肾盂下端起始后，在腹后壁腹膜的深面，沿腰大肌前面下降，至小骨盆缘跨越髂血管前面，此段为腹部。其体表投影相当于腹前外侧壁半月线的位置，在腹后壁均与腰椎横突尖端所作的连线一致；第二段自髂血管交叉处起，沿盆腔侧壁行向后下至膀胱底，此段为盆部；第三段自入膀胱壁到输尿管口，此段为壁内部。每段起始处管腔均较狭窄，直径为2~3mm，是输尿管三个生理性狭窄处，输尿管结石易滞留在此（图4-70）。

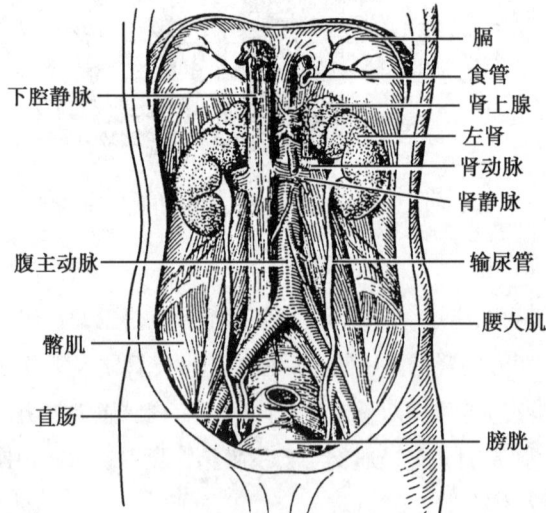

膈
食管
肾上腺
左肾
肾动脉
肾静脉
输尿管
腰大肌
膀胱

下腔静脉
腹主动脉
髂肌
直肠

▲ 图4-70　肾和输尿管

输尿管腹部长13~14cm，紧贴腰大肌前面向下内侧斜行，在腰大肌中点的稍下方有睾丸（卵巢）血管斜过其前方。该段的毗邻：左侧前为十二指肠空肠曲，并有左结肠血管、左睾丸（卵巢）血管、乙状结肠系膜越过。右侧上段的前方自上而下有十二指肠降部、右结肠和回结肠血管、肠系膜根和右睾丸血管跨越，下段的外侧与回盲部及阑尾相邻，故盲肠后位阑尾炎可引起输尿管的炎症。

肾盂、输尿管的形态、数目、行程及开口均有变异，如双肾盂、双输尿管等。

（二）血管

输尿管腹部的血液供应是多源性的，其上部由肾动脉分支供应；下部由腹主动脉、睾丸（卵巢）动脉、第1腰动脉、髂总动脉、髂内动脉等分支供应（图4-71）。

各条输尿管动脉到达输尿管边缘0.2~0.3cm处，分为升支和降支进入管壁。上下相邻的分支相互吻合，在输尿管的外膜层形成动脉网，并有小分支穿过肌层，在输尿管黏膜层形成毛细血管丛。由于供血到输尿管腹部的动脉多来自内侧，手术显露以外侧为宜。输尿管腹部的静脉与动脉伴行，分别经肾静脉、睾丸（卵巢）静脉、髂内静脉等回流。

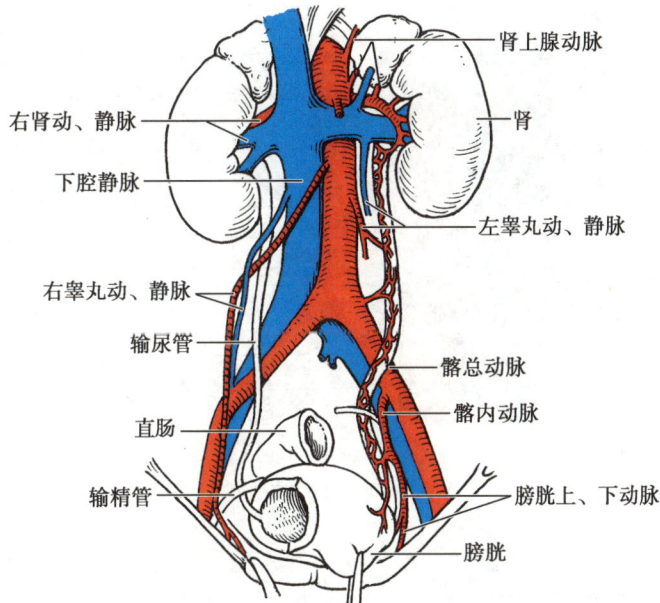

▲ 图4-71　输尿管的动脉

三、肾上腺

（一）位置与毗邻

肾上腺（suprarenal gland）为成对的内分泌器官，位于腹膜后间隙内脊柱的两侧，如以椎骨为标志，则平第11胸椎高度，位于两肾的上端，属腹膜外位器官。左侧肾上腺为半月形，右侧呈三角形，长约6cm，宽约3cm，厚0.5~1cm，重5~7g。肾上腺与肾共同包在肾筋膜内，通过腹膜后充气造影，可显示肾上腺的轮廓，对诊断肾上腺病变有一定意义。左、右肾上腺的毗邻不同，左肾上腺前面的上部借网膜囊与胃后壁相隔，下部与胰尾、脾血管相邻，内侧缘接近腹主动脉；右肾上腺的前面为肝，内侧缘紧邻下腔静脉。左、右肾上腺的后面均为膈。两肾上腺之间有腹腔丛。

（二）血管

肾上腺的动脉有上、中、下三支，分布于肾上腺的上、中、下三部（图4-72）。肾上腺上动脉（superior suprarenal artery）起自膈下动脉，肾上腺中动脉（middle suprarenal artery）起自腹主动脉，肾上腺下动脉（inferior suprarenal artery）起自肾动脉。这些动脉进入肾上腺后，于肾上腺被膜内形成丰富的吻合，并分出细小分支进入皮质和髓质。左肾上腺静脉通常为一支，仅有少数为两支，平均长度2cm，外径约0.4cm，汇入左肾静脉；右肾上腺静脉通常只有一支，平均长度1cm，外径约0.3cm，汇入下腔静脉，少数汇入右膈下静脉、右肾静脉或副肝右静脉。由于右肾上腺静脉很短，多汇入下腔静脉的右后壁，在右肾上腺切除术结扎肾上腺静脉时，应注意保护下腔静脉。

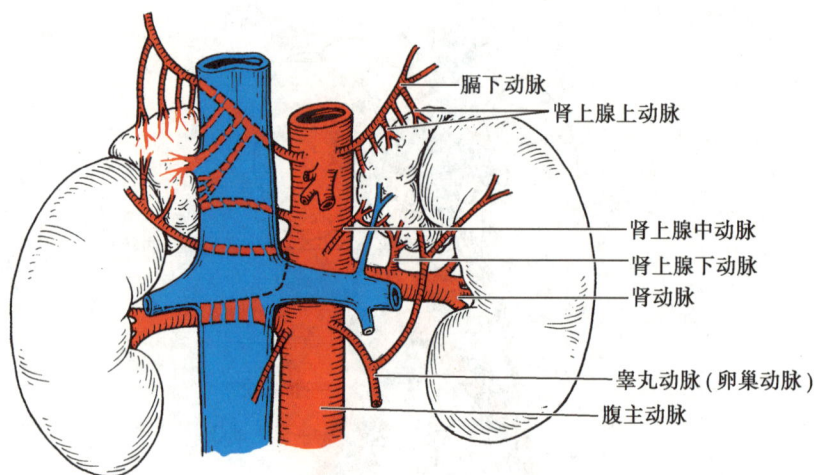

▲ 图4-72　肾上腺的动脉

四、血管、淋巴与神经

（一）血管

1. 腹主动脉（abdominal aorta）　为胸主动脉的延续，在第12胸椎下缘前略偏左侧，经膈的主动脉裂孔进入腹膜后间隙，沿脊柱左前方下行，至第4腰椎下缘水平分为左、右髂总动脉，后两者的夹角约为56°。此分叉在腹前壁体表投影为脐下偏左2cm处。腹主动脉的全长为14~15cm，外周径2.9~3cm。

腹主动脉的前方有胰、十二指肠水平部及小肠系膜根等，后方有第1~4腰椎及椎间盘，右侧为下腔静脉，左侧为左交感干腰部。腹主动脉周围还有腰淋巴结、腹腔淋巴结和神经丛等。

按分布区域，腹主动脉的分支可分为脏支和壁支两类，脏支又可分为不成对的和成对的两种（图4-73）。

腹主动脉在相当于第12胸椎、第1腰椎和第3腰椎水平处，分别发出三条不成对的脏支，即腹腔干、肠系膜上动脉、肠系膜下动脉；在第1腰椎、第2腰椎和第2腰椎的稍下方，分别发出三对成对的脏支，即肾上腺中动脉、肾动脉和睾丸（卵巢）动脉。其壁支分别是一对膈下动脉、四对腰动脉和一支骶正中动脉（图4-73）。

（1）壁支

1）膈下动脉（inferior phrenic artery）：左右各一，在膈的主动脉裂孔处由腹主动脉起始处发出，向上除分布于膈的腰部外，还发出细小的肾上腺上动脉至肾上腺。

2）腰动脉（lumbar artery）：通常有四对，呈直角由腹主动脉后壁的两侧发出，横行向外，分别经第1~4腰椎中部的前面或侧面分到背部诸肌、皮肤和脊柱及腹壁。

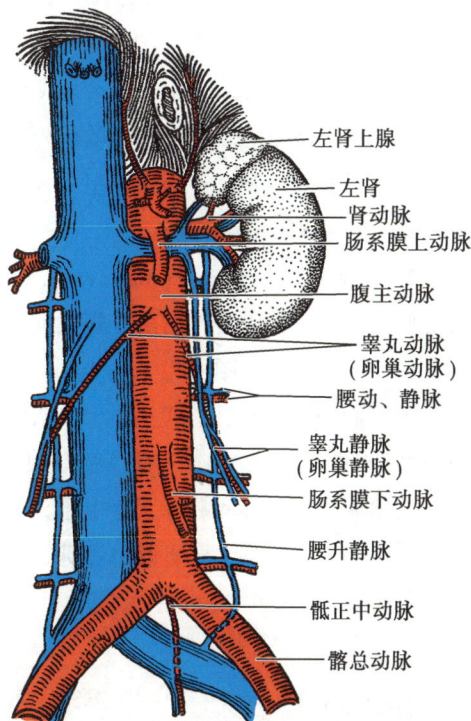

▲ 图4-73　腹膜后间隙血管

（图中标注：左肾上腺、左肾、肾动脉、肠系膜上动脉、腹主动脉、睾丸动脉（卵巢动脉）、腰动、静脉、睾丸静脉（卵巢静脉）、肠系膜下动脉、腰升静脉、骶正中动脉、髂总动脉）

3）骶正中动脉（median sacral artery）：仅有一支，从腹主动脉分叉处后壁发出经骶骨、尾骨的前面下行，分支营养盆腔后壁的组织结构。

（2）不成对的脏支

1）腹腔干（celiac trunk）：为一粗而短的动脉干，在主动脉裂孔稍下方起自腹主动脉前壁，向前下方走行2~3cm，迅即分为胃左动脉、肝总动脉和脾动脉三大分支。

2）肠系膜上动脉（superior mesenteric artery）：在腹腔干稍下方，约平第1腰椎高度起自腹主动脉前壁，经胰头与胰体交界处后方下行，越过左肾静脉和十二指肠水平部前面进入小肠系膜根，因而不仅可压迫十二指肠引起十二指肠梗阻，同时也可压迫左肾静脉导致左肾静脉、左睾丸（卵巢）静脉和左肾上腺静脉回流障碍。肠系膜上动脉在向右髂窝方向走行过程中发出胰十二指肠下动脉、空肠动脉、回肠动脉、回结肠动脉、右结肠动脉和中结肠动脉（图4-46、图4-57）。

3）肠系膜下动脉（inferior mesenteric artery）：平第3腰椎高度起于腹主动脉左前壁，在腹后壁腹膜后间隙内行向左下，进入乙状结肠系膜，其分支有左结肠动脉、乙状结肠动脉和直肠上动脉，分布于降结肠、乙状结肠和直肠上部（图4-57）。

（3）成对的脏支

1）肾上腺中动脉（middle suprarenal artery）：左、右各一支，约平第1腰椎高度起自腹主动脉侧壁，分布于肾上腺（图4-72）。

2）肾动脉（renal artery）：平第1~2腰椎间盘高度起于腹主动脉两侧壁，横行向外，到肾门附近分为前、后两干，经肾门入肾。肾动脉在入肾门前发出肾上腺下动脉至肾上腺，与肾上腺上、中动脉吻合（图4-72、图4-73）。

3）睾丸动脉（testicular artery）或卵巢动脉（ovarian artery）：为一对细而长的动脉，在肾动脉起点平面稍下方起自腹主动脉的前外侧壁，在腹膜后间隙内斜向外下方越过输尿管，经腹股沟管深环穿入腹股沟管，参与精索组成，分布于睾丸和附睾。女性则为卵巢动脉，经卵巢韧带分布于卵巢（图4-71、图4-73）。

2. **下腔静脉**（inferior vena cava）　是人体最粗大的静脉干，平第4~5腰椎水平，由左、右髂总静脉汇合而成，沿脊椎右前方腹主动脉右侧上行，经肝后面的腔静脉沟，穿膈的腔静脉孔进入胸腔，注入右心房（图4-71、图4-73）。下腔静脉收集下肢、腹部、盆部的静脉血。

下腔静脉前面有肝、胰头、十二指肠水平部、右睾丸（卵巢）动脉、小肠系膜根等越过。后方有腰椎体、膈肌右脚、右腰交感干和腹主动脉分出的壁支；左侧为腹主动脉，右侧与右腰大肌、右输尿管、右肾和右肾上腺相邻。

下腔静脉的属支主要有髂总静脉、肝静脉、肾静脉、右睾丸（卵巢）静脉、右肾上腺静脉和腰静脉等。

> **理论与实践**　　　左肾静脉压迫综合征是指左肾静脉汇入下腔静脉的行程中，因走行于腹主动脉和肠系膜上动脉之间形成的夹角受到挤压而引起的症状；是儿童非肾性血尿和男性左侧精索静脉曲张的原因之一，临床上又称胡桃夹现象，好发于青春期至40岁左右的男性，多发年龄见于13~16岁。

（二）淋巴

在腹膜后间隙内的大血管周围，聚集大量的淋巴结和淋巴管，主要收集来自下肢、盆腔、腹腔和腹膜后器官的淋巴（图4-74）。这些淋巴主要分布于腹主动脉和下腔静脉的前方、两侧和后方，包括主动脉前淋巴结、主动脉旁淋巴结和主动脉后淋巴结。主动脉前淋巴结包括腹腔淋巴结、肠系膜上淋巴结、肠系膜下淋巴结三组，收集腹腔不成对脏器的淋巴，其输出淋巴管组成肠干，注入乳糜池。主动脉旁淋巴结又称腰淋巴结，位于下腔静脉和腹主动脉周围，有30~50个之多，收集腹壁、腹腔成对器官和盆部、下肢的淋巴，其输出淋巴管组成左、右腰干，注入乳糜池。主动脉后淋巴结收集部分腹后壁的淋巴管及主动脉前、旁淋巴结的部分输出淋巴管。

（三）神经

腰交感干（lumber sympathetic trunk）由3~5个神经节及其节间支组成，位于脊柱与腰大肌之间，被椎前筋膜所覆盖。左腰交感干与腹主动脉相邻，右腰交感干被下腔静脉所掩盖。神经节的数目可因节的融合或缺如有所不同，其位置以第2与第4腰椎水平的两节较恒定，分别被内侧弓状韧带和髂总动脉所遮盖，临床上常借此作为寻找腰神经节的标志。左、右腰交感干之间有横向的交通支（图4-60、图4-75）。

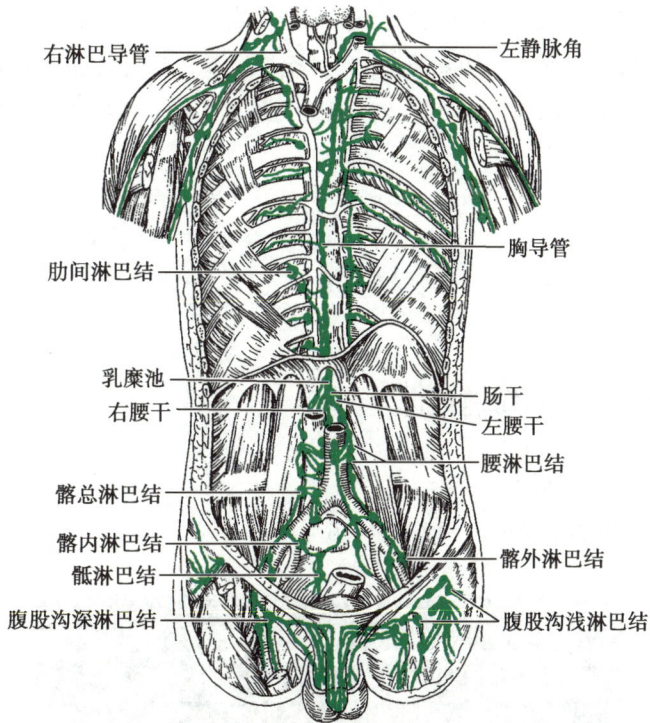

▲ 图4-74 胸导管及腹盆部淋巴结

右淋巴导管　　　　　　　　　　　左静脉角

　　　　　　　　　　　　　　　　胸导管

肋间淋巴结

乳糜池　　　　　　　　　　　　肠干
右腰干　　　　　　　　　　　　左腰干
　　　　　　　　　　　　　　　腰淋巴结

髂总淋巴结

髂内淋巴结　　　　　　　　　　髂外淋巴结
骶淋巴结
腹股沟深淋巴结　　　　　　　　腹股沟浅淋巴结

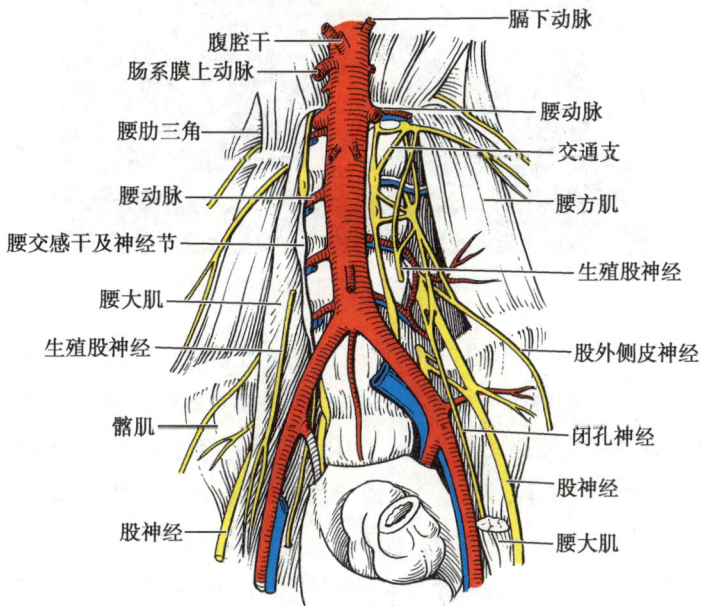

▲ 图4-75 腹膜后间隙的神经与血管

腹腔干　　　　　　　　　　　　膈下动脉
肠系膜上动脉
腰肋三角　　　　　　　　　　　腰动脉
　　　　　　　　　　　　　　　交通支
腰动脉　　　　　　　　　　　　腰方肌
腰交感干及神经节
腰大肌　　　　　　　　　　　　生殖股神经
生殖股神经
　　　　　　　　　　　　　　　股外侧皮神经
髂肌
　　　　　　　　　　　　　　　闭孔神经
　　　　　　　　　　　　　　　股神经
股神经　　　　　　　　　　　　腰大肌

　　腰神经节发出的灰交通支至腰神经，随腰神经而分布。发自腰交感干的白交通支进入位于腹主动脉及其分支周围的神经丛（腹主动脉丛、肠系膜下丛），经换元后，其节后纤维分布到结肠左曲以下消化管及盆腔脏器，并伴随血管分布至下肢。当下肢血管痉挛或血栓形成等时，可手术切除腰神经节以获得缓解。通常是切除第2、3、4腰神经节和它们之间的交通支，这样可以将下肢的交感神经大部分切除，从而使下肢的皮肤温暖、红润和干燥；保留第1腰神经节，以保持生殖功能。

（吴江东　李长兴）

第七节　腹部横断层影像解剖

一、经第二肝门的横断层

此层面上第二肝门和胃的断面出现（图4-76）。

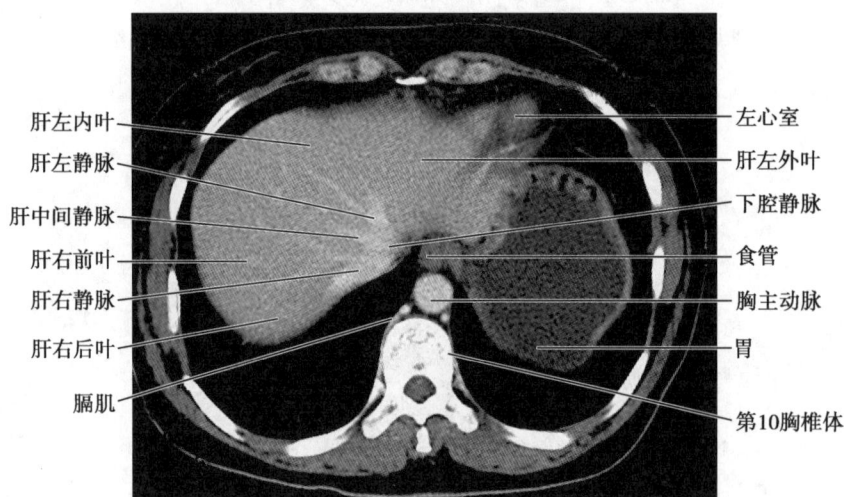

▲ 图4-76　经第二肝门的横断层（CT）

肝位于腹腔内脏器的右侧，并越过中线伸向左侧；肝组织内的肝左、中、右静脉均呈长条状，三大肝静脉出肝注入下腔静脉处即第二肝门。该层面对肝叶、肝段的划分，了解肝静脉的汇合形式及肝静脉插管等有重要意义。以肝左、中、右静脉等为标志，将肝分为S Ⅰ、S Ⅱ、S Ⅲ、S Ⅳ、S Ⅶ、S Ⅷ。在CT平扫影像上，正常肝实质呈均匀的软组织密度影，略高于脾、胰、肾等脏器，肝门静脉和肝静脉的密度低于肝实质，表现为呈管状或圆点状影；在CT、MRI增强图像上，肝左、中、右静脉显示良好，可作为确定肝裂和划分肝段的标志结构。胃位于腹腔脏器的左侧，与肝之间的器官结构有食管、胸导管和胸主动脉。

二、经肝门静脉左支矢状部的横断层

此层面上第二肝门消失，静脉韧带裂、肝门静脉左支矢状部和脾的断面出现（图4-77）。

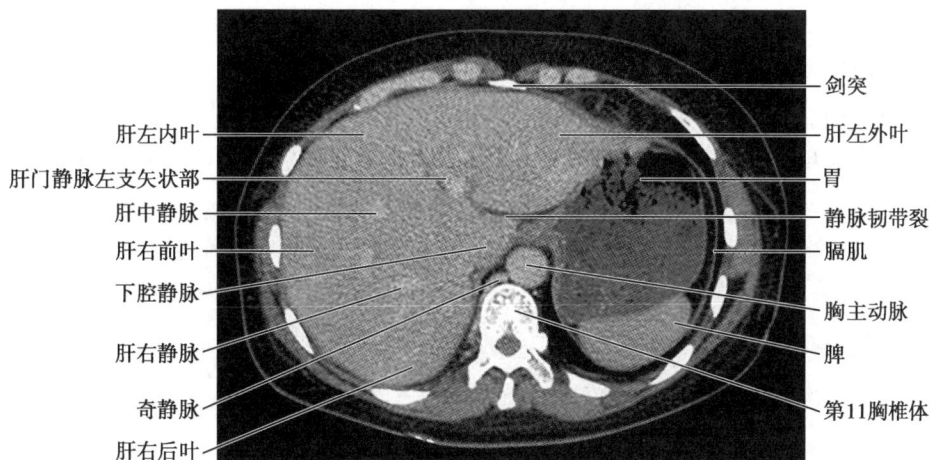

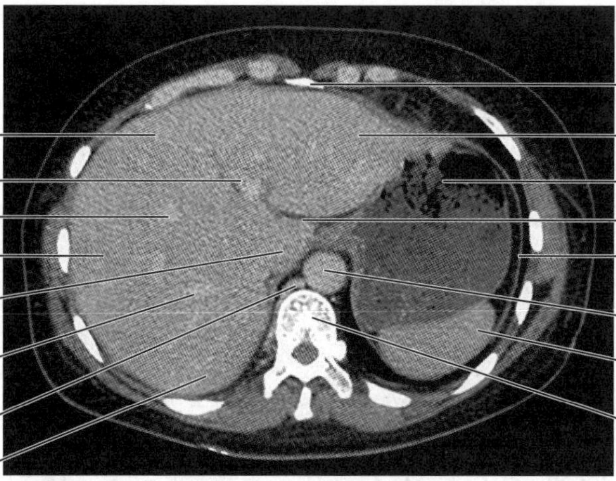
肝左内叶
肝门静脉左支矢状部
肝中静脉
肝右前叶
下腔静脉
肝右静脉
奇静脉
肝右后叶
剑突
肝左外叶
胃
静脉韧带裂
膈肌
胸主动脉
脾
第11胸椎体

▲ 图4-77 经肝门静脉左支矢状部的横断层（CT）

腹腔内的脏器自右向左主要为肝、胃和脾。肝内出现肝门静脉左支矢状部的断面，其位于静脉韧带裂和下腔静脉的右前方，是肝分叶、分段的标志结构。肝左、中、右静脉均明显变细，散在分布于下腔静脉的周围。以肝门静脉左支矢状部和肝左、中、右静脉等为标志，将肝分为SⅠ、SⅡ、SⅢ、SⅣ、SⅦ、SⅧ。脾位于腹腔脏器的左后方，呈新月形。胃位于脾的右前方，呈囊状。脾因存在切迹可在其脏面出现分叶状隆起，有时在胰尾与左肾之间表现为孤立的小叶，在CT图像上脾的局部突起酷似胰肿块或肾旁肿块，应注意鉴别。

三、经肝门的横断层

此层面上肝门静脉左支矢状部消失，肝门结构和肝圆韧带裂的断面出现（图4-78）。

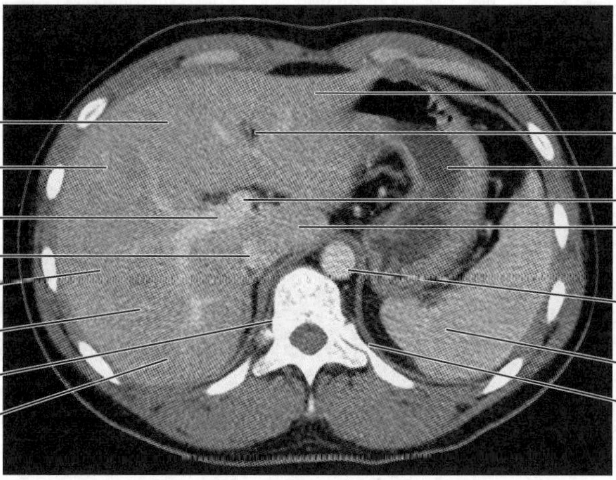
肝左内叶
肝中静脉
肝门静脉右支
下腔静脉
肝右前叶
肝右静脉
第12胸椎体
肝右后叶
肝左外叶
肝圆韧带裂
胃
肝门静脉左支
肝尾状叶
胸主动脉
脾
膈

▲ 图4-78 经肝门的横断层（CT）

腹腔内的脏器可分为左、右侧区，右侧区内的主要器官结构为肝、肝门结构和肝周间隙，左侧区内的主要器官结构为胃和脾。肝的断面呈楔形，肝圆韧带裂将肝分为左、右部。肝门位于右部，内有肝门静脉右支及其前方的肝总管和左前方的肝固有动脉。肝门静脉右支是肝门出现的标志结构，也是右段间裂出现的标志。以肝圆韧带裂、肝门静脉右支和肝中、右静脉等为标志，将肝分为 S Ⅰ、S Ⅲ、S Ⅳ、S Ⅶ、S Ⅷ。脾位于腹腔脏器的左后方，其脏面出现明显的切迹。胃的断面明显增大，位于肝与脾之间；胃壁的外缘光滑，内缘可见胃皱襞，正常胃腔内不应见到充盈缺损。胃壁厚度应在扩张状态下进行观察，此时胃壁充分展开，无皱襞存在，可反映其真实厚度，否则可出现增厚假象。

四、经胰体的横断层

此层面上肝门结构和胆囊消失，胰和肾的断面出现（图4-79）。

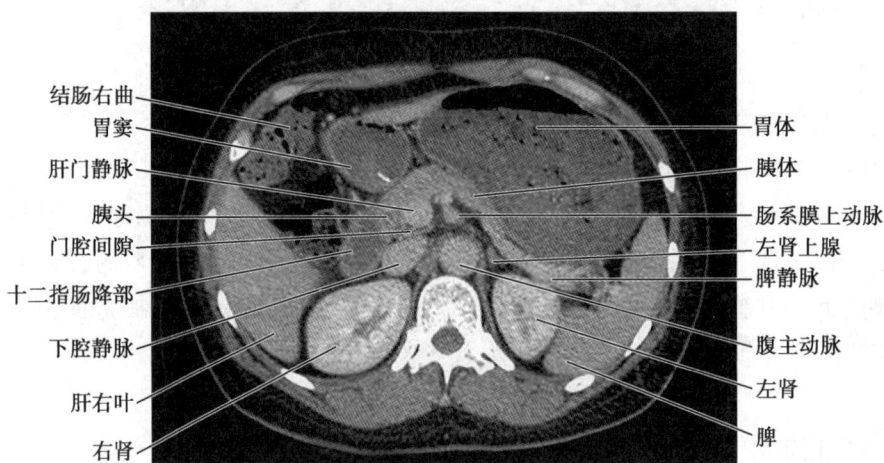

结肠右曲
胃窦
肝门静脉
胰头
门腔间隙
十二指肠降部
下腔静脉
肝右叶
右肾

胃体
胰体
肠系膜上动脉
左肾上腺
脾静脉
腹主动脉
左肾
脾

▲ 图4-79　经胰体的横断层（CT）

　　腹腔内脏器的右侧区主要为肝、右肾、结肠右曲、十二指肠降部、胃窦和胰头，左侧区内的主要器官结构自前向后为胃、胰、脾和左肾。肝的断面缩小，仅位于腹腔脏器中线的右侧，主要为 S Ⅴ、S Ⅵ。胰位于第1腰椎体的前方，呈横行的条带状，其后方有胆总管、肝门静脉、脾静脉和肠系膜上动脉等通过，以肝门静脉为标志将胰分为胰头、胰颈和胰体。在CT图像上，胰呈不规则的长条状软组织密度影，密度略低于脾，边缘较光整，当腺体萎缩或脂肪组织浸润时，胰的边缘可呈"羽毛状"或"锯齿样"改变。下腔静脉位于脊柱的右前方，其右后方可见右肾的断面，与其前方的肝门静脉之间为门腔间隙，内有门腔淋巴结。脾的脏面出现脾门，可见脾静脉等出入。脾的内侧有较大的肾断面，肾实质内的肾皮质和肾髓质清晰可见，肾髓质形成数个肾锥体。

五、经右肾门中份的横断层

此层面上肝、胰和脾即将消失，右肾门的断面出现（图4-80）。

　　腹腔脏器内的右侧区主要为肝、十二指肠降部、空肠、胰头、右肾和部分胃，左侧区主要为结肠左曲、左肾、脾和部分胃。肝的断面明显缩小，仅有肝S Ⅵ。胰头形成的钩突位于第2腰椎体的右前方，十二指肠降部位于其右侧，肠系膜上动、静脉位于胰头与胰体之间。右肾的断面增

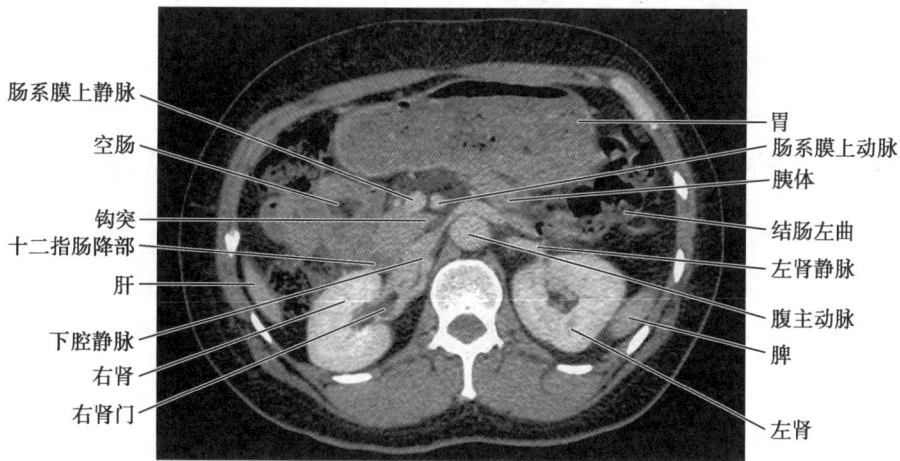

肠系膜上静脉
空肠
钩突
十二指肠降部
肝
下腔静脉
右肾
右肾门
胃
肠系膜上动脉
胰体
结肠左曲
左肾静脉
腹主动脉
脾
左肾

▲ 图4-80　经右肾门中份的横断层（CT）

大，其前内侧出现凹陷的右肾门，内有肾动、静脉等出入；肾静脉伸向前内侧并注入较粗大的下腔静脉。脾的断面明显缩小，位于腹腔脏器的左后方，与其内侧的左肾相邻。在CT图像上，肾呈圆形或椭圆形的软组织密度影，边缘光滑，能区分肾皮质与肾髓质；肾窦为脂肪组织密度，肾盂为水样密度，肾动、静脉呈条索状的软组织密度影。

（赵振美　张艳丽）

学习小结

腹部位于胸部与盆部之间，包括腹壁、腹膜、腹腔脏器、神经和血管等。腹前外侧壁不同部位的层次和结构有所不同，浅筋膜分为浅层的Camper筋膜和深层的Scarpa筋膜。腹外斜肌腱膜形成腹股沟管浅环、腹股沟韧带等结构，腹内斜肌腱膜与腹横肌腱膜结合形成腹股沟镰，3块扁肌的腱膜包裹腹直肌形成腹直肌鞘。腹股沟管是位于腹股沟韧带内侧半上方1.5cm处的由肌与筋膜形成的潜在性裂隙，包括两口、四壁；腹股沟三角由腹直肌外侧缘、腹股沟韧带和腹壁下动脉围成。腹股沟管与腹股沟三角均为腹前外侧壁的薄弱部位，是腹股沟斜疝与直疝发生的解剖学基础。

腹膜可分为脏、壁两层，相互移行围成腹膜腔；根据脏器被腹膜覆盖范围的不同，可将腹、盆腔脏器分为腹膜内位器官、腹膜间位器官和腹膜外位器官；腹膜形成了网膜、系膜和韧带等结构。结肠上区主要有食管腹部、胃、肝、肝外胆道和脾等结构；结肠下区主要有空肠、回肠、盲肠、阑尾和结肠等结构；腹膜后间隙内有胰、十二指肠大部分、肾、肾上腺、输尿管腹部、大血管、淋巴结和神经等结构。

一、A型题

1. McBurney切口向外上延长时可能伤及的血管、神经是
   A. 腹壁下动脉
   B. 旋髂深动脉的升支
   C. 髂腹下神经
   D. 髂腹股沟神经
   E. 腹壁下动脉

2. 临床上常在下腹部切取带蒂皮瓣修复缺损的主要原因是
   A. 浅血管位于浅筋膜的浅、深两层之间
   B. 腹部皮肤富有弹性
   C. 腹部皮肤移动性大，便于手术操作，且腹壁浅动、静脉伴行，管径较大
   D. 腹部皮肤的抵抗力强，术后不易感染
   E. 腹部血管和神经分布丰富

3. 参与腹股沟管前壁组成的结构有
   A. 腹外斜肌腱膜和外侧的腹横筋膜
   B. 腹外斜肌腱膜和腹横肌起始部
   C. 腹外斜肌腱膜和内侧的腹股沟镰
   D. 腹外斜肌腱膜和腹内斜肌起始部
   E. 腹外斜肌腱膜和腹股沟韧带

4. 腹股沟直疝突出的部位是
   A. 股管
   B. 腹股沟管浅环
   C. 腹壁下动脉外侧
   D. 腹股沟韧带后方
   E. 腹壁下动脉内侧

5. 同时参与构成腹股沟管三个壁的肌是
   A. 腹外斜肌
   B. 腹内斜肌
   C. 腹横肌
   D. 腹外斜肌腱膜
   E. 腹内斜肌腱膜

6. 属于结肠下区的间隙是
   A. 左肝下后间隙
   B. 右肝下间隙
   C. 肝肾隐窝
   D. 左结肠旁沟
   E. 左肝下前间隙

7. 下列结构中不是腹膜形成的是
   A. 输卵管系膜
   B. 卵巢系膜
   C. 子宫主韧带
   D. 睾丸鞘膜
   E. 鞘突剩件

8. 在仰卧时，腹膜腔最低的部位是
   A. 十二指肠上隐窝
   B. 盲肠后隐窝
   C. 肝肾隐窝
   D. 膀胱上窝
   E. 腹股沟内侧窝

9. 关于胃的描述，正确的是
   A. 大部分位于腹上区，小部分在左季肋区
   B. 大部分在右季肋区，小部分在腹上区
   C. 幽门位于第1腰椎右侧
   D. 贲门在第11胸椎右侧
   E. 分为胃底、胃窦、胃体

10. 关于肝的描述，正确的是
    A. 大部分位于右季肋区和腹上区，小部分位于左季肋区
    B. 大部分位于左季肋区，小部分位于右季肋区
    C. 是腹膜内位器官
    D. 与左肾、左肾上腺相邻
    E. 在右肋弓下能扪及

11. 关于肝蒂的描述，错误的是
    A. 内有门静脉
    B. 内有肝管
    C. 内有肝固有动脉
    D. 内有下腔静脉
    E. 内有神经和淋巴管

参考答案：1. B；2. C；3. D；4. E；5. B；
6. D；7. C；8. C；9. C；10. A；
11. D

二、名词解释

1. 白线
2. 半月线
3. 弓状线
4. 腹股沟三角
5. 腹股沟管
6. 网膜孔
7. 胃床

8. 十二指肠悬韧带（Treitz 韧带）
9. 肝门
10. 肝蒂
11. Oddi 括约肌
12. 胆囊三角（Calot 三角）
13. McBurney 点
14. 脊肋角

三、问答题

1. 试述腹股沟管的位置、内容和组成。
2. 试述腹外斜肌腱膜的纤维参与构成的结构名称。
3. 阑尾手术依次切开哪些层次才能进入腹膜腔？化脓性阑尾炎有可能引起肝脓肿吗？为什么？
4. 根据解剖知识，如何鉴别腹股沟斜疝与直疝？腹股沟直疝和斜疝的疝囊各通过哪些途径到达阴囊或大阴唇皮下？
5. 简述网膜孔的位置与构成。
6. 网膜囊是如何围成的？
7. 腹膜内位、外位和间位器官有哪些？

8. 腹膜腔穿刺常在何处进行？为什么？
9. 左、右结肠旁沟内积液可能流向何处？
10. 简述胃的位置、毗邻、血液供应、淋巴回流和神经支配。
11. 结肠分为哪几部？并简述营养各部的动脉名称及其来源。
12. 简述门静脉的组成、属支及门静脉与腔静脉的吻合部位及其途径。
13. 简述肾的位置和毗邻关系。
14. 简述肝外胆道的组成、胆总管的分段及毗邻结构。

第五章

盆部与会阴

知识目标	掌握	膀胱的形态、位置、毗邻，膀胱三角的位置、特点和临床意义；直肠、肛管的形态、结构、位置、毗邻、动脉来源及分布情况、静脉和淋巴的引流规律；前列腺的形态、位置、毗邻；子宫的形态、分部、位置、毗邻、固定装置及血供；卵巢的位置和固定装置；输卵管的位置和分部；阴道的位置和毗邻；坐骨肛门窝的位置、境界、内容物及其临床意义；阴部内血管和阴部神经的行径与分支分布；会阴浅、深筋膜的分布概况，尿生殖膈、会阴浅隙、会阴深隙的构成及与尿道破裂尿外渗的关系；阴茎的形态、结构、血管和神经支配；精索的组成与位置；男性尿道的分部、弯曲、狭窄和扩大部位；女性尿道的形态特点、尿道外口与阴道口的位置毗邻。
	熟悉	盆膈的构成和通过的结构；髂总、髂内和髂外动脉的起止、行径和毗邻，髂内动脉的分支和分布；髂内淋巴结的收纳范围；膀胱的动脉来源、静脉和淋巴的回流情况及神经支配；直肠和肛管的神经支配；前列腺的分叶和血供；输精管盆部的行程和毗邻；子宫的静脉和淋巴回流。
	了解	盆部与会阴的境界和分部；盆壁和盆膈肌的组成和位置；盆筋膜的配布及移行情况，盆筋膜间隙的名称、位置及其临床意义；输尿管盆部的行程和毗邻；卵巢和输卵管的血管和淋巴回流；髂外静脉的起止、行径及髂内静脉的属支，盆腔内静脉丛的分布与回流；盆腔内神经分布；会阴浅、深隙内的结构和血管神经来源、走行和分布；精索和阴囊层次与腹壁结构的对应关系。
能力目标		能利用教科书、标本、图谱及相关数字资源等资料拓展解剖学视野，理论联系实际，以临床病例为引导，把所学的解剖学知识应用于临床实践；锻炼分析和解决问题的能力。
素质目标		具备医学人文关怀理念，注重团队合作精神，关爱患者，技术精湛，医德高尚。

第一节　概述

一、境界与分区

盆部（pelvic part）为躯干的下部，上接腹部，两侧与下肢相连，从前至后几乎完全被大腿根部和臀区结构覆盖。盆部上界为骨盆上口；下界为骨盆下口，由盆膈和会阴封闭。因此，在体表不易划出盆部的明确境界。盆部结构包括盆壁、盆腔及其内容。盆壁由小骨盆和附于其内面的盆壁肌及其筋膜构成。盆壁与盆膈围成盆腔，盆腔向上经骨盆上口与腹腔相通。盆腔内含有消化、泌尿和生殖系统的部分脏器及血管、淋巴和神经等，腹膜也延入盆腔，覆于盆壁和脏器表面。

会阴（perineum）指盆膈以下封闭骨盆下口的全部软组织结构。它在两侧与股、臀区相接，在前与腹前壁移行，在后与背部骶尾区延续。其境界与骨盆下口一致，呈前后对折的菱形。通过两侧坐骨结节的连线可将会阴分为前部的尿生殖区（尿生殖三角）和后部的肛区（肛门三角）。妇产科只将外生殖器后缘与肛门间狭小区域的软组织称为会阴（即狭义会阴）。会阴由皮肤、筋膜及其筋膜间隙等构成，男性尿生殖区有尿道通过，而女性还有阴道通过；肛区有肛管通过。

二、体表标志

1. 髂嵴（iliac crest）　髂骨翼的游离缘，两侧髂嵴最高点的连线约平第4腰椎棘突，是临床进行腰椎穿刺的标志。

2. 髂前上棘（anterior superior iliac spine）、髂后上棘（posterior superior iliac spine）　髂嵴前、后端的突起，经两侧髂后上棘的连线平对第2骶椎，是蛛网膜下隙终止的标志。

3. 耻骨联合上缘（upper border of pubic symphysis）　是骨盆上口的界标之一，位于前正中线的下端、耻骨联合上方，活体直立时，耻骨联合上缘与尾骨尖在同一水平面上。

4. 耻骨弓（pubic arch）　坐骨支和耻骨下支连成耻骨弓，两侧的夹角称耻骨下角，男女有较大差别。

5. 坐骨结节（ischial tuberosity）　坐骨最低部的粗糙隆起，坐位时位于皮下，是体重的承受点。沿坐骨结节向前可触及坐骨支、耻骨下支和耻骨弓。

6. 尾骨（coccyx）　尾骨的下端可以扪及，位于肛门稍后方的正中线上，稍有活动性。

（李岩　吴耀彬）

第二节　盆壁、盆筋膜与筋膜间隙

一、盆壁

盆壁分为前壁、后壁和两侧壁，各壁向下移行为盆膈。盆壁呈圆盆状，故各部无明显分界标志。后壁常由骶骨、尾骨及梨状肌构成；盆侧壁后部由骶骨和坐骨构成，前部由耻骨和闭孔内肌及其筋膜构成；盆前壁由耻骨联合内面及相邻结构构成。

二、盆壁的肌

盆壁肌（图5-1）属髋肌后群，附于盆壁内面，有梨状肌和闭孔内肌。

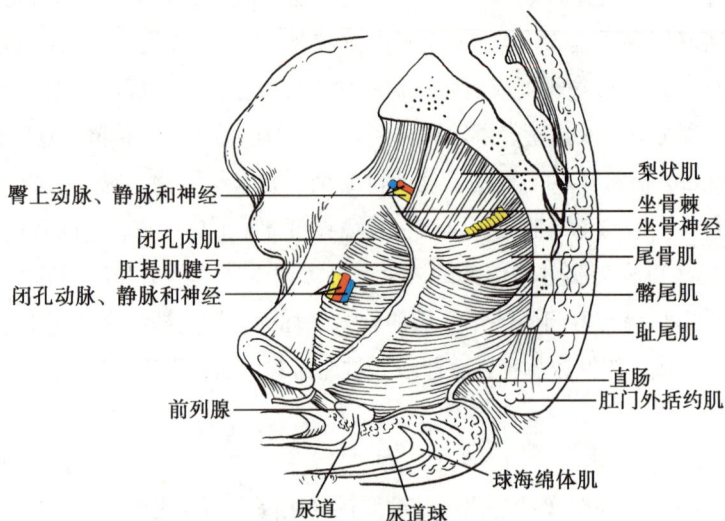

臀上动脉、静脉和神经
闭孔内肌
肛提肌腱弓
闭孔动脉、静脉和神经
前列腺
尿道
尿道球

梨状肌
坐骨棘
坐骨神经
尾骨肌
髂尾肌
耻尾肌
直肠
肛门外括约肌
球海绵体肌

▲ 图5-1　盆壁肌（内面）

（一）梨状肌

梨状肌（piriformis）起于骶骨前面，出坐骨大孔止于股骨大转子尖。梨状肌穿出坐骨大孔时，将坐骨大孔分为梨状肌上孔和梨状肌下孔，有血管、神经通过。

（二）闭孔内肌

闭孔内肌（obturator internus）起于闭孔膜内面及其周围骨面，肌束向后集中，经坐骨小孔出骨盆，止于股骨转子窝。该肌及其筋膜上缘参与构成闭膜管，内有血管和神经通过。

三、盆膈

盆膈（pelvic diaphragm）又称盆底，由盆膈肌及被覆其上、下面的盆膈上、下筋膜共同组成。它封闭骨盆下口的大部分，具有承载盆腔脏器的作用。盆膈整体呈漏斗形，其前部有盆膈裂孔，男性有尿道穿过，女性有尿道及阴道穿过。盆膈后份有直肠穿过并续为肛管。盆膈肌包括肛提肌和尾骨肌（图5-2）。

（一）肛提肌

肛提肌（levator ani muscle）为成对的扁肌，两侧肌联合，呈漏斗状。它起自小骨盆前壁和侧壁，肌纤维向内后下方至中线汇合，止于阴道（或前列腺）、直肠壁和尾骨。依其纤维的起止，肛提肌由前向后可分为耻骨阴道肌（男性为前列腺提肌）、耻骨直肠肌、耻尾肌和髂尾肌4部分。

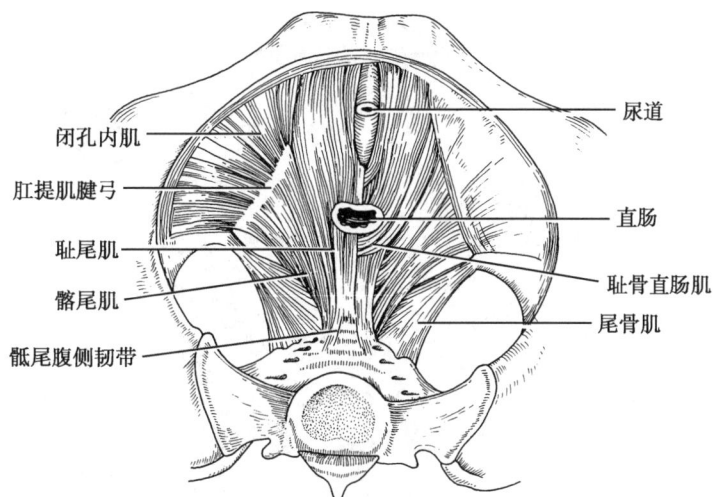

▲ 图5-2　盆膈肌（上面）

（二）尾骨肌

尾骨肌（coccygeus）在肛提肌后方，紧贴骶棘韧带上面，起自坐骨棘和骶棘韧带，止于尾骨及骶骨下部的侧缘。

四、盆筋膜与筋膜间隙

（一）盆筋膜

盆筋膜（pelvic fascia）为腹内筋膜的延续，被覆于盆壁的内面及盆膈和盆腔内脏的表面。按其所在部位可分为盆壁筋膜、盆膈筋膜和盆脏筋膜（图5-3、图5-4）。

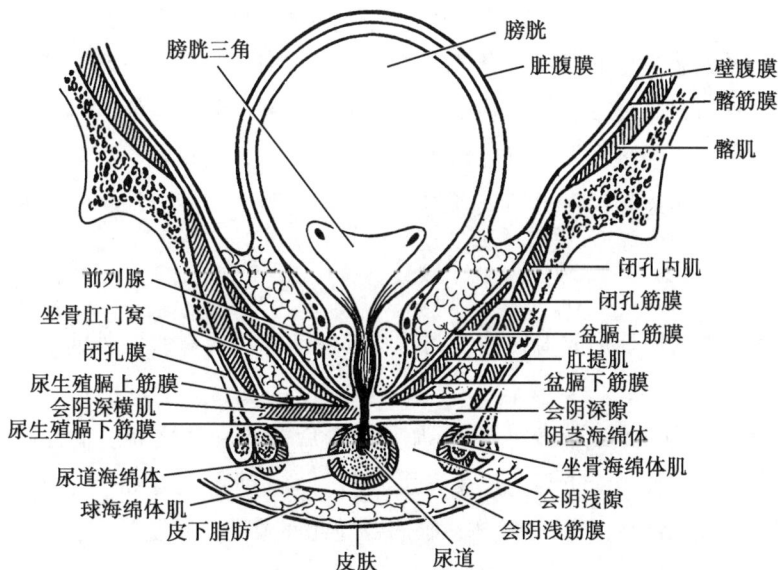

▲ 图5-3　男性盆部、会阴经前列腺的冠状切面

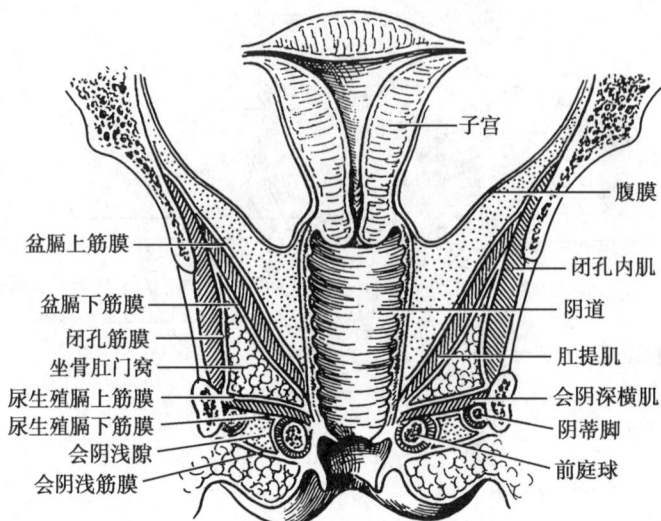

▲ 图5-4 女性盆腔经阴道的冠状切面

1. 盆壁筋膜 覆盖于盆腔各壁，包括位于骶骨前方的骶前筋膜、位于梨状肌表面的梨状肌筋膜和位于闭孔内肌表面的闭孔筋膜。闭孔筋膜较强韧，其上部增厚形成盆筋膜腱弓（又称肛提肌腱弓），位于耻骨体背面与坐骨棘之间，是肛提肌和盆膈上筋膜的附着处。骶前筋膜与骶骨之间有骶静脉丛，直肠手术时，应保护此筋膜以免伤及静脉丛，造成难以控制的出血。

2. 盆膈筋膜 为盆筋膜向下的延续，分为盆膈上、下筋膜。盆膈上筋膜（superior fascia of pelvic diaphragm）又称盆膈内筋膜，覆盖肛提肌和尾骨肌上面，向内下方移行于盆脏筋膜。盆膈下筋膜（inferior fascia of pelvic diaphragm）又称盆膈外筋膜，覆盖肛提肌和尾骨肌的下面，是臀筋膜向会阴部的直接延续。

3. 盆脏筋膜 为包绕在盆腔脏器及其血管、神经周围的结缔组织膜，是盆膈上筋膜向脏器表面的延续。盆脏筋膜有的形成脏器的鞘或包囊，如前列腺鞘、直肠筋膜鞘等；有的增厚形成韧带，如耻骨前列腺韧带、耻骨膀胱韧带、子宫主韧带和子宫骶韧带等，起着维持脏器正常位置的作用。盆脏筋膜在女性直肠与阴道之间形成直肠阴道隔，在阴道与膀胱和尿道之间形成膀胱（尿道）阴道隔；在男性直肠与膀胱、前列腺、精囊及输精管壶腹之间形成直肠膀胱隔（图5-5）。

（二）筋膜间隙

盆筋膜在盆腔内疏松处形成潜在性的间隙称筋膜间隙，内有腹膜外筋膜、血管、神经等（图5-6）。较重要的间隙有：

1. 耻骨后间隙（retropubic space） 位于耻骨联合后方与膀胱之间，又称膀胱前间隙。上界为腹膜返折至膀胱上面处，下界为尿生殖膈，两侧为耻骨前列腺韧带（女性为耻骨膀胱韧带），此间隙内有疏松结缔组织及静脉丛，临床可经此间隙进行膀胱及腹膜外剖宫产术等。当耻骨骨折时，此间隙内可发生血肿；当膀胱前壁或男性尿道前列腺部损伤时，尿液可渗入此间隙。

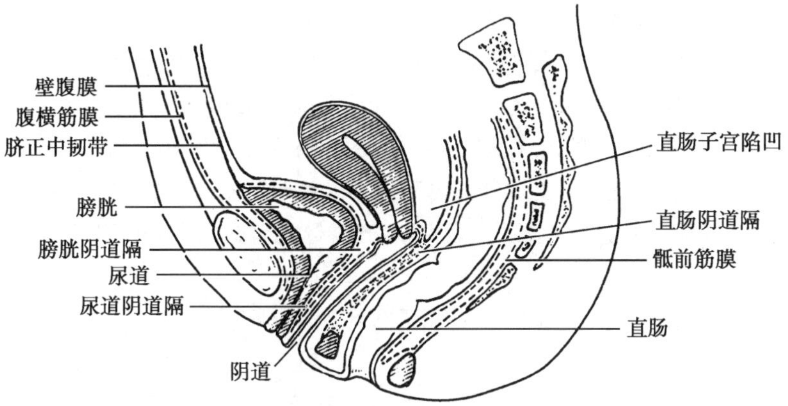
壁腹膜
腹横筋膜
脐正中韧带
膀胱
膀胱阴道隔
尿道
尿道阴道隔
阴道
直肠子宫陷凹
直肠阴道隔
骶前筋膜
直肠

▲ 图5-5　女性盆筋膜及筋膜隔

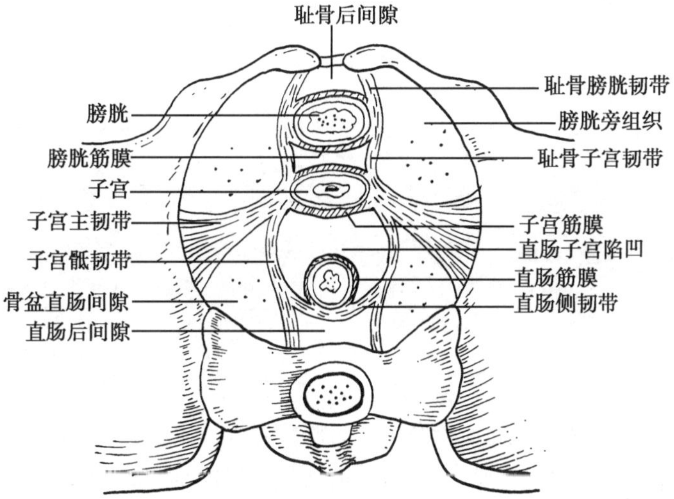
耻骨后间隙
膀胱
膀胱筋膜
子宫
子宫主韧带
子宫骶韧带
骨盆直肠间隙
直肠后间隙
耻骨膀胱韧带
膀胱旁组织
耻骨子宫韧带
子宫筋膜
直肠子宫陷凹
直肠筋膜
直肠侧韧带

▲ 图5-6　盆筋膜间隙

2. 直肠旁间隙（pararectal space）　又称骨盆直肠间隙，男性位于直肠与膀胱、前列腺之间；女性位于直肠与子宫、子宫阔韧带之间。上方为腹膜，下方为盆膈，内侧为直肠筋膜鞘，外侧为髂血管鞘和盆壁，前方为直肠膀胱隔（女性的直肠阴道隔），后方为直肠与直肠侧韧带。此间隙内有大量疏松结缔组织。

3. 直肠后间隙（retrorectal space）　又称骶前间隙，位于直肠与骶前筋膜之间，上方与腹膜后间隙相通，下方为盆膈上筋膜，前方为直肠筋膜鞘，后方为骶前筋膜，两侧以直肠侧韧带与骨盆直肠间隙分隔。此间隙内有骶丛、奇神经节、直肠上动脉、直肠上静脉、骶淋巴结等。

理论与实践

（一）骨盆与产科

骨盆为骨性产道，是胎儿娩出的通道。成人骨盆的形态、大小基本不能改变，而骨盆各平面的径线大小是决定自然分娩能否顺利的关键，故与产科关系密切，其中骨盆狭窄和骨盆畸形是影响胎儿顺利自然分娩的常见因素。

1. 骨盆狭窄 包括骨盆上口平面径线狭窄、骨盆下口平面径线狭窄和中骨盆平面径线狭窄。一般骨盆上口平面前后径小于10cm即称为狭窄，小于8cm时称为绝对性狭窄。骨盆下口平面以坐骨结节间径为指标，坐骨结节间径小于7.5cm称为狭窄，小于5.5cm称为绝对性狭窄。临床上骨盆狭窄的患者很少为单一骨盆平面径线狭窄，因此分析骨盆狭窄要综合考虑，对绝对性狭窄的患者应考虑剖宫取胎。

2. 骨盆畸形 通常是由患维生素D缺乏症、骨软化症或先天性骨盆发育异常引起的畸形，对这类孕妇应全面检查骨盆的形态和各径线。因畸形而出现骨盆径线明显缩小的孕妇常难以自然分娩。

（二）骨盆骨折

骨盆是一个骨性环，起支持脊柱并将躯干重量经骨盆传至下肢的作用。重力线主要在立位时经骶股弓，坐位时经骶坐弓传递。此外尚可经耻骨上支、耻骨联合至双侧髋关节，坐骨支、耻骨联合至双侧坐骨结节这两个副弓传递。骨盆骨折时往往先折断副弓，或主副弓均有断裂。

骨盆骨折虽然是局部打击所致的孤立性损伤，但常伴有盆腔内脏器的合并损伤，而且这些合并症的严重性往往比骨盆骨折本身更为重要，应引起足够的重视。

（李岩　吴耀彬）

第三节　盆腔脏器

一、直肠

（一）形态

直肠（rectum）长约12cm，上部较窄，下部膨大为直肠壶腹。在矢状位上直肠有两个弯曲，上方凸向后，与骶骨弯曲一致为骶曲，下方凸向前，绕尾骨尖为会阴曲。

（二）位置与毗邻

直肠位于盆腔后部，上端平第3骶椎高度接乙状结肠，下穿盆膈续于肛管。直肠上1/3段的前面和两侧有腹膜覆盖，中1/3段仅前面有腹膜覆盖，下1/3段位于腹膜返折线以下。直肠后面与骶、尾骨相邻，其间有骶正中血管，骶静脉丛，骶、尾神经前支，骶交感干等。直肠的前面在男性与膀胱、前列腺和精囊邻接；在女性与子宫、阴道为邻（图5-4、图5-6）。

（三）内部结构

直肠腔内常有3个由黏膜和环行肌形成的半月形横向皱襞，称直肠横襞。其中，中直肠横襞多位于右侧壁，位置恒定，距肛门约7cm（图5-7）。

（四）血管、淋巴和神经

1. 血管 直肠由直肠上、下动脉和骶正中动脉分布（图5-8~图5-10）。直肠上动脉为肠系膜下动脉的分支，在乙状结肠系膜根中下降至盆腔，分左、右两支沿直肠两侧下行。直肠下动脉来自髂内动脉，分布于直肠下部。骶正中动脉是腹主动脉末端的分支，分布于直肠的后壁。

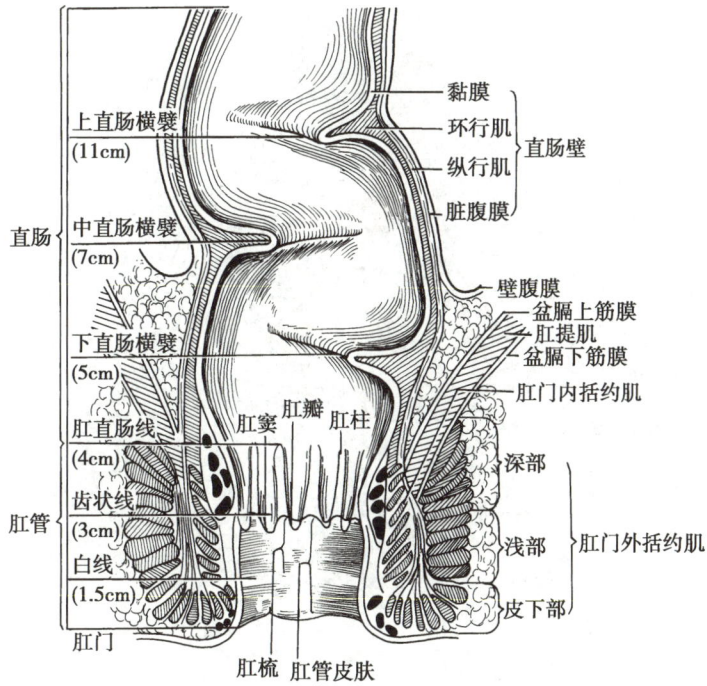

▲ 图5-7 直肠与肛管内面观

直肠的静脉在黏膜下层内和肌层外互相吻合形成直肠静脉丛。此静脉丛的静脉血一部分通过直肠上静脉汇入肝门静脉，另一部分通过直肠下静脉汇入髂内静脉。直肠各静脉均与同名动脉伴行。

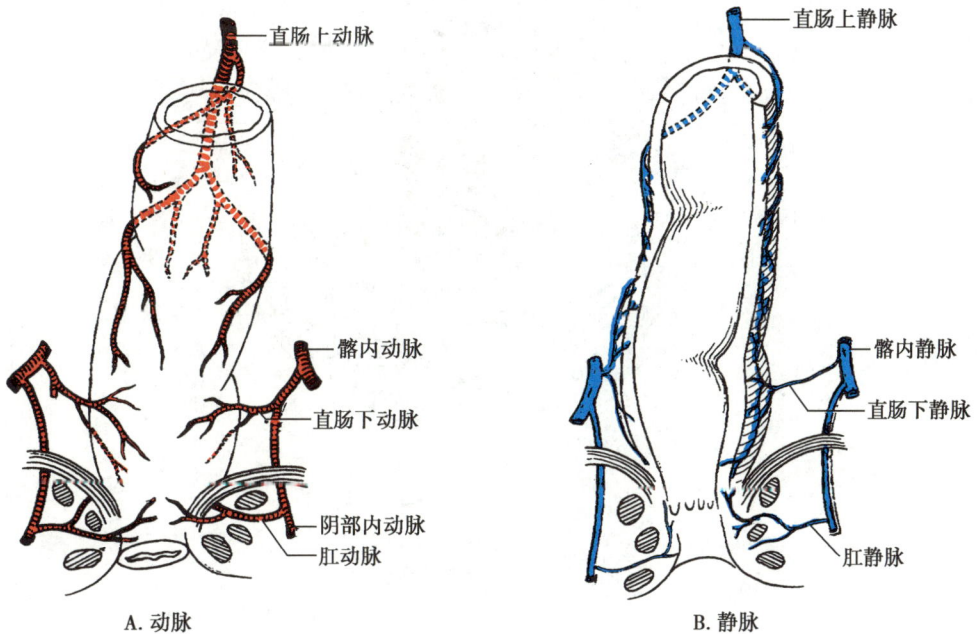

A. 动脉   B. 静脉

▲ 图5-8 直肠的血管分布

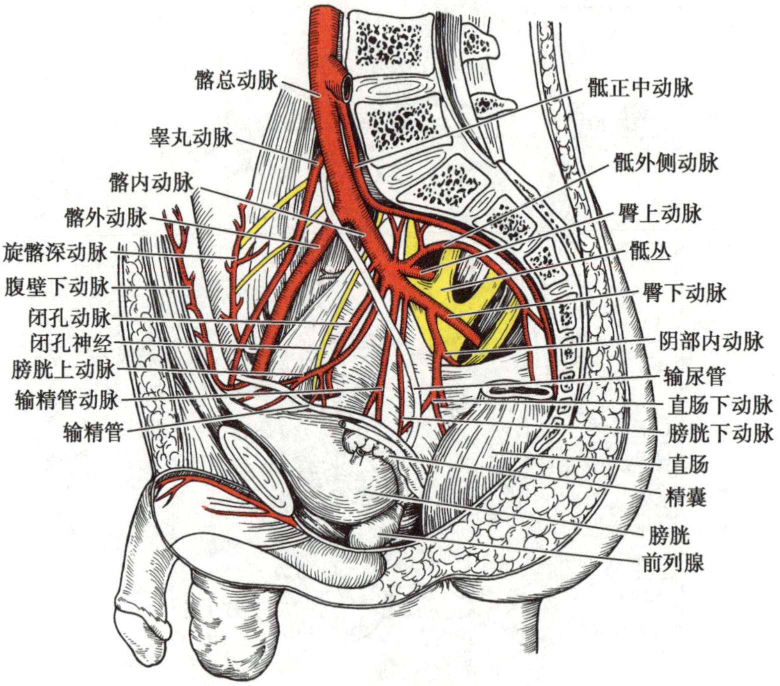
髂总动脉
睾丸动脉
髂内动脉
髂外动脉
旋髂深动脉
腹壁下动脉
闭孔动脉
闭孔神经
膀胱上动脉
输精管动脉
输精管
骶正中动脉
骶外侧动脉
臀上动脉
骶丛
臀下动脉
阴部内动脉
输尿管
直肠下动脉
膀胱下动脉
直肠
精囊
膀胱
前列腺

▲ 图5-9　男性盆腔的血管神经

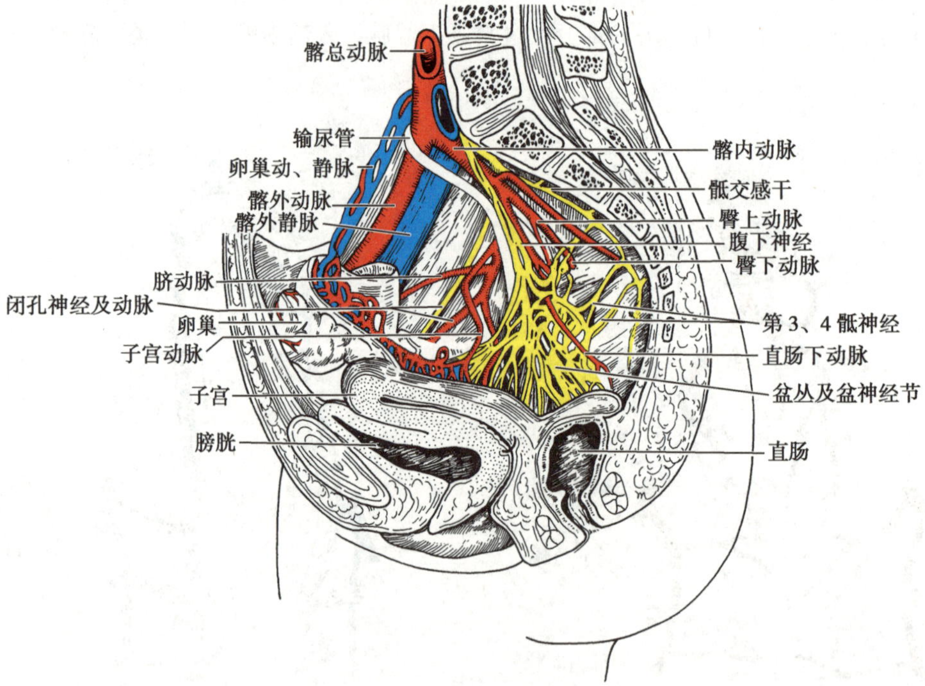
髂总动脉
输尿管
卵巢动、静脉
髂外动脉
髂外静脉
脐动脉
闭孔神经及动脉
卵巢
子宫动脉
子宫
膀胱
髂内动脉
骶交感干
臀上动脉
腹下神经
臀下动脉
第 3、4 骶神经
直肠下动脉
盆丛及盆神经节
直肠

▲ 图5-10　女性盆腔的血管神经

2. 淋巴回流 直肠上部的淋巴管伴直肠上血管注入肠系膜下淋巴结。直肠下部的淋巴管向两侧伴直肠下血管注入髂内淋巴结，一部分穿肛提肌至坐骨肛门窝，再沿肛血管、阴部内血管注入髂内淋巴结。直肠下部后壁的一部分淋巴注入骶淋巴结（图5-11）。

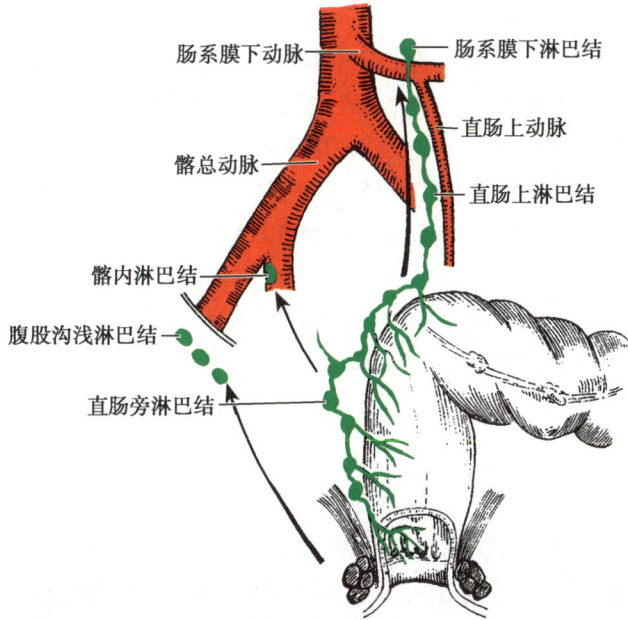

▲ 图5-11 直肠与肛管的淋巴回流

3. 神经 直肠由内脏神经分布，其交感神经来自肠系膜下丛和盆丛，副交感神经来自盆内脏神经，它们均随直肠的血管到达直肠。与排便有关的感觉神经纤维也经盆内脏神经传入中枢。

理论与实践

（一）直肠和肛管周围的间隙

在直肠和肛管周围筋膜之间有许多间隙，包括直肠两侧的骨盆直肠间隙、直肠后壁与骶前筋膜之间的直肠后间隙及肛管和坐骨之间的坐骨肛门窝。这些间隙组织疏松，充满脂肪和结缔组织，有丰富的淋巴管和血管，且均在直肠肛管周围，容易发生感染，在间隙内形成脓肿。如果脓肿未及时引流，还可向周围扩散，甚至穿破邻近器官，故临床上对该部的脓肿应引起高度重视。

（二）直肠指检与镜检

临床上，直肠指检或肛门镜检查、乙状结肠镜检查、结肠镜检查是简单易行，且十分重要的检查方法，通过这些检查能及时发现肛管、直肠的常见病变，如痔、肛瘘、结直肠息肉、直肠癌及邻近器官和结构的病变（如前列腺炎、附件炎、盆腔脓肿、骶前肿瘤等）；产科常利用直肠指检来了解子宫口是否开全。在进行器械检查时应该注意直肠的弯曲（矢状位两个弯曲、冠状位三个弯曲）和直肠横襞的位置，避免因检查而损伤肠壁。

患者，男，59岁，因"大便带血25天"入院。患者25天前无明显诱因出现大便带血，呈鲜红色并有黏液，量不多，肛门有明显坠胀感，因患者有痔疮病史，未予重视。近3天前再次感觉身体不适，排便次数增多，排便不尽，便意频繁，粪便变细并带血，呈鲜红色，量较多，伴有头晕汗出，无恶心呕吐，无发热咳嗽，无胸闷、呼吸困难，无腰痛。入院直肠指查和肠镜检查发现：在距肛门14cm处可见大小约6.8cm×6.4cm占位性病变，表面凹凸不平，触之易出血。病理活组织检查提示为恶性肿瘤。体格检查无明显阳性体征，完善常规检查及术前检查，于全身麻醉下行经腹直肠癌切除术。术中见盆腔、肠系膜、肝、胃、腹壁等无转移性结节。肿块上极在腹膜返折处以上2cm，可活动，直径约6cm，质中，已浸润至直肠浆膜层，行淋巴结清扫，腹膜外盆腔放置引流管一根。手术过程顺利，术中生命体征平稳，出血少。术后诊断：直肠癌。术后给予抗感染、补液治疗。

思考：

1. 做下腹壁正中线切口时须经哪些层次才能到达盆腔？

2. 直肠癌切除术需要结扎哪些血管？

3. 行淋巴结清扫需要清扫哪些淋巴结？为什么？

二、膀胱

（一）形态

膀胱（urinary bladder）的形态、大小、位置随年龄、性别和充盈程度而变化（图5-12），正常成人膀胱容量为300~500ml。空虚时呈锥体形，可分为尖、体、底、颈4部分，各部分界线不明显。膀胱尖朝向前上方，借脐正中韧带连于脐；膀胱中间的大部分为膀胱体；膀胱底朝向后下方；膀胱颈下方接尿道。

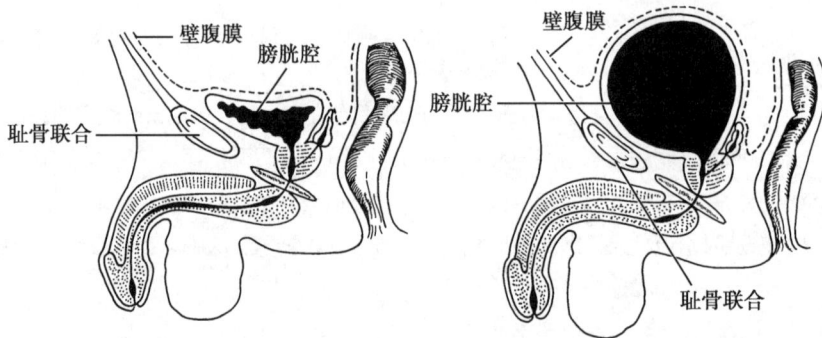

▲ 图5-12　膀胱的位置变化

（二）位置与毗邻

膀胱位于盆腔的前部、耻骨联合的后方，充盈时推移腹膜上升至耻骨联合以上，直接与腹前壁相贴（图5-12）。因此，临床上可在耻骨联合上方经腹膜外进行膀胱穿刺。婴幼儿膀胱位置较高。

膀胱的前方与耻骨联合相邻，其间充填疏松结缔组织和静脉丛，称耻骨后间隙；膀胱后方，男性邻接精囊、输精管壶腹和直肠，女性邻接子宫和阴道上部；膀胱外下方邻接肛提肌和闭孔内肌，其间充满疏松结缔组织，称膀胱旁组织。男性膀胱颈与前列腺相接，并借尿道内口与尿道前列腺部相通；女性则直接与尿生殖膈相接，也借尿道内口通尿道。

（三）内部结构

膀胱内被覆黏膜，空虚时形成许多皱襞，充盈时皱襞消失。在膀胱底内面，两侧输尿管口与尿道内口之间的三角形区域称膀胱三角（trigone of bladder），此处缺乏黏膜下层，黏膜光滑无皱襞，是膀胱疾病好发部位。在两侧输尿管口之间有横行的黏膜皱襞，称输尿管间襞（interureteric fold），是膀胱镜检查时寻找输尿管口的标志。

（四）血管、淋巴和神经

1. **血管** 膀胱的动脉主要有膀胱上、下动脉（图5-9、图5-10）。膀胱上动脉起自脐动脉未闭锁的始段，分布于膀胱的上部；膀胱下动脉起自髂内动脉，沿盆侧壁行向内下，分布于膀胱下部和输尿管盆部，男性还分布于精囊和前列腺。此外，直肠下动脉也发出膀胱支到膀胱后壁。膀胱的静脉与同名动脉同行，起于膀胱下面的膀胱静脉丛，汇入髂内静脉。

2. **淋巴回流** 膀胱前部的淋巴管注入髂内淋巴结；膀胱三角和膀胱后部的淋巴管注入髂外淋巴结；还有少数淋巴管注入骶淋巴结或髂总淋巴结。

3. **神经** 由来自盆丛的交感神经和副交感神经支配。前者使膀胱逼尿肌松弛、膀胱括约肌紧张而抑制排尿；后者使膀胱逼尿肌收缩、括约肌松弛而排尿。

理论与实践　　　　膀胱是一个囊状的肌性贮尿器官，在神经支配下进行排空和充盈。当膀胱充满尿液而排出障碍时出现尿潴留。引起尿潴留的原因有两类，一类是膀胱颈和尿道梗阻，另一类是排尿反射功能障碍。前者可因膀胱和尿道的结石、异物、肿瘤，以及盆腔脏器病变，如妊娠子宫、直肠粪块等压迫引起尿潴留，后者则因麻醉、手术后，中枢神经系损伤、炎症、某些药物等引起尿潴留。当尿液潴留过多时，超过500ml则会引起疼痛，甚至膀胱麻痹或破裂，故尿潴留患者必须及时恢复排尿，同时注意解除病因。

三、输尿管盆部

输尿管盆部（pelvic part of ureter）在腹膜外沿盆侧壁下降，于坐骨棘水平转向前内侧。男性输尿管末段行经输精管的后下方，女性输尿管末段则在子宫颈侧方2.0cm处行经子宫动脉的后下方，形成交叉，最后连于膀胱底（图5-13）。

四、盆腔男性生殖器官

（一）前列腺

1. **形态、位置和毗邻** 前列腺（prostate）位于耻骨联合的后方、膀胱颈和尿生殖膈之间。形似板栗，可分底、体和尖3部分，有前面、后面及左、右下外侧面。前列腺底邻接膀胱颈，

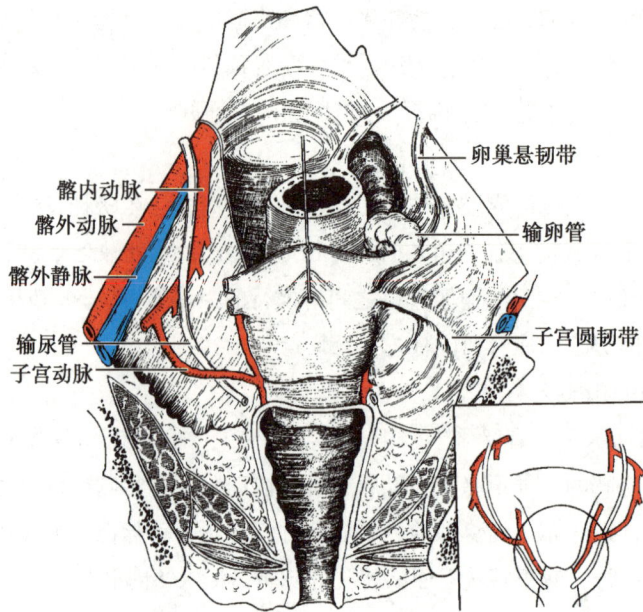

▲ 图5-13 子宫动脉与输尿管的位置关系

尿道于底部前份穿入。前列腺尖向前下与尿生殖膈相邻接，有尿道穿出。前列腺前面凸隆，距耻骨后面约2cm，两者之间有静脉丛、脂肪和疏松结缔组织。前列腺后面较平坦，正中线上有一纵向的前列腺沟，此面与直肠为邻，距肛门约4cm，直肠指检可触及前列腺的大小、硬度和形状及前列腺沟。前列腺下外侧面邻接盆膈。

2. 分叶 前列腺分为前叶、后叶、中叶、左侧叶、右侧叶5叶（图5-14、图5-15）。前叶最小，位于尿道前方；中叶呈楔形，位于尿道后方、射精管及两侧叶之间，又称前列腺峡，中老年常见中叶肥大，易压迫尿道引起排尿困难；后叶位于两侧射精管后方，易发前列腺肿瘤；左、右侧叶紧贴尿道侧壁，肥大时也可压迫尿道造成排尿困难。

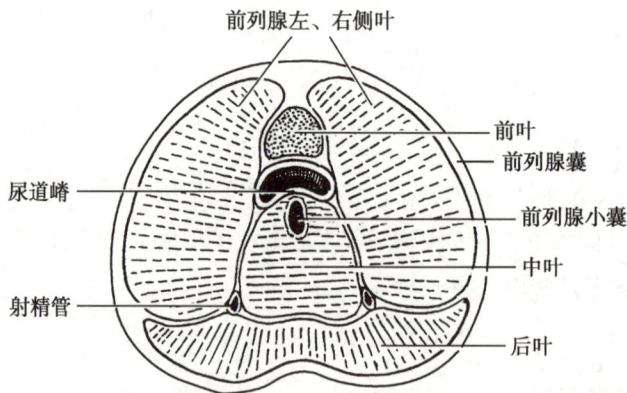

▲ 图5-14 前列腺分叶（横断面）

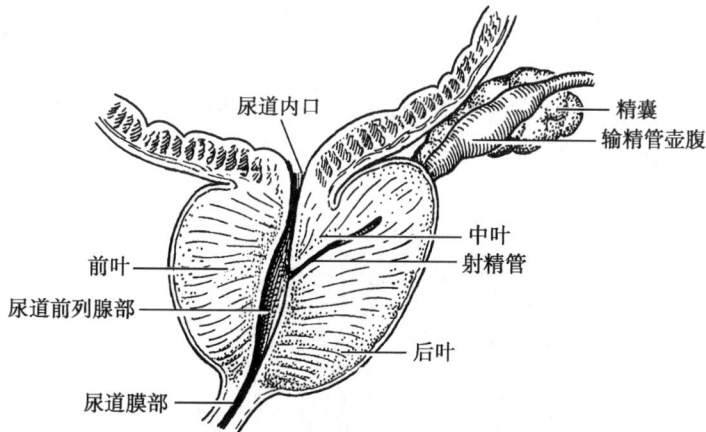

▲ 图5-15　前列腺分叶（矢状断面）

也可采用Franks的方法将前列腺分为内腺和外腺，两腺间借纤维组织分开。外腺又称固有前列腺，较厚，约占前列腺的3/4，是前列腺的主要部分，含有长而分支的主腺，相当于左、右侧叶和后叶；内腺又称尿道周围腺，约占前列腺的1/4，由较长的黏膜下腺和位于黏膜层较小的黏膜腺组成，相当于中叶和前叶。内腺对雄、雌激素均敏感，是良性前列腺增生的好发部位；而外腺对雄激素敏感，是前列腺癌和炎症的好发部位。

3. 被膜　前列腺表面有两层被膜。内层由结缔组织和平滑肌构成，包裹在前列腺表面并伸入腺实质，称前列腺囊。外层为盆脏筋膜的一部分，称前列腺鞘。两层之间有前列腺静脉丛、动脉和神经的分支。前列腺鞘向前借耻骨前列腺韧带连于耻骨后面，对前列腺有固定作用。

4. 血管、淋巴和神经　前列腺的动脉主要来自膀胱下动脉，由前列腺底后部穿入；一部分也来源于直肠下动脉、输精管动脉和髂内动脉的前干等。静脉汇入前列腺静脉丛，再经膀胱下静脉等汇入髂内静脉。淋巴管注入髂内、外淋巴结。神经来自盆丛，随动脉进入腺体。

理论与实践　　　　　　前列腺是男性内生殖器的附属腺体，由肌组织和腺组织构成，质地坚实。前列腺分5叶，呈环形围绕尿道周围。45岁以后，随年龄增长，前列腺易出现增生。当前列腺增生时，最先影响的部位是尿道，尤其是前列腺中叶增生，向内压迫尿道，使尿道前列腺部变窄、弯曲，引起排尿困难。前列腺后方紧邻直肠，当前列腺增生或出现前列腺癌肿大时，直肠指诊能及时有效地发现增生的部位或癌肿结节的硬块。前列腺癌变时，因前列腺筋膜致密，与直肠之间有直肠膀胱隔，所以前列腺癌不易向后侵犯直肠，但邻近的精囊和输尿管则易受累。

（二）输精管盆部

输精管盆部（pelvic part of ductus deferens）起自腹股沟管深环，绕腹壁下动脉起始部，跨越髂外血管进入盆腔，沿盆侧壁下降，在膀胱的后面外侧经过输尿管末段的前上方到达膀胱底的后面。其末段膨大为输精管壶腹，向下逐渐变细，在前列腺底处与精囊的排泄管汇合成射精管。射精管长约2cm，向前下斜穿前列腺，开口于尿道前列腺部（图5–15）。

（三）精囊

精囊（seminal vesicle）为一对梭形囊状腺体，位于膀胱底与直肠之间、输精管壶腹的外侧（图5–16）。精囊肿大时，直肠指检可以扪及。

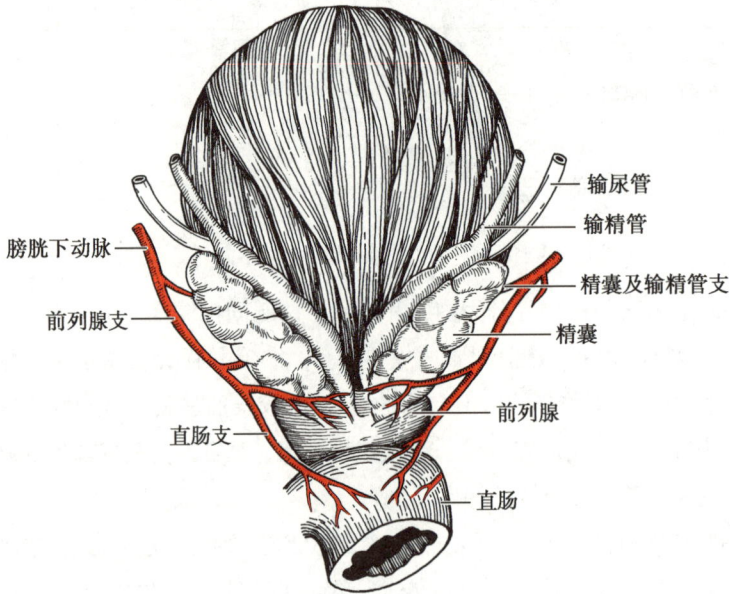

▲ 图5–16　前列腺的主要动脉分布

五、盆腔女性生殖器官

（一）卵巢

卵巢（ovary）呈扁椭圆形，分内、外侧面，前、后缘和上、下端。位于髂内、外动脉分叉处的卵巢窝内，其前面为脐内侧韧带，后方为髂内动脉和输尿管。前缘借卵巢系膜连于子宫阔韧带的后面；上端有卵巢悬韧带（临床上又称骨盆漏斗韧带）连于骨盆侧壁，此韧带为腹膜皱襞，内有卵巢血管、淋巴管及神经丛等；下端有卵巢固有韧带连于子宫与输卵管的交角处（图5–17）。这两条韧带及其系膜构成卵巢的固定装置。

卵巢由卵巢动脉及子宫动脉卵巢支供血（图5–18）。卵巢动脉在肾动脉下方起自腹主动脉，下行至骨盆上口处跨过髂总血管，经卵巢悬韧带入卵巢系膜内，分布于卵巢，并发支营养输卵管。卵巢动脉向内侧与子宫动脉的卵巢支相吻合。左、右卵巢静脉在盆腔内各有2条与动脉伴行，进入腹腔后各汇成1条，右侧者注入下腔静脉，左侧者注入左肾静脉。卵巢的淋巴管伴卵巢血管，右侧注入腰淋巴结，左侧注入腹主动脉前、外侧淋巴结。

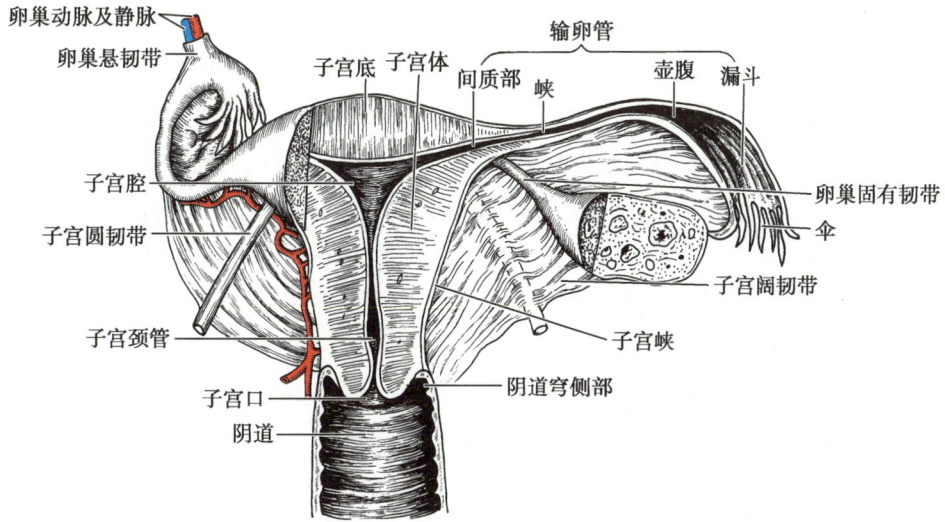

▲ 图5-17　女性内生殖器

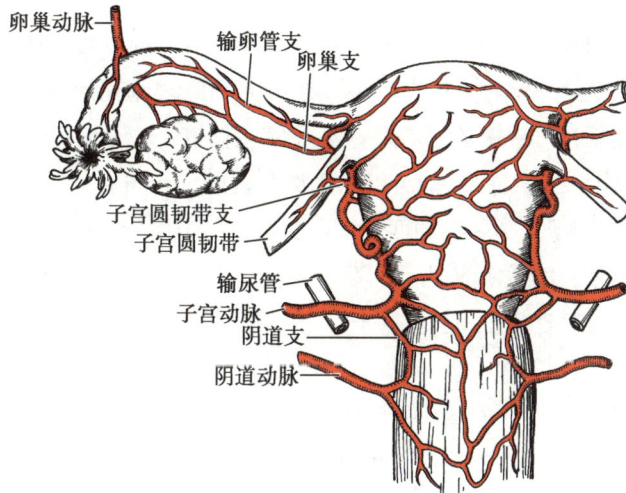

▲ 图5-18　女性内生殖器的动脉

（二）输卵管

输卵管（uterine tube）位于子宫阔韧带上缘内，自子宫底伸向两侧，由内向外分为4部分（图5-17）。间质部穿子宫壁内，借输卵管子宫口通子宫腔；峡部短而细，壁厚腔窄，活动度小，是输卵管结扎的常用部位；壶腹部约占全长的2/3，弯曲而膨大，是卵子受精的部位；漏斗部为输卵管外侧的部分，呈漏斗状，其边缘有长短不一的手指状突起称输卵管伞，其中最长的一个附着在卵巢上称卵巢伞，漏斗部的末端有输卵管腹腔口，通腹膜腔。输卵管的子宫部和峡部由子宫动脉的输卵管支供血，壶腹部和漏斗部则由卵巢动脉分支供血，两条动脉之间有广泛吻合（图5-18）。输卵管的静脉一部分汇入卵巢静脉，一部分汇入子宫静脉。输卵管的淋巴与卵巢和子宫上部的淋巴共同汇入腰淋巴结。

（三）子宫

1. 形态 子宫（uterus）呈前后略扁的倒置梨形，可分为底、体和颈3部分。子宫底为两侧输卵管子宫口连线以上的部分；子宫颈为子宫下端窄长的圆柱状部分，借阴道分为子宫颈阴道上部和子宫颈阴道部，是肿瘤和炎症好发的部位。子宫底与子宫颈之间的部分为子宫体；子宫体与子宫颈相接处较狭窄的部分为子宫峡。子宫颈阴道部的末端圆隆，中间有子宫口（又称子宫颈外口）。子宫内的腔隙在未妊娠时较狭窄，其中位于子宫体内的称子宫腔，呈倒三角形，底的两端借输卵管子宫口通输卵管；位于子宫颈内的称子宫颈管，呈梭形，其上口为子宫颈内口，通子宫腔，下口为子宫口，通阴道。

2. 位置和毗邻 子宫位于盆腔中央、膀胱与直肠之间，正常呈前倾前屈位。成年未妊娠者子宫底在耻骨联合平面以下，子宫颈下端在坐骨棘平面稍上方。子宫前面与膀胱为邻，后方隔直肠子宫陷凹与直肠相邻，上方有肠袢，下方接阴道，两侧有子宫附件、子宫阔韧带和子宫动脉等（图5-17）。

3. 子宫的固定装置 子宫周围的韧带具有维持其正常位置的作用，包括：① 子宫阔韧带，位于子宫侧缘与盆壁侧之间，呈冠状位，由前后两层腹膜组成。其上缘内包裹输卵管，两层腹膜间充填的疏松结缔组织称子宫旁组织。此韧带可限制子宫向两侧移动。② 子宫圆韧带，由结缔组织与平滑肌构成。它从输卵管与子宫连接处的前下方，在子宫阔韧带两层腹膜间向前外侧，穿腹股沟管止于大阴唇皮下，可维持子宫前倾。③ 子宫主韧带，位于子宫阔韧带基部两层腹膜间，连于子宫颈两侧与盆侧壁之间，由结缔组织和平滑肌构成，有固定子宫颈，防止子宫下垂的作用。④ 子宫骶韧带，连于子宫颈后面的两侧，向后绕直肠至骶骨前面，也由结缔组织和平滑肌组成，可向后牵引子宫颈，助子宫前屈。⑤ 耻骨子宫韧带，由结缔组织构成，起自子宫颈前面，向前绕膀胱两侧，附着于耻骨盆面，有限制子宫后倾的作用。此韧带表面有腹膜覆盖，形成膀胱子宫襞。

4. 血管、淋巴和神经

（1）血管：子宫的动脉主要来自子宫动脉，部分来自卵巢动脉。子宫动脉由髂内动脉分出后，沿盆侧壁向前内下至子宫阔韧带基部，于子宫颈外侧约2cm处跨过输尿管的前上方，达子宫颈侧缘，然后在子宫阔韧带内沿子宫侧缘上行，沿途分支到阴道、子宫和输卵管（图5-10、图5-18）。子宫静脉源于子宫阴道静脉丛，与同名动脉伴行，汇入髂内静脉。

（2）淋巴回流：子宫的淋巴回流有如下途径：① 子宫底和子宫体上部的淋巴管伴随卵巢血管上行，注入髂总淋巴结和腰淋巴结；② 子宫底两侧一部分淋巴管可沿子宫圆韧带注入腹股沟浅淋巴结；③ 子宫体下部和子宫颈的淋巴管沿子宫血管、子宫旁组织注入髂内、外淋巴结；④ 子宫体下部和子宫颈的淋巴管小部分沿子宫骶韧带注入骶淋巴结（图5-19）。

（3）神经：子宫的神经主要来自盆丛分出的子宫阴道丛，交感和副交感神经纤维随血管分布于子宫及阴道上部。

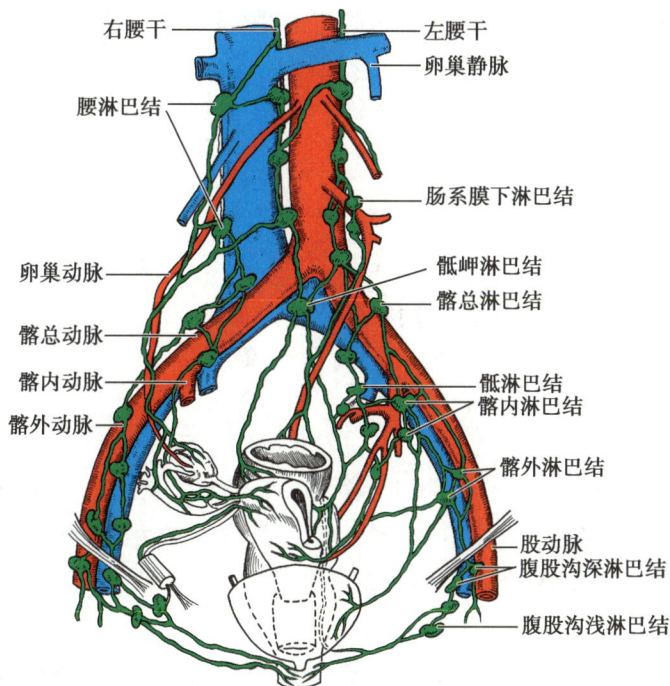

▲ 图5-19　女性内生殖器的淋巴回流

理论与实践　　　　　子宫是中空性肌性器官，是胎儿发育的场所。在进行剖宫产术或因子宫肌瘤、子宫颈癌需要进行子宫切除术时，应注意子宫的解剖结构与相邻结构的位置关系。子宫动脉发自髂内动脉，沿盆侧壁下行至子宫颈高度在子宫阔韧带两层之间，由外向前内行，跨过输尿管的前上方，呈十字形交叉，其交叉处距子宫颈侧缘约2cm。因此，在处理子宫动脉时，要注意保护其下方的输尿管，避免造成误伤、误扎输尿管的严重后果。子宫颈癌根治术时，淋巴结的清扫范围应先清扫髂总淋巴结、髂内淋巴结、髂外淋巴结，部分患者根据病情要扩大至骶前和腰淋巴结。

（四）阴道

阴道（vagina）为　前后扁平的肌性管道。阴道前壁上部借膀胱阴道隔与膀胱底、颈毗邻，中、下部借尿道阴道隔与尿道相贴；阴道后壁上部（阴道穹后方）与直肠子宫陷凹邻接，中部借直肠阴道隔与直肠壶腹为邻（图5-5），下部与肛管之间有会阴中心腱。阴道穹侧部的外上方，有输尿管和子宫动脉在子宫阔韧带基部的子宫旁组织中走行。阴道上部有子宫动脉的子宫颈支和阴道支分布；中部有膀胱动脉的阴道支分布；下部由直肠下动脉和阴部内动脉的分支分布。阴道的静脉在阴道两侧形成阴道静脉丛，并与子宫静脉丛合成子宫阴道静脉丛，经子宫静脉汇入髂内静脉。阴道上部的淋巴管与子宫静脉伴行汇入髂内淋巴结；中部前壁的淋巴管与阴道动脉伴行汇入髂内淋巴结，后壁的淋巴管则沿臀上、下动脉注入臀上、下淋巴结；下部的淋巴管汇入腹股沟浅淋巴结。阴道上部的神经由子宫阴道丛和盆内脏神经的分支分布，下部由躯体神经的阴部神经的小支分布。

（李岩　吴耀彬）

第四节　盆部的血管、淋巴与神经

一、动脉

（一）髂外动脉

髂外动脉（external iliac artery）（图5-9、图5-10）由髂总动脉分出后沿腰大肌内侧缘下行。其起始部的前方有输尿管跨过，女性还有卵巢血管，男性还有睾丸血管越过；其末段的前方男性有输精管越过，女性有子宫圆韧带斜向越过。

（二）髂内动脉

髂内动脉（internal iliac artery）（图5-9、图5-10）在骶髂关节前由髂总动脉分出后，斜向内下入盆腔。其后内侧伴髂内静脉，前外侧有输尿管，后方邻腰骶干。髂内动脉在梨状肌上缘分前、后两干，再分出壁支和脏支。壁支分布于盆壁，包括髂腰动脉、骶外侧动脉、臀上动脉、臀下动脉和闭孔动脉。其中闭孔动脉（obturator artery）在同名神经下方，沿盆侧壁行向前下，穿闭膜管至股内侧区。该动脉穿闭膜管前发出耻骨支，与腹壁下动脉的耻骨支吻合，异常闭孔动脉可起自腹壁下动脉或髂外动脉（出现率达17.95%），行经股环附近，向下入闭膜管，在股疝手术需要切开腔隙韧带时，应考虑到它的存在，以免损伤。脏支分布于盆腔脏器和会阴，包括膀胱上动脉、膀胱下动脉、直肠下动脉、阴部内动脉和子宫动脉等。

（三）睾丸动脉和卵巢动脉

睾丸动脉（testicular artery）在肾动脉的下方起自腹主动脉，沿腰大肌前面向外下行，与输尿管交叉，越髂外血管前方行至腹股沟管深环入腹股沟管，参与构成精索，分布于睾丸和附睾。卵巢动脉（ovarian artery）起始和腹部的行程同睾丸动脉，经卵巢悬韧带下行入盆腔。在卵巢系膜内分支分布于卵巢和输卵管，并与子宫动脉的卵巢支吻合。

（四）直肠上动脉

直肠上动脉（superior rectal artery）为肠系膜下动脉的延续，在乙状结肠系膜内下行，在第3骶椎体高度分为左、右两支，沿直肠两侧分布于直肠上部。

（五）骶正中动脉

骶正中动脉起自腹主动脉末端的背面，沿第5腰椎和骶骨前面正中下降分布于骶骨和直肠后壁。

二、静脉

髂内静脉（internal iliac vein）是盆部静脉的主干，位于髂内动脉后内侧，在骶髂关节前方与髂外静脉汇合成髂总静脉，其属支与同名动脉伴行（图5-20）。脏支多起于脏器周围的静脉丛，重要的静脉丛有：

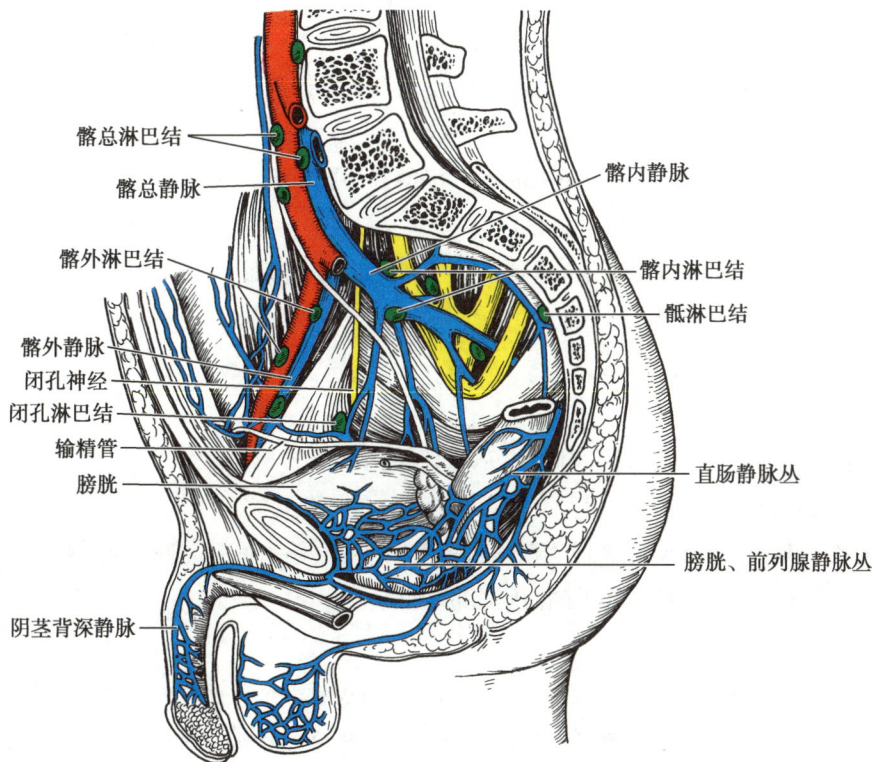

▲ 图5-20　盆部的静脉与淋巴结

1. 膀胱静脉丛（vesical venous plexus）　位于膀胱下部周围，男性的在膀胱与前列腺之间，女性的位于膀胱底两侧并靠近尿道的起始处。该静脉丛以多支膀胱静脉汇合为一股，注入髂内静脉。

2. 直肠静脉丛（rectal venous plexus）　在直肠周围，其中位于直肠黏膜上皮外面的为直肠内静脉丛，位于直肠肌层外面的为直肠外静脉丛，并且直肠内、外静脉丛有广泛交通。该静脉丛的静脉血最后分别汇入直肠上静脉（注入肠系膜下静脉）、直肠下静脉和肛静脉（注入髂内静脉）。

3. 前列腺静脉丛（prostatic venous plexus）　位于耻骨联合下方、前列腺和膀胱的前面，一部分在前列腺鞘与囊之间，一部分在前列腺鞘内。该静脉丛收集阴茎、前列腺和膀胱前壁的静脉血，汇入髂内静脉。

4. 子宫静脉丛（uterine venous plexus）　位于子宫两侧、子宫阔韧带内，与阴道静脉丛和卵巢静脉丛吻合。该静脉丛在子宫口平面汇合成子宫静脉注入髂内静脉。

5. 阴道静脉丛（vaginal venous plexus）　位于阴道周围，与子宫静脉丛相续，同膀胱静脉丛和直肠静脉丛有吻合。该静脉丛每侧汇合成1~2条阴道静脉直接或间接注入髂内静脉。

三、淋巴结

盆部的淋巴结分为4群（图5-20），一般沿血管排列。

1. 骶淋巴结（sacral lymph node） 沿骶正中动脉排列，收纳盆后壁、直肠和子宫的部分淋巴。

2. 髂内淋巴结（internal iliac lymph node） 沿髂内动脉及其分支排列，收纳盆腔脏器、会阴和臀区的淋巴。

3. 髂外淋巴结（external iliac lymph node） 沿髂外动脉排列，收纳腹股沟浅、深淋巴结的输出淋巴管及部分盆腔脏器和腹前壁的淋巴。

4. 髂总淋巴结（common iliac lymph node） 沿髂总动脉排列，主要收纳上述3群淋巴结的输出淋巴管，然后注入腰淋巴结。

四、神经

盆部的神经有腰丛的闭孔神经、骶丛及内脏神经。

（一）闭孔神经

闭孔神经（obturator nerve）在腰大肌内侧缘降入骨盆，沿盆侧壁与同名血管伴行，穿闭膜管至股内侧区，分布于股内侧群肌和大腿内侧面的皮肤。

（二）骶丛

骶丛（sacral plexus）位于盆后壁梨状肌的前面，由腰骶干、骶神经和尾神经的前支组成。骶丛的主要分支有臀上神经、臀下神经、阴部神经和坐骨神经，分别经梨状肌上、下孔至臀区、会阴和下肢。

（三）内脏神经

1. 骶交感干 每侧有3~4个骶神经节，尾骨前有奇神经节，它们的节后纤维入盆丛（图5-21）。

2. 盆内脏神经 自脊髓第2~4骶节发出的副交感神经节前纤维，随相应的脊神经出骶前孔，然后离开脊神经称盆内脏神经，参与组成盆丛。盆内脏神经含有的内脏感觉纤维，可将结肠左曲以下消化管和盆腔脏器等的内脏感觉经骶神经传入脊髓（图5-21）。

3. 上腹下丛 是腹主动脉丛的延续，在两侧髂总动脉之间、第5腰椎体前面。此丛向直肠两侧延伸，参与组成盆丛（图5-21）。

4. 盆丛（pelvic plexus） 又称下腹下丛，位于直肠的两侧，随髂内动脉的分支形成直肠丛、膀胱丛、前列腺丛、子宫阴道丛等副丛，含有交感神经、副交感神经和内脏传入神经，随血管分布于盆腔脏器（图5-21）。

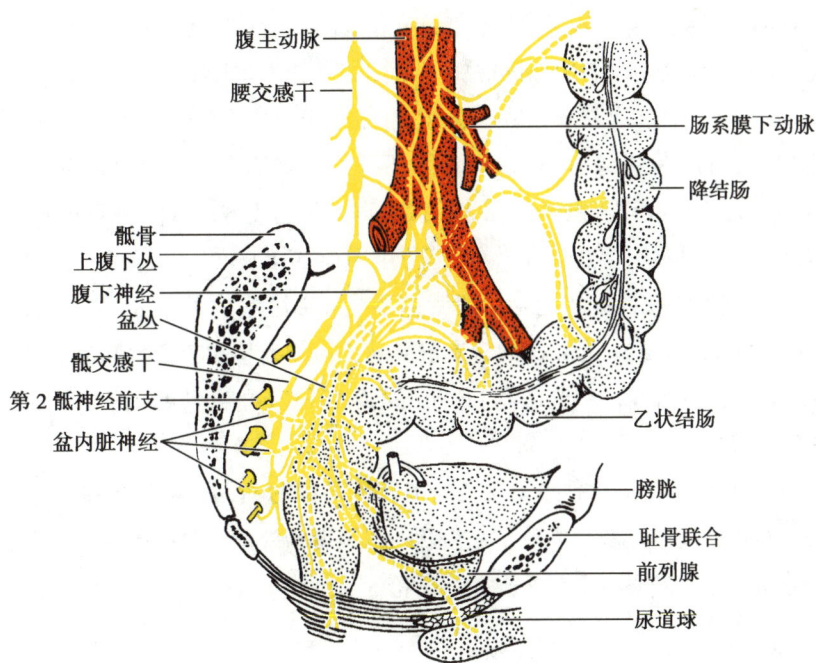

腹主动脉
腰交感干
骶骨
上腹下丛
腹下神经
盆丛
骶交感干
第2骶神经前支
盆内脏神经

肠系膜下动脉
降结肠
乙状结肠
膀胱
耻骨联合
前列腺
尿道球

▲ 图5-21　盆部内脏神经

（李岩　吴耀彬）

第五节　会阴

　　会阴（perineum）是指盆膈以下封闭骨盆下口的全部软组织，即广义会阴。会阴的境界略呈菱形，与骨盆下口一致，前面为耻骨联合下缘及耻骨弓状韧带，两侧为耻骨弓、坐骨结节及骶结节韧带，后方为尾骨尖。通过两侧坐骨结节的连线，可将会阴分为前、后两个三角区，即尿生殖区和肛区。

　　临床上所谓的会阴是指外生殖器与肛门之间的软组织，即狭义会阴，也称产科会阴。其深面的主要结构是会阴中心腱（perineal central tendon），又称会阴体，呈楔状，是会阴诸肌的附着处，对加固盆膈、承托盆腔脏器有重要作用。

一、肛区

　　肛区又称肛门三角，男性和女性的基本相同，主要包括肛管和坐骨肛门窝等。

（一）肛管

　　1. 位置与形态　肛管（anal canal）是直肠穿盆膈后的肠管，长约4cm，上续直肠，向后下绕尾骨尖终于肛门（图5-7）。

肛管内面有6~10条纵行黏膜皱襞称肛柱（anal column），相邻肛柱下端之间有呈半月形的黏膜皱襞，称肛瓣（anal valve）。肛瓣与相邻肛柱下端围成的小隐窝称肛窦（anal sinus），窦口朝上，窦底有肛腺的开口，窦内往往积存粪屑，易感染而发生肛窦炎，严重者可形成肛周脓肿或肛瘘。

所有肛柱下端与肛瓣边缘连成锯齿状的环行线，称齿状线（dentate line）或称肛皮线（anocutaneous line）。齿状线以上的内表面为黏膜、以下的为皮肤，此线上部和下部的被覆上皮、动脉来源、静脉回流、淋巴引流及神经分布完全不同（表5-1）。

齿状线下方、肛管内面因肛门内括约肌紧缩形成环形隆起的平滑区，称肛梳（anal pecten）或称痔环（hemorrhoidal ring）。因其深面含有静脉丛，活体上呈浅蓝色。肛梳下缘的环行线称白线（white line）或称Hilton线，距肛门约1.5cm，直肠指检时可触知此处为一环形浅沟，是肛门内、外括约肌的交界处。

在肛梳的皮下组织和肛柱的黏膜下层内含有丰富的静脉丛，如果静脉曲张而向肛管腔内突起，即形成痔。在齿状线以上者为内痔，在齿状线以下者为外痔，跨越于齿状线上、下者为混合痔。由于神经分布不同，内痔不痛而外痔常感疼痛。

▼ 表5-1　齿状线上、下结构的比较

项目	齿状线以上	齿状线以下
上皮	单层柱状上皮	复层扁平上皮
动脉	直肠上、下动脉	肛动脉
静脉	肠系膜下静脉和髂内静脉	阴部内静脉
淋巴引流	髂内淋巴结及肠系膜下淋巴结	腹股沟浅淋巴结
神经分布	内脏神经	躯体神经

理论与实践　　直肠与肛管壁内有丰富的静脉丛，可分为内、外两部分，内静脉丛位于直肠和肛管黏膜上皮的深面，外静脉丛位于肠管肌层的外面，两丛之间有广泛的吻合。内静脉丛主要汇入直肠上静脉，经肠系膜下静脉注入肝门静脉。外静脉丛向下经直肠下静脉和肛静脉回流入髂内静脉，这样直肠壁内建立了肝门静脉系统和下腔静脉系统之间的交通。

直肠上静脉没有静脉瓣，导致肛管上半部静脉丛内的静脉压力最大；而且此处黏膜下层疏松结缔组织对静脉壁的支持弱，排便时直肠肌层的收缩可阻断静脉回流。因此慢性便秘、相对较长时间用力排便、妊娠、肝硬化所致的肝门静脉高压，以及直肠肿瘤都可造成直肠上静脉属支曲张。

直肠和肛管的静脉曲张可产生痔，根据发生部位的不同分为内痔、外痔和混合痔。内痔位于齿状线以上，特别容易发生在肛门的3点、7点和11点钟位置。由于内痔出现在肛管的上半部分，此处黏膜主要由内脏神经支配，内痔对疼痛不敏感，对牵拉敏感。外痔位于齿状线以下，此处黏膜和皮肤受肛神经（躯体神经）支配，对疼痛敏感。曲张的静脉属支跨越齿状线上下者为混合痔。

2. 肛门括约肌 位于肛管周围，分肛门内括约肌和肛门外括约肌（图5-22）。

（1）肛门内括约肌（sphincter ani internus）：为肛管壁的环行平滑肌层增厚形成，仅协助排便，无括约肛门的功能。

（2）肛门外括约肌（external anal sphincter）：为环绕肛门周围的骨骼肌，按部位可分皮下部、浅部和深部。皮下部位于肛管皮下，肌束呈环行，切断此部不会引起大便失禁。浅部为皮下部深面的肌束，呈椭圆形，前方附着于会阴中心腱，后方附着于尾骨下部及肛尾韧带；深部位于浅部上方，环绕肛门内括约肌和肛管壁纵行平滑肌层的外面，并与耻骨直肠肌融合，形成较厚的环行肌束；肛门外括约肌的浅部和深部对括约肛门至关重要。

肛门外括约肌的浅部和深部、耻骨直肠肌、肛门内括约肌及联合性纵行肌的下部在肛管和直肠移行处周围共同构成强大的肌环，称肛管直肠环（anorectal ring）。该环对括约肛门起重要作用，手术时勿切断，否则可引起大便失禁。

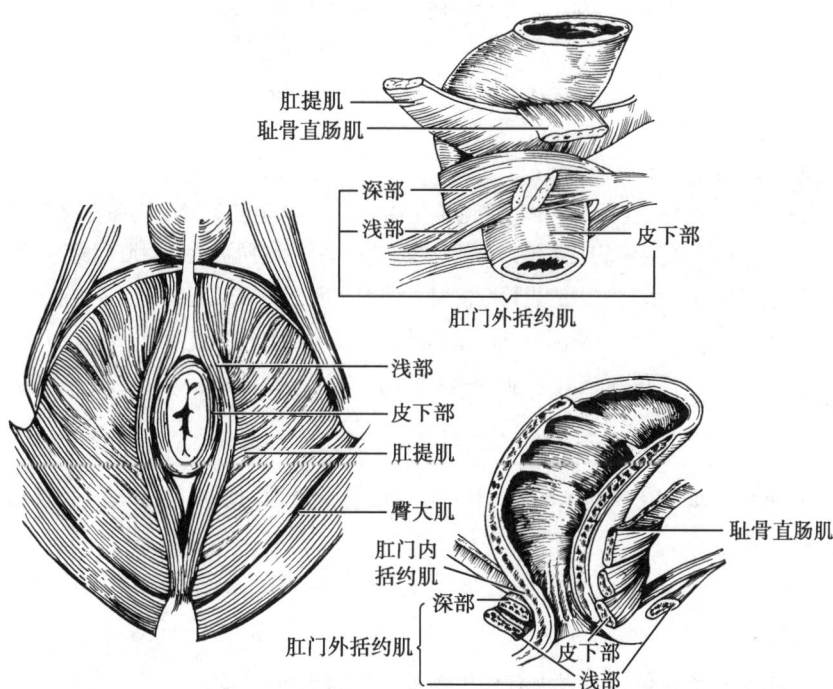

▲ 图5-22 肛门括约肌及肛管直肠环

（二）坐骨肛门窝

坐骨肛门窝（ischioanal fossa）又称坐骨直肠窝（ischiorectal fossa），是肛管两侧的楔形腔隙（图5-23）。尖朝上，由盆膈下筋膜与闭孔筋膜汇合而成；底朝下，为肛门两侧的皮肤、浅筋膜。内侧壁上部为肛提肌、尾骨肌及盆膈下筋膜，下部为肛门外括约肌；外侧壁上部为闭孔内肌、闭孔筋膜及会阴深筋膜，下部为坐骨结节内侧面；前壁为会阴浅横肌及尿生殖膈，并向前伸至肛提肌与尿生殖膈之间形成前隐窝；后壁为臀大肌下缘及其筋膜和深面的骶结节韧带，并向后伸至臀大肌、骶结节韧带与尾骨肌之间形成后隐窝。

坐骨肛门窝内除阴部内血管、淋巴管、淋巴结和阴部神经外，还有大量脂肪组织形成坐骨肛门窝脂体。坐骨肛门窝脂体有利于排便时肛管扩张，并且有弹性垫的作用，但其血供较差，感染时容易形成脓肿或瘘管。

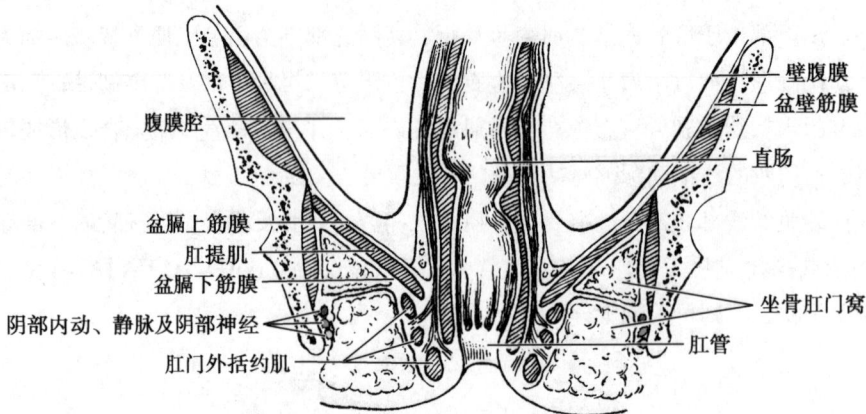

▲ 图5-23　坐骨肛门窝（冠状面）

理论与实践　　　　坐骨肛门窝内脂肪的血供较差，并与肛管紧密相邻，很容易发生感染。感染常从黏膜侧方开始，穿过肛门外括约肌进入坐骨肛门窝，形成脓肿。脓肿可穿过肛管后正中线扩散到对侧的坐骨肛门窝，但很少向上突破肛提肌。另外，肛周毛囊或汗腺感染也可能是坐骨肛门窝感染的原因。肛瘘是由脓肿的延伸或治疗不当所致。肛瘘的一个瘘口在肛管或直肠下部，另一个瘘口在邻近肛门的皮肤表面。

阴部管（pudendal canal）又称Alcock管，是闭孔筋膜分为两层而构成的筋膜管道，内有阴部内血管和阴部神经通过。

二、尿生殖区

尿生殖区又称尿生殖三角，该区内有外生殖器，性别差异明显。

（一）层次结构

1. 浅层结构　皮肤色泽较深，长有阴毛，富有汗腺及皮脂腺。此区浅筋膜分浅、深两层，浅层为脂肪层，与腹壁下部的浅筋膜脂肪层相延续；深层呈膜状，称会阴浅筋膜（superficial fascia of perineum），又称Colles筋膜，向下与肉膜、阴茎浅筋膜相移行，向前上与腹前外侧壁的浅筋膜深层即Scarpa筋膜相延续，向两侧附着于耻骨弓。

2. 深层结构　包括深筋膜和会阴肌等。深筋膜分浅、深两层，浅层为尿生殖膈下筋膜（inferior fascia of urogenital diaphragm），深层为尿生殖膈上筋膜（superior fascia of urogenital diaphragm），尿生殖膈上、下筋膜向两侧均附于耻骨弓，前缘融合增厚附着于两侧耻骨下支之间形成会阴横韧带或骨盆横韧带，后缘融合并与会阴浅筋膜愈着，向后与盆膈下筋膜相移行。尿生殖膈上、下筋膜与它们之间的会阴深横肌和尿道括约肌（女性为尿道阴道括约肌）共同构成尿生殖膈（urogenital diaphragm），封闭盆膈裂孔，有加固盆膈的作用。

会阴浅筋膜、尿生殖膈下筋膜及尿生殖膈上筋膜三层之间形成两个间隙，即会阴浅隙和会阴深隙（图5-3、图5-4、图5-24~图5-26）。

（1）会阴浅隙（superficial perineal space）：又称会阴浅袋，位于会阴浅筋膜与尿生殖膈下筋膜之间。其内含有会阴浅层肌、阴部神经和阴部内血管的分支，男性有阴茎脚、尿道球及其内的尿道，女性有尿道和阴道下部、阴蒂脚、前庭球和前庭大腺。会阴浅隙两侧和后方封闭，向前开放，故该处尿道损伤破裂时，尿液可经会阴浅隙向前渗入阴囊、阴茎和腹前壁下部等处。

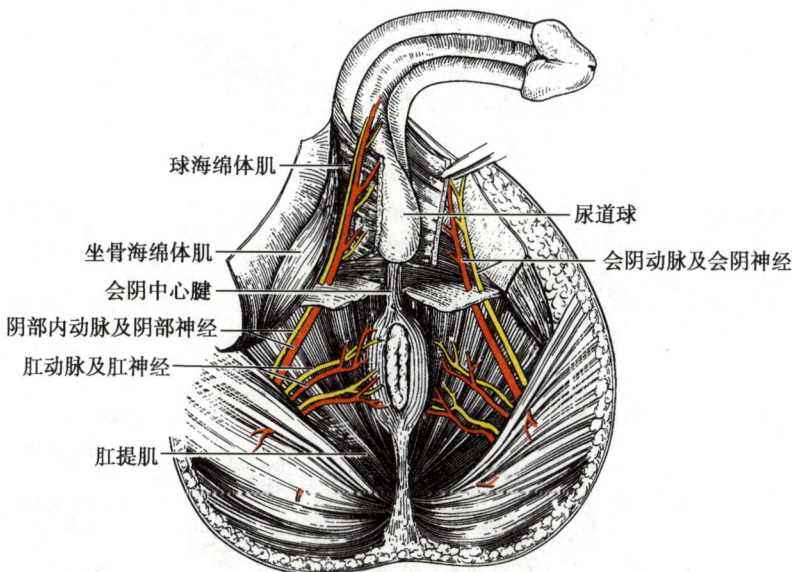

▲ 图5-24 男性会阴浅隙

（2）会阴深隙（deep perineal space）：又称会阴深袋，位于尿生殖膈上、下筋膜之间。其内含有会阴深层肌、阴部神经和阴部内血管的分支，男性有尿道膜部和尿道球腺，女性有尿道和阴道下部。该间隙为一封闭的间隙，故该处尿道破裂时，尿液仅限于会阴深隙内，不易向周围扩散。

（3）会阴肌：分为浅、深两层。浅层位于会阴浅隙内，即会阴浅横肌、球海绵体肌和坐骨海绵体肌；深层位于会阴深隙内，即会阴深横肌和尿道括约肌。

1）会阴浅横肌（superficial transverse muscle of perineum）：成对的小肌，起自坐骨结节，向内止于会阴中心腱，有固定会阴中心腱的作用。

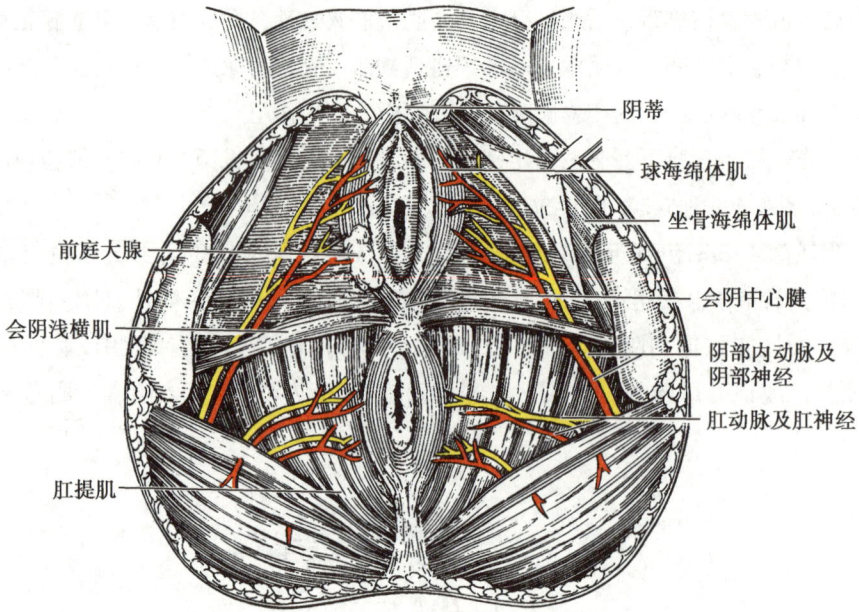

▲ 图5-25　女性会阴浅隙

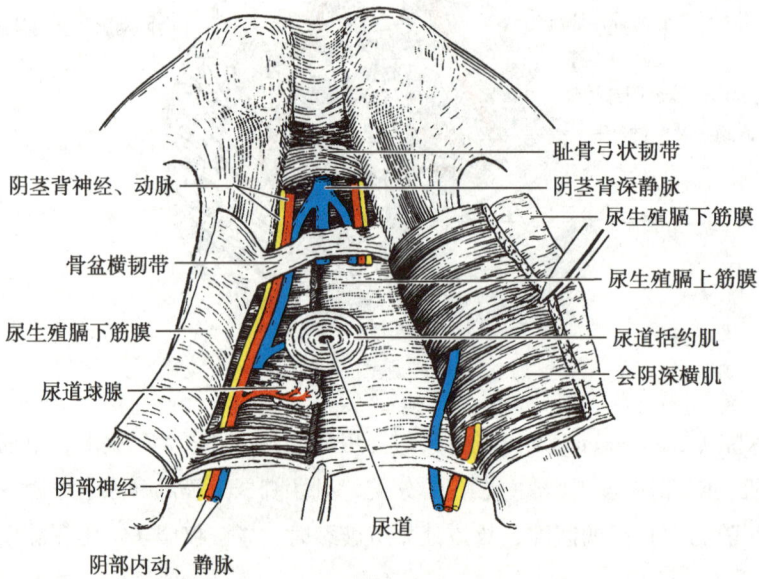

▲ 图5-26　男性会阴深隙

2）球海绵体肌（bulbospongiosus）：成对，男性的球海绵体肌包绕尿道球，起自会阴中心腱和尿道球下方的中缝，止于阴茎背面的筋膜，收缩时使尿道缩短变细，协助排尿或射精；女性的球海绵体肌覆盖于前庭球表面，称阴道括约肌，可缩小阴道口。

3）坐骨海绵体肌（ischiocavernosus）：成对，起自坐骨结节内侧面，男性覆盖并止于阴茎脚表面，收缩时压迫阴茎海绵体根部，阻止静脉血回流，参与阴茎勃起，又称阴茎勃起肌；女性该肌薄弱，称阴蒂勃起肌。

4）会阴深横肌（deep transverse muscle of perineum）：成对，位于尿生殖膈上、下筋膜之间，起自坐骨支及耻骨下支，肌纤维向内在中线互相交织，部分肌纤维止于会阴中心腱，收缩时稳固会阴中心腱。

5）尿道括约肌（sphincter of urethra）：位于会阴深横肌前方，肌束环绕尿道膜部，是尿道的随意括约肌，在女性又称尿道阴道括约肌（urethrovaginal sphincter），可紧缩尿道和阴道。

（二）男性尿生殖区内器官

1. **睾丸和附睾**　睾丸（testis）位于阴囊内，呈扁椭圆形，表面光滑，可分内、外侧面和上、下端及前、后缘。其前缘游离，后缘有血管、淋巴管和神经出入，称睾丸门。睾丸表面的纤维膜坚厚称白膜，沿睾丸后缘增厚形成睾丸纵隔并伸入睾丸实质分成许多睾丸小叶。每个睾丸小叶内含有2~4条弯曲的精曲小管，能产生精子；精曲小管之间结缔组织内的间质细胞，能分泌男性激素。精曲小管合成精直小管，进入睾丸纵隔交织成睾丸网。睾丸网发出12~15条睾丸输出小管出睾丸后缘，进入附睾（图5-27）。

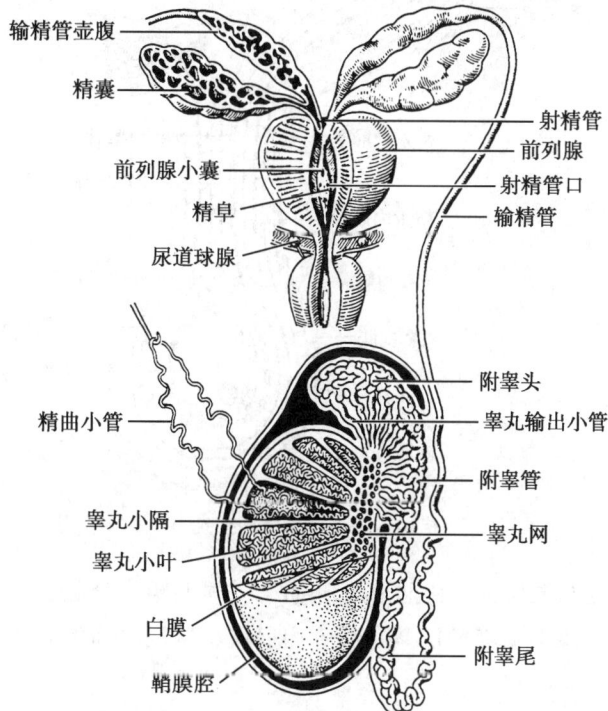

▲ 图5-27　睾丸和附睾的结构及排精径路

附睾（epididymis）呈新月形，紧贴睾丸上端和后外侧，自上而下分为头、体、尾三部分，附睾尾向内上弯曲移行为输精管（deferent duct）。附睾能贮存精子并促进精子的发育成熟。

2. 精索（spermatic cord） 由输精管、睾丸动脉、蔓状静脉丛、淋巴管、神经及鞘突剩件等形成的圆索状结构，起于腹股沟管深环，经腹股沟管及腹股沟管浅环，入阴囊至睾丸上端。其中，腹股沟管浅环至睾丸上端之间的一段精索的位置表浅，活动度大，其内的输精管光滑坚韧呈索状，易于触摸，是男性绝育术结扎输精管的理想部位。

3. 阴囊及睾丸和精索的被膜 阴囊（scrotum）位于阴茎的后下方，呈囊袋状，壁由皮肤和肉膜组成。皮肤薄而柔软，色素沉着明显。肉膜为浅筋膜，缺少脂肪，含有平滑肌纤维，可随外界温度变化而舒缩，以调节阴囊内的温度，有利于精子的发育和生长。肉膜向深部发出矢状位的阴囊中隔，将阴囊分为左、右两腔，容纳两侧的睾丸、附睾和精索下部。阴囊深面有三层被膜包被睾丸、附睾和精索，即精索外筋膜、提睾肌、精索内筋膜。它们分别是腹外斜肌腱膜、腹内斜肌和腹横肌、腹横筋膜的延续（图5-28）。

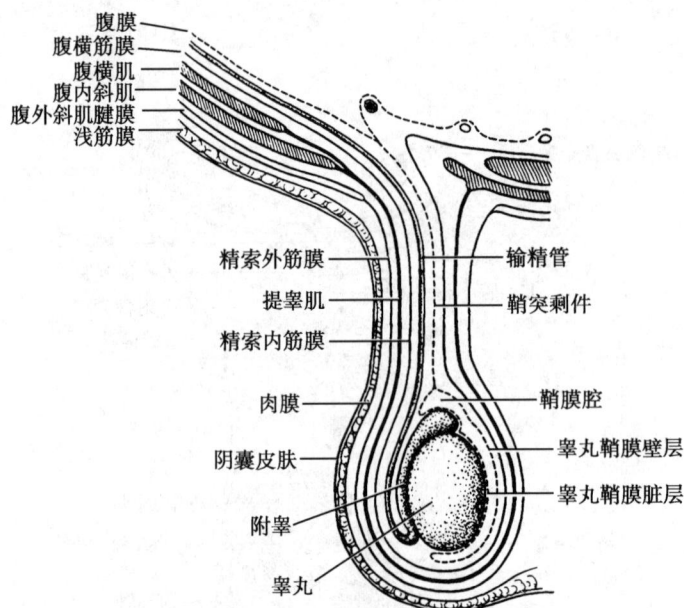

▲ 图5-28 阴囊结构模式图

精索内筋膜深面是睾丸鞘膜，由腹膜延伸而来。睾丸鞘膜分脏、壁两层，睾丸鞘膜脏层贴在睾丸和附睾表面，睾丸鞘膜壁层紧贴精索内筋膜，两层之间的腔隙称鞘膜腔，内含少量浆液。

4. 阴茎（penis） 可分为头、体和根三部分。阴茎头是阴茎前端的膨大，又称龟头，尖端有矢状位的尿道外口。阴茎根被覆阴囊和会阴的皮肤，固定于耻骨弓和尿生殖膈下面，阴茎头与阴茎根之间的大部称阴茎体，呈圆柱状。阴茎由两个阴茎海绵体（cavernous body of penis）和一个尿道海绵体（cavernous body of urethra）构成。阴茎海绵体后端左右分开称阴茎脚，附于两侧的耻骨弓。尿道海绵体位于阴茎海绵体腹侧，前端膨大为阴茎头，后端膨大为尿道球（bulb of urethra）。

阴茎的三个海绵体外面由浅入深包以皮肤、阴茎浅筋膜、阴茎深筋膜和海绵体白膜（图5-29）。阴茎皮肤薄而柔软，易滑动，包绕阴茎头的双层皮肤皱襞称阴茎包皮（prepuce of penis），腹侧以包皮系带连于尿道外口，行包皮环切术时切勿损伤包皮系带。阴茎浅筋膜疏松无脂肪，内有阴茎背浅静脉和淋巴管；该筋膜与肉膜、会阴浅筋膜及Scarpa筋膜相延续。阴茎深筋膜又称Buck筋膜，在阴茎前端变薄消失，在耻骨联合前面参与构成阴茎悬韧带。白膜（tunica albuginea）是一层厚而致密的纤维膜，分别包裹每条海绵体并在左、右阴茎海绵体之间形成阴茎中隔。白膜与阴茎深筋膜之间有阴茎背深静脉、阴茎背动脉和阴茎神经穿行。

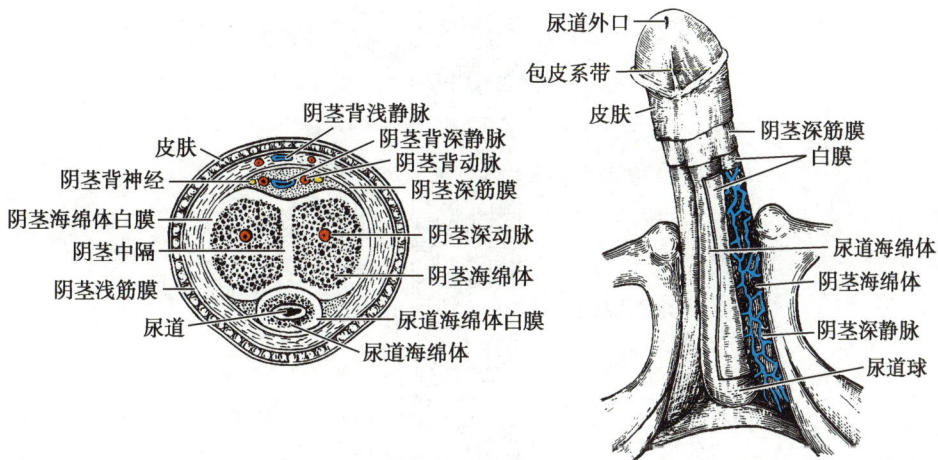

▲ 图5-29　阴茎的被膜及血管神经

5. 男性尿道（male urethra） 起自膀胱的尿道内口，止于尿道外口，有排尿和排精的功能（图5-10、图5-30）。成年男性尿道全长16~20cm，分为尿道前列腺部、尿道膜部和尿道海绵体部三部分，分别穿过前列腺、尿生殖膈和尿道海绵体。临床通常把尿道前列腺部和尿道膜部合称为后尿道，把尿道海绵体部称为前尿道。

男性尿道粗细不一，全长有三个狭窄、三个扩大和两个弯曲。三个狭窄分别位于尿道内口、尿道膜部和尿道外口。三个扩大分别位于尿道前列腺部、尿道球部和尿道舟状窝。两个弯曲是耻骨下弯和耻骨前弯；耻骨下弯在耻骨联合下方，凹向前上，包括尿道前列腺部、尿道膜部和尿道海绵体部的起始部，此弯曲恒定无变化；耻骨前弯位于耻骨联合的前下方，凹向后下方，在阴茎根和阴茎体之间，如将阴茎向上提起，此弯曲可消失。在导尿或膀胱镜检查、器械插入膀胱时，注意上述尿道的狭窄和弯曲，以免损伤尿道。

脐正中韧带
膀胱尖
输尿管
输尿管间襞
膀胱三角
膀胱垂
尿道嵴
前列腺小囊
前列腺排泄管开口
尿道球腺
尿道球腺管
阴茎脚
尿道球部
尿道海绵体部
阴茎头
阴茎包皮
尿道外口

膀胱黏膜襞
输尿管口
尿道内口
精阜
射精管口
尿道前列腺部
尿道膜部
尿道球
尿道球腺管开口
阴茎海绵体
尿道海绵体
尿道舟状窝

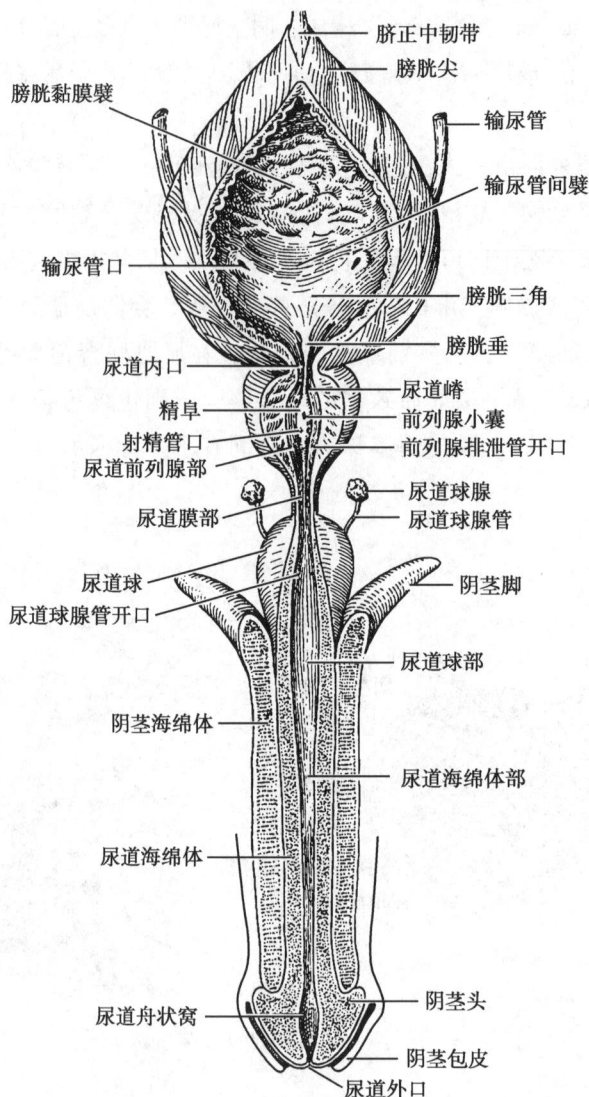

▲ 图5-30　膀胱和男性尿道

理论与实践　　　尿道损伤多见于男性。男性尿道长而弯曲，且粗细不均，临床上以尿道球部和尿道膜部的损伤最为常见。尿道球部损伤时，血液和尿液可渗入会阴浅隙，使会阴部、阴囊、阴茎肿胀，严重时可向上流，扩展至腹前壁下部。这主要是因为会阴浅隙的浅筋膜与上述结构的浅筋膜相互移行。

案例5-2　　　患者，男，33岁，建筑工人。患者工作时不慎从脚手架上摔下，骑跨在横梁上，顿感会阴部剧痛。随后发现阴囊肿胀变色，排尿时仅见几滴血尿，遂去医院就诊。体格检查后，对患者尿道和膀胱行放射影像检查。影像学检查报告：放射影像检查显示尿道括约肌下筋膜下方的尿道球破裂及会阴浅横肌断裂，尿道X线片显示对比剂漏出尿道进入周围的会阴组织。临床诊断：尿道球破裂合并尿外渗。

思考：

1. 当患者排尿时仅见几滴血尿，无大量尿液排出，尿液可能流向何处？

2. 尿液为什么不能流向后方、侧方或进入小骨盆腔？

（三）女性尿生殖区内器官

女性尿生殖区器官有外生殖器和尿道。

1. 女性外生殖器　女性外生殖器又称女阴（vulva）（图5-31）。

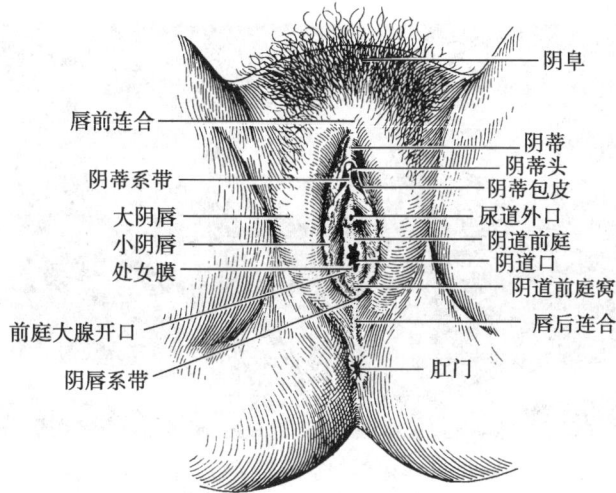

▲ 图5-31　女性外生殖器

（1）阴阜（mons pubis）：是耻骨联合前面的皮肤隆起，深面脂肪组织较多，皮肤长有阴毛。

（2）大阴唇（greater lip of pudendum）：是一对纵行隆起的皮肤皱襞。

（3）小阴唇（lesser lip of pudendum）：位于大阴唇内侧的一对较薄的皮肤皱襞，表面光滑无毛，后端两侧汇合形成阴唇系带，前端延伸为阴蒂包皮和阴蒂系带。

（4）阴蒂（clitoris）：由两个阴蒂海绵体组成，相当于男性阴茎海绵体，可分脚、体和头三部。阴蒂头露于表面，含有丰富的神经末梢，感觉敏锐。

（5）阴道前庭（vaginal vestibule）：是位于两侧小阴唇之间的裂隙，前部有尿道外口，后部有阴道口，阴道口周缘附有处女膜或处女膜痕，两侧有前庭大腺导管的开口。

（6）前庭球（bulb of vestibule）：相当于男性尿道海绵体，呈蹄铁形，分中间部和两外侧部。外侧部较大位于大阴唇皮下，中间部细小位于尿道外口与阴蒂体之间的皮下。

2. 女性尿道　女性尿道（female urethra）较男性尿道短、宽且直。全长3~5cm，仅有排尿功能，起于膀胱的尿道内口，向前下经耻骨联合后下方，穿尿生殖膈，以尿道外口开口于阴道前庭。

（李岩　吴耀彬）

第六节　盆部与会阴横断层影像解剖

一、经男性精囊和输精管壶腹的横断层面

此层面上膀胱、精囊、输精管壶腹和直肠的断面出现（图5-32）。

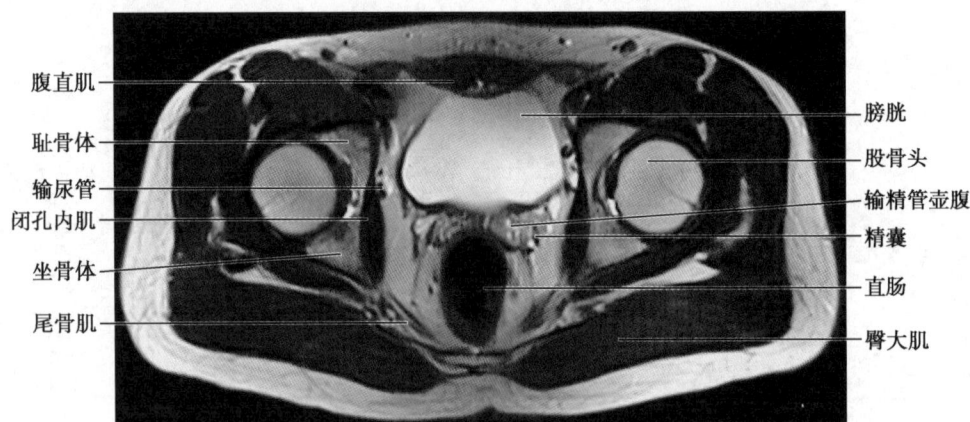

▲ 图5-32　经男性精囊和输精管壶腹的横断层（MRI T$_2$加权像）

盆腔内脏器排为三列，自前向后为泌尿系统的膀胱、生殖系统的精囊和输精管壶腹、消化系统的直肠，在膀胱的后外侧可见输尿管的断面。腹直肌、闭孔内肌和尾骨肌分别位于盆腔前、外侧和后外侧壁，共同参与围成盆腔。在CT图像上，精囊呈"八"字形均匀的软组织密度影，在周围低密度脂肪组织的衬托下显示清楚，精囊周围的静脉丛显示为呈点状或条索状的软组织影，增强扫描后精囊呈中度强化。在MRI图像上，T$_1$加权像呈均匀低信号，T$_2$加权像呈高信号；增强后精囊的细导管有强化。

二、经男性前列腺中份的横断层

此层面上膀胱、精囊和输精管壶腹消失，耻骨联合和前列腺的断面出现（图5-33）。

盆腔内脏器主要为呈前后排列的前列腺和直肠，前列腺内有尿道和射精管穿行，其周围的囊鞘之间有丰富的前列腺静脉丛。耻骨联合构成盆腔前壁，与坐骨结节之间的不相连续处为闭孔，其内面有闭孔内肌的断面，闭孔内肌呈"八"字形排列于前列腺的外侧。肛提肌包绕于直肠，与闭孔内肌、臀大肌共同围成三角形的坐骨肛门窝，两侧坐骨肛门窝经直肠的后方相连通。

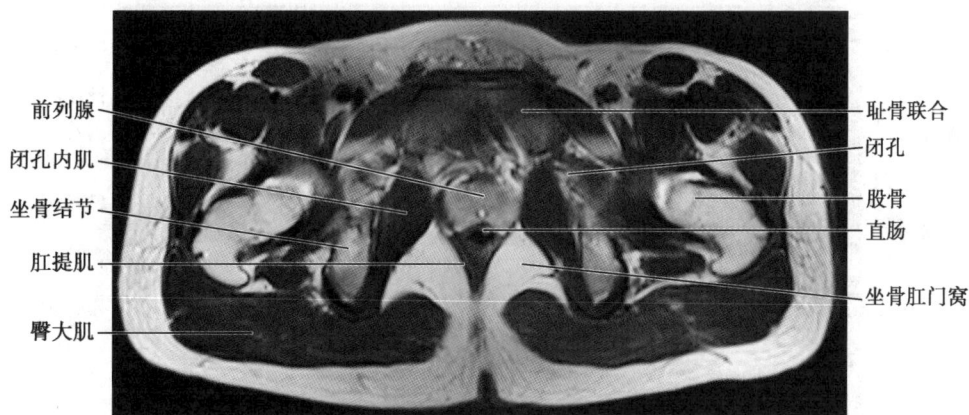

▲ 图5-33　经男性前列腺中份的横断层（MRI T$_2$加权像）

在CT图像上，前列腺呈均匀的软组织密度影，老年人可见钙化，增强扫描呈中度强化。在MRI图像上，T$_1$加权像呈均匀的低信号，仅能显示前列腺的轮廓；在T$_2$加权像上，由于组织结构和含水量的差异，前列腺的各解剖带区呈不同信号强度。

三、经男性耻骨弓的横断层

此层面上耻骨联合和直肠消失，耻骨弓和肛管的断面出现（图5-34）。

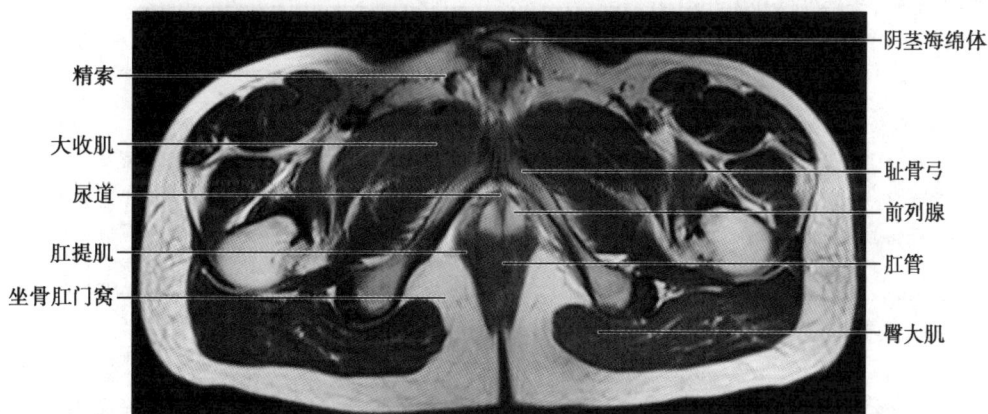

▲ 图5-34　经男性耻骨弓的横断层（MRI T$_2$加权像）

耻骨下支和坐骨支共同形成耻骨弓，两侧耻骨弓排列呈"八"字形，在耻骨弓的前、外侧分别有男性阴茎根部、精索和大收肌。前列腺尖和肛管呈前后排列，肛提肌包绕于其周围。肛提肌与臀大肌围成坐骨肛门窝，其内充填有脂肪组织等。精索在CT图像上呈稍低的条索状软组织密度影，在MRI图像上呈向腹股沟管延伸的扭曲管状影。

四、经女性右卵巢的横断层

此层面上子宫底和右卵巢的断面出现（图5-35）。

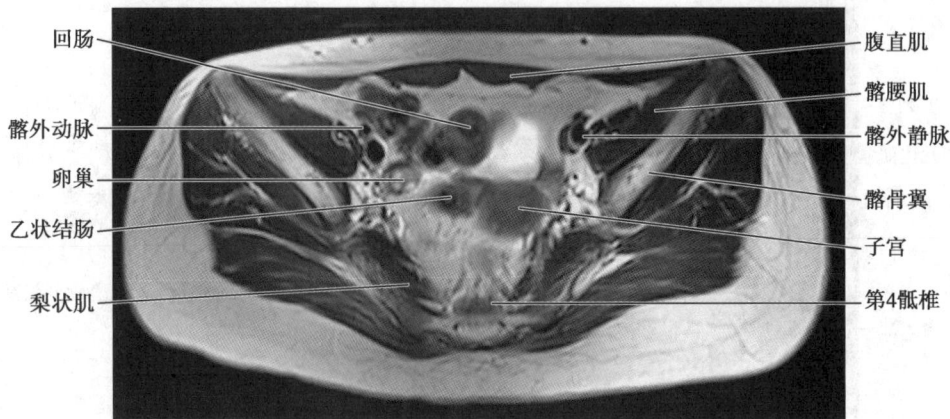

▲ 图5-35 经女性右卵巢的横断层（MRI T₂加权像）

盆腔由腹前壁、髂骨翼和骶骨围成，其内脏器排列不规则，前部为回肠，中部为略呈圆形的子宫底、乙状结肠和右卵巢，后部为疏松结缔组织区域。髂腰肌紧贴于髂骨翼内面，其内侧有髂外动、静脉走行，后方可见髂内动、静脉的分（属）支。在CT图像上，正常卵巢表现为子宫角外侧呈圆形或椭圆形的软组织密度影；MRI图像上表现为轻度不均质的卵圆形，周围血管呈无信号或低信号的管状结构，是识别卵巢的重要标志。

五、经女性子宫体的横断层

此层面上卵巢和乙状结肠消失，子宫体和直肠的断面出现（图5-36）。

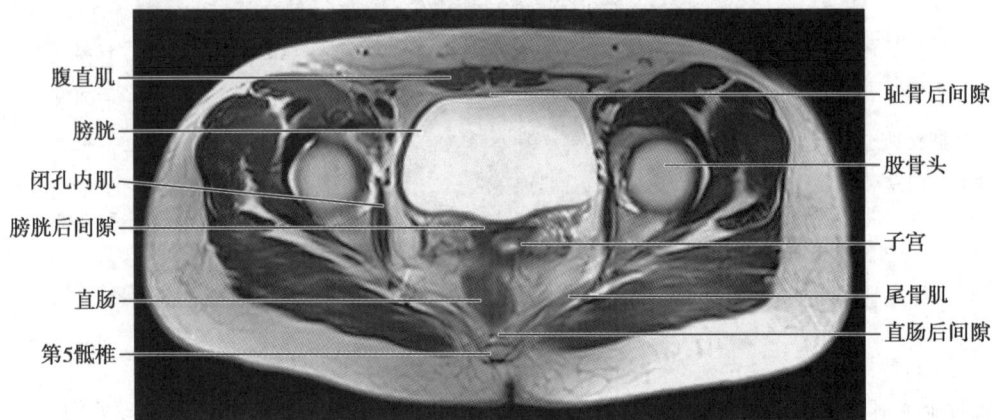

▲ 图5-36 经女性子宫体的横断层（MRI T₂加权像）

盆腔内脏器分为前、中、后三列，自前向后为泌尿系统的膀胱、生殖系统的子宫体、消化系统的直肠。子宫体呈椭圆形，其内的腔隙为子宫腔。膀胱、子宫和直肠周围分别有耻骨后间隙、膀胱后间隙、直肠后间隙的断面，为盆筋膜间隙的重要组成部分。在CT图像上，子宫体呈椭圆形，其表面光滑锐利，子宫内膜及腔内分泌物位于子宫体内，略呈低密度区。在MRI T₁加权像上，子宫呈均匀的中等信号，子宫颈唇部含有纤维成分故呈低信号；T_2加权像上尚可显示育龄期妇女子宫壁的三层不同信号，以及在激素作用下的子宫内膜厚度的变化。

六、经女性尿道和阴道中份的横断层

此层面上膀胱、子宫和直肠消失，尿道、阴道和肛管的断面出现（图5-37）。

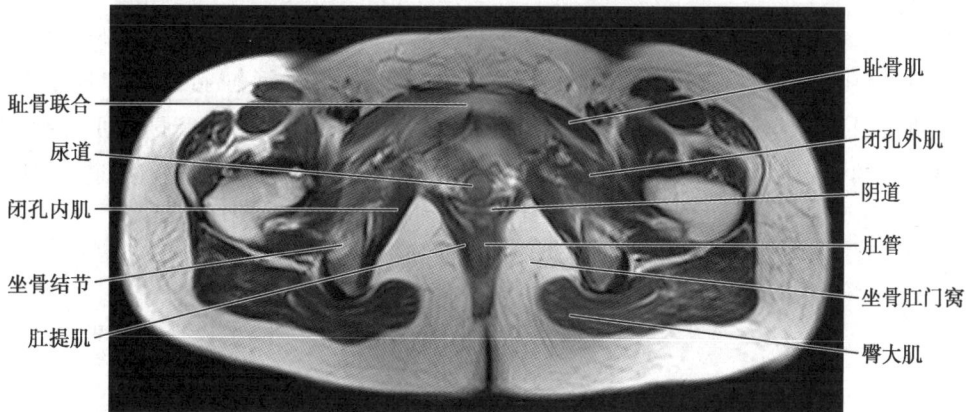

左侧标注（自上而下）：耻骨联合、尿道、闭孔内肌、坐骨结节、肛提肌

右侧标注（自上而下）：耻骨肌、闭孔外肌、阴道、肛管、坐骨肛门窝、臀大肌

▲ 图5-37 经女性尿道和阴道中份的横断层（MRI T_2加权像）

耻骨联合的后方自前向后为尿道、阴道和肛管，在尿道和阴道周围分别可见数个静脉丛的断面。阴道腔呈横行的裂隙状，与尿道、肛管之间分别有尿道阴道隔和直肠阴道隔。肛管呈卵圆形的管状结构，其后方和两侧有呈"V"形的肛提肌包绕。肛提肌与闭孔内肌、臀大肌围成坐骨肛门窝，其内有脂肪组织充填。在CT图像上，阴道呈类圆形的软组织影，偶见阴道腔隙和分泌物形成的低密度区。在MRI T_2加权像上，低信号的阴道壁易与含有黏液的高信号区和周围脂肪组织相区分。

（赵振美　张艳丽）

学习小结

盆部由骨盆（骶骨、尾骨和髋骨及其骨连结）作为支架附以肌（梨状肌和闭孔内肌）和筋膜（盆壁筋膜、盆膈筋膜和盆脏筋膜）构成盆腔，并以盆膈与会阴部邻接。盆筋膜在盆腔内形成潜在性的筋膜间隙，主要有耻骨后间隙、骨盆直肠间隙、直肠后间隙等，内有腹膜外筋膜、血管、神经等。盆腔脏器主要有直肠、膀胱、前列腺、卵巢、子宫等，本章重点介绍了它们的形态、位置、毗邻、血供、淋巴回流和神经支配等。盆部的动脉来源于髂总动脉及其分支的髂外动脉和髂内动脉（壁支包括髂腰动脉、骶外侧动脉、臀上动脉、臀下动脉和闭孔动脉；脏支包括膀胱上动

脉、膀胱下动脉、直肠下动脉、阴部内动脉和子宫动脉等）。髂内静脉的属支与同名动脉伴行汇入髂总静脉。盆部的淋巴结分为4群（骶淋巴结、髂内淋巴结、髂外淋巴结、髂总淋巴结），一般沿血管排列，汇入腰干。盆部的神经有腰丛的闭孔神经、骶丛（臀上神经、臀下神经、阴部神经和坐骨神经）及盆内脏神经等。

广义会阴是指盆膈以下封闭骨盆下口的全部软组织，由后方的肛区和前方的尿生殖区构成。肛区主要包括肛管和坐骨肛门窝等。尿生殖区有外生殖器、尿道及会阴浅筋膜、尿生殖膈下筋膜、尿生殖膈上筋膜及其形成的会阴浅隙、会阴深隙。会阴浅隙位于会阴浅筋膜和尿生殖膈下筋膜之间，内有会阴浅横肌、坐骨海绵体肌、球海绵体肌、会阴的血管和神经，男性有尿道球、阴茎脚，女性有阴蒂脚、前庭球、前庭大腺。会阴深隙位于尿生殖膈下、上筋膜之间，内有会阴深横肌、尿道括约肌、阴茎的血管和神经，男性有尿道球腺和尿道膜部，女性有尿道、阴道穿过。尿生殖膈上、下筋膜及其会阴深横肌、尿道括约肌构成尿生殖膈，封闭尿生殖区。

复习参考题

一、A型题

1. 关于直肠的描述，错误的是
   A. 平第3骶椎高度接乙状结肠
   B. 直肠后面与骶、尾骨为邻，其间有骶正中血管、骶静脉丛和神经等
   C. 直肠的两侧借直肠侧韧带连于骨盆侧壁，内有直肠上血管、盆内脏神经和淋巴管等
   D. 直肠的前面在男性与膀胱、前列腺和精囊邻接
   E. 直肠的前面在女性与子宫、阴道为邻

2. 关于膀胱的血管、淋巴回流和神经支配的说法，错误的是
   A. 膀胱上动脉起自脐动脉未闭锁的始段，分布于膀胱的上部
   B. 膀胱下动脉沿盆侧壁行向内下，分布于膀胱下部、精囊、前列腺和输尿管盆部等
   C. 膀胱的静脉起于膀胱下面的膀胱静脉丛，汇入髂内静脉
   D. 膀胱三角和膀胱后部的小部分淋巴管注入髂内淋巴结
   E. 副交感神经使膀胱逼尿肌松弛、膀胱括约肌紧张而储尿

3. 不属于会阴浅隙内容的是
   A. 会阴浅层肌
   B. 尿道球腺
   C. 尿道球
   D. 阴茎脚
   E. 阴蒂脚

4. 患者，女，45岁，因阴道分泌物呈淘米水样并带血，有恶臭味，性生活后阴道流血加重，时有下腹不适、小腹疼痛、腰痛及发热，经检查确诊为子宫颈癌。下列有关子宫的描述错误的是
   A. 子宫阔韧带可限制子宫向两侧移动
   B. 子宫主韧带可防止子宫脱垂
   C. 子宫圆韧带是维持子宫前倾的主要韧带
   D. 输尿管在子宫颈外侧约2cm处与子宫动脉交叉并行走在其下后方
   E. 子宫颈的淋巴可回流至腹股沟

浅淋巴结

5. 患者，男，31岁，因"会阴部骑跨伤"入院，X线尿道造影检查发现尿道膜部断裂，尿液可外渗入

A. 会阴浅隙

B. 腹前外侧壁下部

C. 会阴深隙

D. 骨盆直肠间隙

E. 阴囊

参考答案：1. C　2. E　3. B　4. E　5. C

二、名词解释

1. 会阴
2. 会阴中心腱
3. 直肠后间隙
4. 直肠子宫陷凹
5. 盆膈
6. 尿生殖膈
7. 肛管直肠环
8. 坐骨肛门窝
9. 会阴浅隙
10. 会阴深隙

三、问答题

1. 简述耻骨后间隙（膀胱前间隙）的位置、境界和临床意义。
2. 简述直肠和肛管的位置、毗邻、血液供应、淋巴回流和神经支配。
3. 简述子宫的位置、毗邻、固定装置、血液供应和淋巴回流。
4. 简述前列腺的形态、位置毗邻及其被膜。
5. 简述男性尿道不同部位损伤的尿液外渗范围差异及其解剖学基础。

脊柱区

知识目标	掌握	听诊三角、腰上三角、腰下三角的境界和临床意义；脊柱的构成、分部；椎骨的特点；椎间盘的结构、功能及临床意义；脊髓的被膜及硬膜外隙、蛛网膜下隙的构成和临床意义；脊髓的位置和外形特征；脊髓灰、白质配布形式；脊髓前角、后角和中间带的主要核团名称。
	熟悉	脊柱区的境界与分区、体表标志；脊髓节段与椎骨的对应关系；脊髓的功能。
	了解	脊柱区软组织层次；肌的排列层次及其血液供应和神经支配；椎骨间的连结及其主要特征和功能；脊髓灰质细胞的构筑分层；脊髓主要上、下行纤维束的位置、起止和功能。
能力目标		能联合利用教科书、标本、图谱等资料拓展解剖学视野，培养联系实际、联系临床的思维状态，能够把所学的解剖学知识应用于临床实际工作；能对案例分析和相关临床问题进行辨析和论证，并能够提出自己独到的见解。
素质目标		具备人文关怀理念、团队合作精神、自主学习能力、初步的科学研究认知。

第一节　概述

一、境界与分区

脊柱区（vertebral region）又称背区（back region），由脊柱及其后方和两侧的软组织组成，上界为枕外隆凸和上项线，下至尾骨尖，两侧界为斜方肌前缘、三角肌后缘上份、腋后襞、腋后线、髂嵴后份、髂后上棘和尾骨尖的连线。脊柱区以三条横线，即第7颈椎棘突至两侧肩峰的连线、第12胸椎棘突和第12肋下缘至第11肋前份下缘的连线、两侧髂后上棘的连线，自上而下分为项区（又称颈后区）、胸背区、腰区和骶尾区。其中，骶尾区是两侧髂后上棘与尾骨尖围成的三角区。

二、体表标志

1. **棘突（spinous process）** 第7颈椎棘突较长，常作为辨认椎骨序数的标志；第3胸椎棘突在两侧肩胛冈内侧端的连线上；第7胸椎棘突在两侧肩胛骨下角的连线上；第3、4腰椎棘突之间位于脐平面上；第4腰椎棘突在两侧髂嵴最高点的连线上；第2骶椎棘突在两侧髂后上棘的连线上（图6-1）。

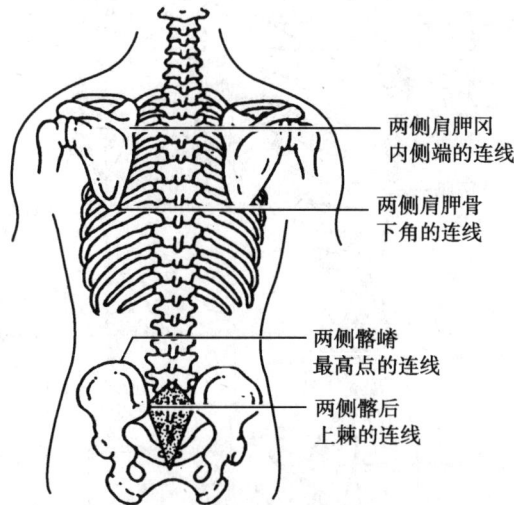

▲ 图6-1　体表标志

2. **肾角（renal angle）** 是第12肋下缘与竖脊肌外侧缘的交角，又称脊肋角，肾位于其深部，是肾囊封闭常用的进针部位，也是经腰部肾手术切口处。

3. **骶管裂孔（sacral hiatus）和骶角（sacral horn）** 骶管裂孔为骶管下端的开口，其两侧有向下突出的骶角，后者为骶管麻醉时进针的定位标志。

（高洪泉　田忠富）

第二节　软组织

脊柱区由浅入深为皮肤、浅筋膜、深筋膜、肌层和血管神经等。

一、浅层结构

1. **皮肤** 较厚，移动性小，有丰富的毛囊和皮脂腺。

2. **浅筋膜** 借较多结缔组织纤维束连于深筋膜。项区上部的浅筋膜最为坚韧，腰区的浅筋膜含脂肪较多。

3. **皮神经** 均来自脊神经后支（图6-2）。

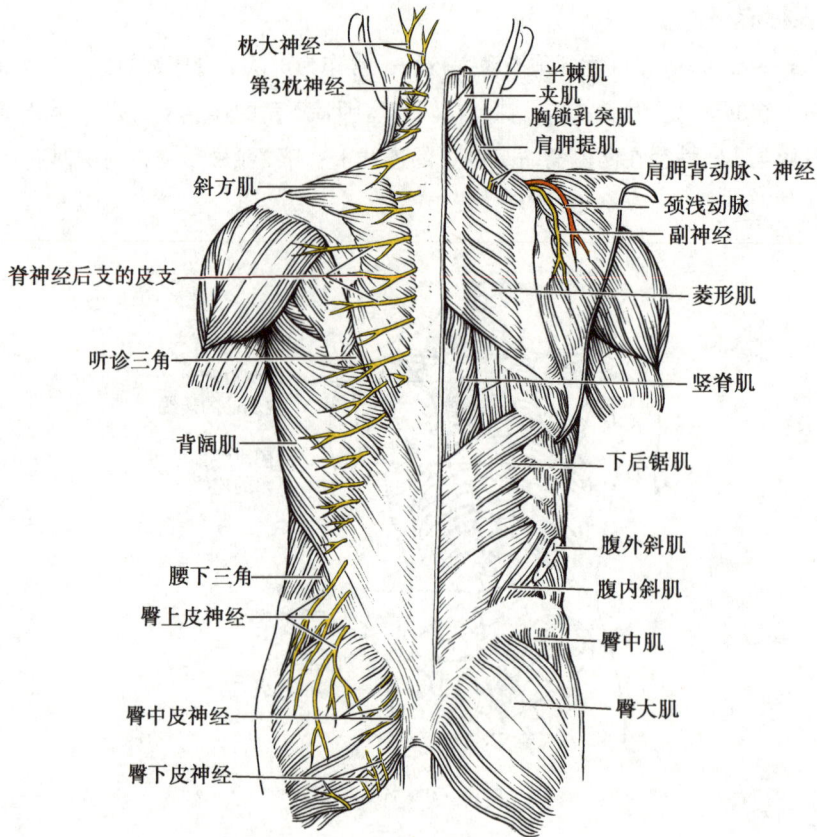

▲ 图6-2 背肌和皮神经

（1）项区：来自颈神经后支，主要有枕大神经和第3枕神经。枕大神经较粗大，是第2颈神经后支的皮支，在上项线下方、斜方肌起点处浅出，伴枕动脉分支上行，分布至枕部皮肤。第3枕神经是第3颈神经后支的皮支，在枕大神经的下方浅出，分布至项区上部皮肤。

（2）胸背区和腰区：来自胸、腰神经后支，在棘突两侧浅出，上部分支近乎水平向外，下部分支斜向外下，分布至胸背区和腰区皮肤。此外，第1~3腰神经后支还发出分支，组成臀上皮神经，行经腰区，在竖脊肌外侧缘穿胸腰筋膜，越过髂嵴，分布到臀区上部皮肤。腰部急剧扭转时，可拉伤该神经而导致腰腿痛。

（3）骶尾区：来自骶、尾神经后支，在髂后上棘至尾骨尖连线上的不同水平，穿臀大肌起始部，分布至骶尾区皮肤。其中第1~3骶神经后支的分支组成臀中皮神经。

4. 浅血管　项区的浅动脉主要来自枕动脉、颈浅动脉和肩胛背动脉等的分支；胸背区来自肋间后动脉、肩胛背动脉和胸背动脉等的分支；腰区来自腰动脉的分支；骶尾区来自臀上、下动脉等的分支。各动脉均有伴行静脉。

二、深筋膜

项区的深筋膜是颈筋膜浅层的一部分，分浅、深两层，包裹斜方肌。在斜方肌深面的深层又称项筋膜，上方附于上项线，向下移行为胸腰筋膜。

胸背区和腰区的深筋膜也分为浅、深两层。浅层较薄，位于斜方肌和背阔肌表面；深层较厚，称胸腰筋膜（thoracolumbar fascia），其在胸背区较薄弱，覆于竖脊肌表面，向上续项筋膜，向下至腰区增厚，分后、中、前三层（图6-3）。后层最厚，位于竖脊肌表面，向外在该肌外侧缘与中层愈合，形成竖脊肌鞘。中层位于竖脊肌与腰方肌之间，内侧附于腰椎横突和横突间韧带，外侧在腰方肌外侧缘与前层愈合，形成腰方肌鞘，并作为腹横肌起始部的腱膜，向上附于第12肋下缘，向下附于髂嵴。中层上部在第12肋与第1腰椎横突之间增厚形成腰肋韧带，肾手术时，切断此韧带可加大第12肋的活动度，便于显露肾。前层较薄弱，位于腰方肌前面，内侧附于腰椎横突，向下附于髂嵴后缘。由于腰部活动度大，在剧烈活动中胸腰筋膜易发生扭伤，尤以腰部损伤多见，此为腰腿痛的原因之一。骶尾区的深筋膜薄弱，与骶骨背面骨膜愈着。

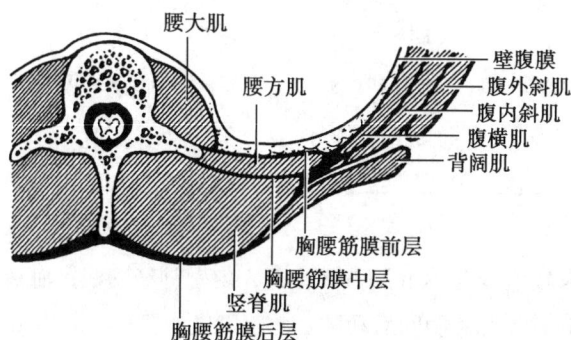

▲ 图6-3 胸腰筋膜（水平面）

三、肌层

脊柱区的肌由背肌和部分腹肌组成，由浅入深可分为四层：第一层是斜方肌、背阔肌和腹外斜肌后部，第二层是夹肌、肩胛提肌、菱形肌、上后锯肌、下后锯肌和腹内斜肌后部，第三层是竖脊肌和腹横肌后部，第四层是枕下肌、横突棘肌、横突间肌和腰方肌等（表6-1、图6-2）。

▼ 表6-1 背肌

名称	起点	止点	作用	神经支配
斜方肌	上项线、枕外隆凸、项韧带、第7颈椎棘凸、全部胸椎棘突	锁骨、肩胛冈	上部纤维提肩胛骨、下部纤维下降肩胛骨，全部纤维收缩拉肩胛骨向内侧移动	副神经（XI）
背阔肌	下部胸椎棘突和全部腰椎的棘突、骶正中嵴、髂嵴	肱骨小结节嵴	肩关节后伸、内收、内旋	胸背神经（C_{6-8}）
肩胛提肌	上4个颈椎横突	肩胛骨的上角和脊柱缘上部	提肩胛骨并使下角转向内上	肩胛背神经（C_{2-5}）

名称	起点	止点	作用	神经支配
菱形肌	第6、7颈椎棘突、第1~4胸椎棘突	肩胛骨脊柱缘	肩胛骨向脊柱靠拢并向上	肩胛背神经（$C_{4~5}$）
上后锯肌	第6、7颈椎棘突、第1~2胸椎棘突	第2~5肋角外面	提肋、助吸气	肋间神经（$T_{1~4}$）
下后锯肌	第11、12腰椎棘突、第1、2胸椎棘突	第9~12肋外面	降肋、助呼气	肋间神经（$T_{9~12}$）
竖脊肌	腰椎棘突、骶骨背面、髂嵴后部、胸腰筋膜、骶结节韧带	椎骨、肋骨、颞骨乳突等	伸脊柱、仰头	脊神经后支（C_1~L_5）
夹肌	上部胸椎棘突和第7颈椎棘突、项韧带	上项线、第1~3颈椎横突	一侧收缩头转向同侧、两侧收缩使头后仰	颈神经后支（$C_{2~5}$）
腰方肌	髂嵴后部、髂腰韧带	第12肋内侧半下缘、第12胸椎体和上4个腰椎的横突	一侧收缩脊柱向同侧屈	腰神经前支（T_{12}~L_3）

1. **斜方肌（trapezius）** 位于项区和胸背区上部，由副神经支配，血液供应主要来自颈浅动脉和肩胛背动脉，其次来自枕动脉和肋间后动脉。此肌可供作肌瓣或肌皮瓣移植。

2. **背阔肌（latissimus dorsi）** 位于胸背区下部和腰区，由胸背神经支配，血液供应主要来自胸背动脉、肋间后动脉和腰动脉。

3. **竖脊肌（erector spinae）** 位于脊柱棘突的两侧，根据肌纤维的位置和起止点，分为外侧的髂肋肌、中间的最长肌和内侧的棘肌，由脊神经后支支配。

> **理论与实践** 腰部活动度大，几乎各种运动和劳动均有参加，故竖脊肌和胸腰筋膜的损伤是腰背部劳损的常见病因之一。竖脊肌外侧缘与第12肋下缘所形成的夹角称肾角或脊肋角，肾位于该夹角的深部，该夹角又称肾区，在临床是肾叩诊及肾囊封闭进针的部位。

4. **局部结构**

（1）听诊三角：位于斜方肌的外下方、肩胛骨下角的内侧，其内上界为斜方肌外下缘，外侧界为肩胛骨脊柱缘，下界为背阔肌上缘（图6-2）。三角的底为薄层脂肪组织、深筋膜和第6肋间隙，表面覆以皮肤和浅筋膜，是背部听诊呼吸音最清晰的部位。当肩胛骨向外移位时，该三角范围扩大。

（2）腰上三角：位于背阔肌深面，其内侧界为竖脊肌外侧缘，外下界为腹内斜肌，上界为第12肋。当下后锯肌在第12肋的附着处与腹内斜肌后缘相距较近时，下后锯肌也参与构成一个边，共同围成四边形间隙。腰上三角的底为腹横肌起始部的腱膜，后者深面有三条与第12肋平行排列的神经，自上而下为肋下神经、髂腹下神经和髂腹股沟神经（图6-4）。肾手术腹膜外入路必经此三角，当切开腱膜时，应注意保护上述三条神经。第12肋前方与胸膜腔相邻，为扩大手术视野常切断腰肋韧带，将第12肋上提，此时须注意保护胸膜，以免损伤引起气胸。腰上三角是腹后壁薄弱区之一，腹腔脏器可经此三角向后方突出，形成腰疝。

（3）腰下三角：位于腰区下部、腰上三角的外下方，由髂嵴、腹外斜肌后缘和背阔肌前下缘围成（图6-2、图6-4）。三角的底为腹内斜肌，表面仅覆以皮肤和浅筋膜。此三角也是腹后壁的薄弱区。右侧腰下三角的前方与阑尾、盲肠相对应，故盲肠后位阑尾炎时，此三角区有明显压痛。

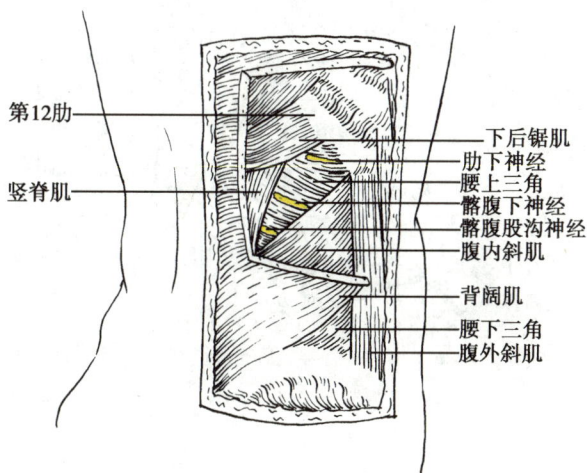

▲ 图6-4　腰上、下三角

四、深部的血管与神经

1. 动脉　项区主要由枕动脉、颈浅动脉、肩胛背动脉和椎动脉等供血；胸背区由肋间后动脉、胸背动脉和肩胛背动脉等供血；腰区由肋下动脉和腰动脉等供血；骶尾区由臀上、下动脉等供血。

（1）枕动脉（occipital artery）：起自颈外动脉，向后上经颞骨乳突内面进入项区，在上项线高度穿斜方肌浅出，与枕大神经伴行分布到枕部。分支中有一较大的降支，向下分布至项区诸肌，并与椎动脉等分支吻合，形成动脉网。

（2）肩胛背动脉（dorsal scapular artery）：起自锁骨下动脉，有时可与颈浅动脉共干起自甲状颈干。

（3）椎动脉（vertebral artery）：起自锁骨下动脉，沿前斜角肌内侧上行，穿行于第6颈椎至第1颈椎横突孔，经枕骨大孔入颅。当颈椎骨质增生使横突孔变小时，椎动脉可被压迫，导致颅内供血不足，即椎动脉型颈椎病。椎动脉周围有静脉丛。

2. 静脉　项区的静脉汇入椎静脉、颈内静脉或锁骨下静脉；胸背区的静脉经肋间后静脉汇入奇静脉；腰区的静脉经腰静脉汇入下腔静脉；骶尾区的静脉经臀区静脉汇入髂内静脉。脊柱区的深静脉可通过椎静脉丛广泛地与椎管内外、颅内及盆部等处的静脉相交通。

3. 神经　主要来自31对脊神经后支、副神经、胸背神经和肩胛背神经。

脊神经后支自椎间孔处由脊神经分出后，绕上关节突外侧向后行，至相邻横突间分为内侧支（后内侧支）和外侧支（后外侧支）（图6-5）。脊神经后支呈明显的节段性分布，其中腰神经后支的损伤是腰腿痛的常见原因之一。

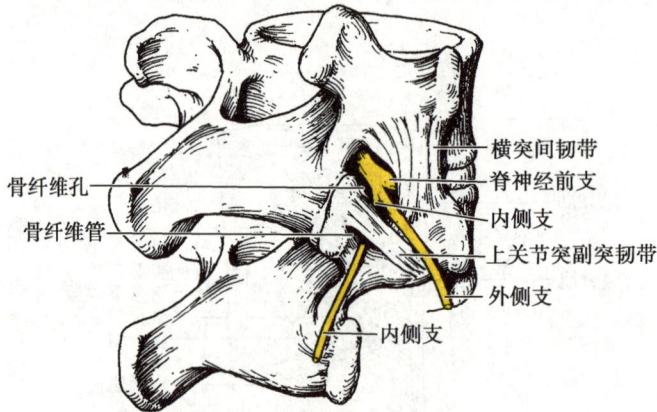

骨纤维孔
骨纤维管
横突间韧带
脊神经前支
内侧支
上关节突副突韧带
外侧支
内侧支

▲ 图6-5　脊神经后支及其分支

（高洪泉　田忠富）

第三节　脊柱

脊柱（vertebral column）位于躯干背部中央，构成人体的中轴，可分为颈段、胸段、腰段和骶尾段。脊柱有支持体重、承托颅、容纳和保护脊髓的作用，并参与构成胸廓、腹腔和盆腔；脊柱有骨骼肌附着，可做屈、伸、侧屈、旋转和环转运动。

一、各部椎骨的特点

椎骨（vertebra）由椎体和椎弓组成，两者围成椎孔，所有椎孔共同连成椎管。椎弓包括椎弓根和椎弓板，相邻椎弓根的椎上、下切迹围成椎间孔，有脊神经和血管通过。由椎弓发出七个突起。成人椎骨包括颈椎（cervical vertebra）7块、胸椎（thoracic vertebra）12块、腰椎（lumbar vertebra）5块、骶骨（sacrum）1块和尾骨（coccyx）1块。由于各部椎骨所在部位不同，承受压力、运动情况和周围结构也有差异，因而各部的椎骨各有一定的特征。

1. **颈椎** 椎体较小，呈椭圆形；椎孔较大，呈三角形。横突根部有横突孔，孔内有椎动、静脉和交感神经丛通过。关节突的关节面几乎呈水平位，当受到斜向或横向暴力时易脱位。

第1颈椎称寰椎，无椎体；第2颈椎称枢椎，椎体上面有齿突；第7颈椎称隆椎，棘突长，低头时在体表可扪及，可作为计数椎骨序数的标志。

第3~7颈椎的椎体小，椎体上面侧缘有明显向上的嵴样突起，称椎体钩。上位椎体下面侧缘相应部位有斜坡样的唇缘，两者参与组成钩椎关节（图6-6）。

2. **胸椎** 椎体两侧和横突末端有肋凹；棘突长，斜向后下，呈叠瓦状排列；关节突的关节面近冠状位，易发生骨折而不易脱位。

3. **腰椎** 椎体大，呈肾形；棘突呈板状，水平伸向后方，棘突间隙宽；关节突的关节面从冠状位逐渐转为矢状位。

4. **骶骨** 由五块骶椎融合而成，呈倒三角形。上缘中份向前隆凸，称岬；前面光滑，可见四对骶前孔；后面粗糙，正中线上有棘突融合的骶正中嵴，嵴两侧有与骶前孔相通的四对骶后孔；两侧部的上份有耳状面。骶骨内有骶管，向下开口于骶管裂孔，裂孔两侧各有一向下的突起，称骶角，可在体表触及，是骶管麻醉时确定进针部位的标志。

5. **尾骨** 由3~4块尾椎融合而成。

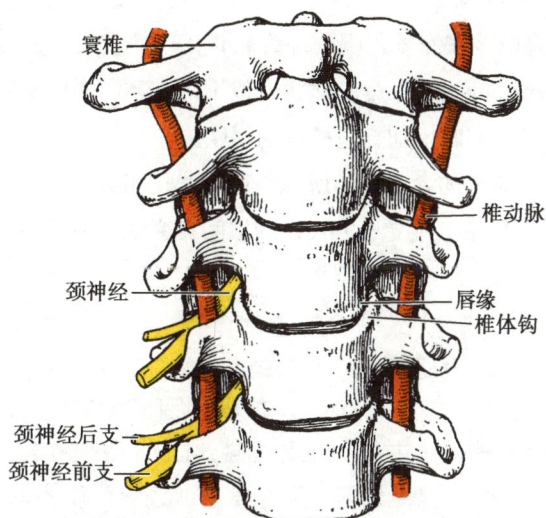

▲ 图6-6 钩锥关节及其毗邻

理论与实践 （一）常见的椎骨变异

1. **半椎体** 椎体只发育一半，缺如的一半受上、下位椎体的挤压，使半椎体呈楔形。根据半椎体的位置，可出现脊柱侧凸、前凸或后凸。

2. **脊柱裂** 胚胎期软骨化中心或骨化中心缺乏，使两侧椎弓板不愈合，即形成脊柱裂。以第1、2骶椎和第5腰椎多见。

3. 椎骨数目变异　如第1骶椎不与其他骶椎融合，而形成第6腰椎，称骶椎腰化；反之，如第5腰椎与骶骨融合，则称腰椎骶化。

（二）骶骨与骶管裂孔

骶骨中央有一纵贯全长的管道，称骶管，向下开口形成骶管裂孔。此孔是骶管麻醉穿刺的部位，相当于腰俞穴的部位。骶管裂孔两侧有向下突起的骶角。临床上骶管裂孔两侧的骶角可在体表摸到，是骶管注射进针标志，离尾骨尖5~7cm。

二、椎骨间的连结

（一）椎体间的连结

1. 前纵韧带（anterior longitudinal ligament）　位于椎体和椎间盘前方，上自枕骨基底部，下至第1、2骶椎，宽而坚韧，与椎体边缘和椎间盘连结紧密，可限制椎间盘向前突出和限制脊柱过度后伸。

2. 后纵韧带（posterior longitudinal ligament）　位于椎体和椎间盘后方，上自枢椎，下至骶骨，窄细而坚韧，与椎体边缘和椎间盘连结紧密，可限制椎间盘向后突出和限制脊柱过度前屈。

3. 椎间盘（intervertebral disc）　位于相邻两椎体之间，共23个，由纤维环和髓核构成。纤维环（annulus fibrosus）是围绕在髓核周围的纤维软骨，韧性较大，是负重部分，前份较厚，后外侧份较薄；髓核（nucleus pulposus）呈胶质状，位于纤维环的中央偏后。椎间盘起弹性垫样作用，缓冲外力对脊柱的震动，同时增加脊柱的运动幅度。

椎间盘的弹性和厚度与髓核的含水量和所承受压力密切相关。含水量多，所受压力小，椎间盘厚且弹性好；相反，含水量少，所受压力大，则椎间盘变薄，弹性降低。椎间盘的含水量和弹性随年龄的增长而递减。

案例6-1　　　患者，男，51岁，装卸工人，在弯腰搬运重物时突感腰部剧痛、活动受限，急诊入院。患者主诉近5年出现数次腰部疼痛，搬动较重物品时疼痛加剧。此次腰痛不敢活动，不久感到左侧大腿后外侧钝痛，并向小腿后侧放射，左侧小腿外侧部、足及小趾麻木。腰部脊柱弯向健侧，大腿不能伸直。临床检查：患者背部肌肉痉挛，不敢活动，腰部疼痛最明显，左侧踝反射消失，左下肢伸直抬高时疼痛加剧。MRI检查结果显示"第5腰椎/第1骶椎椎间盘脱出"。临床诊断：第5腰椎/第1骶椎椎间盘脱出症。

思考：

1. 椎体间的连结结构有哪些？椎间盘如何构成？功能如何？

2. 椎间盘脱出发生的机制是什么？为何椎间盘多向椎体的后外侧脱出？

3. 脊柱侧凸的原因是什么？

4. 为什么患者感觉下肢疼痛？为什么直腿抬高时疼痛加剧？

（二）椎弓间的连结

1. 黄韧带（ligamenta flava）　又称弓间韧带，位于相邻两椎弓板之间，参与围成椎管的后外侧壁，可限制脊柱前屈。

2. 棘间韧带（interspinous ligament）　位于相邻两棘突间，前接黄韧带，后续棘上韧带。

3. 棘上韧带（supraspinous ligament）和项韧带（ligamentum nuchae）　是连于棘突尖的纵行纤维束，在第7颈椎以上为项韧带，在第7颈椎以下为棘上韧带。

4. 横突间韧带（intertransverse ligament）　位于相邻两横突间，颈部常缺如，胸部呈索状，腰部较发达，呈膜状（图6-5）。

5. 关节突关节（zygapophysial joint）　由相邻上、下关节突的关节面组成。

（三）寰枢关节

寰枢关节（atlantoaxial joint）包括寰枢外侧关节和寰枢正中关节。

（四）腰骶连结

腰骶连结（lumbosacral joint）即第5腰椎与骶骨之间的连结，两侧有强大的髂腰韧带和腰骶韧带，对维持人体直立、支持体重、防止第5腰椎向前滑脱起重要作用。

（五）骶尾连结

骶尾连结（sacrococcyx joint）指骶骨与尾骨间的连结，以韧带连结为主。

三、椎管及其内容物

（一）椎管

椎管（vertebral canal）由椎骨的椎孔和骶骨的骶管连接形成，上经枕骨大孔与颅腔相通，下达骶管裂孔，其内容物有脊髓及其被膜、脊神经根、血管和少量结缔组织等。

1. 椎管壁　椎管是一骨纤维性管道。前壁由椎体后面、椎间盘后缘和后纵韧带组成，后壁为椎弓板、黄韧带和关节突关节，两侧壁为椎弓根和椎间孔。

2. 椎管腔的形态　在横断面，各段椎管的形态和大小不完全相同，以第4~6胸椎段最狭小。颈段上部近枕骨大孔处近似圆形，往下为三角形，矢径短，横径长；胸段大致呈圆形；腰段上、中部呈三角形，下部呈三叶形；骶段呈扁三角形。

（二）脊髓的被膜和脊膜腔

脊髓表面被覆三层被膜，由外向内为硬脊膜、脊髓蛛网膜和软脊膜。各层膜间及硬脊膜与椎管骨膜间均存在腔隙，由外向内有硬膜外隙、硬膜下隙和蛛网膜下隙（图6-7、图6-8）。

1. 被膜

（1）硬脊膜（spinal dura mater）：厚而坚韧，形成长筒状硬脊膜囊，囊内有脊髓和31对脊神经根。囊上方附于枕骨大孔边缘，与硬脑膜内层相续；向下在平第2骶椎高度形成一盲端，借终丝附于尾骨。当脊神经根穿硬脊膜囊时，硬脊膜形成神经外膜包被脊神经，并与椎间孔周围的结缔组织紧密相连，起固定作用。

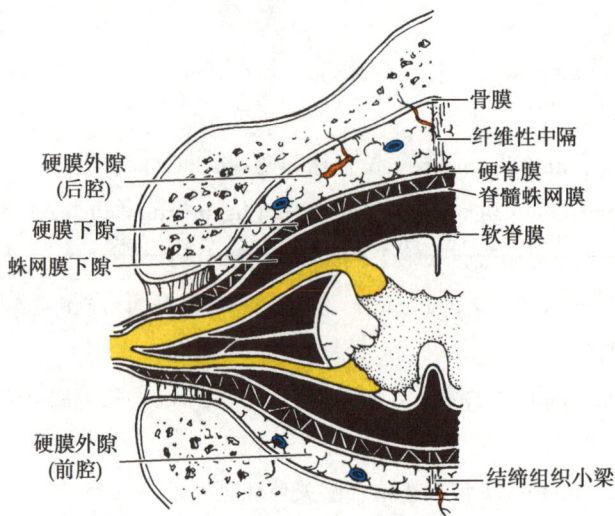

▲ 图6-7 脊髓被膜和脊膜腔（水平面）

骨膜
纤维性中隔
硬膜外隙（后腔）
硬脊膜
脊髓蛛网膜
硬膜下隙
软脊膜
蛛网膜下隙
硬膜外隙（前腔）
结缔组织小梁

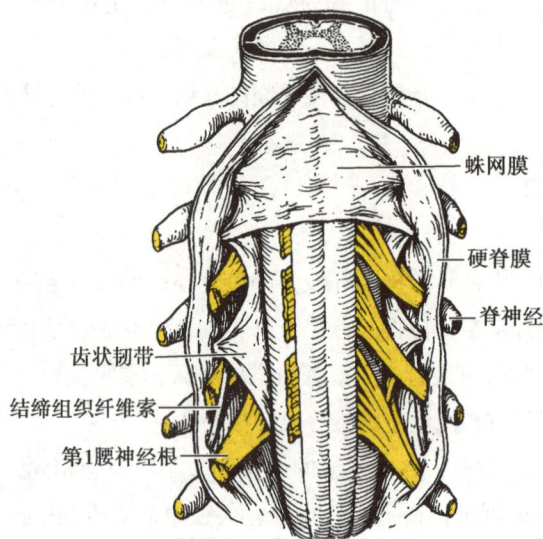

▲ 图6-8 脊髓被膜和齿状韧带

蛛网膜
硬脊膜
脊神经
齿状韧带
结缔组织纤维索
第1腰神经根

（2）脊髓蛛网膜（spinal arachnoid mater）：薄而透明，无血管，向上与脑蛛网膜相续，向下平第2骶椎高度形成一盲端。此膜发出许多结缔组织小梁与软脊膜相连。

（3）软脊膜（spinal pia mater）：柔软，富含血管，与脊髓表面紧密相贴。在前正中裂和后正中沟处有纤维索或膜与脊髓相连。在脊髓两侧，软脊膜增厚并向外突，形成齿状韧带，介于前、后根之间，有维持脊髓正常位置的作用。据统计，齿状韧带每侧有15~22个。最上一对在第1颈神经根附近，最下一对可变动在第11胸神经至第2腰神经根之间，其附着处的下方常恒定地发出一细小纤维索，经后根前方向下止于第1腰神经穿硬脊膜处的附近，可作为辨认第1腰神经的标志。

2. 脊膜腔

（1）硬膜外隙（extradural space）：位于椎管骨膜与硬脊膜之间的窄隙，内有脂肪、椎内静脉丛和淋巴管，并有脊神经根及其伴行血管通过，呈负压。此腔上端起自枕骨大孔高度，下端终于骶管裂孔。硬膜外隙被脊神经根分为窄小的前腔和较大的后腔。在中线上，前腔有疏松结缔组织连于硬脊膜与后纵韧带，后腔有纤维隔连于椎弓板与硬脊膜囊。这些结构以颈段和上胸段出现率较高且较致密，是导致硬膜外麻醉出现单侧麻醉或麻醉不全的解剖学因素（图6-9）。

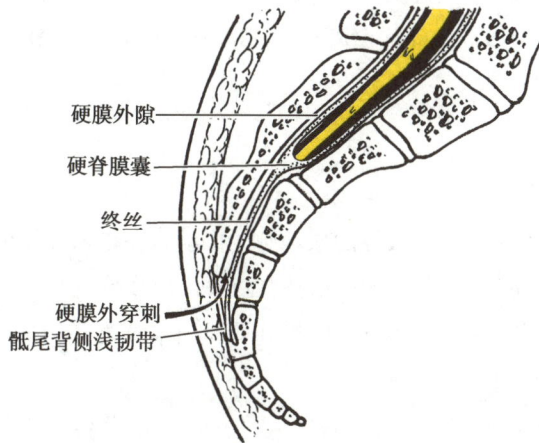

硬膜外隙

硬脊膜囊

终丝

硬膜外穿刺
骶尾背侧浅韧带

▲ 图6-9　骶管与硬脊膜囊（矢状面）

椎静脉丛可分为椎内静脉丛和椎外静脉丛（图6-10）。椎内、外静脉丛相互吻合，无瓣膜，收集脊柱、脊髓及邻近肌的静脉血，汇入椎静脉、肋间后静脉、腰静脉和骶外侧静脉。

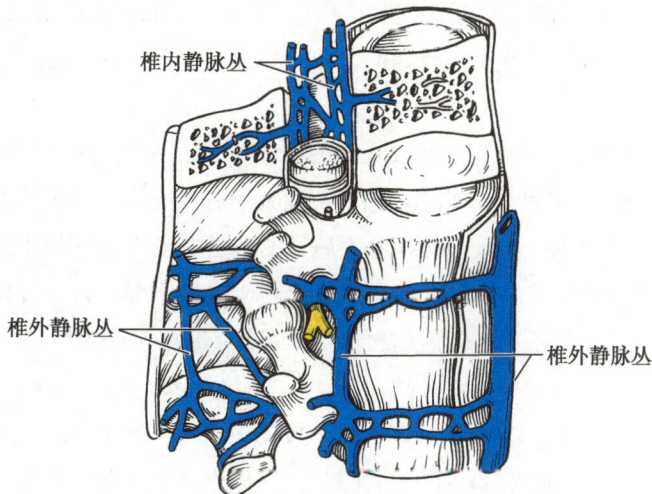

椎内静脉丛

椎外静脉丛

椎外静脉丛

▲ 图6-10　椎静脉丛

（2）硬膜下隙（subdural space）：位于硬脊膜与脊髓蛛网膜之间的潜在腔隙，与脊神经周围的淋巴隙相通，内有少量液体。

（3）蛛网膜下隙（subarachnoid space）：脊髓的蛛网膜下隙位于脊髓蛛网膜与软脊膜之间，腔内充满脑脊液，向上经枕骨大孔与颅内蛛网膜下隙相通，向下达第2骶椎高度，两侧包绕脊神经根形成脊神经周围隙。蛛网膜下隙在第1腰椎至第2骶椎高度扩大，称终池（terminal cistern）。终池内有马尾和终丝。

理论与实践   **腰椎穿刺**

临床上常在第3~4或第4~5腰椎棘突行腰椎穿刺抽取脑脊液。穿刺层次依次为：皮肤→皮下组织→棘上韧带→棘间韧带→黄韧带→硬膜外隙→硬脊膜→脊髓蛛网膜→蛛网膜下隙。

---

3. 脊髓被膜的血管和神经

（1）血管：硬脊膜的血供来自节段性的根动脉。根动脉在进入神经根前发支至硬脊膜，长的分支供应几个节段，短支不超过本节段。根动脉有两条伴行静脉，其间有较多的动静脉吻合。

（2）神经：硬脊膜的神经来自脊膜支，经椎间孔返回椎管内，分布到硬脊膜、后纵韧带和椎骨等。脊膜支含感觉和交感神经纤维。

（三）脊髓及脊神经根

1. 脊髓的位置和外形　脊髓（spinal cord）位于椎管内，上端于枕骨大孔处与延髓相接，下端在成人约平第1腰椎体下缘（新生儿可达第3腰椎下缘平面），全长42~45cm，占据椎管全长的2/3。

脊髓呈前后略扁的圆柱状。全长粗细不等，有颈膨大（cervical enlargement）和腰骶膨大（lumbosacral enlargement）。颈膨大位于脊髓第5颈节至第1胸节，腰骶膨大位于脊髓第2腰节至第3骶节，腰骶膨大以下逐渐变细，呈圆锥状，称脊髓圆锥（conus medullaris）。脊髓圆锥向下延伸发出终丝（filum terminale），止于尾骨背面。在脊髓圆锥下方，腰、骶、尾神经根围绕终丝形成马尾（cauda equina）（图6-11）。

脊髓前面正中的深沟称前正中裂，后面正中的浅沟称后正中沟。这两条沟裂将脊髓分成大致对称的左、右两半。每一半脊髓前外侧面和后外侧面上还有一浅沟，即前外侧沟和后外侧沟，分别是脊神经前、后根的出入处。在脊髓颈段和上胸段的后正中沟和后外侧沟之间还有后中间沟。

脊髓表面附有31对脊神经，每对脊神经借根丝附于一段脊髓，该段脊髓为一个脊髓节段。因此脊髓共有31个节段，包括8个颈节（C）、12个胸节（T）、5个腰节（L）、5个骶节（S）和1个尾节（Co）。

由于脊髓的长度与脊柱的长度不一致，脊髓节段的序数与椎骨序数并不完全对应。成人脊髓31个节段与椎骨的对应关系大致推算如下：脊髓第1~4颈节与同序数椎体相对应，第5~8颈节和第1~4胸节与同序数椎体的上1个相对应，第5~8胸节与同序数椎体的上2个相对应，第9~12胸节与同序数椎体的上3个相对应，腰髓节段约平对第10~12胸椎，骶髓、尾髓节段约平对第1腰椎（图6-12、表6-2）。

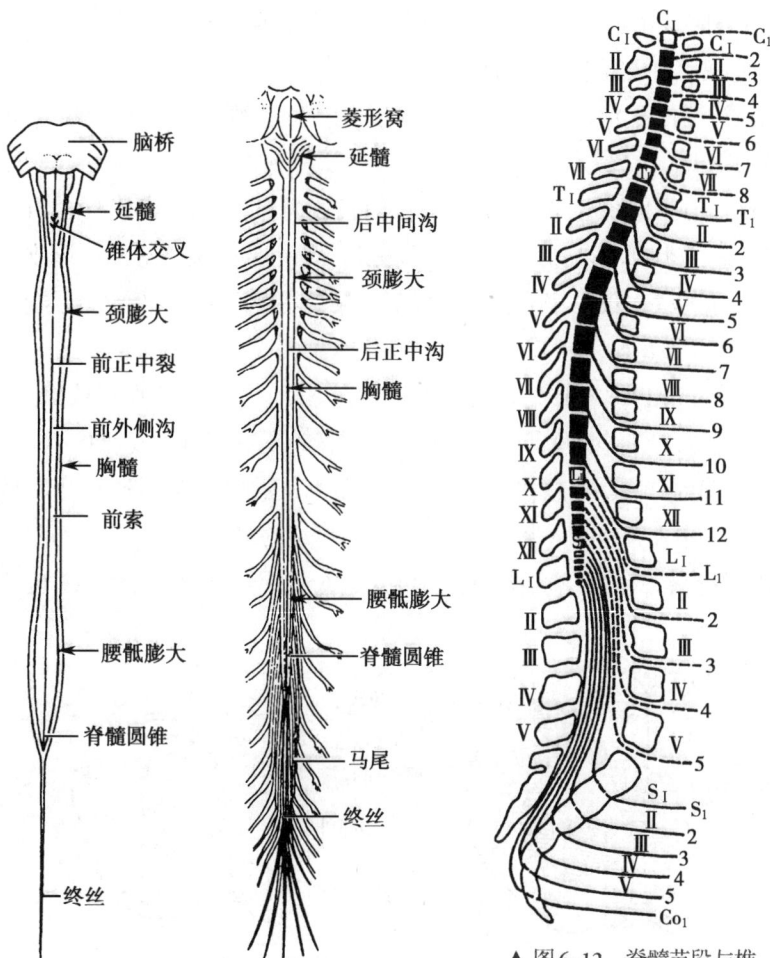

脑桥
延髓
锥体交叉
颈膨大
前正中裂
前外侧沟
胸髓
前索
腰骶膨大
脊髓圆锥
终丝

▲ 图6-11 脊髓的外形

菱形窝
延髓
后中间沟
颈膨大
后正中沟
胸髓
腰骶膨大
脊髓圆锥
马尾
终丝

▲ 图6-12 脊髓节段与椎
骨的对应关系

▼ 表6-2 脊髓节段与椎骨的对应关系

脊髓节段	对应椎骨	推算举例
上颈髓$C_{1\sim4}$	与同序数椎骨同高	如脊髓第3颈节对应第3颈椎体
下颈髓$C_{5\sim8}$和上胸髓$T_{1\sim4}$	较同序数椎骨高1个椎体	如脊髓第5颈节对应第4颈椎体
中胸髓$T_{5\sim8}$	较同序数椎骨高2个椎体	如脊髓第6胸节对应第4胸椎体
下胸髓$T_{9\sim12}$	较同序数椎骨高3个椎体	如脊髓第11胸节对应第8胸椎体

2. 脊髓的内部结构　脊髓横切面上，中央可见中央管（central canal），其周围是略呈"H"形的灰质（gray matter）和位于灰质周围的白质（white matter）。

（1）灰质：呈暗灰色，主要由神经元的胞体和树突构成，横切面呈"H"形，可分为前角

（前柱）、后角（后柱）和中间带。中央管前、后方的横行部分分别称灰质前、后连合。在前、后角之间的外侧，有灰、白质混杂交织的网状结构。

1）前角（anterior horn）：为灰质前部，短宽，内含运动神经元，分为两群，内侧群支配躯干肌，外侧群支配四肢肌。

2）后角（posterior horn）：为灰质后部，细长，内含联络神经元，含有以下四种核团。① 后角边缘核；② 胶状质；③ 后角固有核，发出纤维主要交叉至对侧，形成脊髓丘脑前、侧束；④ 背核，也称胸核，仅见于脊髓第8颈节至第2腰节，发出纤维组成同侧脊髓小脑后束（图6-13）。

3）中间带（intermediate zone）：位于前角和后角之间，含有以下两种核团。① 中间外侧核：在脊髓第1胸节至第3腰节，中间带向外突出形成侧角，是交感神经低级中枢；在脊髓第2~4骶节，中间带的外侧部内有骶副交感核，但不形成侧角，是副交感神经低级中枢。② 中间内侧核：位于中间带内侧部、中央管外侧，该核接受内脏传入纤维的终止。

根据Rexed的研究，灰质由后角尖到前角可分10个板层，分别和各核相对应（图6-13）。

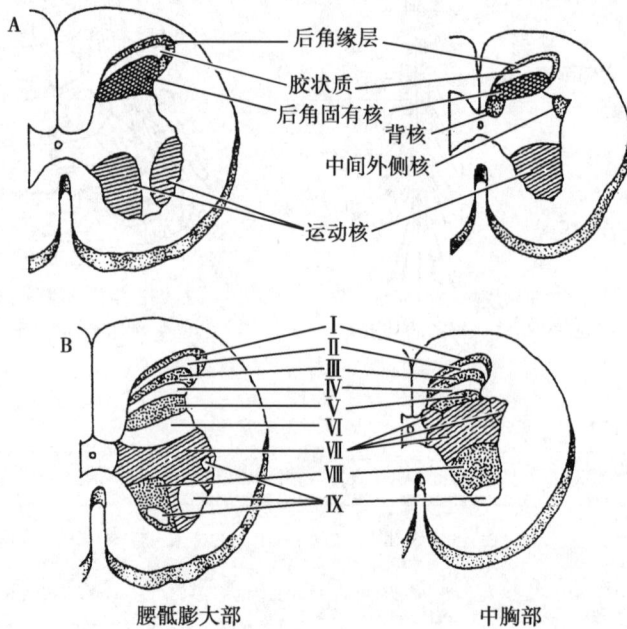

▲ 图6-13　脊髓灰质主要核团及Rexed分层模式图
A. 灰质核团；B. 灰质分层。

（2）白质：位于脊髓灰质周围，分前索（anterior funiculus）、外侧索（lateral funiculus）和后索（posterior funiculus）三部分，主要由上、下纵行传导束组成（图6-14、表6-3）。

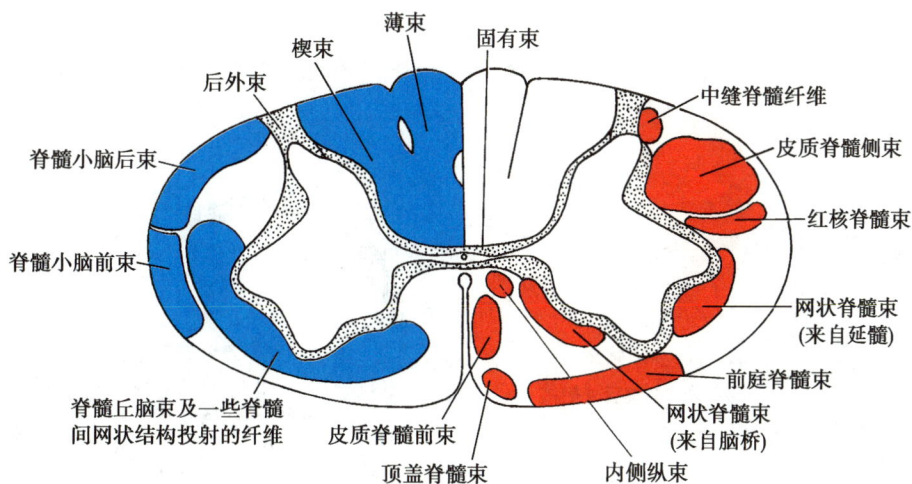

▲ 图6-14 脊髓白质上、下行纤维束分布模式图
左侧为上行纤维束，后侧表示下行纤维束。

▼ 表6-3 脊髓主要纤维束的位置、起止和传导功能

	名称	位置	起始	终止	主要功能
上行传导束	薄束	后索	T_5 节以下脊神经节细胞	薄束核	身体同侧本体感觉和精细触觉
	楔束	后索	T_4 节以上脊神经节细胞	楔束核	
	脊髓小脑后束	外侧索	脊髓同侧背核	小脑	反射性本体感觉、躯干部和下肢非意识性本体感觉
	脊髓小脑前束	外侧索	脊髓中间内侧核	小脑	
	脊髓丘脑前束	前索	脊髓后角固有核	背侧丘脑	身体对侧的粗略触觉和压觉
	脊髓丘脑侧束	外侧索	脊髓后角固有核	背侧丘脑	身体对侧痛、温度觉
下行传导束	皮质脊髓侧束	外侧索	大脑皮质运动中枢	同侧前角	同侧四肢肌运动
	皮质脊髓前束	前索	大脑皮质运动中枢	双侧前角	双侧躯干肌运动
	红核脊髓束	外侧索	红核	前角细胞	调节同侧屈肌运动
	前庭脊髓束	前索	前庭外侧核	前角细胞	调节同侧伸肌运动
	顶盖脊髓束	前索	中脑上丘	前角细胞	完成视、听觉防御反射
	内侧纵束	前索	前庭神经核	前角细胞	完成头颈肌与眼球外肌反射
	网状脊髓束	前索、外侧索	网状结构	前角细胞	调节肌张力

3. 脊髓的功能

（1）传导功能：主要由上述长的纤维束参与完成躯干和四肢的浅、深感觉向脑的传导，以及脑对躯干和四肢运动指令的传导（图6-15、图6-16）。

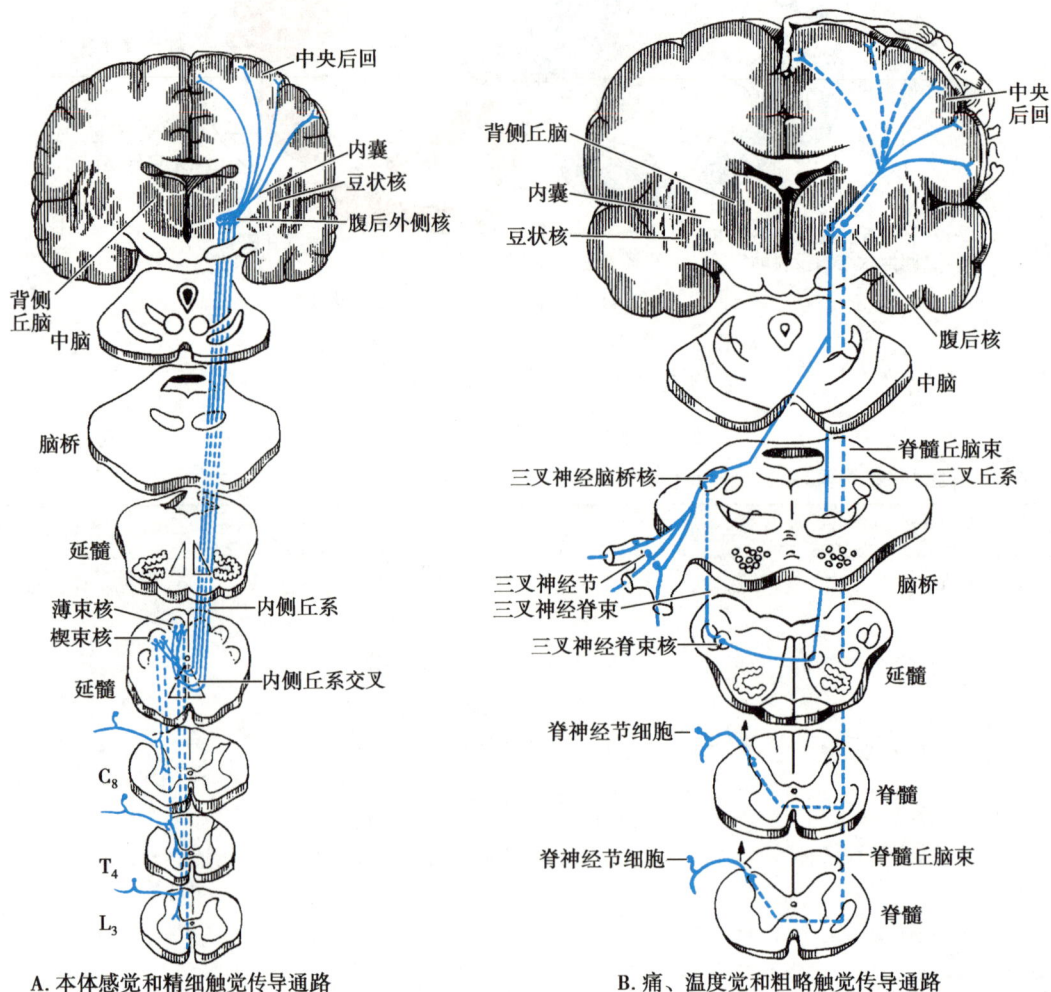

A. 本体感觉和精细触觉传导通路 B. 痛、温度觉和粗略触觉传导通路

▲ 图6-15　浅、深感觉传导通路

（2）反射功能：由脊髓灰质、固有束和脊神经前、后根参与完成躯体和内脏的一些低级反射。躯体反射包括牵张反射和屈曲反射（图6-17、图6-18），内脏反射包括排尿反射、排便反射、性反射、竖毛反射等。

4. 脊神经根　脊神经（spinal nerve）有31对，即颈神经8对、胸神经12对、腰神经5对、骶神经5对和尾神经1对。第1~7颈神经在相应椎骨的上缘穿出，第8颈神经在第7颈椎下穿出，胸、腰、骶、尾神经都在相应椎骨的下缘穿出。

脊神经根丝离开脊髓后，即横行或斜行于蛛网膜下隙，到达其相应的椎骨平面，汇成前根和后根，穿蛛网膜囊和硬脊膜囊，然后行于硬膜外隙中（图6-7）。

中央前回

大脑

背侧丘脑
内囊后肢

豆状核

中脑
大脑脚底

脑桥

延髓

锥体交叉

皮质脊髓侧束 ———————— 皮质脊髓前束
脊髓 ——————————— 前角

脊髓

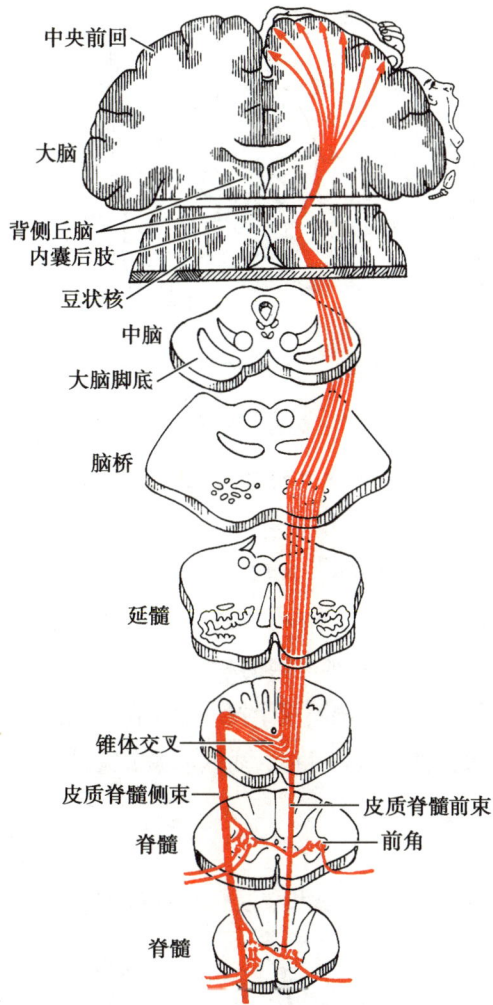

▲ 图6-16　锥体系（示皮质脊髓束）

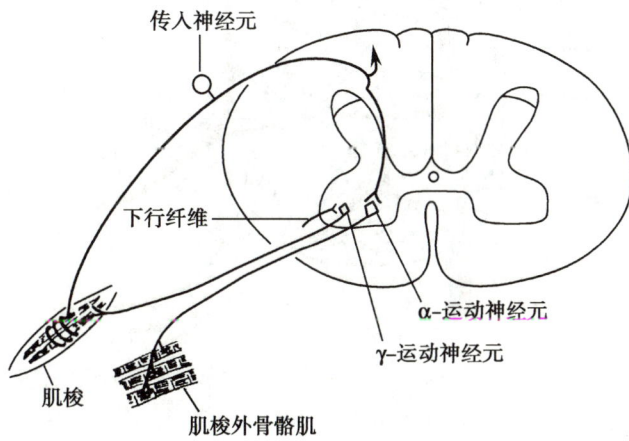

传入神经元

下行纤维

α-运动神经元
γ-运动神经元

肌梭
肌梭外骨骼肌

▲ 图6-17　牵张反射弧模式图

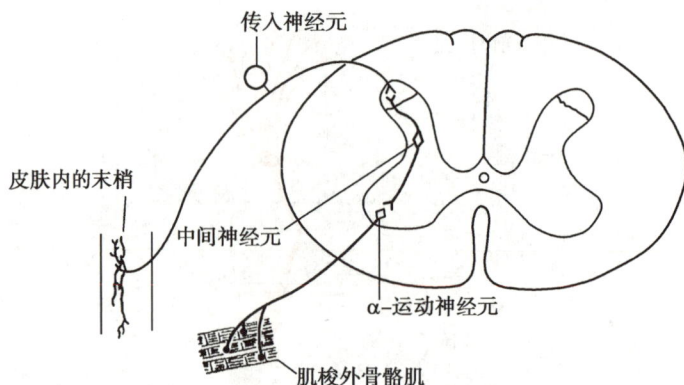

▲ 图6-18 屈曲反射弧模式图

（1）与脊髓被膜的关系：脊神经根离开脊髓时即包以软脊膜，当穿过脊髓蛛网膜和硬脊膜时，带出此二膜形成蛛网膜鞘和硬脊膜鞘。此三层被膜向外达椎间孔处与脊神经外膜、神经束膜和神经内膜相延续。在神经根周围延伸的蛛网膜下隙到脊神经节近端附近即封闭消失（图6-7），但有时可延伸至脊神经近侧部，脊柱旁注射时，药液有可能进入蛛网膜下隙内。

（2）与椎间孔和椎间盘的关系：脊神经根的硬膜外段较短，借硬脊膜鞘紧密连于椎间孔周围，以固定硬脊膜囊和保护鞘内的神经根不受牵拉。此段在椎间孔处最易受压。椎间孔的上、下壁为椎弓根下、上切迹，前壁为椎间盘和椎体，后壁为关节突关节。常见椎间盘突出可向后外压迫脊神经根。

（四）脊髓的血管

1. 动脉　来自椎动脉的脊髓前、后动脉和节段性动脉（如肋间后动脉）的根动脉（图6-19）。

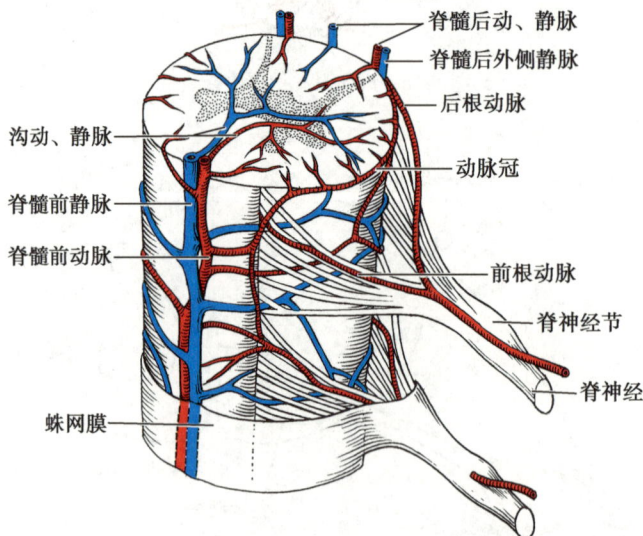

▲ 图6-19　脊髓的血管

（1）脊髓前动脉（anterior spinal artery）：起自椎动脉颅内段，向下行一小段距离，左、右动脉即合为一干，沿前正中裂下行至脊髓下端，沿途发出分支营养脊髓灰质（后角后部除外）和外侧索、前索深部。

（2）脊髓后动脉（posterior spinal artery）：起自椎动脉颅内段，斜向后内下，沿后外侧沟下行，沿途分支互相吻合成网，营养脊髓后角后部和后索。

（3）根动脉（radicular artery）：来自节段性动脉的脊支，随脊神经穿椎间孔入椎管分为前、后根动脉和脊膜支。

2. 静脉　脊髓有六条纵行静脉，行于前正中裂、后正中沟和前、后外侧沟。纵行静脉有许多交通支互相吻合，并穿硬脊膜注入椎内静脉丛。

（高洪泉　田忠富）

第四节　脊柱区横断层影像解剖

一、经第4颈椎体中份的横断层

此层面上椎体、椎弓根、椎弓板和横突孔的断面出现（图6-20）。

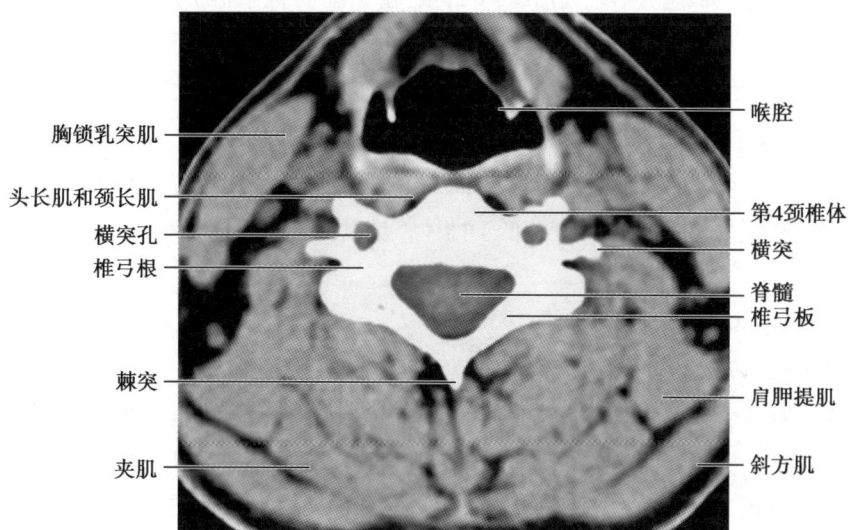

▲ 图6-20　经第4颈椎体中份的横断层（CT）

第4颈椎体近似呈椭圆形，其两侧的横突上可见横突孔，内有椎动、静脉通过；椎体向后方延续为较短的椎弓根和较薄的椎弓板，椎体、椎弓根和椎弓板三者围成椎孔，内有脊髓及其周围的蛛网膜下隙、硬脊膜和硬膜外隙等。棘突自椎弓板伸向后方，其末端有项韧带附着。椎体的前外侧有头长肌、颈长肌和前斜角肌的起始部，椎骨周围有椎外静脉丛、颈深静脉和软组织结构。

在CT图像上，骨密质呈致密、连续的线状或带状影，位于椎体的边缘部；骨松质呈细密的网格状影，边缘清楚，位于椎体的中央部。

二、经第6、7胸椎椎间盘的横断层

此层面上胸椎体消失，胸椎椎间盘的断面出现（图6-21）。

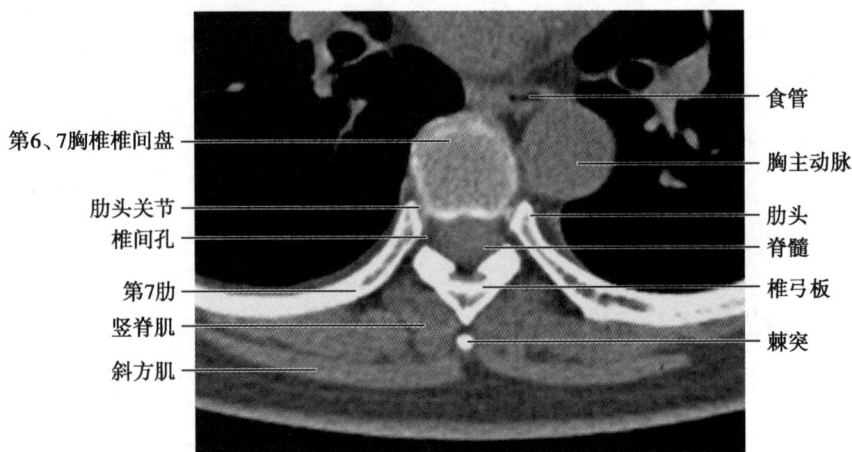

左侧标注（从上到下）：第6、7胸椎椎间盘、肋头关节、椎间孔、第7肋、竖脊肌、斜方肌

右侧标注（从上到下）：食管、胸主动脉、肋头、脊髓、椎弓板、棘突

▲ 图6-21　经第6、7胸椎椎间盘的横断层（CT）

第6、7胸椎椎间盘近似呈心形，其后缘稍凹陷；髓核位于椎间盘的中央。椎间盘的前、后方分别有前纵韧带和后纵韧带覆盖，后外侧与肋头形成肋头关节；肋头平行于椎间盘，是显示胸椎椎间盘的标志结构。椎间盘的后外侧为椎间孔，内有脊神经根通过。椎弓板位于椎间盘的后方，呈"V"形，其内侧有较厚的呈"V"形的黄韧带，后外侧是粗大的竖脊肌；自椎弓板伸向后方的突起为棘突，其表面有棘上韧带。椎间盘与椎弓板之间为椎管，内有脊髓及其被膜、腔隙和脊神经根等。在CT图像上，椎间盘的密度值低于椎体，难以区分髓核与纤维环。

三、经第3腰椎体下份的横断层

此层面上椎弓根消失，椎间孔的断面出现（图6-22）。

椎体呈肾形，其前、后方分别紧贴有前纵韧带和后纵韧带，两侧为腰大肌的断面。椎体的后方可见近似呈椭圆形的椎管断面，向外侧连于椎间孔，内有脊神经根及其脊神经节通过。椎弓板位于椎体的后方，其内侧有呈"V"形的黄韧带附着，外侧有竖脊肌加固。马尾和终丝位于椎管的终池内，其周围为硬脊膜囊和硬膜外隙。在CT图像上，腰椎间孔分为上、下两部分，上部有腰神经根、根动脉和椎间静脉的上支通过；下部有椎间静脉的下支通过，故椎间孔下半部狭窄时并不压迫腰神经，也不引起腰腿痛等症状。

四、经第2骶椎体的横断层

此层面上第1骶椎体消失，骶前孔和第2骶椎体的断面出现（图6-23）。

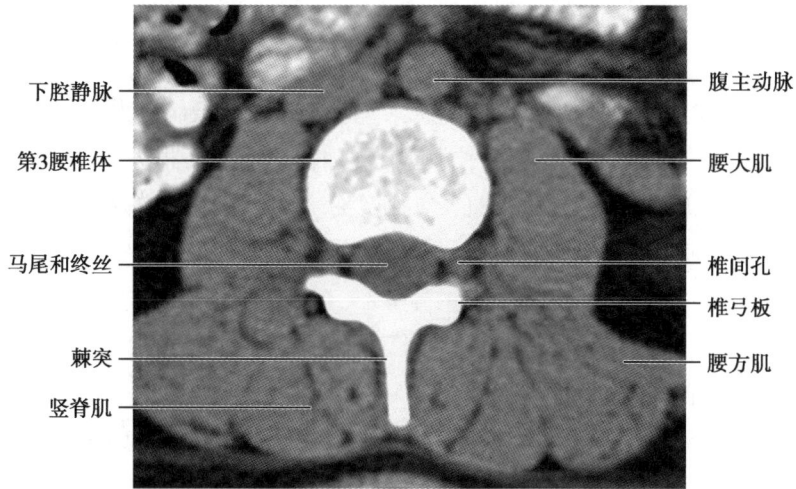

▲ 图6-22　经第3腰椎体下份的横断层（CT）

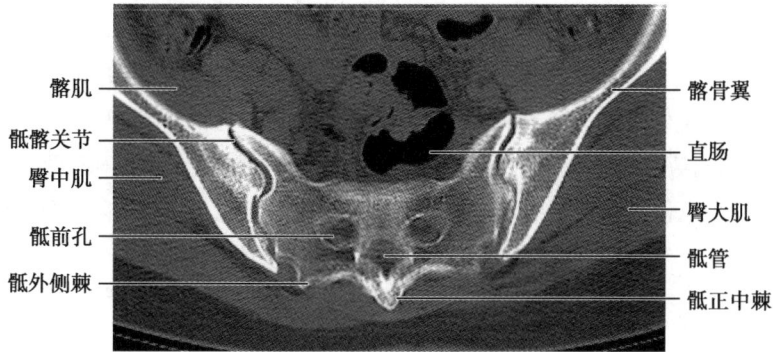

▲ 图6-23　经第2骶椎体的横断层（CT）

　　骶骨盆面向后凹陷，其后方为呈椭圆形的骶前孔和呈三角形的骶管断面，骶管内有骶、尾神经根下行。骶骨背侧面上可见三条明显的骨性隆起，后正中线上为骶正中嵴，两侧为骶外侧嵴。髂骨位于骶骨的外侧，两者之间以骶髂关节相连；骶髂关节的关节腔较狭窄，关节面凹凸不平，其前、后方分别有骶髂前、后韧带和骶髂骨间韧带加固。在CT图像上，骶髂关节腔等于或大于2mm，并随年龄而变化；30岁以下骶髂关节的密度均匀且对称，30岁以上者可不对称甚至出现局部增生或硬化。

（张艳丽　赵振美）

学习小结

　　脊柱区由脊柱及其背部和两侧的软组织组成，自上而下分为项区、胸背区、腰区和骶尾区。软组织由浅入深为皮肤、浅筋膜、深筋膜（项筋膜和胸腰筋膜）和肌层（分4层，第1层是斜方肌、背阔肌和腹外斜肌后部，第2层是夹肌、肩胛提肌、菱形肌、上后锯肌、下后锯肌和腹内斜肌后部，第3层是竖脊肌和腹横肌后部，第4层是枕下肌、横突棘肌、横突间肌和腰方肌等），肌间形成一些相对薄弱区：听诊三角由斜方肌的外下缘、肩胛骨脊柱缘和背阔肌上缘围成，是背部听诊呼吸音最清楚的部位；腰上三角由竖脊肌外侧缘、腹内斜肌和第12肋围成；腰下三角由髂嵴、腹外斜肌后缘和背阔肌前下缘围成。

　　脊柱由24块椎骨、1块骶骨和1块尾骨借骨连结构成。椎体间连结包括前纵韧带、后纵韧带和椎间盘，椎弓间连结包括黄韧带、棘间韧带、棘上韧带、横突间韧带和关节突关节。在椎管内，脊髓由3层被膜（硬脊膜、蛛网膜和软脊膜）包裹，脊膜腔由外向内依次有硬膜外隙、硬膜下隙和蛛网膜下隙。脊髓上端与延髓相连，下端变细称脊髓圆锥（成人平第1腰椎体下缘，新生儿平第3腰椎）；全长有2个膨大（颈膨大和腰骶膨大）、6条沟裂（前正中裂、后正中沟、前外侧沟和后外侧沟）和31个节段。脊髓横切面上，中央是"H"形灰质，由背侧到腹侧分为后角（含后角边缘核、胶状质、后角固有核和背核）、中间带（含中间外侧核和中间内侧核）和前角（含前角运动神经元），对应Rexed的10个板层；周围是白质（前索、外侧索和后索），内有重要的纤维束通过（上行纤维束包括薄束、楔束、脊髓丘脑前束和脊髓丘脑侧束等；下行纤维束包括皮质脊髓前束、皮质脊髓侧束等），脊髓具有反射和传导神经冲动的功能。

复习参考题

一、A型题

1. 关于脊柱区表面解剖的描述，正确的是
   - A. 骶管裂孔是椎管的下口
   - B. 骶角在体表不容易触及
   - C. 肩胛冈内侧端为肩峰，是肩部的最高点
   - D. 两肩胛骨下角的连线平第9胸椎棘突
   - E. 骶角在体表容易被触及

2. 关于胸腰筋膜的描述，正确的是
   - A. 浅层位于背阔肌的浅面
   - B. 中层位于竖脊肌的浅面
   - C. 深层位于竖脊肌的深面
   - D. 浅层与中层形成竖脊肌鞘
   - E. 中层与深层形成竖脊肌鞘

3. 关于听诊三角的描述，正确的是
   - A. 外侧界为竖脊肌外侧缘
   - B. 内侧界为肩胛骨脊柱缘
   - C. 下界下后锯肌上缘
   - D. 当肩胛骨向前外移位时，该三角的范围会扩大
   - E. 三角的底为斜方肌

4. 患者，男，45岁，13小时前于2层楼擦窗时坠落摔伤，下肢不能活动，依据脊柱三柱分类理论，最容易导致椎管内脊髓受累的为

A. 前柱损伤

B. 后柱损伤

C. 中柱损伤

D. 椎间盘损伤

E. 椎体损伤

5. 患者，男，30岁，农民，因腰痛半年，行走困难1周来诊。体格检查：明显消瘦，胸腰段向后成角畸形。X线片示第12胸椎体、第1腰

椎体骨质破坏，椎间隙消失，首选诊断为

A. 椎体转移癌，压迫脊髓

B. 骨髓瘤向椎管内生长

C. 椎体边缘型结核，脊髓受压

D. 中央型腰间盘突出症

E. 马尾神经瘤

参考答案：1. A；2. D；3. D；4. C；5. C

二、名词解释

1. 肾角

2. 骶角

3. 胸腰筋膜

4. 听诊三角

5. 腰上三角

6. 腰下三角

7. 硬膜外隙

8. 蛛网膜下隙

9. 马尾

10. 脊髓节段

三、问答题

1. 肾手术时，腰部斜切口须经哪些层次？

2. 试述听诊三角、腰上三角和腰下三角的构成、特点及临床意义。

3. 简述椎弓间连结和椎体间连结。

4. 根据所学的解剖学知识分析脑脊液

穿刺应选何部位进行？硬膜外麻醉（或脊髓麻醉）和腰椎穿刺的进针途径有何不同？并指出穿刺层次。

5. 硬膜外麻醉出现单侧麻醉或麻醉不全的解剖学因素主要有哪些？

第七章　　**上肢**

知识目标	掌握	上肢浅静脉（头静脉、贵要静脉和肘正中静脉）的起始、行程、回流、交通及其临床意义；腋区的构成及其内容；臂丛的构成、位置及其分支分布；腋动脉的位置、分段和分支；腋淋巴结的分群、位置、收集范围；桡神经、肱深动脉的发起、行程和易损伤的部位；掌浅弓和掌深弓的构成、位置和分支；腋神经、正中神经、肌皮神经、桡神经深、浅支及尺神经深、浅支的分支、分布；肘窝的构成及其主要内容的毗邻关系；腕管的构成及其内容的排列关系；手掌层次结构。
	熟悉	肩关节周围肌、肩袖及其临床意义；腕部深筋膜形成的韧带，通过屈肌支持带浅面及腕管的结构；手掌的深筋膜及筋膜鞘的特点；掌中间隙和鱼际间隙的构成及临床意义。
	了解	上肢的体表标志；主要动脉干和神经干的体表投影；肩胛动脉网；肘前区的血管神经配布；肘关节网；臂肌和前臂前群肌；桡骨、尺骨及骨间膜的形态特征及其临床意义；手掌滑膜囊的构成与临床意义；手指皮肤及皮下组织的特点；指腱鞘和伸、屈指肌腱的结构特点及其临床意义；前臂和手的皮神经分布概况。
能力目标		能联合利用互联网在线开放课程及教材、图谱、视频等资料拓展对上肢解剖学的认识，联系临床实际，针对上肢不同部位的肿瘤、骨折或损伤，能够把所学的上肢解剖学知识应用于临床实际；能对臂丛损伤、腕管综合征等临床问题进行辨析和论证，并能够提出自己独到的见解。
素质目标		具备医学人文素养、团队合作精神、自主学习能力、初步分析和解决医学问题的能力、一定的科学研究认知。

第一节　概述

人类上肢与下肢相比，骨骼更轻巧，关节囊薄而松弛，韧带相对薄弱，肌数多，肌形较小而细长。这些特点使上肢运动较下肢运动更为灵活而精准。

一、境界与分区

上肢通过肩部与颈、胸和背部相接。与胸、背部的界线是三角肌前、后缘上端与腋前、后襞下缘中点的连线。其与颈部的界线是锁骨上缘外1/3和肩峰至第7颈椎棘突的连线。

上肢可分为肩、臂、肘、前臂、腕部和手部六部分。肩部可分为腋区、三角肌区、肩胛区，手部可分为手掌、手背和手指三区，其余各部分为前、后两区。

二、表面解剖

（一）体表标志

1. 肩部　肩峰为肩部最高的骨性标志，位于肩关节的上方，由背部肩胛冈向外上延伸形成，其前内侧与锁骨肩峰端构成关节，因此由肩峰向前内侧可触及锁骨全长。喙突位于锁骨中、外1/3交界处的锁骨下窝内，于此窝深部可被扪及。肱骨大结节可在肩峰的前下外侧摸到。腋前、后襞为腋窝的前、后界。腋前襞主要由胸大肌下缘构成，腋后襞主要由大圆肌和背阔肌下缘构成。

2. 臂部　臂前区可见肱二头肌形成的纵行隆起，两侧为肱二头肌内、外侧沟。三角肌粗隆位于臂中部外侧。

3. 肘部　肱骨内上髁、外上髁是肘部两侧最突出的骨性隆起。外上髁的下方有桡骨头。肘后区最显著的隆起为尺骨鹰嘴。屈肘时，肘前区可触及紧张的肱二头肌腱。

4. 腕部和手部

（1）骨性标志：桡骨茎突、尺骨茎突为位于腕部背面桡、尺侧的突起。尺骨茎突的近侧有尺骨头。腕背中点外侧可触及桡骨背侧结节，又称Lister结节。

（2）腕横纹：腕前区有三条横纹。腕近纹约平尺骨头，腕中纹不恒定，腕远纹平对屈肌支持带近侧缘，其中点深面是掌长肌腱，为正中神经入掌处。

（3）腱隆起：握拳屈腕时，腕前区有三条纵行的肌腱隆起，近中线者为掌长肌腱；其桡侧为桡侧腕屈肌腱，桡动脉位于该肌腱的外侧；最内侧为尺侧腕屈肌腱，终止于豌豆骨。指伸肌腱在手背皮下清晰可见。

（4）手掌：有三条掌横纹。鱼际纹斜行于鱼际尺侧，近侧与腕远纹中点相交，深面有正中神经通过。掌中纹略斜行于掌中部，桡侧端与鱼际纹重叠。掌远纹横行，平对第3~5掌指关节，其桡侧端稍弯向第2指蹼处。手掌两侧有呈鱼腹状的肌性隆起，内侧称小鱼际，外侧称鱼际，两隆起间的凹陷称掌心。

（5）解剖学鼻烟窝：为位于手背外侧部的浅凹，在拇指充分外展和后伸时明显。其桡侧界为拇长展肌腱和拇短伸肌腱，尺侧界为拇长伸肌腱，近侧界为桡骨茎突，窝底为手舟骨和大多角骨。窝内有桡动脉通过，可触及其搏动。

（二）对比关系

在正常情况下，肩峰、肱骨大结节和喙突之间形成一等腰三角形。伸肘时，尺骨鹰嘴尖端与肱骨内上髁、外上髁处于同一水平线；屈肘呈直角时，三者构成等腰三角形。当肩、肘关节脱位时，上述关系发生变化。

（三）上肢的轴线与提携角

上肢轴线是经肱骨头—肱骨小头—尺骨头中心的连线。肱骨的长轴称臂轴，尺骨的长轴称前臂轴。这两个轴的延长线在肘部构成向外开放的夹角，正常为165°~170°，其补角为10°~15°，称提携角。此角大于15°称肘外翻，0°~10°称直肘，小于0°称肘内翻。

（四）体表投影

1. 上肢动脉干的投影　上肢外展90°，掌心向上，从锁骨中点至肘前横纹中点远侧2cm处的连线，为腋动脉和肱动脉的体表投影。两者以大圆肌下缘为界，大圆肌下缘以上为腋动脉，以下为肱动脉。从肘前横纹中点远侧2cm处，分别至桡骨茎突前方和豌豆骨桡侧的连线，为桡、尺动脉的投影。

2. 上肢神经干的投影

（1）正中神经：在臂部与肱动脉一致；在前臂为从肱骨内上髁与肱二头肌腱连线的中点至腕远纹中点稍外侧的连线。

（2）尺神经：自腋窝顶经肱骨内上髁与尺骨鹰嘴间至豌豆骨桡侧缘。

（3）桡神经：从腋后襞下缘外端与臂交点处起，向下斜过肱骨后方，至肱骨外上髁的连线。

（陈胜华　郝彦利）

第二节　上肢的血管与神经

一、血管

（一）动脉

上肢动脉的主干有腋动脉、肱动脉、桡动脉和尺动脉。

1. 腋动脉（axillary artery）　于第1肋外缘接续锁骨下动脉，经腋窝至大圆肌下缘移行为肱动脉。其主要分支有：① 胸肩峰动脉，分布于三角肌、胸大肌、胸小肌和肩关节等处；② 胸外侧动脉，分布于胸大肌、胸小肌、前锯肌和乳房外侧部；③ 肩胛下动脉，又分支为胸背动脉和旋肩胛动脉，前者分布于背阔肌和前锯肌，后者穿三边孔至冈下窝，营养冈下窝附近诸肌；④ 旋肱后动脉，伴腋神经穿四边孔至肱骨外科颈，与旋肱前动脉末端吻合，分布于三角肌和肩关节（图7-1）。

2. 肱动脉（brachial artery）　沿肱二头肌内侧下降至肘窝，在桡骨颈高度分为桡动脉和尺动脉（图7-2）。肱深动脉（deep brachial artery）是肱动脉的重要分支，伴桡神经沿桡神经沟下行，分支营养肱三头肌，其终支参与肘关节网的构成。

3. 桡动脉（radial artery）　先经肱桡肌与旋前圆肌之间，随后在肱桡肌腱与桡侧腕屈肌腱之间下行，于桡骨茎突下方，拇长展肌与拇短伸肌腱深面转至鼻烟窝，穿第1掌骨间隙到手掌，与尺动脉的掌深支吻合成掌深弓（图7-3、图7-4）。其主要分支有：① 掌浅支（superficial palmar branch），于桡骨茎突水平发出，沿鱼际肌表面或穿该肌至手掌，与尺动脉末端吻合成掌浅弓；② 拇主要动脉（principal artery of thumb），在桡动脉从第一掌骨间隙进入手掌后分出，发出三个分支，走行于拇指掌面两侧缘和示指桡侧缘。

4. 尺动脉（ulnar artery） 行于尺侧腕屈肌和指浅屈肌之间，于屈肌支持带浅面，豌豆骨外侧（腕尺侧管）进入手掌，与桡动脉的掌浅支吻合成掌浅弓（图7-3、图7-4）。尺动脉的主要分支有：① 骨间总动脉（common interosseous artery），由尺动脉上端发出，向后至前臂骨间膜上缘，分为骨间前动脉和骨间后动脉，分别沿前臂骨间膜的前、后面下行，分支至前臂肌和尺、桡骨；② 掌深支（deep palmar branch），在豌豆骨近侧发出，穿小鱼际肌至掌深部与桡动脉末端吻合成掌深弓。

5. 掌浅弓和掌深弓（见本章第七节）。

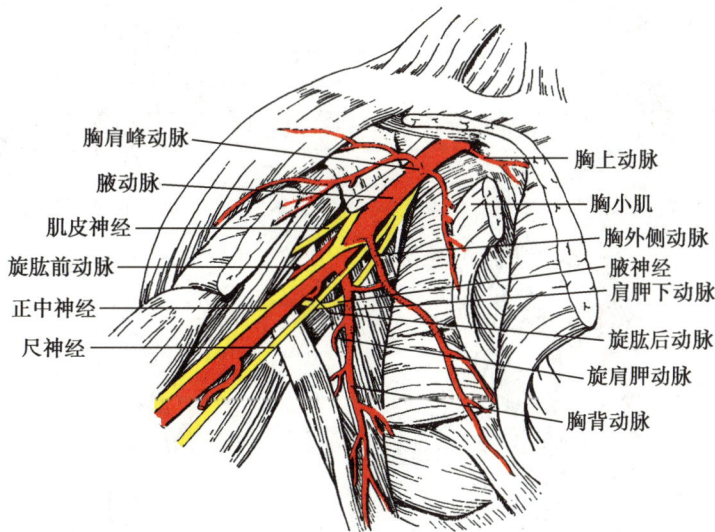

▲ 图7-1　腋动脉及其分支

（二）静脉

上肢的静脉分浅静脉和深静脉，两者间有大量交通，最终汇入锁骨下静脉。

1. 深静脉　从手掌至腋窝均与同名动脉伴行，除腋静脉只有一条外，其余深静脉均为两条，伴行于同名动脉的两侧。

2. 浅静脉　主要有：① 头静脉（cephalic vein）起于手背静脉网桡侧，沿前臂和臂前面的桡侧上行，经三角肌胸大肌间沟，穿深筋膜注入腋静脉或锁骨下静脉；② 贵要静脉（basilic vein）起自手背静脉网尺侧，沿前臂前面的尺侧上行，继而沿肱二头肌内侧沟上行至臂中点附近穿深筋膜，注入肱静脉，或伴随肱静脉注入腋静脉；③ 肘正中静脉（median cubital vein）粗而短，变异较多，一般由头静脉发出，斜向内上汇入贵要静脉，常接受前臂正中静脉的汇入（图7-5）。

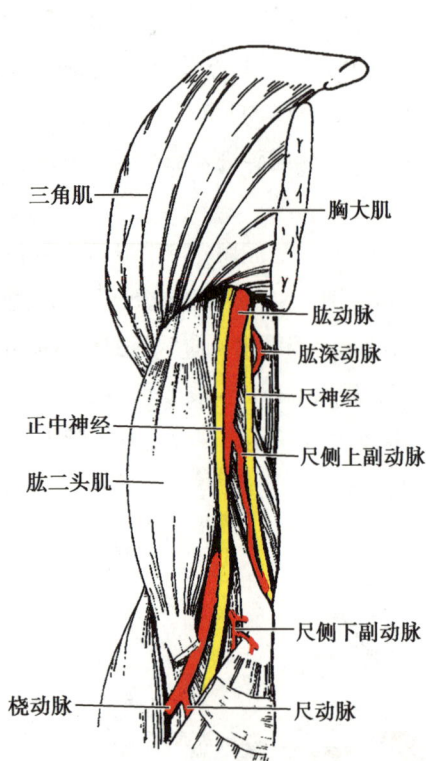

▲ 图7-2　肱动脉及其分支

三角肌
胸大肌
肱动脉
肱深动脉
尺神经
正中神经
尺侧上副动脉
肱二头肌
尺侧下副动脉
桡动脉
尺动脉

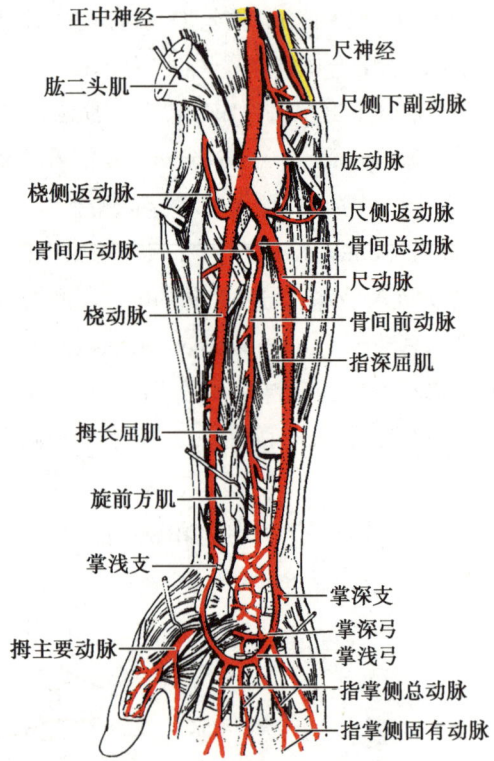

▲ 图7-3　前臂的动脉（掌侧面）

正中神经
尺神经
肱二头肌
尺侧下副动脉
肱动脉
桡侧返动脉
尺侧返动脉
骨间后动脉
骨间总动脉
桡动脉
尺动脉
骨间前动脉
指深屈肌
拇长屈肌
旋前方肌
掌浅支
掌深支
掌深弓
掌浅弓
拇主要动脉
指掌侧总动脉
指掌侧固有动脉

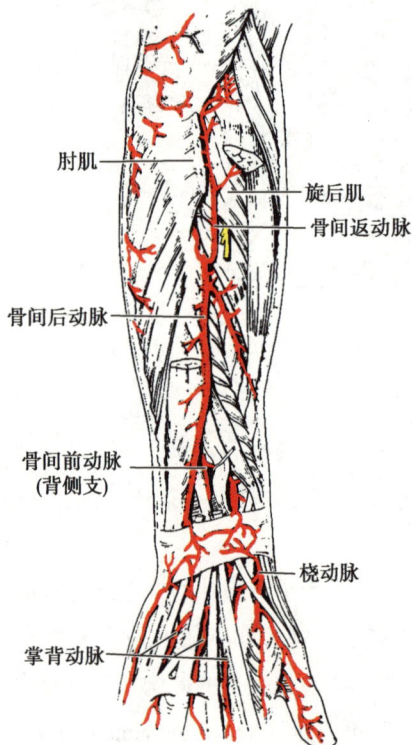

▲ 图7-4　前臂的动脉（背侧面）

肘肌
旋后肌
骨间返动脉
骨间后动脉
骨间前动脉
（背侧支）
桡动脉
掌背动脉

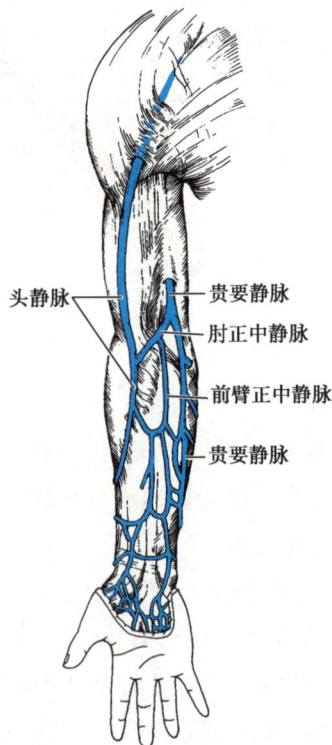

▲ 图7-5　上肢的浅静脉

头静脉
贵要静脉
肘正中静脉
前臂正中静脉
贵要静脉

二、神经

分布于上肢的神经主要来自臂丛。

（一）臂丛的组成

臂丛（brachial plexus）由第5~8颈神经的前支和第1胸神经前支的大部分组成。在斜角肌间隙内，第5、6颈神经前支合成上干，第7颈神经前支延续为中干，第8颈神经前支和第1胸神经前支的大部分合成下干。每个干在锁骨上方或后方又分为前、后两股。由上、中干的前股合成臂丛外侧束，下干前股自成臂丛内侧束，三个干的后股汇合成臂丛后束。在胸小肌以上，三个束位于腋动脉的后外侧；在胸小肌后方，三个束分别从内侧、外侧和后面包绕腋动脉。

（二）臂丛的分支

以锁骨为界，臂丛分为锁骨上部、锁骨下部。臂丛锁骨下部发出的神经都分布于上肢肌和皮肤（图7-6）。

1. 肌皮神经（musculocutaneous nerve） 自臂丛外侧束发出后穿喙肱肌，进入肱肌和肱二头肌之间，肌支支配这三块肌，终支称前臂外侧皮神经，自肘窝外上方，肱二头肌和肱肌之间的下外侧穿出，分布于前臂外侧皮肤。

2. 正中神经（median nerve） 两根分别起自臂丛内、外侧束并夹持腋动脉。在臂部，正中神经沿肱二头肌内侧沟下行，由外侧向内侧跨过肱动脉下降至肘窝，再向下穿旋前圆肌，继而行于指浅、深屈肌之间达腕部，再经腕管于掌腱膜深面达手掌，发出二条指掌侧总神经；每条指掌侧总神经又分为两条指掌侧固有神经，分布于桡侧三个半手指的掌侧面及其中节、远节指背皮肤。在屈肌支持带下缘的桡侧，发出正中神经返支至鱼际，支配除拇收肌外的鱼际肌，另有肌支支配第1、2蚓状肌。在前臂发出肌支，支配除肱桡肌、尺侧腕屈肌及指深屈肌尺侧半外的所有前臂屈肌。

3. 尺神经（ulnar nerve） 发自臂丛内侧束，穿臂内侧肌间隔至臂后面，经尺神经沟下行，穿过尺侧腕屈肌起始端后，行于尺侧腕屈肌和指深屈肌之间，在桡腕关节上方发出手背支；本干在屈肌支持带浅面的尺侧分为深、浅两支，经掌腱膜深面入手掌。在前臂部的肌支

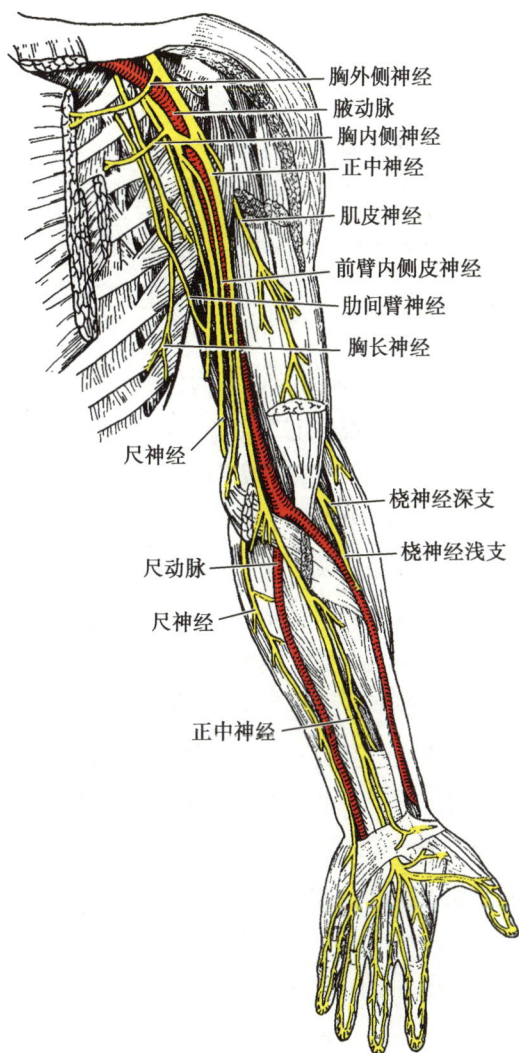

胸外侧神经
腋动脉
胸内侧神经
正中神经
肌皮神经
前臂内侧皮神经
肋间臂神经
胸长神经

尺神经

桡神经深支
桡神经浅支

尺动脉
尺神经

正中神经

▲ 图7-6 上肢前面的神经

支配尺侧腕屈肌和指深屈肌尺侧半。手背支分布于手背尺侧半和小指、环指和中指尺侧半背面皮肤（正中神经分布区域除外）。浅支分布于小鱼际、小指和环指尺侧半掌面的皮肤。深支支配小鱼际肌、拇收肌、骨间肌及第3、4蚓状肌。

4. 桡神经（radial nerve） 发自臂丛后束，经腋动脉后方向外下入肱骨肌管，后穿臂外侧肌间隔，自肱肌与肱桡肌之间，分为浅、深两支。分支前发出肌支支配臂部的肱三头肌和前臂的肱桡肌和桡侧腕长伸肌。桡神经浅支为皮支，沿桡动脉外侧下行，在前臂中、下1/3交界处转至背面下行至手背，分布于手背桡侧半、桡侧两个半手指近节指背和鱼际外侧的皮肤。深支为肌支，穿旋后肌至前臂背面，在前臂伸肌的浅、深层之间下降至腕部，支配前臂除桡侧腕长伸肌外的伸肌。

5. 腋神经（axillary nerve） 发自臂丛后束，伴旋肱后动脉穿四边孔后至三角肌深面。肌支支配三角肌和小圆肌，皮支分布于肩部和臂外侧上部的皮肤。

（陈胜华　郝彦利）

第三节　肩部

肩部分为腋区、三角肌区和肩胛区。

一、腋区

腋区（axillary region）为位于肩关节下方、臂上段与胸前外侧壁上部之间的区域。在上肢外展时，此处出现向上呈穹窿状的皮肤凹陷，其深面四棱锥体形的腔隙称为腋窝（axillary fossa），由一顶、一底和四壁构成（图7-7）。

（一）腋窝的构成

1. 顶　是腋窝的上口，向上内通颈根部，由锁骨中1/3段、第1肋外缘和肩胛骨上缘围成。有臂丛通过，锁骨下血管于此处移行为腋血管。

2. 底　由皮肤、浅筋膜和腋筋膜构成。皮肤富有皮脂腺和大汗腺，并借纤维隔与腋筋膜相连。腋筋膜中央部有皮神经、浅血管和浅淋巴管穿过而呈筛状，故又称筛状筋膜。

3. 四壁　有前、后壁和内、外侧壁。

（1）前壁：由胸大肌、胸小肌、锁骨下肌和锁胸筋膜构成。锁胸筋膜（clavipectoral fascia）是位于锁骨下肌、胸小肌和喙突之间的胸部深筋膜，有头静脉、胸肩峰血管和胸外侧神经穿过。胸小肌下缘以下的筋膜连于腋筋膜，称为腋悬韧带（图7-8）。

（2）后壁：由大圆肌、背阔肌、肩胛下肌和肩胛骨构成。后壁上有三边孔和四边孔。三边孔（trilateral foramen）和四边孔（quadrilateral foramen）有共同的上界和下界，上界为小圆肌和肩胛下肌，下界为大圆肌和背阔肌；肱三头肌长头为三边孔的外侧界、四边孔的内侧界；四边孔的外侧界为肱骨外科颈。三边孔内有旋肩胛血管通过，四边孔内有腋神经、旋肱后血管通过（图7-9）。

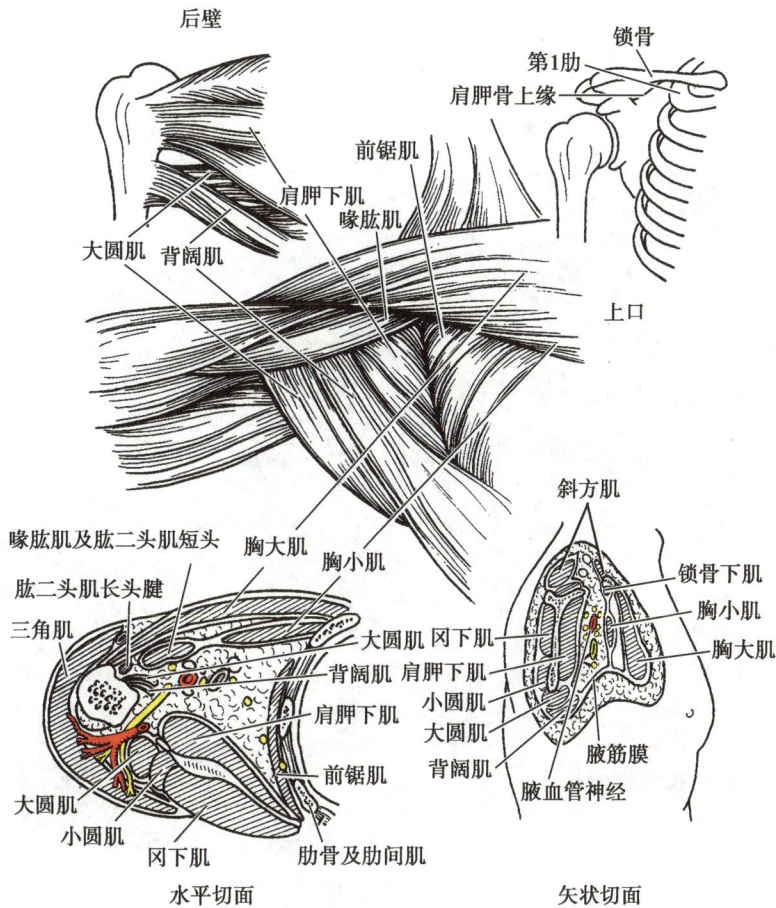

后壁　锁骨　第1肋　肩胛骨上缘　前锯肌　喙肱肌　肩胛下肌　大圆肌　背阔肌　上口

喙肱肌及肱二头肌短头　胸大肌　胸小肌　斜方肌　锁骨下肌　胸小肌　胸大肌
肱二头肌长头腱　三角肌　大圆肌　冈下肌　背阔肌　肩胛下肌　小圆肌　大圆肌　背阔肌　腋筋膜
大圆肌　小圆肌　冈下肌　肩胛下肌　前锯肌　腋血管神经
肋骨及肋间肌

水平切面　　　　矢状切面

▲ 图7-7　腋窝的构成

（3）内侧壁：由前锯肌、上位4肋骨及肋间肌构成。

（4）外侧壁：由喙肱肌，肱二头肌长、短头和肱骨结节间沟构成。

（二）腋窝的内容

主要有腋动脉及其分支、腋静脉及其属支、臂丛锁骨下部及其分支、腋淋巴结和疏松结缔组织等（图7-10）。

1. 腋动脉（axillary artery） 以胸小肌为标志分为三段（图7-8、图7-10）。

（1）第一段：位于第1肋外缘与胸小肌上缘之间。前方有皮肤、浅筋膜、胸大肌及其筋膜、锁骨下肌、锁胸筋膜及穿过该筋膜的结构。后方有臂丛内侧束、胸长神经、前锯肌、第1肋间隙等。外侧为臂丛后束和臂丛外侧束。内侧有尖淋巴结、腋静脉、胸上血管。此段发出胸上动脉（superior thoracic artery）分布于第1、2肋间隙前部。

（2）第二段：位于胸小肌后方。前方有皮肤、浅筋膜、胸大肌及其筋膜、胸小肌及其筋膜，后方有臂丛后束和肩胛下肌，外侧为臂丛外侧束，内侧有臂丛内侧束和腋静脉。胸外侧动脉（lateral thoracic artery）自此段发出后，于腋中线前方行向前下，至胸小肌下缘，分布于前锯肌，在女性有分支营养乳房。胸肩峰动脉（thoracoacromial artery）穿锁胸筋膜后，分支营养三角肌、肩峰、胸大肌、胸小肌。

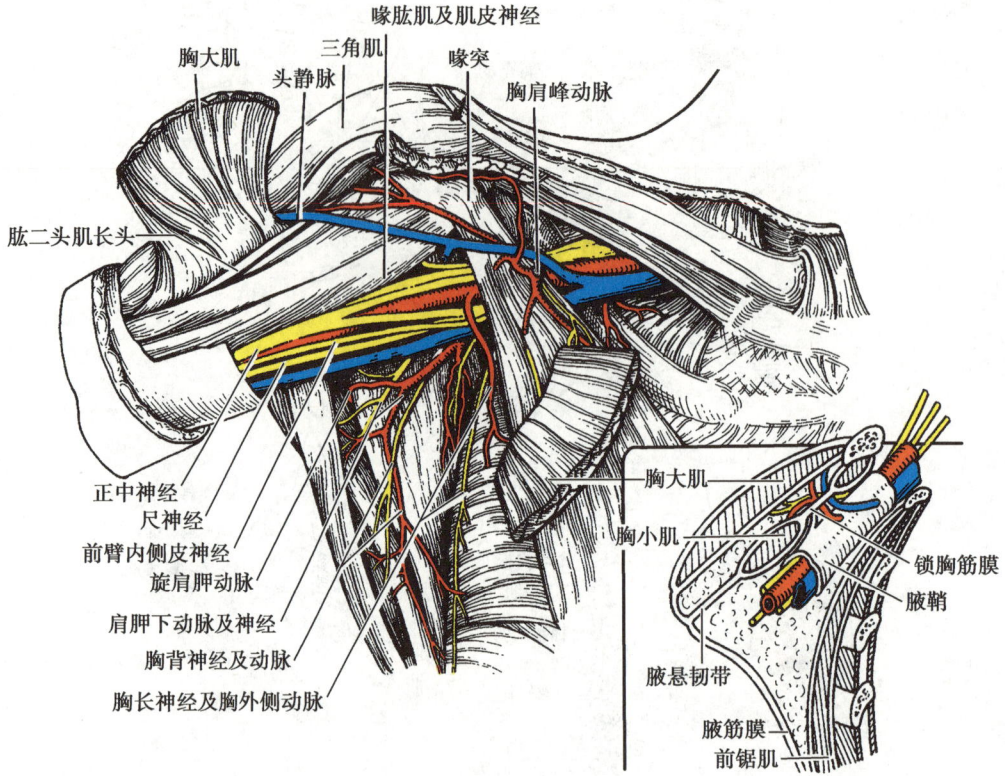

肌大肌　三角肌　喙肱肌及肌皮神经　喙突
头静脉　胸肩峰动脉

肱二头肌长头

胸大肌
胸小肌
锁胸筋膜
腋鞘

正中神经
尺神经
前臂内侧皮神经
旋肩胛动脉
肩胛下动脉及神经
胸背神经及动脉
胸长神经及胸外侧动脉

腋悬韧带

腋筋膜
前锯肌

▲ 图7-8　腋窝前壁的层次及内容

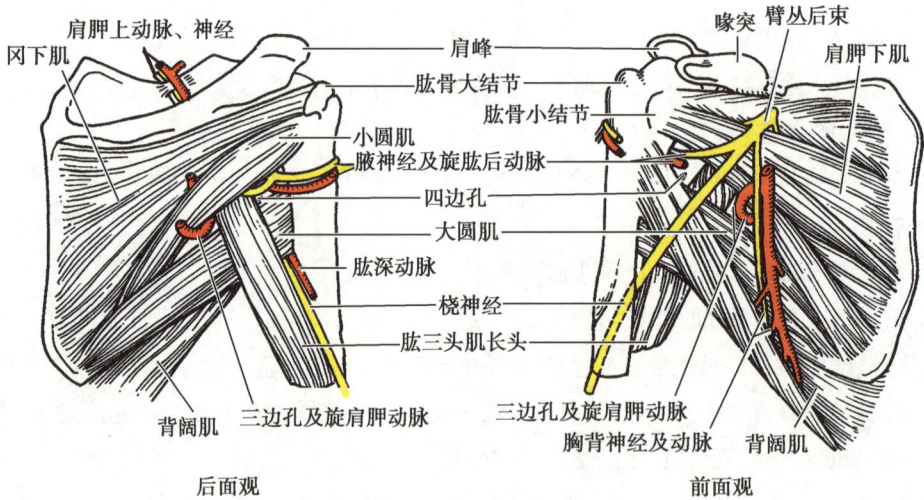

肩胛上动脉、神经
冈下肌
小圆肌
腋神经及旋肱后动脉
四边孔
大圆肌
肱深动脉
桡神经
肱三头肌长头
背阔肌
三边孔及旋肩胛动脉
后面观

肩峰　喙突　臂丛后束　肩胛下肌
肱骨大结节
肱骨小结节

三边孔及旋肩胛动脉
胸背神经及动脉
背阔肌
前面观

▲ 图7-9　腋窝后壁及三边孔、四边孔

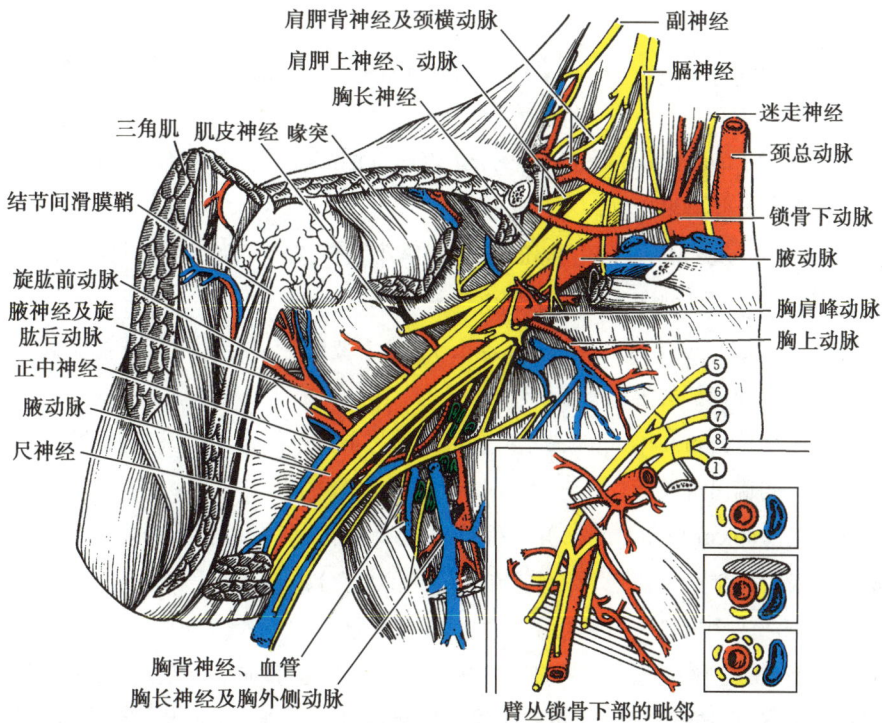

各标注文字：

肩胛背神经及颈横动脉　副神经
肩胛上神经、动脉　膈神经
胸长神经　迷走神经
三角肌　肌皮神经　喙突　颈总动脉
结节间滑膜鞘　锁骨下动脉
腋动脉
旋肱前动脉　胸肩峰动脉
腋神经及旋　胸上动脉
肱后动脉
正中神经
腋动脉
尺神经

胸背神经、血管
胸长神经及胸外侧动脉

臂丛锁骨下部的毗邻

▲ 图7-10　腋窝内容及臂丛组成

（3）第三段：位于胸小肌下缘和大圆肌下缘之间。前方有胸大肌、正中神经内侧根和旋肱前血管，其末端位置表浅，无肌被覆，外侧有正中神经外侧根、正中神经、肌皮神经、肱二头肌短头及喙肱肌，内侧有尺神经、前臂内侧皮神经和腋静脉，后方有桡神经、腋神经、旋肱后血管、背阔肌及大圆肌腱等。第三段的主要分支有肩胛下动脉和旋肱前、后动脉。肩胛下动脉（subscapular artery）沿肩胛下肌下缘向后下方走行，分为旋肩胛动脉（circumflex scapular artery）和胸背动脉（thoracodorsal artery），前者经三边孔入冈下窝，营养附近诸肌，后者与胸背神经伴行分布于背阔肌。旋肱前动脉（anterior humeral circumflex artery）较细，旋肱后动脉（posterior humeral circumflex artery）较粗，分别绕过肱骨外科颈的前方和后方，彼此吻合，分支分布于三角肌和肩关节。

2. 腋静脉（axillary vein）　位于腋动脉的内侧，两者之间有臂丛内侧束、胸内侧神经、前臂内侧皮神经和尺神经，内侧有臂内侧皮神经。

3. 臂丛　位于腋窝内的部分是臂丛的锁骨下部，由三个束构成，即臂丛内侧束、臂丛外侧束和臂丛后束。各束先位于腋动脉第一段的后外方，后居第二段的内、外侧和后方，在腋动脉第三段的周围，有臂丛各束的分支。臂丛外侧束发出肌皮神经和胸外侧神经，臂丛内侧束发出尺神经、胸内侧神经、前臂内侧皮神经和臂内侧皮神经。臂丛内、外侧束还分别发出正中神经的内、外侧根。臂丛后束的分支有桡神经、腋神经、肩胛下神经和胸背神经。此外，还有起自锁骨上部的胸长神经（long thoracic nerve）沿腋中线后方前锯肌表面下降，分布于前锯肌

（图 7-10）。

4. 腋淋巴结（axillary lymph node） 位于腋血管及其分支或属支周围的疏松结缔组织中，按部位分为五群。

（1）外侧淋巴结（lateral lymph node）：沿腋静脉远侧端排列，收纳上肢的浅、深淋巴管，手和前臂的感染首先累及此群淋巴结。

（2）胸肌淋巴结（pectoral lymph node）：位于胸小肌下缘，沿胸外侧血管排列，收纳胸前外侧壁、脐以上腹壁和乳房外侧部、中央部的淋巴管。

（3）肩胛下淋巴结（subscapular lymph node）：位于腋后壁，沿肩胛下血管和胸背神经排列，收纳肩胛区、胸后壁和背部的淋巴管。

（4）中央淋巴结（central lymph node）：是最大的一群淋巴结，位于腋窝底的脂肪组织中，收纳上述三群淋巴结的输出淋巴管。

（5）尖淋巴结（apical lymph node）：沿腋静脉近侧端排列，收纳中央淋巴结和其他各群淋巴结的输出淋巴管及乳房上部的淋巴管。其输出淋巴管大部分汇合成锁骨下干，少数注入锁骨上淋巴结。左锁骨下干注入胸导管，右锁骨下干注入右淋巴导管。

5. 腋鞘和腋窝蜂窝组织 腋鞘（axillary sheath）由椎前筋膜向下外延续包绕臂丛及腋血管而成。锁骨下臂丛阻滞麻醉需要将药液注入此鞘。腋窝蜂窝组织填充于臂丛、腋血管及腋淋巴结周围并沿血管神经束至相邻各区。腋窝蜂窝组织向上随腋鞘至颈根部，向下通至臂前、后区，经三、四边孔分别至肩胛区、三角肌区，向前行至胸肌间隙（图 7-8）。

二、三角肌区与肩胛区

（一）三角肌区

三角肌区（deltoid region）是三角肌所在的区域。皮肤较厚，浅筋膜致密，深筋膜不发达。三角肌从前、后、外包绕肩关节，使肩部呈圆隆形。腋神经（axillary nerve）与旋肱后血管一起穿四边孔，在三角肌的深面分为上、下两支。上支的肌支支配三角肌的前中部，下支的肌支支配三角肌后部和小圆肌。皮支分布于三角肌表面的皮肤。肱骨外科颈骨折时，可损伤腋神经，导致三角肌瘫痪，肩不能外展，可出现方肩（图 7-11）。

（二）肩胛区

肩胛区（scapular region）是肩胛骨后面的区域。皮肤较厚，浅筋膜致密。冈下部深筋膜发达，成为腱质性。肩胛骨后面有斜方肌、背阔肌、冈上肌、冈下肌、小圆肌和大圆肌。肩胛上神经（suprascapular nerve）起自臂丛锁骨上部，与肩胛上动脉分别经肩胛上横韧带的深面和浅面进入肩胛区，分布于冈上、下肌。锁骨上神经（supraclavicular nerve）为颈丛的皮支，分布于肩胛区的皮肤（图 7-11）。

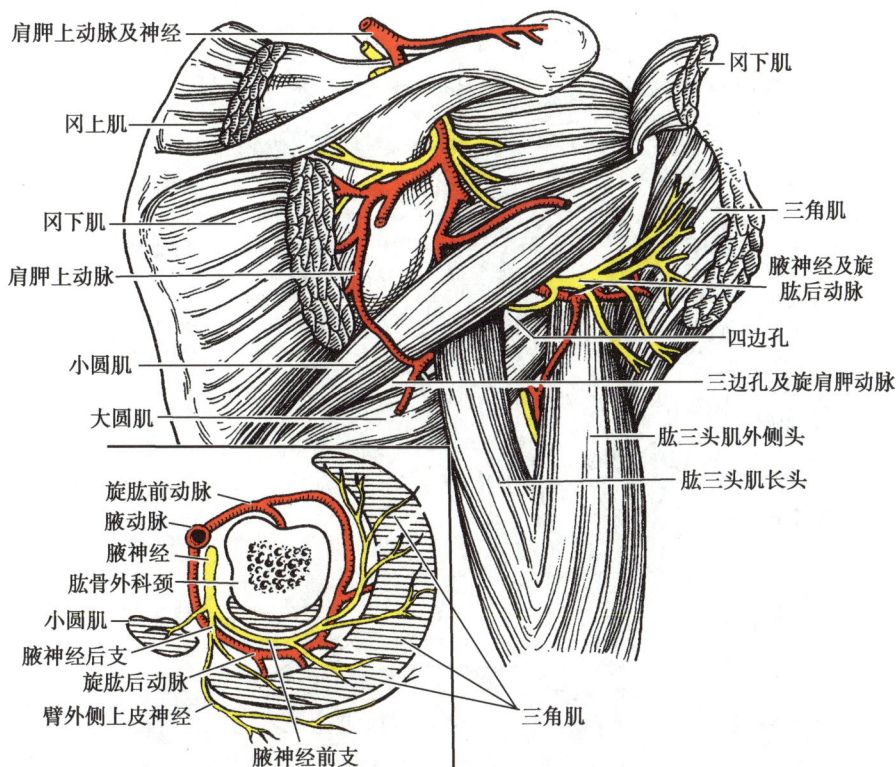

肩胛上动脉及神经

冈上肌

冈下肌

肩胛上动脉

小圆肌

大圆肌

冈下肌

三角肌

腋神经及旋肱后动脉

四边孔

三边孔及旋肩胛动脉

肱三头肌外侧头

肱三头肌长头

旋肱前动脉
腋动脉
腋神经
肱骨外科颈
小圆肌
腋神经后支
旋肱后动脉
臂外侧上皮神经
腋神经前支

三角肌

▲ 图7-11　三角肌区及肩胛区的结构

理论与实践　　　　　肩　袖

　　　　冈上肌、冈下肌、小圆肌和肩胛下肌的肌腱连成腱板，围绕肩关节的上、后和前方并与肩关节囊愈着，对肩关节起稳定作用，这些肌腱称为肌腱袖（musculotendinous cuff），又称肩袖（rotator cuff）。肩关节脱位或扭伤常导致肩袖撕裂（表7-1、图7-12）。

▼ 表7-1　肩部肌的起止、作用及神经支配

名称	起点止点	作用（运动肩关节）	神经支配
三角肌	锁骨外1/3、肩峰、肩胛冈、三角肌粗隆	外展、前屈、后伸	腋神经
冈上肌	冈上窝、大结节上部	外展	肩胛上神经
冈下肌	冈下窝、大结节中部	内收、外旋	肩胛上神经
小圆肌	冈下窝下部、大结节下部	内收、外旋	腋神经
大圆肌	肩胛骨下角背面、肱骨小结节嵴	内收、内旋、后伸	肩胛下神经
肩胛下肌	肩胛骨前面、肱骨小结节	内收、内旋、后伸	肩胛下神经

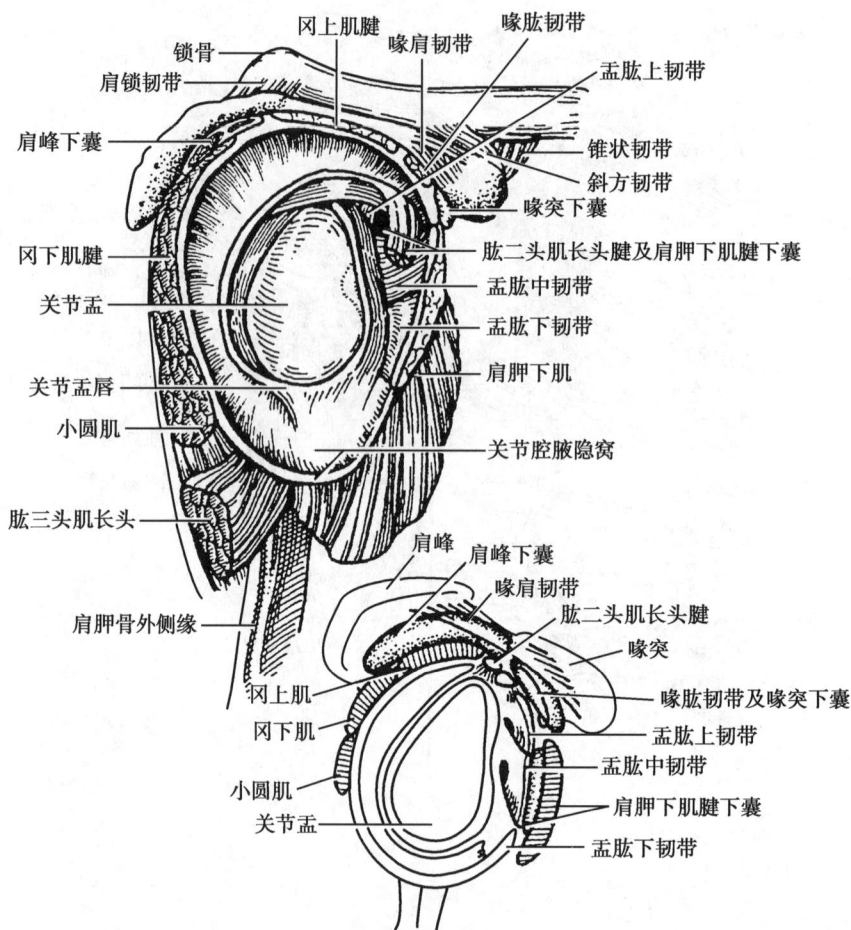

▲ 图7-12　肩袖

三、肩胛动脉网

　　肩胛动脉网位于肩胛骨的周围，是由三条动脉的分支相互吻合形成的动脉网。肩胛上动脉（suprascapular artery）起自甲状颈干，经肩胛上横韧带上方，达冈上窝。旋肩胛动脉为肩胛下动脉的分支，经三边孔至冈下窝。肩胛背动脉为颈横动脉降支，沿肩胛骨内侧缘下行，分支至冈下窝。肩胛动脉网是肩部的重要侧支循环途径，腋动脉血流受阻时，该动脉网仍可维持上肢的血液供应（图7-13）。

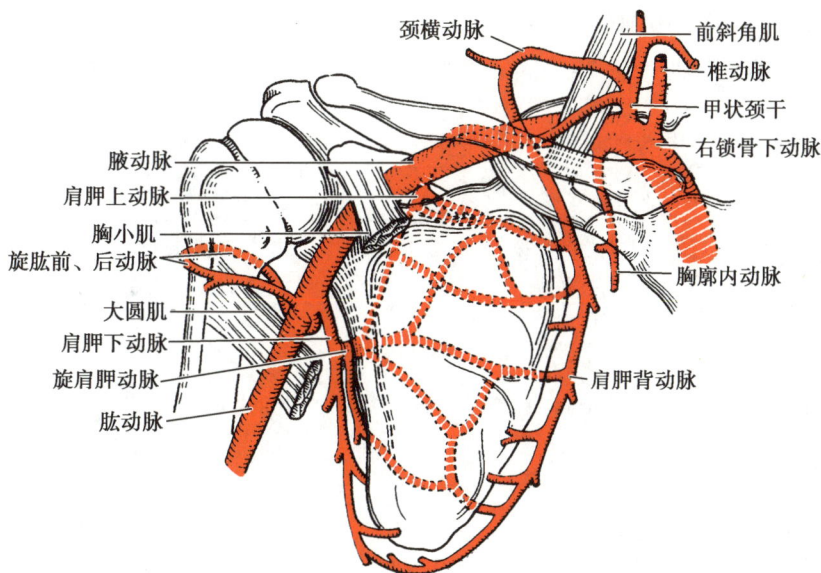

▲ 图7-13　肩胛动脉网

（郝彦利　陈胜华）

第四节　臂部

臂部上续肩部，下连肘部，被肱骨和臂内、外侧肌间隔分为臂前区和臂后区。

一、臂前区

（一）浅层结构

臂前区（anterior brachial region）的皮肤较薄，浅筋膜薄而松弛。臂外侧上、下皮神经分布于臂外侧皮肤，肋间臂神经（intercostobrachial nerve）和臂内侧皮神经（medial brachial cutaneous nerve）分布于臂内侧皮肤。浅静脉有头静脉和贵要静脉，分别起自手背静脉网的桡侧和尺侧，至臂前区后，头静脉沿肱二头肌外侧沟上行，经三角肌胸大肌间沟，穿锁胸筋膜注入腋静脉或锁骨下静脉；贵要静脉与前臂内侧皮神经走行于肱二头肌内侧沟的下半，约在臂中部穿臂筋膜，汇入肱静脉或腋静脉。

（二）深层结构

1. 深筋膜和骨筋膜鞘　臂部的深筋膜称臂筋膜（brachial fascia）。臂前区的深筋膜较薄，向上移行为三角肌筋膜、胸肌筋膜和腋筋膜，向下移行为肘前区筋膜。臂筋膜发出臂内、外侧肌间隔（medial and lateral brachial intermuscular septum），伸入臂肌前、后群之间，附着于肱骨，与肱骨共同围成臂前、后骨筋膜鞘（图7-14、图7-15）。臂前骨筋膜鞘（anterior osseofascial

compartment of arm）内含肱血管、正中神经、肌皮神经、尺神经和桡神经的一段、臂肌前群肌
（肱二头肌、喙肱肌、肱肌）（表7-2）。

▼ 表7-2　臂部肌的起止、作用和神经支配

群肌	名称	起点止点	作用	神经支配
前群	肱二头肌	肩胛骨盂上结节、喙突、桡骨粗隆	屈肘，前臂旋后	肌皮神经（$C_{5\sim7}$）
	喙肱肌	肩胛骨喙突、肱骨中份	肩关节内收、前屈	
	肱肌	肱骨前面下半、尺骨粗隆	屈肘	
后群	肱三头肌	肩胛骨盂下结节、肱骨后面、尺骨鹰嘴	伸肘	桡神经（$C_{5\sim8}$）
	肘肌	肱骨外上髁、鹰嘴、尺骨后面	伸肘	

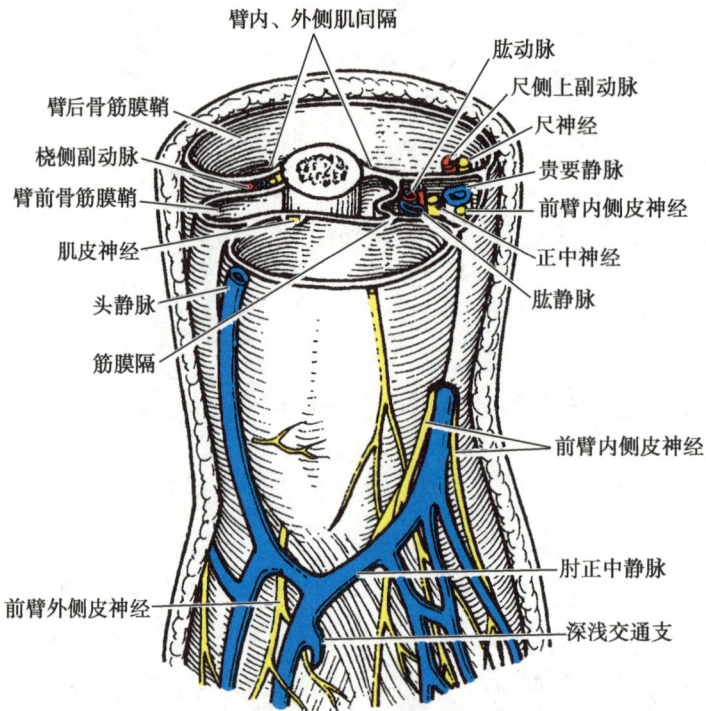

▲ 图7-14　臂部骨筋膜鞘

2. 血管和神经

（1）肱动脉（brachial artery）：在大圆肌下缘处续于腋动脉，沿肱二头肌内侧沟下行，越过
喙肱肌、肱三头肌长头和肱肌的前方，至肘窝，约在桡骨颈平面分为桡动脉和尺动脉。肱动脉的
重要分支有：① 肱深动脉（deep brachial artery），在大圆肌腱下缘稍下方处，起自肱动脉上段后
内侧，与桡神经伴行于桡神经沟内，经肱骨肌管至臂后区，营养肱肌和肱三头肌；② 尺侧上副
动脉（superior ulnar collateral artery），在臂中份稍上方、肱肌起点处起始，伴尺神经，穿臂内侧

肌间隔至肘后区：③ 尺侧下副动脉（inferior ulnar collateral artery），于肱骨内上髁上方约 5cm 处起始，经肱肌前面行向内下方，至肘关节附近分前、后两支（图 7-16）。

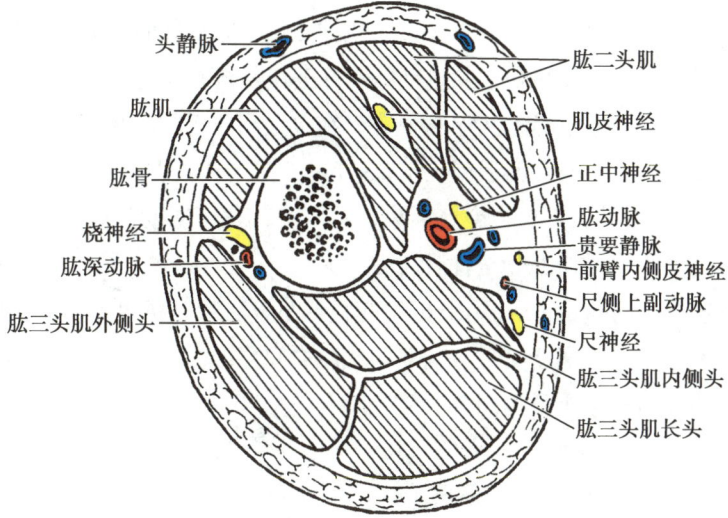

头静脉
肱肌
肱骨
桡神经
肱深动脉
肱三头肌外侧头

肱二头肌
肌皮神经
正中神经
肱动脉
贵要静脉
前臂内侧皮神经
尺侧上副动脉
尺神经
肱三头肌内侧头
肱三头肌长头

▲ 图 7-15　臂部中 1/3 横断面（右侧 – 远侧面观）

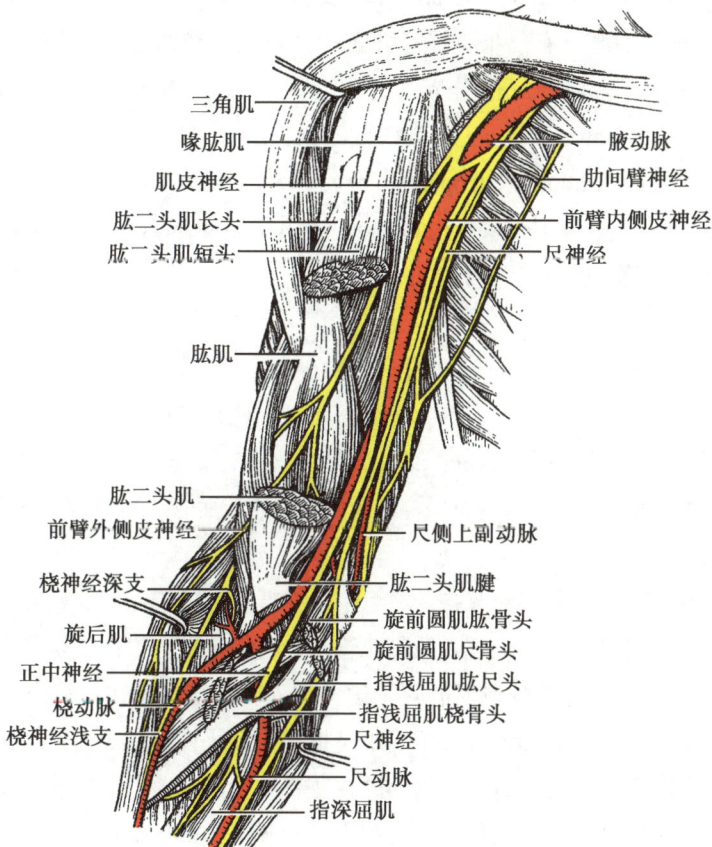

三角肌
喙肱肌
肌皮神经
肱二头肌长头
肱二头肌短头
肱肌

腋动脉
肋间臂神经
前臂内侧皮神经
尺神经

肱二头肌
前臂外侧皮神经
桡神经深支
旋后肌
正中神经
桡动脉
桡神经浅支

尺侧上副动脉
肱二头肌腱
旋前圆肌肱骨头
旋前圆肌尺骨头
指浅屈肌肱尺头
指浅屈肌桡骨头
尺神经
尺动脉
指深屈肌

▲ 图 7-16　臂前区深层结构

（2）肱静脉（brachial vein）：有2条肱静脉伴行于肱动脉的两侧。贵要静脉在臂中部稍下方，穿经臂筋膜注入肱静脉，或沿肱动脉内侧上行至大圆肌下缘处，与肱静脉汇合成腋静脉。

（3）正中神经（median nerve）：以内、外侧根分别起自臂丛内、外侧束，两根在胸小肌下缘处，腋动脉前外侧或外侧合成一干。在臂上部，该神经位于肱动脉的外侧或前外侧，与肱动脉一起沿肱二头肌内侧沟下行。在臂中份，斜过动脉前方至其内侧下行至肘窝。

（4）尺神经（ulnar nerve）：起自臂丛内侧束，在臂上部位于肱动脉的内侧，约在臂中部，尺神经与尺侧上副动脉伴行，穿臂内侧肌间隔至臂后区。

（5）桡神经（radial nerve）：起自臂丛后束，在臂上部位于肱动脉后方，继而与肱深动脉伴行，走在桡神经沟表面，经肱骨肌管至臂后区。

（6）肌皮神经（musculocutaneous nerve）：起自臂丛外侧束，穿过喙肱肌至肱二头肌与肱肌之间，行向外下，终支在肘窝外上方肱二头肌与肱肌之间穿出，移行为前臂外侧皮神经。肌皮神经在行程中发出肌支支配臂肌前群（图7-16）。

二、臂后区

（一）浅层结构

臂后区（posterior brachial region）皮肤较厚，浅筋膜较致密。浅静脉多由内、外侧转向前面，分别注入贵要静脉和头静脉。有三条皮神经分布和一条皮神经通过：① 臂后皮神经（posterior brachial cutaneous nerve）为桡神经的分支，分布于臂后区中部的皮肤；② 臂外侧上皮神经（superior lateral brachial cutaneous nerve）是腋神经的皮支，分布于三角肌区和臂外侧区上外部的皮肤；③ 臂外侧下皮神经（inferior lateral brachial cutaneous nerve）起自桡神经，分布于臂后区外下部的皮肤；④ 前臂后皮神经（posterior antebrachial cutaneous nerve）为桡神经的皮支，约在臂中、下1/3交界处浅出深筋膜，分布于前臂后区。

（二）深层结构

1. 筋膜与骨筋膜鞘　臂后区的深筋膜，厚而坚韧。臂后骨筋膜鞘（posterior osseofascial compartment of arm）内含肱三头肌（表7-2）、肱深血管、桡神经和尺神经。肱骨肌管（humeromuscular tunnel）又称桡神经管（radial neural tube），是由肱三头肌与肱骨桡神经沟构成的一个自内上向外下绕肱骨干后外侧面的管道，管内有桡神经及伴行的肱深血管（图7-14、图7-15、图7-17）。

2. 血管和神经

（1）桡神经和肱深血管：桡神经起自臂丛后束，在臂上部位于肱动脉后方，在大圆肌下缘与肱骨交角处，伴肱深血管斜向外下，进入肱骨肌管，走在桡神经沟表面，至臂中、下1/3交界处，桡神经与桡侧副动脉一起穿过臂外侧肌间隔，达肘窝外侧。桡神经在行程中，发肌支至肱三头肌。桡神经在肱骨肌管内紧贴骨面，肱骨干中段骨折易伤及桡神经，致前臂后群肌瘫痪，呈现垂腕。肱深动脉的两侧有肱深静脉伴行。肱深动脉在肱骨肌管内分前、后两支，前支称桡侧副动脉（radial collateral artery），伴桡神经走行；后支称中副动脉（middle collateral artery），在臂后区下行，与骨间返动脉吻合（图7-17）。

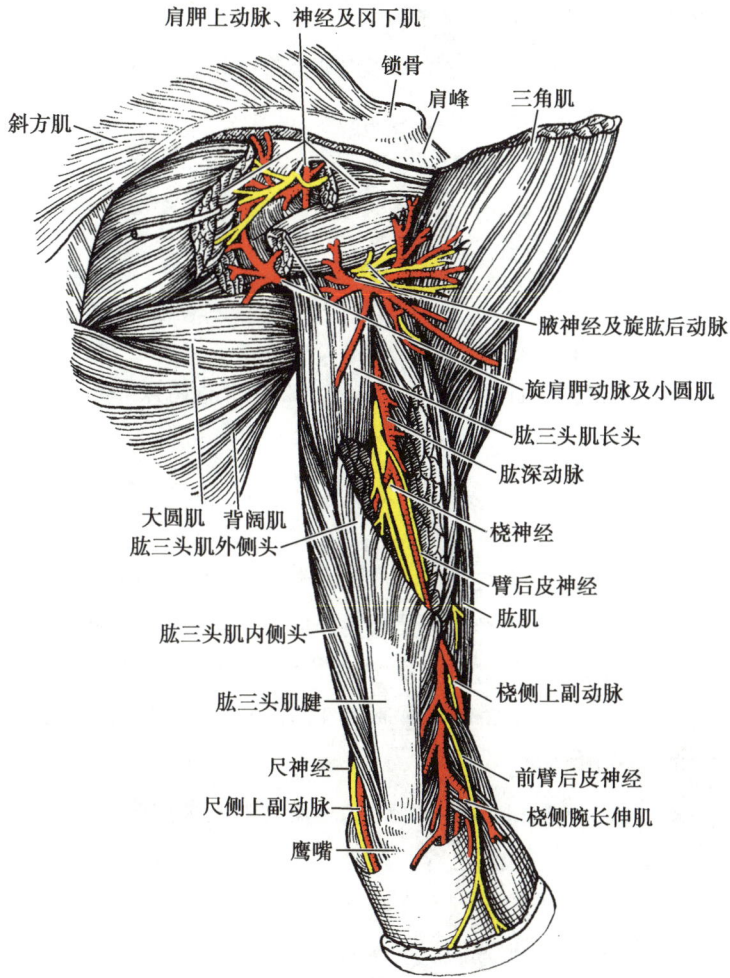

斜方肌

肩胛上动脉、神经及冈下肌

锁骨

肩峰　三角肌

腋神经及旋肱后动脉

旋肩胛动脉及小圆肌

肱三头肌长头

肱深动脉

桡神经

臂后皮神经

肱肌

桡侧上副动脉

前臂后皮神经

桡侧腕长伸肌

大圆肌　背阔肌
肱三头肌外侧头

肱三头肌内侧头

肱三头肌腱

尺神经

尺侧上副动脉

鹰嘴

▲ 图7-17　臂后区深层结构

（2）尺神经：与尺侧上副动脉伴行，在臂中份以下，沿臂内侧肌间隔后方下行至尺神经沟。

案例7-1　患者，女，32岁，因"车祸"入院。体格检查发现：右侧臂部中段明显肿胀，压痛明显，前臂后区和手背桡侧区麻木、感觉减弱，前臂前区、手掌和手背尺侧区感觉正常，手呈"垂腕"状态。X线发现：右侧肱骨干中段骨折伴血肿形成。MRI发现：桡神经部分断裂。术前诊断：右侧肱骨干中段骨折伴桡神经损伤。于臂丛阻滞麻醉下行肱骨骨折内固定和桡神经修复术。术中见血肿、肱骨骨折，并致桡神经大部分断裂，行清创、骨折内固定和桡神经修复。手术过程顺利，术中生命体征平稳，出血少。术后诊断：右侧肱骨干中段骨折伴桡神经损伤。

思考：

1. 肱骨干骨折容易损伤桡神经的原因是什么？

2. 出现上述临床表现的理由有哪些？

3. 请阐述臂丛阻滞麻醉的相关解剖学知识和注意事项。

（刘洪付 范艳）

第五节 肘部

肘部介于臂部和前臂部之间，通过肱骨内、外上髁的冠状面将该部分为肘前区和肘后区。

一、肘前区

（一）浅层结构

肘前区（anterior cubital region）皮肤薄而柔软，浅筋膜疏松，内有数条浅静脉走行。以肱二头肌腱为界，头静脉和前臂外侧皮神经位于其外侧，贵要静脉和前臂内侧皮神经位于其内侧。头静脉和贵要静脉之间常有肘正中静脉相连，吻合呈"N"形；部分人有前臂正中静脉，其上端分为两支，呈"Y"形分别注入头静脉和贵要静脉（图7-18）。上述静脉管径粗、位置浅，较固定，是临床上进行静脉穿刺的常用部位。

肘浅淋巴结（superficial cubital lymph node）位于肱骨内上髁上方，贵要静脉附近，又称滑车上淋巴结，收纳手和前臂尺侧半的浅淋巴管，其输出淋巴管伴肱静脉注入腋淋巴结。

（二）深层结构

1. 深筋膜 肘前区深筋膜上接臂筋膜，下连前臂筋膜。肱二头肌腱的部分纤维向内下分散编入肘前区和前臂内侧的深筋膜，形成肱二头肌腱膜（bicipital aponeurosis），其与肱二头肌腱交界处是触摸肱动脉搏动和测量血压的听诊部位。

2. 肘窝（cubital fossa） 是肘前区略呈三角形的凹陷，尖指向远侧。

（1）境界：上界为肱骨内、外上髁的连线，下外侧界为肱桡肌，下内侧界为旋前圆肌，顶由浅入深依次为皮肤、浅筋膜、深筋膜和肱二头肌腱膜，底由肱肌、旋后肌和肘关节囊构成。

（2）内容：肱二头肌腱作为肘窝内的中心标志，其桡侧为桡神经及分支，尺侧依次为肱动脉和两条伴行静脉、正中神经。肘深淋巴结（deep cubital lymph node）位于肱动脉分叉处（图7-18）。

1）肱动脉约平桡骨颈高度分为桡动脉、尺动脉。桡动脉越过肱二头肌腱表面斜向外下，至前臂肱桡肌内侧；尺动脉经旋前圆肌尺骨头深面至前臂尺侧腕屈肌深方。

2）正中神经越过尺血管前方穿旋前圆肌两头之间，进入指浅屈肌深面。

在肱二头肌腱桡侧，前臂外侧皮神经穿出深筋膜。桡神经约在肱骨外上髁前方或稍下方分浅、深两支，浅支经肱桡肌深面至前臂桡动脉的外侧；深支穿旋后肌至前臂后区，改名为骨间后神经。

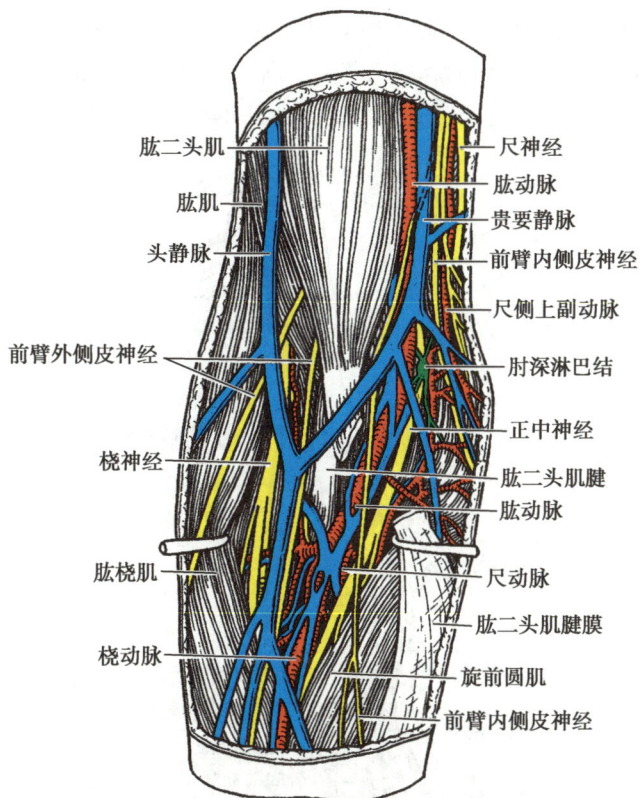

肱二头肌
肱肌
头静脉
前臂外侧皮神经
桡神经
肱桡肌
桡动脉

尺神经
肱动脉
贵要静脉
前臂内侧皮神经
尺侧上副动脉
肘深淋巴结
正中神经
肱二头肌腱
肱动脉
尺动脉
肱二头肌腱膜
旋前圆肌
前臂内侧皮神经

▲ 图7–18　肘前区的结构

二、肘后区

肘后区（posterior cubital region）皮肤厚而松弛，浅筋膜较薄。肱三头肌腱止于尺骨鹰嘴。肘肌位于肘关节后面外侧皮下，呈三角形，收缩可协助伸肘。肱骨内上髁后下方尺神经沟有尺神经通过，肘关节脱位或肱骨内上髁骨折时，可伤及尺神经。

（一）肘后三角

肘后三角是指肘关节在屈肘为直角时，肱骨内、外上髁与尺骨鹰嘴尖端三者呈尖向远侧的等腰三角形，当肘关节伸直时，三点在一条直线上。肘关节脱位或肱骨内、外上髁骨折时，上述正常关系可发生改变。

（二）肘外侧三角

肘外侧三角是指肘关节屈曲呈90°时，桡骨外上髁、桡骨头和尺骨鹰嘴尖端形成一尖向前的等腰三角形，其中央点是肘关节穿刺的部位。伸肘时，尺骨鹰嘴、桡骨头和肱骨小头之间形成的凹陷称肘后窝。肘后窝的深面恰对肱桡关节，窝底可触及桡骨头，是常用的肘关节穿刺部位。

三、肘关节网

肘关节网由肱动脉、桡动脉和尺动脉的数条分支吻合而成：① 桡侧副动脉与桡侧返动脉吻合；② 中副动脉与骨间返动脉吻合；③ 尺侧下副动脉前支与尺侧返动脉前支吻合；④ 尺侧上副动脉、尺侧下副动脉后支与尺侧返动脉后支吻合。肘关节网在肘关节周围构成了丰富的侧支循环，在肱深动脉发出点以下结扎肱动脉时，肘关节网可起到侧支循环的作用（图7-19）。

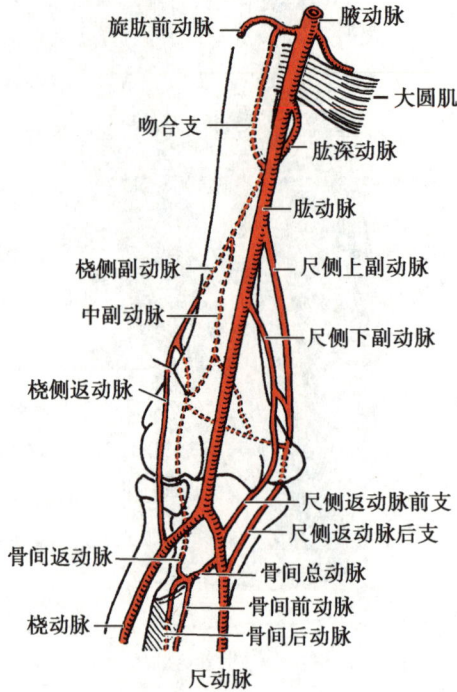

▲ 图7-19 肘关节网

理论与实践　　　1. 桡骨头脱位　桡骨颈骨折或旋后肌病变所致的损伤，均可引起单纯桡神经深支损伤，导致指伸肌、拇长伸肌、拇短伸肌及拇长展肌瘫痪，引起各掌指关节伸直受限，拇指外展无力。单纯桡神经深支损伤时，桡侧腕长伸肌未受累，皮肤感觉也无障碍。

2. 肘关节穿刺和手术入路　肘部的重要血管和神经都经过肘关节的前面和内侧，故肘关节穿刺和手术入路多在关节的背侧或背外侧进行，在关节的背侧做垂直切口分开肱三头肌腱进入最为安全。

3. 肘关节脱位　由于肘关节中的尺骨冠突短小，关节囊的前、后壁薄弱而无韧带增强，易发生肘关节后脱位。如有鹰嘴骨折，也可发生前脱位。在小儿，因桡骨头尚在发育中，桡骨环状韧带松弛，容易发生桡骨头半脱位。

（刘洪付　范艳）

第六节　前臂部

前臂部位于肘部和手部之间，被桡、尺骨和前臂骨间膜分为前臂前区和前臂后区。

一、前臂前区

（一）浅层结构

前臂前区（anterior antebrachial region）皮肤较薄，移动度大，沿桡、尺动脉分布的皮肤，血运丰富，可切取带蒂的皮瓣。浅筋膜内有较多的浅静脉和皮神经等。桡侧的浅筋膜内有前臂外侧皮神经、头静脉及其属支。尺侧有前臂内侧皮神经、贵要静脉及其属支。在前臂前面中部有细小而不恒定的前臂正中静脉，上行注入肘正中静脉或贵要静脉。正中神经和尺神经的掌支在屈肌支持带近侧穿出深筋膜走向手掌。

（二）深层结构

1. 深筋膜　又称前臂筋膜（antebrachial fascia），薄而坚韧，近肘前区处有肱二头肌腱膜加强并有前臂浅层诸肌起自其深面，远侧至腕前区增厚形成韧带。前臂筋膜发出前臂内、外侧肌间隔（medial and lateral antebranchial intermuscular septum），分别从前臂内、外侧缘伸入前臂前、后群肌之间，附着于尺、桡骨。前臂筋膜，前臂内、外侧肌间隔和尺、桡骨及前臂骨间膜共同围成前臂前骨筋膜鞘、臂前后骨筋膜鞘。前臂前骨筋膜鞘（anterior osseofascial compartment of forearm）内含有前臂前群肌，桡、尺血管神经束，骨间前血管神经束和正中神经等（图7-20、图7-21）。

2. 前臂前群肌　前臂前群肌共有9块，分为4层。第1层有5块，自桡侧向尺侧依次为肱桡肌、旋前圆肌、桡侧腕屈肌、掌长肌和尺侧腕屈肌；第2层只有1块指浅屈肌；第3层有2块，桡侧为拇长屈肌，尺侧为指深屈肌；第4层为旋前方肌。

3. 血管神经束　前臂前区有4个血管神经束。

（1）桡血管神经束：由桡动、静脉和桡神经浅支组成，走行于肱桡肌内侧或深面。

1）桡动脉（radial artery）：行经肱桡肌内侧。在前臂上部，桡动脉位于肱桡肌和旋前圆肌之间；在前臂下部，位于肱桡肌腱和桡侧腕屈肌腱之间，位置表浅，仅覆以皮肤和浅、深筋膜，是触摸脉搏的位置。桡动脉在起始部发出桡侧返动脉，并在沿途发肌支和皮支至邻近各肌与皮肤，在腕前区，发出掌浅支，向下行经鱼际肌表面或穿鱼际肌至手掌。

2）桡静脉（radial vein）：有2条，与桡动脉伴行。

3）桡神经浅支（superficial branch of radial nerve）：为桡神经的皮支，行于肱桡肌深面。在前臂上1/3段，其在桡动脉的外侧下行，两者相距较远；在中1/3段，两者相伴行于肱桡肌和桡侧腕屈肌之间；约在中、下1/3交界处两者分开，桡神经浅支经肱桡肌腱深面转至前臂后区下行至手背。

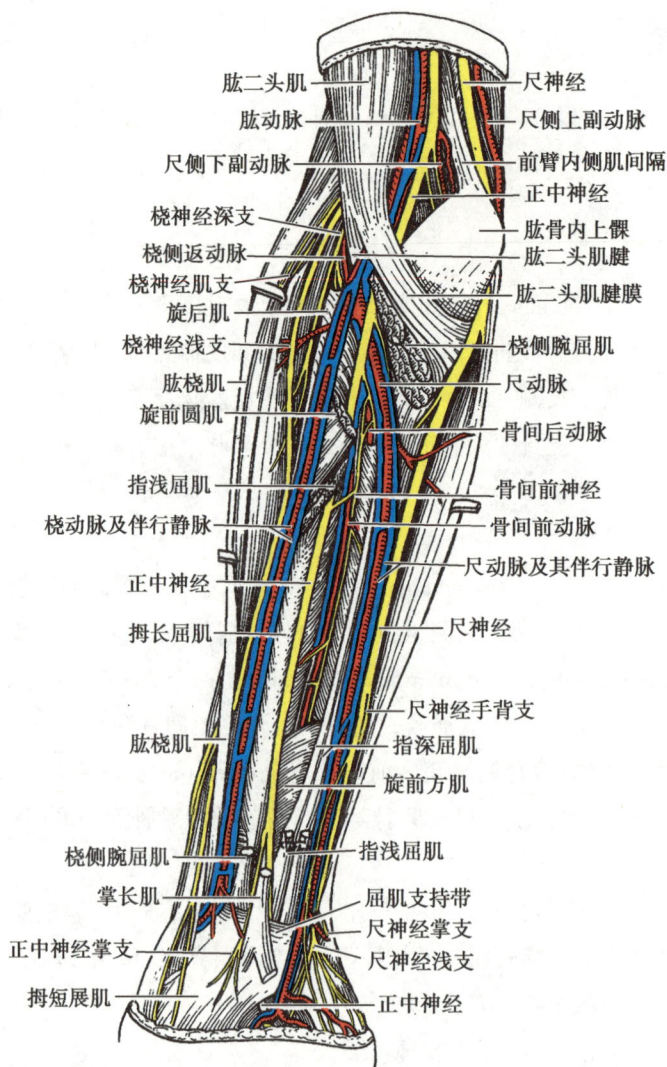

肱二头肌	尺神经
肱动脉	尺侧上副动脉
尺侧下副动脉	前臂内侧肌间隔
	正中神经
桡神经深支	肱骨内上髁
桡侧返动脉	肱二头肌腱
桡神经肌支	肱二头肌腱膜
旋后肌	
桡神经浅支	桡侧腕屈肌
肱桡肌	尺动脉
旋前圆肌	骨间后动脉
指浅屈肌	骨间前神经
桡动脉及伴行静脉	骨间前动脉
正中神经	尺动脉及其伴行静脉
拇长屈肌	尺神经
	尺神经手背支
肱桡肌	指深屈肌
	旋前方肌
桡侧腕屈肌	指浅屈肌
掌长肌	屈肌支持带
正中神经掌支	尺神经掌支
拇短展肌	尺神经浅支
	正中神经

▲ 图7-20　前臂前区深层结构

（2）尺血管神经束：由尺动、静脉和尺神经组成。

1）尺动脉（ulnar artery）：经旋前圆肌深面走向内下，经指浅屈肌深面至尺侧腕屈肌与指深屈肌之间下行，经腕尺侧管入手掌。尺动脉近侧端发出尺侧返动脉和骨间总动脉，后者为一短干，又分为骨间前、后动脉，分别行于前臂骨间膜的前、后方。

2）尺静脉（ulnar vein）：有2条，与尺动脉伴行。

3）尺神经（ulnar nerve）：从尺神经沟向下穿尺侧腕屈肌两头之间至前臂前区，行于尺动脉的内侧。在前臂上段，尺神经和尺动、静脉相距较远；在前臂中下段，两者相伴下行，经腕尺侧管入手掌。其肌支支配尺侧腕屈肌和指深屈肌尺侧半，手背支自桡腕关节近侧5cm处分出，经尺侧腕屈肌腱与尺骨之间转向背侧。

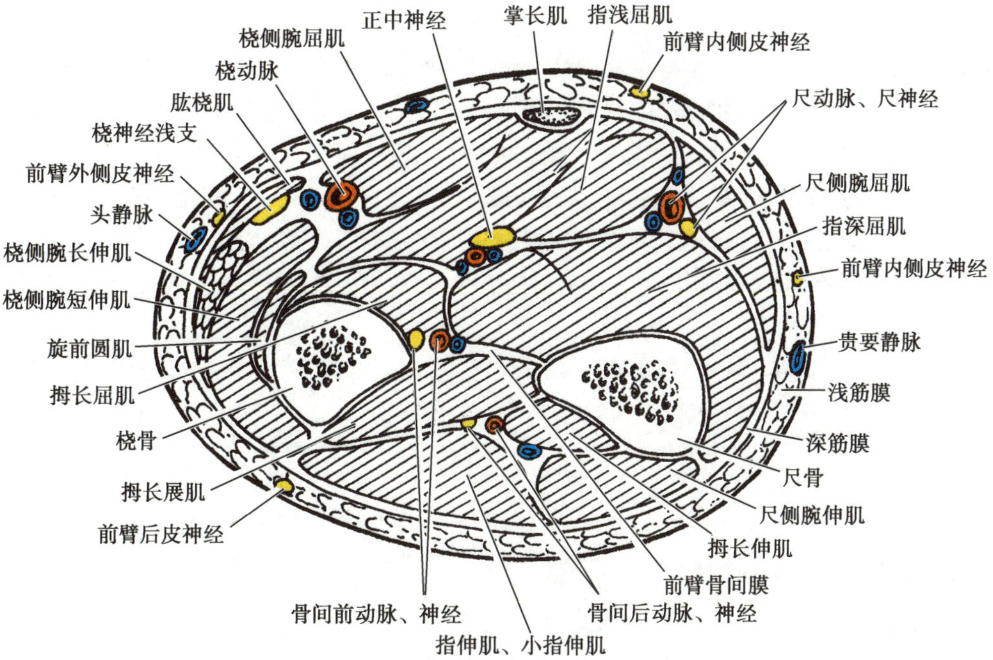
正中神经
掌长肌
指浅屈肌
桡侧腕屈肌
前臂内侧皮神经
桡动脉
尺动脉、尺神经
肱桡肌
桡神经浅支
尺侧腕屈肌
前臂外侧皮神经
指深屈肌
头静脉
桡侧腕长伸肌
前臂内侧皮神经
桡侧腕短伸肌
旋前圆肌
贵要静脉
拇长屈肌
浅筋膜
桡骨
深筋膜
尺骨
拇长展肌
尺侧腕伸肌
前臂后皮神经
拇长伸肌
前臂骨间膜
骨间前动脉、神经
骨间后动脉、神经
指伸肌、小指伸肌

▲ 图7-21　前臂中1/3横断面（右侧-远侧面观）

（3）正中血管神经束：由正中神经和同名血管组成。

1）正中动脉（median artery）：发自骨间前动脉，伴正中神经下行。

2）正中静脉（median vein）：与同名动脉伴行。

3）正中神经（median nerve）：穿旋前圆肌向下进入指浅屈肌深面。在前臂中1/3段，正中神经位于指浅、深屈肌之间；在远侧1/3段，位于桡侧腕屈肌腱与掌长肌腱之间，其位置表浅。正中神经较粗，而掌长肌腱较细，故手术时应注意区别。正中神经支配旋前圆肌、桡侧腕屈肌、掌长肌、指浅屈肌。在屈肌支持带的近侧发出细小的掌支，分布于手掌近侧部皮肤。

（4）骨间前血管神经束：由骨间前血管和神经组成。

1）骨间前动脉（anterior interosseous artery）：起自骨间总动脉，与同名静脉、神经伴行。

2）骨间前静脉（anterior interosseous vein）：伴同名动脉走行。

3）骨间前神经（anterior interosseous nerve）：是正中神经穿经旋前圆肌时，由神经干背侧发出的分支，在骨间膜前方拇长屈肌与指深屈肌之间下降至旋前方肌深面。支配拇长屈肌、指深屈肌桡侧半和旋前方肌。

4. 前臂屈肌后间隙　是位于前臂前区远侧1/4段，指深屈肌腱、拇长屈肌腱深面和旋前方肌浅面之间的潜在性疏松结缔组织间隙。其内、外侧界分别为尺、桡侧腕屈肌和前臂深筋膜。该间隙向远侧经腕管与掌中间隙相通，炎症可经此间隙相互蔓延。

理论与实践　　　1. 前臂皮瓣移植　在前臂前面中、下1/3段范围内，以桡、尺动脉为轴，切取轴型皮瓣，切断其近侧端带着远侧端的血管蒂，逆行转移至手部及其他远隔部位的皮肤缺损区，用以修复大面积软组织缺损。

　　2. 旋前圆肌对桡骨错位时的影响　在旋前圆肌止点上方骨折时，近折段因受肱二头肌和旋后肌的牵引而呈旋后位：远折段因受旋前圆肌和旋前方肌的牵引，呈旋前位。在旋前圆肌止点下方的骨折，近折段因同时受旋前圆肌和旋后肌的牵引，常保持中立位：远折段受旋前方肌的牵引而呈旋前位。

　　3. 桡骨下端骨折　多发生在桡骨下端3cm范围内。正常情况下，桡骨茎突较尺骨茎突低1cm，当桡骨下端骨折时，这种关系可发生改变。

二、前臂后区

（一）浅层结构

前臂后区（posterior antebrachial region）皮肤较厚，移动度小，浅静脉为头静脉和贵要静脉的远侧段及其属支。有三条皮神经：前臂后皮神经分布于前臂后区中间部皮肤，前臂内、外侧皮神经（medial and lateral antebrachial cutaneous nerve）分布于前臂后区内、外侧部。

（二）深层结构

1. 深筋膜　前臂后区的深筋膜厚而坚韧，近侧部因有肱三头肌腱膜参加而增强，远侧至腕背侧增厚形成伸肌支持带。前臂后骨筋膜鞘（posterior osseofascial compartment of forearm）内含有前臂后群肌和骨间后血管神经束等（图7-22）。

2. 前臂后群肌　分两层，每层各5块。浅层自桡侧向尺侧依次为桡侧腕长伸肌、桡侧腕短伸肌、指伸肌、小指伸肌和尺侧腕伸肌。深层旋后肌位于上外方，其余4块肌从桡侧向尺侧依次为拇长展肌、拇短伸肌、拇长伸肌和示指伸肌。

3. 骨间后血管神经束　由骨间后血管、神经组成，位于前臂肌后群浅、深层之间。

（1）桡神经深支和骨间后神经：桡神经在穿过臂外侧肌间隔后，发肌支支配肱桡肌和桡侧腕长伸肌。在肘窝外侧，肱骨外上髁前方，桡神经分为浅、深两支。桡神经深支（deep branch of radial nerve）先发肌支至桡侧腕短伸肌和旋后肌，然后穿入旋后肌并在桡骨头下方5~7cm处穿出该肌，改名为骨间后神经（posterior interosseous nerve），下行于前臂后群肌浅、深两层之间，分支至前臂后群其余诸肌。

（2）骨间后动脉（posterior interosseous artery）：是骨间总动脉的分支，与同名静脉相伴行，穿前臂骨间膜上缘上方，进入前臂后区，行于前臂肌后群浅、深层之间，渐与同名神经伴行，分支营养邻近各肌（图7-22）。

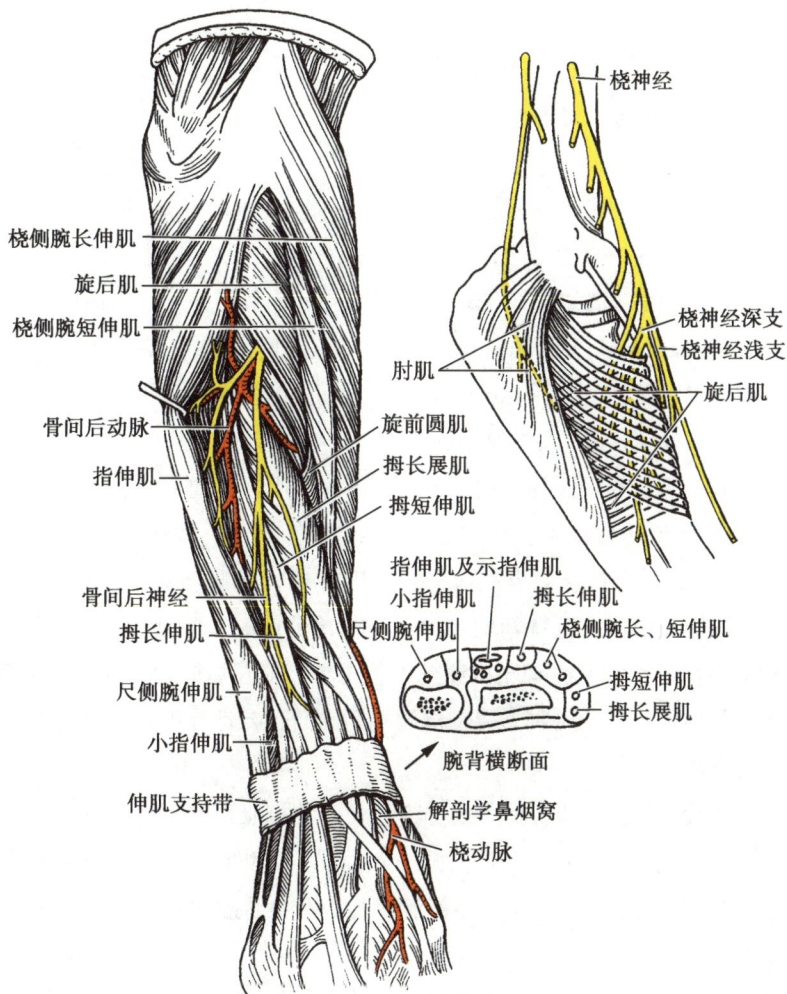

▲ 图7-22 前臂后区深层结构

（刘洪付 范艳）

第七节 腕和手

腕（wrist）介于前臂和手之间，其上界为尺、桡骨茎突近侧两横指的环线，下界相当于屈肌支持带的下缘水平。手可分为手掌、手背和手指三部分。

一、腕

腕是前臂的屈、伸肌腱和血管、神经到达手的通路。分为腕前区与腕后区。

（一）腕前区

1. 浅层结构　皮肤和浅筋膜薄而松弛，移动性好，浅筋膜内有前臂内、外侧皮神经的分支分布，还有较多的浅静脉和浅淋巴管。

2. 深层结构

（1）深筋膜：可分浅、深两层，浅层称腕掌侧韧带（volar carpal ligament），位于腕横纹深部，两侧与腕背侧的伸肌支持带相延续，远侧变薄；深层称屈肌支持带（flexor retinaculum），又称腕横韧带，是厚而坚韧的扁带。其尺侧端附着豌豆骨和钩骨钩并与腕掌侧韧带远侧部分共同构成腕尺侧管（ulnar carpal canal），管内有尺神经和尺动、静脉通过；桡侧端分两层附着手舟骨结节和大多角骨结节，形成腕桡侧管（radial carpal canal），包绕桡侧腕屈肌腱及其腱鞘。掌长肌腱在屈肌支持带浅面与掌腱膜相连（图7-23）。

（2）腕管（carpal canal）：由屈肌支持带和腕骨沟围成。管内有指浅屈肌腱、指深屈肌腱、拇长屈肌腱等9条肌腱及其腱鞘和正中神经通过。在管内，各指浅、深屈肌腱被屈肌总腱鞘（common flexor sheath）即尺侧囊包裹；拇长屈肌腱被拇长屈肌腱鞘（tendinous sheath of flexor pollicis longus）即桡侧囊包裹。两腱鞘均超过屈肌支持带近侧和远侧各2.5cm。屈肌总腱鞘常与小指腱滑膜鞘相通。由于拇长屈肌腱鞘延续到拇指末节，拇长屈肌腱鞘与拇指的腱滑膜鞘相连。正中神经在腕管内变扁平，紧贴屈肌支持带桡侧端的深面，腕骨骨折时可压迫正中神经，引起腕管综合征（图7-23）。

（3）桡动脉及桡静脉：在屈肌支持带的上方，位于肱桡肌与桡侧腕屈肌腱之间。桡动脉在平桡骨茎突水平发出掌浅支，经屈肌支持带前面进入手掌。桡动脉本干绕过桡骨茎突的远侧，经拇长展肌腱、拇短伸肌腱深方进入鼻烟窝。桡静脉多为2条，与桡动脉伴行。

（二）腕后区

1. 浅层结构　皮肤比腕前区厚，浅筋膜薄，内有浅静脉及皮神经。头静脉和贵要静脉在浅筋膜内分别起于腕后区桡侧和尺侧。桡神经浅支（superficial branch of radial nerve）与头静脉伴行，越过伸肌支持带的浅面下行，在鼻烟窝的附近分为4~5支指背神经；尺神经手背支（dorsal branch of ulnar nerve）在腕关节上方由尺神经分出，经尺侧腕屈肌腱和尺骨之间转入腕后区，分支至手背皮肤，并发出5条指背神经；在腕后区正中部有前臂后皮神经的终末支分布（图7-24）。

2. 深层结构

（1）伸肌支持带（extensor retinaculum）：又称腕背侧韧带，由腕后区深筋膜增厚形成，其内侧附于尺骨茎突和三角骨，外侧附于桡骨远端外侧缘。伸肌支持带向深部发出5个纤维隔，附着于尺、桡骨背面，使之形成6个骨纤维性管道，前臂后群肌的肌腱及腱鞘在管内通过。

（2）腕伸肌腱及腱鞘：从桡侧向尺侧排列，依次通过以下各骨纤维管的肌腱及腱鞘。① 拇长展肌腱、拇短伸肌腱及腱鞘；② 桡侧腕长、短伸肌腱及腱鞘；③ 拇长伸肌腱及腱鞘；④ 指伸肌腱与示指伸肌腱及腱鞘；⑤ 小指伸肌腱及腱鞘；⑥ 尺侧腕伸肌腱与腱鞘（图7-25）。

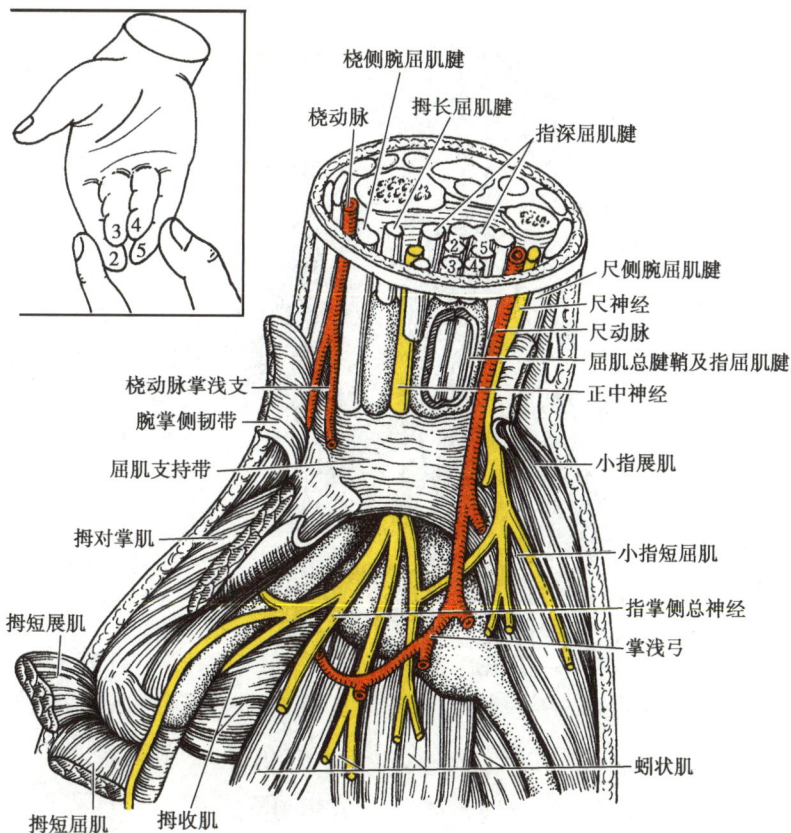

图中标注（由上而下、由左至右）：

桡侧腕屈肌腱
拇长屈肌腱
指深屈肌腱
桡动脉
尺侧腕屈肌腱
尺神经
尺动脉
屈肌总腱鞘及指屈肌腱
正中神经
桡动脉掌浅支
腕掌侧韧带
屈肌支持带
小指展肌
拇对掌肌
小指短屈肌
指掌侧总神经
掌浅弓
拇短展肌
蚓状肌
拇短屈肌
拇收肌

▲ 图7-23　腕前区深层结构

二、手掌

手掌（palm of hand）的近侧部称腕前区（anterior region of wrist）；远侧部的桡、尺侧呈鱼腹状隆起，分别称为鱼际（thenar）和小鱼际（hypothenar），中央部的三角形凹陷称掌心。

（一）浅层结构

1. 皮肤与浅筋膜　手掌皮肤厚而坚韧，无毛囊和皮脂腺，汗腺丰富。鱼际和小鱼际处的浅筋膜较薄，掌心的浅筋膜致密并有纤维隔将皮肤连于掌腱膜，将皮下组织分隔成无数小格，浅血管、浅淋巴管和皮神经穿行其间。因掌部皮肤不易移动，缺损时不易牵拉缝合，常需要植皮。

2. 浅血管、浅淋巴管和皮神经　浅动脉分支细小，无静脉伴行。掌部浅静脉和浅淋巴管各自吻合成细网，掌心部的浅静脉和浅淋巴管行向腕前区，两侧部的浅静脉和浅淋巴管多走向手背，因此掌部感染时往往手背肿胀较明显。

腕前区内、外侧面分别有前臂内、外侧皮神经分布。前臂外侧皮神经终支可至鱼际近侧端皮肤。尺神经掌支分布于手掌尺侧1/3部，正中神经掌支分布于桡侧2/3部，桡神经浅支分布于鱼际外侧部皮肤，神经分布彼此间重叠。

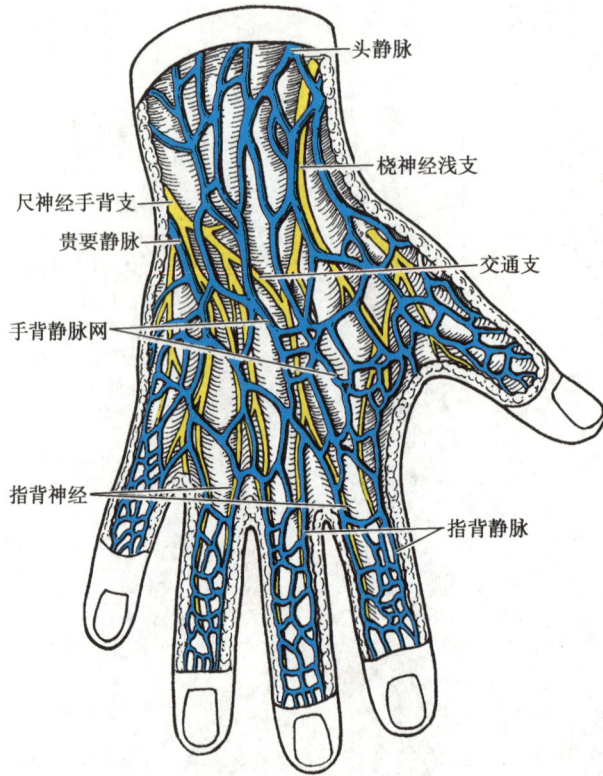

▲ 图7-24　手背浅层结构

头静脉

桡神经浅支

尺神经手背支

贵要静脉

交通支

手背静脉网

指背神经

指背静脉

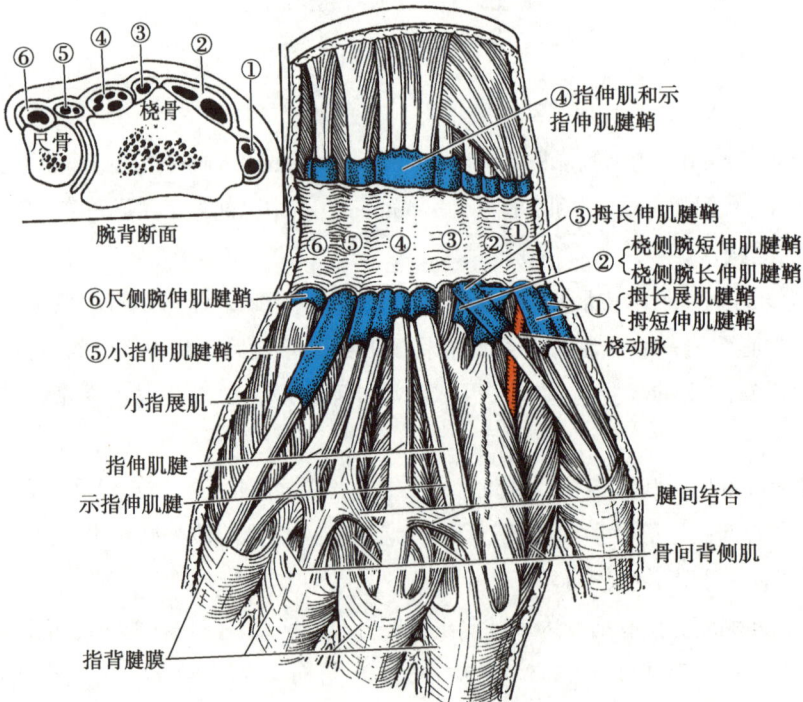

▲ 图7-25　手背深层结构

腕背断面

尺骨

桡骨

④指伸肌和示
指伸肌腱鞘

③拇长伸肌腱鞘

②｛桡侧腕短伸肌腱鞘
桡侧腕长伸肌腱鞘

①｛拇长展肌腱鞘
拇短伸肌腱鞘

桡动脉

⑥尺侧腕伸肌腱鞘

⑤小指伸肌腱鞘

小指展肌

指伸肌腱

示指伸肌腱

腱间结合

骨间背侧肌

指背腱膜

3. 掌短肌　是位于小鱼际近侧部浅筋膜内的薄层皮肌，受尺神经浅支支配，可固定浅筋膜，保护深面的尺神经和尺血管；收缩时可使小鱼际隆起略升高，加深掌心凹陷，有利于手的握拳和持拿工具等功能。

（二）深层结构

1. 深筋膜　分浅、深2层。

（1）浅层：分为3部分。① 鱼际筋膜（thenar fascia），被覆于鱼际肌表面；② 小鱼际筋膜（hypothenar fascia），被覆于小鱼际肌表面；③ 掌腱膜（palmar aponeurosis），为位于掌心部致密的腱性纤维膜，浅面为纵行纤维，深面为横行纤维，覆盖于指浅屈肌腱的表面，厚而坚韧。略呈三角形，尖向近侧，在屈肌支持带的浅面与掌长肌腱相连，并与支持带愈着。两侧部延续为鱼际筋膜和小鱼际筋膜。远侧部的纵行纤维分成4束，分别延续到第2~5指。掌腱膜可协助屈指。外伤和炎症时可引起掌腱膜挛缩，影响手指运动（图7-26）。约在掌骨头处，掌腱膜远侧部的横行纤维与纵行纤维束围成3个纤维间隙，称为指蹼间隙，内含脂肪组织，并有手掌到手指的血管、神经通过，是手掌、手背与手指之间的通道。

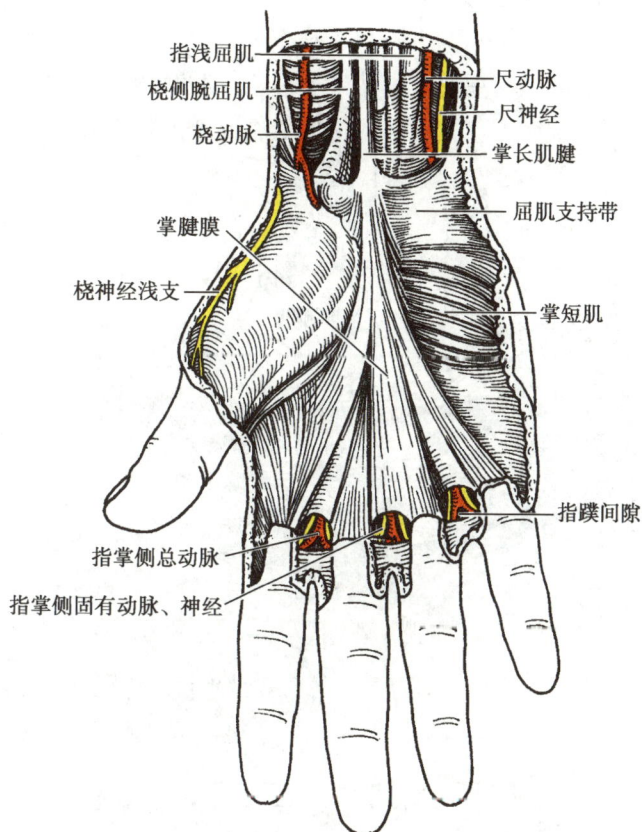

▲ 图7-26　掌腱膜

（2）深层：包括骨间掌侧筋膜（palmar interosseous fascia）和拇收肌筋膜（fascia of abductor pollicis）。前者覆盖于各掌骨及骨间肌的前方，后者被覆于拇收肌表面。

2. 骨筋膜鞘　从掌腱膜外侧缘发出掌外侧肌间隔，经拇收肌、示指屈肌腱与鱼际肌之间伸向背侧，止于第1掌骨；从掌腱膜内侧缘发出掌内侧肌间隔，经小鱼际和小指屈肌腱之间走向深方，附着于第5掌骨。手掌深筋膜的浅、深2层与掌内、外侧肌间隔之间围成3个骨筋膜鞘，即外侧鞘、中间鞘和内侧鞘（图7-27）。

（1）外侧鞘：又称鱼际鞘，由鱼际筋膜、掌外侧肌间隔和第1掌骨围成。内含拇短展肌、拇短屈肌、拇对掌肌、拇长屈肌腱及其腱鞘，以及至拇指的血管和神经等。

（2）中间鞘：由掌腱膜，掌内、外侧肌间隔，骨间掌侧筋膜和拇收肌筋膜围成。内有指浅、深屈肌腱及屈肌总腱鞘，蚓状肌及掌浅弓，指血管和神经等。

（3）内侧鞘：又称小鱼际鞘，由小鱼际筋膜、掌内侧肌间隔和第5掌骨围成。内有小指展肌、小指短屈肌、小指对掌肌和至小指的血管和神经等。此外，骨间掌侧筋膜、拇收肌筋膜与第1、3掌骨围成拇收肌鞘，包绕拇收肌；该肌与骨间掌侧筋膜之间的间隙称拇收肌后间隙。

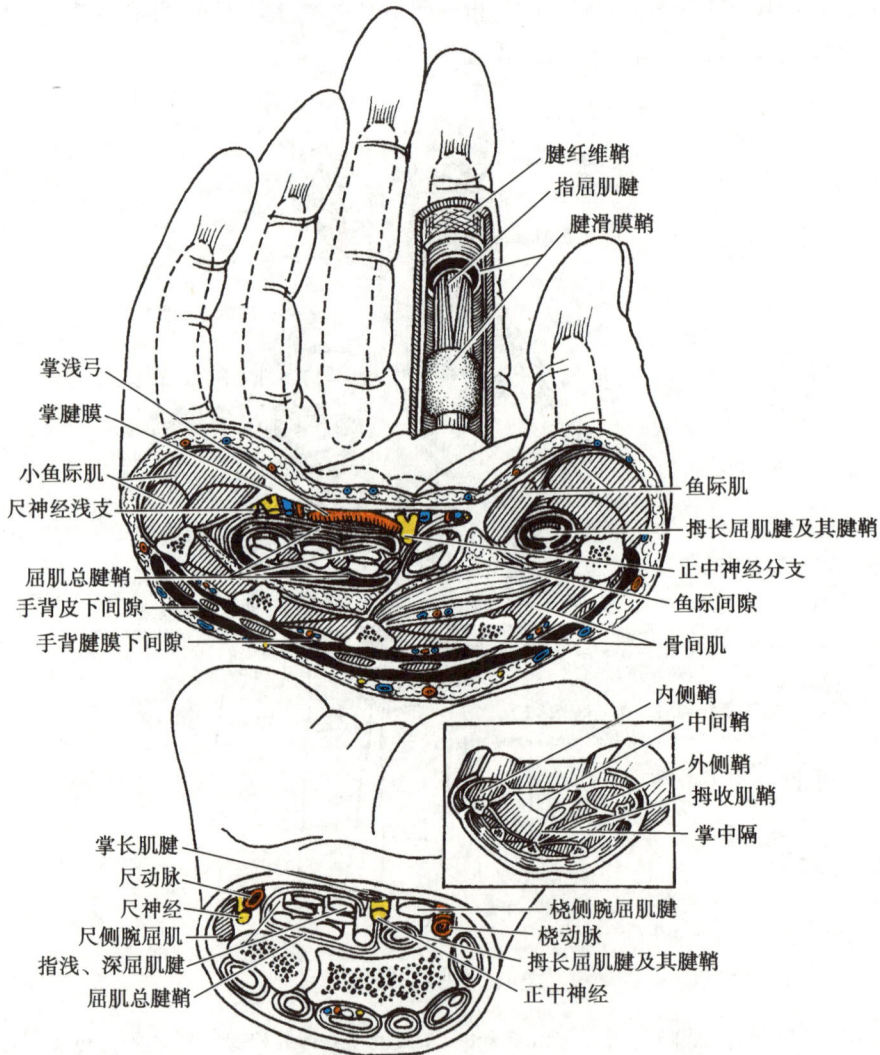

▲ 图7-27　手部骨筋膜鞘及其内容

3. **血管** 手的血液供应来自桡、尺动脉的分支，彼此吻合成掌浅弓和掌深弓。

（1）掌浅弓及指掌侧血管：在掌腱膜和指屈肌腱及屈肌总腱鞘、蚓状肌之间存在掌浅弓（superficial palmar arch）及伴行的同名静脉。尺动脉在行经腕尺侧管时发出掌深支后下行，终支入手掌与桡动脉的掌浅支吻合成掌浅弓。掌浅弓的凸缘发出1条小指尺侧动脉，分布于小指尺侧缘；发出3条指掌侧总动脉至指蹼间隙处，又各自分2条指掌侧固有动脉，分布于相邻两指相对缘皮肤（图7-28）。

（2）掌深弓（deep palmar arch）：由桡动脉的终支和尺动脉的掌深支吻合而成，有同名静脉与尺神经深支伴行，位于骨间掌侧肌与骨间掌侧筋膜之间。弓顶在掌浅弓近侧1~2cm处，掌深弓的凸缘发出3条掌心动脉，下行至掌指关节处，分别与相应的指掌侧总动脉吻合。掌心动脉发支至骨间肌、蚓状肌、掌骨等（图7-29）。

4. **手肌** 有3群，外侧群包括拇短展肌、拇短屈肌、拇对掌肌和拇收肌，中间群包括蚓状肌、骨间掌侧肌和骨间背侧肌，内侧群包括小指展肌、小指短屈肌和小指对掌肌。

5. **神经** 分布于手掌的神经是正中神经、尺神经及其分支。

（1）尺神经：行经腕尺侧管时，在豌豆骨外下方分为浅、深2支。① 尺神经浅支（superficial branch of ulnar nerve）：在尺动脉内侧下行，发支至掌短肌并在该肌深面分为指掌侧固有神经和指掌侧总神经2支。前者分布于小指掌面的尺侧缘，后者至指蹼间隙处，又分为2条指掌侧固有神经，分布于小指和环指相对缘皮肤。② 尺神经深支（deep branch of ulnar nerve）：与尺动脉掌深支伴行，穿经小鱼际肌起始部后，伴行于掌深弓，发支支配小鱼际肌，第3、4蚓状肌，拇收肌和所有骨间肌。尺神经深支经豌豆骨与钩骨间的一段，位置表浅，易受损伤（图7-29）。

（2）正中神经：经屈肌支持带深方入手掌，行于掌浅弓与指浅屈肌腱之间。在韧带的远侧缘处，正中神经分为3条指掌侧总神经。第1指掌侧总神经先发出正中神经返支，支配除拇收肌外的鱼际各肌，后发出3条指掌侧固有神经；其余2条指掌侧总神经各分出2条指掌侧固有神经。指掌侧固有神经伴随同名动、静脉，分布于桡侧3个半手指掌侧及其中、远节背侧的皮肤。正中神经还发出肌支支配第1、2蚓状肌（图7-28）。

6. **手掌的筋膜间隙** 位于中间鞘的深部，内有疏松结缔组织。掌腱膜桡侧缘发出一掌中隔，包绕示指屈肌腱和第1蚓状肌后，附着于第3掌骨，将手掌的筋膜间隙分隔为掌中间隙和鱼际间隙（图7-27、图7-30）。

（1）掌中间隙（midpalmar space）：位于中间鞘尺侧半的深部，在第3~5指屈肌腱、第2~4蚓状肌与骨间掌侧筋膜之间，内侧为掌内侧肌间隔，外侧以掌中隔与鱼际间隙分开。间隙的近侧端位于屈肌总腱鞘的深面，经腕管与前臂屈肌后间隙相通；远侧端经第2~4蚓状肌鞘达第2~4指蹼间隙并经此处通指背。手掌的刺伤、第3~5指腱鞘炎、屈肌总腱鞘感染破溃或第3~5掌骨骨髓炎等，均可引起掌中间隙感染并经上述途径蔓延。

（2）鱼际间隙（thenar space）：位于中间鞘桡侧半的深部，在掌中隔、掌外侧肌间隔与拇收肌筋膜之间。此间隙的近侧端是盲端，远侧经第1蚓状肌鞘与示指指背相通。手掌的刺伤、示指腱鞘炎和第1~3掌骨骨髓炎，可向鱼际间隙蔓延。

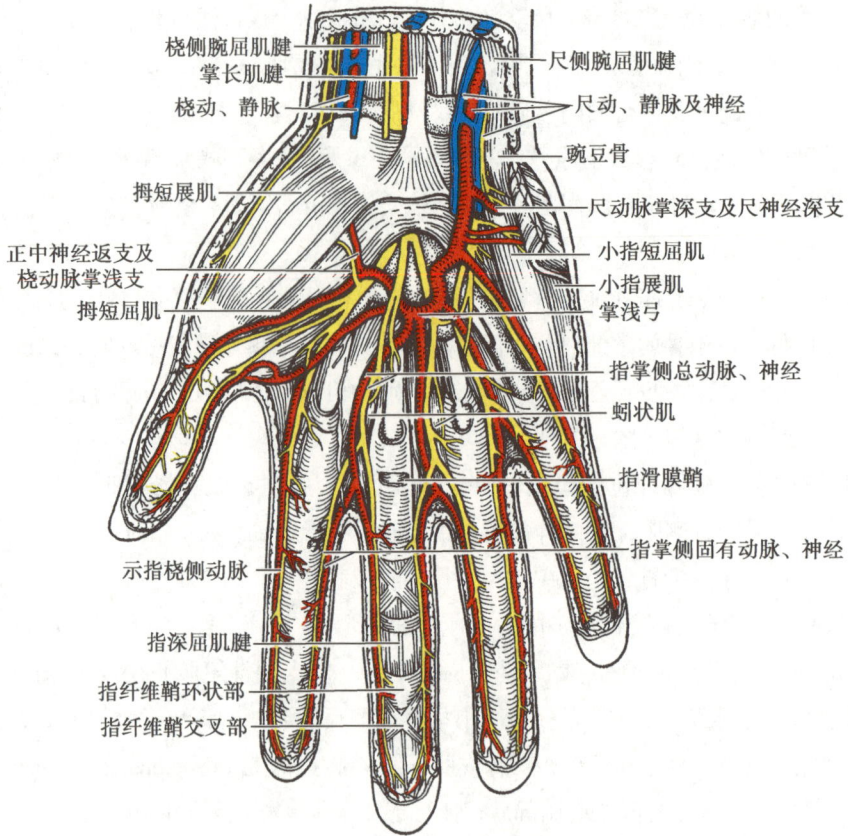

桡侧腕屈肌腱
掌长肌腱
桡动、静脉
拇短展肌
正中神经返支及
桡动脉掌浅支
拇短屈肌
示指桡侧动脉
指深屈肌腱
指纤维鞘环状部
指纤维鞘交叉部

尺侧腕屈肌腱
尺动、静脉及神经
豌豆骨
尺动脉掌深支及尺神经深支
小指短屈肌
小指展肌
掌浅弓
指掌侧总动脉、神经
蚓状肌
指滑膜鞘
指掌侧固有动脉、神经

▲ 图7-28 掌浅弓、正中神经及分支

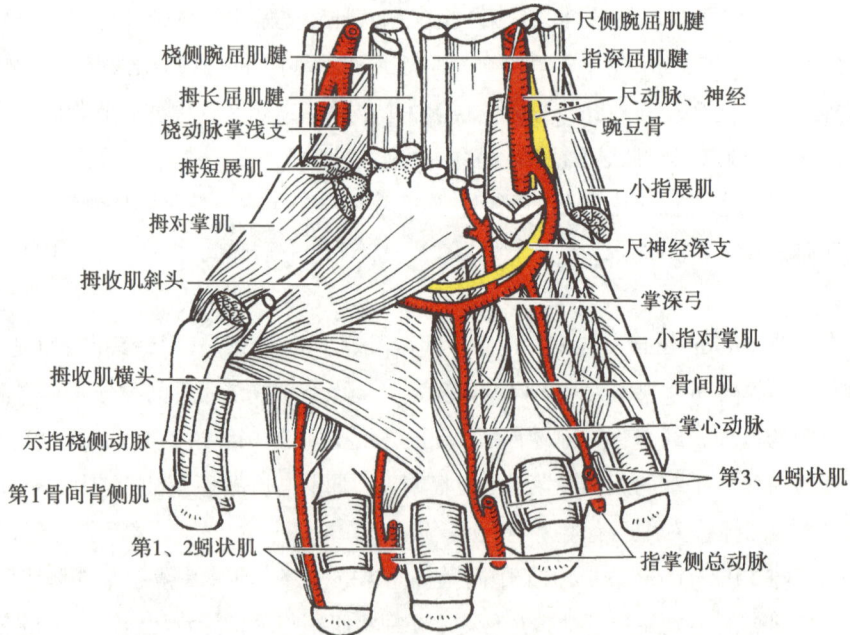

桡侧腕屈肌腱
拇长屈肌腱
桡动脉掌浅支
拇短展肌
拇对掌肌
拇收肌斜头
拇收肌横头
示指桡侧动脉
第1骨间背侧肌
第1、2蚓状肌

尺侧腕屈肌腱
指深屈肌腱
尺动脉、神经
豌豆骨
小指展肌
尺神经深支
掌深弓
小指对掌肌
骨间肌
掌心动脉
第3、4蚓状肌
指掌侧总动脉

▲ 图7-29 掌深弓、尺神经及分支

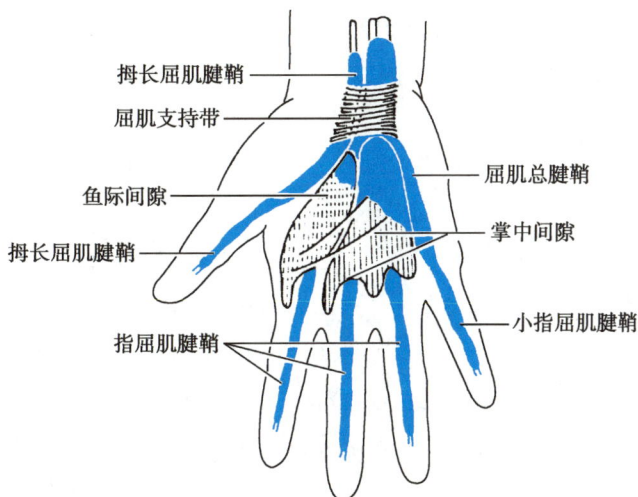

拇长屈肌腱鞘

屈肌支持带

鱼际间隙

拇长屈肌腱鞘

指屈肌腱鞘

屈肌总腱鞘

掌中间隙

小指屈肌腱鞘

▲ 图7-30 手部腱鞘及筋膜间隙

理论与实践　　1. 正中神经损伤

（1）腕管：腕管各壁坚硬，管腔狭窄。任何使腕管缩小的因素或腕骨骨折，均可压迫正中神经，引起腕管综合征，表现为鱼际平坦、拇指对掌功能障碍、外展无力（拇短展肌、拇对掌肌和拇短屈肌瘫痪）及拇指处于内收位（拇收肌未受累）。此外，还有桡侧两条蚓状肌瘫痪和桡侧三个半手指掌侧面及背面远侧部的皮肤感觉障碍。

（2）手掌：正中神经返支因外伤或手术损伤时，症状与前述类似，但无蚓状肌瘫痪和皮肤感觉丧失。

（3）前臂前区下部：正中神经位置表浅，易受锐器损伤，损伤后的症状和体征与腕管综合征相似。

2. 腕尺侧管　尺神经在腕尺侧管内损伤时，可产生腕尺管综合征；表现为尺神经深、浅支分布的肌肉瘫痪和皮肤感觉障碍，小鱼际肌萎缩变平坦，拇指不能内收，骨间肌萎缩，各指不能相互靠拢，各掌指关节过伸，第4、5指的指间关节弯曲，称为爪形手。感觉丧失区域以手内侧缘为主。

三、手背

（一）浅层结构

手背皮肤薄而柔软，富有弹性。浅筋膜内有丰富的静脉和皮神经，浅静脉相互吻合成手背静脉网（dorsal venous rete of hand），收集手背浅、深部的静脉血。手指的浅静脉多位于指背，向近侧注入手背静脉网。头静脉和贵要静脉分别起自手背静脉网的桡侧与尺侧。手的静脉回流一般由掌侧流向背侧，从深层流入浅层，自手背静脉网回流。淋巴回流与静脉相似。手掌及手指掌侧的浅淋巴管多走向手背，参与构成手背淋巴管网，当手指和手掌感染时，手背肿胀明显。皮神经有桡神经浅支和尺神经手背支，二者除分别分布于手背桡、尺侧半皮肤外，还各发出5条指背神经，分别分布于桡、尺侧各两个半手指背侧皮肤（示、中指及环指桡侧半中、远节指骨背侧皮肤除外）（图7-24）。

（二）深层结构

1. 深筋膜　又称手背筋膜（dorsal fascia of hand），分为浅、深两层。浅层称手背腱膜（aponeurosis dorsalis manus），是伸肌支持带的延续并与指伸肌腱结合，两侧分别附着于第2、5掌骨。手背筋膜的深层覆盖在第2~5掌骨及第2~4骨间背侧肌表面，为骨间背侧腱膜（dorsal interosseous aponeurosis）。在各掌骨的远、近端，深筋膜的浅、深两层相互结合。

2. 筋膜间隙　手背浅筋膜与深筋膜的浅、深层三者间形成两个筋膜间隙。手背浅筋膜与手背腱膜之间的间隙为手背皮下间隙（dorsal subcutaneous space）；手背腱膜与骨间背侧腱膜之间的间隙为手背腱膜下间隙（dorsal subaponeurotic space）。两者常有交通，感染时可相互蔓延，使整个手背肿胀明显（图7-27）。

3. 指伸肌腱（tendon of extenson digitorum）　在手背有4条指伸肌腱，分别行向第2~5指，并在近节指骨底移行为指背腱膜。

四、手指

手指借掌指关节与手掌相连，运动灵活。手指分掌侧和背侧。

（一）浅层结构

1. 皮肤　手指掌侧皮肤厚于背侧。指掌侧有3条横纹。指腹处神经末梢和血管特别丰富，感觉灵敏，手术时应注意保护。指腹有形式各异的指纹，可作为区别个体的可靠标志。指端背面有指甲（nail of finger），甲下的真皮为甲床，甲根部的表皮生发层是指甲的生长点，应防止其损伤。

2. 浅筋膜　手指掌侧浅筋膜内的疏松结缔组织积聚成小球状，有纤维隔介于其间，将皮肤连于指屈肌腱鞘，刺伤感染时常导致腱鞘炎。

3. 指髓间隙（pulp space）　又称指髓，位于各指远节指骨远侧4/5段掌侧的骨膜与皮肤之间的密闭间隙。间隙两侧、掌面和各指末端都是致密的皮肤。近侧有纤维隔连于指远纹皮下和指深屈肌腱的末端，其内有许多纤维隔连于远节指骨骨膜和指腹皮肤之间，将间隙内脂肪分成许多小叶，并有许多血管和神经行于其中。指端感染肿胀时，局部压力增高，压迫血管与神经末梢引起剧烈疼痛；也可使远节指骨滋养动脉受压，导致远节指骨远侧部坏死。因此，应及时进行指端侧方切开引流，只有切断纤维隔，引流才能通畅（图7-31）。

4. 血管和神经　每指均有2条指掌侧固有动脉和2条指背动脉，分别与同名神经伴行于指掌侧面、背侧面与侧面交界线上。浅静脉多位于指背。浅淋巴管与指腱鞘、指骨骨膜的淋巴管相交通，感染时可相互蔓延。

（二）深层结构

1. 指浅、深屈肌腱　拇指有1条指屈肌腱，其余各指均有浅、深2条肌腱，行于各指的指腱鞘内。在近节指骨处，指浅屈肌腱位于指深屈肌腱的掌侧，沿两侧包绕指深屈肌腱，并向远侧分为2股，附着于中节指骨体两侧缘，形成腱裂孔。指深屈肌腱从腱裂孔穿出后，止于远节指骨底。指浅屈肌腱主要屈近侧指间关节，指浅屈肌腱可同时屈近、远侧指间关节（图7-32）。

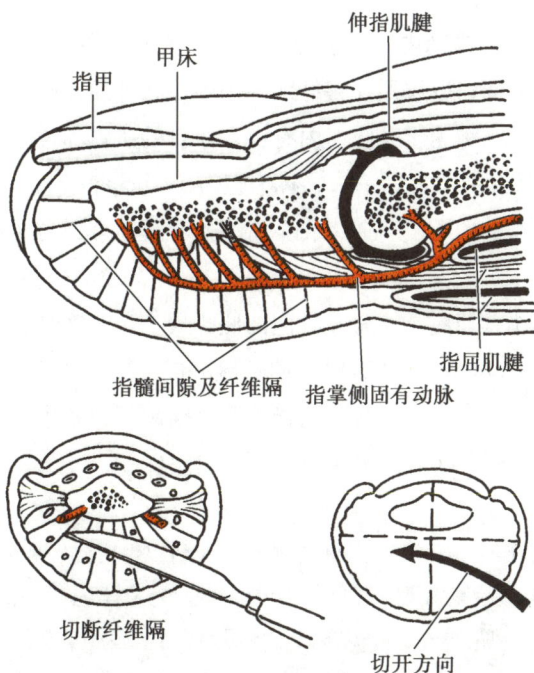

▲ 图7-31　指端解剖

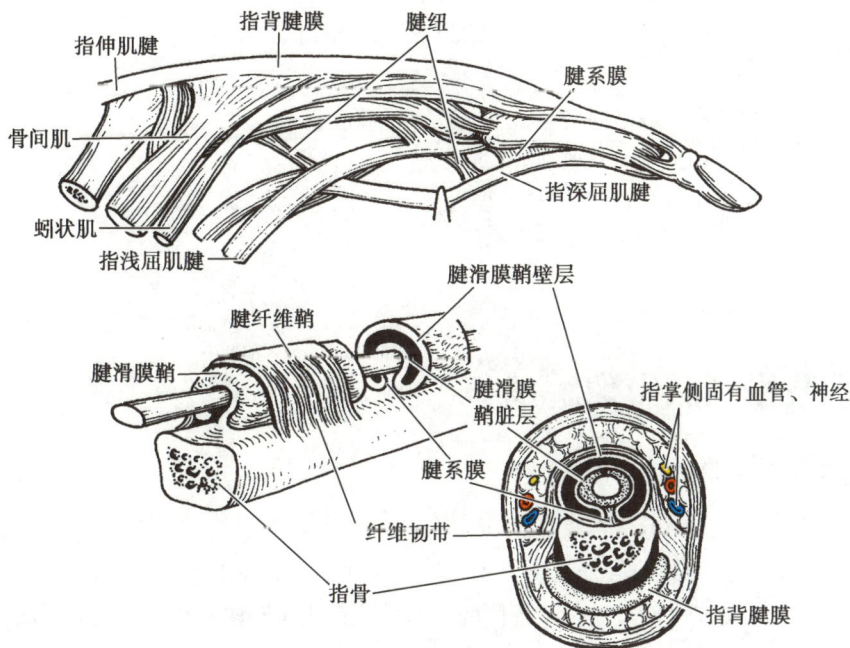

▲ 图7-32　指屈肌腱及腱鞘

2. 指腱鞘（tendinous sheath of finger） 是包绕指浅、深屈肌腱的鞘管，由两部分组成。

（1）腱纤维鞘：是手指深筋膜增厚的部分，附着于指骨及其关节囊的两侧，对肌腱起约束、支持和滑车作用，并增强肌的拉力。

（2）腱滑膜鞘：位于腱纤维鞘内，是包绕各指屈肌腱的双层滑膜所形成的囊管状鞘，分脏、壁两层。脏层包在肌腱的表面；壁层贴在腱纤维鞘的内面和骨面，此鞘的两端封闭。从骨面移行到肌腱外面的两层滑膜部分，称为腱系膜，内有出入肌腱的血管和神经。由于肌腱经常活动，腱系膜大部分消失，仅在血管出入处保留下来，称为腱纽（vincula tendinum）。第2~4指的指滑膜鞘从远节指骨底延伸到掌指关节的近侧。拇指和小指的指滑膜鞘分别与拇长屈肌腱鞘和屈肌总腱鞘相通。

3. 指伸肌腱 手背的指伸肌腱在掌骨头处向两侧扩展，包绕掌骨头和近节指骨背面，形成指背腱膜（aponeurosis dorsalis digiti）。指背腱膜向远侧分成3束，中间束止于中节指骨底，两条侧束在中节指骨背面合并后，止于远节指骨底。指伸肌腱断裂后，各指关节呈屈曲状态，中间束断裂后近指间关节不能伸直，侧束断裂，远指间关节不能伸直。

案例 7-2 患者，男，62岁，3年前手外伤致腕骨（月骨）骨折，经治疗后康复；近半年来，逐渐发现腕部肿痛，手掌感觉麻木、感觉减弱，鱼际无力等，遂入院。体格检查：手掌稍显肿胀，压痛明显，手掌感觉减弱，以桡侧区域更为明显，鱼际变小。CT和MRI检查：腕骨（月骨）骨质增生压迫正中神经。术前诊断：月骨骨质增生伴正中神经压迫。于臂丛阻滞麻醉下行月骨增生修复和正中神经减压术。术中见腕管内结构组织肿胀，月骨骨质增生突起约5mm，致正中神经受压变形和移位，行骨质增生修复、正中神经松解和复位，手术过程顺利，术中生命体征平稳。术后患者上述临床表现逐渐消失。

思考：

1. 利用腕管的解剖学特点，分析思考腕管综合征。

2. 患者出现上述临床症状和体征的理由是什么？

（刘洪付　范艳）

第八节　上肢横断层影像解剖

一、经肩关节上份的横断层

此层面上肱骨头、关节盂和喙突的断面出现（图7-33）。

呈圆形的肱骨头与内侧的肩胛骨关节盂构成肩关节；三角肌包绕于肩关节的前、后方及外侧，肱骨头前面与三角肌之间可见位于外侧的肱二头肌长头腱和内侧稍粗的肩胛下肌腱。肱骨头后面与三角肌之间有冈上肌腱。肩胛冈呈游离状，位于肩关节的后内侧，呈"一"字形斜向后内侧，其前方有冈上肌和肩胛下肌，后方有冈下肌。自肩胛骨关节盂伸向前外侧的突起为喙突，有喙锁韧带附着；喙突的内侧可见腋窝的断面。在CT图像上，骨性关节面呈线样的高密度影，关节软骨常不能显示；关节间隙为关节骨端之间的低密度影，关节腔内的少量液体在CT图像上难以辨认。

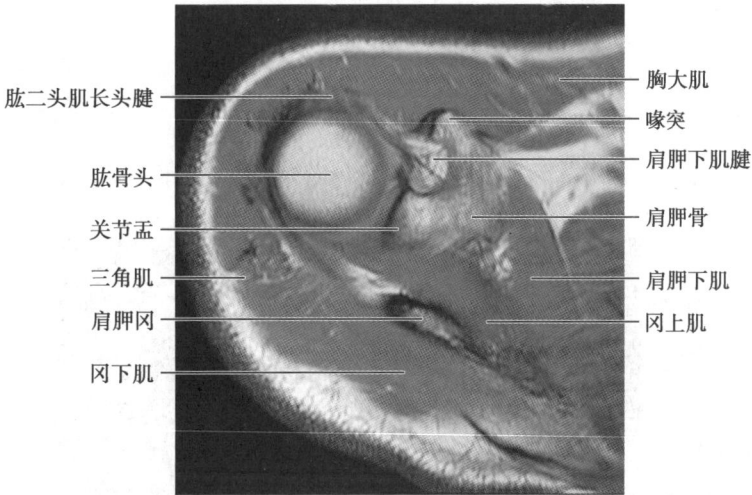

▲ 图7-33　经肩关节上份的横断层（MRI T₁加权像）

二、经臂部上份的横断层

此层面上肱骨体、肱二头肌和肱三头肌的断面出现（图7-34）。

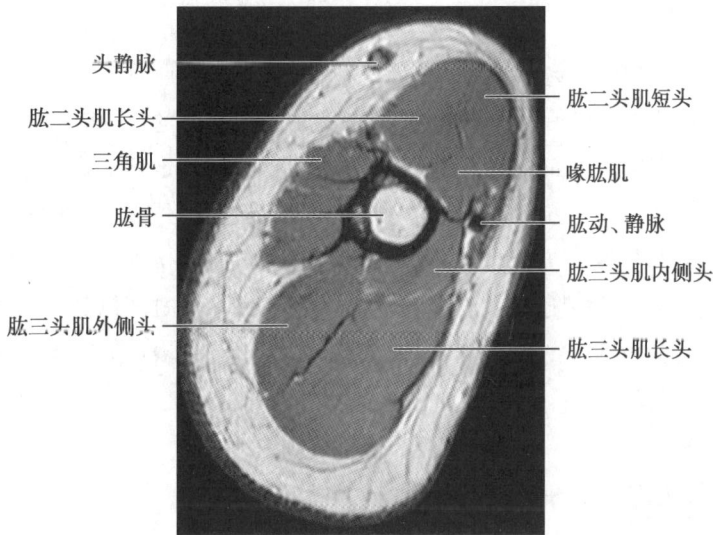

▲ 图7-34　经臂部上份的横断层（MRI T₁加权像）

呈圆形的肱骨体位于中央，其外侧为三角肌的断面，前内侧为较大的肱二头肌和较小的喙肱肌断面，后外侧为较大的肱三头肌断面。肱二头肌分为长头和短头；肱三头肌分为内侧头、长头和外侧头，肱三头肌内侧头与长头之间可见桡神经和肱深血管的断面。肱二头肌短头、喙肱肌与肱三头肌内侧头之间的血管神经主要有正中神经、肱动脉、肱静脉和尺神经，头静脉位于肱二头肌前外侧的浅筋膜内。在MRI影像上，长管状骨的骨皮质因无氢质子，T_1、T_2加权像上均呈无信号；邻近肌腱、韧带的氢质子含量低，均呈低信号；在骨髓、皮下、肌间结缔组织内的脂肪组织，T_1、T_2加权像均呈高信号。

三、经肘关节上份（肱尺关节）的横断层

此层面上尺骨鹰嘴、肱尺关节、肱骨内上髁、肱骨外上髁的断面出现（图7-35）。

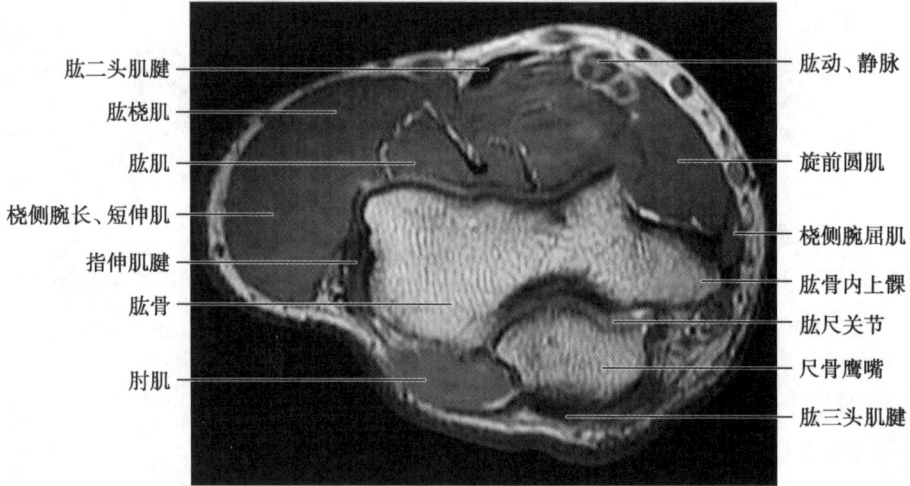

肱二头肌腱
肱桡肌
肱肌
桡侧腕长、短伸肌
指伸肌腱
肱骨
肘肌

肱动、静脉
旋前圆肌
桡侧腕屈肌
肱骨内上髁
肱尺关节
尺骨鹰嘴
肱三头肌腱

▲ 图7-35　经肘关节上份（肱尺关节）的横断层（MRI T_1加权像）

肱骨下端呈前后稍扁的四边形，其向内、外侧的突出部分为肱骨内、外上髁，分别有尺侧副韧带和桡侧副韧带附着。肱骨后面的凹陷处为鹰嘴窝，与其后方的尺骨鹰嘴构成肱尺关节。尺骨鹰嘴的后方有肱三头肌腱的断面；内侧有尺神经的断面，尺神经走行于肱骨内上髁后方的尺神经沟内；外侧为肘肌。肱骨的前方为肘窝，其内侧界是旋前圆肌，外侧界是肱桡肌，底为肱肌和肘关节囊。肘窝内的结构被肱二头肌腱分为内、外侧部，内侧有肱动脉、肱静脉和正中神经通过；外侧有前臂外侧皮神经和肱桡肌与肱肌之间的桡神经通过。在MRI图像上，关节软骨位于关节骨端的最外层，呈弧形的中等或较高信号带，信号较均匀，表面光滑；关节软骨下的骨性关节面为一薄层清晰、锐利的低信号带。

四、经前臂部上份的横断层

此层面上尺骨体、桡骨体和旋后肌的断面出现（图7-36）。

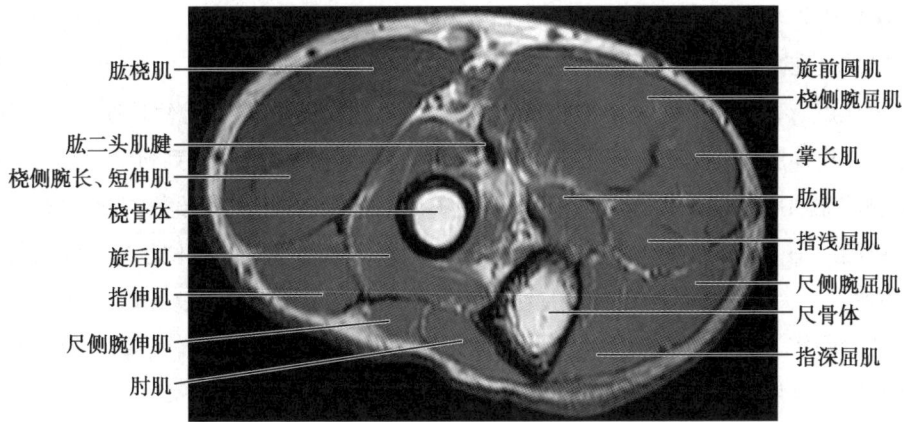

▲ 图7-36 经前臂部上份的横断层（MRI T$_1$加权像）

尺骨体断面呈四边形，其前内侧为前臂前群肌。前群肌自前向后分为3层，前层为掌长肌、桡侧腕屈肌和旋前圆肌，中层为指浅屈肌和肱肌，后层为尺侧腕屈肌和指深屈肌。桡骨体呈圆形，其前、后方及外侧有旋后肌包绕，前臂后群肌位于桡骨的前方、外侧和后方，自前向后为桡侧腕长伸肌、桡侧腕短伸肌、指伸肌、小指伸肌和尺侧腕伸肌。肱桡肌与旋前圆肌之间为肘窝，内有肱二头肌腱、正中神经和肱动、静脉。尺神经位于指浅屈肌与指深屈肌、尺侧腕屈肌之间，桡神经深支走行于旋后肌与桡侧腕长、短伸肌之间。在CT图像上，骨骼肌密度为等密度；肌束间隔内含有较多的脂肪组织，显示为低密度；骨干的骨皮质呈高密度，内部的骨髓腔充满骨髓，因富含脂肪组织则呈低密度；骨端、干骺端的松质骨部可见高密度的骨小梁和低密度的小梁间隙。

五、经腕关节下份的横断层

此层面上桡骨茎突、尺骨茎突、月骨和三角骨的断面出现（图7-37）。

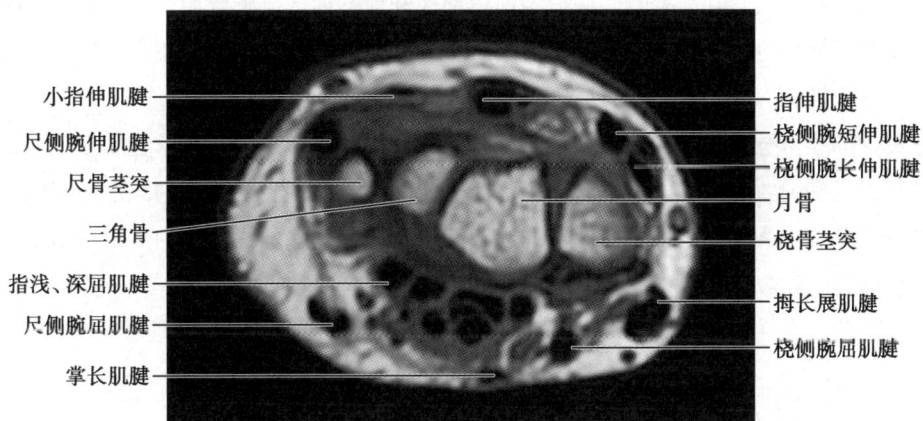

▲ 图7-37 经近侧列腕骨的横断层（MRI T$_1$加权像）

尺骨茎突较桡骨茎突小，两者分别位于腕骨的内、外侧。近排腕骨的月骨和三角骨的断面较大，两者之间借月三角韧带相连。前臂后群肌的肌腱排列于近侧列腕骨的外侧及背面，自桡侧向尺侧为拇长展肌腱、拇短伸肌腱、桡侧腕长伸肌腱、拇长伸肌腱、桡侧腕短伸肌腱、指伸肌腱、示指伸肌腱、小指伸肌腱和尺侧腕伸肌腱。前臂前群肌的肌腱排列于近侧列腕骨的掌面，自桡侧向尺侧为桡侧腕屈肌腱、掌长肌腱、9条屈指肌腱和尺侧腕屈肌腱。桡神经浅支和桡动、静脉走行于拇长展肌腱周围，正中神经位于掌长肌腱深面；尺动、静脉和尺神经位于尺侧腕屈肌腱的深面。在CT图像上，关节骨质呈高密度，骨性关节面呈清晰的骨皮质线，关节软骨和关节腔不能清楚分辨，常共同作为关节间隙存在；关节周围的骨骼肌、肌腱、滑膜等软组织呈等密度，脂肪组织的密度较低，可与其他软组织相区分。

（张艳丽　赵振美）

学习小结

上肢按部位可分为肩部、臂部、肘部、前臂部、腕部和手部六部分。上肢的动脉主干有腋动脉、肱动脉、桡动脉和尺动脉；浅静脉主要有头静脉、贵要静脉和肘正中静脉；分布于上肢的神经主要来自臂丛，其主要分支有肌皮神经、正中神经、桡神经、尺神经和腋神经等。

腋窝由一顶、一底和四壁构成；三边孔内有旋肩胛血管通过，四边孔内有腋神经和旋肱后血管穿行；腋窝内主要有臂丛及其分支、腋动脉及其分支、腋静脉及其属支、腋淋巴结和疏松结缔组织等。腋淋巴结可分为外侧淋巴结、胸肌淋巴结、肩胛下淋巴结、中央淋巴结和尖淋巴结五群。肱三头肌与肱骨桡神经沟围成肱骨肌管（又称桡神经管），管内有桡神经及伴行的肱深血管。肘窝的内容以肱二头肌腱为标志，其桡侧为桡神经及分支，尺侧依次为肱动脉和伴行静脉、正中神经。前臂部被桡、尺骨和前臂骨间膜分为前臂前区和前臂后区。腕管由屈肌支持带和腕骨沟围成，管内有指浅屈肌腱、指深屈肌腱、拇长屈肌腱等九条肌腱及其腱鞘和正中神经通过，腕骨骨折时可压迫正中神经，引起腕管综合征。

手掌的深筋膜可分为浅、深两层，浅层分为鱼际筋膜、小鱼际筋膜和掌腱膜三部分，深层包括骨间掌侧筋膜和拇收肌筋膜。手掌深筋膜的浅、深两层与掌内、外侧肌间隔之间围成三个骨筋膜鞘，即外侧鞘、中间鞘和内侧鞘。手掌的筋膜间隙位于中间鞘的深部，内有疏松结缔组织，包括掌中间隙和鱼际间隙。

一、A型题

1. 肱骨干中段骨折最容易并发桡神经损伤，桡神经损伤后，表现为桡神经支配区域的感觉及运动障碍。下列选项中与右侧桡神经损伤无关的是
   A. 右手垂腕畸形
   B. 右拇指不能背伸及外展
   C. 右手第2~5指掌指关节不能伸直
   D. 右拇指不能对掌
   E. 右手背虎口区感觉障碍

2. 患者，男，13岁，左肱骨髁上骨折，已手法复位外固定3小时。为早期发现骨筋膜隔室综合征，应特别注意的是
   A. 桡动脉搏动
   B. 手及前臂的温度、颜色
   C. 肿胀的程度
   D. 有无麻木、感觉障碍
   E. 是否疼痛剧烈及与手指活动的关系

3. 患者，男，35岁，右上臂撞伤致中下段成角畸形，伤后腕关节不能主动背伸，拇指不能如常活动，掌指关节不能伸直，右手虎口感觉迟钝，应诊断为
   A. 肱骨丁骨折并发桡神经损伤
   B. 肱骨干骨折并发正中神经损伤
   C. 肱骨髁上骨折并发正中神经损伤
   D. 肱骨干骨折并发尺神经损伤
   E. 骨干骨折并发肌皮神经损伤

4. 患者，女，20岁，跌伤后左肘关节疼痛、肿胀及功能障碍就诊，体格检查发现左肘关节明显肿胀，有瘀斑、压痛，肘周径增大，尺骨鹰嘴向后突出，肘后三角关系异常，肘关节固定于半伸位，最可能的诊断是
   A. 左肘关节前脱位
   B. 左肘关节后脱位
   C. 左肱骨髁上骨折
   D. 左尺骨鹰嘴骨折
   E. 左肘软组织损伤

5. 骨间后神经来自
   A. 正中神经
   B. 尺神经
   C. 肌皮神经
   D. 桡神经
   E. 腋神经

6. 支配旋后肌的神经是
   A. 桡神经
   B. 腋神经
   C. 尺神经
   D. 正中神经
   E. 肌皮神经

7. 分布于前臂内侧皮肤的神经是
   A. 前臂内侧皮神经
   B. 桡神经
   C. 腋神经
   D. 肌皮神经
   E. 正中神经

8. 屈肌支持带桡侧端附着于
   A. 大多角骨和手舟骨
   B. 小多角骨
   C. 月骨
   D. 三角骨
   E. 豌豆骨和钩骨钩

9. 不通过腕管的结构是
   A. 掌长肌腱
   B. 指浅屈肌腱
   C. 指深屈肌腱
   D. 拇长屈肌腱
   E. 正中神经

10. 下述结构中，损伤后可致爪形手的是
    A. 正中神经
    B. 尺神经
    C. 尺动脉
    D. 桡神经
    E. 桡动脉

11. 解剖学鼻烟窝的桡侧界是
    A. 拇长屈肌腱
    B. 拇长展肌腱和拇短伸肌腱
    C. 拇长伸肌腱
    D. 桡骨茎突

E. 手舟骨和大多角骨

12. 解剖学鼻烟窝内通过的结构有
   A. 尺神经
   B. 尺动脉
   C. 桡神经浅支
   D. 桡动脉
   E. 正中神经

13. 鱼际间隙与示指背侧相交通所经过的结构是
   A. 腕桡侧管
   B. 腕尺侧管
   C. 桡侧囊
   D. 尺侧囊
   E. 第1蚓状肌管

14. 掌浅弓位于
   A. 掌腱膜浅面
   B. 掌腱膜深面
   C. 指深屈肌腱的深面
   D. 指浅屈肌腱的深面
   E. 蚓状肌的深面

15. 近肘后内侧沟外伤最易损伤的结构是
   A. 骨间后皮神经
   B. 桡神经
   C. 尺神经
   D. 正中神经
   E. 前臂外侧皮神经

16. 不属于正中神经支配结构的是
   A. 肱桡肌
   B. 指浅屈肌
   C. 旋前圆肌
   D. 桡侧腕屈肌
   E. 掌长肌

17. 若出现爪形手，损伤的神经是
   A. 桡神经浅支
   B. 桡神经深支
   C. 尺神经浅支
   D. 尺神经深支
   E. 骨间前神经

18. 肘前区解剖时，走行在肱肌和肱二头肌之间的神经是
   A. 肌皮神经

B. 桡神经
C. 尺神经
D. 正中神经
E. 前臂内侧皮神经

19. 肘前区解剖时，走行在肱肌和肱桡肌之间的神经是
   A. 肌皮神经
   B. 桡神经
   C. 尺神经
   D. 正中神经
   E. 前臂外侧皮神经

20. 穿经四边孔的神经是
   A. 正中神经
   B. 尺神经
   C. 桡神经
   D. 腋神经
   E. 肌皮神经

21. 不参与组成肩袖的肌是
   A. 冈上肌
   B. 冈下肌
   C. 小圆肌
   D. 大圆肌
   E. 肩胛下肌

22. 沿胸外侧血管排列的淋巴结群是
   A. 外侧淋巴结
   B. 胸肌淋巴结
   C. 肩胛下淋巴结
   D. 中央淋巴结
   E. 尖淋巴结

23. 受正中神经和尺神经共同支配的肌是
   A. 肱桡肌
   B. 掌长肌
   C. 指深屈肌
   D. 旋前圆肌
   E. 旋前方肌

参考答案：1. D；2. C；3. A；4. B；5. D；
6. A；7. A；8. A；9. A；10. B；
11. B；12. D；13. E；14. B；
15. C；16. A；17. D；18. A；
19. B；20. D；21. D；22. B；
23. C

二、名词解释

1. 腋鞘

2. 三边孔

3. 四边孔

4. 腕管

5. 掌中间隙

三、问答题

1. 简述腋淋巴结的分群、位置及淋巴回流途径。

2. 肱骨外科颈骨折时容易损伤哪些结构？简述患者可能会的症状并分析其原因。

3. 简述肱骨肌管的构成及其通过的结构。桡神经损伤后患者会出现哪些症状？

4. 正中神经在腕管内受压后出现哪些症状？

5. 简述手掌间隙的形成与交通。

6. 简述掌心部的层次结构。

下肢

知识目标	掌握	梨状肌上、下孔及坐骨小孔的构成，以及出入这些孔道的血管和神经及其排列关系；大、小隐静脉的起止、行程、注入部位、属支及其临床意义；腹股沟浅淋巴结的位置、分群及收纳范围；肌腔隙和血管腔隙的位置及其内容；股三角的位置、境界和内容；股鞘与股管；收肌管（Hunter 管）的构成、内容及其毗邻关系；腘窝的位置、境界、内容及其毗邻；胫前血管和腓深神经的起止、行程及分布，腓浅神经的行程、分布及其临床意义；胫后血管和胫神经的起止、行程、分支和分布；足背动脉的位置、分支及其与腓深神经的关系；踝管的构成及其内容的排列关系。
	熟悉	下肢的主要体表标志、对比关系，颈干角和膝外翻角；下肢其他淋巴结群的位置、分群及其流注关系；下肢各肌的位置、层次、主要作用和神经支配；阔筋膜、髂胫束和隐静脉裂孔的形态结构特点；下肢各骨筋膜鞘的构成和内容；股三角的交通关系；腘窝的交通关系；坐骨神经的行程、分支、分布和体表投影。
	了解	下肢的境界、分部、分区和体表投影；臀部的境界；臀部皮肤、浅筋膜及深筋膜的特点；坐骨神经与梨状肌的关系和类型；髋周围动脉网；股内侧区的血管神经束；股后区的结构特点；膝关节网的构成及临床意义；膝前区的结构特点；小腿前外侧区和后区的结构特点；踝前区和足背的结构特点；踝后区和足底结构特点；下肢主要断层的结构。
能力目标		能应用所学解剖学知识解释下肢常见临床问题，提高分析问题和解决问题的能力；能归纳总结所学知识，将局部与整体相统一，树立全局观念。
素质目标		增强医患沟通意识，并建立批判性思维、科研创新意识。

第一节　概述

与上肢相比，下肢除行走、运动功能外，还具有支持体重和使身体直立的作用。因此下肢的骨骼比上肢粗大；骨连结的构造比较复杂，关节的辅助结构也比上肢多且坚韧，其稳固性大于灵活性；下肢的骨骼肌也较上肢发达。

一、境界与分区

下肢与躯干部直接相连。前方以腹股沟与腹部为界；后方以髂嵴与腰、骶部分界。两下肢上端内侧为会阴部。

下肢全长可分为臀部、股部、膝部、小腿部、踝部和足部。除臀部外，股部分为股前内侧区和股后区；膝部分为膝前区和膝后区；小腿分为小腿前外侧区和小腿后区；踝部分为踝前区和踝后区；足部分为足背和足底。

二、表面解剖

（一）体表标志

1. **臀部与股部**　臀部上界可扪及髂嵴（iliac crest）全长，其前端明显突出的结构为髂前上棘（anterior superior iliac spine），后端为髂后上棘（posterior superior iliac spine）。髂前上棘后方约5cm处，向外突出的隆起为髂结节（tubercle of iliac crest）。两侧髂嵴最高点的连线经过第4腰椎棘突。屈髋状态下，臀下部内侧可扪及坐骨结节（ischial tuberosity）。直立时，于臀中部的外侧，髂结节下方约10cm处能扪及股骨大转子（greater trochanter）。腹股沟内侧端的前内上方可扪及耻骨结节（pubic tubercle），向内为耻骨嵴（pubic crest），两侧耻骨嵴连线中点的稍下方为耻骨联合上缘。髂前上棘与耻骨结节的连线处为腹股沟韧带。臀大肌形成臀部的隆起，伸髋时可摸到其收缩，大腿前面明显的肌肉隆起为股四头肌。

2. **膝部**　膝部正前方可扪及并观察到隆起的髌骨（patella），其下方连有较坚韧的髌韧带（patellar ligament），止于胫骨粗隆（tibial tuberosity）。髌骨的内、外侧分别可扪及上方的股骨内、外侧髁和下方的胫骨内、外侧髁。股骨内、外侧髁的突出部为股骨内、外上髁，股骨内上髁的上方可触及一明显的收肌结节（adductor tubercle），为大收肌腱附着处。屈膝时，于膝部后方两侧，可摸到明显的股二头肌腱（外侧）和半腱肌腱、半膜肌腱（内侧）。

3. **小腿部**　胫骨粗隆向下为纵行的胫骨前缘，其全长均可扪及。胫骨粗隆后外侧为腓骨头，其下方为腓骨颈。小腿后面的肌性隆起为小腿三头肌。

4. **踝部与足部**　踝部两侧可扪及并观察到的明显突起为内踝和外踝，后方可扪及并观察到跟腱，止于跟骨结节。足内侧缘中部稍后可扪及舟骨粗隆，外侧缘中部可触及第5跖骨粗隆。踝部前方，由内侧向外侧可依次摸到胫骨前肌、姆长伸肌和趾长伸肌的肌腱。

（二）对比关系

当下肢某些部位发生骨折或关节脱位时，正常的骨性标志间的位置对比关系可能发生变化，这些改变有助于临床进行诊断和治疗。常用的对比关系有：

1. **Nelaton 线** 身体侧卧，髋关节屈90°~120°，自坐骨结节至髂前上棘的连线，正常情况下通过股骨大转子尖（图8-1）。当髋关节脱位或股骨颈骨折时，大转子尖可上移。

2. **Kaplan 点** 身体仰卧，两下肢伸直并拢，两髂前上棘处于同一水平面。由两侧大转子尖经过同侧髂前上棘向腹部作延长线，正常情况下两侧延长线相交于脐或脐以上，相交点称 Kaplan 点（图8-1）。当髋关节脱位或股骨颈骨折时，此点偏移至脐下并移向健侧。

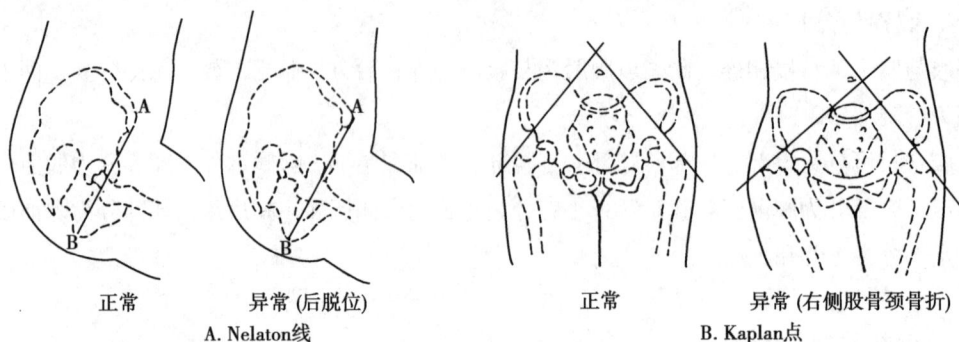

正常　　　　　异常 (后脱位)　　　　　　　　正常　　　　　异常 (右侧股骨颈骨折)

A. Nelaton线　　　　　　　　　　　　　　　　B. Kaplan点

▲ 图8-1　Nelaton线与Kaplan点

（三）下肢力线、颈干角和膝外翻角

1. **下肢力线** 为通过股骨头中点（或髋关节中心）、髌骨中点（膝关节中心）和踝关节中心的轴线。此线为下肢承受体重压力的轴线，它与小腿长轴基本一致。由于双脚并拢直立时双髋关节比双踝的距离宽，下肢力线斜向下内。

2. **颈干角** 股骨颈与股骨体长轴之间向内的夹角称颈干角（图8-2）。正常成人的颈干角约为127°（125°~130°）。若此角大于正常值为髋外翻，此角小于正常值为髋内翻。

3. **膝外翻角** 经过股骨体长轴的股骨轴线与经过胫骨长轴的轴线在膝关节处相交形成向外的夹角，正常大小约为170°，其补角称膝外翻角，男性者略小于女性。若外侧夹角<170°，为膝外翻，称X形腿；>170°为膝内翻，称O形腿或弓形腿（图8-3）。

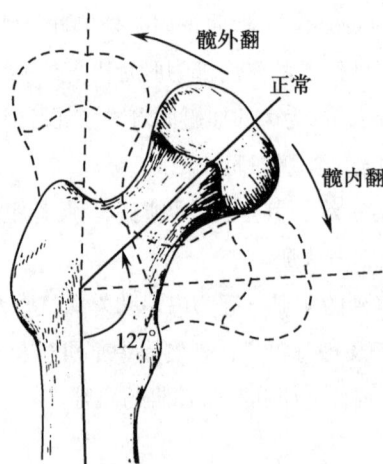

▲ 图8-2　颈干角　　　　　▲ 图8-3　膝外翻角

（四）体表投影

临床上常须了解一些主要血管和神经的体表投影位置，以协助病变的定位诊断和治疗。

1. 臀上动、静脉与神经　髂后上棘至股骨大转子尖连线中、内 1/3 交点为臀上动、静脉和神经出入盆点（梨状肌上孔）的投影。

2. 臀下动、静脉与神经　髂后上棘至坐骨结节连线的中点为臀下动、静脉和神经出入盆点的投影。

3. 坐骨神经　坐骨神经出盆点在髂后上棘至坐骨结节连线中点外侧 2~3cm 处。坐骨神经干的投影位置为股骨大转子与坐骨结节连线的中、内 1/3 交点至股骨内、外侧髁之间中点的连线。

4. 股动、静脉及股神经　大腿微屈并外展、外旋时，由髂前上棘至耻骨联合连线的中点至收肌结节连线的上 2/3 段为股动脉的投影。腹股沟中点是常用的股动脉摸脉点。股动脉外侧约 1cm 处为股神经，股动脉内侧紧邻股静脉。

5. 腘动、静脉　股后区中、下 1/3 平面的交界线，与股后正中线交点之内侧约 2.5cm 处至腘窝中点的连线为腘动脉斜行段投影。腘窝中点至腘窝下角连线为腘动脉垂直段投影。在腘窝上角，腘动脉位于腘静脉和胫神经内侧；在腘窝下角，则位于腘静脉和胫神经的外侧。

6. 胫前动脉　腓骨头与胫骨粗隆连线的中点至内、外踝前面连线中点的连线为胫前动脉的投影。

7. 胫后动脉　自腘窝下角至内踝后缘与跟腱内缘之间中点的连线为其体表投影。

8. 足背动脉　自内、外踝经足背连线的中点至第 1、2 跖骨底之间（即第 1 跖骨底外缘）的连线为足背动脉的体表投影。在踇长伸肌腱与趾长伸肌腱之间可触及该动脉搏动。

理论与实践　　　　　　　　**股骨的颈干角**

　　　　正常情况下，股骨颈与股骨体长轴之间形成向内的倾斜角，称颈干角。颈干角随年龄、性别和股骨发育而发生变化。正常成人颈干角为 125°~130°（平均 127°），若此角大于正常值为髋外翻，此角小于正常值为髋内翻。先天性髋内翻又称发育性髋内翻，是由幼儿股骨颈干角逐渐缩小引起的畸形。髋内翻可使下肢轻微变短，髋关节外展受限，导致跛行。

（林清　曾瑞霞）

第二节　臀部

一、境界

臀部为髋骨后外侧面，相当于臀肌表面近似方形的区域。其上界为髂嵴，下界为臀沟，内侧界为骶、尾骨外侧缘，外侧界为髂前上棘至股骨大转子间的连线。

二、浅层结构

（一）皮肤

臀部皮肤厚，含较多的皮脂腺和汗腺。

（二）浅筋膜

臀部浅筋膜发达，富含脂肪，有许多纤维束连接皮肤和深筋膜。其厚度的个体差异较大，以近髂嵴处和臀下部较厚，形成厚厚的脂肪垫；中部较薄；内侧在骶骨后面及髂后上棘附近很薄，长期卧床受压时，容易形成压疮。臀部浅筋膜中含有浅血管、浅淋巴管及皮神经。

1. 浅血管　臀部浅动脉包括皮动脉和肌皮动脉两类。臀上部皮动脉来源于第4腰动脉，下部来源于臀下动脉；内侧部来源于骶外侧动脉的分支。肌皮动脉来自臀上、下动脉，其皮支在浅筋膜内呈放射状分支吻合成网，以臀中部居多。以上浅动脉均有浅静脉伴行。

2. 皮神经　臀部皮神经分3组。臀上皮神经（superior clunial cutaneous nerves）主要由第1~3腰神经后支的外侧支组成。在第3、4腰椎棘突平面穿出竖脊肌后外缘，于竖脊肌与髂嵴交点处穿过胸腰筋膜后层和髂嵴共同形成的骨纤维管至臀部皮下。臀上皮神经一般有3支，以中支最长，有时可达臀沟。当腰部急性扭伤或神经于骨纤维管处受嵌压时可引起腰腿疼痛。臀下皮神经（inferior clunial nerves）于臀大肌深面发自股后皮神经，绕臀大肌下缘向上至臀下部皮肤。臀中皮神经（middle clunial nerves）又称臀内侧皮神经（medial clunial nerves），为第1~3骶神经后支，在髂后上棘至尾骨尖连线的中1/3段穿出，分布于臀内侧和骶骨表面的皮肤。此外，臀外侧部尚有髂腹下神经的外侧皮支分布。

三、深层结构

臀部的深层结构包括臀部深筋膜、臀肌、肌间隙和血管、神经等。

（一）深筋膜

臀部深筋膜又称臀筋膜。上部与髂嵴紧密相连。在臀大肌上缘分两层包绕臀大肌，并向臀大肌肌束间发出许多纤维小隔分隔肌束。臀筋膜内侧部愈着于骶骨背面，外侧移行为阔筋膜，并参与髂胫束的组成。臀筋膜损伤是腰腿痛的病因之一。

（二）肌层

臀肌为髋肌的后群，分为3层。浅层为臀大肌（gluteus maximus）和阔筋膜张肌（tensor fasciae latae）。臀大肌略呈方形，是维持人体直立和后伸髋关节的重要骨骼肌。在臀大肌和坐骨结节之间有一滑膜囊称臀大肌坐骨囊，在臀大肌外下方的腱膜与大转子间还有一臀大肌转子囊。臀肌中层自上而下为臀中肌（gluteus medius）、梨状肌（piriformis）、上孖肌、闭孔内肌腱、下孖肌和股方肌（quadratus femoris）。深层有臀小肌（gluteus minimus）和闭孔外肌（obturator externus）（表8-1）。

名称	起点	止点	作用	神经支配
臀大肌	髂骨翼外面、骶骨背面、骶结节韧带	臀肌粗隆及髂胫束	后伸、外旋髋关节	臀下神经及坐骨神经分支（L_4~S_4）
阔筋膜张肌	髂前上棘、髂嵴的一部分	经髂胫束至胫骨外侧髁	紧张阔筋膜，前屈髋关节	臀上神经（L_4~S_1）
臀中肌	髂骨翼外面	股骨大转子	前部肌束内旋髋关节，后部肌束外旋髋关节	臀上神经（L_4~S_1）
梨状肌	第2~4骶椎的骶前孔外侧	股骨大转子	外展、外旋髋关节	梨状肌神经（S_{1-2}）
上孖肌	坐骨小切迹附近	股骨转子窝	外旋髋关节	骶丛分支（L_4~S_2）
闭孔内肌	闭孔膜内面及其周围骨面	股骨转子窝	外旋髋关节	闭孔内肌神经（L_5~S_2）
下孖肌	坐骨小切迹附近	股骨转子窝	外旋髋关节	骶丛分支（L_4~S_2）
股方肌	坐骨结节	转子间嵴	外旋髋关节	骶丛分支（L_4~S_2）
臀小肌	髂骨翼外面	股骨大转子前缘	前部肌束内旋髋关节，后部肌束外旋髋关节	臀上神经（L_4~S_1）
闭孔外肌	闭孔膜外面及其周围骨面	股骨转子窝	外旋髋关节	闭孔神经及骶丛分支（L_2~S_5）
髂肌	髂窝	股骨小转子	前屈及外旋髋关节	腰丛分支（L_{1-4}）
腰大肌	腰椎体侧面和横突	股骨小转子	前屈及外旋髋关节	腰丛分支（L_{1-4}）

　　臀肌之间有许多间隙，内有血管神经穿行或有疏松组织填充。这些间隙沿血管神经通道互相连通，是感染相互蔓延的基础。其中臀大肌深面的间隙较广泛，可沿梨状肌上、下孔与盆腔相通，向下内侧借坐骨小孔与坐骨肛门窝相通，向下可沿坐骨神经至大腿后面。

（三）梨状肌上、下孔及其穿行的结构

　　梨状肌起于盆腔后壁、第2~4骶椎的骶前孔外侧，当向外穿经坐骨大孔时，与坐骨大孔上、下缘之间各留一间隙，分别称为梨状肌上孔和梨状肌下孔。它们各自有一些重要的血管神经穿过。

　　1. 梨状肌上孔（suprapiriform foramen）　上缘为骨性的坐骨大切迹上部，下缘为梨状肌。穿经的结构自外侧向内侧依次为臀上神经、臀上动脉和臀上静脉。臀上神经分上、下两支分别支配臀中、小肌和阔筋膜张肌后部。臀上动脉分浅、深两支，浅支主要营养臀大肌，深支营养臀中、小肌及髋关节。臀上静脉与动脉伴行（图8-4）。

　　2. 梨状肌下孔（infrapiriform foramen）　上缘为梨状肌，下缘为坐骨棘和骶棘韧带。穿经的结构自外侧向内侧依次为坐骨神经、股后皮神经、臀下神经、臀下动脉、臀下静脉、阴部内静脉、阴部内动脉和阴部神经（图8-4）。

　　臀下动脉主要营养臀大肌并与臀上血管吻合，还发出分支供应髋关节。阴部内动、静脉和阴部神经自梨状肌下孔穿出后，随即穿入坐骨小孔至坐骨肛门窝，供应会阴部。股后皮神经伴随坐骨神经下行至股后部皮肤并发出分支至臀下部皮肤。

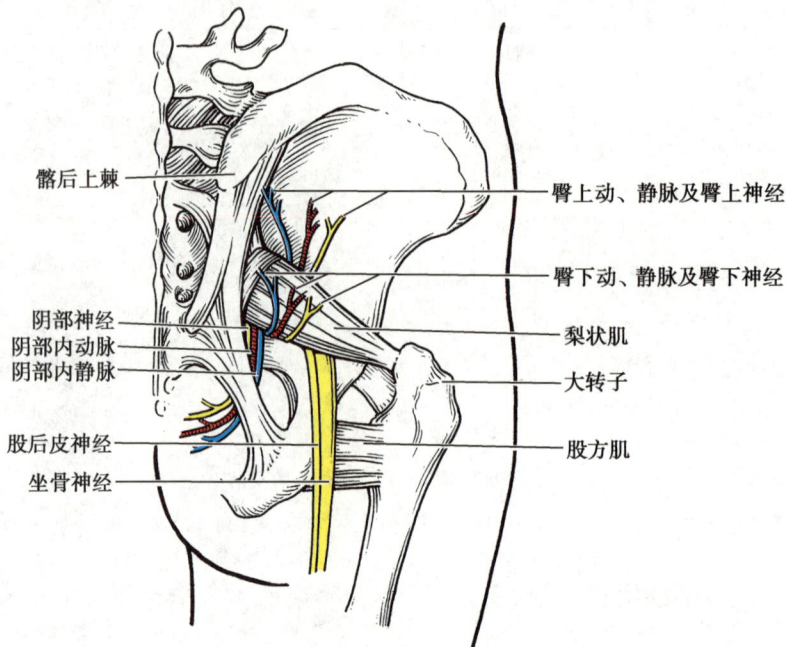

▲ 图 8-4　臀部的血管神经

3. 坐骨神经与梨状肌的关系　坐骨神经穿出盆腔至臀部时与梨状肌的位置关系密切。两者间的位置常有变异，常见的有以下几种类型。以一总干出梨状肌下孔者最常见，占66.3%；坐骨神经在盆内已分为两支，胫神经出梨状肌下孔，腓总神经穿经梨状肌肌腹者占27.3%；其他变异类型占6.4%。因为坐骨神经与梨状肌关系十分密切，当梨状肌损伤、出血肿胀时，易压迫坐骨神经，引起腰腿痛，称为梨状肌综合征（图8-5）。

（四）坐骨小孔及其穿行结构

坐骨小孔由骶棘韧带、坐骨小切迹和骶结节韧带围成，穿经结构由外侧向内侧依次为阴部内静脉、阴部内动脉和阴部神经。这些结构由坐骨小孔进入坐骨肛门窝，分布于会阴部结构。

（五）髋周围动脉网

髋关节周围有髂内、外动脉及股动脉等的分支分布，通常称为"臀部十字吻合"。十字吻合位于臀大肌深面、股方肌与大转子附近，主要由两侧的旋股内侧动脉及旋股外侧动脉、上方的臀上动脉及臀下动脉、下方的第一穿动脉等组成，是吻合丰富的动脉网。另外，在近髋关节的盆侧壁处，还有旋髂深动脉、髂腰动脉、骶外侧动脉和骶正中动脉等参与构成动脉网。此外，盆内脏器两侧间的动脉吻合也较丰富，故结扎一侧髂内动脉时，可借髋周围动脉网建立侧支循环，以代偿髂内动脉分布区的血液供应（图8-6）。

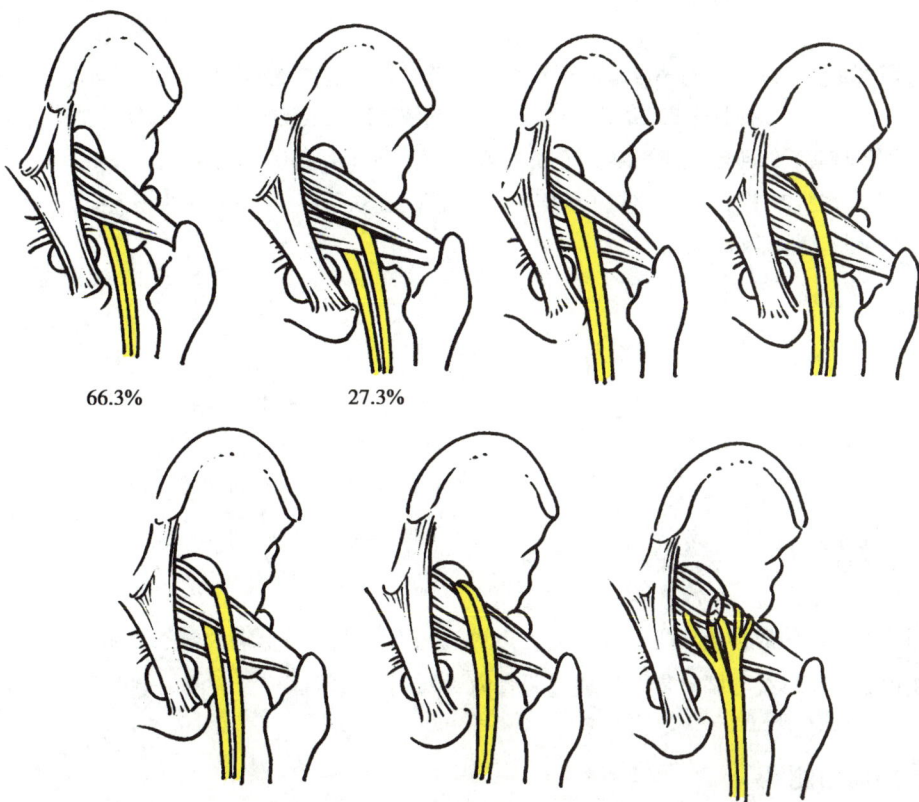

66.3%   27.3%

▲ 图 8-5　坐骨神经与梨状肌的关系

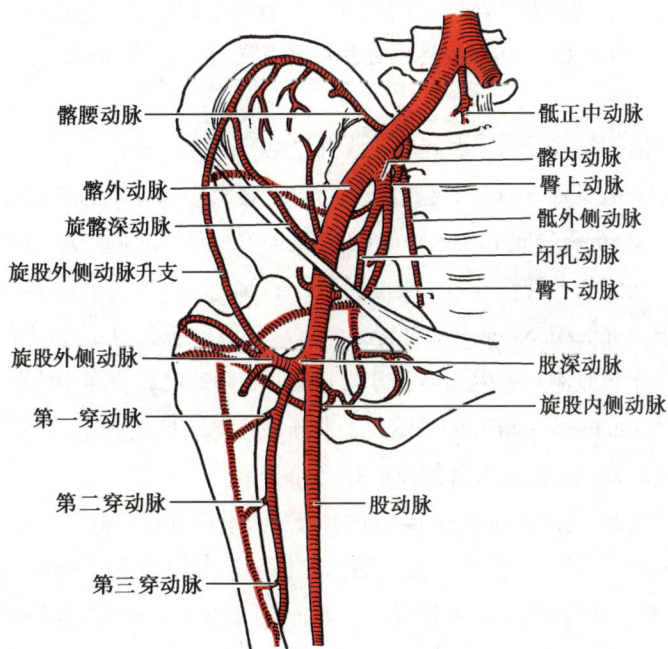

髂腰动脉　　　　　　　　　　　　　　　骶正中动脉

髂内动脉
臀上动脉

髂外动脉　　　　　　　　　　　　　　　骶外侧动脉
旋髂深动脉　　　　　　　　　　　　　　闭孔动脉
旋股外侧动脉升支　　　　　　　　　　　臀下动脉

旋股外侧动脉　　　　　　　　　　　　　股深动脉
　　　　　　　　　　　　　　　　　　　旋股内侧动脉
第一穿动脉

第二穿动脉　　　　　　　　　　　　　　股动脉

第三穿动脉

▲ 图 8-6　髋周围动脉网

（林清　曾瑞霞）

第三节　股部

　　股部前上方以腹股沟与腹部分界，后方以臀沟与臀部为界，上端内侧邻会阴部，下端以髌骨上方两横指处的环形线与膝分界。以通过股骨内、外侧髁冠状面分为股前内侧区和股后区。

一、股前内侧区

（一）浅层结构

　　股前内侧区的皮肤薄厚不均，内侧半皮肤较薄而柔软，皮脂腺较多；外侧半皮肤较厚。浅筋膜近腹股沟处可分为浅层的脂肪层和深层的膜性层，分别与腹前壁下部的脂肪层（Camper 筋膜）和膜性层（Scarpa 筋膜）相续，其中膜性层在腹股沟韧带下方约 1cm 处与股部深筋膜（阔筋膜）相融合。

　　浅筋膜中富含脂肪，有浅动脉、浅静脉、浅淋巴结及皮神经分布。

　　1. 浅动脉　股部有数条浅动脉，其起始、走行、管径大小与临床的皮瓣移植有密切关系。

　　（1）旋髂浅动脉（superficial iliac circumflex artery）：多数由股动脉发出，向外上穿阔筋膜后，沿腹股沟韧带走向髂前上棘，分布于腹前壁下外侧部。

　　（2）腹壁浅动脉（superficial epigastric artery）：起于股动脉，也可与旋髂浅动脉或阴部外动脉共干起于股动脉。于腹股沟韧带内侧半下方约 1cm 处穿阔筋膜，分布于腹前壁下部。

　　（3）阴部外动脉（external pudendal artery）：起于股动脉，向内分布于外生殖器皮肤。

　　此外尚有发自旋股外侧动脉的股外侧浅动脉。

　　2. 浅静脉　大隐静脉（great saphenous vein）为全身最长的浅静脉，全长约 76cm。大隐静脉起自足背静脉弓内侧端，经内踝前方，沿小腿内侧缘伴隐神经上行，经股骨内侧髁后方约 2cm 处，进入大腿内侧部，与股内侧皮神经伴行向前上，于耻骨结节外下方穿隐静脉裂孔，注入股静脉。其汇入股静脉前，收纳了 5 条属支，即旋髂浅静脉、腹壁浅静脉、阴部外静脉、股内侧浅静脉和股外侧浅静脉。它们汇入大隐静脉的形式多样（图8-7），相互之间有丰富的吻合。大隐静脉曲张行高位结扎术时，须分别结扎、切断各属支，以防复发。大隐静脉管腔内有9~10对静脉瓣，通常两瓣相对，呈袋状，可保证血液向心回流。

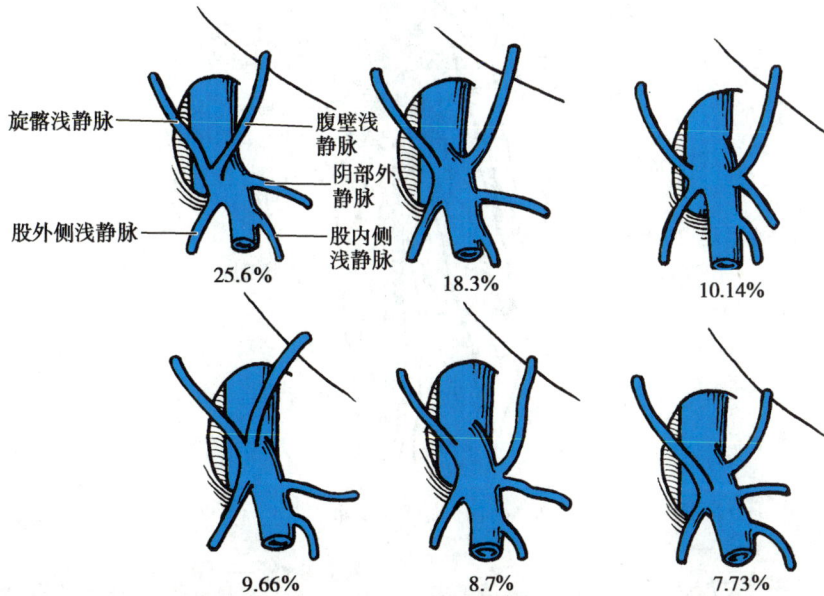

旋髂浅静脉　腹壁浅静脉　阴部外静脉　股外侧浅静脉　股内侧浅静脉

25.6%　18.3%　10.14%

9.66%　8.7%　7.73%

▲ 图8-7　大隐静脉上段属支的类型

理论与实践　　　　　**大隐静脉曲张**

　　大隐静脉因先天性管壁薄弱，加之该静脉为全身最长的浅静脉，在皮下缺乏有力的支持，如果长期直立工作或慢性腹压增高，易导致管壁扩张，瓣膜关闭不全，浅、深静脉血逆流，继而出现管壁伸长、迂曲，形成静脉曲张。在小腿的下内侧，由于血液回流障碍，该处皮肤可发生慢性湿疹、硬化，进而出现溃疡。在行大隐静脉高位结扎和切除术时，必须分别结扎和切断5条属支及与深静脉的交通支（穿支），以防复发。大隐静脉与深静脉之间存在着许多交通支，其中以位于隐静脉裂孔、小腿上内侧及小腿下1/3的交通支尤为重要。因此，临床上认为仅剥去深筋膜浅面的静脉，而不处理筋膜下的交通支，静脉曲张仍有可能复发及溃疡不愈合。

　　3. 浅淋巴结　股部的浅淋巴结集中在股前内侧区上部，统称为腹股沟浅淋巴结（superficial inguinal lymph node）。按位置一般分为两群，上群又称近侧群或斜群，有2~6个淋巴结，斜行排列于腹股沟韧带下方，以大隐静脉为界又可分为内侧组和外侧组。主要收集腹前外侧壁下部、会阴、外生殖器、臀部及肛管和子宫的部分淋巴；下群又称远侧群或纵群，有2~7个淋巴结，沿大隐静脉末段纵行排列，以大隐静脉为界，也可分为内、外侧两组。主要收纳下肢的浅淋巴管和会阴、外生殖器的部分浅淋巴。腹股沟浅淋巴结的输出淋巴管注入腹股沟深淋巴结或髂外淋巴结（图8-8）。

　　4. 皮神经　股前内侧区浅层的皮神经有不同的来源及分布（图8-9）。

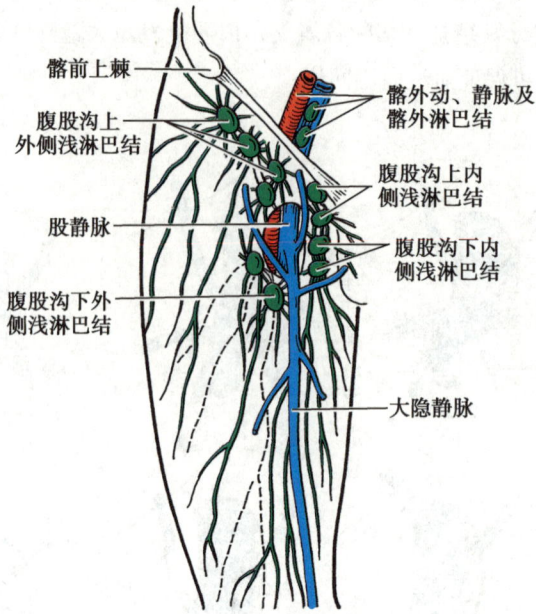

▲ 图8-8 腹股沟浅淋巴结

髂前上棘
腹股沟上外侧浅淋巴结
股静脉
腹股沟下外侧浅淋巴结
髂外动、静脉及髂外淋巴结
腹股沟上内侧浅淋巴结
腹股沟下内侧浅淋巴结
大隐静脉

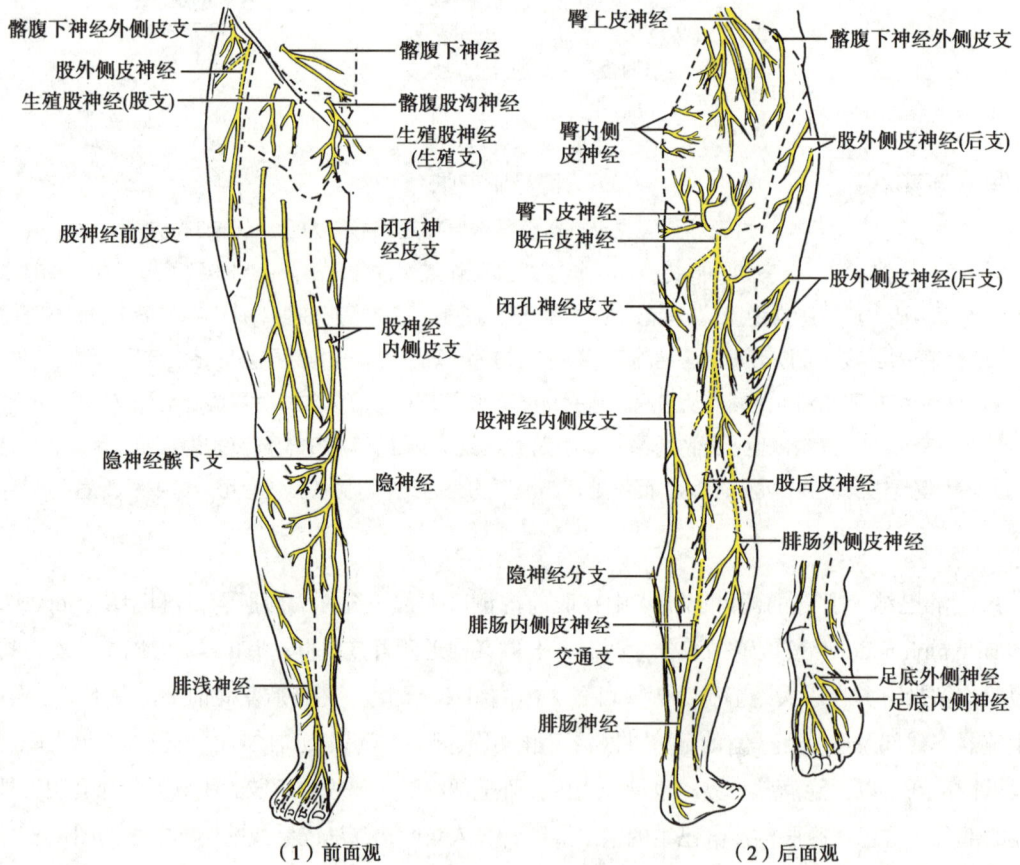

髂腹下神经外侧皮支
股外侧皮神经
生殖股神经(股支)
股神经前皮支
股神经内侧皮支
隐神经髌下支
腓浅神经
髂腹下神经
髂腹股沟神经
生殖股神经(生殖支)
闭孔神经皮支
隐神经

（1）前面观

臀上皮神经
臀内侧皮神经
臀下皮神经
股后皮神经
闭孔神经皮支
股神经内侧皮支
隐神经分支
腓肠内侧皮神经
交通支
腓肠神经
髂腹下神经外侧皮支
股外侧皮神经(后支)
股外侧皮神经(后支)
股后皮神经
腓肠外侧皮神经
足底外侧神经
足底内侧神经

（2）后面观

▲ 图8-9 下肢皮神经

（1）股外侧皮神经（lateral femoral cutaneous nerve）：发自腰丛，在髂前上棘下方5~10cm处穿出深筋膜，分前、后两支；前支较长，恒定分布于大腿外侧面皮肤，后支分布于臀区外侧皮肤。

（2）股神经前皮支（anterior cutaneous branches of femoral nerve）：起自股神经，在大腿前面中部穿过缝匠肌和深筋膜，分布于大腿前面中间部的皮肤。

（3）股神经内侧皮支（medial cutaneous branches of femoral nerve）：起自股神经，于大腿下1/3穿出缝匠肌内侧缘和深筋膜，分布于大腿中、下部内侧份皮肤。

（4）闭孔神经皮支（cutaneous branches of obturator nerve）：发自腰丛，多数穿股薄肌或长收肌，分布于股内侧中、上部的皮肤。

此外，尚有生殖股神经股支及髂腹股沟神经的分支，分布于股前区上部中、内侧的皮肤。

（二）深层结构

1. 深筋膜　股部深筋膜称阔筋膜（fascia lata）或大腿固有筋膜，坚韧致密，为全身最厚的深筋膜。上方附着于腹股沟韧带及髂嵴，与臀筋膜和会阴筋膜相续；下方止于胫骨内、外侧髁，胫骨粗隆，腓骨头及膝关节周围的韧带和肌腱，并与小腿筋膜、腘筋膜相续。阔筋膜在大腿各部厚薄不均，在大腿内侧区较薄，在前区、后区居中，在外侧区最厚，形成扁带状的髂胫束。

（1）髂胫束（iliotibial tract）：起自髂嵴前份，其上部分为两层，包裹阔筋膜张肌并与之紧密结合不易分离。下端附着于胫骨外侧髁、腓骨头和膝关节囊。临床上常用髂胫束作为体壁缺损、薄弱部或膝关节交叉韧带修补重建的材料。

（2）隐静脉裂孔（saphenous hiatus）：又称卵圆窝。为腹股沟韧带中、内1/3交点下方约1横指处阔筋膜形成的一个直径2~3cm的卵圆形薄弱区。表面覆盖一层多孔的疏松结缔组织称筛筋膜（cribriform fascia）或外筛板，有大隐静脉及其属支穿过并注入股静脉。隐静脉裂孔的外缘锐利，呈镰刀状，因此又称为镰状缘；其上、下端弓状弯向内侧，形成上、下角。上角止于耻骨结节并与腹股沟韧带和腔隙韧带相续，下角与耻骨肌筋膜相续。

（3）骨筋膜鞘：阔筋膜向大腿深部发出股内侧肌间隔、股外侧肌间隔和股后肌间隔，伸入群肌之间并附着于股骨粗线，与骨膜及阔筋膜共同形成了3个骨筋膜鞘（图8-10），容纳相应的群肌、血管及神经等（表8-2）。

▼ 表8-2　大腿肌的起止、作用及神经支配

群肌	名称		起点	止点	作用	神经支配
前群	缝匠肌		髂前上棘	胫骨上端内侧面	屈髋关节，屈、内旋膝关节	股神经（L$_{2-3}$）
	股四头肌	股直肌	髂前下棘和髋臼上缘	胫骨粗隆	屈髋关节、伸膝关节	股神经（L$_{2-4}$）
		股中间肌	股骨体前面上3/4			
		股外侧肌	股骨粗线外侧唇			
		股内侧肌	股骨粗线内侧唇			

群肌	名称	起点	止点	作用	神经支配
内侧群	耻骨肌	耻骨梳及其附近骨面	股骨耻骨肌线	内收、外旋髋关节	股神经和闭孔神经（L_{2-4}）
	长收肌	耻骨上、下支移行部前面	股骨粗线内侧唇中 1/3 份	内收髋关节	闭孔神经（L_{2-3}）
	股薄肌	耻骨下支、坐骨支前面	胫骨上端内侧面	内收髋关节，内旋膝关节	
	短收肌	耻骨下支前面	股骨粗线内侧唇上 1/3 份	内收、外旋髋关节	
	大收肌	耻骨下支、坐骨支和坐骨结节	股骨粗线内侧唇上 2/3 和收肌结节		
后群	股二头肌	长头：坐骨结节 短头：股骨粗线	腓骨头	屈膝关节、伸髋关节，并使小腿微外旋	坐骨神经（$L_4 \sim S_3$）
	半腱肌	坐骨结节	胫骨粗隆内下方	屈膝关节、伸髋关节，并使小腿微内旋	
	半膜肌	坐骨结节	胫骨内侧髁下缘	屈膝关节、伸髋关节，并使小腿微内旋	

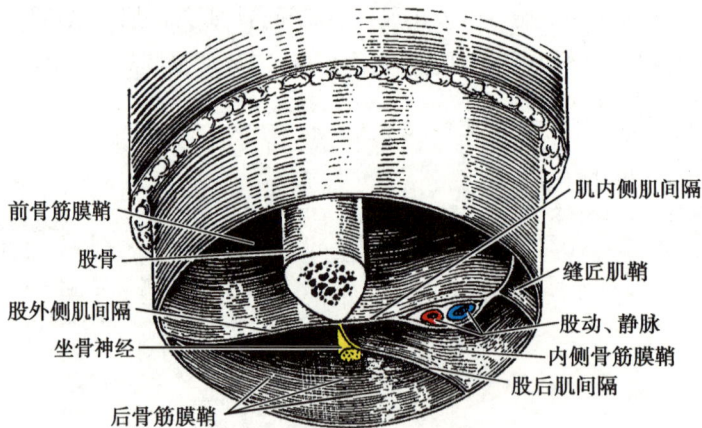

▲ 图 8-10　股中部骨筋膜鞘

1）前骨筋膜鞘：包绕股前群肌、股动脉、股静脉、股神经及腹股沟深淋巴结。

2）内侧骨筋膜鞘：包绕股内侧群肌、闭孔动脉、闭孔静脉和闭孔神经。

3）后骨筋膜鞘：包绕股后群肌、坐骨神经、股后皮神经和深淋巴结等。

2. 大腿肌 大腿前、内侧群肌见表 8-2。

3. 肌腔隙与血管腔隙 腹股沟韧带与髋骨之间的间隙被髂耻弓（连于腹股沟韧带和髋骨的髂耻隆起之间的韧带）分隔成内、外侧两部，外侧者称肌腔隙，内侧者称血管腔隙。二者是腹、盆腔与股前内侧区之间的重要通道（图 8-11）。

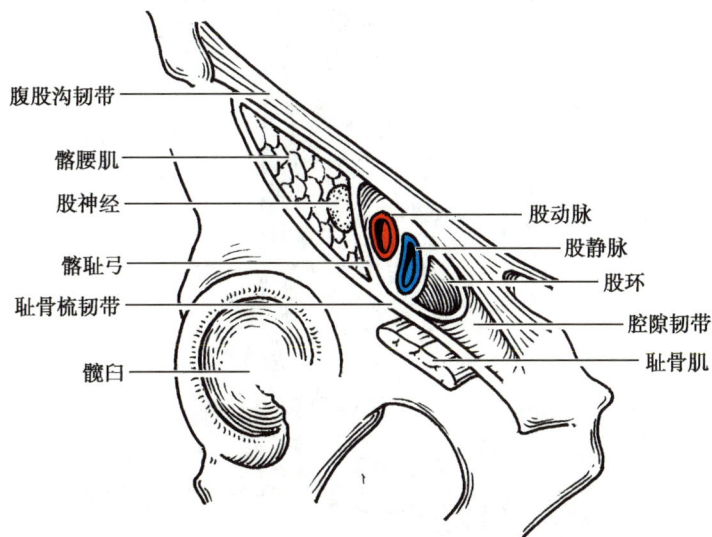

▲ 图 8-11　肌腔隙与血管腔隙

（1）肌腔隙（lacuna musculorum）：前界为腹股沟韧带外侧部，后外侧界为髂骨，内侧界为髂耻弓。其内有髂腰肌、股神经和股外侧皮神经通过。当腰椎结核时，脓液可沿腰大肌及其筋膜流经此腔隙而扩散至大腿根部，并有可能刺激股神经产生相应的症状。

（2）血管腔隙（lacuna vasorum）：前界为腹股沟韧带内侧部，后界为耻骨肌筋膜及耻骨梳韧带，内侧界为腔隙韧带（又称陷窝韧带），外侧界为髂耻弓。腔隙内有股鞘及其包含的股动、静脉，生殖股神经股支和淋巴管通过。

4. 股三角（femoral triangle） 位于股前内侧区上 1/3 部，呈一底向上、尖向下的倒三角形区域，下续收肌管。

（1）境界：上界为腹股沟韧带，下外侧界为缝匠肌内侧缘，下内侧界为长收肌内侧缘，前壁为阔筋膜，后壁凹陷，自外侧向内侧分别为髂腰肌、耻骨肌和长收肌及其筋膜。

（2）内容：股三角内的结构由外侧向内侧依次为股神经，股鞘及其包含的股动脉、静脉、股管，股深淋巴结和脂肪组织等。股神经、股动脉及股静脉三者的关系为股动脉居中，其外侧为股神经，内侧为股静脉。此种关系便于股动脉压迫止血，股动、静脉穿刺及股神经麻醉的定位（图 8-12）。

1）股鞘（femoral sheath）：为腹横筋膜及髂筋膜向下延续包绕股动、静脉上段形成的筋膜鞘。呈漏斗形，长 3~4cm，向下与股血管的外膜融合为血管鞘。鞘内有两条纵行的纤维隔将鞘分为三个腔，外侧部容纳股动脉，中间部容纳股静脉，内侧部形成股管（图 8-13）。

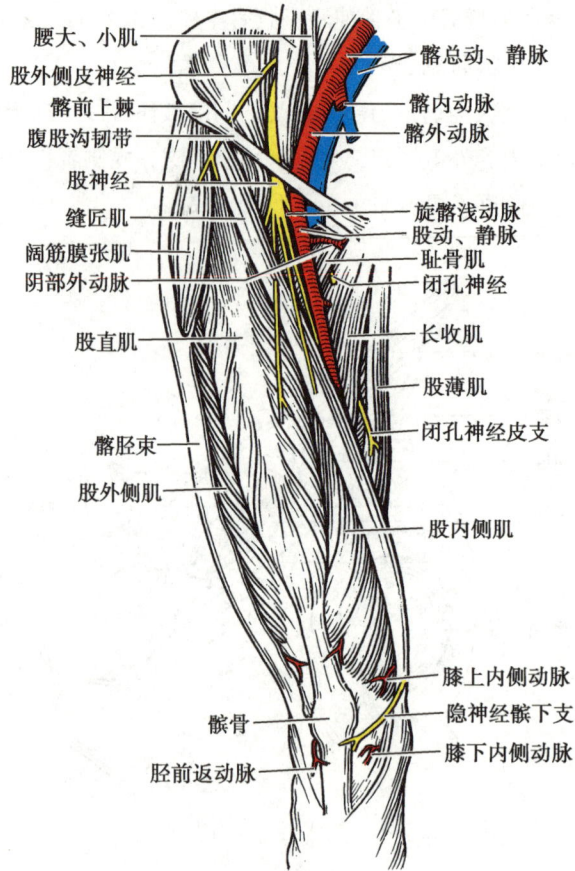

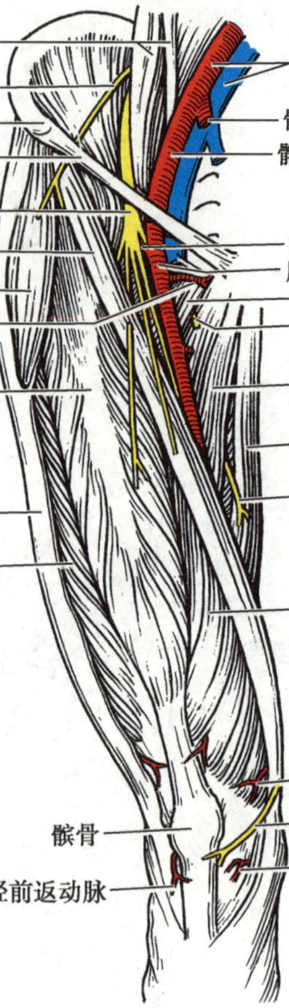
腰大、小肌
股外侧皮神经
髂前上棘
腹股沟韧带
股神经
缝匠肌
阔筋膜张肌
阴部外动脉
股直肌
髂胫束
股外侧肌
髂总动、静脉
髂内动脉
髂外动脉
旋髂浅动脉
股动、静脉
耻骨肌
闭孔神经
长收肌
股薄肌
闭孔神经皮支
股内侧肌
膝上内侧动脉
隐神经髌下支
膝下内侧动脉
髌骨
胫前返动脉

▲ 图8-12　股前区浅层肌与血管、神经

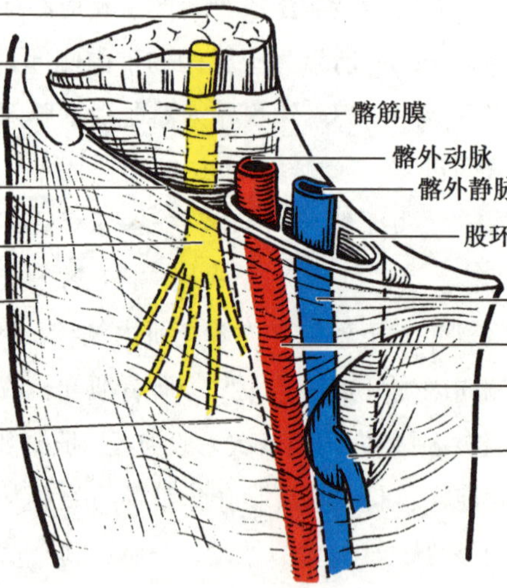
髂腰肌
股神经
髂前上棘
腹股沟韧带
股神经
髂胫束
阔筋膜
髂筋膜
髂外动脉
髂外静脉
股环
股静脉
股动脉
股管
大隐静脉

▲ 图8-13　股鞘与股管

2）股管（femoral canal）：实际为股鞘的内侧份，为一漏斗状筋膜间隙，平均长度1.3cm。股

管前界由上向下依次为腹股沟韧带、隐静脉裂孔镰状缘的上角和筛筋膜；后界依次为耻骨梳韧带、耻骨肌及其筋膜，内侧界为腔隙韧带，外侧界为股静脉内侧的纤维隔。股管的下端为盲端，称股管下角；上口称股环（femoral ring），呈卵圆形，其内侧界为腔隙韧带，后界为耻骨梳韧带，前界为腹股沟韧带，外侧界为股静脉内侧的纤维隔。股环是股管上通腹腔的通道，被薄层疏松结缔组织所覆盖，称股环隔或内筛板，隔的上面衬有腹膜。从腹腔面观察，此处腹膜呈一小凹，称股凹，位置高于股环约1cm。股管内含有1~2个腹股沟深淋巴结和少量脂肪组织。当腹压增高时，腹腔脏器（主要为肠管）可被推向股凹，经股环至股管，最后由隐静脉裂孔处突出而形成股疝。在股环上方常有腹壁下动脉的闭孔支或变异的闭孔动脉经过腔隙韧带附近，因此行股疝修补术时，应特别注意避免损伤此动脉。因股环前、后、内侧三面均为韧带结构，不易延伸，所以股疝易发生绞窄（图8-14）。

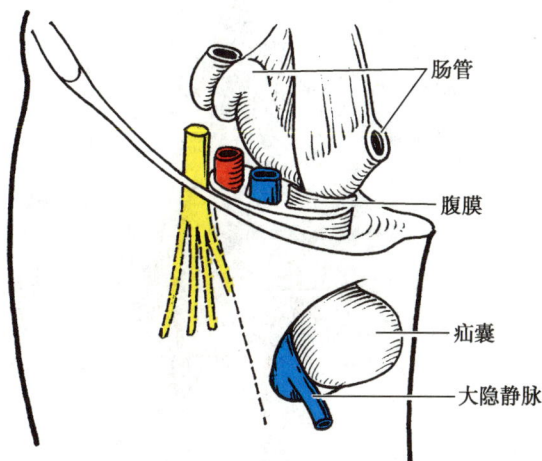

▲ 图8-14 股疝

3）股动脉（femoral artery）：是髂外动脉的直接延续，起自腹股沟中点后面，此处常是股动脉搏动的触摸点和压迫止血点。其在股三角内行向股三角尖，继而进入收肌管，穿收肌腱裂孔进入腘窝，移行为腘动脉。股动脉起始处发出3条浅动脉（腹壁浅动脉、旋髂浅动脉、阴部外动脉），均与同名静脉伴行（图8-15）。在腹股沟韧带下方3~5cm处于后壁发出股深动脉，后者发出旋股内侧动脉、旋股外侧动脉和穿动脉（3~4条），分支分布于大腿肌和股骨。

4）股静脉（femoral vein）：为腘静脉向上的延续。起自收肌腱裂孔，向上与股动脉伴行，先位于股动脉后外方，逐渐转至动脉内侧，继而穿过血管腔隙，在腹股沟韧带深面移行为髂外静脉。股静脉除收集大腿深部静脉外，主要还收纳大隐静脉。

5）腹股沟深淋巴结（deep inguinal lymph node）：位于股静脉上部附近及股管内，3~4个。收纳下肢和会阴的深、浅淋巴，其输出淋巴管注入髂外淋巴结。

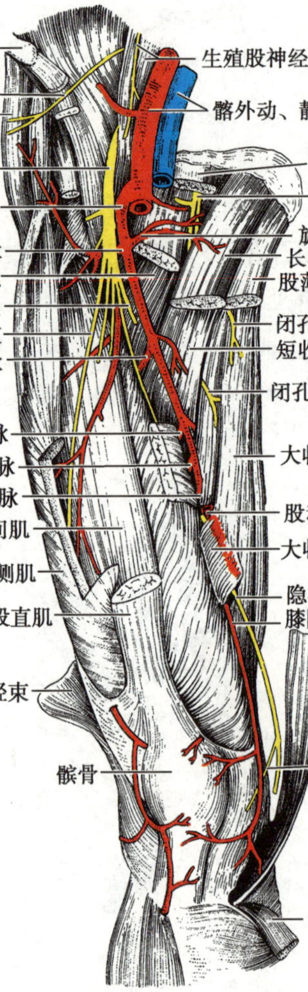
髂前上棘
股外侧皮神经
阔筋膜张肌
股神经
股深动脉
旋股外侧动脉
耻骨肌
隐神经
股外侧肌支
第一穿动脉
第二穿动脉
第三穿动脉
第四穿动脉
股中间肌
股外侧肌
股直肌
髂胫束
髌骨
生殖股神经及腰大肌
髂外动、静脉
耻骨肌
闭孔神经
旋股内侧动脉
长收肌
股薄肌
闭孔神经前支
短收肌
闭孔神经后支
大收肌
股动脉
大收肌腱板
隐神经
膝降动脉
股薄肌
隐神经髌下支
缝匠肌

▲ 图8-15　股前区深层肌与血管神经

6）股神经（femoral nerve）：起自腰丛，沿髂筋膜深面经肌腔隙内侧部进入股三角。主干短粗，随即发出众多肌支、皮支和关节支。肌支分布至股四头肌、缝匠肌和耻骨肌；关节支分布至髋、膝关节；皮支有股神经前皮支和股神经内侧皮支，分布至股前内侧区皮肤。其中最长的皮神经为隐神经（saphenous nerve），自股神经发出后，在股三角内伴股动脉外侧下行入收肌管，在收肌管下端穿大收肌腱板，行于缝匠肌和股薄肌之间，在膝关节内侧穿出深筋膜，伴大隐静脉下行并分布于髌骨下方、小腿内侧和足内侧缘皮肤。

5. 收肌管（adductor canal） 又称Hunter管，位于股中1/3段的前内侧，断面呈三角形，长15~17cm，位于缝匠肌深面，为大收肌和股内侧肌之间的管状间隙。其前壁为张于股内侧肌与大收肌间的收肌腱板，浅面覆以缝匠肌；外侧壁为股内侧肌；后壁为长收肌和大收肌。管的上口与股三角尖相通，下口为收肌腱裂孔，通腘窝，所以收肌管又称股腘管。股三角或腘窝的炎症或脓肿可借此互相蔓延。收肌管内通过的结构，前方为股神经的股内侧肌支和隐神经，中间为股动脉，后方为股静脉、淋巴管和疏松结缔组织。股动脉在收肌管下段还发出膝最上动脉

（又称膝降动脉）。

6. 股内侧区的血管和神经 主要为闭孔动、静脉和闭孔神经。

（1）闭孔动、静脉（obturator artery and vein）：闭孔动脉起于髂内动脉，穿闭膜管出骨盆至股内侧部，分前、后两支，分别位于短收肌前、后方。前支营养内收肌群并与旋股内侧动脉吻合，后支营养髋关节和股方肌。闭孔静脉与同名动脉伴行，回流至髂内静脉。

（2）闭孔神经（obturator nerve）：起于腰丛，沿腰大肌内侧缘下降至盆侧壁，向前下伴闭孔血管出闭膜管后，也分成前、后两支。前支支配内收群肌大部及膝关节，后支支配闭孔外肌和大收肌。其皮支分布于股内侧上部的皮肤。

案例8-1 　患者，女，55岁，右大腿根部有1块状物，躺下时变小，但不会完全消失。该块状物偶尔会在大腿根部皮下突出增大。患者感觉大腿内部有向下传导的疼痛。

　　体格检查：肿块位于腹股沟韧带内侧1/3下方，耻骨结节外侧。医生将示指抵住患者的腹股沟管浅环，嘱其咳嗽，未察觉有突出物冲击，但肿块随咳嗽有所增大。断定肿块位于股环处，是经隐静脉裂孔突出形成的股疝。

　　思考：

　　1. 请阐述股管的位置和组成。

　　2. 隐静脉裂孔位于何处？

　　3. 何为股疝？为什么女性的股疝较男性多发？

　　4. 股管内何结构肿大易被误诊为股疝？

二、股后区

（一）浅层结构

皮肤较薄，浅筋膜较股前区厚。股后皮神经向下离开臀大肌下缘后，位于阔筋膜与股二头肌之间，沿股后区正中线下行至腘窝上角。沿途分支分布于股后区、腘窝及小腿后区上部的皮肤。

（二）深层结构

1. 后骨筋膜鞘 包绕股后群肌、坐骨神经及深淋巴结和淋巴管。鞘内的结缔组织间隙上通臀部，下连腘窝。两处的炎症可沿此间隙内的血管、神经束互相蔓延。

2. 坐骨神经（sciatic nerve） 起于骶丛，为全身最粗大的神经。坐骨神经经梨状肌下孔出盆腔至臀大肌深面，在坐骨结节与大转子连线的中点深面下行到达股后区，继而行于股二头肌长头的深面，一般在腘窝上方分为胫神经和腓总神经两大终支。坐骨神经在股后部行径中，主要在内侧发出肌支支配股二头肌长头、半腱肌、半膜肌和大收肌（图8-16）。支配股二头肌短头的神经由外下较低部位的腓总神经发出。在股后区臀大肌下缘和股二头肌长头外侧缘夹角处，坐骨神经的位置表浅，是检查坐骨神经压痛点的常用部位。

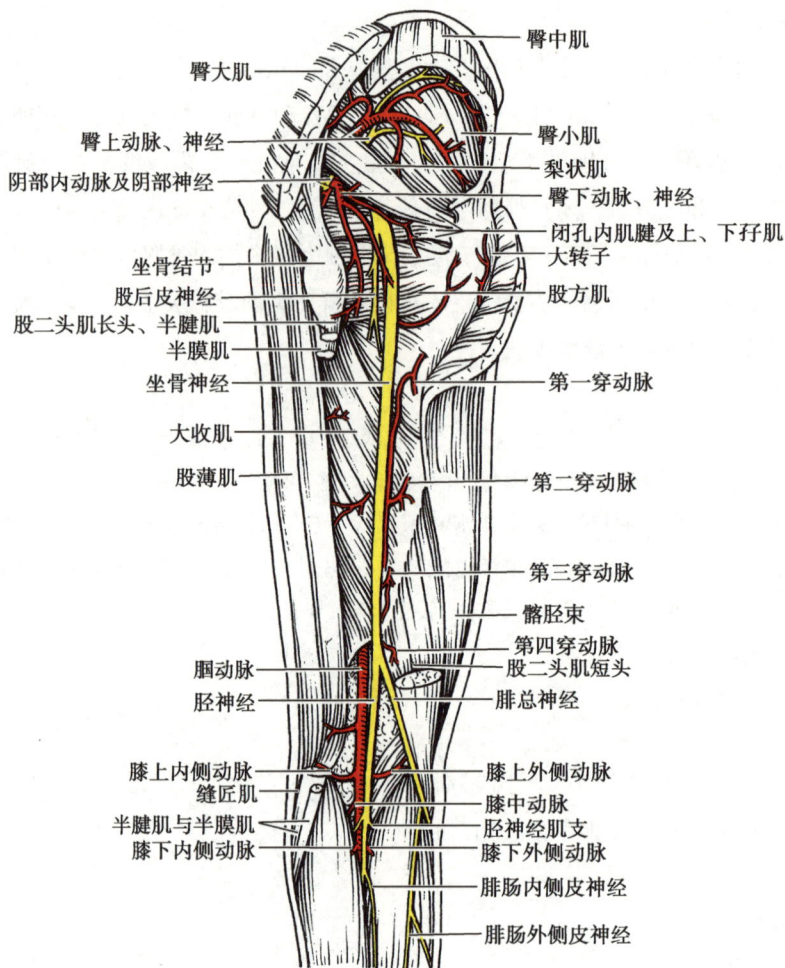

臀中肌
臀大肌
臀上动脉、神经
阴部内动脉及阴部神经
坐骨结节
股后皮神经
股二头肌长头、半腱肌
半膜肌
坐骨神经
大收肌
股薄肌
腘动脉
胫神经
膝上内侧动脉
缝匠肌
半腱肌与半膜肌
膝下内侧动脉

臀小肌
梨状肌
臀下动脉、神经
闭孔内肌腱及上、下孖肌
大转子
股方肌
第一穿动脉
第二穿动脉
第三穿动脉
髂胫束
第四穿动脉
股二头肌短头
腓总神经
膝上外侧动脉
膝中动脉
胫神经肌支
膝下外侧动脉
腓肠内侧皮神经
腓肠外侧皮神经

▲ 图8-16 臀部与股后区的血管神经

理论与实践 　　　　　　坐 骨 神 经

　　　　坐骨神经在出盆腔处约1/3呈变异类型，此神经或其一部分穿经梨状肌，有时受梨状肌收缩时的压迫，产生梨状肌综合征。坐骨神经在臀大肌下缘和股二头肌长头之间有一段位置十分表浅，无肌肉遮盖，是检查、封闭和显露坐骨神经的适宜部位。坐骨神经在股后区发出的肌支大都起自内侧，因此其外侧可视为安全区。在显露坐骨神经时，要沿神经的外侧缘分离，以免损伤其至股二头肌长头、半腱肌和半膜肌的分支。坐骨神经的营养动脉起自臀下动脉，与坐骨神经干伴行，行股部截肢术时须先结扎此动脉，再切断坐骨神经。

（林清　曾瑞霞）

第四节　膝部

膝部是从髌骨上缘上方两横指处到胫骨粗隆高度的范围，分为膝前区和膝后区。

一、膝前区

膝前区结构主要包括皮肤、筋膜、滑液囊和肌腱等。伸膝时，明显可见股四头肌腱、髌骨及髌韧带的轮廓，并能扪及。髌韧带两侧隆起的深面填以髌下脂体，屈膝时该处呈浅凹，是关节腔穿刺的常用部位。

（一）浅层结构

皮肤薄而松弛，皮下脂肪少，移动性大，故深部结构的轮廓清晰可见，易于触摸。在皮肤与髌韧带之间有一髌前皮下囊，慢性劳损时易发生炎症。在膝的内侧部，有隐神经自深筋膜穿出并发出髌下支；在外上和内上方有股外侧皮神经、股神经前皮支和内侧皮支的终末分布；外下方有腓肠外侧皮神经分布。

（二）深层结构

膝前区的深筋膜是阔筋膜的延续，并与其深面的肌腱相融合。其外侧部有髂胫束；内侧部有缝匠肌腱、股薄肌腱和半腱肌腱共同形成的扁腱，称鹅足，其深面有一较大的滑液囊，称鹅足囊；中间部为股四头肌腱，附着于髌骨底及两侧缘，继而延续为髌韧带（patellar ligament），止于胫骨粗隆。在髌骨两侧，股四头肌腱有纤维向下与阔筋膜一起形成髌支持带（patellar retinaculum），附着于髌骨、髌韧带及胫骨内、外侧髁。在股四头肌腱与股骨之间有一大滑液囊，称髌上囊（suprapatellar bursa），多与膝关节腔相通。当关节腔积液时可出现浮髌感，此时可在髌骨两侧缘中点行关节腔穿刺抽液检查。髌韧带两侧的凹陷处，向后可扪及膝关节间隙，此处相当于半月板的前端。

二、膝后区

膝后区主要为腘窝（popliteal fossa）。其内上和外上界的半腱肌、半膜肌和股二头肌腱均可扪及。

（一）浅层结构

皮肤薄而松弛，移动性较大。浅筋膜中小隐静脉的末端于腘窝中部穿深筋膜注入腘静脉，小隐静脉周围有腘浅淋巴结。此区的皮神经为股后皮神经终末支、隐神经及腓肠外侧皮神经的分支。

（二）深层结构

1. 深筋膜　膝后区的深筋膜，又称腘筋膜，为大腿阔筋膜的延续，向下移行为小腿深筋膜。腘筋膜由纵、横交织的纤维构成，致密而坚韧。伸膝时，腘筋膜紧张，腘窝界限不明显；屈膝时深筋膜松弛，腘窝边界清晰可见。患腘窝囊肿或腘动脉瘤时，因受腘筋膜的限制而胀痛明显。

2. 腘窝

（1）境界：腘窝呈一菱形凹陷，外上界为股二头肌，内上界为半腱肌和半膜肌，内下界和外下界分别为腓肠肌内、外侧头；顶（浅面）为腘筋膜；底自上而下为股骨腘面、膝关节囊后部及腘斜韧带、腘肌及其筋膜。

（2）内容：腘窝内含有重要的血管和神经等，由浅至深依次为胫神经、腘静脉、腘动脉及外上方的腓总神经，血管周围还有腘深淋巴结（图8-17）。

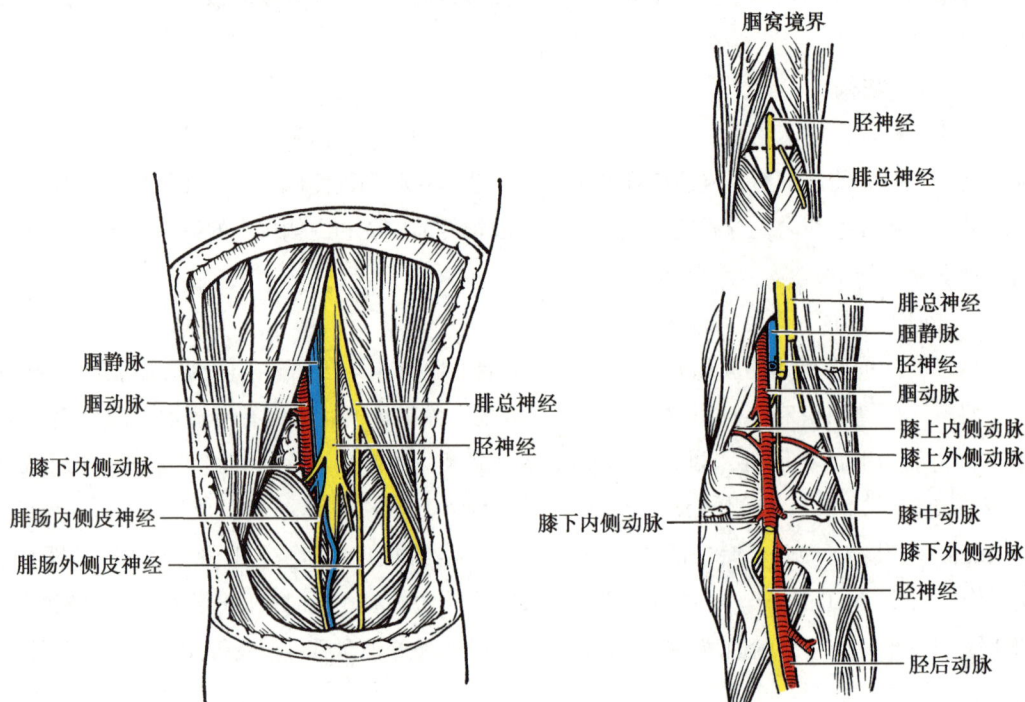

▲ 图8-17　腘窝及其内容

1）胫神经（tibial nerve）：位于腘窝的最浅面，于腘窝上角由坐骨神经分出，沿腘窝中线下行，到腘肌下缘穿比目鱼肌腱弓进入小腿后区。在腘窝内，胫神经发出肌支、关节支至附近的肌肉和膝关节。另发出腓肠内侧皮神经伴小隐静脉下行至小腿后面加入腓肠神经。

2）腓总神经（common peroneal nerve）：为坐骨神经的另一终末支，多起自腘窝上角，沿股二头肌腱内侧缘行向外下，越过腓肠肌外侧头表面至腓骨头下方，绕腓骨颈进入腓骨长肌的深面，在此分为腓浅神经和腓深神经两终末支。腓总神经在绕经腓骨颈时紧贴骨膜，且表面无肌组织覆盖，因此当腓骨颈骨折或此部外伤时，易损伤此神经，引起小腿前、外侧群肌瘫痪，导致足下垂。腓总神经在腘窝发出关节支和皮支（腓神经交通支和腓肠外侧皮神经）。

3）腘动脉（popliteal artery）：是股动脉在腘窝的延续，位置最深，与股骨腘面及膝关节囊后部紧贴。其上部位于胫神经内侧，中部居神经前方，下部转至神经外侧。腘动脉在腘窝的分支有五条：膝上内侧动脉、膝上外侧动脉、膝中动脉、膝下内侧动脉、膝下外侧动脉，供应膝关节并参与膝关节网的组成。其他分支营养膝部的肌肉。在腘窝下角，腘动脉通常分为两终末支：胫前动脉和胫后动脉。腘动脉上部紧贴股骨腘面，故股骨髁上骨折时易损伤腘动脉。

4）腘静脉（popliteal vein）：由胫前、后静脉在腘窝下角处汇集而成，收纳小隐静脉的注入。在腘窝内与胫神经和腘动脉伴行，位于两者之间并与腘动脉包于同一筋膜鞘内。

5）腘深淋巴结（deep popliteal lymph node）：位于腘血管周围，4~5个。收纳小腿、足部的深淋巴管及小腿后、外侧和足外侧部的浅淋巴管。其输出淋巴管注入腹股沟深淋巴结。

案例8-2　　患者，男，26岁，搬运货物时摔倒，货箱掉下压迫膝盖，感觉剧烈疼痛，并不能站立，送医院急诊。体格检查后行膝部X线检查。

右侧膝关节正位X线显示：右胫骨近端多发纵行、横行或斜行透亮骨折线，胫骨内、外侧髁的表面不光整；右腓骨颈处多个透亮的斜行骨折线，且骨折断端处对线不良；膝关节间隙未见明显狭窄，周围软组织肿胀。

诊断：右侧胫骨近端粉碎性骨折，腓骨颈骨折。

思考：

1. 胫骨骨折可伤及哪些结构？

2. 腓骨颈骨折可能损伤什么神经？该神经受损后可能引起哪些功能障碍？

3. 应于何处检测动脉搏动以判断是否受损？

三、膝关节网

膝关节的血供十分丰富，由股动脉、腘动脉、胫前动脉和股深动脉的多个分支在膝关节周围互相吻合形成动脉网。主要有旋股外侧动脉降支、股动脉的膝降动脉、腘动脉的五个关节支（膝上内侧动脉、膝上外侧动脉、膝中动脉、膝下内侧动脉和膝下外侧动脉）、股深动脉的第三穿动脉和胫前返动脉（图8-18）。

膝关节网不仅能保证膝关节的营养，而且当腘动脉损伤或栓塞时，可建立侧支循环来保证下肢远端的血供。

理论与实践　　　　　　　　**半月板损伤**

膝关节屈伸运动时，半月板在股骨与胫骨间滑动。在某些情况下可发生半月板损伤，特别是在负重腿膝关节屈曲或半屈的姿势，强力伸直并伴有旋转时，易造成半月板撕裂。半月板损伤后不能自行修复。因此，治疗半月板损伤时，应尽可能在关节镜下行半月板修复，保持其功能，以维持膝关节的正常活动。

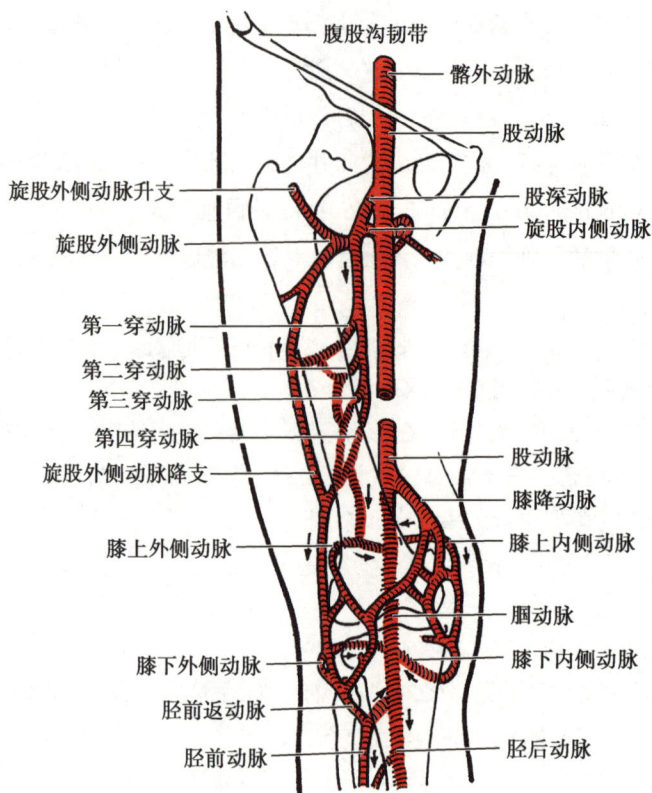

腹股沟韧带
髂外动脉
股动脉
旋股外侧动脉升支
股深动脉
旋股外侧动脉
旋股内侧动脉
第一穿动脉
第二穿动脉
第三穿动脉
第四穿动脉
旋股外侧动脉降支
股动脉
膝降动脉
膝上外侧动脉
膝上内侧动脉
腘动脉
膝下外侧动脉
膝下内侧动脉
胫前返动脉
胫前动脉
胫后动脉

▲ 图8-18　膝关节网

（林清　曾瑞霞）

第五节　小腿部

小腿上界为平胫骨粗隆的环形线，下界为平内、外踝基部的环形连线。经内、外踝所作的垂线，可将小腿分为小腿前外侧区和小腿后区。

一、小腿前外侧区

（一）浅层结构

皮肤较厚且紧，多毛发，血供较差，损伤后愈合较慢。浅筋膜较疏松，含少量脂肪。轻度水肿时，于内踝上方按压易出现压痕。浅静脉为大隐静脉及其属支。大隐静脉起于足背静脉弓的内侧，经内踝前方1cm处（此处为大隐静脉切开术的常用部位）上行达小腿前内侧。大隐静脉及其属支在此区与小隐静脉、深静脉有广泛的交通支吻合。

小腿前区的皮神经主要有两条：隐神经（saphenous nerve）伴大隐静脉行至足内侧缘，在小腿上部居静脉后方，在小腿下部则绕至静脉前方；腓浅神经（superficial peroneal nerve）由腓总神经发出，于小腿外侧中、下 1/3 交点处穿出深筋膜至皮下，随即分成内、外侧支行至足背。

（二）深层结构

深筋膜较致密。在胫侧与胫骨体内侧面的骨膜紧密融合；在腓侧发出前、后两个肌间隔附于腓骨前、后缘的骨膜。小腿前外侧区深筋膜，小腿前、后肌间隔，胫、腓骨骨膜及骨间膜之间共同围成小腿前骨筋膜鞘和小腿外侧骨筋膜鞘，容纳相应群肌及血管、神经（图 8-19）。

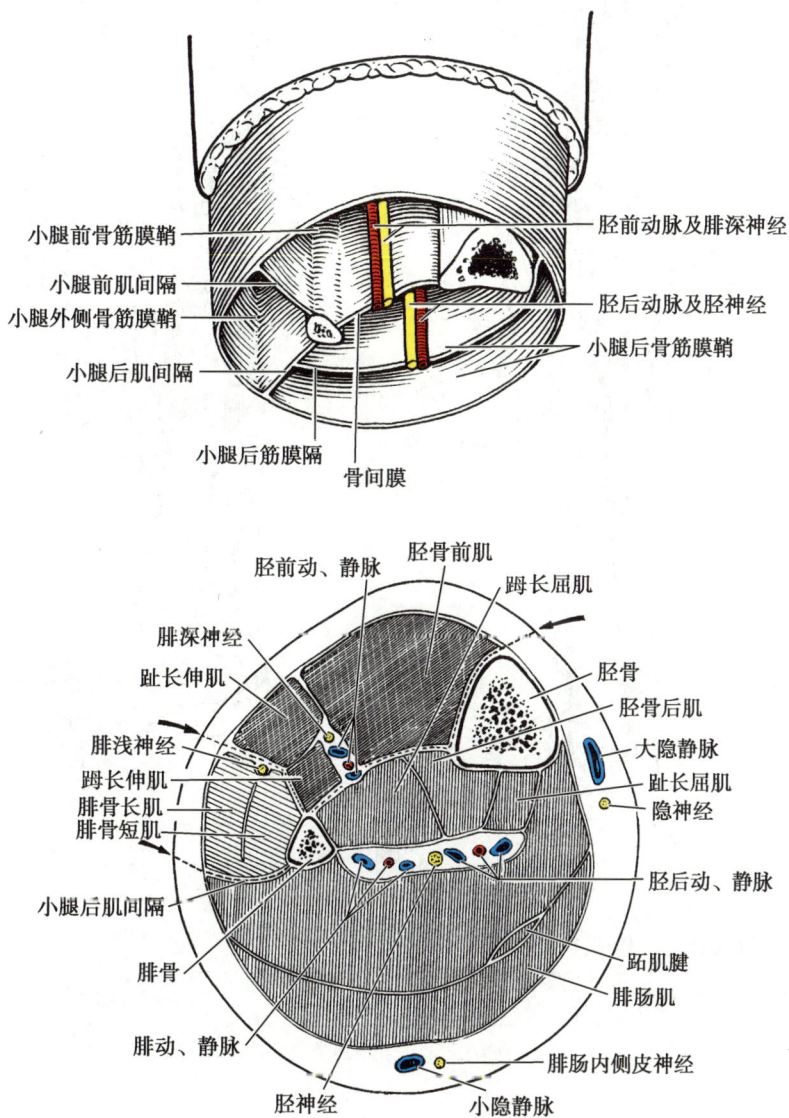

▲ 图 8-19　小腿骨筋膜鞘

1. 小腿前骨筋膜鞘　容纳小腿前群肌（表 8-3）、腓深神经和胫前血管。

（1）胫前动脉（anterior tibial artery）：于腘肌下缘由腘动脉分出后即向前穿骨间膜上端进入小腿前骨筋膜鞘，紧贴骨间膜前面，伴腓深神经下行。上1/3段位于胫骨前肌和趾长伸肌之间，下2/3段位于胫骨前肌和踇长伸肌之间。主干下行至伸肌上支持带下缘处移行为足背动脉。胫前动脉起始部发出胫前返动脉加入膝关节网；中部发出肌支营养小腿前群肌及胫、腓骨；下部在踝关节附近发出内、外踝前动脉，分别与跗内、外侧动脉吻合，参与构成踝关节动脉网（图8-20）。

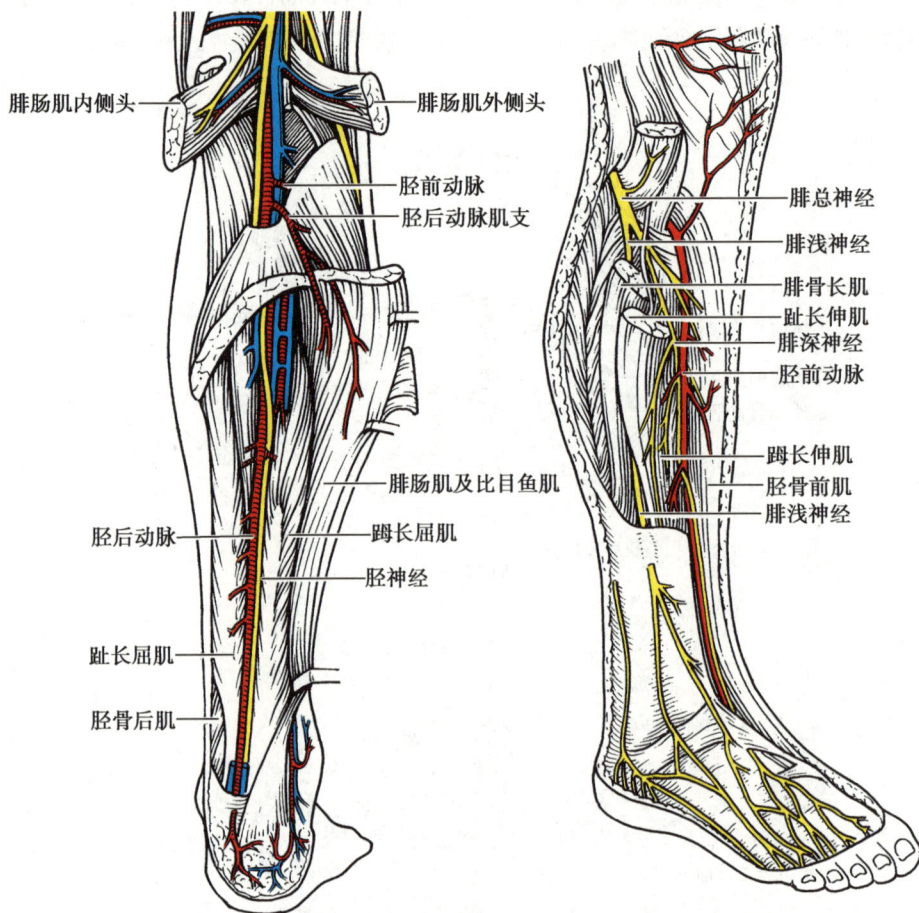

▲ 图8-20　小腿的血管和神经

▼ 表8-3　小腿前群肌的起止、作用及神经支配

名称	起点	止点	作用	神经支配
胫骨前肌	胫骨上半外侧面	内侧楔骨及第1跖骨足底面	伸踝关节，足内翻	腓深神经（L_4~S_2）
趾长伸肌	胫骨上端、腓骨前面及骨间膜	第2~5趾的中远节趾骨底	伸踝关节，伸第2~5趾	腓深神经（L_4~S_2）
踇长伸肌	腓骨内侧面中份及骨间膜	踇趾远节趾骨底	伸踝关节，伸踇	腓深神经（L_4~S_2）

（2）胫前静脉（anterior tibial vein）：2支，与同名动脉伴行。

（3）腓深神经（deep peroneal nerve）：于腓骨颈高度起自腓总神经，穿腓骨长肌起始部及前肌间隔进入前骨筋膜鞘与胫前血管伴行。发出肌支支配小腿前群肌和足背肌，皮支仅分布于第1、2趾相对面的背侧皮肤。腓深神经损伤可导致足下垂及不能伸趾。

2. 小腿外侧骨筋膜鞘　容纳小腿外侧群肌（表8-4）及腓浅神经等。

腓浅神经（superficial peroneal nerve）于腓骨颈高度由腓总神经发出，下行于腓骨长、短肌之间，发出肌支支配这两个肌；于小腿外侧中、下1/3交点处穿出深筋膜至皮下，分布于小腿外侧及足背皮肤（第1趾蹼及第1、2趾相对面皮肤除外）。腓浅神经损伤常导致足不能外翻。

▼ 表8-4　小腿外侧群肌的起止、作用及神经支配

名称	起点	止点	作用	神经支配
腓骨长肌	腓骨外侧面上2/3部	内侧楔骨及第1跖骨底	屈踝关节、足外翻	腓浅神经（L_5~S_1）
腓骨短肌	腓骨外侧面下1/3部	第5跖骨粗隆	屈踝关节、足外翻	腓浅神经（L_5~S_1）

二、小腿后区

（一）浅层结构

皮肤柔软，弹性好，血供丰富，是临床上常用的带血管蒂皮瓣移植供皮区。浅筋膜较薄，内有小隐静脉及其属支、腓肠内侧皮神经、腓肠外侧皮神经和腓肠神经等。

1. 小隐静脉（small saphenous vein）　起于足背静脉弓的外侧份，绕外踝后方伴腓肠神经上行于小腿后区正中线，至腘窝下角处穿腘筋膜进入腘窝，稍上升一段后汇入腘静脉。小隐静脉中有7~8对静脉瓣并有交通支与大隐静脉和深静脉相交通。当静脉瓣发育不良或深静脉回流受阻时可导致小隐静脉和大隐静脉淤血曲张。

2. 腓肠神经（sural nerve）　多数由胫神经的腓肠内侧皮神经和腓总神经的腓肠外侧皮神经的交通支吻合而成，于小腿后区下部穿深筋膜至皮下，经外踝后方达足背外侧部，分布于小腿后区下部及足背外侧部的皮肤。

（二）深层结构

1. 深筋膜　深筋膜较致密，与胫腓骨骨膜、骨间膜及小腿后肌间隔共同围成小腿后骨筋膜鞘。鞘内有小腿后群肌（表8-5）及血管神经束（图8-20）。

	层次名称	起点	止点	作用	神经支配
浅层	腓肠肌	股骨内、外侧髁后面	跟骨结节	屈膝关节、屈踝关节	胫神经（L_4~S_3）
	比目鱼肌	腓骨上部后面，胫骨比目鱼肌线	跟骨结节	屈膝关节、屈踝关节	胫神经（L_4~S_3）
	跖肌	腘面外下部及膝关节囊后面	跟骨结节	屈膝关节、屈踝关节	胫神经（L_4~S_3）
深层	腘肌	股骨外侧髁的外侧面上缘	胫骨比目鱼肌线以上的骨面	屈和内旋膝关节	胫神经（L_4~S_3）
	趾长屈肌	腓骨后面中 1/3	第2~5趾远节趾骨底	屈踝关节，屈第2~5趾	胫神经（L_4~S_3）
	胫骨后肌	胫、腓骨及骨间膜后面	舟骨粗隆和第1~3楔骨跖面	屈踝关节，足内翻	胫神经（L_4~S_3）
	踇长屈肌	腓骨后面下 2/3	踇远节趾骨底	屈踝关节，屈踇趾	胫神经（L_4~S_3）

小腿后骨筋膜鞘借小腿后筋膜隔分成浅、深两部。浅部容纳小腿三头肌（腓肠肌和比目鱼肌），向下逐渐缩窄，仅包绕跟腱及周围脂肪；深部容纳小腿后群深层肌及腘肌，在小腿下部内踝后上方，趾长屈肌腱越过胫骨后肌腱的浅面斜向外侧，与踇长屈肌腱形成腱交叉。

2. 胫后动脉（posterior tibial artery）　为腘动脉的直接延续，于小腿后区深、浅肌层间下行，沿途分支营养邻近肌。主干经内踝后方进入足底。胫后动脉起始处发出腓动脉（peroneal artery），越胫骨后肌表面斜向外下，在踇长屈肌与腓骨之间下降于外踝后方，终于外踝支。腓动脉主要营养附近肌和胫、腓骨。

3. 胫后静脉（posterior tibial vein）　2支，与同名动脉伴行。

4. 胫神经（tibial nerve）　为腘窝内胫神经的延续，伴胫后血管行于小腿后群浅、深肌之间，经内踝后方进入足底。该神经主要发出肌支支配小腿后群肌；皮支为腓肠内侧皮神经，伴小隐静脉分布于小腿后面的皮肤。

理论与实践

（一）胫骨骨折

由于胫前、后血管紧贴胫骨干下行，胫骨骨折时容易伤及。腘动脉在腘肌下缘处分为胫前、后动脉，当胫骨上1/3骨折时远侧段可向上移位，压迫动脉分叉处，导致其以下的肢体缺血。胫骨中、下1/3交界处骨径较细，容易骨折，由于其血液供应主要来自胫骨上1/3进入骨髓腔的滋养血管，易引起局部供血不良，导致骨折延迟愈合，甚至不愈合。

（二）腓总神经损伤

由于腓总神经紧贴腓骨颈，并且此处神经位置表浅，无肌肉覆盖，骨折和外伤时易受损伤。

损伤后可引起小腿前群和外侧群肌肉瘫痪，致使踝关节背屈、外翻和伸趾运动障碍，出现足下垂和内翻畸形。患者迈步时足尖下垂，为了避免足尖触地，往往用力使髋、膝关节屈曲以提高下肢，结果走路时呈跨阈步态。腓总神经损伤时，小腿外侧面和足背的皮肤可同时出现感觉障碍。

（三）大隐静脉切开

大隐静脉在内踝前方的一段位置浅表且较恒定，临床上常在此部行静脉切开或穿刺。手术时应注意分离位于其前方、与之伴行的隐神经，若误伤此神经，术后患者常诉说足内侧缘疼痛。

（四）下肢静脉曲张

下肢静脉曲张是常见病之一，主要发生在大隐静脉。若大隐静脉有先天性管壁薄弱，加之该静脉为全身最长的浅静脉，在皮下缺乏肌肉的支持，血液回流缓慢，因而在长期直立或慢性腹压增高时，易导致静脉淤血扩张，瓣膜关闭不全，浅、深静脉血液逆流，继而管壁伸长、迂曲，形成静脉曲张。在行大隐静脉高位结扎和切除术时，必须同时结扎和切断五条属支及与深静脉的交通支，以防复发。

大、小隐静脉内都有静脉瓣，以保证血液回流和防止逆流。一般大隐静脉有9~10对瓣膜，小隐静脉有7~8对瓣膜。大、小隐静脉属支间有交通支，而且与深静脉之间也借穿静脉吻合，小腿部穿静脉的数目较大腿部多。穿静脉内也有瓣膜保证血液由浅部向深部流动，阻止血液从深静脉倒流入浅静脉。穿静脉的静脉瓣一般均靠近深静脉端。当瓣膜功能不全或深静脉血流受阻时，便可产生下肢静脉曲张。显然，发生小腿静脉曲张的机会多于大腿部。由于曲张静脉的长期淤血，患侧小腿，特别是小腿下1/3及踝部的皮肤和皮下组织多发生营养不良，导致慢性溃疡等病变。此外，也可因静脉本身的损伤而破裂出血，更甚者可致血栓性静脉炎。外科处理曲张的静脉和溃疡病变时，勿伤及与之伴行的皮神经，同时要结扎穿静脉。

静脉壁软弱、静脉瓣缺陷和浅静脉内压升高是引起浅静脉曲张的主要原因。静脉壁薄弱和静脉瓣缺陷与遗传因素有关。长期站立、重体力劳动、妊娠、慢性咳嗽、习惯性便秘等后天性因素使瓣膜承受过度的压力，逐渐松弛，不能紧密关闭。循环血量经常超负荷，也可造成压力升高，静脉扩张，而形成相对性瓣膜关闭不全。当隐-股静脉或隐-腘静脉连接处的瓣膜遭到破坏而关闭不全后，就可影响远侧和交通静脉的瓣膜。由于离心愈远的静脉承受的静脉压愈高，曲张静脉在小腿部远比大腿部明显。而且病情的远期进展比开始阶段迅速。

（周正丽）

第六节　踝部与足部

踝部上界为平内、外踝基底的环线，下界为过内、外踝尖的环线，其远侧为足部。踝部以内、外踝分为踝前区和踝后区。足部可分为足背和足底。

一、踝前区与足背

（一）浅层结构

皮肤较薄。皮下组织疏松，缺少脂肪，故皮肤深部的浅静脉、肌腱等结构清晰可见。

浅静脉有足背静脉弓及其属支，其内、外侧端逐渐合成大、小隐静脉。该区的皮神经为足背内侧的隐神经、足背外侧的腓肠神经终支（足背外侧皮神经），足背中央部有腓浅神经的终支（足背内侧皮神经和足背中间皮神经），在第1、2趾相对面背侧为腓深神经的皮支。

（二）深层结构

1. 深筋膜　踝前区的深筋膜为小腿深筋膜的延续，在此增厚形成两个支持带。

（1）伸肌上支持带（superior extensor retinaculum）：又称小腿横韧带，呈宽带状位于踝关节上方，连于胫、腓骨下端之间，由小腿下部的深筋膜增厚而成，深面有两个间隙：内侧者通过胫骨前肌腱、胫前血管和腓深神经；外侧者通过𧿹长伸肌腱、趾长伸肌腱和第3腓骨肌（图8-21）。

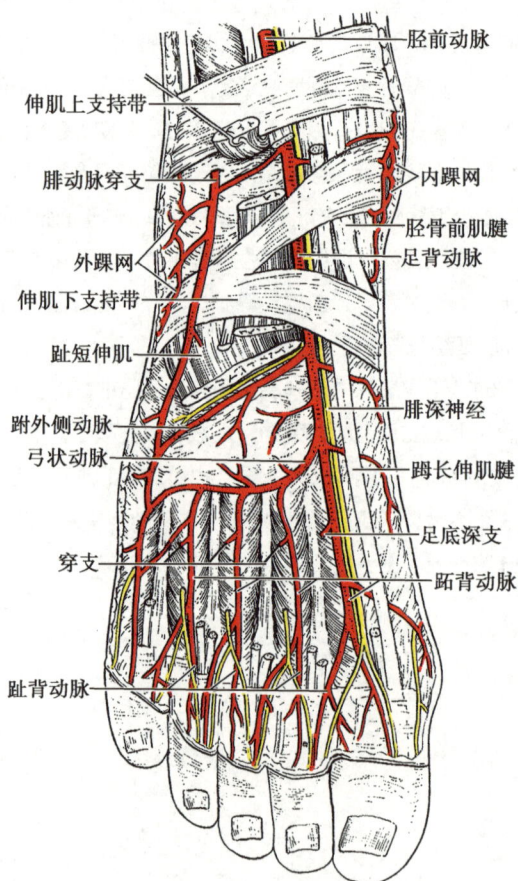

▲ 图8-21　踝前区与足背

（2）伸肌下支持带（inferior extensor retinaculum）：又称小腿十字韧带，位于踝关节前方的足背区，多呈横的"Y"字形，外侧端附于跟骨外侧面，内侧端分叉附于内踝及足内缘。伸肌下支持带向深面发出纤维隔，形成3个骨纤维管：内侧者通过胫骨前肌腱，中间者通过踇长伸肌腱、足背动脉和腓深神经，外侧者通过趾长伸肌腱和第3腓骨肌腱。各肌腱表面均有腱鞘包绕（图8-21）。

2. 血管神经束

（1）足背动脉（dorsal artery of foot）：于伸肌上支持带下缘处续于胫前动脉。在踝关节前方行于踇长伸肌腱和趾长伸肌腱之间，位置表浅，易于在体表摸到搏动。主干继续沿踇短伸肌内缘和深面前行。沿途发出跗外侧动脉行向足背外侧；跗内侧动脉1~3支，行向足背内侧及足底；弓状动脉向足背外侧部弓状弯行，与跗外侧动脉吻合并发出3支跖背动脉；足底深支穿第一跖骨间隙至足底与足底动脉吻合；第一跖背动脉为足背动脉主干的终末支，分布于踇趾和第2趾背面的内侧（图8-21）。

（2）腓深神经：多数行于足背动脉的内侧，分成内、外侧两终支，分布于足背肌、足关节及第1、2趾相对面背侧的皮肤。

3. 足背筋膜间隙　足背的深筋膜可分浅、深两层。浅层为伸肌下支持带的延续，附着于足内、外缘的骨膜；深层紧贴附于骨间背侧肌表面及跖骨骨膜。两层间为足背筋膜间隙，容纳趾长伸肌腱及其腱鞘、趾短伸肌及其腱鞘、足背动脉及分支和伴行静脉、腓深神经等（表8-6）。

▼ 表8-6　足背肌的起止、作用及神经支配

名称	起点	止点	作用	神经支配
踇短伸肌	跟骨前端的上面	踇趾近节趾骨底	伸踇趾	腓深神经（L_4~S_2）
趾短伸肌	跟骨前端的外侧	第2~5趾近节趾骨底	伸第2~5趾	腓深神经（L_4~S_2）

二、踝后区

上界为内、外踝基部后面的连线，下界为足跟下缘。正中线深面有跟腱附着于跟结节。跟腱与内、外踝之间各有一浅沟：内侧浅沟深部有小腿屈肌腱及小腿后区血管、神经穿入足底；外侧浅沟内有小隐静脉、腓肠神经、腓骨长肌腱、腓骨短肌腱通过。

（一）浅层结构

此区皮肤上部移动性大，足跟部皮肤角质层较厚。浅筋膜较疏松，跟腱两侧有较多脂肪。跟腱与皮肤之间有跟皮下囊，跟腱止端与跟骨骨面之间有跟腱囊。

（二）深层结构

1. 深筋膜　踝后区的深筋膜在内踝和跟结节内侧面之间的部位增厚，形成屈肌支持带（flexor retinaculum），又称分裂韧带（图8-22）。外踝后下方的深筋膜增厚形成腓骨肌上、下支持带。腓骨肌上支持带连于外踝后缘与跟骨外侧面上部之间，有限制腓骨长、短肌腱于外踝后下方的作用。腓骨肌下支持带前端续于伸肌下支持带，后端止于跟骨前部外侧面，有固定腓骨长、短

肌腱于跟骨外侧面的作用。两肌腱在穿经支持带深面时共同包于一个总腱鞘内（图8-23）。

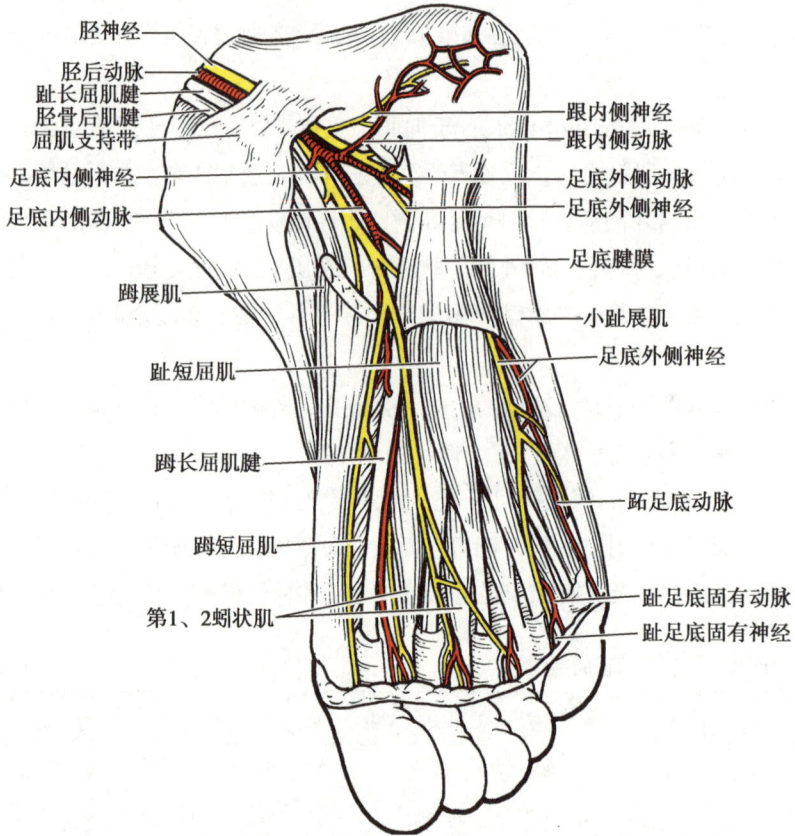

胫神经
胫后动脉
趾长屈肌腱
胫骨后肌腱
屈肌支持带
足底内侧神经
足底内侧动脉
跨展肌
趾短屈肌
跨长屈肌腱
跨短屈肌
第1、2蚓状肌

跟内侧神经
跟内侧动脉
足底外侧动脉
足底外侧神经
足底腱膜
小趾展肌
足底外侧神经
跖足底动脉
趾足底固有动脉
趾足底固有神经

▲ 图8-22　踝后区内侧面与足底

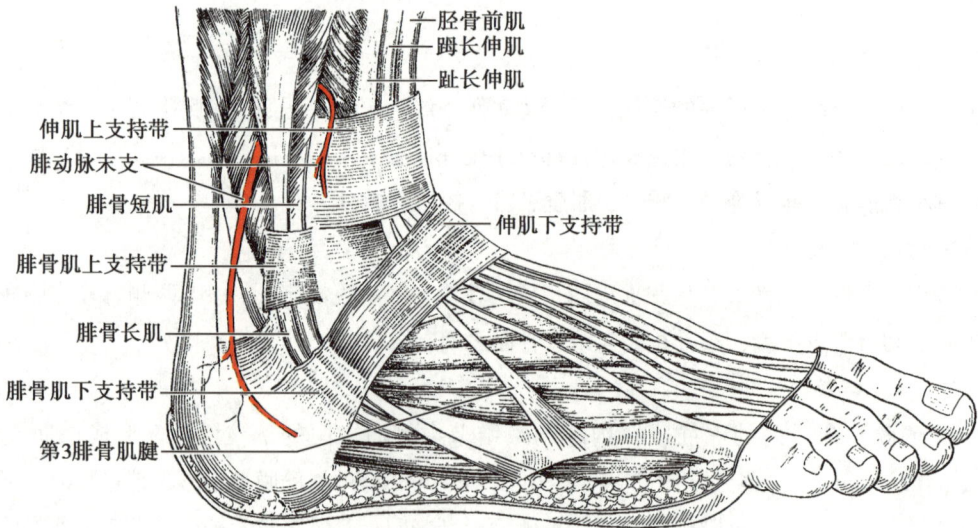

胫骨前肌
跨长伸肌
趾长伸肌
伸肌上支持带
腓动脉末支
腓骨短肌
腓骨肌上支持带
腓骨长肌
腓骨肌下支持带
第3腓骨肌腱
伸肌下支持带

▲ 图8-23　踝与足背外侧面

2. 踝管（malleolar canal） 屈肌支持带与跟骨内侧面、内踝之间共同围成的管道称踝管。支持带向深面发出3个纤维隔，将踝管分隔成4个通道，通过的结构由前向后依次为：① 胫骨后肌腱；② 趾长屈肌腱；③ 胫后动、静脉和胫神经；④ 蹈长屈肌腱（图8-22）。踝管是小腿后区与足底间的一个重要通道，感染时可借踝管互相蔓延。某些原因使踝管通道变狭窄时，有可能压迫踝管内容物，形成跗管综合征（又称踝管综合征）。

三、足底

（一）浅层结构

皮肤厚、致密而坚韧，移动性差，尤以足跟、足外侧缘、趾基底部为厚，这些部位是身体重力的支持点，容易因摩擦引起皮肤增厚而形成胼胝。浅筋膜内致密的纤维束将皮肤与足底深筋膜紧密相连。

（二）深层结构

1. 深筋膜及骨筋膜鞘 足底深筋膜分为浅、深两层。浅层覆盖于足底肌表面，两侧较薄，中间部增厚称跖腱膜（又称足底腱膜），相当于手掌的掌腱膜。深层覆盖于骨间肌的跖侧，又称骨间跖侧筋膜。

（1）足底腱膜（plantar aponeurosis）：呈三角形，含有较多的纵行纤维。后端稍窄附着于跟结节前缘内侧部。

（2）骨筋膜鞘及内容：足底腱膜的两侧缘向深部发出肌间隔，止于第1、5跖骨，将足底分成3个骨筋膜鞘，分别容纳各群足底肌（表8-7）及血管、神经。

▼ 表8-7 足底肌的起止、作用及神经支配

名称	起点	止点	作用	神经支配
蹈展肌	跟骨结节、舟骨粗隆	蹈趾近节趾骨底	外展和屈蹈趾	足底内侧神经
蹈短屈肌	内侧楔骨跖面	蹈趾近节趾骨底	屈蹈趾	足底内侧神经
蹈收肌	第2~4跖骨底	蹈趾近节趾骨底	内收和屈蹈趾	足底内侧神经
趾短屈肌	跟骨	第2~5趾的中节趾骨底	屈第2~5趾	足底内侧神经
足底方肌	跟骨	趾长屈肌腱	屈第2~5趾	足底外侧神经
蚓状肌	趾长屈肌腱	趾背腱膜	屈跖趾关节、伸趾骨间关节	足底内、外侧神经
骨间足底肌	第3~5跖骨内侧	第3~5趾近节趾骨底和趾背腱膜	内收第3~5趾	足底外侧神经
骨间背侧肌	跖骨的相对面	第2~4趾近节趾骨底和趾背腱膜	外展第2~4趾	足底外侧神经深支
小趾展肌	跟骨	小趾近节趾骨底	屈和外展小趾	足底外侧神经
小趾短屈肌	第5跖骨底	小趾近节趾骨底	屈小趾	足底外侧神经

1）内侧骨筋膜鞘：容纳踇展肌、踇短屈肌、踇长屈肌腱及血管、神经。

2）中间骨筋膜鞘：容纳趾短屈肌、足底方肌、踇收肌、趾长屈肌腱、蚓状肌、足底动脉弓及其分支，足底外侧神经及分支等。

3）外侧骨筋膜鞘：容纳小趾展肌、小趾短屈肌及血管、神经。

2. 足底的血管、神经　胫后动脉及胫神经穿踝管至足底后，随即分为足底内、外侧动脉和足底内、外侧神经。足底内侧动脉较细小，伴同名静脉和神经沿足底内侧缘前行，分布于邻近组织，末端与第1~3跖足底动脉吻合。足底外侧动脉较粗，伴同名静脉、神经斜向前外，穿过趾短屈肌的深面至足底外侧缘，分支分布于邻近组织，终支向内弯行至第1跖骨间隙处，与足背动脉的足底深支吻合成足底弓，再由足底弓发出4条跖足底动脉分布于各趾。足底内侧神经支配足底内侧部的肌肉、关节，足底内侧半及内侧三个半趾底面的皮肤。足底外侧神经支配足底外侧部的肌肉、关节，足底外侧半及外侧一个半趾底面的皮肤（图8-22）。

理论与实践　（一）足背血管

足背动脉在踝关节前方的一段位于皮下，位置表浅，所以常在此部触其搏动。在带蒂第2趾移植再造指的手术中，足背动脉行程及其分支具有重要的临床意义。

足背静脉，尤其是趾背静脉在断趾再植中对重建血液循环，消除患趾水肿有重要作用。

（二）足弓

足弓具有支持、缓冲震荡和保护足底血管、神经免受压迫的作用。足弓的维持主要依靠足底的韧带、筋膜和肌肉。足底固有的短肌如趾短屈肌、足底方肌、小趾短屈肌和小趾展肌及小腿的踇长屈肌和趾长屈肌等的收缩，可使足前、后部靠拢，维持跗骨于正常位置，提高足纵弓。小腿的腓骨长肌和胫骨前肌共同收缩，有维持足横弓的作用。足底的跟舟足底韧带、足底长韧带、跟骰足底韧带及骨间韧带等，分别对维持内侧纵弓、外侧纵弓和足横弓起重要作用。此外，足底腱膜还对足弓起弓弦的作用。如长期站立或负重使支持组织过于劳损，或因先天性软组织发育不良、骨折损伤等，均能导致足弓塌陷，呈现扁平足（或平足）。

（三）小腿各群肌功能障碍

在正常情况下，小腿各群肌对足关节的运动是处于平衡状态的，当某群肌或某些肌因先天或后天的原因（如小儿麻痹、神经损伤）发生功能减弱或瘫痪时，其拮抗肌和韧带的作用则相对加强，发生挛缩，致使患侧群肌和韧带被牵拉延伸，从而产生各种畸形足。常见的畸形足有以下几种形式。

1. 马蹄足　由小腿前群肌瘫痪或小腿三头肌挛缩所致，足不能平放于地面，足前部着地行走，严重者足与小腿几乎呈直线。当继发足底腱膜挛缩时，足弓凹陷加深，呈高弓足。

2. 仰趾足　足背屈，足跟着地，为小腿后群肌瘫痪所致。当与内翻或外翻足畸形合并发生时，为仰趾内翻足或仰趾外翻足。

3. 外翻足　足内侧缘着地，脚掌外翻，常由腓骨长、短肌挛缩或胫骨前、后肌瘫痪所致。

4. 内翻足　足外侧缘着地，足背向前外，足底向后内，处于内翻内收状态，常由腓骨长、短肌瘫痪所致。

4种形式的畸形足可相互合并发生，如马蹄内翻足、仰趾外翻足。

（四）下肢组织在外科移植中的应用

1. 筋膜移植　阔筋膜因其坚韧，不易被吸收，抗感染力强，移植后反应小，能适应新的环境而易于成活等特点，临床上多用它作为吊带，如面神经麻痹时可利用它牵引口角，矫正口角的歪斜畸形。此外，还可用作填充凹陷、修复硬脑膜或颅骨缺损的材料。

2. 肌和肌腱的移植　很多下肢肌可供临床用作肌瓣和肌皮瓣，如将股薄肌带血管神经蒂转移至会阴部，箍绕肛门以治疗肛门失禁。还可用股薄肌带血管神经蒂游离移植至面部做颌面外科整形手术。

此外，股直肌、缝匠肌、半腱肌、股二头肌、阔筋膜张肌、臀大肌、腓肠肌、趾短伸肌都是具有应用价值的供肌。

在治疗急性脊髓灰质炎所致腓骨长、短肌瘫痪时，可将胫骨前肌腱移植到足背外侧，将长屈肌腱移植到第1跖骨，防止严重的足内翻。

3. 骨移植　髂骨的骨密质薄，骨松质多，松而多孔，新生血管易于长入，抗感染力强，易成活，也易塑形，因此是理想的骨移植材料。按骨的形态可用以修复下颌骨、颅盖和其他面颅骨缺损，效果很好。此外，股骨大转子、胫骨、腓骨也可作为供骨。

4. 血管移植　移植静脉时，多以大隐静脉或其属支作为供血管源，用以修补血管缺损，建立正常血液通路。如用大隐静脉移植做冠状动脉或脑血管搭桥，使血管再通。当用静脉代替动脉移植时，由于静脉有瓣膜，血流只能向一个方向流动，应将静脉远端倒转，接在动脉近端，以免瓣膜阻碍血流。

5. 神经移植　常切取腓肠神经移植，用作治疗头面部的神经损伤。腓肠神经外径约2mm，分支很少，切取后造成局部感觉丧失区很小。

6. 吻合血管的皮瓣移植　下肢大部分血管位置恒定、显露方便，又有足够的长度，切取后对其功能和外观影响不大。因此，近年来下肢已成为一个重要的供皮区，股后区的皮瓣、小腿后区的皮瓣、小腿内侧区及小腿前区的皮瓣，都是临床常用的供皮区。目前临床应用的供皮部位及皮瓣设计已逐步扩大，有时还可携带神经、肌肉、骨骼等移植于需要修复的创面上。

（周正丽）

第七节　下肢横断层影像解剖

一、经髋关节中份的横断层

此层面上股骨头、髋臼和股骨头韧带的断面出现（图8-24）。

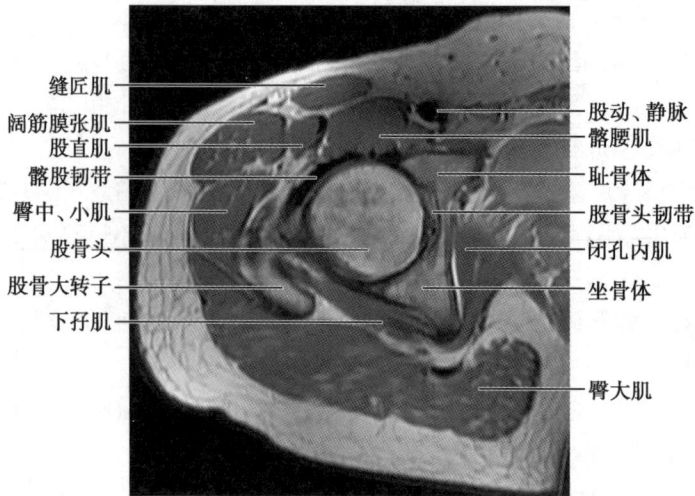

缝匠肌 —— 股动、静脉
阔筋膜张肌 —— 髂腰肌
股直肌 —— 耻骨体
髂股韧带 —— 股骨头韧带
臀中、小肌 —— 闭孔内肌
股骨头 —— 坐骨体
股骨大转子 ——
下孖肌 ——
—— 臀大肌

▲ 图 8-24　经髋关节中份的横断层（MRI T₁加权像）

呈圆形的股骨头与其内侧凹陷的髋臼构成髋关节，此断面髋臼由耻骨体和坐骨体构成，其中央的凹陷为髋臼窝，被脂肪组织所充填；髋臼的前、后端有髋臼唇的断面。股骨头前内侧的小凹陷为股骨头凹，有股骨头韧带连于此处。髋关节囊呈半环状包绕于股骨头的前、后方及外侧，在前外侧部增厚形成髂股韧带。髋关节的前方有髂腰肌和缝匠肌，其与内侧的耻骨肌之间为血管腔隙和肌腔隙，内有股管、股静脉、股动脉、股神经和腹股沟深淋巴结等。髋关节的后方有闭孔内肌腱、臀大肌和下孖肌，其间有坐骨神经走行；股骨头的外侧可见股骨大转子的断面，其前方有臀中肌、臀小肌和阔筋膜张肌。在MRI图像上，关节骨性关节面均呈清晰的线状低信号；关节软骨呈弧形的中等或略高信号，表面光滑；骨髓和皮下的脂肪组织均呈高信号；关节盘、关节唇、韧带和关节囊均呈低信号。

二、经股部中份的横断层

此层面上股骨体和股四头肌的断面出现（图8-25）。

股骨体呈圆形，骨皮质较厚，骨髓腔相对较小。股部群肌环绕于股骨周围，被深筋膜形成的肌间隔分为前群肌、内侧群肌和后群肌。前群肌的股四头肌位于股骨的前、外侧，分为股骨前方的股直肌、股内侧肌和外侧的股中间肌、股外侧肌，缝匠肌位于股骨的前内侧。内侧群肌的股薄肌断面较小，位于股部的最内侧。内侧群肌的深部有股动、静脉和隐神经走行。后群肌的半腱肌、半膜肌和股二头肌的断面较大，位于股骨的后方，与股骨之间有坐骨神经通过。在CT图像上，儿童期骨干的骨皮质相对较薄，干骺端和骨骺为松质骨结构，骨骺和骨骼肌为类似的等密度，因其呈不平整的薄片状，在横断层影像上易混有不同程度的骨质成分。

三、经膝关节中份（半月板）的横断层

此层面上内、外侧半月板和呈分离状的股骨内、外侧髁的断面出现（图8-26）。

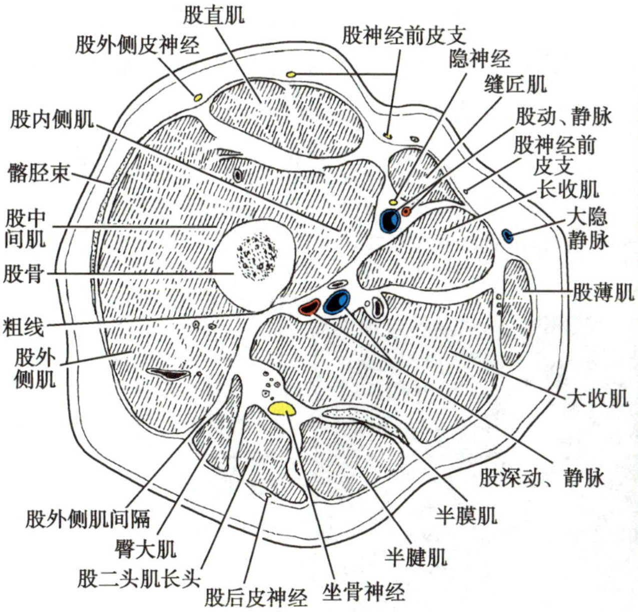

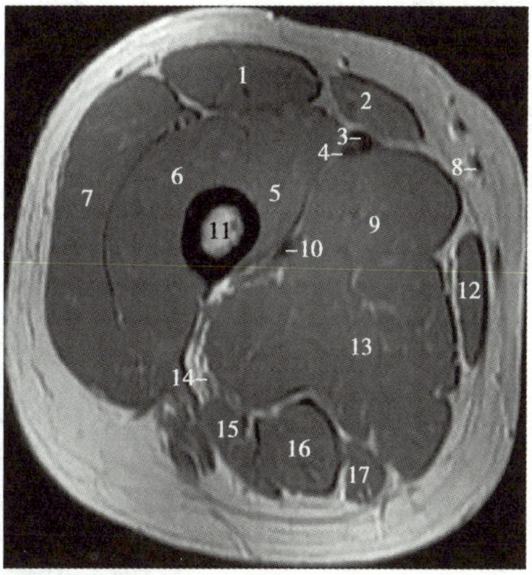

1. 股直肌；2. 缝匠肌；3. 股动脉；4. 股静脉；5. 股内侧肌；6. 股中间肌；7. 股外侧肌；8. 大隐静脉；9. 长收肌；
10. 股深动、静脉；11. 股骨；12. 股薄肌；13. 大收肌；14. 坐骨神经；15. 股二头肌；16. 半腱肌；17. 半膜肌。

▲ 图8-25　经股骨中份的横断层（MRI T$_1$加权像）

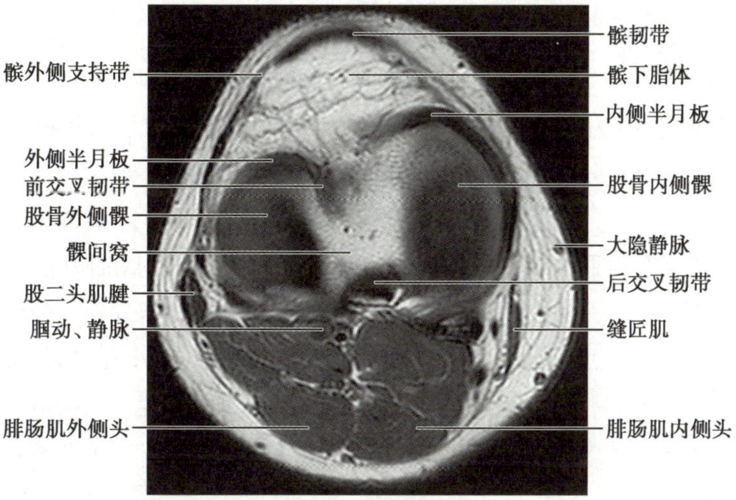

▲ 图8-26　经膝关节中份（半月板）的横断层（MRI T$_1$加权像）

　　股骨内、外侧髁的断面明显缩小且分为游离的两部分，其间为髁间窝，内有呈斜行的前、后交叉韧带。内侧半月板包绕于股骨内侧髁的前、后方及内侧，其前角与前交叉韧带相连，向后内侧与胫侧副韧带相连；外侧半月板包绕于股骨外侧髁的前、后方及外侧。髌韧带位于最前部，其与股骨内、外侧髁之间为髌下脂体及翼状襞；两侧的膝关节囊即为髌内、外侧支持带。股骨内、外侧髁的后方有呈横行的膝关节囊；内、外侧分别有呈扁宽的胫侧副韧带和呈条索状的腓侧副韧带。股骨内、外侧髁后方的腘窝断面较小，腓肠肌内、外侧头之间有腘动脉、腘静脉和胫神经等通过。在CT图像上，前、后交叉韧带呈中等偏高密度的灰白影；MRI图像则呈界限清楚、边缘光滑的低信号条状黑影，是诊断交叉韧带病变的常用方法。

四、经小腿部中份的横断层

此层面上胫骨体、腓骨体和小腿三头肌的断面出现（图8-27）。

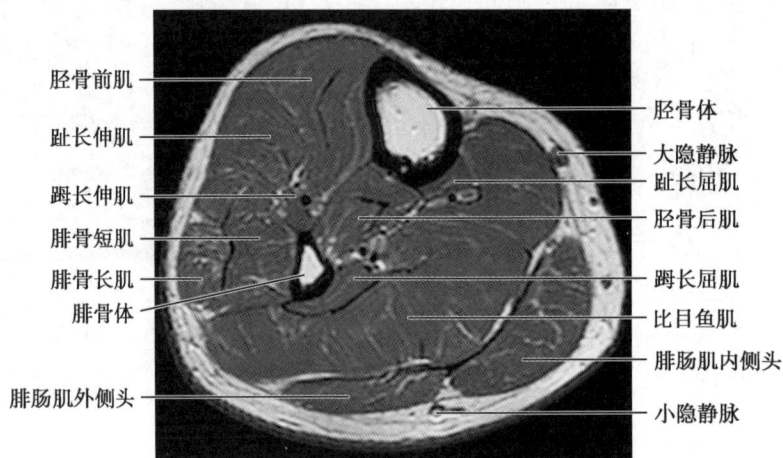

▲ 图8-27　经小腿部中份的横断层（MRI T₁加权像）

胫骨体的断面较腓骨体大，两者自前内侧向后外侧排列。小腿群肌环绕于胫骨和腓骨周围，被深筋膜形成的肌间隔分为前群肌、外侧群肌和后群肌。前群肌位于胫骨和腓骨的前外侧，胫骨前肌和趾长伸肌自内侧向外侧排列，鿊长伸肌起始部的断面较小，位于趾长伸肌的深面；胫前动、静脉和腓深神经走行于前群肌之间。外侧群肌的腓骨长、短肌位于腓骨的外侧，与趾长伸肌之间有腓深神经走行。后群肌的小腿三头肌断面较大，分为比目鱼肌和腓肠肌内、外侧头；胫骨后肌位于胫骨与腓骨之间，其后内侧、后外侧分别有趾长屈肌和鿊长屈肌。胫后动、静脉和胫神经走行于胫骨后肌与比目鱼肌之间，大隐静脉和小隐静脉分别位于小腿内侧、后部的浅筋膜内。在MRI图像上，骨髓腔呈高信号，关节囊的纤维层呈光滑连续的低信号，关节囊内、外韧带和关节盘呈低信号；关节腔内的少量滑液在T_1加权像上呈薄层的低信号，在T_2加权像上则呈高信号。

五、经踝关节的横断层

此层面上内踝、外踝和距骨滑车的断面出现（图8-28）。

此断层内踝、外踝及其间的距骨滑车构成踝关节；踝关节腔位于距骨滑车周围，呈一不规则的圆环状。内踝与距骨之间的踝关节囊前、内侧部有内侧韧带，外踝与距骨之间前部有距腓前韧带；后部有距腓后韧带。踝关节的前方有伸肌下支持带，其深面可见腓深神经和足背动、静脉；前内侧有隐神经和大隐静脉经过。内踝的后方为踝管，位于屈肌支持带的深面；其内的结构自前向后为胫骨后肌腱、趾长屈肌腱、胫后血管及胫神经、鿈长屈肌腱。在踝关节外侧，外踝后面有腓骨长、短肌腱，浅筋膜内有小隐静脉。在MRI图像上，骨骼肌呈等信号，比骨骼肌富含水分的结构在T_1加权像上呈低信号，T_2加权像上呈高信号，因此水肿的炎症组织和大部分肿瘤组织均可清晰显示。

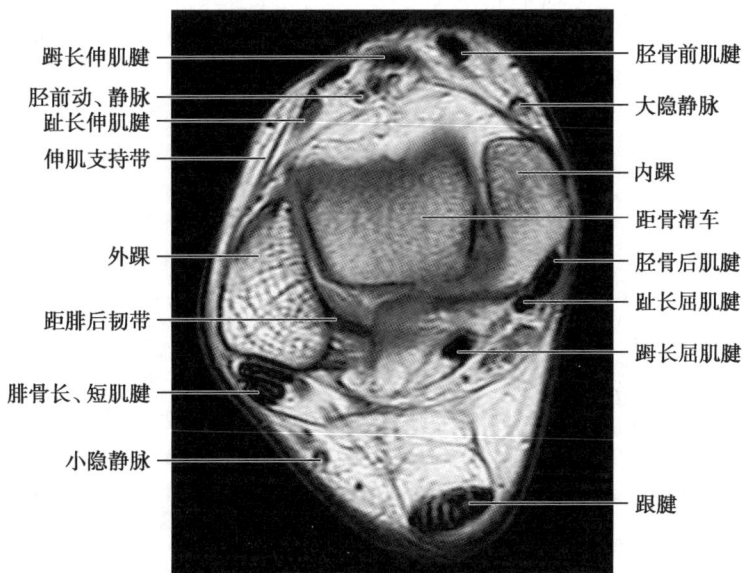

▲ 图8-28　经踝关节的横断层（MRI T_1加权像）

（张艳丽　赵振美）

学习小结

　　下肢可分为臀部、股部、膝部、小腿部、踝部和足部，有行走、运动、支持体重的功能。下肢的动脉来源于髂外动脉，其主干有股动脉，腘动脉，胫前、后动脉和足底内、外侧动脉；深静脉与动脉同名伴行，浅静脉位于浅筋膜内，有大隐静脉和小隐静脉。下肢神经来自腰丛和骶丛，主要有股神经、闭孔神经、坐骨神经及其分支的胫神经和腓总神经。下肢的淋巴结有腘淋巴结、腹股沟浅淋巴结和腹股沟深淋巴结。臀部的肌主要有臀大肌、臀中肌、臀小肌、梨状肌等；股前群肌有股四头肌和缝匠肌，内侧群有耻骨肌、长收肌、短收肌、大收肌和股薄肌，后群有股二头肌、半腱肌和半膜肌；小腿肌前群有胫骨前肌、鿈长伸肌和趾长伸肌，外侧群有腓骨长、短肌，后群有小腿三头肌、鿈长屈肌、趾长屈肌和胫骨后肌；足部的肌包括足背肌和足底肌。下肢的局部解剖有梨状肌上孔和下孔、坐骨小孔、股三角、肌腔隙和血管腔隙、股管、收肌管、腘窝、踝管等，其构成、内容物及其毗邻关系是学习的重点。

复习参考题

一、A型题

1. 关于大隐静脉的走行，正确的是
   - A. 起自足背静脉弓外侧
   - B. 沿小腿内侧缘与隐神经伴行
   - C. 经髌骨外缘上行
   - D. 与小隐静脉间无交通支
   - E. 在大腿部与股外侧皮神经伴行

2. 关于肌腔隙的叙述，错误的是
   - A. 前界为腹股沟韧带
   - B. 内侧界为髂耻弓
   - C. 后外界为髂骨
   - D. 内有股外侧皮神经通过
   - E. 有股血管和股神经通过

3. 临床上常用股动脉压迫止血、插管造影、股神经阻滞麻醉及股静脉穿刺等，股动脉、静脉和股神经同在股三角内，在实际操作中应注意三者的排列关系从外向内依次为
   - A. 股动脉、股静脉、股神经
   - B. 股神经、股动脉、股静脉
   - C. 股动脉、股神经、股静脉
   - D. 股静脉、股动脉、股神经
   - E. 股神经、股静脉、股动脉

4. 紧急情况下建立静脉通道时，如果静脉穿刺不成功或不能保证输液速度，应立即行静脉切开术。若选择切开大隐静脉，应选择的部位是
   - A. 隐静脉裂孔
   - B. 大腿前面
   - C. 膝关节内侧
   - D. 小腿内侧
   - E. 内踝前方

5. 患者，男，行走困难，叩击髌韧带无任何反应，坐位时不能伸膝，检查大腿前面皮肤，有感觉障碍。该患者可能损伤了
   - A. 闭孔神经
   - B. 髂腹股沟神经
   - C. 股神经
   - D. 股外侧皮神经
   - E. 胫神经

6. 腓总神经损伤的主要表现为

   - A. 足不能背屈，不能内翻
   - B. 足不能背屈，不能外翻
   - C. 足不能跖屈，不能内翻
   - D. 足不能跖屈，不能外翻
   - E. 足不能跖屈

7. 关于小隐静脉的描述，正确的是
   - A. 小隐静脉起于足背静脉弓的内侧缘
   - B. 在腘窝上角穿深筋膜注入腘静脉
   - C. 其上段与腓肠外侧皮神经伴行
   - D. 其下段与腓肠内侧皮神经伴行
   - E. 静脉瓣发育不良可导致小隐静脉曲张

8. 足底感染蔓延至小腿的途径，最常见的是
   - A. 经踝管蔓延至小腿前骨筋膜鞘
   - B. 经踝管蔓延至小腿外侧骨筋膜鞘
   - C. 足底内侧骨筋膜鞘至小腿后骨筋膜鞘
   - D. 足底外侧骨筋膜鞘至小腿外侧骨筋膜鞘
   - E. 经踝管蔓延至小腿后骨筋膜鞘

9. 某运动员在踢足球时，突感右膝关节剧痛，关节肿胀，膝关节屈膝15度，前抽屉实验（＋），损伤的结构为
   - A. 前交叉韧带
   - B. 后交叉韧带
   - C. 外侧半月板
   - D. 内侧半月板
   - E. 胫侧副韧带

10. 某患者因外伤造成腓骨颈骨折，易损伤的神经为
    - A. 坐骨神经
    - B. 胫神经
    - C. 腓总神经
    - D. 腓深神经
    - E. 腓浅神经

参考答案：1. B；2. E；3. B；4. E；5. C；
6. B；7. E；8. E；9. A；10. C

二、名词解释

1. 隐静脉裂孔
2. 股鞘
3. 收肌管（Hunter管）
4. 股环
5. 肌腔隙

6. 血管腔隙
7. 收肌腱裂孔
8. 腘窝
9. 踝管

三、问答题

1. 穿经梨状肌上、下孔和坐骨小孔的结构有哪些？
2. 简述肌腔隙和血管腔隙的境界及内容。
3. 简述股管的位置、形态结构，并运用解剖学知识解释股疝为什么易发生嵌顿？
4. 简述股三角的境界及内容。
5. 简述收肌管的境界及内容。

6. 简述腘窝的境界、内容及其毗邻关系。
7. 总结大腿肌的分群、名称、功能及神经支配。
8. 简述大隐静脉的起始、走行、伴行结构、属支及其临床意义。
9. 简述坐骨神经的来源、走行、与梨状肌的关系及其临床意义，以及临床常于何处检查坐骨神经。

索 引

A

鞍膈（diaphragma sellae） 017

B

白膜（tunica albuginea） 255

白线（white line） 163, 248

白质（white matter） 277

半奇静脉（hemiazygos vein） 147

半月线（linea semilunaris） 163

背侧丘脑（dorsal thalamus） 031

背阔肌（latissimus dorsi） 268

背裂（dorsal fissure） 188

鼻（nose） 053

鼻道（nasal meatus） 054

鼻甲（nasal concha） 054

鼻泪管（nasolacrimal canal） 056

鼻旁窦（paranasal sinus） 054

鼻前庭（nasal vestibule） 054

鼻腔（nasal cavity） 053

鼻咽（nasopharynx） 050

鼻中隔（nasal septum） 054

闭孔动、静脉（obturator artery and vein） 349

闭孔动脉（obturator artery） 244

闭孔内肌（obturator internus） 228

闭孔神经（obturator nerve） 246, 349

闭孔神经皮支（cutaneous branches of obturator nerve） 343

闭孔外肌（obturator externus） 336

壁腹膜（parietal peritoneum） 162, 167

壁胸膜（parietal pleura） 123

臂丛（brachial plexus） 080, 102, 293

臂后骨筋膜鞘（posterior osseofascial compartment of arm） 304

臂后皮神经（posterior brachial cutaneous nerve） 304

臂后区（posterior brachial region） 304

臂筋膜（brachial fascia） 301

臂内、外侧肌间隔（medial and lateral brachial intermuscular septum） 301

臂内侧皮神经（medial brachial cutaneous nerve） 301

臂前骨筋膜鞘（anterior osseofascial compartment of arm） 301

臂前区（anterior brachial region） 301

臂外侧上皮神经（superior lateral brachial cutaneous nerve） 304

臂外侧下皮神经（inferior lateral brachial cutaneous nerve） 304

边缘系统（limbic system） 039

边缘叶（limbic lobe） 035

髌骨（patella） 333

髌韧带（patellar ligament） 333, 351

髌上囊（suprapatellar bursa） 351

髌支持带（patellar retinaculum） 351

玻璃体（vitreous body） 059

薄束核（gracile nucleus） 028

薄束结节（gracile tubercle） 022

C

侧脑室（lateral ventricle） 038

肠系膜（mesentery） 172

肠系膜根（radix of mesentery） 172

肠系膜上动脉（superior mesenteric artery） 217

肠系膜上静脉（superior mesenteric vein） 198

肠系膜下动脉（inferior mesenteric artery） 217

肠系膜下静脉（inferior mesenteric vein） 198

肠脂垂（epiploic appendices） 205

尺侧上副动脉（superior ulnar collateral artery） 302

尺侧下副动脉（inferior ulnar collateral artery） 303

尺动脉（ulnar artery） 291, 310

尺静脉（ulnar vein） 310

尺神经（ulnar nerve） 293, 304, 310

尺神经浅支（superficial branch of ulnar nerve） 319

尺神经深支（deep branch of ulnar nerve） 319

尺神经手背支（dorsal branch of ulnar nerve） 314

齿状线（dentate line） 248

耻骨弓（pubic arch） 227

耻骨后间隙（retropubic space） 230

耻骨嵴（pubic crest） 333

耻骨结节（pubic tubercle） 333

耻骨联合上缘（upper border of pubic symphysis） 227

耻骨梳韧带（pectineal ligament） 159

垂体（hypophysis） 013

D

大脑动脉环（cerebral arterial circle） 018

大脑脚（cerebral peduncle） 023

大脑镰（cerebral falx） 016

大脑小脑（cerebrocerebellum） 030

大网膜（greater omentum） 169

大阴唇（greater lip of pudendum） 257

大隐静脉（great saphenous vein） 340

大转子（greater trochanter） 333

胆囊（gallbladder） 190

胆囊动脉（cystic artery） 190

胆囊静脉（cystic vein） 199

胆总管（common bile duct） 192

岛叶（insular lobe） 033

底丘脑（subthalamus） 033

骶丛（sacral plexus） 246

骶骨（sacrum） 270

骶管裂孔（sacral hiatus） 265

骶角（sacral horn） 265

骶淋巴结（sacral lymph node） 246

骶正中动脉（median sacral artery） 217

第三脑室（third ventricle） 033

第四脑室（fourth ventricle） 023

蝶窦（sphenoidal sinus） 054

顶叶（parietal lobe） 033

顶枕沟（parietooccipital sulcus） 033

动脉导管三角（ductus arteriosus triangle） 133

动脉韧带（arterial ligament） 133

动脉圆锥（arterial cone） 139

动眼神经（oculomotor nerve） 041

动眼神经副核（accessory nucleus of oculomotor nerve） 028

动眼神经核（nucleus of oculomotor nerve） 028

豆状核（lentiform nucleus） 037

窦房结（sinuatrial node） 143

窦汇（confluence of sinus） 017

端脑（telencephalon） 033

E

额窦（frontal sinus） 054

额叶（frontal lobe） 033

腭（palate） 049

腭扁桃体（palatine tonsil） 051

腭垂（uvula） 049

腭帆（palatine velum） 049

腭舌弓（palatoglossal arch）049

腭咽弓（palatopharyngeal arch）049

耳大神经（great auricular nerve）082

耳颞神经（auriculotemporal nerve）064, 069

耳屏（tragus）007

二腹肌后腹（posterior belly of digastric）088

二腹肌三角（digastric triangle）085

二尖瓣（mitral valve）140

二尖瓣复合体（mitral valve complex）140

F

法洛四联症（tetralogy of Fallot）145

房间隔（interatrial septum）140

房室沟（atrioventricular groove）138

房室交点（atrioventricular junction）138

房室结（atrioventricular node）143

房水（aqueous humor）058

腓肠神经（sural nerve）357

腓浅神经（superficial peroneal nerve）357

腓深神经（deep peroneal nerve）357

腓总神经（common peroneal nerve）352

肺（lung）125

肺动脉（pulmonary artery）129

肺动脉瓣（valve of pulmonary trunk）139

肺动脉干（pulmonary trunk）129

肺动脉口（orifice of pulmonary trunk）139

肺段（lung segment）127

肺段支气管（segmental bronchi）127

肺根（root of lung）127

肺尖（apex of lung）080

肺静脉（pulmonary vein）129

肺门（hilum of lung）127

肺韧带（pulmonary ligament）123

肺叶支气管（lobar bronchi）127

封套筋膜（investing fascia）083

附睾（epididymis）254

附脐静脉（paraumbilical vein）157, 199

副半奇静脉（accessory hemiazygos vein）147

副脾（accessory spleen）197

副神经（accessory nerve）042, 080, 087, 100

副神经核（accessory nucleus）025

副胰管（accessory pancreatic duct）195

腹壁浅动脉（superficial epigastric artery）157, 340

腹壁下动脉（inferior epigastric artery）164

腹股沟管（inguinal canal）163

腹股沟管浅环（superficial inguinal ring）159

腹股沟镰（inguinal falx）159

腹股沟浅淋巴结（superficial inguinal lymph node）341

腹股沟韧带（inguinal ligament）159

腹股沟三角（inguinal triangle）163

腹股沟深淋巴结（deep inguinal lymph node）347

腹横肌（transversus abdominis）159

腹横筋膜（transverse fascia）162

腹膜（peritoneum）167

腹膜襞（peritoneal folds）172

腹膜后间隙（retroperitoneal space）208

腹膜腔（peritoneal cavity）168

腹膜外筋膜（extraperitoneal fascia）162

腹内斜肌（obliquus internus abdominis）159

腹腔干（celiac trunk）217

腹外斜肌（obliquus externus abdominis）159

腹直肌（rectus abdominis）159

腹直肌鞘（sheath of rectus abdominis）163

腹主动脉（abdominal aorta）216

G

肝（liver）183

肝蒂（hepatic pedicle）183

肝固有动脉（proper hepatic artery）188

肝管（hepatic duct）191

肝静脉（hepatic vein）189

肝门（porta hepatis）183

肝门静脉（hepatic portal vein）188, 198

肝十二指肠韧带（hepatoduodenal ligament）169

肝胃韧带（hepatogastric ligament）169

肝圆韧带（ligamentum teres hepatis）172

肝总管（common hepatic duct）191

肛瓣（anal valve）248

肛窦（anal sinus）248

肛管（anal canal）247

肛管直肠环（anorectal ring）249

肛门内括约肌（sphincter ani internus）249

肛门外括约肌（external anal sphincter）249

肛皮线（anocutaneous line）248

肛梳（anal pecten）248

肛提肌（levator ani muscle）228

肛柱（anal column）248

睾丸（testis）253

睾丸动脉（testicular artery）218, 244

隔缘肉柱（septomarginal trabecula）139

膈（diaphragm）121

膈结肠韧带（phrenicocolic ligament）172

膈上淋巴结（superior phrenic lymph node）123

膈神经（phrenic nerve）099, 123

膈下动脉（inferior phrenic artery）217

膈下淋巴结（inferior phrenic lymph node）123

膈胸膜（diaphragmatic pleura）123

根动脉（radicular artery）283

弓状线（arcuate line）163

肱动脉（brachial artery）290, 302

肱二头肌腱膜（bicipital aponeurosis）306

肱骨肌管（humeromuscular tunnel）304

肱静脉（brachial vein）304

肱深动脉（deep brachial artery）302

巩膜（sclera）056

巩膜静脉窦（scleral venous sinus）056

孤束核（nucleus of solitary tract）026

股动脉（femoral artery）347

股方肌（quadratus femoris）336

股管（femoral canal）346

股环（femoral ring）347

股静脉（femoral vein）347

股鞘（femoral sheath）345

股三角（femoral triangle）345

股神经（femoral nerve）348

股神经内侧皮支（medial cutaneous branches of femoral nerve）343

股神经前皮支（anterior cutaneous branches of femoral nerve）343

股外侧皮神经（lateral femoral cutaneous nerve）343

骨间背侧腱膜（dorsal interosseous aponeurosis）322

骨间后动脉（posterior interosseous artery）312

骨间后神经（posterior interosseous nerve）312

骨间前动脉（anterior interosseous artery）311

骨间前静脉（anterior interosseous vein）311

骨间前神经（anterior interosseous nerve）311

骨间掌侧筋膜（palmar interosseous fascia）317

骨间总动脉（common interosseous artery）291

鼓膜（tympanic membrane）012

固有鼻腔（proper nasal cavity）054

关节突关节（zygapophysial joint）273

冠状动脉（coronary artery）143

冠状窦（coronary sinus）144

冠状窦口（orifice of coronary sinus）138

冠状沟（coronary sulcus）138

贵要静脉（basilic vein）291

腘动脉（popliteal artery）352

腘静脉（popliteal vein）353

腘深淋巴结（deep popliteal lymph node）353

腘窝（popliteal fossa）351

H

海绵窦（cavernous sinus）014

黑质（substantia nigra）028

恒牙（permanent tooth）046

横结肠（transverse colon）205

横结肠系膜（transverse mesocolon）172

横突间韧带（intertransverse ligament）273

红核（red nucleus）028

虹膜（iris）056

喉返神经（recurrent laryngeal nerve）091

喉上神经（superior laryngeal nerve）091

喉下神经（inferior laryngeal nerve）092

喉咽（laryngopharynx）051

后角（posterior horn）278

后丘脑（metathalamus）033

后室间沟（posterior interventricular groove）138

后索（posterior funiculus）278

后纵隔（posterior mediastinum）145

后纵韧带（posterior longitudinal ligament）272

滑车神经（trochlear nerve）041

滑车神经核（nucleus of trochlear nerve）028

踝管（malleolar canal）363

环状软骨（cricoid cartilage）078

寰枢关节（atlantoaxial joint）273

黄斑（macula lutea）058

黄韧带（ligamenta flava）273

灰质（gray matter）277

回肠（ileum）201

回结肠动脉（ileocolic artery）206

会阴（perineum）227, 247

会阴浅横肌（superficial transverse muscle of perineum）251

会阴浅筋膜（superficial fascia of perineum）250

会阴浅隙（superficial perineal space）251

会阴深横肌（deep transverse muscle of perineum）253

会阴深隙（deep perineal space）251

会阴中心腱（perineal central tendon）247

J

肌腱袖（musculotendinous cuff）299

肌皮神经（musculocutaneous nerve）293, 304

肌腔隙（lacuna musculorum）345

肌三角（muscular triangle）088

基底动脉（basilar artery）018

棘间韧带（interspinous ligament）273

棘上韧带（supraspinous ligament）273

棘突（spinous process）265

脊神经（spinal nerve）280

脊髓（spinal cord）276

脊髓后动脉（posterior spinal artery）283

脊髓前动脉（anterior spinal artery）282

脊髓丘脑束（spinothalamic tract）028

脊髓丘系（spinal lemniscus）029

脊髓小脑（spinocerebellum）029

脊髓圆锥（conus medullaris）276

脊髓蛛网膜（spinal arachnoid mater）274

脊柱（vertebral column）270

脊柱区（vertebral region）264

颊动脉（buccal artery）069

颊神经（buccal nerve）069

颊咽筋膜（buccopharyngeal fascia）084

颊支（buccal branch）068

甲状颈干（thyrocervical trunk）098

甲状旁腺（parathyroid gland）093

甲状软骨（thyroid cartilage）078

甲状腺（thyroid gland）088

甲状腺上动脉（superior thyroid artery）091

甲状腺上静脉（superior thyroid vein）093

甲状腺下动脉（inferior thyroid artery）091

甲状腺下静脉（inferior thyroid vein） 093

甲状腺中静脉（middle thyroid vein） 093

甲状腺最下动脉（lowest thyroid artery） 092

尖淋巴结（apical lymph node） 298

尖牙（canine tooth） 046

间脑（diencephalon） 031

肩胛背动脉（dorsal scapular artery） 269

肩胛区（scapular region） 298

肩胛上动脉（suprascapular artery） 300

肩胛上神经（suprascapular nerve） 298

肩胛下动脉（subscapular artery） 297

肩胛下淋巴结（subscapular lymph node） 298

肩袖（rotator cuff） 299

睑板（tarsal plate） 059

剑突（xiphoid process） 110

浆膜心包（serous pericardium） 135

降结肠（descending colon） 205

角膜（cornea） 056

节制索（moderator band） 139

结肠（colon） 205

结肠带（colic band） 205

结肠袋（haustrum of colon） 205

结肠缘动脉（colic marginal artery） 207

结膜（conjunctiva） 059

睫状体（ciliary body） 056

睫状突（ciliary processes） 058

界沟（terminal sulcus） 044

晶状体（lens） 059

精囊（seminal vesicle） 240

精索（spermatic cord） 254

颈丛（cervical plexus） 096

颈动脉窦（carotid sinus） 086

颈动脉结节（carotid tubercle） 079

颈动脉鞘（carotid sheath） 084

颈动脉三角（carotid triangle） 086

颈动脉小球（carotid glomus） 087

颈根部（root of neck） 097

颈横神经（transverse nerve of neck） 082

颈交感干（cervical part of sympathetic trunk） 096

颈筋膜（cervical fascia） 083

颈静脉弓（jugular venous arch） 080

颈静脉切迹（jugular notch） 110

颈阔肌（platysma） 080

颈内动脉（internal carotid artery） 087

颈内静脉（internal jugular vein） 087

颈内静脉二腹肌淋巴结（jugulodigastric lymph node） 104

颈内静脉肩胛舌骨肌淋巴结（juguloomohyoid lymph node） 104

颈袢（cervical ansa） 095

颈袢下根（inferior root of cervical ansa） 095

颈膨大（cervical enlargement） 276

颈前静脉（anterior jugular vein） 080

颈前淋巴结（anterior cervical lymph node） 104

颈前浅淋巴结（superficial anterior cervical lymph node） 104

颈前深淋巴结（deep anterior cervical lymph node） 104

颈上神经节（superior cervical ganglion） 096

颈外侧淋巴结（lateral cervical lymph node） 104

颈外侧浅淋巴结（superficial lateral cervical lymph node） 104

颈外侧上深淋巴结（superior deep lateral cervical lymph node） 104

颈外侧深淋巴结（deep lateral cervical lymph node） 104

颈外侧下深淋巴结（inferior deep lateral cervical lymph node） 104

颈外动脉（external carotid artery） 064, 087, 080

颈外静脉（external jugular vein） 080, 081

颈支（cervical branch） 068

颈中神经节（middle cervical ganglion） 096

颈椎（cervical vertebra） 270

颈总动脉（common carotid artery） 080, 086

胫骨粗隆（tibial tuberosity） 333

胫后动脉（posterior tibial artery） 358

胫后静脉（posterior tibial vein） 358

胫前动脉（anterior tibial artery） 356

胫前静脉（anterior tibial vein） 357

胫神经（tibial nerve） 352, 358

旧小脑（paleocerebellum） 029

距状沟（calcarine sulcus） 034

菌状乳头（fungiform papilla） 044

颏孔（mental foramen） 007

颏舌肌（genioglossus） 045

颏神经（mental nerve） 068

颏下淋巴结（submental lymph node） 103

颏下三角（submental triangle） 085

K

髁突（condylar process） 007

空肠（jejunum） 201

口膈（oral diaphragm） 085

口腔（oral cavity） 043

口咽（oropharynx） 051

扣带回（cingulate gyrus） 035

眶（orbit） 055

眶筋膜（orbital fasciae） 061

眶上切迹（supraorbital notch） 006

眶上神经（supraorbital nerve） 068

眶下动脉（infraorbital artery） 069

眶下孔（infraorbital foramen） 006

眶下神经（infraorbital nerve） 068

眶脂体（adipose body of orbit） 061

阔筋膜（fascia lata） 343

阔筋膜张肌（tensor fasciae latae） 336

L

阑尾（vermiform appendix） 203

阑尾系膜（mesoappendix） 172

蓝斑（locus ceruleus） 022

肋（rib） 110

肋膈隐窝（costodiaphragmatic recess） 124

肋弓（costal arch） 110

肋横突关节（costotransverse joint） 112

肋间臂神经（intercostobrachial nerve） 301

肋间后动脉（posterior intercostal artery） 119

肋间淋巴结（intercostal lymph node） 121

肋间内肌（intercostales interni） 119

肋间神经（intercostal nerves） 119

肋间外肌（intercostales externi） 117

肋间隙（intercostal space） 110, 117

肋间最内肌（intercostales intimi） 119

肋颈干（costocervical trunk） 098

肋头关节（joint of costal head） 112

肋胸膜（costal pleura） 123

肋椎关节（costovertebral joint） 112

肋纵隔隐窝（costomediastinal recess） 124

泪器（lacrimal apparatus） 060

泪腺窝（fossa for lacrimal gland） 056

梨状肌（piriformis） 228, 336

梨状肌上孔（suprapiriform foramen） 337

梨状肌下孔（infrapiriform foramen） 337

梨状隐窝（piriform recess） 052

联合腱（conjoined tendon） 159

菱形窝（rhomboid fossa） 022

漏斗核（infundibular nucleus） 032

颅后窝（posterior cranial fossa） 015

颅前窝（anterior cranial fossa） 013

颅中窝（middle cranial fossa） 013

卵巢（ovary） 240

卵巢动脉（ovarian artery） 218, 244

卵圆窝（fossa ovalis） 138

轮廓乳头（circumvallate papilla） 044

M

马尾（cauda equina） 276

脉络膜（choroid） 056

盲肠（cecum） 202

帽状腱膜（galea aponeurotica） 011

眉弓（superciliary arch） 006

迷走神经（vagus nerve） 041, 087, 099

迷走神经背核（dorsal nucleus of vagus nerve） 026

迷走神经三角（vagal triangle） 022

面动脉（facial artery） 067, 085

面静脉（facial vein） 067

面神经（facial nerve） 041, 063, 068

面神经核（nucleus of facial nerve） 026

面神经颈支（cervical branch of facial nerve） 082

面神经丘（facial colliculus） 022

磨牙（molar） 046

拇长屈肌腱鞘（tendinous sheath of flexor pollicis longus） 314

拇收肌筋膜（fascia of abductor pollicis） 317

拇主要动脉（principal artery of thumb） 291

N

男性尿道（male urethra） 255

脑（brain） 020

脑干（brain stem） 020

脑膜中动脉（middle meningeal artery） 068

脑桥（pons） 022

脑桥核（pontine nucleus） 028

脑神经（cranial nerves） 040

脑蛛网膜（cerebral arachnoid mater） 018

内侧丘系（medial lemniscus） 028

内侧膝状体（medial geniculate body） 033

内囊（internal capsule） 038

内脏大神经（greater splanchnic nerve） 147

内脏小神经（lesser splanchnic nerve） 147

内眦动脉（angular artery） 067

尿道海绵体（cavernous body of urethra） 255

尿道括约肌（sphincter of urethra） 253

尿道球（bulb of urethra） 255

尿道阴道括约肌（urethrovaginal sphincter） 253

尿生殖膈（urogenital diaphragm） 251

尿生殖膈上筋膜（superior fascia of urogenital diaphragm） 250

尿生殖膈下筋膜（inferior fascia of urogenital diaphragm） 250

颞横回（transverse temporal gyri） 034

颞下颌关节（temporomandibular joint） 048

颞支（temporal branch） 068

女性尿道（female urethra） 257

女阴（vulva） 257

P

帕金森综合征（Parkinson syndrome） 039

膀胱（urinary bladder） 236

膀胱静脉丛（vesical venous plexus） 245

膀胱三角（trigone of bladder） 237

盆部（pelvic part） 227

盆丛（pelvic plexus） 246

盆膈（pelvic diaphragm） 228

盆膈上筋膜（superior fascia of pelvic diaphragm） 230

盆膈下筋膜（inferior fascia of pelvic diaphragm） 230

盆筋膜（pelvic fascia） 229

皮质核束（corticonuclear tract） 029

皮质脊髓束（corticospinal tract） 029

脾（spleen）197

脾动脉（splenic artery）197

脾静脉（splenic vein）198, 199

胼胝体（corpus callosum）038

屏状核（claustrum）038

Q

奇静脉（azygos vein）147

脐环（umbilical ring）163

脐内侧襞（medial umbilical fold）162

脐外侧襞（lateral umbilical fold）162

脐正中襞（median umbilical fold）162

气管颈部（cervical part of trachea）094

气管隆嵴（carina of trachea）134

气管前间隙（pretracheal space）084

气管前筋膜（pretracheal fascia）083

气管胸部（thoracic part of trachea）133

髂腹股沟神经（ilioinguinal nerve）165

髂腹下神经（iliohypogastric nerve）165

髂后上棘（posterior superior iliac spine）227, 333

髂嵴（iliac crest）227, 333

髂结节（tubercle of iliac crest）333

髂胫束（iliotibial tract）343

髂内动脉（internal iliac artery）244

髂内静脉（internal iliac vein）245

髂内淋巴结（internal iliac lymph node）246

髂前上棘（anterior superior iliac spine）227, 333

髂外动脉（external iliac artery）244

髂外淋巴结（external iliac lymph node）246

髂总淋巴结（common iliac lymph node）246

前臂后骨筋膜鞘（posterior osseofascial compartment of forearm）312

前臂后皮神经（posterior antebrachial cutaneous nerve）304

前臂后区（posterior antebrachial region）312

前臂筋膜（antebrachial fascia）309

前臂内、外侧肌间隔（medial and lateral antebranchial intermuscular septum）309

前臂内、外侧皮神经（medial and lateral antebrachial cutaneous nerve）312

前臂前骨筋膜鞘（anterior osseofascial compartment of forearm）309

前臂前区（anterior antebrachial region）309

前角（anterior horn）278

前连合（anterior commissure）038

前列腺（prostate）237

前列腺静脉丛（prostatic venous plexus）245

前磨牙（premolar）046

前室间沟（anterior interventricular groove）138

前索（anterior funiculus）278

前庭球（bulb of vestibule）257

前庭神经核（vestibular nucleus）027

前庭蜗神经（vestibulocochlear nerve）041

前庭小脑（vestibulocerebellum）029

前囟点（bregma）008

前正中线（anterior median line）111

前纵隔（anterior mediastinum）135

前纵韧带（anterior longitudinal ligament）272

腔静脉孔（vena caval foramen）122

腔隙韧带（lacunar ligament）159

切牙（incisor）046

丘脑内髓板（internal medullary lamina of thalamus）031

球海绵体肌（bulbospongiosus）252

屈肌支持带（flexor retinaculum）314, 361

屈肌总腱鞘（common flexor sheath）314

颧弓（zygomatic arch）007

颧支（zygomatic branch）068

R

桡侧副动脉（radial collateral artery） 304

桡动脉（radial artery） 290, 309

桡静脉（radial vein） 309

桡神经（radial nerve） 294, 304

桡神经管（radial neural tube） 304

桡神经浅支（superficial branch of radial nerve） 309, 314

桡神经深支（deep branch of radial nerve） 312

人体解剖学（human anatomy） 001

人字点（lambda） 008

绒球小结叶（flocculonodular lobe） 029

乳房（mamma） 115

乳头（nipple） 111, 115

乳突（mastoid process） 007

乳突淋巴结（mastoid lymph node） 103

乳腺（mammary gland） 115

乳牙（deciduous tooth） 046

乳晕（areola of breast） 115

软腭（soft palate） 049

软脊膜（spinal pia mater） 274

软脑膜（cerebral pia mater） 018

S

腮腺（parotid gland） 061

腮腺管（parotid duct） 063

腮腺淋巴结（parotid lymph node） 103

三边孔（trilateral foramen） 294

三叉丘系（trigeminal lemniscus） 029

三叉神经（trigeminal nerve） 041, 068

三叉神经脊束核（spinal nucleus of trigeminal nerve） 026

三叉神经脑桥核（pontine nucleus of trigeminal nerve） 027

三叉神经运动核（motor nucleus of trigeminal nerve） 026

三叉神经中脑核（mesencephalic nucleus of trigeminal nerve） 028

三尖瓣（tricuspid valve） 139

三尖瓣复合体（tricuspid valve complex） 139

三角肌区（deltoid region） 298

筛窦（ethmoidal sinus） 054

筛筋膜（cribriform fascia） 343

上颌动脉（maxillary artery） 068

上颌窦（maxillary sinus） 054

上极动脉（upper polar artery） 212

上泌涎核（superior salivatory nucleus） 026

上腔静脉（superior vena cava） 133

上腔静脉口（orifice of superior vena cava） 138

上丘（superior colliculus） 023

上丘脑（epithalamus） 033

上项线（superior nuchal line） 008

上牙槽动脉（superior alveolar artery） 047

上牙槽后动脉（posterior superior alveolar artery） 069

上纵隔（superior mediastinum） 132

舌（tongue） 044

舌动脉（lingual artery） 046

舌根（root of tongue） 044

舌骨（hyoid bone） 078

舌肌（muscle of tongue） 045

舌盲孔（foramen cecum of tongue） 044

舌乳头（papilla of tongue） 044

舌神经（lingual nerve） 046, 069, 086

舌体（body of tongue） 044

舌下神经（hypoglossal nerve） 042, 086, 087

舌下神经核（nucleus of hypoglossal nerve） 025

舌下神经三角（hypoglossal triangle） 022

舌咽神经（glossopharyngeal nerve） 041, 046

伸肌上支持带（superior extensor retinaculum） 360

伸肌下支持带（inferior extensor retinaculum） 360

伸肌支持带（extensor retinaculum） 314

肾（kidney） 208

肾大盏（major renal calice） 209

肾蒂（renal pedicle） 209

肾动脉（renal artery） 212, 218

肾窦（renal sinus） 209

肾角（renal angle） 265

肾筋膜（renal fascia） 211

肾静脉（renal vein） 212

肾门（renal hilum） 209

肾乳头（renal papilla） 209

肾上腺（suprarenal gland） 215

肾上腺上动脉（superior suprarenal artery） 216

肾上腺下动脉（inferior suprarenal artery） 216

肾上腺中动脉（middle suprarenal artery） 217

肾小盏（minor renal calice） 209

肾盂（renal pelvis） 209

肾柱（renal column） 209

升结肠（ascending colon） 205

十二指肠（duodenum） 181

十二指肠降部（descending part of duodenum） 182

十二指肠球部（duodenal bulb of duodenum） 182

十二指肠上部（superior part of duodenum） 182

十二指肠上隐窝（superior duodenal recess） 172

十二指肠升部（ascending part of duodenum） 182

十二指肠水平部（horizontal part of duodenum） 182

十二指肠下隐窝（inferior duodenal recess） 172

十二指肠悬韧带（suspensory ligament of duodenum） 182

食管颈部（cervical part of esophagus） 095

食管裂孔（esophageal hiatus） 122

食管胸部（thoracic part of esophagus） 145

视上核（supraoptic nucleus） 032

视神经（optic nerve） 040

视神经管（optic canal） 055

视神经盘（optic disc） 058

视神经乳头（papilla of optic nerve） 058

视网膜（retina） 058

室间隔（interventricular septum） 141

室旁核（paraventricular nucleus） 032

收肌管（adductor canal） 348

收肌结节（adductor tubercle） 333

手背腱膜（aponeurosis dorsalis manus） 322

手背腱膜下间隙（dorsal subaponeurotic space） 322

手背筋膜（dorsal fascia of hand） 322

手背静脉网（dorsal venous rete of hand） 321

手背皮下间隙（dorsal subcutaneous space） 322

手掌（palm of hand） 315

输精管（deferent duct） 254

输精管盆部（pelvic part of ductus deferens） 239

输卵管（uterine tube） 241

输尿管（ureter） 214

输尿管间襞（interureteric fold） 237

输尿管盆部（pelvic part of ureter） 237

竖脊肌（erector spinae） 268

水平裂（horizontal fissure） 125

丝状乳头（filiform papilla） 044

四边孔（quadrilateral foramen） 294

髓核（nucleus pulposus） 272

髓腔（pulp cavity） 046

髓质（medulla） 030

锁骨上大窝（greater supraclavicular fossa） 079, 101

锁骨上三角（supraclavicular triangle） 101

锁骨上神经（supraclavicular nerve） 082, 115, 298

锁骨下动脉（subclavian artery） 080, 097, 102

锁骨下静脉（subclavian vein） 098, 101

锁胸筋膜（clavipectoral fascia） 117, 294

T

瞳孔（pupil） 056

头臂静脉（brachiocephalic vein） 133

头静脉（cephalic vein） 291

臀大肌（gluteus maximus） 336

臀内侧皮神经（medial clunial nerves） 336

臀上皮神经（superior clunial cutaneous nerves） 336

臀下皮神经（inferior clunial nerves） 336

臀小肌（gluteus minimus） 336

臀中肌（gluteus medius） 336

臀中皮神经（middle clunial nerves） 336

W

外鼻（external nose） 053

外侧沟（lateral sulcus） 033

外侧淋巴结（lateral lymph node） 298

外侧丘系（lateral lemniscus） 029

外侧索（lateral funiculus） 278

外侧膝状体（lateral geniculate body） 033

外耳道（external acoustic meatus） 012

腕（wrist） 313

腕尺侧管（ulnar carpal canal） 314

腕管（carpal canal） 314

腕前区（anterior region of wrist） 315

腕桡侧管（radial carpal canal） 314

腕掌侧韧带（volar carpal ligament） 314

网膜孔（omental foramen） 171

网膜囊（omental bursa） 171

尾骨（coccyx） 227, 270

尾骨肌（coccygeus） 229

尾状核（caudate nucleus） 037

胃（stomach） 176

胃短动脉（short gastric artery） 178

胃后动脉（posterior gastric artery） 178

胃结肠韧带（gastrocolic ligament） 170

胃网膜右动脉（right gastroepiploic artery） 178

胃网膜左动脉（left gastroepiploic artery） 178

胃右动脉（right gastric artery） 177

胃右静脉（right gastric vein） 199

胃左动脉（left gastric artery） 177

胃左静脉（left gastric vein） 199

纹状体（corpus striatum） 037

蜗神经核（cochlear nucleus） 027

X

下橄榄核（inferior olivary nucleus） 028

下颌后静脉（retromandibular vein） 063

下颌角（angle of mandible） 007

下颌神经（mandibular nerve） 069

下颌下淋巴结（submandibular lymph node） 103

下颌下三角（submandibular triangle） 085

下颌下神经节（submandibular ganglion） 086

下颌下腺（submandibular gland） 085

下颌缘支（marginal mandibular branch） 068

下极动脉（lower polar artery） 212

下泌涎核（inferior salivatory nucleus） 026

下腔静脉（inferior vena cava） 218

下腔静脉口（orifice of inferior vena cava） 138

下丘（inferior colliculus） 023

下丘脑（hypothalamus） 032

下牙槽动脉（inferior alveolar artery） 047, 068

下牙槽神经（inferior alveolar nerve） 069

下纵隔（inferior mediastinum） 135

纤维环（annulus fibrosus） 272

纤维囊（fibrous capsule） 212

纤维心包（fibrous pericardium） 135

陷凹（pouch） 172

项韧带（ligamentum nuchae） 273

小脑（cerebellum） 029

小脑半球（cerebellar hemispheres） 029

小脑扁桃体（tonsil of cerebellum） 030

小脑后叶（posterior lobe of cerebellum） 030

小脑镰（cerebellar falx） 017

小脑幕（tentorium of cerebellum）016

小脑皮质（cerebellar cortex）030

小脑蚓（cerebellar vermis）029

小网膜（lesser omentum）169

小阴唇（lesser lip of pudendum）257

小隐静脉（small saphenous vein）357

小鱼际（hypothenar）315

小鱼际筋膜（hypothenar fascia）317

楔束核（cuneate nucleus）028

楔束结节（cuneate tubercle）022

斜方肌（trapezius）268

斜裂（oblique fissure）125

血管腔隙（lacuna vasorum）345

心（heart）136

心包（pericardium）135

心包窦（pericardial sinus）135

心包横窦（transverse sinus of pericardium）136

心包前下窦（anterior inferior sinus of pericardium）136

心包腔（pericardial cavity）135

心包斜窦（oblique sinus of pericardium）136

心肌（myocardium）140

心尖切迹（cardiac apical incisure）138

心内膜（endocardium）140

心外膜（epicardium）140

心脏纤维支架（fibrous skeleton of heart）142

新小脑（neocerebellum）030

星点（asterion）007

杏仁体（amygdaloid body）038

胸背动脉（thoracodorsal artery）297

胸长神经（long thoracic nerve）297

胸导管（thoracic duct）098, 147

胸腹壁静脉（thoracoepigastric vein）115

胸骨角（sternal angle）110

胸骨旁淋巴结（parasternal lymph node）120

胸骨旁线（parasternal line）111

胸骨上间隙（suprasternal space）084

胸骨上窝（suprasternal fossa）079

胸骨下角（infrasternal angle）110, 113

胸骨线（sternal line）111

胸横肌（transversus thoracis）120

胸肌淋巴结（pectoral lymph node）298

胸肩峰动脉（thoracoacromial artery）295

胸交感干（thoracic sympathetic trunk）147

胸廓（thoracic cage）112

胸廓内动脉（internal thoracic artery）098, 120

胸廓内静脉（internal thoracic vein）120

胸肋关节（sternocostal joint）112

胸肋三角（sternocostal triangle）122

胸膜（pleura）123

胸膜顶（cupula of pleura）080, 097, 123

胸膜腔（pleural cavity）124

胸膜上膜（suprapleural membrane）097

胸膜隐窝（pleural recess）124

胸内筋膜（endothoracic fascia）121

胸腔（thoracic cavity）113, 123

胸上动脉（superior thoracic artery）295

胸锁乳突肌（sternocleidomastoid）079

胸锁乳突肌区（sternocleidomastoid region）095

胸外侧动脉（lateral thoracic artery）295

胸腺（thymus）133

胸腰筋膜（thoracolumbar fascia）267

胸主动脉（thoracic aorta）146

胸椎（thoracic vertebra）270

嗅神经（olfactory nerve）040

旋肱后动脉（posterior humeral circumflex artery）297

旋肱前动脉（anterior humeral circumflex artery）297

旋肩胛动脉（circumflex scapular artery）297

旋髂浅动脉（superficial iliac circumflex artery）157, 340

旋髂深动脉（deep iliac circumflex artery）164

Y

牙（teeth）046

牙槽骨（alveolar bone）047

牙骨质（cementum）046

牙腔（dental cavity）046

牙髓（dental pulp）046

牙龈（gingiva）047

牙质（dentine of tooth）046

牙周膜（periodontal membrane）047

咽（pharynx）050

咽扁桃体（pharyngeal tonsil）050

咽丛（pharyngeal plexus）053

咽鼓管扁桃体（tubal tonsil）051

咽鼓管咽口（pharyngeal opening of auditory tube）051

咽鼓管圆枕（tubal torus）051

咽后间隙（retropharyngeal space）084

咽淋巴环（Waldeyer's ring）051

咽峡（isthmus of fauces）049

咽隐窝（pharyngeal recess）051

延髓（medulla oblongata）020

眼睑（eyelids）059

眼球（eyeball）056

眼球外肌（extraocular muscles）060

腰骶连结（lumbosacral joint）273

腰骶膨大（lumbosacral enlargement）276

腰动脉（lumbar artery）217

腰交感干（lumber sympathetic trunk）218

腰肋三角（lumbocostal triangle）122

腰椎（lumbar vertebra）270

咬肌（masseter muscle）064

咬肌间隙（masseter space）066

叶状乳头（foliate papilla）044

腋动脉（axillary artery）290, 295

腋静脉（axillary vein）297

腋淋巴结（axillary lymph node）298

腋鞘（axillary sheath）298

腋区（axillary region）294

腋神经（axillary nerve）294, 298

腋窝（axillary fossa）294

胰（pancreas）193

胰管（pancreatic duct）195

胰颈（neck of pancreas）195

胰体（body of pancreas）195

胰头（head of pancreas）194

胰尾（tail of pancreas）195

疑核（nucleus ambiguus）025

乙状结肠（sigmoid colon）205

乙状结肠动脉（sigmoid artery）206

乙状结肠系膜（sigmoid mesocolon）172

翼点（pterion）007

翼静脉丛（pterygoid venous plexus）047, 069

翼内肌（medial pterygoid）065

翼外肌（lateral pterygoid）065

翼下颌间隙（pterygomandibular space）066

阴部管（pudendal canal）250

阴部外动脉（external pudendal artery）340

阴道（vagina）243

阴道静脉丛（vaginal venous plexus）245

阴道前庭（vaginal vestibule）257

阴蒂（clitoris）257

阴阜（mons pubis）257

阴茎（penis）254

阴茎包皮（prepuce of penis）255

阴茎海绵体（cavernous body of penis）254

阴囊（scrotum）254

隐静脉裂孔（saphenous hiatus）343

隐神经（saphenous nerve）348

硬腭（hard palate）049

硬脊膜（spinal dura mater）273

硬膜外隙（extradural space）275

硬膜下隙（subdural space）275

硬脑膜（cerebral dura mater）016

右段间裂（right intersegmental fissure）188

右房室口（right atrioventricular orifice）138

右结肠动脉（right colic artery）206

右淋巴导管（right lymphatic duct）098

右心耳（right auricle）138

右心房（right atrium）138

右心室（right ventricle）139

右叶间裂（right interlobar fissure）188

釉质（enamel）046

鱼际（thenar）315

鱼际间隙（thenar space）319

鱼际筋膜（thenar fascia）317

原（古）小脑（archicerebellum）029

Z

脏腹膜（visceral peritoneum）167

脏胸膜（visceral pleura）124

展神经（abducent nerve）041

展神经核（abducens nucleus）026

掌腱膜（palmar aponeurosis）317

掌浅弓（superficial palmar arch）319

掌浅支（superficial palmar branch）291

掌深弓（deep palmar arch）319

掌深支（deep palmar branch）291

掌中间隙（midpalmar space）319

枕动脉（occipital artery）269

枕淋巴结（occipital lymph node）103

枕三角（occipital triangle）100

枕外隆凸（external occipital protuberance）008

枕小神经（lesser occipital nerve）082

枕叶（occipital lobe）033

正中动脉（median artery）311

正中静脉（median vein）311

正中裂（median fissure）187

正中神经（median nerve）293, 304, 311

支气管动脉（bronchial artery）129

支气管肺段（bronchopulmonary segment）127

支气管肺门淋巴结（bronchopulmonary hilar lymph node）127

支气管静脉（bronchial vein）129

支气管树（bronchial tree）127

脂肪囊（fatty renal capsule）211

直肠（rectum）232

直肠后间隙（retrorectal space）231

直肠静脉丛（rectal venous plexus）245

直肠旁间隙（pararectal space）231

直肠上动脉（superior rectal artery）244

指背腱膜（aponeurosis dorsalis digiti）324

指甲（nail of finger）322

指腱鞘（tendinous sheath of finger）324

指伸肌腱（tendon of extenson digitorum）322

指髓间隙（pulp space）322

痔环（hemorrhoidal ring）248

中副动脉（middle collateral artery）304

中间带（intermediate zone）278

中结肠动脉（middle colic artery）206

中脑（midbrain）023

中心腱（central tendon）121

中央凹（fovea centralis）058

中央沟（central sulcus）033

中央管（central canal）277

中央后回（postcentral gyrus）034

中央淋巴结（central lymph node）298

中央旁小叶（paracentral lobule）034

中央前回（precentral gyrus）034

中纵隔（middle mediastinum）135

终池（terminal cistern）276

终丝（filum terminale）276

肘后区（posterior cubital region）307

肘前区（anterior cubital region） 306

肘浅淋巴结（superficial cubital lymph node） 306

肘深淋巴结（deep cubital lymph node） 306

肘窝（cubital fossa） 306

肘正中静脉（median cubital vein） 291

蛛网膜粒（arachnoid granulations） 018

蛛网膜下隙（subarachnoid space） 018, 276

主动脉瓣（aortic valve） 140

主动脉窦（aortic sinus） 140

主动脉弓（aortic arch） 133

主动脉口（aortic orifice） 140

主动脉裂孔（aortic hiatus） 122

主动脉前庭（aortic vestibule） 140

主支气管（principal bronchus） 134, 127

椎动脉（vertebral artery） 097, 269

椎动脉三角（triangle of vertebral artery） 099

椎骨（vertebra） 270

椎管（vertebral canal） 273

椎间盘（intervertebral disc） 272

椎前间隙（prevertebral space） 084

椎前筋膜（prevertebral fascia） 084

锥体（pyramid） 020

锥体交叉（decussation of pyramid） 020

锥体系（pyramidal system） 029

子宫（uterus） 242

子宫静脉丛（uterine venous plexus） 245

纵隔（mediastinum） 130

纵隔胸膜（mediastinal pleura） 123

足背动脉（dorsal artery of foot） 361

足底腱膜（plantar aponeurosis） 363

左段间裂（left intersegmental fissure） 188

左房室口（left atrioventricular orifice） 139

左结肠动脉（left colic artery） 206

左心耳（left auricle） 139

左心房（left atrium） 139

左心室（left ventricle） 139

左叶间裂（left interlobar fissure） 188

坐骨肛门窝（ischioanal fossa） 249

坐骨海绵体肌（ischiocavernosus） 252

坐骨结节（ischial tuberosity） 227, 333

坐骨神经（sciatic nerve） 349

坐骨直肠窝（ischiorectal fossa） 249